MUSÉE LITTÉRAIRE DU SIÈCLE, A 20 CENTIMES LA LIVRAISON

ALEXANDRE DUMAS

LES DEUX DIANE

Prix : 2 francs.

Aucune autre édition des *Deux Diane*, publiée dans ce format, ne pourra être livrée au public à moins de 12 francs.

PRIX DE CETTE ÉDITION : 2 FRANCS.

PARIS.
MICHEL LÉVY FRÈRES, LIBRAIRES-ÉDITEURS
RUE VIVIENNE, 2 BIS
BUREAUX DU JOURNAL LE SIÈCLE, RUE DU CROISSANT, 16
1853

LES DEUX DIANE

PAR

ALEXANDRE DUMAS

I.

UN FILS DE COMTE ET UNE FILLE DE ROI.

C'était le 5 mai de l'année 1551. Un jeune homme de dix-huit ans et une femme de quarante, sortant d'une petite maison de simple apparence, traversaient côte à côte le village de Montgommery, situé dans le pays d'Auge Le jeune homme était de cette belle race normande aux cheveux châtains, aux yeux bleus, aux blanches dents, aux lèvres rosées. Il avait ce teint frais et velouté des hommes du nord, qui, parfois, ôte un peu de puissance à leur beauté en leur faisant presque une beauté de femme. Au reste, admirablement pris dans sa taille forte et flexible à la fois, tenant tout ensemble du chêne et du roseau. Il était simplement mis, mais élégamment vêtu d'un pourpoint de drap violet foncé avec de légères broderies de soie de même couleur. Les trousses étaient du même drap et portaient les mêmes ornements que son pourpoint; de longues bottes de cuir noir, comme en avaient les pages et les varlets, lui montaient au-dessus du genou, et un toquet de velours légèrement incliné sur le côté et ombragé d'une plume blanche couvrait un front où l'on pouvait reconnaître tout à la fois les indices du calme et de la fermeté. Son cheval, dont il tenait la bride passée à son bras, le suivait en relevant de temps en temps la tête en aspirant l'air, et en hennissant aux émanations que lui apportait le vent. La femme paraissait appartenir, sinon à la classe inférieure de la société, du moins à celle qui se trouve placée entre celle-là et la bourgeoisie. Son costume était simple, mais d'une propreté si grande que cette propreté extrême semblait lui donner de l'élégance. Plusieurs fois le jeune homme lui avait offert de s'appuyer sur son bras, mais elle avait toujours refusé, comme si cet honneur eût été au-dessus de sa condition. A mesure qu'ils marchaient en traversant le village, et s'avançant, comme nous l'avons dit, vers l'extrémité de la rue qui conduisait au château dont on voyait les tours massives dominer l'humble bourg, une chose était à remarquer, c'est que non-seulement les jeunes gens et les hommes, mais encore les vieillards, saluaient profondément le jeune homme qui leur répondait par un signe de tête amical. Chacun semblait reconnaître pour son supérieur et son maître cet adolescent qui, on le verra bientôt, ne se connaissait pas lui-même. En sortant du village, tous deux prirent le chemin ou plutôt le sentier qui, s'escarpant au flanc de la montagne, donnait à grand'peine passage à deux personnes de front. Aussi, après quelques difficultés et sur l'observation que le jeune cavalier fit à sa compagne de route qu'étant forcé de tenir son cheval en bride, il serait dangereux pour elle de marcher derrière, la bonne femme se décida à passer devant. Le jeune homme la suivit sans prononcer une parole. On voyait que son front pensif s'inclinait sous le poids d'une puissante préoccupation. C'était un beau et redoutable château que celui vers lequel s'acheminaient ainsi ces deux pèlerins si différents d'âge et de condition. Il avait fallu quatre siècles et dix générations pour que cette masse de pierres s'élevât de sa base à ses créneaux, et, montagne elle-même, dominât la montagne sur laquelle elle était bâtie. Comme tous les édifices de cette époque, le château des comtes de Montgommery ne présentait aucune régularité. Les pères l'avaient légué à leurs fils, et chaque propriétaire avait, selon son caprice ou son besoin, ajouté quelque chose au géant de pierre. Le donjon carré, la forteresse principale, avait été bâti sous les ducs de Normandie. Puis les tourelles aux créneaux élégants, aux fenêtres brodées, s'étaient ajoutées au donjon sévère, multipliant leurs ciselures de pierre à mesure que le temps marchait, comme si le temps eût fécondé cette végétation du granit. Enfin, vers la fin du règne de Louis XII et le commencement de celui de François 1er, une longue galerie aux croisées ogivales avait complété la séculaire agglomération. De cette galerie, et mieux encore du haut du donjon, la vue s'étendait à plusieurs lieues sur les plaines riches et verdoyantes de la Normandie. Car, nous l'avons déjà dit, le comté de Montgommery était situé dans le pays d'Auge, et ses huit ou dix baronneries, ainsi que ses cent cinquante fiefs, dépendaient des bailliages d'Argentan, de Caen et d'Alençon. Enfin, on arriva à la grande porte du château.

Chose étrange! depuis plus de quinze ans le magnifique et puissant donjon était sans maître. Un vieil intendant continuait de percevoir les fermages; des serviteurs qui, eux aussi, avaient vieilli dans cette solitude, continuaient d'entretenir le château qu'on ouvrait chaque jour, comme si chaque jour le maître avait dû revenir; qu'on fermait chaque soir, comme si le maître était attendu le lendemain.

L'intendant reçut les deux visiteurs avec la même amitié que chacun témoignait à la femme, et la même déférence que tous paraissaient accorder au jeune homme.

— Maître Elyot, dit la femme, qui, comme nous l'avons vu, marchait la première, voulez-vous bien nous laisser entrer au château? j'ai quelque chose à dire à monsieur Gabriel (elle montrait le jeune homme), et je ne puis le dire que dans le salon d'honneur.

— Passez, dame Aloyse, dit Elyot, et dites où vous voudrez ce que vous avez à dire à ce jeune maître. Vous savez que malheureusement personne ne viendra vous déranger.

On traversa la salle des gardes. Autrefois douze hommes, levés sur les terres de la comté, veillaient incessamment dans cette salle. Depuis quinze ans, sept de ces hommes étaient morts, et n'avaient point été remplacés. Cinq restaient et vivaient là, faisant le même service qu'ils faisaient du temps du comte en attendant qu'ils mourussent à leur tour.

On traversa la galerie; on entra dans le salon d'honneur.

Il était meublé comme au jour où le dernier comte l'avait quitté. Seulement, dans ce salon où se réunissait autrefois, comme dans le salon d'un seigneur suzerain, toute la noblesse de Normandie, depuis quinze ans, personne n'était entré que les serviteurs chargés de l'entretenir, et un chien, le chien favori du dernier comte, qui, chaque fois qu'il y entrait, appelait lamentablement son maître, et un jour n'ayant pas voulu en sortir, s'était couché aux pieds du dais, où on l'avait retrouvé mort le lendemain.

Ce ne fut point sans une certaine émotion que Gabriel, on se rappelle que c'est le nom qui avait été donné au jeune homme; que Gabriel, disons-nous, entra dans ce salon aux vieux souvenirs. Cependant l'impression qu'il recevait de ces murailles sombres, de ce dais majestueux, de ces fenêtres si profondément entaillées dans la muraille que, quoiqu'il fût dix heures du matin, le jour semblait s'arrêter à l'extérieur, cette impression, disons-nous, ne fut point assez puissante pour le distraire un seul instant de la cause qui l'avait amené, et, dès que la porte se fut refermée derrière lui:

— Voyons, ma chère Aloyse, ma bonne nourrice, dit-il, en vérité, quoique tu paraisses plus émue que moi-même, tu n'as plus aucun prétexte pour reculer l'aveu que tu m'as promis. Maintenant, Aloyse, il faut me parler sans crainte et surtout sans retard. N'as-tu pas assez hésité, bonne nourrice, — et, fils obéissant, n'ai-je point assez attendu? quand je te demandais quel nom j'avais le droit de porter, quelle famille était la mienne, et quel gentilhomme était mon père, tu me répondais: — Gabriel, je vous dirai tout cela le jour où vous aurez dix-huit ans, l'âge de la majorité pour quiconque a le droit de porter une épée. Or, aujourd'hui 5 mai 1551, j'ai dix-huit ans accomplis; je suis venu alors, loin de te demandais de te sommer de tenir ta promesse, mais tu m'as répondu avec une solennité qui m'a presque épouvanté:

« Ce n'est point dans l'humble maison de la veuve d'un pauvre écuyer que je dois vous découvrir à vous-même; c'est dans le château des comtes de Montgommery, et dans la salle d'honneur de ce château. »

Nous avons gravi la montagne, bonne Aloyse, nous avons franchi le seuil du château des nobles comtes, nous sommes dans la salle d'honneur, parle donc.

— Asseyez-vous, Gabriel, que vous me permettiez de vous donner encore une fois ce nom.

Le jeune homme lui prit les deux mains avec un mouvement d'affection profonde.

— Asseyez-vous, reprit-elle, non pas sur cette chaise, non pas sur ce fauteuil.

— Mais où veux-tu donc que je m'asseye, bonne nourrice? interrompit le jeune homme.

— Sous ce dais, dit Aloyse avec une voix qui ne manquait pas d'une certaine solennité.

Le jeune homme obéit.

Aloyse fit un signe de tête.

— Maintenant, écoutez-moi, dit-elle.

— Mais assieds-toi, au moins, dit Gabriel.

— Vous le permettez?

— Railles-tu, nourrice?

La bonne femme s'assit sur les degrés du dais, aux pieds du jeune homme attentif et fixant sur elle un regard plein de bienveillance et de curiosité.

— Gabriel, dit la nourrice décidée enfin à parler, vous aviez à peine six ans quand vous perdîtes votre père et quand moi je perdis mon mari. Vous aviez été mon nourrisson, car votre mère était morte en vous mettant au monde. De ce jour-là, moi, sœur de lait de votre mère, je vous aimai comme mon propre enfant. La veuve dévoua sa vie à l'orphelin. Comme elle vous avait donné son lait, elle vous donna son âme, et vous me rendrez cette justice, n'est-ce pas, Gabriel, que dans votre conviction, jamais, à défaut de moi, ma pensée n'a cessé de veiller sur vous.

— Chère Aloyse, dit le jeune homme, beaucoup de mères véritables eussent fait moins bien que toi, je le jure, et pas une, je le jure encore, n'eût fait mieux.

— Chacun, au reste, reprit la nourrice, s'empressa autour de vous comme je m'étais empressée la première. — Dom Jamet de Croisic, le digne chapelain de ce château, qui est retourné au Seigneur il y a trois mois, vous enseigna avec soin les lettres et les sciences, et nul, à ce qu'il disait, ne pourrait vous en remontrer pour ce qui est de lire, d'écrire et de connaître l'histoire du temps passé, et surtout celle des grandes maisons de France. Enguerrand Lorien, l'ami intime de mon défunt mari, Perrot Travigny, et l'ancien écuyer des comtes de Vimoutiers, nos voisins, vous instruisirent aux armes, au maniement de la lance et de l'épée, à l'équitation, enfin à toutes les choses de la chevalerie, et lors des fêtes et joûtes qui se tinrent à Alençon à l'occasion du mariage et du couronnement de notre sire Henri II, vous avez prouvé, il y a deux ans déjà, que vous aviez profité des bonnes leçons d'Enguerrand. Moi, pauvre ignorante, je ne pouvais que vous aimer et vous apprendre à servir Dieu; c'est ce que j'ai toujours tâché de faire. La bonne Vierge m'y a aidée, et aujourd'hui, à dix-huit ans, vous vous en un pieux chrétien, un seigneur savant, et un homme d'armes accompli, et j'espère qu'avec le secours de Dieu vous ne serez pas indigne de vos ancêtres, MONSEIGNEUR GABRIEL, SEIGNEUR DE LORGE, COMTE DE MONTGOMMERY!

Gabriel se leva en jetant un cri.

— Comte de Montgommery, moi! puis il reprit avec un sourire superbe:

— Eh bien! je l'espérais, et je m'en doutais presque; tiens, Aloyse, dans mes rêves d'enfant, je l'ai dit un jour à ma petite Diane. Mais qu'est-ce donc que tu fais-là à mes pieds, bonne Aloyse? debout et dans mes bras, sainte femme! Est-ce que tu ne veux plus me reconnaître pour ton enfant, parce que je suis l'héritier des Montgommery? l'héritier des Montgommery! répétait-il malgré lui avec une fierté frémissante, tout en embrassant la bonne nourrice. L'héritier des Montgommery! mais c'est que je porte un des plus vieux et des plus glorieux noms de France. Oui, Dom Jamet m'a appris, règne par règne, génération par génération, l'histoire de mes nobles aïeux... de mes aïeux! Embrasse-moi encore, Aloyse! Qu'est-ce donc que va dire Diane de tout cela? Saint-Godegrand, évêque de Suez, et Sainte-Opportune, sa sœur, qui vivaient sous Charlemagne, étaient de notre maison. Roger de Montgommery commanda une des armées de Guillaume-le-Conquérant, Guillaume de Montgommery fit une croisade à ses frais. Nous avons été alliés plus d'une fois aux maisons royales d'Écosse et de France, et les premiers lords de Londres, les plus illustres gentilshommes de Paris m'appelleront mon cousin; mon père enfin...

Le jeune homme s'arrêta comme abattu. Puis il reprit bientôt :

— Hélas! avec tout cela, Aloyse, je suis seul au monde. Ce grand seigneur est un pauvre orphelin, ce descendant de tant d'aïeux royaux n'a pas son père! Mon pauvre père! Tiens, je pleure, Aloyse, à présent. Et ma mère! morts l'un et l'autre. Oh! parle-moi d'eux que je sache comment ils étaient, maintenant que je sais que je suis leur fils. Voyons, commençons par mon père : comment est-il mort? raconte-moi cela.

Aloyse se tut. Gabriel la regarda avec étonnement.

— Je te demande, nourrice, comment mon père est mort? reprit-il.

— Monseigneur, Dieu seul peut-être le sait, dit-elle. Un jour, le comte Jacques de Montgommery a quitté l'hôtel qu'il habitait rue des Jardins-Saint-Paul à Paris. Il n'y est plus rentré. Ses amis, ses cousins, l'ont cherché depuis vainement. Disparu, monseigneur! Le roi François Ier a ordonné une enquête qui n'a pas eu de résultats. Ses ennemis, s'il a péri victime de quelque trahison, étaient bien habiles ou bien puissans. Vous n'avez plus de père, monseigneur, et cependant la tombe de Jacques de Montgommery manque dans la chapelle de votre château; car on ne l'a retrouvé ni vivant ni mort.

— C'est que ce n'était pas son fils qui le cherchait, s'écria Gabriel. Ah! nourrice, pourquoi as-tu si longtemps gardé le silence! Me cachais-tu donc ma naissance, parce que j'avais mon père à venger ou à sauver?

— Non, mais parce que je devais vous sauver vous-même, monseigneur. Écoutez-moi. Savez-vous quelles furent les dernières paroles de mon mari, du brave Perrot Travigny, qui avait pour votre maison comme une religion, monseigneur? Femme, me dit-il quelques minutes avant de rendre le dernier soupir, tu n'attendras pas que je sois consolé, tu me fermeras seulement les yeux et tu quitteras Paris tout de suite avec l'enfant. Tu iras à Montgommery, non pas au château, mais dans la maison que nous tenons des bontés de monseigneur.

C'est là que tu élèveras l'héritier de nos maîtres, sans mystère, mais aussi sans bruit. Nos bonnes gens du pays le respecteront et ne le trahiront pas. Cache-lui surtout à lui-même son origine ; il se montrerait et se perdrait. Qu'il sache seulement qu'il est gentilhomme, c'est assez pour sa dignité et sa conscience. Puis, quand l'âge l'aura fait prudent et grave, comme le sang le fera brave et loyal, quand il aura dix-huit ans par exemple, dis-lui son nom et sa race, Aloyse. Il jugera lui-même alors ce qu'il doit et ce qu'il peut faire. Mais prends garde jusque-là ; les inimitiés redoutables, des haines invincibles le poursuivraient, s'il était découvert, et ceux qui ont atteint et touché l'aigle n'épargneraient pas sa couvée. Il me dit cela et mourut, monseigneur, et moi, docile à ses ordres, je vous pris, pauvre orphelin de six ans qui aviez vu à peine votre père, et je vous amenai ici. On y savait déjà la disparition du comte, et l'on soupçonnait que des ennemis terribles et implacables menaçaient quiconque portait son nom. On vous vit, on vous reconnut sans doute dans le village, mais, par un accord tacite, nul ne m'interrogea, nul ne s'étonna de mon silence. Peu de temps après, mon fils unique, votre frère de lait, mon pauvre Robert me fut enlevé par les fièvres. Dieu voulait apparemment que je fusse à vous tout entière. La volonté de Dieu soit bénie! Tous firent semblant de croire que c'était mon fils qui survivait, et cependant tous vous traitaient avec un respect pieux et une obéissance touchante. C'est que vous ressembliez déjà à votre père et de figure et de cœur. L'instinct du lion se révélait en vous, et l'on voyait bien que vous étiez né maître et chef. Les enfans des environs prenaient déjà l'habitude de se former en troupe sous votre commandement. Dans tous leurs jeux, vous marchiez à leur tête, et pas un d'eux n'eût osé vous refuser son hommage. Jeune roi du pays, c'est le pays qui vous a élevé, et qui vous voyant grandir fier et beau vous admirait. La redevance des plus beaux fruits, la dîme de la récolte, venaient à la maison sans que j'eusse rien demandé.

Le plus beau cheval du pâturage vous était toujours réservé. Dom Jamet, Enguerrand et tous les varlets et serviteurs du château, vous donnaient leurs services comme une dette naturelle, et vous les acceptiez comme votre droit. Rien en vous que de vaillant, de hardi et de magnanime. Vous faisiez voir dans les moindres choses de quelle race vous sortiez. On raconte encore dans les veillées comment un jour vous avez troqué à un page mes deux vaches contre un faucon. Mais ces instincts et ces élans ne vous trahissaient que pour les fidèles, et vous restiez caché et inconnu aux malveillans. Le grand bruit des guerres d'Italie, d'Espagne et de Flandre contre l'empereur Charles-Quint, ne contribuait pas peu, Dieu merci! à vous protéger, et vous êtes enfin arrivé sain et sauf à cet âge où Perrot m'avait permis de me fier à votre raison et à votre sagesse. Mais vous d'ordinaire si grave et si prudent, voilà que vos premiers mots sont pour la témérité et pour le bruit, la vengeance et les éclats.

— La vengeance, oui ; les éclats, non! Aloyse, tu penses donc que les ennemis de mon père vivent encore?

— Monseigneur, je ne sais ; seulement il serait plus sûr de le présumer, et je suppose que vous arriverez à la cour inconnu encore, mais avec votre nom éclatant qui attirera sur vous les regards, brave mais inexpérimenté, fort de votre bon désir et de la justice de votre cause, mais sans amis, sans alliés, et même sans réputation personnelle, qu'arrivera-t-il? Ceux qui vous haïssent vous verront venir et vous ne les verrez pas ; ils vous frapperont et vous ne saurez pas d'où partira le coup, et non-seulement votre père ne sera pas vengé, mais vous, monseigneur, vous serez perdu.

— Voilà justement, Aloyse, pourquoi je regrette de n'avoir pas le temps de me faire des amis et un peu de gloire... Ah! si j'avais été averti il y a deux ans, par exemple!... N'importe! ce n'est qu'un retard, et je regagnerai les jours perdus. Aussi bien, pour d'autres raisons, je me félicite d'être resté ces deux dernières années à Montgommery; j'en serai quitte pour doubler le pas. J'irai à Paris, Aloyse; et sans cacher que je suis un Montgommery ; je puis bien ne pas dire que je suis le fils du comte Jacques ; les fiefs et les titres ne manquent pas plus dans notre maison que dans la maison de France, et notre parenté est assez nombreuse en Angleterre et en France pour qu'un indifférent ne puisse s'y reconnaître. Je puis prendre le nom de vicomte d'Exmès, Aloyse, et ce ne sera ni me cacher, ni me montrer. Puis, j'irai trouver... — Qui irai-je trouver à la cour? Grâce à Enguerrand, je suis au fait des choses et des hommes. M'adresserai-je au connétable de Montmorency, à ce cruel diseur de patenôtres? non, et je suis de l'avis de ta grimace, Aloyse... Au maréchal de Saint-André? il n'est pas assez jeune ni assez entreprenant... A François de Guise plutôt? oui, c'est cela. Montmédy, Saint-Dizier, Bologne, ont prouvé déjà ce qu'il peut faire. C'est à lui que j'irai, c'est sous ses ordres que je gagnerai mes éperons. C'est à l'ombre de son nom que je conquerrai le mien.

— Monseigneur me permettra de lui faire remarquer, dit Aloyse, que l'honnête et loyal Elyot a eu le temps de mettre de bonnes sommes de côté pour l'héritier de ses maîtres. Vous pourrez mener un équipage royal, monseigneur, et les jeunes hommes vos tenanciers, que vous exerciez en jouant à la guerre, ont pour devoir et auront pour joie de vous suivre à la guerre pour tout de bon. C'est votre droit de les appeler autour de vous, vous le savez, monseigneur.

— Et nous en userons, Aloyse, de ce droit, nous en userons.

— Monseigneur veut-il bien actuellement recevoir tous ses domestiques, serviteurs, et gens de ses fiefs et baronnies, qui brûlent du désir de le saluer.

— Pas encore, s'il te plaît, ma bonne Aloyse; mais dis à Martin-Guerre qu'il selle un cheval pour m'accompagner. J'aurai avant tout une course à faire aux environs.

— Serait-ce pas du côté de Vimoutiers? dit la bonne Aloyse en souriant avec quelque malice.

— Oui, peut-être. Ne dois-je pas à mon vieux Enguerrand une visite et mes remercîmens?

— Et avec les complimens d'Enguerrand, monseigneur sera bien aise de recevoir ceux d'une jolie petite fille appelée Diane, n'est-ce pas?

— Mais, répondit en riant Gabriel, cette jolie petite fille est ma femme et je suis son mari depuis trois ans, c'est-à-dire depuis que j'ai eu quinze ans et qu'elle en a neuf.

Aloyse devint rêveuse.

— Monseigneur, dit-elle, si je ne savais pas combien, malgré votre jeunesse, vous êtes grave et sincère, et que tout sentiment en vous est austère et profond, je me garderais des paroles que je vais oser vous dire. Mais ce qui pour d'autres est un jeu pour vous est souvent une chose sérieuse. Songez, monseigneur, qu'on ne sait pas de qui Diane est la fille. Un jour la femme d'Enguerrand, lequel dans ce temps-là avait suivi à Fontainebleau son maître, le comte de Vimoutiers, a retrouvé en rentrant chez elle un enfant dans un berceau et une lourde bourse d'or sur une table. Dans la bourse il y avait une somme assez considérable, la moitié d'un anneau gravé, et un papier avec ce seul mot : *Diane*. Berthe, la femme d'Enguerrand, n'avait pas d'enfant de son mariage, et elle a accepté avec joie cette autre maternité qu'on lui demandait. Mais, de retour à Vimoutiers, elle est morte, comme est mort mon mari à qui son maître vous avait confié, monseigneur, et c'est une femme qui a élevé l'orphelin, c'est un homme qui a élevé l'orpheline. Mais Enguerrand et moi, chargés tous deux d'une tâche pareille, nous avons échangé nos soins, et j'ai tâché de faire Diane bonne et pieuse, comme Enguerrand vous a fait adroit et savant. Naturellement vous avez connu Diane, et naturellement vous vous êtes attaché à elle. Mais vous êtes le comte de Montgommery reconnu par des papiers authentiques et par la notoriété publique, et l'on n'est pas encore venu réclamer Diane avec l'autre moitié de l'anneau d'or. Prenez garde, monseigneur, je sais bien que Diane est une enfant de douze ans à peine, mais elle grandira, mais elle sera d'une beauté ravissante, et avec un naturel comme le vôtre, je le répète, tout est sérieux. Prenez garde; il se peut qu'elle reste toujours ce qu'elle est encore, un enfant trouvé, et vous êtes trop grand seigneur pour l'épouser, et trop gentilhomme pour la séduire.

— Mais, nourrice, puisque je vais partir, te quitter et quitter Diane, dit Gabriel pensif.

— C'est juste, cela ; pardonnez à votre vieille Aloyse sa prévoyance trop inquiète, et allez voir, si cela vous plaît, cette douce et gentille enfant que vous nommez votre petite femme. Mais songez qu'on vous attend impatiemment ici. A bientôt, n'est-il pas vrai, monseigneur le comte?...

— A bientôt, et embrasse-moi encore, Aloyse ; appelle-moi toujours ton enfant, et sois remerciée mille fois, ma bonne nourrice.

— Soyez mille fois béni, mon enfant et mon seigneur.

Maître Martin-Guerre attendait Gabriel à la porte, et tous deux montèrent à cheval.

II.

UNE MARIÉE QUI JOUE A LA POUPÉE.

Gabriel prit pour aller plus vite par des sentiers à lui connus.

Et pourtant il laissait parfois son cheval ralentir le pas, et on peut même dire qu'il laissait aller le bel animal selon le train de sa rêverie. Des sentiments bien divers en effet, tantôt passionnés et tantôt tristes, tantôt fiers et tantôt accablés, passaient tour à tour dans le cœur du jeune homme. Quand il songeait qu'il était le comte de Montgommery, son regard étincelait et il donnait de l'éperon à son cheval, comme s'enivrant de l'air qui sifflait autour de ses tempes, et puis il se disait : « Mon père a été tué et n'a pas été vengé !... » et il laissait fléchir la bride dans sa main. Mais tout à coup il pensa qu'il allait se battre, se faire un nom redoutable et redouté, et payer toutes ses dettes d'honneur et de sang, et il repartait au galop comme s'il courait vraiment à la gloire, jusqu'à ce que réfléchissant qu'il lui faudrait pour cela quitter sa petite Diane si riante et si jolie, il retombait dans la mélancolie, et en arrivant peu à peu à ne plus marcher qu'au pas, comme s'il eût pu retarder ainsi le moment cruel de la séparation. Mais, il reviendrait, il aurait retrouvé les ennemis de son père et les parens de Diane... Et Gabriel, piquant des deux, volait aussi prompt que son espérance. Il était arrivé, et décidément, dans cette jeune âme toute ouverte au bonheur, la joie avait chassé la tristesse.

Par dessus la haie qui entourait le verger du vieil Enguerrand, Gabriel aperçut à travers les arbres la robe blanche de Diane. Il eut bientôt fait d'attacher son cheval à un tronc de saule et de franchir d'un bond la haie ; radieux et triomphant, il tomba aux pieds de la jeune fille.

Mais Diane pleurait.

— Qu'y a-t-il, chère petite femme, dit Gabriel, et d'où nous vient cet amer chagrin? Est-ce qu'Enguerrand nous aurait grondée pour avoir déchiré quelque robe, ou mal dit nos prières? ou bien notre bouvreuil se serait-il envolé? parle, Diane, ma chérie. Voici pour te consoler ton chevalier fidèle.

— Hélas! non, Gabriel, vous ne pouvez plus être mon chevalier, dit Diane, et c'est justement pour cela que je suis triste et que je pleure.

Gabriel crut que Diane avait appris par Enguerrand le nom de son compagnon de jeux, et qu'elle voulait l'éprouver peut-être. Il reprit :

— Et quel est donc, Diane, le malheur ou le bonheur qui pourrait jamais me faire renoncer au doux titre que tu m'as laissé prendre et que je suis si joyeux et si fier de porter? Vois donc, je suis à tes genoux.

Mais Diane ne parut pas comprendre, et pleurant plus fort que jamais en cachant son front sur la poitrine de Gabriel, elle s'écria en sanglottant :

— Gabriel! Gabriel! il faudra ne plus nous voir désormais.

— Et qui nous en empêchera? reprit-il vivement.

Elle releva sa blonde et charmante tête et ses yeux bleus baignés de larmes ; puis avec une petite moue tout à fait solennelle et grave :

— Le devoir, répondit-elle en soupirant profondément.

Sa ravissante physionomie eut une expression si désolée et si comique à la fois que Gabriel, charmé et tout à ses pensées d'ailleurs, ne put s'empêcher de rire, et prenant entre ses mains le front pur de l'enfant, il le baisa à plusieurs reprises, mais elle s'éloigna vivement.

— Non, mon ami, dit-elle, plus de ces causeries. Mon Dieu ! mon Dieu ! elles nous sont à présent défendues.

— Quels contes lui aura fait Enguerrand? se dit Gabriel persistant dans son erreur, et il ajouta : — Ne m'aimes-tu donc plus, ma Diane chérie !

— Moi ! ne plus t'aimer ! s'écria Diane. Comment peux-tu supposer et dire de pareilles choses, Gabriel? N'es-tu pas l'ami de mon enfance et le frère de toute ma vie? Ne m'as-tu pas toujours traitée avec une bonté et une tendresse de mère? Quand je riais et quand je pleurais, qui trouvais-je là sans cesse à mes côtés, pour partager gaîté ou peine? toi, Gabriel !... Qui me portait quand j'étais lasse? qui m'aidait à apprendre mes leçons? qui s'attribuait mes fautes et partageait mes punitions quand il ne pouvait pas les prendre pour lui seul? toi encore ! Qui inventait pour moi mille jeux? qui me faisait de beaux bouquets dans les prés? qui me dénichait des nids de chardonnerets dans les bois? toi, toujours ! Je t'ai trouvé, en tout lieu et en tout temps, bon, gracieux et dévoué pour moi, Gabriel. Gabriel, je ne t'oublierai jamais, et tant que mon cœur vivra, tu vivras dans mon cœur ; j'aurais voulu te donner mon existence et mon âme, et je n'ai jamais rêvé le bonheur qu'en rêvant à toi. Mais tout cela n'empêche pas, hélas ! qu'il faut nous séparer, et pour ne plus nous revoir, sans doute.

— Et pourquoi ? pour te punir d'avoir malicieusement introduit le chien Phylax dans la basse-cour ? demanda Gabriel.

— Oh ! pour bien autre chose, va !
— Et pourquoi enfin ?

Elle se leva, et laissant retomber ses bras le long de sa robe et sa tête sur sa poitrine :

— Parce que je suis la femme d'un autre, dit-elle.

Gabriel ne riait plus, et un trouble singulier lui serrait le cœur ; il reprit d'une voix émue :

— Qu'est-ce que cela signifie, Diane ?

— Je ne m'appelle plus Diane, répondit-elle, je m'appelle *madame la duchesse de Castro*, puisque mon mari s'appelle *Horace Farnèse, duc de Castro*.

Et la petite fille ne pouvait s'empêcher de sourire un peu à travers ses larmes en disant : *mon mari*, à douze ans! En effet, c'était glorieux: *madame la duchesse !* mais sa douleur lui reprit en voyant la douleur de Gabriel.

Le jeune homme était debout devant elle, pâle et les yeux effarés.

— Est-ce un jeu? est-ce un songe ? dit-il.

— Non, mon pauvre ami, c'est la triste réalité, reprit Diane. N'as-tu pas rencontré en route Enguerrand, qui est parti pour Montgommery, il y a une demi-heure ?

— J'ai pris des chemins détournés. Mais achève.

— Pourquoi aussi, Gabriel, es-tu resté quatre jours sans venir ? Cela n'était jamais arrivé, et cela nous a porté malheur, vois-tu. Avant-hier au soir, j'avais eu de la peine à m'endormir. Je ne t'avais pas vu depuis deux jours, j'étais inquiète, et j'avais fait promettre à Enguerrand que, si tu ne venais pas le lendemain, nous irions à Montgommery le jour d'après. Et puis, comme par un pressentiment, nous avions parlé, Enguerrand et moi, de l'avenir, du passé, de mes parents qui semblaient m'avoir oubliée hélas! C'est mal ce que je viens de dire, mais j'aurais été plus heureuse peut-être s'ils m'eussent oubliée en effet. Tout ce grave entretien m'avait, comme de raison, un peu attristée et fatiguée, et je fus, comme je te disais, assez longtemps à m'endormir, ce qui fut cause que je m'éveillai hier matin un peu plus tard que de coutume. Je m'habillai en toute hâte, je fis ma prière, et je m'apprêtais à descendre, quand j'entendis un grand bruit sous ma fenêtre, devant la porte de la maison. C'étaient des cavaliers magnifiques, Gabriel, suivis d'écuyers, de pages et de valets, et derrière la cavalcade un carrosse doré, tout éblouissant. Comme je regardais curieusement le cortége, m'étonnant qu'il s'arrêtât devant notre pauvre demeure, Antoine vint frapper à ma porte et me pria de la part d'Enguerrand de descendre tout de suite. Je ne sais pourquoi j'eus peur, mais il fallait obéir cependant, et j'obéis. Quand j'entrai dans la grande salle, elle était pleine de ces superbes seigneurs que j'avais vus de ma croisée. Je me mis alors à rougir et à trembler plus effrayée que jamais, tu conçois cela, Gabriel ?

— Oui, reprit Gabriel avec amertume. Continue donc, car la chose devient intéressante en vérité.

— A mon entrée, continua Diane, un des seigneurs les plus brodés vint à moi, et me présentant sa main gantée, me conduisit devant un autre gentilhomme non moins richement orné que lui, puis s'inclinant :

— Monseigneur le duc de Castro, lui dit-il, j'ai l'honneur de vous présenter votre femme. Madame, ajouta-t-il en se retournant vers moi, monsieur Horace Farnèse, duc de Castro, votre mari.

Le duc me salua avec un sourire. Mais moi, toute confuse et éplorée, je me jetai dans les bras d'Enguerrand que je venais d'apercevoir dans un coin.

— Enguerrand ! Enguerrand ! ce n'est pas mon mari, ce prince, je n'ai pas d'autre mari que Gabriel ; Enguerrand, dis-le donc à ces messieurs, je t'en prie.

Celui qui m'avait présentée au duc fronça le sourcil.

— Qu'est-ce que cet enfantillage ? demanda-t-il à Enguerrand d'une voix sévère.

— Rien, monseigneur, un enfantillage en effet, répondit Enguerrand tout pâle. Et s'adressant à moi tout bas : Etes-vous folle, Diane ! Qu'est-ce qu'une rébellion pareille ? refuser ainsi d'obéir à vos parents, qui vous ont retrouvée et qui vous réclament !

— Où sont-ils, mes parents ? dis-je tout haut. C'est à eux que je veux parler.

— C'est en leur nom que nous venons, mademoiselle, reprit le seigneur sévère. Je suis ici leur représentant. Si vous n'en croyez pas mes paroles, voici l'ordre signé du roi Henri II, notre sire ; lisez :

Il me présentait un parchemin scellé d'un cachet rouge, et je lisais au haut de la page : « Nous Henri, par la grâce de Dieu ; » et au bas la signature royale : Henri. J'étais aveuglée, étourdie, anéantie. J'avais le vertige et le délire. Tout ce monde qui avait les yeux sur moi ! Enguerrand lui-même qui m'abandonnait! L'idée de mes parents ! le nom du roi ! C'était trop, tout cela, pour ma pauvre tête. Et tu n'étais pas là, Gabriel !

— Mais il me paraît que ma présence ne pouvait pas vous être nécessaire, reprit Gabriel.

— Oh ! si, Gabriel, toi présent, j'aurais résisté encore, tandis que ne t'ayant pas là quand le gentilhomme qui semblait tout conduire m'a dit : Allons, c'est assez de retard comme cela. Madame de Leviston, je confie à vos soins madame de Castro; nous vous attendons pour monter à la chapelle. Sa voix était si brève et si impérieuse, il semblait permettre si peu la résistance, que je me suis laissé emmener. Gabriel, pardonne-moi, j'étais brisée, éperdue, et je n'avais plus une idée...

— Comment donc ! mais cela se conçoit à merveille, répondit Gabriel avec un sourire sardonique.

— On m'a conduite dans ma chambre, reprit Diane. Là, cette madame de Leviston, aidée de deux ou trois femmes, a tiré de grands coffres une robe blanche de soie. Puis, malgré ma honte, elles m'ont déshabillée et rhabillée. C'est tout si plus j'osais marcher dans ces beaux atours. Puis elles m'ont mis des perles aux oreilles, un collier de perles autour du cou ; mes larmes roulaient sur les perles. Mais ces dames ne faisaient que rire de mon embarras sans doute, et peut-être même de mon chagrin. Au bout d'une demi-heure, j'étais prête, et elles avaient beau dire que j'étais charmante ainsi parée, je crois que c'était vrai, Gabriel, mais je pleurais tout de même. J'avais fini par me persuader que j'agissais dans un rêve éblouissant et terrible. Je marchais sans volonté, j'allais et venais machinalement. Cependant les chevaux piaffaient devant la porte, écuyers, pages et valets attendaient debout. Nous descendîmes. Les regards imposants de toute cette assemblée recommencèrent à percer sur moi. Le seigneur à la voix rude m'offrit de nouveau la main, et me conduisit à une litière toute or et satin, dans laquelle je dus m'asseoir sur des coussins presque aussi beaux que ma robe. Le duc de Castro marchait à cheval à la portière, et c'est ainsi que le cortège monta lentement à la chapelle du château de Vimoutiers. Le prêtre était déjà à l'autel. Je ne sais pas quelles paroles on prononça autour de moi, quelles paroles on me dicta, je sentis, à un moment, dans ce songe étrange, le duc me passer au doigt un anneau. Puis, au bout de vingt minutes ou de vingt ans, je n'en ai pas conscience, un air plus frais me frappa le visage. Nous sortions de la chapelle, on m'appelait madame la duchesse ; j'étais mariée ! Entends-tu cela, Gabriel ? j'étais mariée !

Gabriel ne répondit que par un farouche éclat de rire.

— Tiens, Gabriel, reprit Diane, j'étais si véritablement hors de moi-même que, pour la première fois seulement, en rentrant à la maison, je songeai, un peu remise, à regarder le mari que tous ces étrangers étaient venus m'imposer. Jusque-là, je l'avais vu, mais je ne l'avais pas regardé, Gabriel. Ah! mon pauvre Gabriel! il est bien moins beau que toi! Sa taille d'abord est médiocre, et dans ses riches habits, il semble bien moins élégant que toi dans ton simple pourpoint brun. Et puis il a l'air aussi impertinent et hautain que tu parais doux et poli. Ajoute à cela des cheveux et une longue barbe d'un blond ardent. Je suis sacrifiée, Gabriel. Après s'être entretenu quelque temps avec celui qui s'était donné pour le représentant du roi, le duc s'est approché de moi, et me prenant la main:

— Madame la duchesse, m'a-t-il dit avec un sourire très fin, pardonnez moi la dure obligation où je suis de vous quitter si vite. Mais vous savez, ou vous ne savez pas, que nous sommes au plus fort de la guerre contre l'Espagne, et mes hommes d'armes réclament sur-le-champ ma présence. J'espère avoir la joie de vous revoir dans quelque temps à la cour, où vous irez demeurer près de Sa Majesté, dès cette semaine. Je vous prie d'accepter quelques présents que je me suis permis de laisser ici pour vous. Au revoir, madame. Conservez-vous gaie et charmante, comme on l'est à votre âge, et amusez-vous de tout votre cœur tandis que je vais me battre.

Ce disant, il m'a baisée familièrement au front, et même sa longue barbe m'a piquée; ce n'est pas comme la tienne, Gabriel. Et puis, tous ces seigneurs et ces dames m'ont saluée, et ils s'en sont allés peu à peu, Gabriel, me laissant enfin seule avec mon père Enguerrand. Il n'avait pas beaucoup plus compris que moi toute cette aventure. On lui avait donné à lire le parchemin du roi qui m'ordonnait, à ce qu'il paraît, d'épouser le duc de Castro. Le seigneur qui représentait Sa Majesté s'appelle le comte d'Humières. Enguerrand l'a reconnu pour l'avoir vu autrefois avec monsieur de Vimoutiers. Tout ce qu'Enguerrand savait de plus que moi, c'était encore cette triste nouvelle que cette dame de Leviston qui m'a habillée, et qui habite Caen, me viendrait chercher ces jours-ci pour me conduire à la Cour, et que j'eusse à me tenir toujours prête. Voilà ma singulière et douloureuse histoire, Gabriel. Ah! j'oubliais. En rentrant dans ma chambre, j'ai trouvé dans une grande boîte, tu ne devinerais jamais quoi? une superbe poupée avec un trousseau complet de linge, et trois robes : soie blanche, damas rouge, et brocart vert, le tout à l'usage de ladite poupée. J'étais outrée, Gabriel, c'étaient donc là les présents de mon mari! me traiter comme une petite fille! c'est le rouge d'ailleurs qui va le mieux à la poupée, parce qu'elle a le teint naturellement coloré. Les petits souliers sont aussi charmans, mais le procédé est indigne, car enfin, il me semble que je ne suis plus une enfant.

— Si! vous êtes une enfant, Diane, répondit Gabriel dont la colère avait insensiblement fait place à la tristesse, une véritable enfant! je ne vous en veux pas d'avoir douze ans, ce serait injuste et absurde. Je vois seulement que j'ai eu tort d'attacher sur une âme jeune et légère un sentiment aussi ardent et aussi profond. Car je sens à ma douleur combien je vous aimais, Diane. Je vous répète pourtant que je ne vous en veux pas. Mais si vous aviez été plus forte, mais si vous aviez trouvé en vous l'énergie nécessaire pour résister à un ordre injuste, vous auriez seulement su obtenir un peu de temps, Diane, nous aurions pu être heureux, puisque vous avez retrouvé vos parents et qu'ils paraissent de race illustre. Moi, aussi, Diane, je venais vous dire un grand secret qui m'a été révélé aujourd'hui même. Mais à quoi bon à présent? il est trop tard. Votre faiblesse a fait rompre le fil de ma destinée que je croyais tenir enfin. Pourrai-je le rattacher jamais? je prévois que toute ma vie se souviendra de vous, Diane, et que mes jeunes amours tiendront toujours la plus grand place dans mon cœur. Vous cependant, Diane, dans l'éclat de la Cour, dans le bruit des fêtes, vous perdrez vite de vue qui vous a tant chérie aux jours de votre obscurité.

— Jamais! s'écria Diane. Et tiens, Gabriel, maintenant que tu es là et que tu peux m'encourager et m'aider, veux-tu que je refuse de partir quand on viendra me chercher, et que je résiste aux prières, aux instances, aux ordres, pour rester toujours avec toi?

— Merci, chère Diane, mais dorénavant, vois-tu, devant les hommes et devant Dieu, tu appartiens à un autre. Il faut accomplir notre devoir et notre sort. Il faut, comme l'a dit le duc de Castro, aller chacun de notre côté, toi aux réjouissances et à la Cour, moi aux camps et aux batailles. Que Dieu me donne seulement de te voir un jour!

— Oui, Gabriel, je te reverrai, je t'aimerai toujours! s'écria la pauvre Diane en se jetant éplorée aux bras son ami.

Mais, en ce moment, Enguerrand parut dans une allée voisine, précédant madame de Leviston.

— La voici, madame, dit-il en lui montrant Diane. Ah! c'est vous, Gabriel, fit-il en apercevant le jeune comte, j'allais à Montgommery vous voir quand j'ai rencontré la voiture de madame de Leviston, et j'ai dû retourner sur mes pas.

— Oui, madame, dit à Diane, madame de Leviston, le roi a mandé à mon mari qu'il avait hâte de vous voir, et j'ai avancé notre départ. Nous allons, s'il vous plaît, nous mettre en route dans une heure. Vos préparatifs ne seront pas longs, j'imagine, n'est-ce pas?

Diane regarda Gabriel.

— Du courage! lui dit gravement celui-ci.

— J'ai la joie de vous annoncer, reprit madame de Leviston, que votre brave père nourricier peut et veut nous accompagner à Paris, et nous rejoindre demain à Alençon, si cela vous convient.

— Si cela me convient! s'écria Diane. Ah! madame, on ne m'a pas nommé encore mes parents, mais je le nommerai toujours mon père.

Et elle tendit sa main à Enguerrand, qui la couvrit de baisers, pour avoir le droit de regarder encore un peu, à travers le voile de ses larmes, Gabriel pensif et triste, mais résigné et décidé pourtant.

— Allons, madame, dit madame de Leviston que ces adieux et ces retards impatientaient peut-être, songez qu'il faut que vous soyez à Caen avant la nuit.

Diane alors, suffoquée de sanglots, s'éloigna précipitamment pour monter à sa chambre, non sans avoir fait signe à Gabriel de l'attendre. Enguerrand et madame de Leviston la suivirent. Gabriel attendit.

Au bout d'une heure, pendant laquelle on chargea dans la voiture les effets que Diane voulait emporter. Diane reparut toute prête et habillée pour le voyage. Elle demanda à madame de Leviston, qui la suivait comme son ombre, la permission de faire une dernière fois le tour du jardin où elle avait joué douze ans si insouciante et si heureuse. Gabriel et Enguerrand marchaient derrière elle durant cette visite. Diane s'arrêta devant un rosier de roses blanches que Gabriel et elle avaient planté l'année précédente. Elle cueillit deux roses, en attacha une à sa robe, respira l'autre, et la présenta à Gabriel. Le jeune homme sentit qu'elle lui glissait en même temps dans la main un papier qu'il cacha précipitamment dans son pourpoint.

Lorsqu'elle eut dit adieu à toutes les allées, à tous les bosquets, à toutes les fleurs, il fallut cependant bien qu'elle se déterminât à partir. Arrivée devant la voiture qui allait l'emmener, elle donna la main aux serviteurs de la maison, et même aux bonnes gens du bourg, qui tous la connaissaient et l'aimaient. Elle n'avait pas eu la force de parler, la pauvre enfant; elle faisait seulement à chacun un petit signe de tête amical. Puis, elle embrassa Enguerrand, puis Gabriel, sans aucunement s'embarrasser de la présence de madame de Leviston. Dans les bras de celui-ci, elle recouvra même la voix, et, comme il lui disait : Adieu! adieu! elle reprit : — Non, au revoir!

Elle monta alors en voiture, et l'enfance, après tout, ne perdant pas tout à fait ses droits sur elle, Gabriel l'entendit demander à madame de Leviston avec cette petite moue qui lui plaisait si bien :

— A-t-on mis au moins là-haut ma grande poupée?

La voiture partit au galop.

Gabriel ouvrit le papier que Diane lui avait remis : il y trouva une boucle de ces beaux cheveux cendrés qu'il aimait tant à baiser.

Un mois après Gabriel, arrivé à Paris, se faisait annoncer à l'hôtel de Guise, au duc François de Guise, sous le nom de vicomte d'Exmès.

III.

AU CAMP.

— Oui messieurs, dit en entrant dans sa tente le duc de Guise aux seigneurs qui l'entouraient ; oui, aujourd'hui 24 avril 1557, au soir, après être rentré le 15 sur le territoire de Naples, après avoir pris Campli en quatre jours, nous mettons le siège devant Civitetta ; le 1er mai, maîtres de Civitetta, nous irons camper devant Aquila. Au 10 mai, nous serons à Arpino, au 20 à Capoue, où nous ne nous endormirons pas comme Annibal. Au 1er juin, messieurs, je veux vous faire voir Naples, s'il plaît à Dieu...
— Et au pape, mon cher frère, dit le duc d'Aumale. Sa Sainteté, qui nous avait tant promis l'appui de ses soldats pontificaux, nous laisse jusqu'ici réduits à nous-mêmes, ce me semble, et notre armée n'est guère forte pour s'aventurer ainsi en pays ennemis.
— Paul II, dit François, a trop d'intérêt au succès de nos armes pour nous laisser sans secours. La belle nuit transparente et éclairée, messieurs ! Biron, savez-vous si les partisans, dont les Caraffa nous avaient annoncé le soulèvement dans les Abruzzes, commencent à faire quelque bruit ?
— Ils ne bougent pas, monseigneur, j'ai des nouvelles toutes fraîches et certaines.
— Nos mousquetades les vont réveiller, dit le duc de Guise. Monsieur le marquis d'Elbœuf, reprit-il, avez-vous entendu parler des convois de vivres et de munitions que nous devions recevoir à Ascoli, et qui vont enfin nous rejoindre ici, j'imagine ?
— Oui, j'en ai entendu parler, mais à Rome, monseigneur, et depuis, hélas !...
— Un simple retard, interrompit le duc de Guise, ce n'est assurément qu'un retard ; et après tout nous ne sommes pas encore tout à fait au dépourvu. La prise de Campli nous a ravitaillés quelque peu, et si, dans une heure d'ici, j'entrais dans la tente de chacun de vous, messieurs, je gage que j'y trouverais un bon souper servi, et à table avec vous, une pauvre veuve ou une jolie orpheline de Campli que vous seriez en train de consoler. Rien de mieux, messieurs. D'ailleurs, ce sont là devoirs de victorieux qui font trouver douce, n'est-ce pas, l'habitude de la victoire. Allez donc vous en entretenir le goût, je ne vous retiens pas ; demain matin, au jour, je vous manderai pour chercher avec vous les moyens d'entamer ce pain de sucre de Civitetta ; jusque-là, allez messieurs, bon appétit et bonne nuit.

Le duc reconduisit en riant les chefs de l'armée jusqu'à la porte de sa tente ; mais, quand la tapisserie qui la fermait fut retombée sur le dernier d'entre eux, et que François de Guise se retrouva seul, sa mâle physionomie prit tout à coup une expression soucieuse, et, s'asseyant devant une table et prenant sa tête dans ses mains, il murmura avec inquiétude :
— Est-ce donc que j'aurais mieux fait de renoncer à toute ambition personnelle, de rester seulement le général de Henri II, et de me borner à recouvrer Milan et à affranchir Sienne ? Me voici sur cette terre de Naples dont mes rêves m'appelaient à être roi ; mais j'y suis sans alliés, bientôt sans vivres, et tous ces chefs de mes troupes, mon frère le premier, esprits sans énergie et sans portée, se laissent déjà aller au découragement, je le vois bien.

En ce moment, le duc de Guise entendit que quelqu'un marchait derrière lui. Il se retourna vivement, tout courroucé contre le téméraire interrupteur ; mais quand il l'eut vu, au lieu de le réprimander, il lui tendit la main.

— Ce n'est pas vous, n'est-ce pas, vicomte d'Exmès, dit-il, ce n'est pas vous, mon cher Gabriel, qui hésiteriez jamais à aller en avant, parce que le pain est trop rare et l'ennemi trop nombreux ? vous qui êtes sorti le dernier de Metz, et entré le premier à Valenza et à Campli. Mais venez-vous m'annoncer quelque chose de nouveau, ami ?
— Oui, monseigneur, un courrier qui arrive de France, répondit Gabriel ; il est, je crois, porteur de lettrres de votre illustre frère, monseigneur le cardinal de Lorraine. Faut-il l'introduire auprès de vous ?
— Non, mais qu'il vous remette les messages dont il est chargé, vicomte, et apportez-les-moi vous-même, je vous prie.

Gabriel s'inclina, sortit et revint bientôt après, apportant une lettre cachetée aux armes de la maison de Lorraine.

Six ans écoulés n'avaient presque pas changé notre ancien ami Gabriel ; seulement ses traits avaient pris un caractère plus viril et plus résolu ; on devinait maintenant en lui un homme qui a éprouvé et connu sa propre valeur. Mais c'était toujours le même front pur et grave, le même regard loyal et franc, et, disons-le d'avance, le même cœur plein de jeunesse et d'illusion. Aussi bien, n'avait-il encore que vingt-quatre ans.

Le duc de Guise en avait trente-sept, lui ; et bien que ce fût une nature généreuse et grande, son âme était revenue déjà de bien des endroits où celle de Gabriel n'était pas encore allée, et plus d'une ambition déçue, plus d'un sentiment éteint, plus d'un combat inutile, avaient approfondi son œil et dégarni ses tempes. Pourtant il comprenait et il aimait le caractère chevaleresque et dévoué de Gabriel, et une irrésistible sympathie attirait l'homme éprouvé vers le jeune homme confiant.

Il prit de ses mains la lettre de son frère, et avant de l'ouvrir :
— Écoutez, vicomte d'Exmès, lui dit-il, mon secrétaire, que vous connaissez, Hervé de Thelen, est mort sous les murs de Valenza ; mon frère d'Aumale n'est qu'un soldat vaillant, mais incapable ; j'ai besoin d'un bras droit, d'un confident et d'un second, Gabriel. Or, depuis que vous êtes venu de retour à Paris, en mon hôtel ; il y a cinq ou six ans, je crois, j'ai pu m'assurer que vous étiez un esprit supérieur, et mieux encore un cœur fidèle. Je ne vous connaissais que de nom, et tout Montgommery est brave, mais vous ne m'étiez recommandé par personne, et cependant vous m'avez plu tout de suite ; je vous ai emmené avec moi défendre Metz, et si cette défense doit être une des belles pages de mon histoire, si, après soixante-cinq jours d'attaque, nous avons réussi à chasser des murs de Metz une armée qui comptait cent mille soldats, et un général qui s'appelait Charles-Quint ; je me rappelle que votre intrépidité toujours présente, et votre intelligence toujours en éveil, n'ont pas peu contribué à ce glorieux résultat. L'année d'après vous étiez encore avec moi à la victoire de Renty, et si cet âne de Montmorency, le bien baptisé... mais je n'ai pas à injurier mon ennemi, j'ai à louer mon ami et mon bon compagnon, Gabriel, vicomte d'Exmès, le digne parent des dignes Montgommery. J'ai à vous dire, Gabriel, qu'en toute occasion, depuis que nous sommes ensemble en Italie plus que jamais, je vous ai trouvé de bonne aide, de bon conseil et de bonne amitié, et n'ai absolument qu'un reproche à vous faire, celui d'être avec votre général trop réservé et trop discret. Oui, certes il y a au fond de votre vie un sentiment ou une idée que vous me cachez, Gabriel. Mais bah ! vous me confierez cela un jour, l'important est de savoir que vous avez quelque chose à faire. Eh ! par Dieu ! j'ai aussi à faire quelque chose, moi, Gabriel, et, si vous voulez, nous unirons nos fortunes, vous m'aiderez et je vous aiderai. Quand j'aurai quelque entreprise importante et difficile à commander à un autre moi-même, je vous appellerai. Quand pour vos desseins un protecteur puissant vous sera nécessaire, je serai là. Est-ce dit ?
— Oh ! monseigneur, répondit Gabriel, je suis à vous

corps et âme. Ce que je voulais d'abord, c'est de pouvoir croire en moi et d'y faire croire les autres. Or, j'ai acquis un peu de confiance en moi-même, et vous daignez avoir pour moi quelque estime; j'ai donc jusqu'à présent touché mon but; qu'il s'en puisse offrir dans l'avenir un autre à mes efforts, c'est ce que je ne nie pas, monseigneur, et alors, puisque vous avez bien voulu m'offrir un marché si beau, j'aurai recours à vous; comme vous pouvez jusque-là compter sur moi à la vie, à la mort.

— A la bonne heure! per Bacco! comme disent ces païens ivrognes de cardinaux, et sois tranquille, Gabriel, François de Lorraine, duc de Guise, te servira chaudement à l'occasion dans ton amour ou dans ta haine, car il y a en nous sous jeu l'un et l'autre de ces sentimens-là, n'est-ce pas vrai, mon maître?

— Mais l'un et l'autre peut-être, monseigneur.

— Ah! oui-da? et comment quand on a l'âme si pleine, ne pas l'épancher dans celle d'un ami.

— Hélas! monseigneur, c'est que je sais à peine qui j'aime, et que je ne sais pas de tout qui je hais.

— Vraiment! dis donc, Gabriel, tes ennemis allaient être les miens, par rencontre! si ce vieux paillard de Montmorency pouvait en être!

— Mais cela se pourrait bien, monseigneur, et si mes doutes ont raison... Mais ce n'est pas de moi qu'il s'agit pour l'heure, c'est de vous et de vos grands projets. A quoi puis-je vous être bon, monseigneur.

— Mais d'abord à me lire cette lettre de mon frère le cardinal de Lorraine, Gabriel.

Gabriel décacheta et déplia la lettre, puis, après y avoir jeté un coup d'œil, la rendant au duc :

— Pardon, monseigneur, cette lettre est écrite en caractères particuliers, et je ne saurais la lire.

— Ah! reprit le duc, c'est donc le courrier de Jean Panquet qui l'a apportée? c'est une lettre confidentielle à ce que je vois, une lettre à grille... Attendez seulement.

Il ouvrit un coffret de fer ciselé, en tira un papier régulièrement découpé à jour, qu'il superposa sur la lettre du cardinal, et la présentant à Gabriel : — Lisez maintenant, lui dit-il. Gabriel semblait hésiter; François lui prit la main, la lui serra, et avec un regard empreint de confiance et de loyauté : — Lisez donc, mon ami.

Le vicomte d'Exmès lut :

« Monsieur, mon très honoré et très illustre frère (et quand pourrai-je vous nommer en un seul mot de quatre lettres : Sire...) »

Gabriel s'arrêta de nouveau; le duc se prit à sourire.

— Vous vous étonnez, Gabriel, mais j'espère que vous ne me soupçonnez pas. Le duc de Guise n'est pas un connétable de Bourbon, mon ami; que Dieu conserve à notre sire Henri II la couronne et la vie! mais il n'y a pas au monde que le trône de France. Puisque le hasard m'a mis avec vous sur la voie d'une confidence entière, je ne veux rien vous céler, et je veux vous faire entrer, Gabriel, dans tous mes desseins et dans tous mes rêves; ils ne sont pas, je crois, d'une âme médiocre.

Le duc s'était levé, il marchait dans sa tente à grands pas.

— Notre maison, Gabriel, qui touche à tant de royautés, peut, selon moi, aspirer à toutes les grandeurs. Mais aspirer n'est rien; je veux qu'elle obtienne. Notre sœur est reine d'Écosse; notre nièce, Marie Stuart, est fiancée au dauphin François; notre petit neveu, le duc de Lorraine, est gendre désigné du roi. Ce n'est pas tout : nous entendons encore représenter la seconde maison d'Anjou dont nous descendons par les femmes. Donc nous avons des prétentions ou des droits, c'est la même chose, sur la Provence et sur Naples. Contentons-nous de Naples pour l'instant. Est-ce que cette couronne n'irait pas mieux à un Français qu'à un Espagnol? Or, qu'étais-je venu faire en Italie? la prendre. Nous sommes alliés au duc de Ferrare, unis aux Caraffa neveux du pape. Paul IV est vieux; mon frère, le cardinal de Lorraine lui succède. Le trône de Naples est chancelant, j'y monte; voilà pourquoi, mon Dieu! j'ai laissé derrière moi Sienne et le Milanais pour bondir jusqu'aux Abruzzes. Le songe était splendide, mais j'ai bien peur qu'il ne reste jusqu'ici un songe. Pensez donc, Gabriel, je n'avais pas douze mille hommes quand j'ai franchi les Alpes. Mais le duc de Ferrare m'avait promis sept mille hommes; il les garde dans ses états; mais Paul IV et les Caraffa s'étaient vantés de soulever dans le royaume de Naples une faction puissante, et s'engageaient à fournir des soldats, de l'argent, des approvisionnemens; ils n'envoient ni un homme, ni un fourgon, ni un écu. Mes officiers hésitent, mes troupes murmurent; n'importe! j'irai jusqu'au bout; je ne quitterai qu'à la dernière extrémité cette terre promise que je foule, et si je la quitte, j'y reviendrai, j'y reviendrai!

Le duc frappa du pied le sol comme pour en prendre possession; son regard étincelait : il était grand et beau.

— Monseigneur, s'écria Gabriel, [combien je suis fier à présent d'avoir pu être associé par vous, pour quelque faible part que ce soit, à d'aussi glorieuses ambitions.

— Et maintenant, reprit en souriant le duc, vous ayant donné deux fois la clef de cette lettre de mon frère, Gabriel, je crois que vous pouvez la lire et la comprendre. Donc, achevez, je vous écoute.

— « Sire!... » C'est là que j'en étais resté, reprit Gabriel. « J'ai à vous annoncer deux mauvaises nouvelles et une bonne. La bonne nouvelle, c'est que le mariage de notre nièce Marie Stuart est décidément fixé au 20 du mois prochain, et sera solennellement célébré à Paris ledit jour. L'une des mauvaises nouvelles est arrivée d'Angleterre. Philippe II d'Espagne y est débarqué, et excité journellement la reine Marie Tudor, sa femme, qui lui obéit si passionnément, à dénoncer la guerre à la France. Nul ne doute qu'il n'y réussisse, malgré les intérêts et le désir de la nation anglaise. On parle déjà d'une armée qui se rassemblerait sur les frontières des Pays-Bas, et dont le duc Philibert-Emmanuel de Savoie aurait le commandement. Alors, mon très cher frère, dans la pénurie d'hommes où nous sommes ici, le roi Henri II vous rappellerait nécessairement d'Italie; alors nos plans de ce côté-là seraient au moins ajournés. Mais enfin, pensez, François, qu'il vaudrait mieux les remettre que de les compromettre; point de témérité ni de coup de tête. Notre sœur, la reine régente d'Écosse, aura beau menacer de rompre avec l'Anglais, croyez que Marie d'Angleterre, tout énamourée de son jeune mari, n'en tiendra compte, et réglez-vous là-dessus. »

— Par le corps du Christ! interrompit le duc de Guise, en frappant violemment du poing la table, il n'a que trop raison, mon frère, et c'est un rusé renard qui sait flairer les choses. Oui, Marie la prude se laissera bien sûr séduire par son légitime mari; et non, certes, je ne désobéirai pas ouvertement au roi qui me redemandera ses soldats dans un cas si grave, et me départirai plutôt de tous les royaumes du monde; donc, encore un obstacle à cette maudite expédition. Car n'est-elle pas maudite, je vous le demande, Gabriel, malgré la bénédiction du saint père? Gabriel, entre nous, parlez-moi franchement, vous la trouvez désespérée, n'est-ce pas?

— Je ne voudrais pas, monseigneur, dit Gabriel, être rangé par vous entre ceux qui se découragent, et pourtant, puisque vous faites appel à ma sincérité...

— Je vous entends, Gabriel, et suis de votre avis. Ce n'est pas de ce coup, je le prévois, que nous ferons ensemble ici les grandes choses que nous projetions tout à l'heure, mon ami; mais je jure bien que ce ne sera que partie remise, et frapper Philippe II en quelque lieu que ce soit, ce sera toujours le frapper à Naples; mais continuez, Gabriel; nous avons encore une mauvaise nouvelle à apprendre, si j'ai bonne mémoire.

Gabriel reprit sa lecture.

« L'autre fâcheuse affaire que j'ai à vous annoncer, pour être particulière à notre famille, n'en serait pas moins grave; mais il est sans doute encore temps de la prévenir, et c'est pourquoi je me hâte de vous en donner avis. Il faut que vous sachiez que depuis votre départ monsieur le connétable de Montmorency est, comme de raison, toujours aussi maussade et acharné contre nous, et ne cesse de nous jalouser, et de maugréer, selon sa coutume, des bontés du roi pour notre famille. La prochaine célébration du mariage de notre chère nièce Marie avec le Dauphin n'est pas faite pour le remettre en bonne humeur. L'équilibre que le roi a pour politique de maintenir entre les deux maisons de Guise et de Montmorency se trouve, par là, pencher singulièrement en notre faveur, et le vieux connétable demande à grands cris un contrepoids ; il l'a trouvé ce contrepoids, mon cher frère, ce serait le mariage de son fils François, le prisonnier de Thérouanne, avec...»

Le jeune comte n'acheva pas. La voix lui manqua et la pâleur couvrit son front.

— Eh bien ! qu'avez-vous donc, Gabriel ? demanda le duc. Comme vous voilà pâle et défait ! Quel mal subit vous saisit donc ?

— Ce n'est rien, monseigneur, rien absolument, un peu de fatigue peut-être, une sorte d'étourdissement ; mais me voici remis, et je reprends, si vous voulez bien, monseigneur. Où en étais-je ? Le cardinal disait, je crois, qu'il y avait du remède. Ah ! non, plus loin. M'y voici :

« Ce serait le mariage de son fils François avec madame Diane de Castro, la fille légitimée du roi et de madame Diane de Poitiers. Vous vous rappelez, mon frère, que madame de Castro, veuve à treize ans du duc Horace Farnèse, qui avait été tué six mois après son mariage au siége de Hesdin, est restée pendant ces cinq années au couvent des Filles-Dieu de Paris. Le roi, à la sollicitation du connétable, vient de la rappeler à la cour. C'est une perle de beauté, mon frère, et vous savez que je m'y connais. Sa grâce a d'abord conquis tous les cœurs, et avant tout le cœur paternel. Le roi, qui l'avait dotée autrefois déjà de la duché de Chatellerault, vient de l'apanager encore de celle d'Angoulême. Il n'y a pas deux semaines qu'elle est ici, et son ascendant sur l'esprit du roi est un fait reconnu. Son charme et sa douceur sont sans doute les causes de cette affection si vive. Enfin, la chose en est au point que madame de Valentinois qui, je ne sais pourquoi, a jugé convenable de lui supposer officiellement une autre mère, me semble, à l'heure qu'il est, jalouse de ce nouveau pouvoir qui s'élève. L'affaire serait donc bonne pour le connétable, s'il pouvait faire entrer dans sa maison cette puissante alliée. Vous savez, entre nous, que Diane de Poitiers n'a pas grand'chose à refuser à ce vieux ribaud, et si notre frère d'Aumale est son gendre, Anne de Montmorency la touche encore de plus près. Le roi, d'autre part, est disposé à compenser l'autorité trop grande qu'il nous voit prendre dans ses conseils et ses armées. Ce damné mariage a donc bien des chances pour s'accomplir... »

— Voilà encore que votre voix s'altère, Gabriel, interrompit le duc ; reposez-vous, mon ami, et laissez-moi achever moi-même cette lettre qui m'intéresse au plus haut point. Car, de fait, le connétable prendrait là sur nous un dangereux avantage. Mais je croyais son grand niais de François marié avec une de Fiennes. Voyons, donnez-moi cette lettre, Gabriel.

— Mais vraiment je suis très-bien, monseigneur, dit Gabriel qui avait là un peu d'avance, et je puis parfaitement continuer les quelques lignes qui restent.

« Ce damné mariage a donc bien des chances pour s'accomplir. Une seule est contre nous. François de Montmorency est engagé par un mariage secret à mademoiselle de Fiennes ; un divorce est provisoirement nécessaire. Mais il y faut l'assentiment du pape, et François vient de partir pour Rome afin de l'obtenir. C'est donc affaire à vous, mon cher frère, de le devancer auprès de Sa Sainteté, et par nos amis les Caraffa, et par votre propre influence, de faire rejeter la demande en divorce qu'appuiera cependant, je vous en préviens, une lettre du roi. Mais la position attaquée est assez capitale pour que vous mettiez tous vos efforts à la défendre aussi vive que fut de Saint-Dizier et de Metz. J'agirai en même temps de mon côté avec toute mon énergie, car il le faut. Et sur ce, je prie Dieu, mon cher frère, de vous donner bonne et longue vie.

» De Paris, ce 12 avril 1557.

» Votre très-humble et obéissant frère,

» G. CARDINAL DE LORRAINE. »

— Allons ! rien n'est encore perdu, dit le duc de Guise, quand Gabriel eut achevé la lettre du cardinal, et le pape, qui me refuse des soldats, pourra bien au moins me faire cadeau d'une bulle.

— Ainsi, reprit Gabriel tremblant, vous espérez que Sa Sainteté ne ratifiera pas ce divorce de Jeanne de Fiennes, et s'opposera à ce mariage de François de Montmorency ?

— Oui, oui, je l'espère. Mais comme vous êtes ému, mon ami ! Ce cher Gabriel ! il entre dans nos intérêts avec une passion !... Je suis aussi tout à vous, Gabriel, soyez-en assuré. Et voyons donc, parlons de vous un peu ; et puisque dans cette expédition, dont je ne prévois que trop l'issue, vous ne pourrez guère, je le crois, ajouter maintenant de nouvelles actions d'éclat aux éminens services dont je vous suis déjà redevable, si je commençais à vous payer ma dette à mon tour ? je ne veux pas non plus rester trop en arrière, mon ami. Est-ce que je ne pourrais pas vous être utile ou agréable en quelque chose ? Dites, allons ! dites franchement.

— Oh ! monseigneur a trop de bonté, reprit Gabriel, et je no vois pas...

— Depuis cinq ans tout à l'heure que vous combattez héroïquement parmi les miens, dit le duc, vous n'avez jamais accepté un denier de moi. Vous devez avoir besoin d'argent, que diable ! Tout le monde a besoin d'argent. Ce n'est pas un don ni un prêt que je vous offre, c'est une restitution. Ainsi, pas de vain scrupule, et quoique nous soyons, vous le savez, assez à court...

— Oui, je sais cela, monseigneur, que les petits moyens manquent parfois à vos grandes idées, et j'ai si peu besoin d'argent, que je voulais vous proposer quelques milliers d'écus qui serviraient fort à l'armée, et qui, en vérité, me sont bien inutiles à moi.

— Et que je reçois alors, car ils arrivent à propos, je l'avoue ; mais on ne peut donc absolument rien faire pour vous, ô jeune homme sans désirs ! — Ah ! tenez, ajouta-t-il en baissant la voix, ce gaillard de Thibault, mon valet de corps, avant-hier, au sac de Campli, a fait mettre de côté pour moi la jeune femme du procureur de la ville, la beauté de l'endroit, ou bien toutefois la femme du gouverneur, sur laquelle on n'a pu mettre la main. Mais moi, ma foi ! j'ai bien d'autres soucis en tête, et mes cheveux commencent à grisonner. Sans façon, Gabriel, voulez-vous ma part de prise ? Sang-Dieu ! vous êtes tourné de façon à dédommager d'un procureur ! Qu'en dites-vous ?

— Jo dis, monseigneur, que la femme du gouverneur dont vous parlez, et sur laquelle on n'a pas mis la main, c'est moi qui l'ai rencontrée dans la bagarre et qui l'ai emmenée, non pour abuser de mes droits, comme vous pourriez penser. J'avais au contraire l'intention de soustraire une dame noble et charmante aux violences de la soldatesque. Mais j'ai vu depuis que la belle n'aurait pas de répugnance à se mettre du côté des vainqueurs, et crierait volontiers comme le soldat gaulois : *Væ victis !* Mais comme moins que jamais, hélas ! je suis maintenant disposé à lui faire écho, je puis, si vous le souhaitez, monseigneur, la faire conduire ici auprès d'un appréciateur plus digne de ses attraits et de son rang.

— Oh ! oh ! s'écria le duc en riant, voilà une austérité qui sent presque le huguenot, Gabriel. Est-ce que vous auriez quelque penchant pour ceux de la religion ? Ah ! prenez garde, mon ami. Je suis par conviction, et par politique, qui pis est, un catholique ardent. Je vous ferais brûler sans miséricorde. Mais là aussi, plaisanterie à part, pourquoi diable n'êtes-vous pas libertin ?

— Parce que je suis amoureux peut-être, dit Gabriel.

— Ah! oui, je me rappelle; une haine, un amour. Eh bien! puis-je vous être bon à vous rapprocher de vos ennemis ou de votre amie? Vous faudrait-il par exemple des titres?

— Merci, monseigneur; cela non plus ne me fait pas défaut, et je vous l'ai dit en commençant, ce que j'ambitionne, ce ne sont pas des honneurs vagues, c'est un peu de gloire personnelle. Ainsi, puisque vous présumez qu'il n'y a plus grand'chose à faire ici et que je ne dois plus guère vous être utile, une grande joie pour moi, ce serait d'être chargé par vous d'aller porter à Paris, au roi, pour le mariage de votre royale nièce, je suppose, les drapeaux que vous avez gagnés en Lombardie et dans les Abruzzes. Mon bonheur surtout serait au comble, si une lettre de vous daignait attester à Sa Majesté et à la cour que quelques-uns de ces drapeaux ont été pris par moi-même, et non pas tout à fait sans danger.

— Eh bien! c'est facile cela, et de plus c'est juste, dit le duc de Guise. J'aurais regret toutefois à vous quitter, mais vraisemblablement ce ne sera pas pour longtemps, si la guerre éclate du côté de la Flandre, comme tout semble le prouver, et nous nous reverrions par là, n'est-ce pas, Gabriel? — Votre place à vous est où l'on se bat, et voilà pourquoi vous voulez vous en aller d'ici, où l'on ne fait plus que s'ennuyer, corps du Christ! Mais on se divertira autrement dans les Pays-Bas, et je veux, Gabriel, que nous nous y amusions ensemble.

— Je serai trop heureux de vous y suivre, monseigneur.

— En attendant, quand voulez-vous partir, Gabriel, pour porter au roi les présens de noce dont vous avez eu l'idée?

— Mais le plus tôt serait, je crois, le mieux, monseigneur, si le mariage a lieu le 20 mai, comme monseigneur le cardinal de Lorraine vous l'annonce.

— C'est vrai. Eh bien! partez dès demain, Gabriel, et vous n'aurez pas trop de temps encore. Allez vous reposer, mon ami, moi, je vais pendant ce temps écrire la lettre qui vous recommandera au roi, et aussi la réponse à monsieur mon frère, dont vous voudrez bien vous charger, et dites-lui de vive voix que j'espère bien mener à bonne fin l'affaire en question auprès du pape.

— Et peut-être, monseigneur, dit Gabriel, ma présence à Paris contribuerait-elle pour cette affaire à l'issue que vous souhaitez, et ainsi mon absence vous servirait encore.

— Toujours mystérieux, vicomte d'Exmès! mais avec vous l'on s'y habitue. Adieu donc, et bonne nuit pour la dernière fois que vous passerez près de moi.

— Je viendrai demain matin chercher mes lettres et votre bénédiction, monseigneur. Ah! je laisse avec vous mes gens qui m'ont suivi dans toutes mes campagnes. Je vous demanderai seulement la permission d'emmener, avec deux d'entre eux, mon écuyer Martin-Guerre: il me suffira; il m'est dévoué, et c'est un brave soldat qui n'a peur au monde que de deux choses, de sa femme et de son ombre.

— Comment cela? dit le duc en riant.

— Monseigneur, Martin-Guerre s'est sauvé de son pays d'Artigues, près de Rieux, pour échapper à sa femme Bertrand qu'il adorait, mais qu'il battait. Dès avant Metz il est entré à mon service; mais le diable ou sa femme, pour le tourmenter ou le punir, lui apparaît de temps en temps sous la forme de son Sosie. Oui, tout à coup, il voit à ses côtés un autre Martin-Guerre, sa frappante image, lui ressemblant comme son reflet dans un miroir, et dame! cela l'épouvante. Mais à cela près, il se moque des balles, et emporterait seul une redoute. A Renty et à Valenza, il m'a sauvé deux fois la vie.

— Emmenez donc avec vous ce vaillant poltron, Gabriel; serrez-moi encore la main, mon ami, et demain au jour soyez prêt: mes lettres vous attendront.

Gabriel, le lendemain, fut en effet prêt de bonne heure; il avait passé la nuit à rêver, mais sans dormir. Il vint prendre les dernières instructions et les derniers adieux du duc de Guise, et le 26 avril, à six heures du matin, partit, avec Martin-Guerre et deux de ses hommes, pour Rome, et de là pour Paris.

IV.

LA MAITRESSE D'UN ROI.

Nous sommes au 20 mai, à Paris, au Louvre, dans la chambre de madame la grande sénéchale de Brézé, duchesse de Valentinois, appelée communément Diane de Poitiers. Neuf heures du matin viennent de sonner à l'horloge du château. Madame Diane, tout en blanc, dans un négligé au moins coquet, est penchée ou couchée à demi sur un lit de repos couvert de velours noir. Le roi Henri II, déjà habillé et paré d'un magnifique costume, se tient assis sur une chaise à ses côtés.

Regardons un peu le décor et les personnages.

La chambre de Diane de Poitiers resplendissait de tout le luxe dont ce beau lever du soleil de l'art qu'on nomme la Renaissance avait pu éclairer une chambre de roi. Les peintures, signées *le Primatice*, représentaient les divers épisodes d'une chasse dont Diane la chasseresse, déesse des bois et des forêts, était naturellement la principale héroïne. Les médaillons et panneaux dorés et colorés offraient partout les armes mêlées de François Ier et de Henri II. Ainsi se mêlaient dans le cœur de la belle Diane les souvenirs du père et du fils. Les emblèmes n'étaient pas moins historiques et significatifs, et en vingt endroits le croissant de Diane-Phœbé se faisait remarquer entre la Salamandre du vainqueur de Marignan, et le Bellérophon terrassant une Chimère, symbole adopté par Henri II depuis la reprise de Boulogne sur les Anglais. Cet inconstant croissant se variait d'ailleurs en mille formes et combinaisons différentes, qui faisaient toutes honneur à l'imagination des décorateurs du temps: ici la couronne royale le surmontait; là quatre H, quatre fleurs de lis et quatre couronnes lui formaient un glorieux entourage, plus loin il était triple et bien étoilé. Les devises n'étaient pas moins diverses, et la plupart du temps rédigées en latin: *Diana regum venatrix.* — Etait-ce une impertinence ou une flatterie? — *Donec totum impleat orbem.* — Double traduction: Le croissant deviendra pleine lune; la gloire du roi remplira l'univers. — *Cum plena est, fit æmula solis.* — Version libre: Beauté et royauté sont sœurs. Et les ravissantes arabesques qui encadraient emblèmes et devises, et les meubles élégans qui les reproduisaient, tout cela, si nous le décrivions, humilierait d'abord nos magnificences d'à-présent, et puis perdrait trop à être décrit.

Jetons maintenant les yeux sur le roi.

L'histoire nous apprend qu'il était grand, souple et fort. Il devait combattre par une diète régulière et par un exercice journalier certaine tendance à l'embonpoint, et cependant il dépassait à la course les plus lestes, et l'emportait dans les luttes et les tournois sur les plus vigoureux. Il avait les cheveux et la barbe noire, et le teint brun foncé; ce qui, disent les mémoires, ne l'en animait que mieux. Il portait, ce jour-là comme toujours, les couleurs de la duchesse de Valentinois: habit de satin vert à crevés blancs, relevé de lames et broderies d'or; toque à plume blanche, toute étincelante de perles et de diamans; chaîne d'or à double rang qui supportait un médaillon de l'ordre de Saint-Michel; épée ciselée par Benvenuto; col blanc en point de Venise; un manteau de velours étoilé de lys d'or flottait enfin gracieusement sur ses épaules. Le costume était d'une rare richesse, et le cavalier d'une élégance exquise.

Nous avons dit en deux mots que Diane était vêtue d'un simple peignoir blanc d'une transparence et d'une ténuité singulières; peindre sa divine beauté serait moins facile, on n'aurait su dire lequel, du coussin de velours noir où elle appuyait sa tête, ou de la robe d'une blancheur éclatante qui l'enveloppait, faisait ressortir le mieux les neiges et les lis de son teint. Et puis c'était une perfection de délicates formes à désespérer Jean Goujon lui-même. Il n'y a pas de statue antique plus irréprochable, et la statue était vivante, et bien vivante à ce qu'on dit. Quant à la grâce répandue sur ces membres charmants, il ne faut pas essayer d'en parler. Cela ne se reproduit pas plus qu'un rayon de soleil. Pour son âge, elle n'en avait pas. Pareille en ce point comme en bien d'autres, aux immortelles, seulement les plus fraîches et les plus jeunes paraissaient, à côté d'elle vieilles et ridées. Les protestants parlaient de philtres et de breuvages à l'aide desquels elle restait toujours à seize ans. Les catholiques disaient seulement qu'elle prenait un bain froid tous les jours, et se lavait le visage, même en hiver, avec de l'eau glacée. On a gardé les recettes de Diane ; mais s'il est vrai que la Diane au cerf de Jean Goujon ait été sculptée sur ce royal modèle, on n'a pas retrouvé sa beauté.

Elle était donc bien digne de l'amour des deux rois qu'elle a l'un après l'autre éblouis. Car si l'histoire de la grâce de monsieur Saint-Vallier obtenue par ses beaux yeux bruns semble apocryphe, il est à peu près prouvé que Diane fut la maîtresse de François avant de devenir celle de Henry.

« On dit, rapporte Le Laboureur, que le roi François, qui le premier avait aimé Diane de Poitiers, lui ayant un jour témoigné quelque déplaisir, après la mort du dauphin François son fils, du peu de vivacité qu'il voyait en le prince Henry, elle lui dit qu'il fallait le rendre amoureux et qu'elle en voulait faire son galant. »

Ce que femme veut, Dieu le veut, et Diane fut pendant vingt-deux ans la bien-aimée et la seule aimée de Henri.

Mais après avoir regardé le roi et la favorite, n'est-il pas temps de les écouter?

Henri tenant un parchemin lisait à voix haute les vers que voici, non sans entremêler sa lecture d'interruptions et de commentaires en action que nous ne pouvons noter ici, vu qu'ils appartiennent à la mise en scène :

Douce et belle bouchelette,
Plus fraîche et plus vermeillette
Que le bouton églantin,
   Au matin ;
Plus suave et mieux fleurante
Que l'immortelle amarante,
Et plus mignarde cent fois
Que n'est la douce rosée
Dont la terre est arrosée
Goutte à goutte au plus doux mois.
Baise-moi, ma douce amie,
Baise-moi, chère vie,
Baise-moi mignonnement,
   Serrement,
Jusques à tant que je die :
Las ! je n'en puis plus, ma mie,
Las ! mon Dieu, je n'en puis plus.
Lors ta bouchette retire,
Afin que mort, je soupire,
Puis, me donne le surplus.
Ainsi ma douce guerrière,
Mon cœur, mon tout, ma lumière,
Vivons ensemble, vivons,
   Et suivons
Les doux soutiens de jeunesse,
Aussi bien une vieillesse
Nous menace sur le port,
Qui toute courbe et tremblante,
Nous attraîne, chancelante,
La maladie et la mort.

— Et comment s'appelle le gentil poëte qui dit si bien ce que nous faisons? demanda Henri quand il eut achevé sa lecture.

— Il s'appelle Remy Belleau, sire, et promet, que je crois, un rival à Ronsard. Eh bien ! continua la duchesse, estimez-vous comme moi cinq cents écus cette amoureuse poésie?

— Il les aura, ton protégé, ma belle Diane.

— Mais il ne faut pas oublier pour cela les anciens, sire. Avez-vous signé le brevet de pension que j'ai promis en votre nom à Ronsard, le prince des poëtes?... Oui, n'est-ce pas? Je n'ai donc plus alors qu'à vous demander l'abbaye vacante de Recouls pour votre bibliothécaire, Mellin de Saint Gelais, notre Ovide de France.

— Ovide sera abbé, entends-tu, mon gentil Mécène, dit le roi.

— Ah ! que vous êtes heureux, sire, de pouvoir disposer à votre gré de tant de bénéfices et de charges. Si j'avais votre puissance seulement une heure !

— Ne l'as-tu pas toujours, ingrate?

— Vraiment, mon roi ? — Mais voilà deux minutes au moins que je n'ai eu de baiser de vous !... à la bonne heure !... vous disiez que votre puissance était toujours à moi ? — Ne me tentez donc pas, sire ! je vous préviens que j'en userais pour acquitter la grosse dette que me réclame Philibert Delorme, sous prétexte que mon château d'Anet est terminé. Ce sera l'honneur de votre règne, sire, mais que c'est cher, un baiser, mon Henri !

— Et pour ce baiser, Diane, prends pour ton Philibert Delorme les sommes que produira la vente de ce gouvernement de Picardie.

— Sire, est-ce que je vends mes baisers ? Je te les donne, Henri... C'est deux cent mille livres que vaut ce gouvernement de Picardie, je crois ? Oh ! bien, alors je pourrai prendre ce collier de perles qu'on m'offrait, et dont j'avais bien envie de me parer aujourd'hui au mariage de votre bien-aimé fils François. Cent mille livres à Philibert, cent mille livres pour le collier, le gouvernement de Picardie y passera.

— D'autant plus que tu l'estimes juste la moitié au-dessus de sa valeur, Diane.

— Quoi ! ne vaut-il que cent mille livres ? Eh bien, c'est tout simple, je renonce au collier alors.

— Bah ! reprit en riant le roi, nous avons quelque part trois ou quatre compagnies vacantes qui pourront payer ce collier, Diane.

— Oh ! sire, vous êtes le plus généreux des rois, comme vous êtes le mieux aimé des amans.

— Oui, tu m'aimes vraiment comme je t'aime, n'est-ce pas, Diane?

— Il le demande !

— C'est que moi, vois-tu, je t'adore toujours davantage, car tu es toujours plus belle. — Ah ! le doux sourire que vous avez, mignonne ! ah ! le gentil regard ! Laissez-moi, laissez-moi à vos pieds. Mettez vos deux blanches mains sur mes épaules. Que tu es belle, Diane ! Diane, que je t'aime ! je resterais ainsi à te contempler des heures, des années ; j'oublierais la France, j'oublierais le monde.

— Et même le solennel mariage de monseigneur le dauphin, dit Diane en riant, et c'est pourtant aujourd'hui, dans deux heures, qu'on le célèbre. Et si vous êtes déjà prêt et magnifique, sire, je ne suis pas prête du tout, moi. Allons ! mon roi, il est temps, je crois, que j'appelle mes femmes. Dix heures vont sonner dans un instant.

— Dix heures ! reprit Henri, j'ai un rendez-vous en effet pour cette heure-là.

— Un rendez-vous, sire? avec une femme peut-être !

— Avec une femme.

— Et jolie sans doute?

— Oui, Diane, très jolie.

— Alors, ce n'est pas la reine?

— Méchante ! Catherine de Médicis a sa beauté, beauté sévère et froide, mais réelle. Cependant, ce n'est pas la reine que j'attends. Tu ne devines pas qui ?

— Non en vérité, sire.

— C'est une autre Diane, c'est le souvenir vivant de nos jeunes amours, c'est notre fille, notre fille chérie !

— Vous le répétez trop haut et trop vite, sire, reprit Diane en fronçant le sourcil et d'un ton embarrassé. Il était convenu pourtant que madame de Castro passerait pour la fille d'une autre que moi. J'étais née pour avoir de vous des enfans légitimes. J'ai été votre maîtresse parce que je vous aimais; mais je ne souffrirai pas que vous me déclariez ouvertement votre concubine.

— Il sera fait comme ta fierté le désire, Diane, dit le roi, tu aimes bien notre enfant, cependant, n'est-il pas vrai?

— Je l'aime d'être aimée de vous.

— Oh! oui, bien aimée... Elle est si charmante, si spirituelle et si bonne? Et puis, Diane, elle me rappelle mes jeunes années, et ce temps où je t'aimais; ah! non pas plus profondément qu'aujourd'hui, mais où je t'aimais pourtant... jusqu'au crime.

Le roi était tout à coup tombé dans une sombre rêverie, puis relevant la tête.

— Ce Montgommery! vous ne l'aimiez pas, n'est-ce pas, Diane? vous ne l'aimiez pas?

— Quelle question! reprit avec un sourire de dédain la favorite. Après vingt ans, encore cette jalousie!

— Oui, j'étais jaloux, je le suis, je le serai toujours de toi, Diane. Enfin tu ne l'aimais pas; mais il t'aimait, lui, le misérable, il osait t'aimer!

— Mon Dieu! sire, vous avez toujours trop ajouté foi aux calomnies dont ces protestans me poursuivent. Ce n'est pas d'un roi catholique, cela. En tout cas, quand cet homme m'aurait aimée, qu'importe, si mon cœur n'a pas un instant cessé d'être à vous, et le comte de Montgommery est mort depuis longtemps.

— Oui, mort! dit le roi d'une voix sourde.

— N'attristons donc pas de ces souvenirs un jour qui doit être un jour de fête, reprit Diane. Avez-vous déjà vu François et Marie, voyons? sont-ils toujours aussi amoureux, ces enfans? Voilà que leur grande impatience sera bientôt satisfaite. Enfin, dans deux heures, ils seront l'un à l'autre, bien joyeux, bien heureux encore, pas aussi joyeux que les Guises dont cette union doit combler les vœux.

— Oui, mais qui enrage? dit le roi; mon vieux Montmorency; et le connétable a d'autant plus le droit d'enrager que notre Diane, j'en ai peur, ne sera pas non plus pour son fils.

— Mais, sire, ne lui aviez-vous pas promis ce mariage comme dédommagement?

— Assurément, mais il paraît que madame de Castro a des répugnances...

— Un enfant de dix-huit ans qui sort du couvent à peine. Quelles répugnances peut-elle avoir?

— C'est pour me le confier qu'elle doit m'attendre à cette heure chez moi.

— Allez la rejoindre, sire; moi, je vais me faire belle pour vous plaire.

— Et après la cérémonie, je vous reverrai au carrousel. Je romprai encore aujourd'hui des lances en votre honneur, et veux vous faire la reine du tournoi.

— La reine? et l'autre?

— Il n'y en a qu'une, Diane, et tu le sais bien. Au revoir.

— Au revoir, sire, et surtout pas de témérité imprudente dans ce tournoi, vous me faites peur quelquefois.

— Il n'y a pas de danger, hélas! et je voudrais qu'il y en eût pour en avoir un peu plus de mérite à tes yeux. Mais l'heure s'écoule, et mes deux Diane s'impatientent. Dis-moi pourtant encore une fois que tu m'aimes.

— Sire, comme je vous ai toujours aimé, comme je vous aimerai toujours.

Le roi, avant de laisser retomber sur lui la portière, envoya de la main un dernier baiser à sa maîtresse. —Adieu! ma Diane bien aimante et bien aimée, dit-il.

Et il sortit.

Alors un panneau caché par une tapisserie s'ouvrit dans la muraille opposée.

— Par la mort Dieu! avez-vous assez bavardé aujourd'hui? dit brutalement en entrant le connétable de Montmorency.

— Mon ami, dit Diane qui s'était levée, vous avez vu que, même avant dix heures, l'heure où je vous avais donné rendez-vous, j'ai tout fait pour le renvoyer. Je souffrais autant que vous, croyez-le.

— Autant que moi! non, pasques-Dieu! ma chère, et si vous vous imaginez que vos discours étaient édifians et amusans... Et d'abord qu'est-ce que cette nouvelle lubie de refuser à mon fils François la main de votre fille Diane, après me l'avoir solennellement promise? Par la couronne d'épines! ne dirait-on pas que cette bâtarde fait un grand honneur à la maison des Montmorency en daignant y rentrer! Il faut que ce mariage ait lieu, entendez-vous, Diane ; vous vous arrangerez pour cela. C'est le seul moyen qui nous reste de rétablir un peu l'équilibre entre nous et ces Guises que le diable étrangle! Ainsi, Diane, malgré le roi, malgré le pape, malgré tout, je veux que cela se fasse.

— Mais, mon ami...

— Ah! s'écria le connétable, quand je vous dis que je le veux, *Pater noster!*...

— Cela se fera donc, mon ami, s'empressa de dire Diane épouvantée.

V.

LA CHAMBRE DES ENFANS DE FRANCE.

Le roi, en rentrant chez lui, n'y trouva pas sa fille. L'huissier de service l'avertit qu'après l'avoir longtemps attendu, madame Diane avait passé dans le logement des enfans de France, priant qu'on la prévînt dès que Sa Majesté serait de retour.

— C'est bien, dit Henri, je vais moi-même l'y rejoindre. Qu'on me laisse, je veux aller seul.

Il traversa une grande salle, prit un long corridor, puis ouvrant doucement une porte, s'arrêta pour regarder derrière la haute portière entrebâillée. Les cris et les rires des enfans avaient couvert le bruit de ses pas, et il put voir sans être vu le plus charmant et le plus gracieux tableau.

Debout devant la croisée, Marie Stuart, la jeune et charmante mariée, avait autour d'elle Diane de Castro, Elisabeth et Marguerite de France, toutes trois empressées et babillantes, redressant un pli à son costume, ajustant une boucle dérangée à sa coiffure, donnant enfin à sa fraîche toilette ce dernier fini que les femmes seules savent donner. A l'autre extrémité de la chambre, les frères Charles, Henri, et le plus jeune, François, riant et criant à qui mieux mieux, pesaient de toutes leurs forces sur une porte qu'essayait vainement de pousser le dauphin François, le jeune marié, à qui les espiègles voulaient interdire jusqu'au dernier moment la vue de sa femme.

Jacques Amyot, précepteur des princes, causait gravement dans un coin avec madame de Coni et lady Lennox, gouvernantes des princesses.

Il y avait là aussi réunis, dans l'espace que peut embrasser d'un coup d'œil toute l'histoire de l'avenir, des malheurs, des passions et de la gloire. Le dauphin qui s'appela François II, Elisabeth qui épousa Philippe II et devint reine d'Espagne, Charles qui fut Charles IX, Henri qui fut Henri III, Marguerite de Valois qui fut reine et femme de Henri IV, François qui fut duc d'Alençon, d'Anjou et de Brabant, et Marie Stuart qui fut reine deux fois et de plus martyre.

L'illustre traducteur de Plutarque suivait, d'un œil mélancolique et profond en même temps, les jeux de ces enfans et les destinées futures de la France.

— Non, non, François n'entrera pas, criait avec une sorte de violence le sauvage Charles Maximilien qui ordonna la Saint-Barthélemy.

Et aidé de ses frères il réussit à pousser le verrou, et à rendre ainsi l'entrée tout à fait impossible au pauvre dauphin François, qui, trop frêle d'ailleurs pour l'emporter, même sur trois enfans, ne pouvait que trépigner et l'implorer au dehors.

— Cher François! comme ils le tourmentent dit Marie Stuart à ses sœurs.

— Tenez-vous donc, madame la dauphine, que j'attache au moins cette épingle, dit en riant la petite Marguerite. Quelle belle invention que celle des épingles, et comme celui qui les a imaginées l'an passé devait être un grand homme, ajouta-t-elle.

— Et l'épingle mise, reprit la tendre Elisabeth, je vais ouvrir, moi, à ce pauvre François, malgré ces démons; car je souffre de le voir ainsi souffrir.

— Oui, tu comprends cela, toi, Elisabeth, dit en soupirant Marie Stuart, et tu penses à ton gentil espagnol don Carlos, le fils du roi d'Espagne, qui nous a tant fêtés et diverties à Saint-Germain.

— Tiens! s'écria malicieusement en battant des mains la petite Marguerite, Elisabeth rougit... le fait est qu'il était galant et beau son Castillan.

— Allons, intervint maternellement Diane de Castro, la sœur aînée, il n'est pas bien de se railler ainsi entre sœurs, Marguerite.

Rien n'était plus ravissant en effet que l'aspect de ces quatre beautés si diverses et si parfaites; boutons en fleurs! Diane, toute pureté et douceur; Elisabeth, gravité et tendresse; Marie Stuart, provocante langueur; Marguerite, pétillante étourderie. Henri, ému et ravi, ne pouvait rassasier ses yeux de ce charmant spectacle.

Il fallut bien pourtant qu'il se décidât à entrer. — Le roi! cria-t-on d'une voix; et tous et toutes se levant accoururent vers le roi et le père. Seulement Marie Stuart, restant un peu en arrière, vint tirer doucement le verrou qui retenait François captif. Le dauphin entra promptement, et la jeune famille se trouva ainsi complète.

— Bonjour, mes enfans, dit le roi, je suis bien content de vous trouver ainsi tous en santé et en joie. — On te retenait donc dehors, François, mon pauvre amoureux? mais tu vas avoir le temps maintenant de voir souvent et toujours ta mignonne fiancée. Vous vous aimez bien mes enfans?

— Oh! oui, sire, j'aime Marie! et le passionné garçon mit un baiser ardent sur la main de celle qui allait être sa femme.

— Monseigneur, dit vivement et sévèrement lady Lennox, on ne baise pas ainsi publiquement la main des dames, en présence de Sa Majesté surtout. Que va-t-elle penser de madame Marie et de sa gouvernante?

— Mais cette main n'est-elle pas à moi? dit le dauphin.

— Pas encore, monseigneur, dit la duègne, et j'entends remplir jusqu'au bout mon devoir.

— Sois tranquille, reprit Marie à demi-voix à son mari qui boudait déjà, quand elle ne nous regardera pas, je te la rendrai.

Le roi riait sous sa barbe.

— Vous êtes bien austère, milady; mais vous avez raison, ajouta-t-il en se reprenant. — Et vous, messire Amyot, vous n'êtes pas mécontent, j'espère, de vos élèves. Ecoutez bien votre savant précepteur, messieurs, il vit dans la familiarité des grands héros de l'antiquité. — Messire Amyot, y a-t-il longtemps que vous n'avez eu de nouvelles de Pierre Danoy, notre maître à tous les deux, et de Henri Etienne notre condisciple?

— Le vieillard et le jeune homme vont bien, sire, et seront heureux et fiers du souvenir que Votre Majesté a daigné garder d'eux.

— Allons, mes enfans, dit le roi, j'ai voulu vous voir avant la cérémonie, et suis aise de vous avoir vus. Maintenant, Diane, je suis tout à vous, ma mignonne, suivez-moi donc.

Diane, s'inclinant profondément, se mit en devoir de suivre le roi.

VI.

DIANE DE CASTRO.

Diane de Castro, que nous avons vue enfant, avait maintenant près de dix-huit ans. Sa beauté avait tenu toutes ses promesses, et s'était développée à la fois régulière et charmante; l'expression particulière de son doux et fin visage était une candeur virginale. Diane de Castro, de caractère et d'esprit, était restée l'enfant que nous connaissons. Elle n'avait pas encore treize ans, quand le duc de Castro, qu'elle n'avait pas revu depuis le jour de son mariage, avait été tué au siége d'Hesdin. Le roi avait envoyé la veuve enfant passer son deuil au couvent des Filles-Dieu à Paris, et Diane avait trouvé là des affections si chères et de si douces habitudes, qu'elle avait demandé à son père la permission de rester avec les bonnes religieuses et ses compagnes, jusqu'à ce qu'il lui plût de disposer d'elle de nouveau. On ne pouvait que respecter une intention si pieuse, et Henri n'avait fait sortir Diane du couvent que depuis un mois, depuis que le connétable de Montmorency, jaloux de l'autorité prises par les Guises dans le gouvernement, avait sollicité et obtenu pour son fils la main de la fille du roi et de la favorite.

Pendant ce mois qu'elle venait de passer à la cour, Diane avait su s'attirer tout de suite le respect et l'admiration de tous: « Car, dit Brantôme au livre de ces dames illustres, elle était fort bonne et ne faisait point de déplaisir à personne, encore qu'elle eût le cœur grand et haut, et l'âme fort généreuse, sage et fort vertueuse. » Mais cette vertu, qui se détachait si pure et si aimable au milieu de la corruption générale du temps, n'était mêlée, d'ailleurs, d'aucune austérité et d'aucune rudesse. Comme un jour un homme dit devant Diane qu'une fille de France devait être vaillante, et que sa timidité sentait trop la religieuse, elle apprit en peu de jours à monter à cheval, et il n'y avait pas de cavalier qui fût aussi hardi et aussi élégant qu'elle. Elle accompagna dès-lors le roi à la chasse, et Henri se laissa de plus en plus captiver par cette bonne grâce qui cherchait sans affectation la moindre occasion de le prévenir et de lui plaire. Aussi Diane avait-elle le privilège d'entrer à toute heure chez son père, et elle était toujours la bien venue. Son charme touchant, sa chaste attitude, ce parfum de virginité et d'innocence qu'on respirait autour d'elle, jusqu'à son sourire un peu triste, en faisait la figure la plus exquise et la plus ravissante peut-être de cette cour, qui comptait cependant tant d'éblouissantes beautés.

— Eh bien! dit Henri, je vous écoute à présent, ma mignonne. Voilà onze heures qui sonnent. La cérémonie du mariage à Saint-Germain-l'Auxerrois n'est que pour midi. J'ai donc toute une demi-heure à vous donner, et que n'en ai-je plus encore! Ce sont de bons instans de ma vie, ceux que je passe auprès de vous.

— Sire, que vous êtes indulgent et paternel!

— Non, mais je vous aime bien, mon affectueuse enfant, et je voudrais de tout mon cœur faire quelque chose qui vous plût, à condition de ne pas nuire aux intérêts graves qu'un roi doit considérer toutefois avant toute affection. — Et tenez, Diane, pour vous en donner la preuve, je veux d'abord vous rendre compte des deux requêtes que vous m'avez adressées. La bonne sœur Monique, qui vous a tant chérie et soignée à votre couvent des Filles-Dieu, vient, à votre recommandation, d'être nommée abbesse supérieure du couvent d'Origny à Saint-Quentin.

— Oh! que de remercîmens, sire!

— Quant au brave Antoine, votre serviteur préféré à Vimoutiers, il aura sa vie durant une bonne pension sur notre trésor. Je regrette bien, Diane, que le sire Enguerrand ne soit plus. Nous aurions voulu royalement témoigner notre reconnaissance au digne écuyer qui a si heureusement élevé notre chère fille Diane. Mais vous l'avez perdu l'an passé, je crois, et il ne laisse pas même d'héritier.

— Sire, c'est trop de générosité et de bonté, vraiment.

— Voilà de plus, Diane, les lettres patentes qui vous confèrent le titre de duchesse d'Angoulême. Et ce n'est pas le quart de ce que je souhaiterais faire pour vous. Car je vous vois parfois rêveuse et triste, et c'est de quoi j'avais hâte de m'entretenir avec vous, désirant vous consoler, ou guérir vos peines. Voyons, ma mignonne, n'es-tu donc pas heureuse ?

— Ah ! sire, reprit Diane, comment ne le serais-je pas ainsi, entourée de votre affection et de vos bienfaits ? Je ne demande qu'une chose, c'est que le présent si plein de joie se continue. L'avenir, si beau et si glorieux qu'il puisse être, ne le compenserait jamais.

— Diane, dit gravement Henri, vous savez que je vous ai rappelée du couvent pour vous donner à François de Montmorency. C'était un grand parti, Diane, qui, je ne vous le cache pas, eût servi utilement les intérêts de ma couronne, semble vous répugner. Vous me devez au moins les motifs de ce refus qui m'afflige, Diane.

— Aussi ne vous les cacherai-je pas, mon père. Et d'abord, dit Diane avec quelque embarras, on m'a assuré que François de Montmorency était marié déjà secrètement à mademoiselle de Fiennes, une des dames de la reine ?

— C'est vrai, reprit le roi, mais ce mariage contracté clandestinement, sans le consentement du connétable et le mien, est nul de plein droit, et si le pape prononce le divorce, vous ne pouvez pas, Diane, vous montrer plus exigeante que Sa Sainteté ! Donc, si c'est là votre raison ?...

— Mais c'est qu'il y en a une autre, mon père.

— Et laquelle, voyons ? comment une alliance qui honorerait les plus nobles et les plus riches héritières de France peut-elle faire votre malheur ?

— Eh bien ! mon père, parce que... parce que j'aime quelqu'un, dit Diane en se jetant toute confuse et éplorée dans les bras du roi.

— Vous aimez, Diane ? reprit Henri étonné, et comment s'appelle celui que vous aimez ?

— Gabriel, Sire !

— Gabriel de quoi ? dit le roi en souriant.

— Je n'en sais rien, mon père.

— Comment cela, Diane ? Au nom du ciel ! expliquez-vous.

— Sire, je vais tout vous dire. C'est un amour d'enfance. Je voyais Gabriel tous les jours. Il était si complaisant, si brave, si beau, si savant, si tendre ! il m'appelait sa petite femme. Ah ! Sire, ne riez pas, c'était une affection grave et sainte, la première qui se fût gravée dans mon cœur ; d'autres pourront s'y ajouter, aucune ne l'effacera. Et pourtant je me suis laissé marier au duc de Farnèse, Sire, mais c'est que je ne savais pas ce que je faisais ; c'est qu'on m'a contrainte et que j'ai obéi comme une petite fille. Depuis, j'ai vu, j'ai vécu, j'ai compris de quelle trahison je m'étais rendue coupable envers Gabriel ! Pauvre Gabriel ! en me quittant, il ne pleurait pas, mais dans son regard profond quelle douleur ! Tout cela m'est revenu avec les souvenirs dorés de mon enfance, pendant les années solitaires que j'ai passées au couvent. De sorte que j'ai vécu deux fois les jours écoulés auprès de Gabriel, dans le fait et dans la pensée, dans la réalité et dans le rêve. Et de retour ici, à la cour, Sire, parmi ces gentilshommes accomplis qui vous font comme une autre couronne, je n'en ai pas vu un seul qui pût rivaliser avec Gabriel, et ce n'est pas François, le fils soumis du hautain connétable, qui me fera jamais oublier le doux et tel compagnon de mon enfance. Aussi, maintenant que je comprends mes actions et leur portée, mon père, tant que vous me laisserez libre, je resterai fidèle à Gabriel.

— L'as-tu donc revu depuis que tu as quitté Vimoutiers, Diane ?

— Hélas ! non, mon père.

— Mais tu as eu de ses nouvelles, au moins ?

— Pas davantage. J'ai seulement appris par Enguerrand qu'il avait quitté le pays après mon départ ; il avait dit à Aloyse, sa nourrice, qu'il ne la reverrait que glorieux et redoutable, et qu'elle ne s'inquiétât pas de lui. Et là-dessus il est parti, Sire.

— Sans que sa famille ait depuis entendu parler de lui ? demanda le roi.

— Sa famille ? répéta Diane. Je ne lui connaissais pas d'autre famille qu'Aloyse, mon père, et jamais je n'ai vu ses parens quand j'allais avec Enguerrand lui faire visite à Montgommery.

— A Montgommery ! s'écria Henri en pâlissant. Diane ! Diane ! ce n'est pas un Montgommery, j'espère ! dis-moi bien vite que ce n'est pas un Montgommery.

— Oh ! non, Sire ; sans cela il me semble qu'il eût habité le château, et il demeurait dans la maison d'Aloyse sa nourrice. Mais que vous ont donc fait les comtes de Montgommery pour vous émouvoir à ce point, Sire ? Seraient-ils vos ennemis ? on n'en parle dans le pays qu'avec vénération.

— Ah ! vraiment ! reprit le roi avec un rire de dédain ; ils ne m'ont rien fait d'ailleurs, rien du tout, Diane ! que veux-tu qu'un Montgommery fasse à un Valois ? Revenons à ton Gabriel. N'est-ce pas Gabriel que tu le nommes ?

— Oui...

— Et il n'avait pas d'autre nom ?

— Pas d'autre, que je sache, Sire ; c'était un orphelin comme moi, et jamais en ma présence on n'a parlé de son père.

— Et vous n'avez pas enfin, Diane, d'autre objection à faire à l'alliance projetée entre vous et Montmorency, que votre ancienne affection pour ce jeune homme ? pas d'autre, n'est-ce pas ?

— Cela suffit à la religion de mon cœur, Sire.

— Fort bien, Diane, et je n'essayerais peut-être pas de vaincre vos scrupules si votre ami était là, qu'on pût le connaître et l'apprécier, et, bien qu'il soit, je le devine, de race douteuse...

— N'y a-t-il pas aussi une barre à mon écusson, Votre Majesté ?

— Au moins avez-vous un écusson, madame, et les Montmorency comme les Castro tiennent à honneur d'introduire dans leurs maisons leurs filles légitimée de la mienne, veuillez vous le rappeler. Votre Gabriel, au contraire... mais ce n'est pas de cela qu'il s'agit. Ce qui m'occupe, c'est que depuis six ans il n'a pas reparu, il vous a oubliée, Diane, qu'il en aime une autre, peut-être.

— Sire, vous ne connaissez pas Gabriel, c'est un cœur sauvage et fidèle, et qui s'éteindra en m'aimant.

— Bien ! Diane. Avec vous l'infidélité n'est pas vraisemblable sans doute, et vous avez raison de la nier. Mais tout vous porte enfin à croire que ce jeune homme est parti pour la guerre. Eh bien ! n'est-il pas probable qu'il y a péri ? Je t'afflige, mon enfant, et voilà ton beau front tout pâle et tes yeux tout noyés de larmes. Oui, je le vois, c'est en toi un sentiment profond, et quoique je n'aie guère eu occasion d'en rencontrer de pareil, et qu'on m'ait habitué à douter de ces grandes passions, je ne souris pas de la tienne et veux la respecter. Mais vois pourtant, ma mignonne, pour un amour d'enfant, dont l'objet n'est même plus, pour un souvenir, pour une ombre : vois dans quel embarras ton refus va me jeter. Le connétable, si je lui retire injurieusement ma parole, se fâchera, non sans droit, ma fille, se retirera du service peut-être ; et alors, ce n'est plus moi qui suis le roi, c'est le duc de Guise. Regarde, Diane : des six frères de ce nom, le duc de Guise a sous la main toutes les forces militaires de la France, le cardinal toutes les finances, un troisième mes galères de Marseille, un quatrième commando en Écosse, et un cinquième va remplacer Brissac en Piémont. De sorte que dans tout mon royaume, moi, le roi, je ne puis disposer ni d'un soldat ni d'un écu sans leur assentiment. Je te parle doucement, Diane, et je t'explique les choses ; je prie quand je pourrais ordonner. Mais j'aime bien mieux te faire juge toi-même, et que ce soit le père et non le roi qui obtienne de sa fille son consentement à ses vues. Je l'obtiendrai, car tu es bonne et dévouée. Ce mariage me sauve, mon enfant ; il donne aux Montmorency l'autorité qu'il retire aux Guises. Il égalise les deux plateaux de la balance, dont mon pouvoir royal est le fléau. Guise en devient moins superbe et Montmorency plus dévoué. Eh bien ! tu ne réponds pas, mignonne, resteras-tu sourde aux supplications de ton père, qui ne te violente pas, qui ne te brusque pas, qui entre dans tes idées, au contraire, et te demande seulement de ne pas lui refuser le premier service dont tu puisses payer ce qu'il a fait et ce qu'il veut encore faire pour ton bonheur et ton honneur ?... Eh bien ! Diane, ma fille, consens-tu, voyons !

— Sire, reprit Diane, vous êtes plus puissant mille fois quand votre voix implore que lorsqu'elle ordonne. Je suis prête à me sacrifier à vos intérêts, mais à une condition cependant, Sire.

— Et laquelle, enfant gâtée ?

— Ce mariage n'aura lieu que dans trois mois, et d'ici là, je ferai demander à Aloyse des nouvelles de Gabriel, et prendrai ailleurs toutes les informations possibles, afin que, s'il n'est plus, je le sache, et que s'il vit, je puisse au moins lui redemander ma promesse.

— Accordé de grand cœur, dit Henri tout joyeux, et j'ajouterai qu'on ne peut pas mettre plus de raison dans l'enfantillage... Ainsi, tu feras rechercher ton Gabriel, et je t'y aiderai au besoin, et dans trois mois tu épouseras François, quel que soit le résultat de nos informations, que ton jeune ami soit vivant ou mort ?

— Et à présent, dit Diane en secouant douloureusement la tête, je ne sais pas si je dois le plus souhaiter sa mort ou sa vie.

Le roi ouvrit la bouche et allait hasarder une théorie assez peu paternelle, et une consolation passablement risquée. Mais il n'eut qu'à rencontrer le regard candide et le profil pur de Diane pour s'arrêter à temps, et sa pensée ne se traduisit que par un sourire.

— Par bonheur et par malheur, l'usage de la cour la formera, se dit-il.

Et tout haut :

— Voici l'heure de se rendre à l'église, Diane ; acceptez ma main jusqu'à la grande galerie, madame, et puis je vous reverrai aux carrousels et aux jeux de l'après-dîner, et si vous vous ne m'en voulez pas trop de ma tyrannie, vous daignerez applaudir à mes coups de lance et à mes passes-d'armes, mon joli juge.

VII.

LES PATENÔTRES DE M. LE CONNÉTABLE.

Le même jour, dans l'après-midi, pendant que les carrousels et les fêtes se tenaient aux Tournelles, le connétable de Montmorency achevait d'interroger au Louvre, dans le cabinet de Diane de Poitiers, un de ses affidés secrets.

L'espion était de taille moyenne et brun de figure. Il avait les yeux et les cheveux noirs, le nez aquilin, le menton fourchu, la lèvre inférieure saillante, et les légèrement courbé. Il ressemblait de la façon la plus frappante à Martin-Guerre, le fidèle écuyer de Gabriel. Qui les eût vus séparés les eût pris l'un pour l'autre. Qui les eût vus ensemble aurait cru avoir affaire à deux jumeaux, tant leur conformité était de tout point exacte. C'étaient les mêmes traits, le même âge, la même tournure.

— Et du courrier, qu'en avez-vous fait, maître Arnauld ? demanda le connétable.

— Monseigneur, je l'ai supprimé. Il le fallait bien. Mais c'était la nuit, dans la forêt de Fontainebleau. On mettra le meurtre sur le compte des voleurs. Je suis prudent.

— N'importe, maître Arnauld, la chose est grave, et je vous blâme d'être si prompt à jouer du couteau.

— Je ne recule devant aucune extrémité quand il s'agit du service de monseigneur.

— Oui, mais une fois pour toutes, maître Arnauld, songez que si vous vous laissez prendre, je vous laisserai pendre, dit d'un ton sec et quelque peu méprisant le connétable.

— Soyez tranquille, monseigneur, on est homme de précaution.

— Voyons la lettre maintenant.

— La voici, monseigneur.

— Eh bien ! décachetez-la sans altérer le scel, et lisez. Est-ce que vous vous imaginez que je sais lire, par la mort Dieu !

Maître Arnauld du Thill prit dans sa poche une sorte de ciseau tranchant, découpa soigneusement le cachet, et développa la lettre. Il courut d'abord à la signature.

— Monseigneur voit que je ne me trompais pas. La lettre adressée au cardinal de Guise est bien du cardinal Caraffa, comme ce misérable courrier avait eu la sottise de me l'avouer.

— Lisez donc, par la couronne d'épines ! s'écria Anne de Montmorency.

Maître Arnauld lut.

« Monseigneur et cher allié, trois mots seulement d'importance. Premièrement, selon votre demande, le Pape traînera en longueur l'affaire du divorce, et renverra de congrégation en congrégation François de Montmorency, qui nous est arrivé d'hier à Rome, pour finalement lui refuser les dispenses qu'il sollicite. »

— *Pater noster...* murmura le connétable. Que Satan les brûle, toutes ces robes rouges !

— « Deuxièmement, reprit Arnauld continuant sa lecture, monsieur de Guise, votre illustre frère, après avoir pris Campli, tient Civitella en échec. Mais pour nous résoudre ici à lui envoyer les hommes et provisions qu'il demande, grand sacrifice pour nous, en somme, nous voudrions être du moins assurés que vous ne le rappellerez pas pour la guerre de Flandres, comme le bruit en court ici. Faites en sorte qu'il nous reste, et sa Sainteté se déterminera à une grande émission d'indulgences, quoique les temps soient durs, pour aider monsieur François de Guise à châtier efficacement le duc d'Albe et son maître arrogant. »

— *Adveniat regnum tuum...* grommelait Montmorency. Nous aviserons à cela, tête et sang ! nous y aviserons, dussions-nous appeler les Anglais en France ; continuez donc, par la messe ! Arnauld.

— « Troisièmement, reprit l'espion, monseigneur, pour vous encourager et vous seconder dans vos efforts, l'arrivée prochaine à Paris d'un envoyé de votre frère, le vicomte d'Exmès, apportant à Henri les drapeaux conquis dans cette campagne d'Italie. Il part, et il arrivera sans doute en même temps que ma lettre, que j'ai préféré confier cependant à notre courrier ordinaire ; sa présence, et les glorieuses dépouilles qu'il va offrir au roi, vous seront assurément d'un bon secours pour diriger vos négociations dans le sens qu'il faut. »

— *Fiat voluntas tua !* s'écria le connétable furieux. Nous allons bien le recevoir cet ambassadeur d'enfer ! je te le recommande, Arnauld. Est-elle finie cette damnée lettre ?

— Oui, monseigneur, suivent les compliments et la signature.

— C'est bon, tu vois que tu vas avoir de la besogne, mon maître.

— Je ne demande que cela, monseigneur, avec un peu d'argent pour la conduire à bonne fin.

— Drôle ! voilà cent ducats. Il faut toujours avec toi avoir l'argent à la main.

— Je dépense tant pour le service de monseigneur.

— Tes vices te coûtent plus que mon service, maraud.

— Oh! comme monseigneur se trompe sur mon compte! Mon rêve serait de vivre calme et heureux, et riche, dans quelque province, entouré de ma femme et de mes enfants, et de couler là en paix mes jours comme un honnête père de famille.

— C'est tout à fait vertueux et bucolique, en effet. Eh bien! amende-toi, mets de côté quelques doublons, marie-toi, et tu pourras réaliser tes plans de bonheur domestique. Qui t'en empêche?

— Ah! monseigneur, la fougue! Et quelle femme voudrait de moi?

— Au fait, en attendant votre hyménée, maître Arnauld, recachetez toujours précieusement cette lettre, et portez-la au cardinal. Vous vous déguiserez, entendez-vous? et vous direz que vous avez été chargé par votre camarade mourant...

— Monseigneur peut se fier à moi. Lettre refermée et courrier remplacé seront plus vraisemblables que la vérité elle-même.

— Ah! mort Dieu! reprit Montmorency, nous avons oublié de prendre le nom de ce plénipotentiaire annoncé par le Guise. Comment s'appelle-t-il déjà?

— Le vicomte d'Exmès, monseigneur.

— Oui, c'est cela, maraud. Eh bien! retiens ce nom. Et là! qui vient me déranger encore?

— Que monseigneur me pardonne, dit en entrant le fourrier du connétable. C'est un gentilhomme arrivant d'Italie, qui demande à voir le roi de la part du duc de Guise, et j'ai cru devoir vous en prévenir, vu surtout qu'il voulait absolument parler au cardinal de Lorraine. Il s'appelle le vicomte d'Exmès.

— C'est très bien fait à toi. Guillaume, dit le connétable. Fais entrer ici ce seigneur. Et toi, maître Arnauld, mets-toi là, derrière cette portière, et ne perds pas cette occasion de voir celui à qui tu auras sans doute affaire. C'est pour toi que je le reçois, attention!

— M'est avis, monseigneur, répondit Arnauld, que je l'ai rencontré déjà dans mes voyages. N'importe! il est bon de s'en assurer... Le vicomte d'Exmès?...

L'espion se glissa derrière la tapisserie. Guillaume introduisit Gabriel.

— Pardon, dit le jeune homme en saluant le vieillard, à qui ai-je l'honneur de parler?

— Je suis le connétable de Montmorency, monsieur; que désirez-vous?

— Pardon encore, reprit Gabriel, ce que j'ai à dire, c'est au roi que je dois le dire.

— Vous savez que Sa Majesté n'est pas au Louvre? et en son absence...

— Je rejoindrai ou j'attendrai Sa Majesté, interrompit Gabriel.

— Sa Majesté est aux fêtes des Tournelles, et ne reviendra pas avant le soir ici. Ignorez-vous qu'on célèbre aujourd'hui le mariage de monseigneur le dauphin?

— Non, monseigneur, je l'ai appris sur mon chemin. Mais je suis venu par les rues de l'Université et le pont au Change, et n'ai point traversé la rue Saint-Antoine.

— Vous auriez dû suivre alors la direction de la foule. Elle vous eût conduit au roi.

— C'est que je n'ai pas l'honneur d'avoir été vu encore par Sa Majesté. Je suis tout à fait étranger à la cour. J'espérais trouver au Louvre monseigneur le cardinal de Lorraine. C'est Son Éminence que j'avais demandée, et je ne sais pourquoi, monseigneur, c'est à vous que l'on m'a mené.

— Monsieur de Lorraine, dit le connétable, aime les simulacres de combat, étant homme d'église; mais moi qui suis homme d'épée, je n'aime pas les combats réels, et c'est pourquoi je suis au Louvre, tandis que monsieur de Lorraine est aux Tournelles.

— Je vais donc, s'il vous plaît, monseigneur, aller l'y rejoindre.

— Mon Dieu! reposez-vous un peu, monsieur, vous paraissez arriver de loin, d'Italie sans doute, puisque vous êtes entré par l'Université.

— D'Italie en effet, monseigneur. Je n'ai aucune raison de le cacher.

— Vous venez de la part du duc de Guise peut-être. Eh bien! que fait-il là-bas?

— Permettez-moi, monseigneur, de l'apprendre d'abord à Sa Majesté, et de vous quitter pour aller remplir ce devoir.

— Allez, monsieur, puisque vous êtes si pressé. Sans doute, ajouta-t-il avec une bonhomie jouée, vous êtes impatient de revoir quelqu'une de nos belles dames. Je gage que vous avez hâte et peur à la fois. Eh! n'est-ce pas vrai, voyons, jeune homme?

Mais Gabriel prit son air froid et grave, ne répondit que par un profond salut et s'éloigna.

— *Pater noster qui es in cælis!...* grinça le connétable quand la porte se fut refermée sur Gabriel. Est-ce que ce maudit muguet s'imagine que je voulais lui faire des avances, par hasard, le gagner, qui sait? le corrompre peut-être! Est-ce que je ne sais pas aussi bien que lui ce qu'il vient dire au roi? N'importe, si je le retrouve, il me payera cher ses airs farouches et son insolente défiance? — Holà? maître Arnauld. Eh bien! quoi, où est le drôle? envolé aussi! Par la croix! tous les gens se sont donné le mot pour être stupides aujourd'hui; Satan les confonde!... *Pater noster?*...

Tandis que le connétable exhalait sa mauvaise humeur en injures et en patenôtres, selon sa coutume, Gabriel, traversant pour sortir du Louvre une galerie assez obscure, vit à son grand étonnement, debout près de la porte, son écuyer Martin-Guerre, auquel il avait ordonné de l'attendre dans la cour.

— C'est vous, maître Martin, lui dit-il. Vous êtes donc venu à ma rencontre? Eh bien! prenez les devants avec Jérôme, et allez m'attendre avec les drapeaux bien enveloppés au coin de la rue Sainte-Catherine, dans la rue Saint-Antoine. Monseigneur le cardinal voudra peut-être que nous les présentions au roi sur-le-champ, et devant la cour rassemblée au carrousel. Christophe me tiendra mon cheval et m'accompagnera. Allez! vous m'avez compris?

— Oui, monseigneur, je sais ce que je voulais savoir, répondit Martin-Guerre.

Et il se mit à descendre les escaliers, en devançant Gabriel, avec une promptitude de bon augure pour l'exécution de sa commission. Aussi Gabriel qui sortit du Louvre plus lentement et comme rêvant, fut très surpris de retrouver encore dans la cour son écuyer tout effaré et tout blême cette fois.

— Eh bien! Martin, qu'est-ce donc et qu'avez-vous? lui demanda-t-il.

— Ah! monseigneur, je viens de le voir, il a passé là près de moi, à l'instant, il m'a parlé.

— Qui donc?

— Qui? si ce n'est Satan, le fantôme, l'apparition, le monstre, l'autre Martin-Guerre.

— Encore cette folie, Martin! vous rêvez donc tout debout?

— Non, non, je n'ai pas rêvé. Il m'a parlé, monseigneur, vous dis-je, il s'est arrêté devant moi, m'a pétrifié de son regard magique, et riant de son rire infernal : « — Eh bien! m'a-t-il dit, nous sommes donc toujours au service du vicomte d'Exmès? remarquez ce pluriel *nous sommes*, monseigneur; et nous rapportons d'Italie les drapeaux conquis dans la campagne par monsieur de Guise? Je réponds oui de la tête, malgré moi, car il me fascinait. Comment sait-il tout cela, monseigneur? — Et il a repris : — N'ayons donc pas peur, ne sommes-nous pas amis et frères! — Et puis il a entendu le bruit de vos pas, monseigneur, et il a seulement ajouté avec son ironie diabolique qui me fait dresser les cheveux sur la tête : — Nous nous reverrons, Martin-Guerre, nous nous reverrons. Et il a disparu, par cette petite porte peut-être, ou plutôt dans la muraille.

— Fou que tu es! reprit Gabriel. Comment aurait-il eu

le temps matériel de dire et de faire tout cela, depuis que tu m'as quitté là-haut dans la galerie.

— Moi, monseigneur, je n'ai pas bougé de cette place où vous m'aviez ordonné de vous attendre.

— En voici bien d'une autre, et si ce n'est à toi, à qui ai-je parlé tout à l'heure ?

— Assurément à l'autre, monseigneur, à mon double, à mon spectre.

— Mon pauvre Martin, reprit Gabriel avec pitié, souffres-tu ? tu dois avoir mal à la tête. Nous avons peut-être trop longtemps marché au soleil.

— Oui, dit Martin-Guerre, vous vous imaginez encore que j'ai le délire, n'est-ce pas ? Mais une preuve, monseigneur, que je ne me trompe pas, c'est que je ne sais pas le premier mot de ces ordres que vous êtes censé m'avoir donnés.

— Tu les a oubliés, Martin ! dit Gabriel avec douceur. Eh bien ! je vais te les répéter, mon ami. Je te disais d'aller m'attendre avec les drapeaux, rue Saint-Antoine, au coin de la rue Sainte-Catherine. Jérôme t'accompagnerait et je garderais Christophe ; te rappelles-tu cela maintenant ?

— Pardon, monseigneur, comment voulez-vous qu'on se rappelle ce qu'on n'a jamais su ?

— Enfin, dit Gabriel, vous le savez maintenant, Martin. Allons reprendre nos chevaux au guichet, où nos gens doivent nous les tenir, et en route promptement. Aux Tournelles !

— J'obéis, monseigneur. En somme cela vous fait à vous deux écuyers ? mais il est bien heureux au moins que je n'aie pas deux maîtres.

VIII.

UN CARROUSEL HEUREUX.

La lice des fêtes solennelles avait été dressée à travers la rue Saint-Antoine, depuis les Tournelles jusqu'aux écuries royales. Elle formait un carré long bordé de chaque côté par des échafauds couverts de spectateurs : à l'une des extrémités se tenaient la reine et la cour ; à l'extrémité opposée se trouvait l'entrée de la lice où attendaient les combattants des joûtes ; la foule se pressait aux deux autres galeries.

Quand, après la cérémonie religieuse et le repas qui suivit, la reine et la cour, vers trois heures de l'après-midi, vinrent prendre place aux rangs qui leur étaient réservés, les vivats et les acclamations de joie retentirent de toutes parts.

Mais ces cris bruyans d'allégresse firent précisément commencer la fête par un malheur. Le cheval de monsieur d'Avallon, un des capitaines des gardes, effrayé de ce tumulte, se cabra et s'emporta dans l'arène, et son cavalier désarçonné alla donner de la tête contre une des barrières de bois qui garnissaient l'enceinte, et fut retiré à demi mort et remis entre les mains des chirurgiens dans un état à peu près désespéré.

Le roi fut fort affecté de ce déplorable accident, mais sa passion pour les jeux et carrousels eut bientôt pris le dessus sur son chagrin.

— Ce pauvre monsieur d'Avallon, dit-il, un serviteur si dévoué ! qu'on en prenne bien soin au moins.

Et il ajouta :

— Allons ! On peut toujours commencer les courses à la bague.

Le jeu de bague de ce temps-là était un peu plus compliqué et plus difficile que celui que nous connaissons. La potence où pendait l'anneau était placée à peu près aux deux tiers de la lice. Il fallait parcourir au galop le premier tiers, au grand galop le second, et enlever, en passant, dans cette course rapide, la bague à la pointe de la lance. Mais le bois ne devait pas surtout toucher le corps, il fallait la tenir horizontalement et le coude haut au-dessus de la tête. On achevait de parcourir l'arène au trot. Le prix était une bague en diamans offerte par la reine.

Henri II, sur son cheval blanc caparaçonné d'or et de velours, était le plus élégant et le plus habile cavalier qui se pût voir. Il tenait sa lance et la maniait avec une grâce et une sûreté admirables, et ne manquait guères la bague. Pourtant monsieur de Vieilleville rivalisait avec lui, et il y eut un moment où l'on crut que la victoire appartiendrait à celui-ci. Il avait deux bagues de plus que le roi, et n'en restait plus que trois à enlever, mais, monsieur de Vieilleville, en homme de cour bien appris, les manqua toutes les trois, par un guignon prodigieux, et ce fut le roi qui eut le prix.

En recevant la bague, il hésita un moment, et son regard se porta avec regret vers Diane de Poitiers, mais le don était offert par la reine, il dut venir le présenter à la nouvelle dauphine Marie Stuart, la mariée du jour.

— Eh bien ! demanda-t-il dans l'entr'acte qui suivit cette première course, a-t-on espoir de sauver monsieur d'Avallon ?

— Sire, il respire encore, lui fut-il répondu, mais 'l n'y a guères de chance de le tirer de là.

— Hélas ! fit le roi, passons donc au jeu des gladiateurs.

Ce jeu des gladiateurs était un simulacre de combat avec passes et évolutions, fort nouveau et fort rare dans ce temps-là, mais qui ne frapperait pas sans doute l'imagination du spectateur de nos jours, et des lecteurs de notre livre. Nous renvoyons donc à Brantôme ceux qui seraient curieux de connaître les marches et contre-marches de ces douze gladiateurs « vestus de satin blanc les six, et les autres de satin cramoisi, fait à l'antique romaine. » Ce qui en effet devait paraître fort historique en un siècle où la couleur locale n'était pas encore inventée.

Cette belle lutte terminée au milieu des applaudissemens universels, on fit les dispositions nécessaires pour commencer la course aux pieux.

A l'extrémité de la lice où se tenait la cour, plusieurs pieux de cinq à six pieds étaient enfoncés en terre de distance en distance. Il fallait arriver au galop de son cheval, tourner et retourner en tous sens autour de ces arbres improvisés sans en manquer et sans en dépasser un seul. Le prix était un bracelet du plus merveilleux travail.

Sur huit carrières fournies, l'honneur de trois revint au roi, et monsieur le colonel de Bonnivet en gagna trois également. La neuvième et dernière devait décider ; mais monsieur de Bonnivet n'était pas moins respectueux que monsieur de Vieilleville ; et, malgré toute la bonne volonté de son cheval, il n'arriva que troisième, et Henri eut encore le prix.

Le roi alla s'asseoir alors auprès de Diane de Poitiers, et lui mit publiquement au bras le bracelet qu'il venait de recevoir.

La reine pâlit de rage.

Gaspard de Tavannes, qui était derrière elle, se pencha à l'oreille de Catherine de Médicis.

— Madame, lui dit-il, suivez-moi des yeux où je vais, et regardez-moi faire.

— Et que vas-tu faire, mon brave Gaspard ? dit la reine.

— Couper le nez à madame de Valentinois, répondit froidement et sérieusement Tavannes.

Il y allait, Catherine le retint moitié effrayée, moitié charmée.

— Mais, Gaspard, vous seriez perdu, y songez-vous ?

— J'y songe, madame, mais je sauverai le roi et la France.

— Merci ! Gaspard, reprit Catherine, vous êtes un vaillant ami, aussi bien qu'un rude soldat. Mais je vous ordonne de rester, Gaspard, ayons patience.

Patience ! C'était là en effet le mot d'ordre que Catherine de Médicis semblait jusqu'à présent avoir donné à sa vie. Celle qui se mit si volontiers plus tard au premier rang, ne paraissait jamais dans ce temps-là aspirer à sortir de l'ombre du second. Elle attendait. Elle était pourtant alors dans toute la puissance d'une beauté sur laquelle le sieur de Bourdeille nous a laissé les détails les plus intimes; mais elle évitait avant tout de paraître, et c'est probablement à cette modestie qu'elle dut le silence absolu de la médisance sur son compte du vivant de son mari. Il n'y avait que ce brutal de connétable assez osé pour faire remarquer au roi qu'après dix ans de stérilité, les dix enfans que Catherine avait donnés à la France, ressemblaient bien peu à leur père. Personne autre n'eût eu la témérité de souffler un mot contre la reine.

Toujours est-il que Catherine, ce jour-là comme d'habitude, sembla ne pas même remarquer les attentions dont le roi entourait Diane de Poitiers, au vu et au su de toute la cour. Après avoir calmé la fougueuse indignation du maréchal, elle se mit à s'entretenir avec ses dames des courses qui venaient d'avoir lieu, et de l'adresse qu'avait déployée Henri.

Les tournois ne devaient avoir lieu que le lendemain et les jours suivans: mais plusieurs seigneurs de la cour étaient venus demander au roi la permission, l'heure étant peu avancée, de rompre quelques lances en l'honneur et pour le plaisir des dames.

— Soit! messieurs, répondit comme de raison le roi; je vous l'accorde de grand cœur, bien que cela doive déranger peut-être monsieur le cardinal de Lorraine, qui n'a jamais eu, je crois, à démêler si nombreuse correspondance que depuis deux heures que nous sommes ici. Voilà coup sur coup deux messages qu'il reçoit et dont il paraît fort affairé. N'importe! nous saurons après ce que c'est, et vous pouvez en attendant rompre quelques lances... Et voici un prix pour le vainqueur, ajouta Henri en détachant de son cou le collier d'or qu'il portait. Faites de votre mieux, messieurs, et prenez garde cependant que si la partie s'échauffe, je pourrai bien m'en mêler et tâcher de regagner ce que je vous offre, d'autant plus que je redois quelque chose à madame de Castro. Notez aussi qu'à six heures précises le combat sera fini, et le vainqueur, quel qu'il soit, couronné. Allez donc, vous avez une heure pour nous montrer vos beaux coups. Ayez soin toutefois qu'il n'arrive de mal à personne. — Et à propos, comment va monsieur d'Avallon?

— Hélas! sire, il vient tout à l'heure de trépasser.

— Que Dieu ait donc son âme, reprit Henri. De mes capitaines des gardes, c'était peut-être le plus zélé mon service et le plus brave. Qui donc me remplacera?..... Mais les dames attendent, messieurs, et la lice va s'ouvrir. Voyons, qui aura le collier des mains de la reine?

Le comte de Pommerive fut le premier tenant, puis il dut céder à monsieur de Burie, à qui monsieur le maréchal d'Amville prit ensuite le champ. Mais le maréchal, qui était très vigoureux et très habile, s'y soutint constamment contre cinq tenans successifs.

Le roi n'y put tenir.

— Eh! dit-il au maréchal, je vais voir, monsieur d'Amville, si vous êtes rivé là pour l'éternité!

Il s'arma, et dès la première tenue monsieur d'Amville quitta les étriers. Ce fut après le tour de M. d'Aussun. Puis aucun assaillant ne se présenta plus.

— Qu'est-ce donc, messieurs? dit Henri. Quoi! personne ne veut plus joûter contre moi. Est-ce que par hasard on me ménage? reprit-il en fronçant le sourcil. Ah! mordieu! si je le croyais! il n'y a de roi ici que le vainqueur, et de privilèges que ceux de l'adresse. Donc, attaquez-moi, messieurs, et hardiment.

Mais pas un ne se risquait à faire la passe du roi, on craignait également d'être vainqueur et d'être vaincu.

Le roi pourtant s'impatientait fort. Il commençait à se douter peut-être qu'aux joûtes précédentes ses adversaires n'avaient pas usé de tous leurs moyens contre lui, et cette idée, qui diminuait à ses propres yeux sa victoire, le remplissait de dépit.

Enfin un nouvel assaillant passa la barrière. Henri, sans regarder seulement qui c'était, prit du champ, s'élança. Les deux lances se brisèrent, mais le roi, le tronçon jeté, trébucha en selle et fut obligé de saisir l'arçon: l'autre resta immobile. En ce moment six heures sonnaient. Henri était vaincu.

Il descendit leste et joyeux de cheval, jeta la bride aux mains d'un écuyer, et vint prendre par la main son vainqueur pour le conduire lui-même à la reine. A sa grande surprise, il vit un visage qui lui était parfaitement inconnu. C'était d'ailleurs un cavalier de belle prestance et de noble mine, et la reine, en passant le collier au cou du jeune homme agenouillé devant elle, ne put s'empêcher de le remarquer et de lui sourire.

Mais lui, après s'être incliné profondément se releva, fit quelques pas vers l'estrade de la cour, et s'arrêtant devant madame de Castro, lui offrit le collier, prix du vainqueur.

Les fanfares retentissaient encore, de sorte qu'on n'entendit pas deux cris sortis en même temps de deux bouches:

— Gabriel!
— Diane!

Diane, toute pâle de joie et de surprise, prit le collier d'une main tremblante. Chacun pensa que le cavalier inconnu avait entendu le roi promettre ce collier à madame de Castro, et ne voulait pas en frustrer une si belle dame. On trouva que sa démarche était galante et d'un bon gentilhomme. Le roi lui même ne prit pas la chose autrement.

— Voilà, dit-il, une courtoisie qui me touche. Mais moi qui passe pour connaître par leur nom tous les gentilshommes de ma noblesse, j'avoue, monsieur, ne pas me rappeler où et quand je vous ai déjà vu, et je serais pourtant charmé de savoir qui m'a donné tout à l'heure cette rude secousse qui m'aurait désarçonné, je crois, si, Dieu merci! je n'avais pas les jambes assez fermes.

— Sire, répondit Gabriel, c'est la première fois que j'ai l'honneur de me trouver en présence de Votre Majesté. J'étais jusqu'à présent à l'armée, et en ce moment même j'arrive d'Italie. Je m'appelle le vicomte d'Exmès.

— Le vicomte d'Exmès! reprit le roi; bien! je me souviendrai à présent du nom de mon vainqueur.

— Sire, reprit Gabriel, il n'y a pas de vainqueur là où vous êtes, et j'en apporte la preuve glorieuse à Votre Majesté.

Il fit un signe. Martin-Guerre et les deux hommes d'armes entrèrent dans la lice avec les drapeaux italiens qu'ils déposèrent aux pieds du roi.

— Sire, reprit Gabriel, voici les drapeaux conquis en Italie par votre armée, et que monseigneur le duc de Guise envoie à Votre Majesté. Son Éminence monsieur le cardinal de Lorraine m'assure que Votre Majesté ne me saura pas mauvais gré de lui rendre ces dépouilles aussi inopinément et en présence de la cour et du peuple de France témoins intéressés de votre gloire. Sire, j'ai aussi l'honneur de remettre entre vos mains les lettres que voici, de la part de monsieur le duc de Guise.

— Merci, monsieur d'Exmès, dit le roi. Voilà donc le secret de toute la correspondance de monsieur le cardinal. Ces lettres vous accréditent auprès de notre personne, vicomte. Mais vous avez de triomphantes façons de vous présenter vous-même. Qu'est-ce que le fils? que de ces drapeaux vous en avez pris quatre en personne. Notre cousin de Guise vous tient pour un de ses plus braves capitaines. Monsieur d'Exmès, demandez-moi ce que vous voudrez, et je jure Dieu que vous l'obtiendrez sur-le-champ.

— Sire, vous me comblez, et je m'en remets aux bontés de Votre Majesté.

— Vous êtes capitaine auprès de monsieur de Guise, monsieur, dit le roi. Vous plairait-il de l'être dans nos gardes? J'étais embarrassé de remplacer monsieur d'Avallon, si malheureusement trépassé aujourd'hui, mais je vois qu'il aura un digne successeur.

— Votre Majesté...

— Vous acceptez? c'est dit. Vous entrerez demain en fonction. Nous allons maintenant retourner au Louvre.

Vous m'entretiendrez plus au long des détails de cette guerre d'Italie.

Gabriel salua.

Henri donna l'ordre du départ. La foule se dispersa aux cris de Vive le roi! Diane, comme par enchantement, se retrouva un instant auprès de Gabriel.

— Demain, au cercle de la reine, lui dit-elle à voix basse.

Elle disparut emmenée par son cavalier, mais laissant à son ancien ami une espérance divine au cœur.

IX.

QU'ON PEUT PASSER A CÔTÉ DE SA DESTINÉE SANS LA CONNAÎTRE.

Quand il y avait cercle chez la reine, c'était ordinairement le soir après le souper. Voilà ce qu'on apprit à Gabriel, en le prévenant que sa nouvelle qualité de capitaine des gardes, non-seulement l'autorisait, mais l'obligeait même à s'y montrer. Il n'avait garde de manquer à ce devoir, et son seul souci était qu'il fallait attendre vingt-quatre heures avant de le remplir. On voit que, pour le zèle et pour la bravoure, monsieur d'Avallon était dignement remplacé.

Mais il s'agissait de tuer l'une après l'autre ces vingt-quatre éternelles heures qui séparaient Gabriel du moment désiré. Le jeune homme que la joie délassait, et qui n'avait guère vu Paris encore qu'en passant d'un camp à un autre, se mit à parcourir la ville avec Martin-Guerre, cherchant un logement convenable. Il eut le bonheur, car il était en chance ce jour-là, de trouver vacant le logement que son père le comte de Montgommery avait occupé autrefois. Il le retint, bien qu'il fût un peu splendide pour un simple capitaine aux gardes; mais Gabriel en serait quitte pour écrire à son fidèle Elyot de lui envoyer de Montgommery quelque somme. Il manderait aussi à sa bonne nourrice Aloyse de venir le rejoindre.

Le premier but de Gabriel était atteint. Il n'était plus un enfant à présent, mais un homme qui avait fait déjà ses preuves et avec lequel il fallait compter; à l'illustration qui lui venait de ses aïeux il avait su joindre une gloire qui lui était personnelle. Seul et sans autre appui que son épée, sans autre recommandation que son courage, il était parvenu à vingt-quatre ans à un grade éminent. Il pouvait enfin s'offrir fièrement à celle qu'il aimait comme à ceux qu'il devait haïr. Ceux-ci, Aloyse pourrait l'aider à les reconnaître; celle-là l'avait reconnu.

Gabriel s'endormit le cœur content et dormit bien.

Le lendemain, il dut se présenter chez monsieur de Boissy, le grand écuyer de France, pour y donner ses preuves de noblesse. Monsieur de Boissy, un honnête homme, avait été l'ami du comte de Montgommery. Il comprit les motifs de Gabriel pour tenir caché son vrai titre, et lui engagea sa parole qu'il lui garderait le secret. Ensuite, monsieur le maréchal d'Amville fit reconnaître le vicomte par sa compagnie. Puis Gabriel commença immédiatement son service par la visite et l'inspection des prisons d'Etat de Paris, commission pénible qui, une fois par mois, rentrait dans les attributions de sa charge.

Il commença par la Bastille et finit par le Châtelet.

Le gouverneur lui remettait la liste de ses prisonniers, lui déclarait ceux qui étaient morts, malades, transférés ou mis en liberté, et les lui faisait passer ensuite en revue, triste revue, morne spectacle. Il croyait avoir terminé, quand le gouverneur du Châtelet lui montra dans le registre une page presque blanche, laquelle portait seulement cette note singulière qui frappa entre toutes Gabriel.

— N° 21, X..., prisonnier au secret. Si dans la visite du gouverneur ou du capitaine des gardes, il essaye seulement de parler, le faire transporter dans un cachot plus profond et plus dur.

— Quel est ce prisonnier si important? peut-on le savoir? demanda Gabriel à monsieur de Salvoison, gouverneur du Châtelet.

— Nul ne le sait, répondit le gouverneur. Je l'ai reçu de mon prédécesseur, comme il l'avait reçu du sien. Vous voyez sur le registre que la date de son entrée est laissée en blanc. Ce doit être sous le règne de François Ier qu'on l'a amené. Il a essayé, m'a-t-on dit, deux ou trois fois de parler. Mais, au premier mot, le gouverneur doit, sous les peines les plus graves, refermer la porte de sa prison et le faire transporter dans une prison plus sévère; ce qu'on a fait. Il ne reste ici maintenant qu'un cachot plus terrible que le sien, et ce cachot serait la mort. On voulait en venir là sans doute, mais le prisonnier se tait à présent. C'est sans doute quelque criminel redoutable. Il demeure constamment enchaîné, et son geôlier, pour prévenir jusqu'à la possibilité d'une évasion, entre dans sa prison à toute minute.

— Mais, s'il parlait à ce geôlier? dit Gabriel.

— Oh! l'on a pris un sourd et muet, né au Châtelet, et qui n'en est jamais sorti.

Gabriel frissonna. Cet homme si complétement séparé du monde des vivans, qui vivait pourtant et qui pensait, lui inspirait une pitié mêlée de je ne sais quelle horreur. Quelle idée ou quel remords, quel peur de l'enfer ou quelle foi au ciel pouvaient empêcher un être aussi misérable de se briser la tête contre les murs de son cachot? Était-ce une vengeance ou bien un espoir qui le retenait encore dans la vie?...

Gabriel ressentait une sorte d'avidité inquiète de voir cet homme; son cœur battait comme il n'avait encore battu qu'aux momens où il allait revoir Diane. Il venait de visiter cent prisonniers avec une compassion banale. Mais celui-là l'attirait et le touchait plus que tous les autres et l'angoisse serrait sa poitrine quand il songeait à cette existence tumulaire.

— Allons au numéro 21, dit-il au gouverneur d'un ton singulièrement ému.

Ils descendirent plusieurs escaliers noirs et humides, traversèrent plusieurs voûtes pareilles aux spirales horribles de l'enfer de Dante; puis le gouverneur s'arrêtant devant une porte en fer :

— C'est là. Je ne vois pas le gardien, il est dans la prison sans doute; mais j'ai de doubles clés. — Entrons.

Il ouvrit en effet, et ils entrèrent à la lueur de la lanterne que tenait un porte-clef.

Gabriel vit alors un tableau silencieux et effrayant, comme on n'en voit guère que dans les cauchemars du délire.

Pour parois, partout la pierre, — la pierre noire, moussue, fétide; car ce lieu lugubre était creusé plus bas que le lit de la Seine, et les eaux, dans les grandes crues, l'inondaient à moitié. Sur ces parois funèbres, des bêtes visqueuses rampaient; l'air glacé ne résonnait d'aucun bruit si ce n'est celui d'une goutte d'eau qui tombait régulière et sourde de la hideuse voûte.

Un peu moins que cette goutte d'eau, un peu plus que les limaces immobiles, vivaient là deux créatures humaines, l'une gardant l'autre, mornes et muettes toutes deux.

Le geôlier, espèce d'idiot, géant à l'œil hébété, au teint blafard, se tenait debout dans l'ombre, regardant d'un regard stupide le prisonnier couché dans un coin sur un grabat de paille, les mains et les pieds enchaînés d'une chaîne rivée au mur. C'était un vieillard à la barbe blanche, aux cheveux blancs. Quand on entra, il semblait dormir et ne bougea pas; on eût pu le prendre pour un cadavre ou pour une statue.

Mais tout à coup il se leva sur son séant, ouvrit les yeux, et son regard s'attacha sur le regard de Gabriel.

Il lui était défendu de parler, mais ce regard terrible et magnifique parlait. Gabriel en fut fasciné. Le gouverneur visitait avec le porte-clefs tous les recoins du cachot. Lui,

Gabriel, cloué au sol, n'avançait pas, ne remuait pas, mais restait là tout altéré par ces yeux de flamme; il ne pouvait s'en détacher, et en même temps tout un monde d'étranges et inexprimables pensées s'agitait en lui.

Le prisonnier ne paraissait pas non plus contempler son visiteur avec indifférence, et il y eut même un moment où il fit un geste, et ouvrit la bouche comme s'il allait parler... mais, le gouverneur s'étant retourné, il se souvint à temps de la loi qui lui était prescrite, et ses lèvres ne parlèrent que par un amer sourire. Il referma alors les yeux, et retomba dans son immobilité de pierre.

— Oh! sortons d'ici, dit Gabriel au gouverneur. Sortons, de grâce! j'ai besoin de respirer l'air et de voir le soleil.

Il ne reprit en effet son calme et pour ainsi dire sa vie qu'en se retrouvant dans la rue, au milieu de la foule et du bruit. — Encore la sombre vision était-elle restée en lui, et le poursuivit-elle tout le jour, tandis qu'il allait pensif le long de la grève.

Quelque chose lui disait que le sort de ce misérable prisonnier touchait au sien, et qu'il venait de passer à côté d'un grand événement de sa vie. Lassé enfin par ces pressentimens mystérieux, il se dirigea, comme le jour finissait, vers la lice des Tournelles. Les tournois de la journée, auxquels Gabriel n'avait pas voulu prendre part, se terminaient. Gabriel put apercevoir Diane, et fut aperçu par elle, et ce double regard dissipa l'ombre de son cœur comme un rayon de soleil dissipe les nuages. Gabriel oublia le morne captif qu'il avait vu dans le jour pour ne plus songer qu'à l'éblouissante jeune fille qu'il allait revoir dans la soirée.

X.

ÉLÉGIE PENDANT LA COMÉDIE.

C'était une tradition du règne de François Ier. Trois fois par semaine au moins, le roi, les seigneurs et toutes les dames de la cour, se réunissaient le soir dans la chambre de la reine. Là on devisait des événemens du jour en toute liberté, parfois même en toute licence. Puis, dans la conversation générale, des entretiens particuliers s'établissaient, et, « se trouvant là, dit Brantôme, une troupe de » déesses humaines, chaque seigneur et gentilhomme en» tretenait celle qu'il aimait le mieux. » Souvent aussi il y avait bal ou spectacle.

C'est à une réunion de ce genre que devait se rendre le soir même Gabriel, et, contre son habitude, il se para et se parfuma pour ne point paraître avec trop de désavantage aux yeux de celle qu'il *aimait le mieux*, afin de parler toujours comme Brantôme.

La joie de Gabriel n'était pas d'ailleurs sans quelque mélange d'inquiétude, et certains mots vagues et malsonnans qu'on avait murmurés autour de lui sur le prochain mariage de Diane, ne laissaient pas que de le troubler intérieurement. Tout au bonheur qu'il avait ressenti en revoyant Diane et en croyant retrouver dans ses regards la tendresse d'autrefois, il avait presque oublié d'abord la lettre du cardinal de Lorraine, qui l'avait pourtant fait partir si vite; mais ces bruits qui circulaient dans l'air, ces noms réunis de Diane de Castro et de François de Montmorency, qu'il n'avait entendus que trop distinctement, rendirent la mémoire à sa passion. Diane se prêterait-elle donc à cet odieux mariage? Aimerait-elle ce François? Doutes déchirans que l'entrevue du soir ne réussirait peut-être pas à dissiper tout à fait.

Gabriel avait, en conséquence, résolu d'interroger là-dessus Martin-Guerre, qui avait fait déjà plus d'une connaissance, et, en sa qualité d'écuyer, devait en savoir bien plus long que les maîtres. Car, un effet d'acoustique généralement observé, c'est que les bruits de toutes sortes retentissent bien mieux en bas, et qu'il n'y a guère d'échos que dans les vallées. La résolution du comte d'Exmès lui était venue au reste d'autant plus à propos, que, de son côté, Martin-Guerre s'était bien promis d'interroger son maître, dont la préoccupation ne lui avait pas échappé, et qui cependant n'avait pas, en conscience, le droit de rien cacher de ses actions et de ses sentimens à un fidèle serviteur de cinq années, et à un sauveur, qui plus est.

De cette détermination réciproque, et de la conversation qui s'en suivit, il résulta pour Gabriel que Diane de Castro n'aimait pas François de Montmorency, et pour Martin-Guerre que Gabriel aimait Diane de Castro.

Cette double conclusion les réjouit tellement l'un et l'autre, que Gabriel arriva au Louvre une heure avant l'ouverture des portes, et que Martin-Guerre, pour faire honneur à la maîtresse royale du vicomte, alla sur-le-champ chez le tailleur de la cour s'acheter un justaucorps de drap brun et des chausses de tricot jaune. Il paya le tout comptant, et revêtit immédiatement ce costume pour le montrer dès le soir dans les antichambres du Louvre, où il devait aller attendre son maître.

Aussi le tailleur fut-il très étonné de voir une demi-heure après reparaître Martin-Guerre, et dans des habits différens. Il lui en fit la remarque. Martin-Guerre lui répondit que la soirée lui avait paru un peu fraîche, et qu'il avait jugé à propos de se vêtir plus chaudement. Du reste, il était toujours tellement satisfait du justaucorps et des chausses, qu'il venait prier le tailleur de lui vendre ou de lui faire un justaucorps du même drap et de la même coupe. Vainement le marchand fit observer à Martin-Guerre qu'il aurait l'air de porter toujours le même habit, et qu'il vaudrait mieux demander un costume différent, un justaucorps jaune et des chausses brunes, par exemple, puisqu'il semblait affectionner ces couleurs: Martin-Guerre ne voulut pas démordre de son idée, et le tailleur dut lui promettre de ne pas même varier la nuance des vêtemens qu'il allait promptement lui faire, puisqu'il n'en avait pas de tout faits. Seulement, pour cette seconde commande, Martin-Guerre demandait un peu de crédit. Il avait bellement acquitté la première, il était l'écuyer du vicomte d'Exmès, capitaine des gardes du roi; le tailleur était doué de cette héroïque confiance qui fut de tout temps l'apanage historique de ceux de son état, il consentit et promit pour le lendemain le second costume complet.

Cependant l'heure pendant laquelle Gabriel avait dû rôder aux portes de son paradis était écoulée, et, avec nombre d'autres seigneurs et dames, il avait pu pénétrer dans l'appartement de la reine.

Du premier regard Gabriel aperçut Diane; elle était assise auprès de la reine-dauphine, comme on appela dès lors Marie Stuart.

L'aborder sur-le-champ eût été trop hardi pour un nouveau venu, et un peu imprudent sans doute. Gabriel se résigna à attendre un moment favorable, celui où la conversation allait s'animer et distraire les esprits. Il se mit à causer, en attendant, avec un jeune seigneur pâle et d'apparence délicate que le hasard avait amené près de lui. Mais, après s'être quelque temps entretenu de sujets insignifians comme semblait l'être sa personne, le jeune cavalier ayant demandé à Gabriel :

— A qui donc ai-je l'honneur de parler, monsieur?

— Je m'appelle le vicomte d'Exmès, répondit Gabriel. Et oserai-je, monsieur, vous adresser la même question? ajouta-t-il.

Le jeune homme le regarda d'un air étonné, puis reprit :

— Je suis François de Montmorency.

Il aurait dit : Je suis le diable ! Gabriel se serait éloigné avec moins d'épouvante et de précipitation. François, qui n'avait pas l'intelligence très vive, en resta tout stupéfait; mais comme il n'aimait pas à travailler de tête, il laissa bientôt de côté cette énigme, et alla chercher ailleurs des auditeurs un peu moins farouches.

Gabriel avait eu soin de diriger sa fuite du côté de

Diane de Castro, mais il fut arrêté par un grand mouvement qui se fit du côté du roi. Henri II venait d'annoncer que voulant terminer cette journée par une surprise aux dames, il avait fait dresser un théâtre dans la galerie, et qu'on allait y représenter une comédie en cinq actes et en vers de monsieur Jean Antoine de Baïf, intitulée le Brave; cette nouvelle fut naturellement accueillie par les remercîmens et les acclamations de tous. Les gentilshommes présentèrent la main aux dames pour passer dans la salle voisine où la scène avait été improvisée; mais Gabriel arriva trop tard auprès de Diane, et put seulement se placer non loin d'elle derrière la reine.

Catherine de Médicis l'aperçut et l'appela; il dut venir devant elle.

— Monsieur d'Exmès, lui dit-elle, pourquoi donc ne vous a-t-on pas vu au tournoi d'aujourd'hui?

— Madame, répondit Gabriel, les devoirs de la charge que Sa Majesté m'a fait l'honneur de me confier m'en ont empêché.

— Tant pis, reprit Catherine avec un charmant sourire, car vous êtes à coup sûr un de nos plus hardis et de nos plus adroits cavaliers. Vous avez fait chanceler le roi hier, ce qui est un coup rare. J'aurais eu du plaisir à être de nouveau témoin de vos prouesses.

Gabriel s'inclina tout embarrassé de ces complimens auxquels il ne savait que répondre.

— Connaissez-vous la pièce que l'on va nous représenter? poursuivit Catherine, évidemment bien disposée en faveur du beau et timide jeune homme.

— Je ne la connais qu'en nom, répondit Gabriel, car c'est, m'a-t-on dit, une simple imitation d'une pièce de Térentius.

— Je vois, dit la reine, que vous êtes aussi savant que vaillant, aussi versé dans les choses des lettres qu'habile aux coups de lance.

Tout cela était dit à demi-voix, et accompagné de regards qui n'étaient pas précisément cruels. Assurément le cœur de Catherine était vide pour le moment. Mais sauvage comme l'Hippolyte d'Euripide, Gabriel n'accueillait ces avances de l'Italienne qu'avec un air contraint et des sourcils froncés. L'ingrat! il allait pourtant devoir à cette bienveillance dont il faisait fi d'abord, non-seulement la place qu'il ambitionnait si longtemps auprès de Diane, mais encore la plus charmante bouderie où pût se trahir l'amour d'une jalouse.

En effet, lorsque le prologue vint, selon l'usage, réclamer l'indulgence de l'auditoire, Catherine dit à Gabriel :

— Allez vous asseoir là derrière moi, parmi ces dames; monsieur le lettré, pour qu'au besoin je puisse avoir recours à vos lumières.

Madame de Castro avait choisi sa place à l'extrémité d'une ligne, de sorte qu'après elle il n'y avait que le passage. Gabriel, après avoir salué la reine, prit modestement un tabouret et vint s'asseoir dans ce passage à côté de Diane, afin de ne déranger personne.

La comédie commença.

C'était, ainsi que Gabriel l'avait dit à la reine, une imitation de l'Eunuque de Térence, composée en vers de huit syllabes et rendue avec toute la pédante naïveté du temps. Nous nous abstiendrons d'analyser la pièce. Ce serait d'ailleurs un anachronisme, la critique et les comptes rendus n'étant pas inventés encore à cette époque barbare. Qu'il nous suffise de rappeler que le personnage principal de la pièce est un faux brave, un soldat fanfaron qui se laisse duper et mal mener par un parasite.

Or, dès le début de la pièce, les nombreux partisans des Guises assis dans la salle virent dans le vieux pourfendeur ridicule le connétable de Montmorency, et les partisans de Montmorency voulurent reconnaître les ambitions du duc de Guise dans les rodomontades du soldat fanfaron. Dès-lors chaque scène fut une satire et chaque saillie une allusion. On riait dans les deux partis à gorge déployée : on se montrait réciproquement du doigt, et à vrai dire, cette comédie qui se jouait dans la salle, n'était pas moins amusante que celle que les acteurs représentaient sur l'estrade.

Nos amoureux profitèrent de l'intérêt que prenaient à la représentation les deux camps rivaux de la cour pour laisser parler harmonieusement leur amour au milieu des huées et des risées. Ils prononcèrent d'abord leurs deux noms à voix basse. C'est là l'invocation sacrée.

— Diane!

— Gabriel!

— Vous allez donc épouser François de Montmorency?

— Vous êtes donc bien avant dans les bonnes grâces de la reine?

— Vous avez entendu que c'est elle qui m'a appelé.

— Vous savez que c'est le roi qui veut ce mariage.

— Mais vous y consentez, Diane?

— Mais vous écoutez Catherine, Gabriel?

— Un mot, un seul! reprit Gabriel. Vous vous intéressez donc encore à ce qu'une autre peut me faire éprouver? Cela vous fait donc quelque chose ce qui se passe dans mon cœur?

— Cela me fait, dit madame de Castro, cela me fait ce que vous fait à vous ce qui se passe dans le mien.

— Oh! alors, Diane, permettez-moi de vous le dire, vous êtes jalouse si vous êtes comme moi; si vous êtes comme moi, vous m'aimez éperdument, follement.

— Monsieur d'Exmès, reprit Diane qui un moment voulut être sévère, la pauvre enfant! monsieur d'Exmès, je m'appelle madame de Castro.

— Mais n'êtes-vous pas veuve, madame? N'êtes-vous pas libre?

— Libre, hélas!

— Oh! Diane! vous soupirez. — Diane, avouez que ce sentiment de l'enfant qui a parfumé vos premières années a laissé quelque trace dans le cœur de la jeune fille. Avouez, Diane, que vous m'aimez encore un peu. Oh! ne craignez pas qu'on vous entende : ils sont tous autour de nous aux plaisanteries de ce parasite; ils n'ont rien de plus doux à écouter et ils rient. Vous, Diane, souriez-moi, répondez-moi : Diane, m'aimez-vous?

— Chut! Ne voyez-vous pas que l'acte finit, dit la malicieuse enfant. Attendez que la pièce recommence au moins.

L'entr'acte dura dix minutes, dix siècles! Heureusement Catherine occupée par Marie Stuart n'appela pas Gabriel. Il eût été capable de n'y pas aller et il eût été perdu.

Quand la comédie recommença au milieu des éclats de rire et des applaudissemens bruyans :

— Eh bien? demanda Gabriel.

— Quoi donc? reprit Diane feignant une distraction bien loin de son cœur. Ah! vous me demandiez, je crois, si je vous aime. Eh bien! ne vous ai-je pas répondu tout à l'heure : « Je vous aime comme vous vous m'aimez. »

— Ah! s'écria Gabriel, savez-vous bien, Diane, ce que vous dites? Savez-vous jusqu'où va mon amour auquel vous dites le vôtre pareil?

— Mais, dit la petite hypocrite, si vous voulez que je le sache, il faut au moins me l'apprendre.

— Ecoutez-moi alors, Diane, et vous allez voir que, depuis six ans que je vous ai quittée, toutes les heures et toutes les actions de ma vie ont tendu à me rapprocher de vous. C'est seulement en arrivant à Paris, un mois après votre départ de Vimoutiers, que j'ai appris qui vous étiez : la fille du roi et de madame de Valentinois. Mais ce n'était pas votre titre de fille France qui m'épouvantait, c'était votre titre de femme du duc de Castro, et pourtant quelque chose me disait : « N'importe! rapproche-toi d'elle, acquiers de la renommée, qu'un jour elle entende du moins prononcer ton nom, et qu'elle t'admire contre d'autres te craindront. » Voilà ce que je pensais, Diane, et je me donnai au duc de Guise comme à celui qui me paraissait le plus propre à me faire toucher vite et bien le but de gloire que j'ambitionnais. En effet, l'année suivante, j'étais enfermé avec lui dans les murs de Metz, et contribuais de toutes mes forces à amener le résultat presque inespéré de la levée du siège. C'est à Metz, où j'étais resté pour faire relever les remparts et réparer tous les désastres causés par soixante-cinq jours d'attaque, que j'appris la prise d'Hesdin par les Impériaux et la mort du duc de Castro votre mari. Il ne vous avait pas même revue, Diane ! Oh ! je le plaignis, mais comme je me battis à Renty ! vous le demanderez à monsieur de Guise J'étais aussi à Abbeville, à Dinant, à Bavay, à Cateau-Cambrésis. J'étais partout où retentissait la mousquetade, et je puis dire qu'il ne s'est rien fait de glorieux sous ce règne dont je n'aie eu ma petite part. A la trêve de Vaucelles, je vins à Paris, mais vous étiez toujours au couvent, Diane, et mon repos forcé me lassait bien, quand par bonheur la trêve fut rompue. Le duc de Guise, qui voulait bien déjà m'accorder quelque estime, me demanda si je voulais le suivre en Italie. Si je le voulais ! Les Alpes franchies en plein hiver, nous traversons le Milanais, Valenza est emportée, le Plaisantin et le Parmesan nous livrent passage, et d'une marche triomphale par la Toscane et les États de l'Église, nous arrivons aux Abruzzes. Cependant l'argent et les troupes manquent à monsieur de Guise ; il prend pourtant Campli et assiége Civitella ; mais l'armée est démoralisée, l'expédition compromise. C'est à Civitella, Diane, que par une lettre de Son Éminence de Lorraine à son frère, j'apprends votre mariage annoncé avec François de Montmorency.

Il n'y avait plus rien de bon à faire de ce côté des Alpes. Monsieur de Guise en convenait lui-même, et j'obtins alors de sa bonté de revenir en France, appuyé de sa recommandation puissante, pour apporter au roi les drapeaux conquis. Mais ma seule ambition était de vous voir, Diane, de vous parler, de savoir de vous si vous contractiez volontiers ce nouveau mariage, et enfin, après vous avoir raconté, comme je viens de le faire, mes luttes et mes efforts de six années, de vous demander ce que je vous demande : « Diane, dites, m'aimez-vous comme je vous aime ? »

— Ami, dit doucement madame de Castro, je vais vous répondre à mon tour avec ma vie. Quand j'arrivai, enfant de douze ans, à cette cour, après les premiers momens que l'étonnement et la curiosité remplirent, l'ennui me prit, les chaînes dorées de cette existence me pesèrent, et je regrettai bien amèrement nos bois et nos plaines de Vimoutiers et de Montgommery, Gabriel ! Chaque soir je m'endormais en pleurant. Le roi mon père était pourtant bien bon pour moi, et je tâchais de répondre à son affection par mon amour. Mais où était ma liberté ? où était Aloyse ? où étiez-vous, Gabriel ? Je ne voyais pas le roi tous les jours. Madame de Valentinois était avec moi froide et contrainte, et semblait presque m'éviter, et moi, j'ai besoin d'être aimée, Gabriel, vous vous en souvenez. Donc, j'ai bien souffert, ami, cette première année.

— Pauvre chère Diane ! dit Gabriel ému.

— Ainsi, reprit Diane, tandis que vous combattiez, je languissais. L'homme agit et la femme attend, c'est le sort. Mais il est parfois bien dur d'attendre que d'agir. Dès la première année de ma solitude, la mort du duc de Castro me laissa veuve, et le roi m'envoya passer mon deuil au couvent des Filles-Dieu. Mais l'existence pieuse et calme qu'on menait au couvent convenait bien mieux à ma nature que les intrigues et les agitations perpétuelles de la cour. Aussi, mon deuil terminé, je demandai au roi et j'obtins de rester encore au couvent. On m'y aimait au moins ! La bonne sœur Monique surtout qui me rappelait Aloyse. Je vous dis son nom, Gabriel, afin que vous l'aimiez. Et puis non-seulement j'étais chérie par toutes les sœurs, mais encore je pouvais rêver, Gabriel, j'en avais le temps et j'en avais le droit. Et qui remplissait mes rêves, faits autant du passé que de l'avenir ? ami, vous le devinez, n'est-ce pas ?

Gabriel rassuré et ravi ne répondit que par un regard passionné. Heureusement la scène de la comédie était des plus intéressantes. Le fanfaron était odieusement bafoué, et les Guise et les Montmorency se pâmaient de joie. Les deux amans auraient été moins seuls dans un désert.

— Cinq années de paix et d'espoir passèrent, continua Diane. Je n'avais eu qu'un malheur, celui de perdre Enguerrand, mon père nourricier. Un autre malheur ne se fit pas attendre. Le roi me rappelait auprès de lui et m'apprenait que j'étais destinée à devenir la femme de François de Montmorency. J'ai résisté, Gabriel, je n'étais plus une enfant qui ne sait ce qu'elle fait. J'ai résisté. Mais alors mon père m'a suppliée, il m'a montré combien ce mariage importait au bien du royaume. Vous m'aviez oubliée, sans doute... Gabriel, c'est le roi qui disait cela ! Et puis, où étiez-vous ? qui étiez-vous ? Bref, le roi a tant insisté, m'a tant implorée... — C'était hier, oui, c'était hier ! — j'ai promis ce qu'il voulait, Gabriel, mais à condition que, d'abord, mon supplice serait retardé de trois mois, et puis, que je saurais ce que vous étiez devenu.

— Enfin, vous avez promis ?... dit Gabriel pâlissant.

— Oui, mais je ne vous avais pas revu, ami, je ne savais pas ce que, le jour même, vous aspect imprévu allait remuer en moi d'impressions délicieuses et douloureuses quand je vous ai reconnu. Gabriel, plus beau, plus fier qu'autrefois, et pourtant le même ! Ah ! j'ai senti tout de suite combien ma promesse au roi était nulle et la reprise impossible ; que ma vie vous appartenait, et que si vous m'aimiez encore, je vous aimais toujours. Eh bien ! convenez que je ne suis pas en reste avec vous, et que votre vie n'a rien à reprocher à la mienne.

— Oh ! vous êtes un ange, Diane ! et tout ce que j'ai fait pour vous mériter n'est rien.

— Voyons, Gabriel, puisque maintenant le sort nous a un peu rapprochés, mesurons les obstacles qui nous séparent encore. Le roi est ambitieux pour sa fille, et les Castro et les Montmorency l'ont rendu difficile, hélas !

— Soyez tranquille sur ce point, Diane, la maison dont je suis n'a rien à envier aux leurs, et les Exmès pas la première fois qu'elle s'alliera à la maison de France.

— Ah ! vraiment ! Gabriel, vous me comblez de joie en me disant cela. Je suis, comme vous le pensez, bien ignorante en blason. Je ne connaissais pas les d'Exmès. Là-bas, à Vimoutiers, je vous appelais Gabriel et mon cœur n'eut pas eu besoin d'un nom plus doux. C'est ce nom-là que j'aime, et si vous croyez que l'autre satisfasse le roi, tout va bien et je suis heureuse. Que vous vous appeliez d'Exmès, vous ou Montgommery... du moment que vous ne vous appelez pas Montgommery, tout va bien.

— Et pourquoi donc ne faut-il pas que je sois un Montgommery ? reprit Gabriel épouvanté.

— Oh ! les Montgommery, nos voisins de là-bas, ont fait, à ce qu'il paraît, du mal au roi ; car il leur en veut beaucoup.

— Oh ! vraiment ? dit Gabriel dont la poitrine se serrait ; mais sont-ce les Montgommery qui ont fait du mal au roi, ou bien est-ce le roi qui a fait du mal aux Montgommery ?

— Mon père est trop bon pour avoir jamais été injuste, Gabriel.

— Bon pour sa fille, oui, dit Gabriel, mais contre ses ennemis...

— Terrible peut-être, reprit Diane, comme vous l'êtes contre ceux de la France et du roi. Mais qu'importe ! et que nous font les Montgommery, Gabriel !

— Si pourtant j'étais un Montgommery, Diane ?

— Oh ! ne dites pas cela, ami.

— Mais enfin si cela était ?

— Si cela était, reprit Diane, si je me trouvais ainsi placée entre mon père et vous, je me jetterais aux pieds de l'offensé, quel qu'il fût, et je pleurerais et je supplierais tant que mon père vous pardonnerait à cause de moi, ou qu'à cause de moi vous pardonneriez à mon père.

— Et votre voix est si puissante, Diane, que certainement l'offensé vous céderait, si toutefois il n'y avait pas eu de sang versé ; car il n'y a que le sang qui lave le sang.

— Oh ! vous m'effrayez, Gabriel ! c'est assez longtemps prolonger cette épreuve, car ce n'était qu'une épreuve, n'est-ce pas ?

— Oui, Diane, une simple épreuve. Dieu permettra que ce ne soit qu'une épreuve, murmura-t-il comme à lui-même.

— Et il n'y a, il ne peut y avoir de haine entre mon père et vous ?

— Je l'espère, Diane, je l'espère ; je souffrirais trop de vous faire souffrir.

— A la bonne heure, Gabriel. Eh bien ! si vous espérez cela, mon ami, ajouta-t-elle avec son gracieux sourire, j'espère, moi, obtenir de mon père qu'il renonce à ce mariage qui serait ma mort. Un roi puissant comme lui doit avoir enfin des dédommagemens à offrir à ces Montmorency.

— Non, Diane, et tous ses trésors et tout son pouvoir ne sauraient dédommager de votre perte.

— Ah ! c'est comme cela que vous l'entendez, bon, bon! vous m'aviez fait peur, Gabriel. Mais ne craignez rien, ami ; François de Montmorency ne pense pas comme vous là-dessus, Dieu merci ! et il préférera à votre pauvre Diane un bâton de bois qui le fera maréchal. Moi cependant, ce glorieux échange accepté, je préparerai le roi tout doucement. Je lui rappellerai les alliances royales de la maison d'Exmès, vos exploits à vous, Gabriel...

Elle s'interrompit.

— Ah ! mon Dieu ! voilà la pièce qui finit, ce me semble.

— Cinq actes ! que c'est court, dit Gabriel. Mais vous avez raison, Diane, et voilà l'Épilogue qui vient débiter l'affabulation.

— Heureusement, reprit Diane, nous nous sommes dit à peu près tout ce que nous avions à nous dire.

— Je ne vous en ai pas dit la millième partie, moi, fit Gabriel.

— Ni moi, au fait, repartit Diane, et les avances de la reine...

— Oh ! méchante ! dit Gabriel.

— La méchante, c'est elle qui vous sourit et non pas moi qui vous gronde, entendez-vous ? Ne lui parlez plus ce soir, ami, je le veux.

— Vous le voulez ! que vous êtes bonne !... Non, je ne lui parlerai pas. Mais voici l'épilogue aussi terminé, hélas ! Adieu ! et à bientôt, n'est-ce pas, Diane ? Dites-moi un dernier mot qui me soutienne et me console, Diane ?

— A bientôt, à toujours, Gabriel, *mon petit mari*, souffla la joyeuse enfant à l'oreille de Gabriel charmé.

Et elle disparut dans la foule pressée et bruyante. Gabriel s'esquiva de son côté pour éviter, selon sa promesse, la rencontre de la reine... Touchante fidélité à ses sermens !... et il sortit du Louvre, trouvant qu'Antoine de Baïf était un bien grand homme, et qu'il n'avait jamais assisté à représentation qui lui eût fait autant de plaisir.

Il prit en passant dans le vestibule Martin-Guerre, qui l'attendait tout flambant dans ses habits neufs.

— Eh bien ! monseigneur a-t-il vu madame d'Angoulême ? demanda l'écuyer à son maître quand ils furent dans la rue.

— Je l'ai vue, répondit Gabriel rêveur.

— Et madame d'Angoulême aime toujours monsieur le vicomte ? poursuivit Martin-Guerre, qui voyait Gabriel en bonne disposition.

— Maraud ! s'écria Gabriel, qui t'a dit cela ? Ou as-tu pris que madame de Castro m'aimait, ou que j'aimasse seulement madame de Castro ? Veux-tu bien te taire, drôle ?

— Bien ! murmura maître Martin, monseigneur est aimé, — sinon il aurait soupiré et non répondu si injurié, — et monseigneur est amoureux, sinon il aurait remarqué que j'ai une cape et des chausses neuves.

— Que viens-tu me parler de chausses et de cape ? Mais en effet, tu n'avais pas ce pourpoint-là tantôt ?

— Non, monseigneur, je l'ai acheté ce soir pour faire honneur à mon maître et à ma maîtresse, et je l'ai payé comptant encore, — car ma femme Bertrande m'a formé à l'ordre et à l'économie, comme à la tempérance, à la chasteté, et à toutes sortes de vertus. — Je dois lui rendre cette justice, et, si j'avais pu la former, elle, à la douceur, nous aurions fait le plus heureux couple.

— C'est bon, bavard, on te remboursera tes avances, puisque monsieur pour moi que tu t'es mis en frais.

— Oh ! monseigneur, quelle générosité ! Mais si monseigneur veut me taire son secret, qu'il ne me donne donc pas cette nouvelle preuve qu'il est aimé comme il est amoureux. On ne vide guère si volontiers sa bourse quand on n'a pas le cœur plein. D'ailleurs, monsieur le vicomte connaît Martin-Guerre, et sait qu'on peut se fier à lui. Fidèle et muet comme l'épée qu'il porte !

— Soit, mais en voilà assez, maître Martin.

— Je laisse monseigneur rêver.

Gabriel rêva tellement en effet que, rentré dans son logement, il eut absolument besoin d'épancher ses rêves, et écrivit dès le soir à Aloyse.

« Ma bonne Aloyse, Diane m'aime ! Mais non, ce n'est pas cela que je dois te dire d'abord. — Ma bonne Aloyse, viens me rejoindre ; depuis six ans d'absence, j'ai bien besoin de t'embrasser. Les préliminaires de ma vie sont maintenant posés. Je suis capitaine des gardes du roi, un des grades militaires les plus enviés, et tout ce que je me suis fait m'aidera à remettre en honneur et gloire celui que je tiens de mes aïeux. J'ai aussi besoin de toi pour cette tâche, Aloyse. Et enfin j'ai besoin de toi parce que je suis heureux, parce que, je te le répète, Diane m'aime, — oui, la Diane d'autrefois, ma sœur d'enfance, qui n'a pas oublié sa bonne Aloyse, quoiqu'elle appelle le roi son père. — Eh bien ! Aloyse, la fille du roi et de madame de Valentinois, la veuve du duc de Castro, n'a jamais oublié et aime toujours de toute son âme charmante son obscur ami de Vimoutiers. Elle vient de me le dire il n'y a pas une heure, — et sa voix douce retentit encore à mon cœur.

» Viens donc, Aloyse, car vraiment je suis trop heureux pour être heureux seul. »

XI.

LA PAIX OU LA GUERRE ?

Le 7 juin, il y avait séance du conseil du roi, et le conseil d'État était au grand complet. Autour d'Henri II et des princes de sa maison siégeaient ce jour-là Anne de Montmorency, le cardinal de Lorraine et son frère Charles de Guise, archevêque de Reims, le chancelier Olivier de Lenville, le président Bertrand, le comte d'Aumale, Sedan, Humières, et Saint-André avec son fils.

Le vicomte d'Exmès, en qualité de capitaine des gardes, se tenait debout près de la porte, l'épée nue.

Tout l'intérêt de la séance était, comme d'habitude, dans le jeu des ambitions adverses des maisons de Montmorency et de Lorraine, représentées ce jour-là au conseil par le connétable lui-même et le cardinal.

— Sire, disait le cardinal de Lorraine, le danger est pressant, l'ennemi est à nos portes. Une redoutable armée s'organise en Flandre, et demain Philippe II peut envahir notre territoire, et Marie d'Angleterre vous déclarer la guerre. Sire, il vous faut ici un général intrépide, jeune et vigoureux, qui puisse agir hardiment et dont le nom seul soit déjà un sujet d'effroi pour l'Espagnol et lui rappelle de récentes défaites.

— Comme le nom de votre frère monsieur de Guise, par exemple, dit Montmorency avec ironie.

— Comme le nom de mon frère, en effet, répondit bravement le cardinal ; comme le nom du vainqueur de Metz, de Renty et de Valenza. Oui, Sire, c'est le duc de Guise qu'il est nécessaire de rappeler promptement d'Italie, où les moyens lui manquent, où il vient d'être forcé de lever le siège de Civitella, et où sa présence et celle de son armée, qui seraient utiles contre l'invasion, deviennent inutiles pour la conquête.

Le roi se tourna nonchalamment vers M. de Montmorency, comme pour lui dire : A votre tour.

— Sire, reprit en effet le connétable, rappelez l'armée,

soit ! puisque aussi bien cette conquête pompeuse d'Italie finit, comme je l'avais prédit, par le ridicule. Mais qu'avez-vous besoin du général ? Voyez les dernières nouvelles du nord : la frontière des Pays-Bas est tranquille ; Philippe II tremble, et Marie d'Angleterre se tait. Vous pouvez encore renouer la trêve, Sire, ou dicter les conditions de la paix. Ce n'est pas un aventureux capitaine qu'il vous faut, c'est un ministre expérimenté et sage, que la fougue de l'âge n'aveugle pas, pour qui la guerre ne soit pas l'enjeu d'une ambition insatiable, et qui puisse poser avec honneur et dignité pour la France les bases d'une paix durable...

— Comme vous-même, par exemple, monsieur le connétable, interrompit avec amertume le cardinal de Lorraine.

— Comme moi-même, reprit superbement Anne de Montmorency, et je conseille ouvertement au roi de ne pas s'occuper des chances d'une guerre qu'on ne fera que s'il le veut et quand il le voudra. Les affaires intérieures, l'état des finances, les intérêts de la religion, réclament bien plus particulièrement nos soins ; et un administrateur prudent vaut cent fois aujourd'hui le plus entreprenant général.

— Et a droit cent fois plus aux faveurs de Sa Majesté, n'est-ce pas ? dit aigrement le cardinal de Lorraine.

— Son Éminence achève ma pensée, poursuivit froidement Montmorency, et, puisqu'elle a mis la question sur ce terrain, eh ! bien, j'oserai demander à Sa Majesté la preuve que mes services pacifiques lui plaisent.

— Qu'est-ce que c'est ? dit en soupirant le roi.

— Sire, j'adjure Votre Majesté de déclarer publiquement l'honneur qu'elle daigne faire à ma maison en accordant à mon fils la main de madame d'Angoulême. J'ai besoin de cette manifestation officielle et de cette solennelle promesse pour marcher fermement dans ma voie, sans avoir à craindre les doutes de mes amis et les clabauderies de mes ennemis.

Cette hardie requête fut accueillie, malgré la présence du roi, par des mouvemens d'approbation ou d'improbation, selon que les conseillers appartenaient à l'un ou à l'autre parti.

Gabriel pâlit et frissonna. Mais il reprit un peu courage en entendant le cardinal de Lorraine répondre avec vivacité :

— La bulle du saint-père, qui casse le mariage de François de Montmorency et de Jeanne de Fiennes, n'est pas encore arrivée, que je sache, et peut ne pas arriver du tout.

— On s'en passerait alors, dit le connétable : un édit peut déclarer nuls les mariages clandestins.

— Mais un édit n'a pas d'effet rétroactif, répondit le cardinal.

— On lui en donnerait un, n'est-ce pas vrai, Sire ? Dites-le hautement, je vous en conjure, pour apporter à ceux qui m'attaquent, et à moi-même, Sire, un témoignage certain de l'approbation que vous voulez bien accorder à mes vues. Dites-leur que votre bienveillance royale irait jusqu'à donner un effet rétroactif à ce juste édit.

— Sans doute, on pourrait le lui donner, dit le roi, dont la faiblesse indifférente semblait céder à ce ferme langage.

Gabriel fut obligé pour ne pas tomber de se soutenir sur son épée.

Le regard du connétable étincela de joie. Le parti de la paix semblait, grâce à son impudence, décidément triompher.

Mais en ce moment un bruit de trompettes retentit dans la cour ; l'air qu'elles jouaient était un air étranger ; les membres du conseil se regardèrent surpris. L'huissier entra presque aussitôt, et après un profond salut :

— Sir Edward Flaming, héraut d'Angleterre, sollicite, dit-il, l'honneur d'être admis en présence de Sa Majesté.

— Faites entrer le héraut d'Angleterre, dit le roi surpris, mais calme.

Henri fit un signe : le dauphin et les princes vinrent se ranger debout autour de lui, et autour des princes les autres membres du conseil royal. Le héraut, accompagné seulement de deux suivans d'armes, fut introduit. Il salua le roi, qui, du fauteuil où il resta assis, inclina légèrement la tête.

Le héraut dit alors :

— Marie, reine d'Angleterre et de France, à Henri, roi de France : « Pour avoir entretenu relation et amitié avec les protestans anglais, ennemis de notre religion et de notre État, et pour leur avoir offert et promis secours et protection contre les justes poursuites exercées sur eux,

— Nous, Marie d'Angleterre, dénonçons la guerre sur terre et sur mer à Henri de France. Et en gage de ce défi, moi, Edward Flaming, héraut d'Angleterre, je jette ici mon gant de bataille. ».

Sur un geste du roi, le vicomte d'Exmès alla ramasser le gant de sir Flaming. Puis Henri dit simplement et froidement au héraut :

— Merci !

Détachant ensuite le magnifique collier qu'il portait, il le lui fit remettre par Gabriel, et ajouta avec un nouveau signe de tête :

— Vous pouvez vous retirer.

Le héraut salua profondément et sortit. L'instant d'après, on entendit résonner de nouveau les trompettes anglaises, et ce fut alors seulement que le roi rompit le silence.

— Mon cousin de Montmorency, dit-il au connétable, il me semble que vous vous étiez un peu trop hâté de nous promettre la paix et les bonnes intentions de la reine Marie. Cette protection, soi-disant donnée aux protestans anglais, est un pieux prétexte qui cache l'amour de notre sœur d'Angleterre pour son jeune mari Philippe II. La guerre avec les deux époux, soit ! Un roi de France ne la redoute pas en Europe, et, si la frontière des Pays-Bas nous laisse un peu le temps de nous reconnaître...

— Eh bien ! qu'est-ce donc ? Qu'y a-t-il encore, Florimond ?

— Sire, dit l'huissier en rentrant, un courrier extraordinaire de monsieur le gouverneur de Picardie, avec des dépêches pressées.

— Allez voir ce que c'est, je vous prie, monsieur le cardinal de Lorraine, dit gracieusement le roi.

Le cardinal revint avec les dépêches qu'il remit à Henri.

— Ah ! ah ! messieurs, dit le roi après y avoir jeté un coup d'œil, voici bien d'autres nouvelles. Les armées de Philippe II se réunissent à Givet, et monsieur Gaspard de Coligny nous mande que le duc de Savoie est à leur tête. Un digne ennemi ! Votre neveu, monsieur le connétable, pense que les troupes espagnoles vont attaquer Mézières et Rocroy pour isoler Marienbourg. Il demande en toute hâte des secours pour munir ces places et tenir tête aux premiers assaillants.

Toute l'assemblée s'était à moitié levée, émue et agitée.

— Monsieur de Montmorency, reprit Henri en souriant tranquillement, vous n'êtes pas heureux dans vos prédictions d'aujourd'hui. Marie d'Angleterre se tait, disiez-vous, et nous venons d'entendre ses trompettes retentissantes. Philippe II a peur et les Pays-Bas sont tranquilles, ajoutiez-vous. Or, le roi d'Espagne n'a pas plus peur que nous, et les Flandres se remuent passablement, ce me semble. Décidément, je vois que les administrateurs prudens doivent céder le pas aux hardis généraux.

— Sire, dit Anne de Montmorency, je suis connétable de France, et la guerre me connaît mieux encore que la paix.

— C'est juste, mon cousin, reprit le roi, et je vois avec plaisir que vous vous rappelez à temps la Bicoque et Marignan, et que les idées belliqueuses vous reviennent. Tirez donc du fourreau votre épée, je m'en réjouis. Tout ce que je voulais dire, c'est que nous ne devons plus penser qu'à faire la guerre, et à la faire bonne et glorieuse. Monsieur le cardinal de Lorraine, écrivez à votre frère, monsieur de Guise, qu'il ait à revenir sur le champ. Quant aux affaires d'intérieur et de famille, il faut nécessairement les ajourner ; et, pour le mariage de madame d'Angoulême, monsieur de Montmorency, nous ferons bien maintenant, je crois, d'attendre la dispense du pape.

Le connétable fit la grimace, le cardinal sourit, Gabriel respira.

— Allons ! messieurs, ajouta le roi, qui semblait avoir secoué tout à fait sa torpeur ; allons ! nous avons à nous recueillir pour songer gravement à tant de choses graves. La séance est levée ce matin ; mais il y aura conseil dès ce soir. A ce soir donc, et Dieu protège la France !

— Vive le roi ! crièrent tout d'une voix les membres du conseil.

Et l'on se sépara.

XII.

UN DOUBLE FRIPON.

Le connétable sortait soucieux de chez le roi. Maître Arnauld du Thill se trouva sur son chemin, et l'appela à voix basse.

Ceci se passait dans la grande galerie du Louvre.

— Monseigneur, un mot...

— Qu'est-ce donc ? dit le connétable. Ah ! c'est vous, Arnauld ? Que me voulez-vous ? Je ne suis guère en train de vous écouter aujourd'hui.

— Oui, je conçois, reprit Arnauld, monseigneur est contrarié de la tournure que prend le projet de mariage entre madame Diane et monseigneur François.

— Comment sais-tu cela déjà, drôle ? Mais au fait, que m'importe qu'on le sache. — Le vent est à la pluie et aux Guises, il fait est certain.

— Mais le vent sera demain au beau temps et aux Montmorency, dit l'espion, et s'il n'y avait aujourd'hui que le roi contre ce mariage, le roi serait pour ce mariage demain. Non, l'obstacle nouveau, qui va vous barrer la route, monseigneur, est plus grave et vient d'ailleurs.

— Et d'où peut venir, dit le connétable, un obstacle plus grave que la défaveur ou seulement la froideur du roi ?

— Mais de madame d'Angoulême, par exemple, répondit Arnauld.

— Tu as flairé quelque chose de ce côté-là, mon fin limier ! dit-on en se rapprochant le connétable, évidemment intéressé.

— A quoi monseigneur pensait-il donc que j'eusse employé les quinze jours qui viennent de s'écouler ?

— C'est vrai, il y a longtemps qu'on n'a entendu parler de toi.

— Ni directement, ni indirectement, monseigneur ! reprit fièrement Arnauld, qui me reprochez d'être noté trop souvent dans les rapports des rondes du guet de la police, il me semble que, depuis deux semaines, j'ai travaillé sagement et sans bruit.

— C'est encore vrai, dit le connétable, et je m'étonnais de n'avoir plus à intervenir pour te tirer d'embarras, coquin, qui bois quand tu ne joues pas, et qui ribaudes quand tu ne te bats pas.

— Et le héros turbulent de ces quinze derniers jours, ce n'a pas été moi, monseigneur, mais certain écuyer du nouveau capitaine des gardes, le vicomte d'Exmès, un nommé Martin-Guerre.

— En effet, je me le rappelle, et Martin-Guerre a remplacé Arnauld du Thill sur le rapport que je dois examiner chaque soir.

— Qui, par exemple, l'autre soir, a été ramassé ivre-mort par le guet ? demanda Arnauld.

— Martin-Guerre.

— Qui, à la suite d'une querelle de jeu pour des dés reconnus pipés, a donné un coup d'épée au plus beau gendarme du roi de France ?

— Oui, Martin-Guerre encore.

— Qui, hier enfin, a été surpris essayant d'enlever la femme de maître Gorju, taillandier ?

— Ce Martin-Guerre toujours ! dit le connétable. Un drôle tout à fait pendable. Et son maître, le vicomte d'Exmès, que je l'ai chargé de surveiller, ne doit pas valoir mieux que lui ; car il le soutient, le défend, et assure que son écuyer est le plus doux et le plus rangé des hommes.

— C'est ce que vous aviez parfois la bonté de dire pour moi, monseigneur. Martin-Guerre se croit possédé du diable. La vérité est que c'est moi qui le possède.

— Quoi ? qu'est-ce ? tu n'es pas Satan ? s'écria en se signant tout effrayé le connétable, ignorant comme une carpe, et superstitieux comme un moine.

Maître Arnauld ne répondit que par un ricanement infernal, et, quand il vit Montmorency assez effrayé :

— Eh ! non, je ne suis pas le diable, monseigneur, dit-il. Pour vous le prouver et vous rassurer, tenez, je vous demande cinquante pistoles. Or, si j'étais le diable, aurais-je besoin d'argent, et me tirerais-je moi-même par la queue ?

— C'est juste, dit le connétable, et voilà les cinquante pistoles.

— Que j'ai bien gagnées, monseigneur, en gagnant la confiance du vicomte d'Exmès ; car, si je ne suis pas diable, je suis sorcier un peu, et je n'ai qu'à endosser certain pourpoint brun et à passer certaines chausses jaunes pour que le vicomte d'Exmès me parle comme à un ancien ami et à un confident éprouvé.

— Hum ! tout ceci sent la corde, dit le connétable.

— Maître Nostradamus, rien qu'en me voyant passer dans la rue, m'a prédit, au seul aspect de ma physionomie, que je mourrais entre la terre et le ciel. Donc, je me résigne à ma destinée et la dévoue à vos intérêts, monseigneur. Avoir à soi la vie d'un pendu, c'est inappréciable. Un homme qui est sûr de finir par la potence ne craint rien, pas même la potence. Pour commencer, je me suis fait le double de l'écuyer du vicomte d'Exmès. Je vous disais que j'accomplissais des miracles ! or, savez-vous, devinez-vous, monseigneur, ce qu'est ledit vicomte ?

— Parbleu ! un partisan effréné des Guises.

— Mieux. L'amoureux aimé de madame de Castro.

— Que me dis-tu là, maraud, et comment sais-tu cela ?

— Je suis le confident du vicomte, vous dis-je. C'est moi qui le plus souvent porte ses billets à la belle, et apporte la réponse. Je suis au mieux avec la suivante de la dame, laquelle suivante s'étonne seulement d'avoir un amoureux si inégal, entreprenant comme un page, un jour, et, le lendemain, timide comme une nonne. Le vicomte d'Exmès et madame de Castro se voient trois fois la semaine chez la reine, et s'écrivent tous les jours. Pourtant, vous me croirez si vous voulez, leur amour est pur. Ma parole ! je m'intéresserais à eux, si ce n'en me voyant passer à moi. Ils s'aiment comme des chérubins, et depuis l'enfance, à ce qu'il paraît. J'entr'ouvre de temps en temps leurs lettres, et elles me touchent. Madame Diane, enfin, est jalouse, devinez un peu de qui, monseigneur ! — de la reine. Mais elle a bien tort, la pauvrette. Il se peut que la reine pense au vicomte d'Exmès...

— Arnauld, interrompit le connétable, vous êtes un calomniateur !

— Et votre sourire, monseigneur, il est au moins un médisant, reprit le drôle. Je disais donc qu'il se pouvait bien que la reine pensât au vicomte, mais qu'à coup sûr, le vicomte ne pensait pas à la reine. Ce sont des amours arcadiens et irréprochables que les leurs, et qui m'émeuvent comme un doux roman pastoral ou chevaleresque ; ce qui n'empêche pas, Dieu m'épargne à les trahir pour cinquante pistoles, les pauvres tourtereaux ! Mais avouez, monseigneur, que j'avais raison en commençant, et que j'ai bien gagné ces cinquante pistoles-là.

— Soit! dit le connétable; mais comment, encore une fois, es-tu si bien informé?

— Ah! pardon, monseigneur, c'est là mon secret, que vous pouvez deviner si vous voulez, mais que je dois encore vous taire. Peu vous importent, d'ailleurs, mes moyens, dont je suis seul responsable après tout, pourvu que vous touchiez la fin. Or, la fin pour vous, c'est d'être renseigné sur les actes et desseins qui pourraient vous nuire, et il me semble que ma révélation d'aujourd'hui n'est pas sans gravité et sans utilité pour vous, monseigneur.

— Sans doute, coquin; mais il faut continuer à épier ce damné vicomte.

— Je continuerai, monseigneur; je suis à vous autant qu'au vice. Vous me donnerez des pistoles, je vous donnerai des paroles, et nous serons contens tous deux. — Oh! mais quelqu'un entre dans cette galerie. Une femme! diable! je vous dis adieu, monseigneur.

— Qui est-ce donc? demanda le connétable, dont la vue baissait.

— Eh! madame de Castro elle-même, qui va sans doute chez le roi, et il est important qu'elle ne me voie pas avec vous, monseigneur, quoiqu'elle ne me connaisse pas sous ces habits-là. Elle s'approche, je m'esquive.

Il s'esquiva en effet du côté opposé à celui par où venait Diane.

Pour le connétable, il hésita un moment, puis, prenant le parti de s'assurer par lui-même de la vérité des rapports d'Arnauld, il aborda résolument madame d'Angoulême au passage.

— Vous vous rendez dans le cabinet du roi, madame, lui dit-il?

— En effet, monsieur le connétable.

— Je crains bien que vous ne trouviez pas Sa Majesté disposée à vous entendre, madame, reprit Montmorency naturellement alarmé de cette démarche, et les nouvelles graves qu'on a reçues...

— Rendent précisément le moment on ne peut pas plus opportun pour moi, monsieur.

— Et contre moi, n'est-il pas vrai, madame? car vous nous portez une terrible haine.

— Hélas! monsieur le connétable, je n'ai de haine contre personne.

— N'avez-vous vraiment que de l'amour? demanda Anne de Montmorency d'un ton si expressif que Diane rougit et baissa les yeux. — Et c'est à cause de cet amour sans doute, ajouta le connétable, que vous résistez aux désirs du roi et aux vœux de mon fils?

Diane embarrassée se tut.

— Arnauld m'a dit vrai, pensa le connétable, elle aime le beau messager des triomphes de monsieur de Guise.

— Monsieur le connétable, reprit enfin Diane, mon devoir est d'obéir à Sa Majesté, mais mon droit est de l'implorer mon père.

— Ainsi, dit le connétable, vous persistez à aller trouver le roi.

— Je persiste.

— Eh bien! moi, je vais aller trouver madame de Valentinois, madame.

— Comme il vous plaira, monsieur.

Ils se saluèrent et quittèrent la galerie chacun par la porte opposée; et au moment où, en effet, Diane entrait chez le roi, le vieux Montmorency entrait chez la favorite.

XIII.

LA CIME DU BONHEUR.

— Venez çà, maître Martin, disait, le même jour et à la même heure à peu près, Gabriel à son écuyer; je suis obligé d'aller faire ma ronde et ne rentrerai ici à la maison que dans deux heures. Vous, Martin, dans une heure, vous irez vous poster à l'endroit accoutumé, et vous y attendrez une lettre, une lettre importante que Jacinthe viendra vous remettre comme d'habitude. Ne perdez pas une minute et accourez me l'apporter. Si ma ronde est achevée, j'irai d'ailleurs au-devant de vous, sinon attendez-moi ici. Avez-vous compris?

— J'ai compris, monseigneur, mais j'ai une grâce à vous demander.

— Parle.

— Faites-moi accompagner par un garde, monseigneur, je vous en conjure.

— Un garde pour t'accompagner, qu'est-ce que cette nouvelle folie? que crains-tu?

— Je me crains, répondit piteusement Martin. Il paraît, monseigneur, que j'en ai fait de belles la nuit dernière! Jusqu'ici je ne m'étais montré qu'ivrogne, joueur et bretteur. Me voici paillard à présent! Moi que tout Artigues renommait pour la pureté des mœurs et c'est par vous, la candeur de l'âme! Croiriez-vous, monseigneur, que j'ai eu la bassesse d'essayer cette nuit un rapt? oui, un rapt! J'ai tenté, de vive force, d'enlever la femme du sieur Gorju, taillandier, — une fort belle femme, à ce qu'il paraît. Par malheur, ou par bonheur plutôt, on m'a arrêté, et si je ne m'étais encore nommé et recommandé de vous, je passais la nuit en prison. C'est infâme.

— Voyons, Martin, as-tu rêvé ou commis cette nouvelle incartade?

— Rêvé! monseigneur, voici le rapport. Rien qu'en le lisant, je rougissais jusqu'aux oreilles. Oui, il fut un temps où je croyais que toutes ces actions damnables étaient des cauchemars affreux, ou bien que le diable s'amusait à prendre ma forme pour se livrer à des faits nocturnes et monstrueux. Mais vous m'avez détrompé, et d'ailleurs je ne vois plus celui que je prenais autrefois pour mon ombre. Le saint prêtre auquel j'ai remis la direction de ma conscience m'a détrompé aussi, et celui qui viole toutes les lois divines et humaines, le coupable, le mécréant, le scélérat, c'est bien moi, à ce qu'on m'assure. Or, c'est ce que je crois désormais. Comme une poule qui a couvé des canards, mon âme conçoit des pensées honnêtes qui se résolvent en actes impies, et toute ma vertu n'aboutit qu'au crime. Je n'ose dire qu'à vous que je suis possédé, monseigneur, par la raison qu'on me brûlerait vif, mais il faut, voyez-vous, qu'à de certains momens, j'aie vraiment, comme on dit, le diable au corps.

— Non, mon pauvre Martin, dit en riant Gabriel, seulement tu te laisses aller à boire, je crois, depuis quelque temps, et quand tu as bu, dam! tu vois double.

— Mais je ne bois que de l'eau, monseigneur, que de l'eau! à moins que cette eau de la Seine ne porte au cerveau...

— Pourtant, Martin, ce soir où l'on t'a déposé ivre en bas sous le porche?

— Eh bien! monseigneur, ce soir-là, je m'étais couché et endormi en recommandant mon âme au Seigneur; je me suis levé aussi vertueusement, et c'est par vous, pour vous seul, que j'ai appris la vie que j'avais menée. De même la nuit où j'ai blessé ce magnifique gendarme. De même cette nuit encore où le plus odieux attentat... Et cependant je me fais enfermer et verrouiller par Jérôme dans ma chambre, je clos mes volets à triple chaîne; mais baste! rien n'y fait, je me relève, il faut croire, et mon existence souillée de somnambule commence. Le lendemain au réveil je me demande: — Qu'est-ce que je vais avoir fait, doux Jésus? pendant mes absences de cette nuit? Je descends l'apprendre de vous, monseigneur, ou des rapports du quartenier, et je vais sur-le-champ décharger ma conscience de ces nouveaux forfaits à confesse, où l'on me refuse une absolution rendue impossible par d'éternelles rechutes. Ma seule consolation est de jeûner et de me mortifier une partie du jour à grands coups de discipline. Mais je mourrai, je le prévois, dans l'impénitence finale.

— Crois plutôt, Martin, dit le vicomte, que cette fougue

s'apaisera, et que tu redeviendras le Martin sage et rangé d'autrefois. En attendant, obéis à ton maître et remplis ponctuellement cette commission dont il te charge. Comment veux-tu que je te donne quelqu'un pour t'accompagner? tu sais bien que tout ceci doit rester secret, et que toi seul es dans la confidence.

— Soyez sûr, monseigneur, que je vais faire mon possible pour vous contenter. Mais je ne saurais répondre de moi, je vous en préviens.

— Oh! pour le coup, Martin, c'est trop fort, et pourquoi cela?

— Ne vous impatientez pas à cause de mes absences, monseigneur; — je crois être là et je suis ici; faire ceci et je fais cela. L'autre jour, ayant pour pénitence trente *pater* et trente *ave*, je prends la résolution de tripler la dose pour me mater par un ennui surhumain, et je reste ou plutôt je crois rester à l'église Saint-Gervais à tourner dans mes doigts les grains de mon chapelet pendant deux heures et plus. Ah bien oui! en rentrant ici, j'apprends que vous m'aviez envoyé porter un billet, et qu'à preuve je vous avais rapporté la réponse, et le lendemain, dame Jacinthe, — une autre belle femme, hélas! — me gronde pour avoir été la veille très téméraire à son endroit. Et cela s'est renouvelé trois fois, monseigneur, et vous voulez que je sois sûr de moi après de pareils tours de mon imagination? non, non; — je ne suis pas assez maître au logis pour cela, et quoique l'eau bénite ne me brûle pas les doigts, il y a parfois dans ma peau un autre compagnon que maître Martin.

— Enfin j'en cours le risque, dit Gabriel impatienté, et comme jusqu'ici, en somme, que tu sois à l'église ou rue Froid-Manteau, tu t'es habilement et fidèlement acquitté de la commission que je te donne, tu la rempliras encore aujourd'hui, et sache, si tu as besoin de cela pour stimuler ton zèle, que tu vas me rapporter dans ce billet mon bonheur ou mon désespoir.

— Oh! monseigneur, mon dévoûment pour vous n'a pas besoin d'être excité, je vous jure, et sans ces diaboliques substitutions...

— Allons! vas-tu recommencer? interrompit Gabriel, il faut que je parte, et toi, dans une heure pars aussi, et n'oublie aucune de mes instructions. Un dernier mot: tu sais que depuis plusieurs jours j'attends avec inquiétude de Normandie Aloyse ma nourrice, et que, si elle arrive en mon absence, il faut lui donner la chambre qui touche à la mienne, et la recevoir comme chez elle. Tu t'en souviendras?

— Oui, monseigneur.

— Allons! Martin, promptitude, discrétion, et présence d'esprit surtout.

Martin ne répondit qu'en poussant un soupir, et Gabriel quitta sa maison de la rue des Jardins.

Il y revenait deux heures après, comme il l'avait dit; — l'œil distrait, la pensée préoccupée. Il ne vit en entrant que Martin, courut à lui, lui prit des mains la lettre qu'il attendait avec tant d'impatience, le congédia du geste, et lut:

« Remercions Dieu, Gabriel, disait cette lettre; le roi a cédé, nous serons heureux. Vous devez avoir appris déjà l'arrivée du héraut d'armes d'Angleterre, qui est venu déclarer la guerre au nom de la reine Marie, et la nouvelle du grand mouvement qui se prépare en Flandre. Ces événemens, menaçans peut-être pour la France, sont favorables à notre amour, Gabriel, puisqu'ils augmentent le crédit du jeune duc de Guise, et diminuent celui du vieux Montmorency. Le roi a pourtant encore hésité. — Mais je l'ai supplié, Gabriel, j'ai dit que je vous avais retrouvé, que vous étiez noble et vaillant; je vous ai nommé; — tant pis!... Le roi, sans rien promettre, a dit qu'il réfléchirait, qu'après tout, l'intérêt d'État devenant moins pressant, il serait cruel à lui de compromettre mon bonheur, qu'il pourrait donner à François de Montmorency une compensation dont il aurait à se contenter. Il n'a rien promis, mais il tiendra tout, Gabriel! Oh! vous l'aimerez, Gabriel,

comme je l'aime, ce bon père, qui va réaliser ainsi nos rêves de six années! J'ai tant à vous dire, et ces paroles écrites sont si froides! Écoutez, ami, venez ce soir à six heures, pendant le conseil. Jacinthe vous amènera près de moi, et nous aurons une grande heure pour causer de cet avenir radieux qui s'ouvre à nous. Aussi bien, je prévois que cette campagne de Flandre va vous réclamer, et il faut la faire, hélas! pour servir le roi, et me mériter, monsieur, moi qui vous aime tant. Car je vous aime, mon Dieu, oui! A quoi bon essayer maintenant de vous le cacher. Venez donc, que je voie si vous êtes aussi heureux que votre Diane. »

— Oh! oui, bien heureux! s'écria Gabriel à haute voix, quand il eut achevé cette lettre, et que manque-t-il à mon bonheur à présent?

— Ce n'est pas sans doute la présence de votre vieille nourrice, dit tout à coup Aloyse qui était restée assise, immobile et silencieuse dans l'ombre.

— Aloyse! s'écria Gabriel en courant vers elle, et en l'embrassant. — Aloyse! Oh! si, bonne nourrice, tu me manquais bien. Comment vas-tu? tu n'as pas changé, toi. Embrasse-moi encore. Je ne suis pas changé non plus, du moins de cœur, de ce cœur qui t'aime. J'étais bien tourmenté de ton retard. Demande à Martin... pourquoi donc t'es-tu fait si longtemps attendre?

— Les dernières pluies, monseigneur, ont effondré les chemins, et si, excitée par votre lettre, je n'avais pas bravé des obstacles de toutes sortes, je ne serais pas arrivée encore.

— Oh! tu as bien fait de te hâter, Aloyse, tu as bien fait, parce que vraiment, à quoi cela sert-il d'être heureux tout seul? Vois-tu cette lettre que je viens de recevoir? elle est de Diane, de ton autre enfant, et elle m'annonce, sais-tu ce qu'elle m'annonce? que les obstacles qui s'opposaient à notre amour étaient levés, que le roi n'exige plus le mariage de Diane avec François de Montmorency, que Diane m'aime enfin! qu'elle m'aime! et tu es là pour écouter tout cela, Aloyse, dis, ne suis-je pas véritablement à la cime du bonheur?

— Si pourtant, monseigneur, dit Aloyse, sans quitter sa gravité triste, si pourtant il vous fallait renoncer à madame de Castro.

— Impossible, Aloyse! et puisque toutes les difficultés s'aplanissent comme d'elles-mêmes?

— On peut toujours vaincre les difficultés qui viennent des hommes, dit la nourrice, mais non celles qui viennent de Dieu, monseigneur; vous savez si je vous aime, et si je donnerais ma vie pour épargner à la vôtre l'ombre d'un souci; eh bien! si je vous disais: Sans en demander la raison, monseigneur, renoncez à madame de Castro, cessez de la voir, étouffez cet amour par tous les moyens en votre pouvoir. Un secret terrible, et dont je vous conjure, dans votre intérêt même, de ne pas me demander la révélation, est entre vous deux. — Si je vous disais cela, suppliante et à genoux, que me répondriez-vous, monseigneur?

— Si c'était ma vie, Aloyse, que tu me demandais d'anéantir, sans exiger la raison, je t'obéirais. Mais mon amour est hors de la portée de ma volonté, nourrice, et lui aussi vient de Dieu.

— Seigneur! s'écria la nourrice en joignant les mains, il blasphème. Mais vous voyez qu'il ne sait pas ce qu'il fait, pardonnez-lui, Seigneur!

— Mais tu m'épouvantes, Aloyse! ne me tiens pas si longtemps dans ces angoisses mortelles, et, quoique tu veuilles et que tu doives me dire, parle, parle, je t'en supplie.

— Vous le voulez, monseigneur? il faut absolument vous révéler le secret que j'avais juré devant Dieu de garder, mais que Dieu lui-même, aujourd'hui, m'ordonne de ne pas céler plus longtemps? Eh bien! monseigneur, vous vous êtes trompé, il faut, entendez-moi, il est nécessaire que vous soyez trompé sur la nature de l'affection que vous inspirait Diane. Ce n'était pas désir et ardeur, oh! non, soyez-en sûr, mais une affection sérieuse et dévouée, un besoin de protection amicale et fraternelle, rien de plus tendre et de plus intéressé, monseigneur.

— Mais c'est une erreur, Aloyse, et la beauté charmante de Diane...

— Ce n'est pas une erreur, se hâta de dire Aloyse, et vous allez en convenir avec moi; car la preuve va vous en apparaître évidente comme à moi-même. Sachez que, selon toutes les probabilités, hélas! madame de Castro — du courage, mon enfant! — madame de Castro est votre sœur!

— Ma sœur! s'écria Gabriel en se dressant debout comme par un ressort, ma sœur! répéta-t-il presque insensé. Comment la fille du roi et de madame de Valentinois pourrait-elle être ma sœur?

— Monseigneur, Diane de Castro est née en mai 1539, n'est-ce pas? le comte Jacques de Montgommery, votre père, a disparu en janvier de la même année, et savez-vous sur quel soupçon? savez-vous de quoi on l'accusait, votre père? d'être l'amant heureux de madame Diane de Poitiers, et le rival préféré du dauphin, aujourd'hui roi de France. Maintenant, comparez les dates, monseigneur.

— Ciel et terre! s'écria Gabriel. Mais voyons, voyons, reprit-il en rassemblant toutes les puissances de son être, mon père était accusé, mais qui prouve que l'accusation fût fondée? Diane est née cinq mois après la mort de mon père, mais qui prouve que Diane n'est pas la fille du roi, qui l'aime comme son enfant?

— Le roi peut se tromper, comme je puis me tromper aussi, monseigneur; remarquez que je ne vous ai pas dit: Diane est votre sœur. Mais il est probable qu'elle l'est; il est possible qu'elle le soit, si vous voulez. Mon devoir, mon terrible devoir, n'était-il pas de vous faire cet aveu, Gabriel? Oui, n'est-ce pas? puisque vous ne vouliez pas, sans cet aveu, renoncer à elle? Maintenant, que votre conscience juge votre amour, et que Dieu juge votre conscience.

— Oh! mais ce doute est mille fois plus affreux que le malheur même, dit Gabriel. Qui me tirera de ce doute, mon Dieu!

— Le secret n'a été connu que de deux personnes au monde, monseigneur, dit Aloyse, et deux créatures humaines seulement auraient pu vous répondre: votre père, enseveli aujourd'hui dans une tombe ignorée, et madame de Valentinois, qui n'avouera jamais, je pense, qu'elle a trompé le roi, et que sa fille n'est pas la fille du roi.

— Oui, et en tout cas, si je n'aime pas la fille de mon père, dit Gabriel, j'aime la fille de l'assassin de mon père!

— Car c'est du roi, c'est de Henri II que j'ai à tirer vengeance de la mort de mon père, n'est-il pas vrai, Aloyse?

— Qui sait encore cela, hormis Dieu? répondit la nourrice.

— Partout confusion et ténèbres! doute et terreur! dit Gabriel. Oh! j'en deviendrai fou, nourrice! Mais non, reprit l'énergique jeune homme, je ne veux pas devenir fou encore; je ne le veux pas! J'épuiserai d'abord tous les moyens de connaître la vérité. J'irai à madame de Valentinois, je lui demanderai son secret qui me serait sacré. Elle est catholique, dévote, j'obtiendrai d'elle un serment qui m'atteste sa sincérité. J'irai à Catherine de Médicis; qui a su quelque chose peut-être. J'irai aussi à Diane, et la main sur mon cœur, j'interrogerai les battemens de mon cœur. Où n'irai-je pas? J'irais au tombeau de mon père, si je savais où le trouver, Aloyse, et je l'adjurerais d'une voix si puissante, qu'il se relèverait d'entre les morts pour me répondre.

— Pauvre cher enfant! murmurait Aloyse, si hardi et si vaillant, même après ce coup terrible! si fort contre un destin si cruel!

— Et je ne perdrai pas une minute pour me mettre à l'œuvre, dit en se levant Gabriel, animé d'une sorte de fièvre d'action. Il est quatre heures: dans une demi-heure, je serai près de madame la grande sénéchale; à une heure après, chez la reine; à six heures, au rendez-vous où Diane m'attend, et, quand je reviendrai ce soir, Aloyse, j'aurai peut-être soulevé un coin de ce voile lugubre de ma destinée. A ce soir.

— Et moi, monseigneur, ne puis-je rien faire pour vous aider dans votre redoutable tâche? dit Aloyse.

— Tu peux prier Dieu, Aloyse; prie Dieu.

— Pour vous et pour Diane, oui, monseigneur.

— Prie aussi pour le roi, Aloyse, dit Gabriel d'un air sombre.

Et il sortit d'un pas précipité.

XIV.

DIANE DE POITIERS.

Le connétable de Montmorency était encore chez Diane de Poitiers, et lui parlait d'une voix altière, aussi rude et impératif avec elle qu'elle se montrait douce et tendre pour lui.

— Eh! mort Dieu! c'est votre fille, au bout du compte, lui disait-il, et vous avez sur elle les mêmes droits et la même autorité que le roi. Exigez ce mariage.

— Mais, mon ami, répondait Diane, songez qu'ayant été jusqu'ici assez peu mère pour la tendresse, je ne puis espérer être assez mère pour le pouvoir, et frapper sans avoir caressé. Nous sommes, vous le savez, madame d'Angoulême et moi, bien froides l'une pour l'autre, et, malgré les avances du commencement, nous avons continué à ne nous voir qu'à des intervalles fort rares. Elle a su gagner, d'ailleurs, une grande influence personnelle sur l'esprit du roi, et je ne suis, en vérité, plus deux ou trois fois plus puissante à cette heure. Ce que vous me demandez, ami, est donc bien difficile, pour ne pas dire impossible. Laissez-là ce mariage, et remplacez-le par une alliance plus brillante encore. Le roi a fiancé la petite Jeanne à Charles de Mayenne; nous obtiendrons de lui la petite Marguerite pour votre fils.

— Mon fils couche dans un lit et non dans un berceau, répondit le connétable, et comment une petite fille, qui sait parler d'hier, pourrait-elle aider à la fortune de ma maison? Madame de Castro, au contraire, a, comme vous me le faites remarquer vous-même avec un merveilleux à propos, une grande influence personnelle sur l'esprit du roi, et voilà pourquoi je veux madame de Castro pour bru. Mort Dieu! il est bien étrange que lorsqu'un gentilhomme, qui porte le nom du premier baron de la chrétienté, daigne épouser une bâtarde, il éprouve tant de difficultés à consommer cette mésalliance. Madame, vous n'êtes pas pour rien la maîtresse de notre sire, comme je ne suis pas pour rien votre amant. Malgré madame de Castro, malgré ce muguet qui l'adore, malgré le roi lui-même, je veux que ce mariage se fasse, je le veux.

— Eh bien! voyons, mon ami, dit doucement Diane de Poitiers, je m'engage à faire le possible et l'impossible pour vous amener à vos fins. Que voulez-vous que je vous dise de plus? Mais au moins, vous, soyez meilleur pour moi, dites, et ne me parlerez plus avec cette grosse voix, méchant!

Et de ses lèvres fines et roses, la belle duchesse effleura la barbe grise et rude du vieux Anne, qui se laissait faire en grommelant.

Car telle était cette passion étrange et que rien n'expliquait, sinon une dépravation singulière de la maîtresse idolâtrée d'un roi jeune et beau pour un vieux barbon qui la rudoyait. La brusquerie de Montmorency la dédommageait de la galanterie de Henri II, et elle trouvait plus de charmes à être malmenée par l'un qu'à être flattée par l'autre. Caprice monstrueux d'un cœur féminin! Anne de Montmorency n'était ni spirituel ni brillant, et il passait, à juste titre, pour être avide et avare. Les horribles supplices qu'il avait infligés à la population rebelle de Bordeaux, lui avaient seuls donné une sorte de célébrité odieuse. Bravo, il est vrai, qualité vulgaire en France, il n'avait pourtant guère été heureux jusques-là dans les batailles où il s'était trouvé. Aux victoires de Ravennes et de Marignan, où il ne commandait pas encore, on ne le distingua pas dans la foule; à La Bicoque, où il était colonel des Suisses, il laissa à peu près massacrer son régiment, et à Pavie, il fut fait prisonnier. Son illustration militaire n'allait pas au delà, et Saint-Laurent devait piteusement couronner tout cela. Sans la faveur de Henri II, inspirée sans doute par Diane de Poitiers, il fût resté au second rang dans les conseils comme à la guerre, et cependant Diane l'aimait, le choyait et lui obéissait en tout, maîtresse d'un roi charmant, esclave d'un soudard ridicule.

En ce moment, on gratta discrètement à la porte, et un page, entrant sur la permission de madame de Valentinois, annonça que le vicomte d'Exmès implorait avec instance la faveur d'être admis un instant, pour le motif le plus grave, auprès de la duchesse.

— L'amoureux! s'écria le connétable. Que veut-il donc de vous, Diane? Viendrait-il, par hasard, vous demander la main de votre fille?

— Faut-il le laisser entrer? demanda docilement la favorite.

— Sans doute, sans doute, cette démarche peut nous aider. Mais qu'il attende quelques instans. Un mot encore pour nous entendre!

Diane de Poitiers transmit ces ordres au page qui sortit.

— Si le vicomte d'Exmès vient à vous, Diane, reprit le connétable, c'est que quelques difficultés inattendues se présentent, et il faut que le cas soit bien désespéré pour qu'il ait recours à un si désespéré remède. Donc, écoutez-moi bien, et, si vous suivez exactement mes instructions, votre intervention hasardée, j'en conviens, auprès du roi deviendra peut-être inutile. Diane, quelque chose que le vicomte vienne solliciter de vous, refusez-le. Si c'est son chemin qu'il vous demande, envoyez-le du côté opposé à sa route. S'il veut que vous répondiez oui, dites non, et oui, si c'est non qu'il espère. Soyez avec lui dédaigneuse, hautaine, mauvaise, la digne fille enfin de la fée Mélusine, dont vous autres de la maison de Poitiers descendez à ce qu'il paraît. M'avez-vous bien compris, Diane? et ferez-vous ce que je vous dis là?

— De point en point, mon connétable.

— Alors, les écheveaux du galant vont un peu s'embrouiller, j'espère. Le pauvret, qui se jette ainsi dans la gueule de la... — Il allait dire de la louve, mais il se reprit: — Dans la gueule des loups. Je vous le laisse, Diane, et rendez-m'en bon compte de ce beau prétendant. A ce soir!

Il daigna embrasser Diane au front, et sortit. On introduisit par une autre porte le vicomte d'Exmès.

Gabriel fit le salut le plus respectueux à Diane, qui répondit par le salut le plus impertinent. Mais Gabriel, s'armant de courage pour ce combat inégal de la passion ardente contre la vanité glacée, commença avec assez de calme.

— Madame, dit-il, la démarche que j'ose faire auprès de vous est bien hardie, sans doute, et bien insensée. Mais il y a parfois, dans la vie, des circonstances si graves, si suprêmes et si solennelles, qu'elles vous mettent au-dessus des convenances ordinaires et des scrupules habituels. Or, je suis dans une de ces crises redoutables de la destinée, madame. L'homme qui vous parle vient mettre dans vos mains sa vie, et si vous la laissez tomber sans pitié, elle se brisera.

Madame de Valentinois ne fit pas le moindre signe d'encouragement. Le corps penché en avant, appuyant le menton sur sa main et le coude sur son genou, elle regarda fixément Gabriel avec un air d'étonnement ennuyé.

— Madame, reprit celui-ci en essayant de secouer l'influence attristante de ce silence affecté, vous savez ou vous ignorez peut être que j'aime madame de Castro. Je l'aime, madame, d'un amour profond, ardent, irrésistible.

— Qu'est-ce que cela me fait? sembla dire un sourire nonchalant de Diane de Poitiers.

— Je vous parle de cet amour, qui m'emplit l'âme, madame, pour arriver à vous dire que je dois comprendre, excuser, admirer même les aveugles fatalités et les exigences implacables de la passion. Loin de la blâmer comme le vulgaire, de la disséquer comme les philosophes, de la condamner comme les prêtres, je m'agenouille devant elle et je l'adore comme un reflet de Dieu. Elle fait le cœur où elle entre plus pur, plus grand, plus divin ; et Jésus ne l'a-t-il pas sacrée, le jour où il a dit à Madeleine qu'elle était bénie entre toutes les femmes pour avoir beaucoup aimé.

Diane de Poitiers changea d'attitude, et, les yeux à demi fermés, s'étendit négligemment dans son fauteuil.

— Où veut-il en venir avec son sermon? pensait-elle.

— Ainsi, vous le voyez, madame, poursuivit Gabriel, l'amour pour moi est saint; de plus, il est tout-puissant à mes yeux. Le mari de madame de Castro vivrait encore, que j'aimerais madame de Castro, et n'essaierais même pas de vaincre un instinct irrésistible. Il n'y a que les faux amours qui se puissent dompter, et l'amour vrai ne s'évite pas plus qu'il ne se commande. — Ainsi, madame, vous-même, choisie et aimée par le plus grand roi du monde, vous ne devez pas être, pour cela, à l'abri de la contagion d'une passion sincère, et vous n'auriez pas su lui résister, que je vous plaindrais et que je vous envierais, mais je ne vous condamnerais pas.

Même silence de la part de la duchesse de Valentinois. Un étonnement railleur était le seul sentiment qui se peignît sur son visage. Gabriel reprit avec plus de chaleur encore, comme pour amollir cette âme d'airain aux flammes de la sienne :

— Un roi s'éprend, et c'est tout simple, de votre admirable beauté; vous êtes touchée de cet amour, mais votre cœur qui veut y répondre le peut-il nécessairement ? Hélas ! non. Cependant, à côté du roi, un gentilhomme jeune, vaillant et dévoué, vous voit, vous aime, et cette passion plus obscure, mais non pas moins puissante, atteint votre âme, où n'a pu entrer la pensée d'un roi. Mais n'êtes-vous pas reine aussi, reine de beauté, comme le souverain qui vous aime est roi de puissance? N'y a-t-il pas entre vous égalité indépendante et libre? Sont-ce les titres qui gagnent les cœurs? Qui peut vous empêcher d'avoir préféré un jour, une heure, dans votre généreuse bonne foi, le sujet au maître? Ce n'est pas moi, du moins, qui aurais assez peu d'intelligence des nobles sentiments pour faire un crime à Diane de Poitiers d'avoir, étant aimée de Henri II, aimé le comte de Montgommery.

Diane, pour le coup, fit un mouvement, se souleva à demi, et rouvrit ses grands yeux verts et clairs. Trop peu de personnes, en effet, savaient son secret à la cour pour que cette brusque parole de Gabriel ne lui causât pas quelque surprise.

— Est-ce que vous avez des preuves matérielles de cet amour? demanda-t-elle, non sans une nuance d'inquiétude.

— Je n'ai qu'une certitude morale, madame, répondit Gabriel, mais je l'ai.

— Ah! fit-elle en reprenant sa moue insolente. Eh bien! alors, cela m'est bien égal de vous avouer la vérité. Oui, j'ai aimé le comte de Montgommery. Après?

Mais, après, Gabriel ne savait plus rien de positif et ne marchait plus que dans les ténèbres des conjectures. Il continua pourtant :

— Vous avez aimé Jacques de Montgommery, madame, et j'ose dire que vous l'aimez encore son souvenir ; car enfin, s'il a disparu de la surface du monde, c'est pour vous. Eh bien ! c'est en son nom que je viens vous adjurer, madame, et vous faire une question qui vous paraîtra bien audacieuse, je le répète, mais je répète aussi que votre réponse, si vous avez la bonté de me répondre, ne produira dans mon cœur que reconnaissance et adoration; car à cette réponse est attachée ma vie; je répète enfin que si vous ne me la refusez pas, je serai dorénavant à vous corps et âme, et la plus solide puissance du monde peut avoir besoin d'un bras et d'un cœur dévoués, madame.

— Achevez, monsieur, dit la duchesse, et venons donc à cette question terrible.

— Je veux être à genoux pour vous l'adresser, madame, dit Gabriel en se mettant à genoux en effet.

Et il reprit alors, le cœur palpitant et la voix tremblante :

— Madame, c'est dans le courant de l'année 1538 que vous avez aimé le comte de Montgommery ?

— Il se peut, dit Diane de Poitiers. — Ensuite ?

— C'est en janvier 1539 que le comte de Montgommery a disparu, et c'est en mai 1539 que madame Diane de Castro est née ?

— Eh bien ? demanda Diane.

— Eh bien ! madame, reprit Gabriel si bas qu'elle l'entendit à peine, là est le secret que je viens à vos pieds implorer de vous, le secret d'où dépend mon sort, et qui mourra, croyez-le bien, dans mon sein si vous daignez me le révéler. Devant le crucifix que voilà au-dessus de votre tête, je vous le jure, madame : on m'arracherait la vie avant votre confidence. Et d'ailleurs vous pourriez toujours me démentir ; on vous croirait plus que moi, et je ne vous demande pas de preuve, mais votre parole seulement. — Madame, madame, est-ce que Jacques de Montgommery serait le père de Diane de Castro ?

— Ah ! dit Diane en partant d'un rire dédaigneux, la question est téméraire, en effet, et vous aviez bien raison de la faire précéder de tant de préambules. Pourtant, rassurez-vous, mon cher monsieur, je ne vous en veux pas. Vous m'aviez vraiment intéressée comme une énigme, et tenez, vous m'intéressez encore ; car enfin qu'est-ce que cela peut vous faire, monsieur d'Exmès, que madame d'Angoulême soit la fille du roi ou l'enfant du comte ? Le roi passe pour être son père ; cela doit suffire à votre ambition, si vous êtes ambitieux. De quoi venez-vous donc vous mêler, et qu'est-ce que cette prétention de vouloir inutilement interroger le passé ? vous avez une raison, voyons ; mais cette raison, quelle est-elle ?

— J'ai une raison, en effet, madame, dit Gabriel, mais je vous conjure en grâce de ne pas me la demander.

— Ah ! oui-da, dit Diane, vous voulez mes secrets et vous gardez les vôtres. Le marché serait avantageux pour vous, au moins !

Gabriel détacha le crucifix d'ivoire qui dominait le prie-Dieu de chêne sculpté placé derrière Diane.

— Par votre salut éternel ! madame, lui dit-il, jurez-vous de taire ce que je vais vous dire, et de n'en abuser en aucune façon contre moi ?

— Un pareil serment ! dit Diane.

— Oui, madame, car je vous sais ardente et pieuse catholique, et, si vous jurez par votre salut éternel, je vous croirai.

— Et si je refuse de jurer ?

— Je me tairai, madame, et vous m'aurez refusé ma vie.

— Savez-vous, monsieur, reprit Diane, que vous piquez d'une étrange façon ma curiosité de femme ? Oui, le mystère dont vous vous entourez si tragiquement m'attire, me tente, je l'avoue. Vous avez obtenu sur mon imagination ce triomphe, je vous le dis franchement, et je ne croyais pas qu'on pût m'intriguer à ce point. Si je jure, c'est pour en savoir davantage sur votre compte, je vous en préviens. Curiosité pure, je dois en convenir.

— Moi aussi, madame, dit Gabriel, c'est pour savoir que je vous supplie ; seulement ma curiosité est celle de l'accusé qui attend son arrêt de mort. Amère et terrible curiosité, comme vous voyez. Voulez-vous prononcer ce serment, madame ?

— Dites les paroles et je les répéterai, monsieur.

Et, après Gabriel, Diane répéta en effet :

— « Sur mon salut, dans cette vie et dans l'autre, je jure de ne découvrir à personne au monde le secret que vous allez me dire, de ne jamais m'en servir pour vous nuire, et d'agir en tous points comme si je l'avais toujours ignoré, et comme si je l'ignorais toujours. »

— Bien, madame, dit Gabriel, et je vous remercie de cette première preuve de condescendance. Maintenant, en deux mots, vous allez tout comprendre : Je m'appelle Gabriel de Montgommery, et Jacques de Montgommery fut mon père.

— Votre père ! s'écria Diane, en se levant debout, toute émue et stupéfaite.

— De sorte, reprit Gabriel, que si Diane de Castro est la fille du comte, Diane de Castro, que j'aime ou que je croyais aimer d'un amour éperdu, est ma sœur !

— Ah ! je conçois, reprit Diane de Poitiers se remettant un peu. — Voilà qui sauve le connétable, pensa-t-elle.

— Maintenant, madame, continua Gabriel, pâle, mais ferme, voulez-vous bien m'accorder cette grâce de jurer, comme tout à l'heure, sur ce crucifix, que madame de Castro est la fille du roi Henri II ? Vous ne répondez pas ? Oh ! pourquoi donc ne répondez-vous pas, madame ?

— Parce que je ne puis prononcer ce serment, monsieur.

— Ah ! mon Dieu ! mon Dieu ! Diane est l'enfant de mon père ? dit Gabriel tout chancelant.

— Je ne dis pas cela ! Je ne conviendrai jamais de cela ! s'écria madame de Valentinois ; Diane de Castro est bien la fille du roi.

— Oh ! vraiment, madame ! oh ! que vous êtes bonne ! dit Gabriel. Mais, pardon ! votre intérêt peut vous ordonner de parler ainsi. Jurez donc, madame, jurez ! au nom de votre enfant, qui vous bénira, jurez !

— Je ne jurerai pas, dit la duchesse. Pourquoi jurerais-je ?

— Mais, madame, dit Gabriel, tout à l'heure vous avez prononcé un serment pareil à celui que j'implore, seulement pour satisfaire une curiosité banale, c'est vous qui me l'avez dit ; et maintenant, quand il s'agit de la vie d'un homme, quand, avec quelques mots, vous pouvez tirer du gouffre deux destinées, vous demandez : — Pourquoi dirais-je ces quelques mots ?

— Enfin, monsieur, je ne jurerai pas, dit Diane froidement et résolument.

— Et si, néanmoins, j'épouse madame de Castro, madame ; et si madame de Castro est ma sœur, croyez-vous que le crime ne retombera pas sur vous ?

— Non, reprit Diane, puisque je n'aurai pas juré.

— Horrible ! horrible ! s'écria Gabriel. Mais pensez donc, madame, que je puis dire partout que vous avez aimé le comte de Montgommery, que vous avez trahi le roi, que moi, fils du comte, j'en ai la certitude.

— Certitude morale, mais pas de preuves, dit, avec un mauvais sourire, Diane, qui reprit dès lors sa nonchalance impertinente et hautaine. Je vous démentirai, monsieur ; et, vous me l'avez dit aussi vous-même, quand vous affirmerez et quand je nierai, on vous croira, ce n'est pas qu'on croira. Ajoutez que je puis dire au roi que vous avez osé me déclarer un insolent amour, me menaçant, si je n'y cédais, de me calomnier. Vous seriez perdu alors, monsieur Gabriel de Montgommery. Mais, pardon, ajouta-t-elle en se levant, je suis obligée de vous quitter, monsieur ; vous m'avez beaucoup intéressée, en vérité, mais beaucoup, et votre histoire est des plus singulières.

Elle frappa sur un timbre pour appeler.

— Oh ! c'est infâme ! s'écria Gabriel en se frappant le front de ses poings fermés. Oh ! pourquoi êtes-vous une femme ou pourquoi suis-je un gentilhomme ? Mais prenez garde, néanmoins, madame, vous n'aurez pas joué impunément avec mon cœur et ma vie, et Dieu vous punira et me vengera, car ce que vous faites est, je le répète, infâme.

— Vous trouvez ? dit Diane. Et elle accompagna ces paroles d'un petit rire sec et moqueur qui lui était particulier.

En ce moment, le page qu'elle avait appelé soulevait la portière de tapisserie. Elle fit à Gabriel un petit salut ironique et quitta la chambre.

— Allons ! se disait-elle, il a décidément de la chance,

mon connétable. La Fortune est comme moi : elle l'aime. Pourquoi diable ! l'aimons-nous ?

Gabriel sortit sur les pas de Diane, ivre de rage et de douleur.

XV.

CATHERINE DE MÉDICIS.

Mais Gabriel était un cœur ferme et brave, plein de résolution et de fermeté. Après le premier moment de consternation, il secoua son abattement, releva la tête et se fit annoncer chez la reine.

Catherine de Médicis pouvait en effet avoir entendu parler de cette tragédie inconnue de la rivalité de son mari et du comte de Montgommery ; qui sait même si elle n'y avait pas joué un rôle. Elle n'avait guère plus de vingt ans dans ce temps-là. Sa jalousie de jeune femme belle et négligée n'avait-elle pas dû lui tenir les yeux constamment ouverts sur toutes les actions et sur toutes les fautes de sa rivale ? Gabriel comptait sur ses souvenirs pour l'éclairer dans la voie obscure où il ne marchait qu'à tâtons, et où pourtant, comme amant et comme fils, pour son bonheur ou pour sa vengeance, il avait tant d'intérêt à voir clair.

Catherine accueillit le vicomte d'Exmès avec cette bienveillance marquée qu'elle ne cessait de lui témoigner en toute occasion.

— C'est vous, beau vainqueur, lui dit-elle. A quel heureux hasard dois-je donc votre bonne visite ? vous nous venez voir rarement, monsieur d'Exmès, et c'est même, que je crois, la première fois que vous nous demandez audience dans notre appartement. Vous êtes pourtant et vous serez toujours le bien arrivé auprès de nous, songez-y.

— Madame, dit Gabriel, je ne sais comment vous remercier de tant de bontés, et soyez sûre que mon dévoûment...

— Laissons là votre dévoûment, interrompit la reine et venons au but qui vous amène. Est-ce que je pourrais vous servir en quelque chose ?

— Oui, madame, je crois que vous le pourriez.

— Tant mieux ! monsieur d'Exmès, reprit Catherine avec le plus encourageant sourire, et si ce que vous allez me demander est en mon pouvoir, je m'engage par avance à vous l'accorder. C'est là un engagement un peu compromettant peut-être ; mais vous n'en abuserez pas, mon beau gentilhomme.

— Que Dieu m'en préserve ! madame, telle n'est pas mon intention.

— Parlez donc, voyons, dit en soupirant la reine.

— C'est un renseignement, madame, que j'ose venir chercher auprès de vous, rien de plus. Mais, pour moi, ce rien-là c'est tout. Aussi m'excuserez-vous de vous rappeler des souvenirs qui doivent être douloureux à Votre Majesté. Il s'agit d'un événement qui remonte à l'année 1539.

— Oh ! j'étais bien jeune alors, presque enfant, dit la reine.

— Mais déjà bien belle et bien digne d'amour assurément, repartit Gabriel.

— Aucuns le disaient quelquefois, reprit la reine, charmée de la tournure que prenait l'entretien.

— Et pourtant, continua Gabriel, une autre femme osait déjà empiéter sur le droit que vous tenez de Dieu, de votre naissance et de votre beauté, et cette femme, non contente de détourner de vous, par magie et enchantement sans doute, les yeux et le cœur d'un mari trop jeune pour être bien clairvoyant, cette femme trahissait celui qui vous trahissait, et aimait le comte de Montgommery. Mais dans votre juste dédain vous avez peut-être oublié tout cela, madame ?

— Non pas, dit la reine, et cette aventure, et tous les manéges commençans de celle dont vous parlez sont encore présens à ma mémoire. Oui, elle aima le comte de Montgommery ; puis, voyant sa passion découverte, elle prétendit lâchement que c'était une feinte pour éprouver le cœur du dauphin, et, quand Montgommery disparut, lui, — peut-être par son ordre seulement ! — elle ne le pleura pas et parut rieuse et folle au bal le lendemain. Oui, je me souviendrai toujours des premières intrigues à l'aide desquelles cette femme sapait ma jeune royauté ; car je m'en affligeais alors ; car je passais mes nuits et mes jours dans les larmes. Mais, depuis, ma fierté s'est réveillée ; j'avais toujours rempli et au-delà mon devoir ; j'avais fait constamment respecter par ma dignité, mes titres d'épouse, de mère et de reine ; j'avais donné sept enfans au roi et à la France. Mais maintenant, je n'aime mon mari qu'avec calme, comme un ami et comme le père de ses fils, et je ne lui reconnais plus le droit d'exiger de moi un sentiment plus tendre ; j'ai assez vécu pour le bien général, ne puis-je pas un peu vivre pour moi-même ? n'ai-je pas gagné assez chèrement mon bonheur ? si quelque dévoûment jeune et passionné s'offrait à moi, serait-ce un crime pour moi que de ne pas le repousser, Gabriel ?

Les regards de Catherine commentaient ses paroles. Mais l'esprit de Gabriel était ailleurs. Depuis que la reine avait cessé de parler de son père, il n'écoutait plus, il rêvait. Cette rêverie que Catherine interprétait dans le sens qu'elle désirait, ne lui déplaisait pas. Mais Gabriel rompit bientôt le silence.

— Un dernier éclaircissement, madame, et le plus grave, lui dit-il. Vous êtes si excellente pour moi ! Vraiment, je savais bien en venant près de vous que j'en sortirais satisfait. Vous avez parlé de dévoûment, comptez sur le mien, madame. Mais achevez votre œuvre, de grâce ! Puisque vous avez connu les détails de cette sombre aventure du comte de Montgommery, savez-vous si l'on a douté dans le temps que madame de Castro, née quelques mois après la disparition du comte, fût réellement la fille du roi ? La médisance, disons même la calomnie, n'a-t-elle pas exprimé des soupçons à cet égard, et attribué à monsieur de Montgommery la paternité de Diane ?

Catherine de Médicis regarda quelque temps Gabriel en silence, comme pour se rendre compte de l'intention qui avait dicté ses paroles. Elle crut avoir trouvé cette intention et se prit à sourire.

— Je m'étais aperçue en effet, dit-elle, que vous aviez remarqué madame de Castro, et que vous lui faisiez une cour assez assidue. Je vois maintenant vos motifs. Seulement, avant d'aller plus loin, vous voulez vous assurer, n'est-ce pas ? que vous ne faites pas fausse route, et que c'est bien à une fille de roi que vous adressez vos hommages ? Vous ne voulez pas qu'après avoir épousé la fille légitimée de Henri, vous vous trouviez un jour, par quelque découverte inattendue, avoir pour femme la bâtarde du comte de Montgommery. En un mot, vous êtes ambitieux, monsieur d'Exmès. Ne vous en défendez pas, je ne vous en estime que plus, et cela d'ailleurs, loin de contrarier les desseins que j'ai sur vous, peut les servir. Vous êtes ambitieux, n'est-ce pas ?

— Mais, madame... reprit Gabriel embarrassé ; peut-être effectivement.

— C'est bon, je vois que je vous avais deviné, mon gentilhomme, dit la reine. Eh bien ! voulez-vous en croire une amie ? dans l'intérêt même de vos projets, renoncez à vos vues sur cette Diane. Laissez là cette poupée. Je ne sais pas, à vrai dire, si elle est la fille du roi ou la fille du comte, et la dernière hypothèse pourrait pourtant bien être la véritable ; mais fût-elle née du roi, ce n'est pas là la femme et le soutien qu'il vous faut. Madame d'Angoulême est une nature faible et molle, toute de sentiment, de grâce, si vous voulez, mais sans force, sans énergie, sans vaillance. Elle a su gagner les bonnes grâces du roi, j'en conviens, mais elle ne saura pas en profiter. Ce qu'il vous faut, Gabriel, pour l'accomplissement de vos grandes chimères; c'est un cœur viril et puissant, qui vous aide comme il vous aime, qui vous serve et se serve de vous, et qui remplisse en même temps votre âme et votre vie. Ce cœur, vous l'avez trouvé sans le savoir, vicomte d'Exmès.

Il la regardait, surpris. Elle poursuivit, entraînée :

— Écoutez : notre sort doit nous affranchir, nous autres reines, des convenances vulgaires; et, placées haut comme nous le sommes, si nous voulons qu'une affection arrive à nous, il faut que nous fassions quelques pas au-devant d'elle et que nous lui tendions la main. Gabriel, vous êtes beau, brave, ardent et fier ! Du premier moment où je vous ai vu, j'ai senti là pour vous un sentiment inconnu, et, — me suis-je trompée ? — vos paroles et vos regards, et jusqu'à cette démarche d'aujourd'hui, qui n'est peut-être qu'un adroit détour, tout m'a fait supposer enfin que je n'avais pas rencontré un ingrat.

— Madame!... dit Gabriel épouvanté.

— Oui, vous êtes ému et surpris, je le vois, reprit Catherine avec son plus doux sourire. Mais vous ne me jugez pas sévèrement, n'est-il pas vrai, sur ma sincérité nécessaire ? Je vous le répète, la reine doit faire excuser la femme. Vous êtes timide, quoique ambitieux, monsieur d'Exmès, et des scrupules au-dessous de moi auraient pu me faire perdre un dévouement précieux ; j'ai mieux aimé parler la première. Allons, remettez-vous donc ! suis-je si redoutable ?

— Oh ! oui, murmura Gabriel pâle et consterné.

Mais la reine qui l'entendit se méprit du sens de son exclamation.

— Allons donc! dit-elle avec un doute enjoué, je ne vous ai pas encore fait perdre la raison, ce me semble, au point de vous faire oublier vos intérêts, et ces renseignemens que vous me demandiez sur madame d'Angoulême en sont bien un peu la preuve. Mais, soyez tranquille, je ne veux pas, je vous le dis encore, votre abaissement, je veux votre grandeur. Gabriel, je me suis jusqu'ici effacée au second rang ; mais, sachez-le, je brillerai bientôt au premier. Madame Diane de Poitiers n'est plus d'âge à conserver longtemps sa beauté et sa puissance. Du jour où le prestige de cette femme s'effacera, mon règne commence, et apprenez que je saurai régner, Gabriel : les instincts de domination que je sens en moi m'en sont garans ; et d'ailleurs, c'est dans le sang des Médicis, cela. Le roi saura un jour qu'il n'a pas de conseiller plus habile, plus adroit et plus expérimenté que moi. — Et alors, Gabriel, à quoi ne pourra pas prétendre l'homme qui aura uni sa fortune à la mienne, quand la mienne était obscure encore ? qui aura aimé en moi la femme et non pas la reine ? La maîtresse du royaume ne voudra-t-elle pas dignement récompenser celui qui se sera dévoué à Catherine ? Cet homme ne sera-t-il pas son second, son bras droit, le roi véritable sous un fantôme de roi ? Ne tiendra-t-il pas dans sa main toutes les dignités et toutes les forces de la France ? Un beau rêve, n'est-ce pas, Gabriel ? Eh bien ! Gabriel, voulez-vous être cet homme ?

Elle lui tendit bravement la main.

Gabriel mit un genou en terre et baisa cette main blanche et charmante... Mais son caractère était trop entier et trop loyal pour pouvoir se plier aux mensonges d'un amour feint. Entre une tromperie et un danger, il était trop sincère et trop résolu pour hésiter, et, relevant son noble visage :

— Madame, dit-il, l'humble gentilhomme qui est à vos pieds vous prie de le considérer comme le plus respectueux de vos serviteurs et le plus dévoué de vos sujets. Mais...

— Mais, interrompit Catherine avec un sourire, ce ne sont pas ces termes de vénération qu'on vous demande, mon noble cavalier.

— Et pourtant, madame, continua Gabriel, je ne puis me servir en vous parlant de mots plus doux et plus tendres, car, — pardonnez ! — celle que j'aimais avant même

de vous connaître, c'est bien véritablement madame Diane de Castro, et nul amour, fût-ce l'amour d'une reine, ne saurait plus trouver place dans ce cœur tout rempli d'une autre image.

— Ah ! dit seulement Catherine, le front pâle et les lèvres serrées.

Gabriel, tête baissée, attendait pourtant sans trembler l'orage d'indignation et de mépris qui allait fondre sur lui. Mépris et indignation ne se firent pas longtemps attendre, et, après quelques minutes de silence :

— Savez-vous, monsieur d'Exmès, dit Catherine de Médicis contenant à grand'peine sa voix et sa colère, savez-vous que je vous trouve hardi, pour ne pas dire impudent ! Qui vous parlait d'amour, monsieur ? Où avez-vous pris qu'on voulût tenter votre vertu si farouche ? Il faut que vous ayez de votre mérite une idée bien vaine et bien insolente pour oser croire à de pareilles choses, et pour expliquer si téméraire ment une bienveillance qui n'a eu que le tort de s'adresser en lieu indigne. Vous avez sérieusement insulté une femme et une reine, monsieur !

— Oh ! madame, reprit Gabriel, croyez que mon religieux respect...

— Assez ! interrompit Catherine, je vous dis que vous m'avez insulté, et que vous veniez pour m'insulter ! Pourquoi êtes-vous ici ? Quel motif vous amenait ? Que m'importe à moi votre amour et madame de Castro, et tout ce qui vous concerne ? Vous veniez chercher près de moi des renseignemens ! Ridicule prétexte ! Vous vouliez faire faire par une reine de France la police de votre passion ! C'est insensé, je vous le dis ; et j'ajoute encore : C'est outrageant !

— Non, madame, répondit Gabriel debout et fier, vous n'avez pas été outragée pour avoir rencontré un honnête homme qui a mieux aimé vous blesser que vous tromper.

— Taisez-vous, monsieur ! reprit Catherine ; je vous ordonne de vous taire et de sortir. Estimez-vous heureux que je veuille bien encore ne pas dévoiler au roi votre audacieuse méprise. Mais je réparaîtrais jamais devant moi, et tenez désormais Catherine de Médicis pour votre implacable ennemie. Oui, je vous retrouverai, soyez-en certain, monsieur d'Exmès ! Mais en attendant, sortez.

Gabriel salua la reine, et se retira sans dire un mot.

— Allons ! pensa-t-il quand il se trouva seul, une haine de plus ! Mais qu'est-ce que cela me ferait si j'avais appris quelque chose sur mon père et sur Diane ! La maîtresse du roi et la femme du roi pour ennemies ! Dieu veut me préparer peut-être à devenir l'ennemi du roi. Allons chez Diane à présent, l'heure est venue, et Dieu veuille que je ne sorte pas plus triste encore et plus désolé de chez celle qui m'aime que de chez celles qui me haïssent !

XVI.

AMANT OU FRÈRE?

Quand Jacinte introduisit Gabriel dans la chambre que Diane de Castro, comme fille légitimée du roi, occupait au Louvre, celle-ci, dans son effusion naïve et chaste, courut au devant de lui-même sans dissimuler aucunement sa joie. Elle n'eût pas même retiré son front de son baiser ; mais lui se contenta de lui serrer la main.

— Vous voilà donc enfin, Gabriel ! dit-elle. Avec quelle impatience je vous attendais, mon ami ! Depuis tantôt, je ne sais où déverser le trop plein de bonheur que je sens en moi. Je parle toute seule, je ris toute seule, je suis folle ! Mais vous voilà, Gabriel, et nous pourrons du moins être heureux ensemble ! — Eh bien ! qu'avez-vous donc, mon ami? Vous avez l'air froid, grave et presque triste. Est-ce avec ce visage contraint et ces manières réservées que vous me témoignez votre amour, et à Dieu et à mon père votre reconnaissance ?

— A votre père ?... oui, parlons de votre père, Diane. Quant à cette gravité qui vous étonne, c'est mon habitude d'accueillir avec ce front sévère la bonne fortune ; car je me défie d'abord de ses dons, n'y étant pas jusqu'ici accoutumé, et j'ai éprouvé qu'elle cachait trop souvent une douleur sous une faveur.

— Je ne vous savais pas si philosophe ni si malheureux, Gabriel, reprit la jeune fille moitié enjouée et moitié piquée. Mais, voyons ! vous disiez que vous vouliez parler du roi ; c'est mieux cela : comme il a été bon et généreux, Gabriel !

— Oui, Diane, il vous aime bien, n'est-ce pas ?

— Avec une tendresse et une douceur infinies, Gabriel.

— Sans doute, murmura le vicomte d'Exmès, il peut croire, lui, qu'elle est sa fille... Une seule chose m'étonne, reprit-il tout haut ; comment le roi, ayant certainement déjà au cœur le pressentiment de cet amour qu'il vous porterait, a-t-il pu néanmoins rester douze années sans vous voir et sans vous connaître, et vous laisser reléguée à Vimoutiers, perdue et inconnue ? Ne lui avez-vous jamais demandé, Diane, la raison de cette étrange indifférence ? Un oubli pareil, savez-vous ? est difficile à concilier avec cette bienveillance qu'il vous témoigne maintenant.

— Oh ! reprit Diane, c'est que ce n'était pas lui qui m'oubliait, pauvre père !

— Mais qui donc alors ?

— Qui ? si ce n'est madame Diane de Poitiers, je ne sais pas si je dois dire ma mère.

— Et pourquoi se résignait-elle à vous abandonner ainsi, Diane ? Ne devait-elle pas se réjouir et se glorifier aux yeux du roi de votre naissance, qui lui donnait un titre de plus à son amour ? Qu'avait-elle à craindre ? son mari était mort... son père mort.

— Assurément, Gabriel, dit Diane, et il me serait difficile, pour ne pas dire impossible, de vous justifier cette fierté singulière qui fait que madame de Valentinois n'a jamais consenti à me reconnaître officiellement pour son enfant. Vous ignorez donc, ami, qu'elle a obtenu du roi de cacher d'abord ma naissance, qu'elle m'a bien difficilement rappelée à la cour sur ses instances, et presque sur son ordre, et qu'elle n'a pas même voulu être nommée dans l'acte de ma légitimation ? Je ne m'en plains pas, Gabriel, puisque, sans cet orgueil bizarre, je ne vous aurais pas connu et vous ne m'auriez pas aimée. Mais je n'en ai pas moins songé parfois avec chagrin à cette sorte d'aversion de ma mère pour tout ce qui me concerne.

— Aversion qui pourrait bien n'être que du remords, pensa Gabriel avec épouvante ; elle savait tromper le roi, et ne le faisait pas sans hésitation et sans crainte...

— Mais à quoi songez-vous donc, mon ami ? reprit Diane, et pourquoi m'adressez-vous toutes ces questions ?

— Pour rien ; un doute de mon esprit inquiet. Ne vous en préoccupez pas, Diane ; mais, du moins, si votre mère n'a pour vous qu'éloignement et presque haine, votre père, Diane, votre père compense cette froideur par sa tendresse ; et vous, de votre côté, si vous vous sentez timide et contrainte avec madame de Valentinois, en présence du roi votre cœur se dilate, n'est-il pas vrai, et reconnaît en lui un vrai père ?

— Oh ! certainement ! reprit Diane, et, du premier jour où je l'ai vu, et où il m'a parlé avec tant de bonté, je me suis sentie attirée vers lui tout de suite. Ce n'est pas par politique que je suis avec lui prévenante et affectueuse, c'est d'instinct. Il ne serait pas le roi, il ne serait pas mon bienfaiteur et mon protecteur, que je l'aimerais tout autant : c'est mon père !

— On ne se trompe pourtant pas à ces choses-là ! s'écria Gabriel ravi. Ma chère Diane ! ma bien-aimée ! c'est bien à vous d'aimer ainsi votre père, et de vous sentir émue devant lui de reconnaissance et d'amour. Cette douce piété filiale vous fait honneur, Diane.

— Et c'est bien aussi à vous de la comprendre et de l'approuver, mon ami, dit Diane. Mais, après avoir parlé de mon père, et de l'affection qu'il me porte et que je lui rends, et de nos obligations envers lui, Gabriel, si nous parlions un peu de nous et de notre amour, hein ? Que voulez-vous ? on est égoïste, ajouta la jeune fille avec cette ingénuité charmante qui lui était propre. D'ailleurs, le roi serait là, qu'il me reprocherait de ne pas penser du tout à moi, à nous ; et savez-vous, Gabriel, ce que, tout à l'heure encore il me répétait : — Chère enfant, sois heureuse ! être heureuse, entends-tu bien ? c'est me rendre heureux.

— Ainsi, monsieur, notre dette à la reconnaissance payée, ne soyons pas non plus trop oublieux de nous-mêmes.

— C'est cela, dit Gabriel songeant, oui, c'est cela. Soyons maintenant tout à cet attachement qui nous lie pour la vie l'un à l'autre. Regardons dans nos cœurs, et voyons ce qui s'y passe. Racontons-nous réciproquement nos âmes.

— A la bonne heure ! dit Diane ; ce sera charmant, cela.

— Oui, charmant, reprit tristement Gabriel. Et voyons, vous d'abord, Diane, que sentez-vous pour moi ? dites. Ne m'aimez-vous pas moins que votre père ?

— Méchant jaloux ! dit Diane. Sachez seulement que je vous aime autrement. Ce n'est pas de vous j'expliquer cela, au moins ! Quand le roi est là, je suis calme, et mon cœur ne bat pas plus vite qu'à l'ordinaire ; mais lorsque je vous vois, oh ! un trouble singulier, qui me fait mal et qui me charme, se répand dans tout mon être. Je dis à mon père, même devant tout le monde, les paroles caressantes et douces qui me viennent à la bouche ; mais à vous, il me semble que devant quelqu'un je n'oserais jamais vous dire seulement : Gabriel ! — même quand je serais votre femme. En un mot, autant la joie que je ressens auprès de mon père est paisible, autant le bonheur que votre présence m'apporte est inquiet, j'allais dire douloureux ; et cette douleur, pourtant, est plus délicieuse que ce calme.

— Tais-toi ! oh ! tais-toi ! s'écria Gabriel éperdu. Oui, tu m'aimes, et cela m'effraie !... et cela me rassure, veux-je dire, car enfin Dieu n'aurait pas permis cet amour si tu ne pouvais pas m'aimer !

— Que voulez-vous dire, Gabriel ? demanda Diane étonnée. Pourquoi mon aveu, qui vient bien le droit de vous faire puisque vous allez être mon mari, vous met-il ainsi hors de vous ? Quel danger peut se cacher dans mon amour ?

— Aucun, chère Diane, aucun. Ne faites pas attention. C'est la joie qui m'enivre ainsi, la joie ! Un bonheur si haut donne le vertige. Vous ne m'avez pas toujours aimé avec ces inquiétudes et ces souffrances. Lorsque nous nous promenions ensemble sous les ombrages de Vimoutiers, vous n'aviez pour moi qu'une amitié... fraternelle.

— J'étais une enfant, alors, dit Diane ; je n'avais pas rêvé à vous pendant six années de solitude ; mon amour n'avait pas grandi avec moi-même ; je n'avais pas vécu deux mois au milieu d'une cour où la corruption du langage et des mœurs n'a pu cependant me faire chérir davantage notre passion pure et sainte.

— C'est vrai, c'est vrai, Diane, dit Gabriel.

— Mais vous, mon ami, dit Diane, à votre tour, dites-moi donc ce qu'il y a en vous pour moi de dévoûment et d'ardeur. Ouvrez-moi donc votre cœur comme je vous ai dévoilé le mien. Si mes paroles vous ont fait du bien, laissez-moi entendre votre voix me dire combien vous m'aimez, et comment vous m'aimez.

— Oh ! moi, je ne sais pas, dit Gabriel, je ne peux pas vous dire cela ! Ne m'interrogez pas là-dessus ; n'exigez pas que je m'interroge moi-même, c'est trop affreux !

— Oh ! mais Gabriel, s'écria Diane consternée, ce sont vos paroles qui sont affreuses ; ne le sentez-vous pas ? Quoi ! vous ne voulez pas même me dire que vous m'aimez !

— Si je t'aime, Diane ! Elle me demande si je l'aime ! Mais, oui, je t'aime, comme un insensé, comme un criminel, peut-être !

— Comme un criminel ! reprit madame de Castro étonnée. Quel crime peut-il y avoir dans notre amour ? Ne sommes-nous pas libres tous les deux ? Mon père ne va-t-il pas consentir à notre union ? Dieu et les anges se réjouissent d'un amour semblable !

— Faites, Seigneur, qu'elle ne blasphème pas ! s'écria en lui-même Gabriel, comme j'ai peut-être blasphémé tantôt, en parlant à Aloyse.

— Mais qu'a-t-il donc ? reprenait Diane. Mon ami, vous n'êtes pas malade, au moins ? Vous, si ferme d'ordinaire, d'où vous viennent ces craintes chimériques ? Oh ! moi, je n'ai pas peur auprès de vous ; je sais qu'avec vous je suis en sûreté comme avec mon père. Tenez, pour vous rappeler à vous-même, à la vie, au bonheur, je me serre contre votre poitrine sans effroi, ô mon époux bien-aimé ! Je pose mon front sur vos lèvres sans scrupule.

Elle s'approchait de lui, souriante et charmante, son lumineux visage levé vers le sien, et de son regard angélique sollicitant sa chaste caresse.

Mais Gabriel la repoussa avec terreur. — Non, va-t'en, lui cria-t-il, laisse-moi, fuis !

— O mon Dieu ! dit Diane laissant tomber ses bras le long de son corps, mon Dieu ! il me repousse, il ne m'aime pas !

— Je t'aime trop ! dit Gabriel.

— Si vous m'aimiez, mes caresses vous feraient-elles horreur ?

— Me font-elles donc horreur, vraiment ? se dit Gabriel pris d'un autre effroi. Est-ce que c'est mon instinct qui les repousse, et non ma raison ? Oh ! viens ! Diane, que je voie, que je sache, que je sente ! Viens, et laisse-moi en effet poser ma bouche sur ton front, baiser de frère, après tout, et qu'un fiancé peut bien se permettre.

Il attira Diane sur son cœur, et mit un long baiser sur ses cheveux.

— Ah ! je me trompais ! dit-il, ravi à ce doux contact, ce n'est pas la voix du sang qui crie en moi, c'est bien la voix de l'amour ! Je la reconnais. Quel bonheur !

— Que dis-tu donc, ami ? reprit Diane. Mais tu dis que tu m'aimes : voilà tout tout ce que je veux entendre et savoir.

— Oh ! oui, je t'aime, ange adoré, je t'aime avec désir, avec passion, avec frénésie. Je t'aime, et sentir ton cœur battre contre le mien, vois-tu, c'est le ciel... ou bien c'est l'enfer ! cria tout à coup Gabriel en se dégageant de l'étreinte de Diane. Va-t'en, va-t'en, laisse-moi fuir, je suis maudit !

Et il s'enfuit éperdu de la chambre, laissant Diane muette d'épouvante et pétrifiée de désespoir.

Pour lui, il ne savait plus où il allait, ni ce qu'il faisait. Il descendit machinalement les escaliers, tout chancelant et ivre en quelque sorte. C'était trop pour sa raison ces trois épreuves terribles. Quand il arriva dans la grande galerie du Louvre, ses yeux se fermèrent malgré lui, ses jambes fléchirent, et il s'affaissa sur ses genoux auprès de la muraille, en murmurant :

— Je prévoyais bien que l'ange me ferait souffrir encore plus que les deux démons.

Et il s'évanouit. La nuit était tombée, et personne ne passait dans la galerie.

Il ne revint à lui qu'en sentant une petite main passer sur son front, et qu'en entendant une voix douce parler à son âme. Il ouvrit les yeux. La petite reine-dauphine, Marie Stuart, était devant lui, un flambeau allumé à la main.

— Heureusement, voilà un autre ange, dit Gabriel.

— C'est donc vous, monsieur d'Exmès, dit Marie. Oh ! vous m'avez fait une peur ! Je vous ai cru mort. — Qu'avez-vous ? Comme vous êtes pâle ! Vous sentez-vous mieux ? Je vais appeler, si vous voulez.

— Inutile, madame, dit Gabriel en essayant de se soulever. Votre voix m'a rappelé à la vie.

— Attendez que je vous aide, reprit Marie Stuart. Pauvre jeune homme ! êtes-vous défait ! Vous étiez donc évanoui ? en passant, je vous ai aperçu et la force m'a manqué pour crier. Et puis, la réflexion m'a rassurée, je me suis approchée, il m'a fallu joliment du courage, j'espère ! J'ai posé ma main sur votre front qui était tout glacé. Je vous ai appelé, et vous avez repris vos sens. Le mieux continue-t-il ?

— Oui, madame, et soyez bénie pour votre bonté. Je me rappelle maintenant. Une horrible douleur m'a tout à coup serré les tempes comme un étau de fer ; mes genoux se sont dérobés sous moi et je suis tombé le long de cette tapisserie. Mais comment cette douleur m'a-t-elle pris ? Ah ! oui, je me rappelle maintenant, je me rappelle tout. Hélas ! mon Dieu ! mon Dieu ! voici que je me rappelle.

— C'est quelque grand chagrin qui vous a accablé, n'est-ce pas ? reprit Marie. Oh ! oui, car au seul souvenir de ce que vous avez souffert, vous voilà plus pâle que jamais. Appuyez-vous sur mon bras, je suis forte. Je vais appeler et vous donner du monde pour vous reconduire chez vous.

— Je vous remercie, madame, dit Gabriel en rassemblant ses forces et son énergie. Je me sens encore la vigueur nécessaire pour aller seul chez moi. Tenez, je marche sans aide et d'un pas assez ferme. Je ne vous en remercie pas moins, et je me souviendrai tant que je vivrai de votre simple et touchante bonté, madame. Vous m'êtes apparue comme un ange consolateur dans une crise de ma destinée. Il n'y a que la mort, madame, qui pourra effacer cela de mon cœur.

— O mon Dieu ! c'est bien naturel ce que j'ai fait, monsieur d'Exmès. Je l'eusse fait pour toute créature souffrante, à plus forte raison pour vous que je sais l'ami dévoué de mon oncle de Guise. Ne me remerciez pas pour si peu.

— Ce peu, madame, était tout dans la douleur désespérée où je gisais. Vous ne voulez pas qu'on vous remercie, mais moi, je veux me souvenir. Adieu, madame, je me souviendrai.

— Adieu ! monsieur d'Exmès, et soignez-vous bien au moins, et tâchez de vous consoler.

Elle lui tendit la main que Gabriel baisa avec respect. Puis, elle sortit d'un côté et lui de l'autre.

Quand il fut hors du Louvre, il prit le bord de l'eau, et fut à la rue des Jardins au bout d'une demi-heure. Il n'avait pas dans le cerveau une seule pensée, mais une grande souffrance.

Aloyse l'attendait avec anxiété.

— Eh bien ? lui dit-elle.

Gabriel maîtrisa un éblouissement qui voilait de nouveau sa vue. Il aurait bien voulu pleurer, mais il ne le pouvait pas. Il répondit d'une voix altérée :

— Je ne sais rien, Aloyse ! Tout a été muet, ces femmes et mon cœur. Je ne sais sais rien, sinon que mon front est glacé et que pourtant je brûle. Mon Dieu ! mon Dieu !

— Du courage, monseigneur, dit Aloyse.

— Du courage, j'en ai, dit Gabriel. Dieu merci ! je vais mourir.

Et il tomba de nouveau à la renverse sur le parquet, mais ne revint pas à lui cette fois.

XVII.

L'HOROSCOPE.

— Le malade vivra, dame Aloyse. Le danger a été grave, et le rétablissement sera long. Toutes ces saignées ont affaibli le pauvre jeune homme, mais il vivra, gardez-vous d'en douter, et remerciez Dieu que l'anéantissement du corps ait atténué le coup que son âme a reçu, car nous ne guérissons pas ces blessures-là, et la sienne aurait pu être mortelle et peut l'être encore.

Le docteur qui parlait ainsi était un homme de haute taille, au grand front bombé, aux yeux profonds et perçans. Le peuple l'appelait maître Nostredame ; il signait pour les savans *Nostradamus*. Il ne paraissait pas avoir plus de cinquante ans.

— Mais, Jésus! voyez-le donc, messire, reprit dame Aloyse : il est là, gisant depuis le 7 juin au soir ; nous sommes au 2 juillet, et durant tout ce temps il n'a pas dit un mot, il n'a pas eu l'air de me voir ni de me connaître, il est déjà comme mort, hélas! Vous touchez sa main, et il ne s'en aperçoit même pas!

— Tant mieux, je vous le répète, dame Aloyse; qu'il revienne le plus tard possible au sentiment de ses maux ; s'il peut demeurer, comme je l'espère, un mois encore dans cette langueur, sans intelligence et sans pensée, il est sauvé tout à fait.

— Sauvé! dit Aloyse en levant les yeux au ciel comme pour remercier Dieu.

— Il l'est dès à présent, s'il n'y a pas de rechute, et vous pouvez le dire à cette jolie suivante qui vient deux fois par jour savoir de ses nouvelles ; car il y a sous tout ceci quelque passion de grande dame, n'est-ce pas? C'est parfois charmant, et parfois fatal.

— Oh! ici, c'est fatal, vous avez bien raison, maître Nostredame, dit en soupirant Aloyse.

— Dieu veuille donc qu'il se tire de la passion comme de la maladie, dame Aloyse, si toutefois maladie et passion n'ont pas mêmes effets et même cause. Mais je répondrais de l'une et non de l'autre.

Nostradamus ouvrit la main molle et inerte qu'il tenait, et considéra avec une attention songeuse la paume de cette main. Il tendit même la peau au dessus de l'index et du médius ; il semblait chercher, non sans peine, dans sa mémoire un souvenir.

— C'est singulier, dit-il à demi-voix et comme à lui-même, voilà plusieurs fois que j'étudie cette main, et il me semble toujours qu'à une autre époque je l'ai déjà examinée. Mais quels signes m'avaient donc frappé alors? La ligne mensale est favorable; la moyenne est douteuse, mais la ligne de vie est parfaite. Rien que d'ordinaire, d'ailleurs. La qualité dominante de ce jeune homme doit être une volonté ferme, rigide, implacable comme la flèche dirigée par une main sûre. Ce n'est pas cela qui m'a autrefois étonné. Et puis, mes souvenirs sont trop confus pour n'être pas anciens, et votre maître, dame Aloyse, n'a pas plus de vingt-cinq ans, n'est-il pas vrai?

— Il n'en a que vingt-quatre, messire.

— Il est alors né en 1533... Savez-vous le jour, dame Aloyse?

— Le 6 mars.

— Mais vous ne savez pas si c'était le matin ou le soir?

— Pardon! j'étais auprès de sa mère, que j'assistais dans ses douleurs de l'enfantement. Monseigneur Gabriel est né au coup de six heures et demie du matin.

Nostradamus prit des notes.

— Je verrai quel était en ce jour et à cette heure l'état du ciel, dit-il. Mais si le vicomte d'Exmès avait vingt ans de plus, je jurerais que j'ai déjà tenu sa main dans la mienne. Au reste peu importe! ce n'est pas le sorcier, comme le peuple m'appelle quelquefois, qui a affaire ici, c'est le médecin, et, je vous le répète, dame Aloyse, le médecin répond à présent du malade.

— Pardon! maître, reprit tristement Aloyse, vous avez dit que vous répondiez de la maladie, mais que vous ne répondiez pas de la passion.

— La passion! Eh! mais, dit en souriant Nostradamus, il me semble que la présence de la petite suivante deux fois par jour prouve qu'elle n'est pas désespérée.

— Au contraire, maître, au contraire, s'écria Aloyse avec effroi.

— Allons donc, dame Aloyse! riche, brave, jeune et beau, comme l'est le vicomte d'Exmès, on n'est pas longtemps repoussé par les dames dans un temps comme le nôtre, et on n'est quelquefois ajourné, mais pas pour toujours plus.

— Supposez pourtant qu'il n'en soit pas ainsi, maître. Supposez que lorsque monseigneur reviendra à la vie et à la raison, la première, la seule idée qui frappe cette raison ressuscitée soit celle-ci : La femme que j'aime est irrévocablement perdue pour moi; qu'arrivera-t-il?

— Oh! espérons que votre supposition n'est pas fondée, dame Aloyse, ce serait terrible. Cette puissante douleur dans ce cerveau si faible, ce serait terrible! Autant qu'on peut juger d'un homme par les traits de son visage et le regard de ses yeux, votre maître, Aloyse, n'est pas un homme superficiel, et ici sa volonté énergique et puissante ne serait qu'un danger de plus, et, brisée contre l'impossible, pourrait briser la vie avec elle.

— Jésus! mon enfant mourrait! s'écria Aloyse.

— Il y aurait danger du moins que l'inflammation du cerveau ne le reprît, dit Nostradamus. Mais quoi! il y a toujours moyen de faire briller à ses yeux une lueur d'espérance. La chance la plus lointaine, la plus fugitive, il la saisirait et serait sauvé.

— Il sera sauvé alors, dit Aloyse d'un air sombre. Je me parjurerai, mais il sera sauvé. Messire Nostredame, je vous remercie.

Une semaine s'écoula, et Gabriel sembla, sinon trouver, du moins chercher sa pensée. Ses yeux, encore vagues et sans expression, interrogeaient pourtant les visages et les objets. Puis, il commençait à aider les mouvements qu'on voulait lui imprimer, à se soulever tout seul, à prendre le breuvage que lui présentait Nostradamus.

Aloyse, debout et infatigable au chevet du lit, attendait.

Au bout d'une autre semaine, Gabriel put parler. La lumière ne se faisait pas complète encore dans le chaos de son intelligence; il ne prononçait que des mots incohérens et sans suite, mais qui enfin avaient trait aux faits de sa vie passée. Bien plus, Aloyse tremblait, quand le médecin était là, qu'il ne trahît quelqu'un de ses secrets.

Elle ne se trompait pas tout à fait dans ses appréhensions, et, un jour, Gabriel, dans son sommeil fiévreux, s'écria en présence de Nostradamus :

— Ils croient que je m'appelle le vicomte d'Exmès. Non, non, prenez-y garde! Je suis le comte de Montgommery.

— Le comte de Montgommery! dit Nostradamus frappé d'un souvenir.

— Silence! dit Aloyse en posant un doigt sur ses lèvres.

Mais Nostradamus partit sans que Gabriel eût ajouté un mot, et comme, le lendemain et les jours suivans, le médecin ne reparla plus des mots échappés au malade, Aloyse craignit, en revenant là-dessus, d'attirer son attention sur ce que son maître pouvait avoir intérêt à cacher. Cet incident parut donc oublié pour tous deux.

Cependant Gabriel allait de mieux en mieux. Il reconnaissait Aloyse et Martin-Guerre ; il demandait ce dont il avait besoin ; il parlait avec une douceur triste qui laissait croire qu'il avait enfin recouvré sa raison.

Un matin, le jour où il se levait pour la première fois, il dit à Aloyse :

— Nourrice, et la guerre?

— Quelle guerre, monseigneur?

— Mais la guerre contre l'Espagne et l'Angleterre?...

— Oh! monseigneur, on en fait des récits pitoyables. Les Espagnols renforcés de douze mille Anglais sont entrés, dit-on, en Picardie. On se bat sur toute la frontière.

— Tant mieux! dit Gabriel.

Aloyse attribua cette réponse à un reste de délire. Mais le lendemain, avec une présence d'esprit parfaite, Gabriel lui dit :

— Je ne t'ai pas demandé hier si monsieur de Guise était revenu d'Italie.

— Il est en route, monseigneur, répondit Aloyse étonnée.

— C'est bien! Quel jour du mois sommes-nous, nourrice?

— Le mardi 4 août, monseigneur.

— Il y aura deux mois le 7, repartit Gabriel, que je suis couché sur ce lit de douleur.

— Oh! s'écria Aloyse tremblante, comme monseigneur se souvient!

— Oui, je me souviens, Aloyse, je me souviens; mai

ajouta-t-il tristement, si je n'ai rien oublié, il me semble qu'on m'oublie, moi ; personne n'est venu savoir de mes nouvelles, Aloyse ?

— Si fait, monseigneur, répondit d'une voix altérée Aloyse qui suivait avec anxiété sur le visage de son jeune maître l'effet de ses paroles, si fait, une suivante du nom de Jacintho venait deux fois par jour savoir comment vous vous trouviez. Mais, depuis quinze jours, depuis qu'un mieux sensible s'est déclaré, elle ne vient plus.

— Elle ne vient plus !... et sais-tu pourquoi, nourrice ?

— Oui, monseigneur. Sa maîtresse, suivant ce que m'a dit Jacintho la dernière fois, a obtenu du roi de se retirer dans un couvent, au moins jusqu'à la fin de la guerre.

— Vraiment ! dit Gabriel avec un doux et mélancolique sourire.

Et tandis qu'une larme, la première qu'il eût versée depuis deux mois, coulait lentement le long de sa joue, il ajouta :

— Chère Diane !

— Oh ! monseigneur ! s'écria Aloyse transportée de joie, monseigneur a prononcé ce nom !... et sans secousse, sans défaillance. Maître Nostredame s'est trompé. Monseigneur est sauvé ! monseigneur vivra, et je n'aurai pas besoin de trahir mon serment.

On voit que la pauvre nourrice était folle de joie ; mais Gabriel heureusement ne comprit pas ses dernières paroles. Il reprit seulement avec un sourire amer :

— Oui, je suis sauvé, et pourtant, ma bonne Aloyse, je ne vivrai pas.

— Comment cela, monseigneur ? dit Aloyse en tremblant de tous ses membres.

— Le corps a bravement résisté, reprit Gabriel, mais l'âme, Aloyse, l'âme, crois-tu qu'elle ne soit pas mortellement atteinte ? Je vais me relever de cette longue maladie, c'est vrai, et je me laisse guérir, comme tu vois. Mais par bonheur, on se bat à la frontière, je suis capitaine des gardes, et ma place est où l'on se bat. Dès que je pourrai monter à cheval, j'irai là où est ma place. Et à la première bataille où je me trouverai, Aloyse, je m'arrangerai de façon à n'avoir pas à revenir.

— Vous vous ferez tuer ! Sainte Vierge ! Et pourquoi cela, monseigneur, pourquoi cela ?

— Pourquoi ? parce que madame de Poitiers s'est tue, Aloyse, parce que Diane est peut-être ma sœur, et parce que j'aime Diane ; parce que le roi a peut-être fait assassiner mon père, et que je ne puis punir le roi sans certitude. Or, ne pouvant ni venger mon père, ni épouser ma sœur, je ne sais pas trop ce que j'aurais à faire en ce monde. Voilà pourquoi je veux le quitter.

— Non, monseigneur, vous ne le quitterez pas, dit alors d'une voix sourde Aloyse morne et sombre. Vous ne le quitterez pas, parce que vous avez justement beaucoup à faire, et une besogne terrible, je vous en réponds... Mais e ne vous parlerai de cela que le jour où vous serez entièrement rétabli, et où maître Nostredame m'affirmera que vous pouvez m'entendre et que vous en avez la force.

Ce jour-là arriva le mardi de la semaine suivante. Gabriel sortait depuis trois jours pour préparer ses équipages et son départ, et Nostradamus avait dit qu'il viendrait encore voir dans la journée son convalescent, mais que ce serait pour la dernière fois.

Dans un moment où Aloyse se trouva seule avec Gabriel :

— Monseigneur, lui dit-elle, avez-vous réfléchi à la détermination extrême que vous avez prise, et persistez-vous dans cette détermination ?

— J'y persiste, dit Gabriel.

— Ainsi vous voulez vous tuer ?

— Je veux me faire tuer.

— C'est parce que vous n'ayez plus aucun moyen de savoir si madame de Castro est ou non votre sœur, que vous mourez ?

— C'est pour cela.

— Que vous avais-je dit cependant, monseigneur, pour vous mettre sur la voie de ce terrible secret ? Vous rappelez-vous ce que je vous avais dit ?

— Certes ! Que Dieu dans l'autre monde et deux personnes dans celui-ci avaient seules possédé ce secret. Les deux créatures humaines étaient Diane de Poitiers et le comte de Montgommery mon père. J'ai prié, conjuré, menacé madame de Valentinois, mais je suis sorti d'auprès d'elle, plus incertain et plus désolé que jamais.

— Mais vous aviez ajouté, monseigneur, dit Aloyse, que fallût-il descendre dans la tombe de votre père pour lui arracher ce secret, vous y descendriez sans pâlir.

— Eh ! dit Gabriel, je ne sais seulement pas où est cette tombe.

— Ni moi, mais on la cherche, monseigneur.

— Et quand même je l'aurais trouvée ! s'écria Gabriel, Dieu ferait-il pour moi un miracle. Les morts ne parlent pas, Aloyse.

— Les morts, non ; les vivans, oui.

— Grand Dieu ! que veux-tu dire ? reprit Gabriel pâlissant.

— Que vous n'êtes pas, comme vous le répétiez dans votre délire, le comte de Montgommery, monseigneur, mais seulement le vicomte de Montgommery, puisque votre père, le comte de Montgommery, doit vivre encore.

— Ciel et terre ! tu sais qu'il vit, lui ! mon père ?

— Je ne le sais pas, monseigneur, mais je le suppose et je l'espère, — car c'était une nature vigoureuse et courageuse comme la vôtre, et qui se raidissait vaillamment aussi contre la souffrance et le malheur. Or, s'il vit, ce n'est pas lui qui vous refusera, comme madame Diane, le secret d'où dépend votre bonheur !

— Mais où le trouver ? à qui le demander ? Aloyse, au nom du ciel ! parle.

— C'est une histoire effrayante, monseigneur ! — et j'avais juré à mon mari, sur l'ordre même de votre père, de ne jamais vous la révéler ; car, dès que vous la saurez, vous allez vous jeter dans des périls terribles, monseigneur, vous allez déclarer la guerre à des ennemis cent fois plus forts que vous. Mais le danger le plus désespéré vaut mieux encore qu'une mort certaine. Vous étiez résolu à mourir, et je sais que vous n'auriez pas faibli dans cette résolution. J'aime mieux après tout vous livrer aux chances redoutables de la lutte téméraire que votre père craignait pour vous. Au moins votre mort ainsi est moins assurée et sera toujours retardée un peu. Je vais donc tout vous dire, monseigneur, et Dieu m'absoudra peut-être de mon parjure.

— Oui, certainement, ma bonne Aloyse... Mon père ! mon père vivant !... parle vite.

Mais en ce moment quelqu'un frappa discrètement à la porte, et Nostradamus parut.

— Ah ! ah ! monsieur d'Exmès, dit-il à Gabriel, comme je vous trouve allègre et animé ! A la bonne heure ! vous n'étiez pas ainsi il y a un mois. Vous voilà tout prêt à entrer en campagne, ce me semble.

— A entrer en campagne en effet, dit Gabriel l'œil étincelant, et regardant Aloyse.

— Je vois donc que le médecin n'a plus rien à faire ici, reprit Nostradamus.

— Rien, qu'à recevoir mes remercîmens, maître, et, je n'ose pas le prix de vos services, car, en certains cas, on ne paie pas la vie.

Et Gabriel, en serrant la main du docteur, mit dans cette main un rouleau d'or.

— Merci, monsieur le vicomte d'Exmès, dit Nostradamus. Mais permettez-moi, à moi aussi, de vous faire un présent que je crois de valeur.

— Qu'est-ce donc encore, maître ?

— Vous savez, monseigneur, reprit Nostradamus, que je ne me suis pas occupé seulement de connaître les maladies des hommes. J'ai voulu voir plus loin et plus haut. J'ai voulu sonder leurs destinées, tâche pleine de doutes et d'ombres, mais, à défaut de lumière, j'ai par fois, ce me semble, entrevu des lueurs. Dieu, j'en ai la conviction, a deux fois écrit d'avance le plan large et puissant du sort de chaque homme : dans les astres du ciel sa patrie, vers laquelle il lève les yeux si souvent, et dans les lignes de sa main, embrouillé grimoire qu'il porte avec lui sans cesse, mais qu'à moins d'études sans nombre il ne peut pas même épeler. Pendant bien des jours et bien des nuits, j'ai creusé, monseigneur, ces deux sciences sans fond comme le tonneau des Danaïdes, — la chiromancie et l'astrologie. — J'ai évoqué devant moi toutes les années de l'avenir, et dans mille ans d'ici, les hommes qui vivront alors s'étonneront peut-être parfois de mes prophéties. Mais je sais pourtant que la vérité n'y luit que par éclairs ; car si parfois je vois, plus souvent hélas ! je doute. Néanmoins je suis certain d'avoir par intervalles des heures de lucidité qui vont même jusqu'à m'effrayer, monseigneur. Dans une de ces heures trop rares, j'avais vu, il y a vingt-cinq ans, la destinée d'un gentilhomme de la cour du roi François, clairement écrite dans les étoiles qui avaient présidé à sa naissance et dans les lignes compliquées de sa main. Cette destinée étrange, bizarre, dangereuse, m'avait frappé. Or, jugez de ma surprise, lorsque, dans votre main et dans les astres de votre naissance, je crus démêler un horoscope semblable à celui qui m'avait autrefois tant surpris. Mais je ne pouvais le distinguer nettement comme autrefois, et un espace de vingt-cinq années mettait de la confusion dans mes souvenirs. Enfin, monseigneur, le mois passé, dans votre fièvre, vous prononçâtes un nom, je n'entendis que ce nom, mais il me saisit. C'était le nom du comte de Montgommery.

— Du comte de Montgommery ? s'écria Gabriel effrayé.

— Je vous répète, monseigneur, que je n'ai entendu que ce nom, et peu m'importait le reste. Car ce nom était celui de l'homme dont le sort m'était apparu lumineux comme le plein midi. Je courus chez moi, je fouillai mes anciens papiers, et je retrouvai l'horoscope du comte de Montgommery. Mais, chose singulière, monseigneur, et qui, depuis trente ans que j'étudie ne m'était pas encore arrivé, il faut que vous ayez avec le comte de Montgommery de mystérieux rapports et des affinités étranges, et Dieu, qui n'a jamais donné à deux hommes deux destinées semblables, vous avait réservés tous deux, sans doute, aux mêmes événemens. Car, je ne m'étais pas trompé, lignes de la main et lumières du ciel étaient pour vous deux les mêmes. Je ne veux pas dire cependant qu'il n'y ait aucune différence dans les détails de vos deux vies, mais le fait dominant qui les caractérise est pareil. J'avais autrefois perdu de vue le comte de Montgommery, mais j'ai su pourtant qu'une de mes prédictions s'était réalisée pour lui. Il a blessé à la tête le roi François Ier avec un tison ardent. A-t-il accompli le reste de sa destinée ? c'est ce que j'ignore. Je puis affirmer seulement que le malheur et la mort qui le menaçaient, vous menacent.

— Est-il possible ? dit Gabriel.

— Voici, monseigneur, dit Nostradamus en présentant au vicomte d'Exmès un parchemin roulé, voici l'horoscope que j'avais écrit dans le temps pour le comte de Montgommery. Je ne l'écrirais pas autrement aujourd'hui pour vous.

— Donnez, maître, donnez, dit Gabriel. Ce présent est inestimable en effet, et vous ne sauriez croire à quel point il m'est précieux.

— Un dernier mot, monsieur d'Exmès, reprit Nostradamus, un dernier mot pour vous mettre sur vos gardes, quoique Dieu soit le maître, et qu'on ne puisse guère échapper à ses desseins. La nativité de Henri II présage qu'il mourra en un duel ou combat singulier.

— Mais demanda Gabriel, quel rapport ?...

— En lisant ce parchemin, vous me comprendrez, monseigneur. Maintenant, il ne me reste qu'à prendre congé de vous, et à souhaiter que la catastrophe que Dieu a mise dans votre vie soit du moins involontaire.

Et, après avoir salué Gabriel qui lui serra encore la main et le reconduisit jusqu'au seuil, Nostradamus sortit.

Dès qu'il revint auprès d'Aloyse, Gabriel déploya le parchemin, et, s'assurant que personne ne pouvait le déranger ou l'épier, lut à voix haute ce qui suit :

En joûte, en amour, cettuy touchera
Le front du roy,
Et cornes ou bien trou sanglant mettra
Au front du roy,
Mais le veuille ou non, toujours blessera
Le front du roy ;
Enfin, l'aimera, puis, las ! le tuera
Dame du roy.

— C'est bien ! s'écria Gabriel, le front radieux et le regard triomphant. Maintenant, chère Aloyse, tu peux me raconter comment le roi Henri II a enseveli vivant le comte de Montgommery mon père.

— Le roi Henri II ! s'écria Aloyse, comment savez-vous, monseigneur ?...

— Je devine ! Mais tu peux me révéler le crime, puisque Dieu déjà me fait annoncer la vengeance.

XVIII.

LE PIS-ALLER D'UNE COQUETTE.

En complétant par les mémoires et chroniques du temps le récit d'Aloyse, que son mari Perrot Davrigny, écuyer et confident du comte de Montgommery, avait instruite à mesure de tous les faits de la vie de son maître, voici quelle fut la sombre histoire de Jacques de Montgommery, père de Gabriel. Son fils en savait les détails généraux et officiels, mais le sinistre dénouement qui la terminait était ignoré de lui comme de tous.

Jacques de Montgommery, seigneur de Lorges, avait été, comme tous ses aïeux, brave et hardi, et, sous le règne guerrier de François Ier, on l'avait toujours vu au premier rang là où l'on se battait. Aussi, fut-il fait de bonne heure colonel de l'infanterie française.

Parmi ses cent actions d'éclat, il y eut cependant un événement fâcheux, celui auquel Nostradamus avait fait allusion.

C'était en 1521 ; le comte de Montgommery avait vingt ans à peine et n'était encore que capitaine ; l'hiver était rigoureux, et les jeunes gens, le jeune roi François Ier en tête, venaient de faire une partie de pelotes de neige ; un jeu non sans périls, fort à la mode dans ce temps-là : on se divisait en deux camps, — les uns gardaient une maison, et, avec des boules de neige, les autres l'assaillaient. Le comte d'Enghien, seigneur de Cérisoles, fut tué dans un jeu pareil. Peu s'en fallut que Jacques de Montgommery ne tuât aussi le roi. La bataille achevée, il s'agissait de se réchauffer, on avait laissé le feu s'éteindre, et tous ces jeunes fous en tumulte voulurent eux-mêmes le rallumer. Jacques tout courant apporta le premier un tison enflammé entre les pincettes, mais il rencontra sur son passage François Ier qui n'eut pas le temps de se garantir, et fut violemment heurté au front par la bûche en feu. Il n'en résulta pour bonheur qu'une blessure, mais assez grave encore, et la cicatrice disgracieuse qu'elle laissa donna lieu à la mode de la barbe longue et des cheveux courts décrétés alors par François Ier.

Comme le comte de Montgommery fit oublier ce malencontreux accident par mille beaux faits d'armes, le roi ne lui en garda pas rancune, et le laissa s'élever aux premiers rangs à la cour et à l'armée. En 1530, Jacques épousa Claudine de La Boissière. Ce fut un simple mariage de convenance, pourtant il pleura longtemps sa femme, qui mourut en 1533, après la naissance de Gabriel. — Le fond de son caractère d'ailleurs, comme du caractère de ceux qui sont prédestinés à quelque chose de fatal, était la tristesse. Quand il se trouva veuf et seul, ses distractions furent des coups d'épée, il se jetait dans les périls par ennui. Mais en 1538, après la trêve de Nice, lorsque cet homme de guerre et d'action dut se mettre au régime de la cour, et se promener dans les galeries des Tournelles ou du Louvre, une épée de parade au côté, il faillit périr de dégoût.

Une passion le sauva et le perdit.

La Circé royale prit dans ses enchantemens ce vieil enfant robuste et naïf. Il s'éprit de Diane de Poitiers.

Il tourna trois mois autour d'elle, morne et sombre, sans lui adresser une seule fois la parole, mais il la regardait avec un regard qui disait tout. Il n'en fallait pas tant à la grande sénéchale pour comprendre que cette âme lui appartenait. Elle écrivit cette passion dans un coin de sa mémoire comme pouvant lui servir dans l'occasion.

L'occasion vint. François Ier commençait à négliger sa belle maîtresse, et il se tournait vers madame d'Etampes, qui était moins belle, mais qui avait l'avantage immense d'être belle autrement.

Quand les symptômes d'abandon furent flagrans, Diane, pour la première fois de sa vie, parla à Jacques de Montgommery.

Cela se passait aux Tournelles, dans une fête donnée par le roi à la favorite nouvelle.

— Monsieur de Montgommery? fit Diane en appelant le comte.

Il s'approcha, la poitrine émue, et salua gauchement.

— Comme vous êtes donc triste, monsieur de Montgommery! lui dit-elle.

— A en mourir, madame.

— Et pourquoi cela, grand Dieu!

— Madame, c'est que je voudrais me faire tuer.

— Pour quelqu'un, sans doute?

— Pour quelqu'un ce serait bien doux; mais, ma foi! pour rien ce serait doux encore.

— Voilà, reprit Diane, une terrible mélancolie; et d'où vient cette maladie noire?

— Est-ce que je sais, madame?

— Je sais, moi, monsieur de Montgommery. Vous m'aimez.

Jacques devint tout pâle, puis, s'armant de plus de résolution qu'il ne lui en eût certes fallu pour se jeter seul au milieu d'un bataillon ennemi, il répondit d'une voix rude et tremblante :

— Eh bien! oui, madame, je vous aime, tant pis!

— Tant mieux! reprit Diane en riant.

— Comment avez-vous dit cela? s'écria Montgommery palpitant. Ah! prenez-y garde, madame! Ce n'est pas un jeu, ceci, c'est un amour sincère et profond, bien qu'il soit impossible, ou parce qu'il est impossible.

— Et pourquoi donc est-il impossible? demanda Diane.

— Madame, reprit Jacques, pardonnez ma franchise, je n'ai pas appris à farder les faits avec des mots. Est-ce que le roi ne vous aime pas, madame?

— C'est vrai, reprit Diane en soupirant, il m'aime.

— Vous voyez donc bien qu'il m'est défendu, sinon de vous aimer, du moins de vous déclarer cet amour indigne.

— Indigne de vous, c'est juste, dit la duchesse.

— Oh! non, pas de moi! s'écria le comte, et s'il se pouvait qu'un jour!...

Mais Diane l'interrompit avec une tristesse grave et une dignité bien jouée :

— Il suffit, monsieur de Montgommery, dit-elle, cessons, je vous prie, cet entretien.

Elle le salua froidement et s'éloigna, laissant le pauvre comte ballotté de mille sentimens contraires, jalousie, amour, haine, douleur et joie. Diane connaissait donc l'adoration qu'il lui avait vouée! Mais lui l'avait blessée peut-être! Il avait dû lui paraître injuste, ingrat, cruel! Il se répétait toutes les sublimes niaiseries de l'amour.

Le lendemain, Diane de Poitiers dit à François Ier :

— Vous ne savez pas, Sire? monsieur de Montgommery est amoureux de moi.

— Eh! eh! reprit François en riant, les Montgommery sont d'ancienne race, et presque aussi nobles, ma foi! que moi-même, de plus, presque aussi braves, et, je le vois, presque aussi galans.

— Et c'est là tout ce que Votre Majesté trouve à me répondre? dit Diane.

— Et que voulez-vous, ma mie, que je vous réponde? reprit le roi. Et dois-je absolument en vouloir au comte de Montgommery pour avoir, comme moi, bon goût et bons yeux!

— S'il s'agissait de madame d'Étampes, murmura Diane blessée, vous ne diriez pas cela!

Elle ne poussa pas plus loin l'entretien, mais résolut de pousser plus loin l'épreuve. Lorsqu'elle revit Jacques, quelques jours après, elle l'interpella de nouveau :

— Eh quoi! monsieur de Montgommery, encore plus triste que d'habitude!

— Sans doute, madame, reprit le comte humblement, car je tremble de vous avoir offensée.

— Non pas offensée, monsieur, dit la duchesse, mais affligée seulement.

— Oh! madame, s'écria Montgommery, moi qui donnerais tout mon sang pour vous épargner une larme, comment donc ai-je pu vous causer la moindre douleur?

— Ne m'avez-vous pas fait entendre qu'étant la maîtresse du roi, je n'avais pas le droit d'aspirer à l'amour d'un gentilhomme?

— Ah! ce n'était pas là ma pensée, madame, fit le comte, et ce ne pouvait pas même être ma pensée, puisque, moi, gentilhomme, je vous aime d'un amour aussi sincère que profond. J'ai voulu dire uniquement que vous ne pouviez m'aimer, puisque le roi vous aimait et que vous aimez le roi.

— Le roi ne m'aime pas, et je n'aime pas le roi, répondit Diane.

— Dieu du ciel! mais alors vous pourriez donc m'aimer! s'écria Montgommery.

— Je puis vous aimer, répondit tranquillement Diane; mais je ne pourrai jamais vous dire que je vous aime.

— Et pourquoi cela, madame?

— J'ai pu, reprit Diane, pour sauver la vie à mon père, devenir la maîtresse du roi de France; mais, pour relever mon honneur, je ne dois pas être celle du comte de Montgommery.

Elle accompagna ce demi-refus d'un regard si passionné et si languissant que le comte ne put y tenir.

— Ah! madame, dit-il à la coquette duchesse, si vous m'aimiez comme je vous aime?...

— Eh bien?...

— Eh bien! que m'importe le monde, les préjugés de famille et d'honneur! Pour moi, l'univers c'est vous. Depuis trois mois je ne vis que de votre aspect. Je vous aime de tout l'aveuglement et de toute l'ardeur du premier amour. Votre beauté souveraine m'enivre et me bouleverse. Si vous m'aimez comme je vous aime, soyez la comtesse de Montgommery, soyez ma femme.

— Merci, comte, reprit Diane triomphante. Je me rappellerai ces nobles et généreuses paroles. En attendant, vous savez que le vert et le bleu sont mes couleurs.

Jacques transporté baisa la main blanche de Diane, plus fier et plus heureux que si la couronne du monde lui eût appartenu.

Et, le jour suivant, comme François Ier faisait remarquer à Diane de Poitiers que son adorateur nouveau commençait à porter publiquement ses couleurs :

— N'est-ce pas son droit, Sire? dit-elle en observant le roi de toute la pénétration de son regard, et ne puis-je permettre de porter mes couleurs quand il m'offre de porter son nom?

— Est-il possible? demanda le roi.

— Cela est certain, Sire, répondit avec assurance la duchesse, qui avait cru un moment qu'elle avait réussi, et que la jalousie chez l'infidèle allait réveiller l'amour.

Mais, après un moment de silence, le roi, en se levant pour rompre là le discours, dit gaîment à Diane :

— S'il en est ainsi, madame, la charge de grand sénéchal étant restée vacante depuis la mort de monsieur de Brézé, votre premier mari, nous la donnerons en présent de noces à monsieur de Montgommery.

— Et monsieur de Montgommery pourra l'accepter, reprit fièrement Diane, car je lui serai une fidèle et loyale épouse, et ne lui trahirais pas ma foi pour tous les rois de l'univers.

Le roi s'inclina en souriant sans répondre, et s'éloigna.

Décidément, madame d'Etampes l'emportait.

L'ambitieuse Diane, le dépit au cœur, disait le même jour à Jacques ravi :

— Mon vaillant comte, mon noble Montgommery, je t'aime.

XIX.

COMMENT HENRI II, DU VIVANT DE SON PÈRE, COMMENÇA A RECUEILLIR SON HÉRITAGE.

Le mariage de Diane et du comte de Montgommery fut fixé à trois mois de là, et le bruit public de cette cour médisante et licencieuse fut que, dans la précipitation de sa vengeance, Diane de Poitiers donna des arrhes à son mari futur.

Et cependant les trois mois se passèrent ; le comte de Montgommery était plus amoureux que jamais, mais Diane remettait de jour en jour l'exécution de sa promesse.

C'est que fort peu de temps après l'avoir engagée, elle avait remarqué de quel regard la couvait à son tour à l'écart le jeune dauphin Henri. Là-dessus une ambition nouvelle s'était éveillée dans le cœur de l'impérieuse Diane. Le titre de comtesse de Montgommery ne pouvait que couvrir une défaite. Le titre de maîtresse du dauphin était presque un triomphe. — Quoi ! madame d'Etampes, qui parlait toujours dédaigneusement de l'âge de Diane, n'était aimée que du père, et elle, Diane, serait aimée du fils ! A elle la jeunesse, à elle l'espérance, à elle l'avenir. Madame d'Étampes lui avait succédé, mais elle succéderait à madame d'Étampes. Elle se tiendrait devant elle, attendant, patiente et calme, comme une vivante menace... Car Henri serait roi un jour, et Diane toujours belle, et de nouveau reine. C'était une victoire véritable en effet.

Le caractère de Henri la rendait plus certaine encore. Il n'avait alors que dix-neuf ans, mais il avait pris part à plus d'une guerre ; mais, depuis quatre ans, il était marié à Catherine de Médicis, cependant il était resté un enfant sauvage et enveloppé. Autant il se montrait entier et hardi à l'équitation, aux armes, aux joutes, et dans tous les exercices qui demandent de la souplesse et de l'adresse, autant il était gauche et embarrassé aux fêtes du Louvre et devant les femmes. Lourd d'esprit et de jugement, il se livrait à qui voulait le prendre. Anne de Montmorency, qui était en froid avec le roi, s'était tourné vers le dauphin, et imposait sans peine au jeune homme tous ses conseils et tous ses goûts d'homme déjà mûr. Il le menait à son gré et le ramenait à son caprice. Enfin, il avait jeté dans cette âme tendre et faible les racines profondes d'un indestructible pouvoir, et s'était emparé de Henri de telle sorte, que l'ascendant d'une femme pouvait seul désormais mettre en péril le sien.

Mais il s'aperçut bientôt avec effroi que *son élève* devait être amoureux. Henri négligeait les amitiés dont il l'avait savamment entouré. Henri, de farouche devenait triste et presque songeur. Montmorency regarda autour de lui, et crut s'apercevoir que Diane de Poitiers était la reine de ses pensées. Il aimait mieux Diane qu'une autre, le brutal gendarme ! Dans ses idées grossières, il estimait la courtisane royale plus justement que le chevaleresque Montgommery. Il arrangea son plan sur les instincts vils qu'il devinait chez cette femme, d'après les siens, et, tranquille dès lors, laissa le dauphin soupirer sournoisement pour la grande sénéchale.

C'était bien en effet la beauté qui devait réveiller le cœur engourdi de Henri ! Elle était malicieuse, provocante, vivante ; sa tête fine avait des mouvemens jolis et prompts, son regard brillait de promesses, et toute sa personne avait un attrait magnétique (on disait magique alors), qui devait séduire le pauvre Henri. Il lui semblait que cette femme devait lui révéler la science inconnue d'une vie nouvelle La sirène était pour lui, sauvage curieux et naïf, attirante et dangereuse comme un mystère, comme un abîme.

Diane sentait tout cela ; seulement, elle hésitait encore, par crainte de François Ier dans le passé et du comte de Montgommery dans le présent, à se hasarder dans ce nouvel avenir.

Mais un jour que le roi, toujours galant et empressé, même avec les femmes qu'il n'aimait pas, même avec celles qu'il n'aimait plus, causait avec Diane de Poitiers dans l'embrasure d'une croisée, il aperçut le dauphin qui, d'un œil furtif et jaloux, épiait cet entretien de Diane et de son père.

François appela à haute voix Henri.

— Ah çà ! monsieur mon fils, que faites-vous là ? approchez-vous donc ! lui dit-il.

Mais Henri, tout pâle et honteux, après une minute d'hésitation entre son devoir et sa peur, au lieu de répondre à l'invitation de son père, prit le parti de s'enfuir comme s'il n'avait pas entendu.

— Oh là ! quel garçon sauvage et empêché ! dit le roi ; comprenez-vous rien, madame Diane, à une timidité semblable ? Vous, la déesse des forêts, avez-vous jamais vu daim plus effarouché ? ah ! le vilain défaut !

— Plaît-il à Votre Majesté que j'en corrige monseigneur le dauphin ? reprit Diane en souriant.

— Mais, dit le roi, il serait difficile qu'il eût plus gentil maître au monde et plus doux apprentissage.

— Tenez-le donc pour amendé, Sire, repartit Diane ; je m'en charge.

En effet, elle eut bientôt rejoint le fugitif.

Le comte de Montgommery, en service ce jour-là, n'était pas au Louvre.

— Je vous cause donc un effroi bien grand, monseigneur ?

Diane commença ainsi la conversation — et la conversion.

Comment elle la termina, comment elle ne s'aperçut d'aucune des bévues du prince et admira ses moindres mots, comment il la quitta avec la conviction qu'il venait d'être spirituel et charmant, et devint en effet peu à peu près d'elle charmant et spirituel, comment enfin elle fut, dans tous les sens, sa maîtresse, et lui donna en même temps des ordres, des leçons et du bonheur ; c'est là la comédie éternelle et intraduisible qui se jouera toujours, mais qui ne s'écrira jamais.

Et Montgommery ? Oh ! Montgommery aimait trop Diane pour la juger, et s'était donné trop aveuglément pour y voir clair. Chacun glosait déjà à la cour sur les amours nouvelles de madame de Poitiers, que le noble comte en était toujours à ses illusions, entretenues par Diane avec soin. L'édifice qu'elle bâtissait était trop fragile encore pour qu'elle ne redoutât pas toute secousse et tout éclat. Elle gardait donc le dauphin par ambition et le comte par prudence.

XX.

DE L'UTILITÉ DES AMIS.

Laissons maintenant Aloyse continuer et achever le récit qu'ont posé seulement ces préliminaires.

— Mon mari, le brave Perrot, disait-elle à Gabriel attentif, n'avait pas été sans apprendre les bruits qui couraient publiquement sur madame Diane, et toutes les railleries qu'on faisait de monsieur de Montgommery. Mais il ne savait s'il devait avertir son maître, qu'il voyait confiant et heureux, ou bien s'il fallait lui cacher la trame odieuse où cette ambitieuse femme l'avait enveloppé. Il me faisait part de ses doutes, car je lui donnais ordinairement de bons conseils, et il avait éprouvé ma discrétion et ma fermeté ; mais ici j'étais comme lui bien embarrassée sur le parti à prendre.

Un soir, nous étions dans cette même chambre, monseigneur, Perrot et moi, car le comte de Montgommery ne nous traitait pas en serviteurs, mais en amis, et avait voulu garder, même à Paris, l'habitude patriarcale de nos veillées d'hiver de Normandie, où maîtres et gens se réchauffent au même foyer après le labeur commun du jour. Le comte, pensif et la tête dans sa main, était assis devant le feu. Il allait ordinairement le soir chez madame de Poitiers, mais depuis quelque temps elle lui faisait souvent dire qu'elle était malade et ne pourrait le recevoir. Il songeait à cela sans doute, Perrot raccommodait les courroies d'une cuirasse, et moi je filais.

C'était le 7 janvier 1539, par une soirée froide et pluvieuse, et le lendemain de l'Epiphanie. Rappelez-vous cette date sinistre, monseigneur.

Gabriel fit signe qu'il ne perdait pas un mot, et Aloyse continua :

— Tout à coup on annonça monsieur de Langeais, monsieur de Boutières et le comte de Sancerre, trois gentilshommes de la cour, amis de monseigneur, mais encore plus de madame d'Étampes. Tous trois étaient enveloppés de grands manteaux sombres, et, quoiqu'ils fussent entrés en riant, il me sembla qu'ils apportaient avec eux le malheur, et mon instinct, hélas ! ne me trompait guères.

Le comte de Montgommery se leva et alla au-devant des arrivans avec ces façons hospitalières et gracieuses qui lui allaient si bien.

— Soyez les bien venus, mes amis, dit-il aux trois gentilshommes en leur serrant la main.

Sur un signe, je vins les débarrasser de leurs manteaux, et tous trois prirent place.

— Quelle bonne fortune vous amène donc dans mon logis? continua le comte.

— Un triple pari, répondit monsieur de Boutières, et votre présence ici, mon cher comte, me fait gagner le mien en ce moment.

— Moi, dit monsieur de Langeais, j'avais le mien déjà gagné.

— Et moi, reprit le comte de Sancerre, je gagnerai le mien tout à l'heure ; vous allez voir.

— Et qu'aviez-vous donc parié, messieurs ? demanda Montgommery.

— Mais, dit monsieur de Boutières, Langeais que voilà avait gagé avec d'Enghien que le dauphin ne serait pas ce soir au Louvre. Nous en arrivons, et avons bien et dûment constaté que d'Enghien avait perdu.

— Quant à Boutières, reprit le comte de Sancerre, il avait parié avec monsieur de Montejan que vous seriez ce soir chez vous, mon cher comte, et vous voyez qu'il a gagné.

— Et tu as gagné aussi, Sancerre, je t'en réponds, reprit à son tour monsieur de Langeais ; car, en somme, les trois paris n'en font qu'un, et nous aurions perdu ou gagné ensemble. Sancerre, monsieur de Montgommery, a gagé cent pistoles contre d'Aussun que madame de Poitiers serait malade ce soir.

Votre père, Gabriel, pâlit affreusement.

— Vous avez gagné, en effet, monsieur de Sancerre, dit-il d'une voix émue ; car madame la grande sénéchale m'a fait prévenir tantôt qu'elle ne pourrait recevoir personne ce soir, s'étant trouvée subitement indisposée.

— La ! s'écria le comte de Sancerre, quand je le disais ! Vous attesterez à d'Aussun, messieurs, qu'il me doit cent pistoles.

Et tous de rire comme des fous ; mais le comte de Montgommery restait sérieux.

— Maintenant, mes bons amis, dit-il avec un accent quelque peu amer, consentirez-vous à m'expliquer cette énigme ?

— De grand cœur, ma foi ! dit monsieur de Boutières, mais éloignez ces bonnes gens.

Nous étions déjà près de la porte, Perrot et moi ; monseigneur nous fit signe de rester.

— Ce sont des amis dévoués, dit-il aux jeunes seigneurs, et comme d'ailleurs je n'ai à rougir de rien, je n'ai rien à cacher.

— Soit ! dit monsieur de Langeais, cela sent un peu la province ; mais la chose vous regarde plus que nous, comte. Aussi bien je suis sûr qu'ils savent déjà le grand secret, car il court la ville, et vous aurez été le dernier à l'apprendre, selon l'usage.

— Mais parlez donc ! s'écria monsieur de Montgommery.

— Mon cher comte, reprit monsieur de Langeais, nous allons parler, car cela nous fait peine de voir ainsi tromper un gentilhomme comme nous et un galant homme comme vous ; mais si nous parlons pourtant, c'est à la condition que vous accepterez la révélation avec philosophie, c'est-à-dire en riant ; car tout ceci ne vaut pas votre colère, je vous assure, et d'ailleurs votre colère serait ici d'avance désarmée.

— Nous verrons ; j'attends, répondit froidement monseigneur.

— Cher comte, dit alors monsieur de Boutières, le plus jeune et le plus étourdi des trois, vous connaissez la mythologie, n'est il pas vrai ? Vous savez l'histoire d'Endymion, sans aucun doute ? mais quel âge croyez-vous qu'il ait eu, Endymion, lors de ses amours avec Diane-Phœbé ? Si vous vous imaginiez qu'il touchait à la quarantaine, détrompez-vous, mon cher, il n'avait même pas vingt ans, et sa barbe n'était pas poussée. Je tiens le fait de mon gouverneur, qui savait parfaitement la chose. Et voilà justement pourquoi, ce soir, Endymion n'est pas au Louvre ; pourquoi dame Luna est couchée et invisible, probablement à cause de la pluie ; et pourquoi, enfin, vous êtes chez vous, vous, monsieur de Montgommery;... d'où il suit que mon gouverneur est un grand homme, et que nous avons gagné nos trois paris. Vive la joie !

— Des preuves ? demanda froidement le comte.

— Des preuves ! reprit monsieur de Langeais, mais vous pouvez en aller chercher vous-même. Ne demeurez-vous pas à deux pas de la Luna ?

— C'est juste. Merci ! dit seulement le comte.

Et il se leva. Les trois amis durent se lever aussi, assez refroidis et presque effrayés par cette attitude sévère et morne de monsieur de Montgommery.

— Ah çà ! comte, dit monsieur de Sancerre, n'allez pas faire de sottise ni d'imprudence, et souvenez-vous qu'il ne fait pas bon se frotter au lionceau, pas plus qu'au lion.

— Soyez tranquille ! répondit le comte.

— Vous ne vous en voulez pas au moins ?

— C'est selon, reprit-il.

Il les reconduisit, ou plutôt les poussa jusqu'à la porte, et, en revenant, il dit à Perrot :

— Mon manteau et mon épée.

Perrot apporta épée et manteau.

— Est-ce que vous saviez cela, vous autres ? demanda le comte en ceignant son épée.

— Oui, monseigneur, répondit Perrot les yeux baissés.

— Et pourquoi ne m'avez-vous pas averti, Perrot ?

— Monseigneur !... balbutia mon mari.

— C'est juste ; vous n'étiez pas des amis, vous, mais de bonnes gens seulement.

Il frappa amicalement sur l'épaule de son écuyer. Il était très pâle, mais parlait avec une sorte de tranquillité solennelle. Il dit encore à Perrot :

— Y a-t-il longtemps que ces bruits courent?
— Monseigneur, répondit Perrot, il y a cinq mois que vous aimez madame Diane de Poitiers, puisque votre mariage était fixé au mois de novembre. Eh bien ! on assure que monseigneur le dauphin a aimé madame Diane un mois après qu'elle a eu accueilli votre demande. Cependant il n'y a guère plus de deux mois qu'on en parle, et il n'y a pas quinze jours que je le sais. Les bruits n'ont pris de la consistance que depuis l'ajournement du mariage, et l'on ne s'en entretenait que sous le couvert, par peur de monseigneur le dauphin. J'ai battu hier un des gens de monsieur de La Garde, qui avait eu le front d'en rire en dessous devant moi, et le baron de La Garde n'a pas osé me reprendre.

— On n'en rira plus, dit monseigneur avec un accent qui me fit frissonner.

Quand il fut tout prêt, il passa la main sur son front et me dit :

— Aloyse, va me chercher Gabriel, je veux l'embrasser.

Vous dormiez, monseigneur Gabriel, de votre sommeil calme de chérubin, et vous vous mîtes à pleurer quand je vins vous éveiller et vous prendre. Je vous enveloppai dans une couverture et vous apportai ainsi à votre père. Il vous prit dans ses bras, vous regarda quelque temps en silence, comme pour se rassasier de votre vue, puis posa sur vos beaux yeux à demi-clos un baiser. Une larme roula en même temps sur votre figure rose, la première larme qu'il eût versée devant moi, cet homme fort et vaillant ! Il vous remit ensuite à moi en disant :

— Je te recommande mon enfant, Aloyse.

Hélas ! c'est la dernière parole qu'il m'ait adressée. Elle est restée là, et je l'entends toujours.

— Je vais vous accompagner, monseigneur, dit alors mon brave Perrot.

— Non, Perrot, répondit monsieur de Montgommery, il faut que je sois seul ; reste.

— Cependant, monseigneur...

— Je le veux, dit-il.

Il n'y avait pas à répliquer quand il parlait ainsi, et Perrot se tut. Le comte nous prit les mains.

— Adieu ! mes bons amis, nous dit-il, non ! pas adieu ! au revoir.

Et puis, il sortit calme et d'un pas assuré, comme s'il devait rentrer au bout d'un quart d'heure.

Perrot ne dit rien ; mais, dès que son maître fut dehors, il prit à son tour son manteau et son épée. Nous n'échangeâmes pas une parole, et je n'essayai pas de le retenir : il faisait son devoir en suivant le comte, fût-ce à la mort. Il me tendit les bras, je m'y jetai en pleurant ; puis après m'avoir tendrement embrassée, il s'élança sur les traces de monsieur de Montgommery. Tout cela n'avait pas duré une minute, et nous n'avions pas dit un seul mot.

Restée seule, je tombai sur une chaise, sanglotant et priant. La pluie avait redoublé au dehors, et le vent mugissait avec violence. Vous, cependant, monseigneur Gabriel, vous aviez paisiblement repris votre sommeil interrompu, dont vous ne deviez vous réveiller qu'orphelin.

XXI.

OÙ IL EST DÉMONTRÉ QUE LA JALOUSIE A PU ABOLIR QUELQUEFOIS LES TITRES AVANT LA RÉVOLUTION FRANÇAISE.

Ainsi que l'avait dit monsieur de Langeais, l'hôtel de Brézé, que madame Diane habitait alors, n'était qu'à deux pas du nôtre, rue du Figuier-Saint-Paul, où il existe encore, ce logis de malheur.

Perrot suivit de loin son maître, le vit s'arrêter à la porte de madame Diane, frapper, puis entrer. Il s'approcha alors. Monsieur de Montgommery parlait avec hauteur et assurance aux valets, qui essayaient de s'opposer à son passage, prétendant que leur maîtresse était malade dans sa chambre. Mais le comte passa outre, et Perrot profita du trouble pour se glisser à sa suite par la porte restée entr'ouverte. Il connaissait bien les êtres de la maison pour avoir porté plus d'un message à madame Diane. Il monta sans obstacle dans l'obscurité derrière monsieur de Montgommery, soit qu'on ne l'aperçût pas, soit qu'on n'attachât pas d'importance à l'écuyer dès que le maître avait rompu la consigne.

Au haut de l'escalier, le comte trouva deux des femmes de la duchesse tout inquiètes et éplorées, qui lui demandèrent ce qu'il voulait à pareille heure. Dix heures du soir sonnaient en effet à toutes les horloges des environs. Monsieur de Montgommery répondit avec fermeté qu'il voulait voir sur-le-champ madame Diane, qu'il avait des choses graves à lui communiquer sans retard, et que, si elle ne pouvait le recevoir, il attendrait.

Il parlait très haut et de manière à être entendu de la chambre à coucher de la duchesse, qui était proche. L'une des femmes entra dans cette chambre et revint bientôt, disant que madame de Poitiers se couchait, mais qu'elle allait venir parler au comte, et qu'il eût à s'attendre dans l'oratoire.

Le dauphin n'était donc pas là, ou il ne se conduisait bien peureusement pour un fils de France ! Monsieur de Montgommery suivit sans difficulté dans l'oratoire les deux femmes qui le précédaient portant des flambeaux.

Perrot alors, qui était resté tapi dans l'ombre sur les marches de l'escalier, acheva de le gravir et se cacha derrière une tapisserie de haute lisse, dans un grand corridor qui séparait justement la chambre à coucher de madame Diane de Poitiers de l'oratoire où monsieur de Montgommery l'attendait. Au fond de ce vaste couloir, deux portes condamnées avaient donné autrefois, l'une dans l'oratoire, l'autre dans la chambre. Ce fut derrière les portières laissées là pour la symétrie que se glissa Perrot, et il vit avec joie qu'il pourrait, en prêtant l'oreille, entendre à peu de choses près ce qui se passerait dans l'une ou l'autre chambre. Non que mon brave mari fût dirigé par un vulgaire sentiment de curiosité, monseigneur, mais les dernières paroles du comte en nous quittant, et un secret instinct, l'avertissaient que son maître courait un danger, et qu'en ce moment même on lui tendait peut-être un piège, et il voulait rester à portée de le secourir au besoin.

Malheureusement, comme vous allez le voir, monseigneur, aucune des paroles qu'il entendit et qu'il me rapporta depuis, ne peut répandre le moindre jour sur l'obscure et fatale question qui vous préoccupe aujourd'hui.

Monsieur de Montgommery n'avait pas attendu deux minutes, quand madame de Poitiers entra dans l'oratoire et même avec quelque précipitation.

— Qu'est-ce à dire, monsieur le comte ? fit-elle, et d'où vient cette invasion nocturne, après la prière que je vous avais adressée de ne pas venir aujourd'hui ?

— Je vais vous répondre en deux mots sincères, madame; mais renvoyez vos femmes d'abord. Maintenant écoutez-moi. Je serai bref. On vient me dire que vous me donnez un rival, que ce rival est le dauphin, et qu'il est chez vous ce soir même.

— Et vous l'avez cru, puisque vous accourez pour vous en assurer ? dit madame Diane avec hauteur.

— J'ai souffert, Diane, et j'accours pour chercher auprès de vous un remède à ma souffrance.

— Eh bien ! maintenant, reprit madame de Poitiers, vous m'avez vue. Vous savez qu'ils ont menti, laissez-moi me reposer. Au nom du ciel, sortez, Jacques.

— Non, Diane, dit le comte inquiet sans doute de cet empressement à l'éloigner ; car, s'ils ont menti en prétendant que le dauphin était ici, ils n'ont point menti peut-être en assurant qu'il y viendrait ce soir : et je serais bien aise de les convaincre jusqu'au bout de calomnie.

— Ainsi, vous resterez, monsieur ?

— Je resterai, madame. Allez vous reposer, si vous êtes

malade, Diane. Moi je garderai, si vous le voulez bien, votre sommeil.

— Mais de quel droit enfin feriez-vous cela, monsieur? s'écria madame de Poitiers. A quel titre? Ne suis-je pas libre encore?

— Non, madame, reprit avec fermeté le comte, vous n'êtes plus libre de rendre la risée de la cour un loyal gentilhomme dont vous avez accepté les prétentions.

— Je n'accepterai pas du moins, dit madame Diane, cette prétention dernière. Vous n'avez pas plus le droit de rester ici que les autres n'ont le droit de vous railler. Vous n'êtes pas mon mari, n'est-ce pas? et je ne porte pas votre nom, que je sache?

— Eh! madame! s'écria alors avec une sorte de désespoir monsieur de Montgommery, que m'importe qu'on me raille! Ce n'est pas là la question! mon Dieu! vous le savez bien, Diane; et ce n'est pas mon honneur qui saigne et crie, c'est mon amour. Si je m'étais trouvé offensé des moqueries de ces trois fats, j'aurais tiré mon épée, voilà tout. Mais j'en ai eu le cœur déchiré, Diane, et je suis accouru. Ma dignité! ma réputation! Ce n'est pas de cela qu'il s'agit, pas du tout : il s'agit que je vous aime, que je suis fou, que je suis jaloux; que vous m'aviez dit et prouvé que vous m'aimiez, et que je tuerai quiconque osera toucher à cet amour qui est mon bien, quand ce serait le dauphin, quand ce serait le roi, madame! Je ne m'inquiéterai guère du nom de ma vengeance, je vous assure. Mais aussi vrai que Dieu existe, je me vengerai.

— Et de quoi donc, s'il vous plaît? et pourquoi? demanda derrière monsieur de Montgommery une voix impérieuse.

Et Perrot frissonna; car, à travers le corridor faiblement éclairé, il venait de voir apparaître monsieur le dauphin, actuellement roi; et, derrière le dauphin, la figure railleuse et dure de monsieur de Montmorency.

— Ah! s'écria madame Diane en tombant sur un fauteuil et en se tordant les mains, voilà ce que je redoutais.

Monsieur de Montgommery ne jeta d'abord qu'un cri : Ah! puis, Perrot l'entendit reprendre d'une voix assez calme :

— Monseigneur le dauphin, un seul mot... par grâce! Dites-moi que vous ne venez pas ici parce que vous aimez madame de Poitiers, et parce que madame Diane de Poitiers vous aime.

— Monsieur de Montgommery, répondit le dauphin avec une colère encore contenue, un seul mot, par ordre! Dites-moi que je ne vous trouve pas ici parce que madame Diane vous aime, et parce que vous aimez madame Diane.

La scène se posant ainsi, il n'y avait plus en présence l'héritier du plus grand trône du monde et un simple gentilhomme, mais deux hommes, deux rivaux irrités et jaloux, deux cœurs souffrans, deux âmes déchirées.

— J'étais l'époux accepté et désigné de madame Diane on le savait, vous le saviez, reprit monsieur de Montgommery, omettant déjà le titre auquel le prince avait droit.

— Promesse en l'air, promesse oubliée! s'écria Henri, et, pour être plus récens que les vôtres peut-être, les droits de mon amour n'en sont pas moins certains, et je les maintiendrai.

— Ah! l'imprudent! il parle de ses droits, tenez! s'écria le comte ivre déjà de jalousie et de rage. Vous osez donc dire que cette femme est à vous?

— Je dis qu'elle n'est pas à vous du moins, reprit Henri. Je dis que je suis chez madame de l'aveu de madame, et qu'il n'en est pas de même de vous, ce me semble. Donc, j'attends impatiemment que vous sortiez, monsieur.

— Si vous êtes si impatient, eh bien! sortons ensemble; c'est tout simple.

— Un défi! s'écria Montmorency, s'avançant alors. Vous osez, monsieur, porter un défi au dauphin de France!

— Il n'y a pas ici de dauphin de France, reprit le comte, il y a un homme qui se prétend aimé de la femme que j'aime, voilà tout.

Il fit sans doute un pas vers Henri, car Perrot entendit madame Diane crier :

— Il veut insulter le prince! il veut tuer le prince! à l'aide!

Et, probablement embarrassée du rôle singulier qu'elle jouait, elle s'élança dehors, malgré monsieur de Montmorency qui lui disait qu'elle se rassurât, et qu'ils avaient deux épées contre une et une bonne escorte en bas. Perrot vit madame Diane traverser le corridor et se jeter dans sa chambre tout éplorée, en appelant ses femmes et les gens du dauphin.

Mais sa fuite ne calma pas l'ardeur des deux adversaires, loin de là! et monsieur de Montgommery releva avec amertume le mot d'escorte qui venait d'être prononcé.

— C'est avec l'épée de ses gens, sans doute, dit-il, que monseigneur le dauphin entend venger ses injures?

— Non, monsieur, reprit fièrement Henri, et la mienne me suffira pour châtier un insolent.

Tous deux portaient déjà la main à la poignée de leur épée, mais monsieur de Montmorency intervint.

— Pardon! monseigneur, dit-il; mais celui qui sera peut-être roi demain, n'a pas le droit de risquer sa vie aujourd'hui. Vous n'êtes pas un homme, monseigneur, vous êtes une nation : un dauphin de France ne se bat que pour la France.

— Mais alors, s'écria monsieur de Montgommery, un dauphin de France ne m'arrache pas, lui qui a tout, celle en qui j'ai mis uniquement ma vie, celle qui est pour moi plus que ma patrie, plus que mon honneur, plus que mon enfant au berceau, plus que mon âme immortelle; car elle m'eût fait oublier tout cela, cette femme qui me trompait peut-être! Mais non, elle ne trompait pas, c'est impossible; je l'aime trop! Monseigneur, pardonnez-moi ma violence et ma folie, et daignez me dire que vous n'aimez pas Diane. Enfin, on ne vient pas chez une femme qu'on aime accompagné de monsieur de Montmorency, et escorté de huit ou dix reîtres! J'aurais dû songer à cela.

— J'ai voulu, dit monsieur de Montmorency, suivre monseigneur ce soir avec une escorte, malgré ses instances, parce qu'on m'avait prévenu secrètement qu'il lui serait tendu un guet-apens aujourd'hui. Je devais pourtant le laisser au seuil de cette maison. Mais les éclats de votre voix, monsieur, arrivant jusqu'à nous, m'ont engagé à passer outre et à ajouter foi jusqu'au bout aux avis des amis inconnus qui m'avaient si à propos mis sur mes gardes.

— Je les connais, moi, ces amis inconnus! dit en riant amèrement le comte. Ce sont les mêmes, sans doute, qui m'ont prévenu aussi que le dauphin serait ici ce soir, et ils ont réussi à souhait dans leur dessein, eux et celle qui les faisait agir. Car madame d'Etampes ne voulait, je le présume, que compromettre par un éclat scandaleux madame de Poitiers. Or monsieur le dauphin, en n'hésitant pas à venir faire sa visite amoureuse avec une armée, a merveilleusement servi ce plan merveilleux! Ah! vous n'en êtes donc plus, Henri de Valois, à garder le moindre ménagement pour madame de Brézé?... Vous l'affichez donc publiquement pour votre maîtresse officielle! Elle est donc bien réellement et bien authentiquement à vous, cette femme? Il n'y a plus à douter et à espérer! Vous me l'avez bien certainement volée, et avec elle mon bonheur, et avec elle ma vie? Eh bien! tonnerre et sang! je n'ai pas non plus de ménagement à garder, moi. Parce que tu es fils de France, Henri de Valois, ce n'est pas un motif pour n'être plus gentilhomme, et tu me rendras raison de ta forfaiture, ou tu n'es qu'un lâche!

— Misérable! s'écria le dauphin en tirant son épée et en marchant sur le comte.

Mais monsieur de Montmorency se jeta de nouveau au devant de lui.

— Monseigneur! encore une fois, je vous dis qu'en ma présence l'héritier du trône ne croisera pas le fer pour une femelle avec un...

— Avec un gentilhomme plus ancien que toi, premier baron chrétien ! interrompit le comte hors de lui. Tout noble d'ailleurs vaut le roi, et les rois n'ont pas toujours été aussi prudens que vous voulez le prétendre, vous autres, et pour cause ! Charles de Naples a défié Alphonse d'Aragon ; François Ier, ne voilà pas si longtemps, a défié Charles-Quint. C'était roi contre roi : soit ! Monsieur de Nemours, le neveu du roi, a appelé un simple capitaine espagnol. — Les Montgommery valent les Valois, et comme ils se sont alliés plusieurs fois avec les enfans des rois de France ou d'Angleterre, ils peuvent bien se battre avec eux. Les anciens Montgommery portaient de France pure, au deuxième et troisième. Depuis leur retour d'Angleterre, où ils avaient suivi Guillaume-le-Conquérant, les armes des Montgommery étaient d'azur au lion d'or armé et lampassé d'argent, avec cette devise : *Garde bien !* et trois fleurs de lis sur un fond de gueule. Allons, monseigneur ! nos armes sont semblables comme nos épées ! un bon mouvement de chevalerie ! Ah ! si vous l'aimiez comme je l'aime, cette femme, et si vous me haïssiez comme je vous hais ! Mais non : vous n'êtes qu'un enfant timide, heureux de se cacher derrière son précepteur.

— Monsieur de Montmorency, laissez-moi ! s'écriait le dauphin en se débattant contre monsieur de Montmorency qui le retenait.

— Non, pâques-Dieu ! disait Montmorency, je ne vous laisserai pas vous battre avec ce furieux. Arrière ! à moi ! cria-t-il dehors à voix haute.

Et l'on entendit distinctement madame Diane, penchée sur l'escalier, crier aussi de toutes ses forces :

— A l'aide ! Montez donc, vous autres ! Allez-vous laisser égorger vos maîtres ?

Cette trahison de Dalilah, puisque, après tout, ils étaient deux contre monsieur de Montgommery, porta sans doute au dernier degré l'exaspération aveugle du comte. Perrot, glacé de terreur, l'entendit leur dire :

— Faut-il donc le dernier outrage pour vous convaincre, ton entremetteur et toi, Henri de Valois, de la nécessité de me rendre raison ?

Perrot supposa qu'il s'était alors avancé sur le dauphin, et avait levé la main sur lui. Henri poussa un rugissement sourd. Mais monsieur de Montmorency avait probablement retenu le bras du comte, car, tandis qu'il appelait plus fort que jamais : A moi ! à moi ! Perrot, qui ne pouvait voir, entendait le prince s'écrier :

— Son gant a effleuré mon front : il ne peut plus mourir que de ma main, Montmorency !

Tout cela s'était passé avec la rapidité de l'éclair. En ce moment, les hommes de l'escorte entrèrent. Il se fit une lutte acharnée et un grand bruit de piétinemens et de fer. Monsieur de Montmorency criait : — Liez-le, cet enragé ! Et le dauphin : — Ne le tuez pas ! Au nom du ciel ! ne le tuez pas !...

Ce combat trop inégal ne dura pas une minute. Perrot n'eut même pas le temps d'accourir pour aider son maître. En arrivant au seuil de la porte, il vit deux des reîtres gisant sur le plancher et deux ou trois ou trois autres saignans. Mais le comte désarmé était lié déjà et maintenu par les cinq ou six gens d'armes qui l'avaient assailli à la fois. Perrot, qu'on n'avait pas aperçu dans le tumulte, crut plus utile aux intérêts de monsieur de Montgommery de rester libre et maître d'avertir ses amis ou de le secourir en une occasion plus favorable. Il retourna donc sans bruit à son poste, et là, l'oreille au guet et la main à l'épée, attendit, puisque monsieur de Montgommery n'était ni tué ni même blessé, le moment de se montrer et de le sauver peut-être... car vous allez voir tout à l'heure, monseigneur, que ce n'était ni le courage, ni la hardiesse qui manquaient à mon brave mari. Mais il était aussi sage que vaillant, et savait habilement prendre son avantage. Pour l'instant, il n'y avait qu'à observer : c'est ce qu'il fit avec sang-froid et attention.

Cependant, monsieur de Montgommery tout garotté criait encore :

— Ne te le disais-je pas, Henri de Valois, que tu ne ferais qu'opposer dix épées à la mienne, et le courage obéissant de tes soldats à mon insulte ?

— Vous voyez, monsieur de Montmorency ! disait le dauphin tout frémissant.

— Qu'on le bâillonne ! dit monsieur de Montmorency pour toute réponse. Je vous enverrai dire, reprit-il, s'adressant toujours aux gens d'armes, ce qu'il faudra faire de lui. Jusques-là, gardez-le à vue. Vous m'en répondez sur votre tête.

Et il quitta l'oratoire, entraînant le dauphin. Ils traversèrent le corridor où Perrot se tenait caché derrière la tapisserie, et entrèrent chez madame Diane.

Perrot alors passa du côté de l'autre muraille, et colla son oreille à l'autre porte condamnée.

La scène à laquelle il venait d'assister était encore moins épouvantable peut-être que celle qu'il allait entendre.

XXII.

QUELLE EST LA PREUVE LA PLUS ÉCLATANTE QUE PUISSE DONNER UNE FEMME QU'UN HOMME N'EST PAS SON AMANT.

— Monsieur de Montmorency, disait en entrant le dauphin avec une tristesse courroucée, si vous ne m'aviez pas retenu presque par la force, je serais moins mécontent de moi et de vous que je ne le suis.

— Que monseigneur, répondit Montmorency, me permette de lui dire que ce n'est pas parler en jeune homme et non en fils de roi. Vos jours ne vous appartiennent pas. Ils sont à votre peuple, monseigneur, et les têtes couronnées ont d'autres devoirs que les autres hommes.

— Pourquoi donc suis-je alors irrité contre moi-même et comme honteux ? dit le prince. Ah ! c'est vous, madame, reprit Henri, en s'adressant à Diane qu'il venait d'apercevoir sans doute.

Et l'amour-propre blessé l'emportant en ce moment sur l'amour jaloux :

— C'est chez vous et par vous, ajouta-t-il, que j'ai reçu mon premier outrage.

— Hélas ! oui, chez moi, mais ne dites pas par moi, monseigneur, répondit Diane. Est-ce que je n'ai pas souffert autant que vous, et plus que vous ? Est-ce que je ne suis pas innocente de tout ceci ? Est-ce que j'aime cet homme, enfin ? Est-ce que je l'ai jamais aimé ?

Elle le reniait après l'avoir trahi ; c'était tout simple.

— Je n'aime que vous, monseigneur, reprit-elle ; mon âme et ma vie sont à vous tout entières, et mon existence ne date que du jour où vous avez accepté ce cœur qui vous est dévoué. Autrefois pourtant, il se peut... et je me rappelle vaguement que j'avais laissé entrevoir à ce Montgommery quelques espérances. Rien de positif, toutefois, nul engagement certain. Mais vous êtes venu, et tout a été oublié. Et, depuis ce temps, je vous le jure, et croyez-en mes paroles plutôt que les calomnies jalouses de madame d'Etampes et des siens ! depuis ce temps béni, il n'y a pas une des pensées de mon intelligence, pas une des pulsations de mon sang qui n'ait été pour vous, à vous, monseigneur. Cet homme ment, cet homme agit de concert avec mes ennemis, cet homme n'a aucun droit sur celle qui vous appartient si entièrement, Henri. Je connais à peine cet homme, et non-seulement je ne l'aime pas, grand Dieu ! mais je le hais et je le méprise. Je ne vous demande pas seulement, tenez ! s'il est mort ou vivant. Je ne m'occupe que de vous. Lui, je le hais !

— Est-ce bien vrai, madame ? dit le dauphin avec un reste de défiance sombre.

— L'épreuve en sera facile et prompte, reprit monsieur de Montmorency. Monsieur de Montgommery est vivant, madame, mais chargé de liens par nos gens, et hors d'état de nuire»Il a grièvement offensé le prince. Cependant le traduire devant des juges est impossible : le jugement pour un crime semblable aurait plus de dangers que le crime même. D'un autre côté, que monseigneur le dauphin se commette en un combat singulier avec cet insolent, la chose est plus impossible encore. Quel est donc là dessus votre avis, madame? et que devons-nous faire de cet homme?

Il y eut un moment de silence plein d'émotion. Perrot suspendait son souffle pour mieux entendre ces paroles qui tardaient tant à sortir. Mais, évidemment, madame Diane avait peur d'elle-même et de ce qu'elle allait dire. Elle hésitait devant son propre arrêt.

Enfin, il fallait parler, et, d'une voix encore assez ferme :

— Monsieur de Montgommery, dit-elle, a commis un crime de lèze-majesté. Monsieur de Montmorency, à quelle peine condamne-t-on les coupables de lèze-majesté?

— A la mort, répondit le connétable.

— Mon avis est donc que cet homme meure, dit froidement madame Diane.

Tous frissonnèrent, et ce ne fut qu'après une autre pause que monsieur de Montmorency reprit :

— En effet, madame, vous n'aimez pas et n'avez jamais aimé monsieur de Montgommery.

— Mais moi, reprit le dauphin, je veux moins que jamais que monsieur de Montgommery meure.

— C'est aussi mon avis, dit Montmorency, mais non pas, je suppose, pour les mêmes motifs que vous, monseigneur. L'opinion que vous émettez par générosité, je l'approuve par prudence. Monsieur de Montgommery a des amis et des alliés puissans en France et en Angleterre; on sait de plus à la cour qu'il a dû nous rencontrer ici cette nuit. Si on nous le redemande hautement et bruyamment demain, il ne faut pas que nous n'ayons à produire qu'un cadavre. La noblesse n'entend pas qu'on la traite comme les vilains et qu'on la tue sans cérémonie. Il est nécessaire que nous puissions répondre : — Monsieur de Montgommery est en fuite... ou : — Monsieur de Montgommery est blessé et malade... mais, en tout cas : — Monsieur de Montgommery est vivant! Et si l'on nous pousse à la dernière extrémité, si l'on persiste à le réclamer jusqu'au bout, eh bien! il faut qu'à la rigueur nous soyons libres de le tirer de sa prison ou de son lit, et de le montrer aux calomniateurs. Mais j'espère que la précaution, pour être bonne, n'en sera pas moins inutile. On demandera demain et après-demain monsieur de Montgommery. Mais, dans huit jours, on en parlera moins, et, dans un mois, on n'en parlera plus du tout. Rien n'oublie vite comme un ami, et il faut bien changer de sujet de conversation! Je trouve donc que le coupable ne doit ni mourir ni vivre ; il doit disparaître.

— Soit! dit le dauphin. Qu'il parte, qu'il quitte la France. Il a des biens et des parens en Angleterre, qu'il s'y réfugie.

— Non pas, monseigneur! reprit Montmorency. La mort c'est trop, mais l'exil ce n'est pas assez. Voulez-vous, ajouta-t-il en baissant la voix, que cet homme dise en Angleterre plus qu'en France qu'il vous a menacé d'un geste insultant?

— Oh! ne me rappelez pas cela! s'écria le dauphin les dents serrées.

— Laissez-moi pourtant me le rappeler, monseigneur, afin de vous prémunir contre une imprudente détermination. Il faut, je le répète, que le comte ne puisse rien révéler ni vivant, ni mort. Les hommes de notre escorte sont sûrs, et ne savaient pas d'ailleurs à qui ils avaient affaire. Le gouverneur du Châtelet est mon ami ; de plus, muet et sourd comme sa prison, et dévoué au service de Sa Majesté. Que monsieur de Montgommery soit transporté au Châtelet cette nuit même. Un bon cachot nous le gardera ou nous le rendra, comme nous voudrons. Demain il aura disparu, et nous répandrons sur cette disparition les bruits les plus contradictoires. Si ces rumeurs ne tombent pas d'elles-mêmes, si les amis du comte le redemandent avec trop d'instances, ce qui n'est guère probable, et poussent jusqu'au bout une enquête sévère, ce qui m'étonnerait bien, alors nous nous justifions d'un mot en produisant les registres du Châtelet qui prouvent que monsieur de Montgommery, accusé du crime de lèze-majesté, attend en prison l'arrêt régulier de la justice. Puis, cette preuve faite, sera-ce de notre faute si la prison est malsaine, si le chagrin et le remords ont eu trop de prise sur monsieur de Montgommery, et s'il est mort avant d'avoir pu comparaître devant un tribunal?

— Oh! monsieur de Montmorency! reprit le dauphin en frémissant.

— Soyez tranquille, monseigneur, reprit le conseiller du prince, nous n'aurons pas besoin d'en venir à cette extrémité. Les bruits causés par l'absence du comte s'apaiseront tout seuls. Les amis se consoleront et oublieront vite, et monsieur de Montgommery vivra, s'il veut, pour la prison, du moment qu'il sera mort pour le monde.

— Mais n'a-t-il pas un fils? demanda madame Diane.

— Oui, un enfant en bas-âge, auquel on dira qu'il ne sait ce qu'est devenu son père, et qui, une fois grand, s'il grandit, le pauvre orphelin aura des intérêts à lui, des passions à lui, et ne cherchera plus à approfondir une histoire vieille de quinze ou vingt ans.

— Tout cela est juste et bien combiné, dit madame de Poitiers ; allons, je m'incline, j'approuve et j'admire.

— Vous êtes trop bonne en vérité, madame, reprit Montmorency très flatté, et je vois avec plaisir que nous sommes faits pour nous entendre.

— Mais je n'approuve, ni je n'admire, moi! s'écria le dauphin, je désavoue, au contraire, et je m'oppose...

— Désavouez, monseigneur, et vous aurez raison, reprit monsieur de Montmorency, désavouez, mais ne vous opposez pas; blâmez, mais laissez faire. Tout ceci ne vous regarde en rien, et je prends sur moi toute la responsabilité de l'action devant les hommes et devant Dieu.

— Seulement, il y aura désormais un crime entre nous, n'est-ce pas? dit le dauphin, et vous serez plus que mon ami, vous serez mon complice.

— Oh! monseigneur, loin de moi de telles pensées! s'écria l'astucieux ministre. Mais vous ne devez pas plus vous compromettre à châtier le coupable qu'à le combattre. Voulez-vous que nous en référions au roi votre père?

— Non, non ; que mon père ignore tout ceci, dit vivement le dauphin.

— Mon devoir, dit monsieur de Montmorency, m'obligerait pourtant à l'avertir, monseigneur, si vous persistiez à croire que le temps des actions chevaleresques dure toujours. Mais, tenez, ne précipitons rien, si vous le désirez, et laissons le temps mûrir nos conseils. Assurons-nous seulement de la personne du comte, condition nécessaire à nos desseins ultérieurs quels qu'ils puissent être, et remettons à plus tard toute décision formelle à ce sujet.

— Soit! dit le dauphin dont la volonté faible accepta avec empressement cet atermoiement prétendu. Monsieur de Montgommery aura ainsi le temps de revenir sur un premier emportement irréfléchi, et moi je pourrai aussi songer à loisir à ce que ma conscience et ma dignité m'ordonnent de faire.

— Rentrons donc au Louvre, monseigneur, dit monsieur de Montmorency, et constatons-y bien notre présence. Je vous le renverrai demain, madame, reprit-il en s'adressant à madame de Poitiers avec un sourire ; car j'ai pu voir que vous l'aimiez d'un amour véritable.

— Mais monseigneur le dauphin en est-il persuadé, lui? dit Diane, et m'a-t-il pardonné le malheur, si peu prévu par moi, de cette rencontre?

— Oui, vous m'aimez... terriblement en effet, Diane, reprit le dauphin pensif, et j'ai trop besoin de croire pour douter, et, je l'avoue, j'ai trop vu à la douleur qui m'a saisi quand je m'imaginais vous avoir perdue, que votre amour est désormais nécessaire à mon existence, et que, quand on vous aime, c'est pour la vie.

— Ah! puissiez-vous dire vrai! s'écria Diane avec un accent passionné, en baisant la main que lui tendait le prince en signe de réconciliation.

— Allons! partons sans plus de retard, dit monsieur de Montmorency.

— Au revoir, Diane.

— Au revoir, mon seigneur, dit la duchesse en séparant ces deux mots avec une expression de charme indicible.

Elle le reconduisit jusqu'au seuil de sa chambre. Tandis que le dauphin descendait l'escalier, monsieur de Montmorency rouvrit la porte de l'oratoire où monsieur de Montgommery gisait toujours, gardé et enchaîné, et, s'adressant au chef des hommes d'armes :

— J'enverrai tout à l'heure, lui dit-il, un homme à moi qui vous informera de ce que vous aurez à faire de votre prisonnier. Jusque là, surveillez tous ses mouvemens et ne le perdez pas de vue une minute. Vous m'en répondez tous sur votre vie.

— Il suffit, monseigneur, répondit le reître.

— D'ailleurs, j'y veillerai, reprit, de la porte où elle était restée, madame de Poitiers.

Tous s'éloignèrent, et Perrot, de sa cachette, n'entendit plus que le pas régulier de la sentinelle placée dans l'intérieur de l'oratoire, et qui gardait la porte tandis que ses camarades gardaient le prisonnier.

XXIII.

UN DÉVOUEMENT INUTILE.

Aloyse, après s'être reposée quelques instans, car elle pouvait respirer à peine au souvenir de cette lugubre histoire, reprit courage, et, sur les sollicitations de Gabriel, acheva son récit en ces termes :

Une heure du matin sonnait au moment où s'éloignaient le dauphin et son peu scrupuleux mentor. Perrot voyait que son maître était perdu sans ressources, s'il laissait au messager de monsieur de Montmorency le temps d'arriver. L'instant d'agir était donc venu pour lui. Il avait remarqué que monsieur de Montmorency n'avait indiqué aucun mot d'ordre, ni aucun signe auquel on pût reconnaître son envoyé. Donc, après avoir attendu une demi-heure environ, afin de rendre probable la rencontre que monsieur de Montmorency pourrait avoir faite de lui, Perrot sortit doucement de sa cachette, descendit d'un pied suspendu quelques marches de l'escalier, les remonta ensuite en marquant, au contraire, nettement le bruit de son pas, et vint frapper à la porte de l'oratoire.

Le plan qu'il avait spontanément conçu était hardi, mais avait, à cause de cette hardiesse même, des chances de réussite.

— Qui est-là? demanda la sentinelle.

— Envoyé de monseigneur le baron de Montmorency.

— Ouvrez, dit le chef de la troupe à la sentinelle.

On ouvrit, Perrot entra hardiment et la tête haute.

— Je suis, dit-il, l'écuyer de monsieur Charles de Manffol qui est à monsieur de Montmorency, comme vous savez. Nous rentrions, mon maître et moi, de la garde au Louvre, quand nous avons rencontré sur la Grève monsieur de Montmorency, accompagné d'un grand jeune homme tout enveloppé d'un manteau. Monsieur de Montmorency a reconnu maître de Manffol et l'a appelé. Après quelques instans d'entretien, tous deux m'ont ordonné de venir ici rue du Figuier, chez madame Diane de Poitiers. J'y trouverai, m'ont-ils dit, un prisonnier sur lequel monsieur de Montmorency m'a donné des instructions que je viens remplir. J'ai demandé pour cela quelques hommes d'escorte ; mais il m'a prévenu qu'il y avait déjà ici une force suffisante, et je vois en effet que vous êtes plus nombreux qu'il ne le faut pour appuyer la mission de conciliation qui m'a été confiée. Où est le prisonnier? Ah! le voici! Otez-lui son bâillon, car il faut que je lui parle et qu'il puisse me répondre.

Le consciencieux chef des estafiers hésitait encore, malgré le ton délibéré de Perrot.

— N'avez-vous pas d'ordre écrit à me remettre? lui demanda-t-il.

— Ecrit-on des ordres sur la place de Grève, à deux heures du matin? répondit Perrot en haussant les épaules; mais monsieur de Montmorency m'avait dit que vous étiez prévenu de mon arrivée.

— C'est vrai.

— Eh bien! quelles chicanes me venez-vous faire, mon brave homme? Çà, éloignez-vous, vous et vos gens ; car ce que j'ai à dire à ce seigneur doit rester secret entre lui et moi. Eh! ne m'entendez-vous pas? Reculez, vous autres.

Ils reculèrent, en effet, et Perrot approcha librement de monsieur de Montgommery délivré de son bâillon.

— Mon brave Perrot! dit le comte qui avait reconnu d'abord son écuyer, comment donc te trouves-tu ici?

— Vous le saurez, monseigneur, mais nous n'avons pas une minute à perdre; écoutez-moi.

Il lui raconta en peu de mots la scène qui venait de se passer chez madame Diane, et la résolution que monsieur de Montmorency paraissait avoir prise d'ensevelir à jamais le secret terrible de l'insulte avec l'insulteur. Il fallait donc se soustraire à cette captivité mortelle par un coup désespéré.

— Et que comptes-tu faire, Perrot? demanda monsieur de Montgommery. Vois, ils sont huit contre nous deux, et nous ne sommes pas ici dans une maison amie, ajouta-t-il avec amertume.

— N'importe! dit Perrot, laissez-moi faire et dire seulement, et vous êtes sauvé, vous êtes libre.

— A quoi bon? Perrot, dit tristement le comte. Que ferais-je de la vie et de la liberté? Diane ne m'aime pas! Diane me déteste et me trahit!

— Laissez là le souvenir de cette femme, et songez à votre enfant, monseigneur.

— Tu as raison, Perrot, je l'ai trop oublié, mon pauvre petit Gabriel, et Dieu m'en punit avec justice. Pour lui donc, je dois, je veux tenter la dernière chance de salut que tu viens m'offrir, ami. Mais, avant tout, écoute : si elle me manque, cette chance, si l'entreprise, insensée à force d'être audacieuse, que tu vas risquer, échoue, je ne veux pas, Perrot, léguer à l'orphelin pour héritage la suite de ma destinée fatale ; je ne veux pas lui imposer, après ma disparition de la vie, les inimitiés redoutables sous lesquelles j'aurai succombé. Jure-moi donc que, si la prison ou la tombe s'ouvre pour moi et si tu survis, Gabriel ne saura jamais par toi comment son père a disparu de ce monde. S'il connaissait ce secret terrible, il voudrait un jour me venger ou me sauver, et il se perdrait. J'aurai un compte assez grave à rendre à sa mère, sans y ajouter encore ce poids. Que mon fils vive heureux et sans souci du passé de son père! Jure-moi cela, Perrot, et ne te crois relevé de ce serment que si les trois acteurs de la scène que tu m'as rapportée meurent avant moi, et si le dauphin (qui sera roi sans doute alors), madame Diane et monsieur de Montmorency emportent dans la tombe leur haine toute-puissante et ne peuvent plus rien contre mon enfant. Alors, dans cette hypothèse bien douteuse, qu'il essaye, s'il veut, de me retrouver et de me redemander. Mais, jusque-là, qu'il ignore, autant que les autres, plus que les autres, la fin de son père. Tu me le promets, Perrot? tu me le jures? Je ne m'abandonne d'abord à ton dévoûment téméraire et, j'en ai peur, inutile, qu'à cette seule condition, Perrot.

— Vous le voulez, monseigneur? je le jure donc.

— Sur la croix de ton épée, Perrot, Gabriel ne saura rien par toi de ce dangereux mystère?

— Sur la croix de mon épée, monseigneur, dit Perrot la main droite étendue.

— Merci! ami. Maintenant fais ce que tu voudras, mon

fidèle serviteur. Je me livre à ton courage et à la grâce de Dieu.

— Du sang-froid et de l'assurance, monseigneur, reprit Perrot. Vous allez voir.

Et, s'adressant au chef des gens d'armes :

— Les paroles que le prisonnier vient de me donner sont satisfaisantes, lui dit-il, vous pouvez le délier et le laisser partir.

— Le délier ? le laisser partir ? répliqua le sbire étonné.

— Eh ! sans doute ! c'est l'ordre de monseigneur de Montmorency.

— Monseigneur de Montmorency, reprit l'estafier en hochant la tête, nous a ordonné de garder ce prisonnier à vue, et a dit en partant que nous en répondions sur notre vie. Comment monseigneur de Montmorency peut-il vouloir maintenant mettre ce seigneur en liberté ?

— Comme cela, vous refusez de m'obéir, à moi, parlant en son nom ? dit Perrot, sans rien perdre de son assurance.

— J'hésite. Ecoutez donc, vous me commanderiez d'égorger ce seigneur, ou d'aller le jeter à l'eau, ou de le conduira à la Bastille, nous obéirions, mais le relâcher, ce n'est pas dans notre état, cela.

— Soit ! répondit Perrot sans se déconcerter. Je vous ai transmis les ordres que j'avais reçus, je me lave les mains du reste. Vous répondrez à monsieur de Montmorency des suites de votre désobéissance. Moi, je n'ai plus rien à faire ici, bonsoir !

Et il ouvrit la porte, comme pour s'en aller.

— Hé ! un instant, dit l'estafier, êtes-vous pressé donc ! Ainsi vous m'affirmez que c'est la volonté de monsieur de Montmorency qu'on laisse aller le prisonnier ? vous êtes sûr que c'est bien monsieur de Montmorency qui vous envoie ?

— Niais ! reprit Perrot, comment aurais-je su sans cela qu'il y avait un prisonnier gardé ? Quelqu'un est-il sorti pour le dire, si ce n'est monsieur de Montmorency lui-même ?

— Allons ! on va donc vous délier votre homme, dit le miquelet, mécontent comme un tigre à proie à qui l'on retire son os à déchirer. Que ces grands seigneurs sont changeans, corps Dieu !

— C'est bon. Je vous attends, dit Perrot.

Il resta néanmoins dehors, sur la première marche de l'escalier, la face tournée vers les degrés et son poignard tiré à la main. S'il voyait monter le véritable messager de Montmorency, il ne lui laisserait pas faire un pas de plus.

Mais il ne vit pas et n'entendit pas derrière lui madame Diane, attirée par le bruit des voix, sortir de sa chambre et s'avancer jusqu'à la porte laissée ouverte de l'oratoire. Elle vit qu'on détachait monsieur de Mongommery, qui resta muet d'horreur en l'apercevant.

— Misérables ! s'écria-t-elle, que faites-vous donc là ?

— Nous obéissons aux ordres de monsieur de Montmorency, madame, dit le chef des sbires, nous délions le prisonnier.

— Impossible ! reprit madame de Poitiers. Monsieur de Montmorency n'a pu donner un ordre pareil. Qui vous a apporté cet ordre ?

Les estafiers montrèrent Perrot, qui s'était retourné frappé d'épouvante et de stupeur, en entendant madame Diane. Un rayon de la lampe donnait sur le visage pâle du pauvre Perrot ; madame Diane le reconnut.

— Cet homme ? dit-elle, cet homme est l'écuyer du prisonnier ! Voyez ce que vous alliez faire !

— Mensonge ! reprit Perrot, essayant encore de nier. Je suis à monsieur de Manffol et envoyé ici par monsieur de Montmorency.

— Qui se dit envoyé par monsieur de Montmorency ? dit la voix d'un survenant qui n'était autre que l'envoyé véritable. Mes braves gens, cet homme ment. Voici l'anneau et le sceau des Montmorency, et vous devez d'ailleurs me reconnaître, je suis le comte de Montansier (1). Quoi ! vous avez osé retirer le bâillon du prisonnier et vous le détachez ? Malheureux ! qu'on le bâillonne et qu'on le lie plus solidement encore.

— A la bonne heure ! dit l'estafier en chef, voilà des ordres vraisemblables et intelligibles !

— Pauvre Perrot ! dit seulement le comte.

Il ne daigna pas ajouter un mot de reproche à madame Diane, bien qu'il en eût eu le temps avant que le mouchoir qu'on lui mit entre les dents fût attaché. Peut-être aussi craignit-il de compromettre davantage son brave écuyer. Mais Perrot, malheureusement, n'imita pas sa prudence, et s'adressant à madame Diane avec indignation :

— Bien ! madame, dit-il, vous ne vous arrêtez pas au moins à moitié chemin dans la félonie ! Saint-Pierre avait renié trois fois son Dieu ; mais Judas ne l'avait trahi qu'une fois. Vous, depuis une heure, vous avez trahi trois fois votre amant. Il est vrai que Judas n'était qu'un homme et vous êtes une femme et une duchesse !

— Emparez-vous de cet homme, s'écria madame Diane furieuse.

— Emparez-vous de cet homme, répéta après elle le comte de Montansier.

— Ah ! je ne suis pas pris encore, s'écria Perrot.

Et, dans une passe si désespérée, il fit un coup de désespoir, s'élança et bondit jusqu'à monsieur de Montgommery, et du tranchant de son poignard commença à couper ses liens, en lui criant :

— Aidez-vous, monseigneur, et vendons-leur cher notre vie.

Mais il eut seulement le temps de lui délivrer le bras gauche ; car il ne pouvait que se défendre imparfaitement, tout en essayant de couper les cordes du comte. Dix épées écartèrent la sienne. Entouré et frappé de toutes parts, un coup violent qu'il reçut entre les épaules le jeta aux pieds de son maître, et il tomba sans connaissance et comme mort.

XXIV.

QUE LES TACHES DE SANG NE S'EFFACENT JAMAIS COMPLÈTEMENT.

Ce qui se passa depuis, Perrot l'ignorait.

Quand il revint à lui, la première impression qu'il ressentit fut une impression de froid. Il rappela ses idées alors, rouvrit les yeux et regarda autour de lui : c'était toujours la nuit profonde. Il se trouvait étendu sur la terre mouillée, et un cadavre gisait à son côté. A la lueur de la petite lampe toujours allumée dans la niche de la statue de la Vierge, il reconnut qu'il était dans le cimetière des Innocens. Le cadavre jeté près de lui était celui du garde tué par monsieur de Montgommery. On avait cru mon pauvre mari mort, sans doute...

Il essaya de se lever ; mais alors l'atroce douleur de ses blessures se réveilla. Pourtant, en rassemblant toutes ses forces avec un courage surhumain, il parvint à se dresser debout et à faire quelques pas. En ce moment, la lueur

(1) Le jeune comte de Montansier préludait ainsi par l'arrestation de Montgommery à l'assassinat de Lignerolles. On sait que M. de Lignerolles ayant rapporté à Charles IX que le duc d'Anjou, son maître, lui avait confié le secret dessein qu'on avait de se défaire des chefs huguenots, le roi détermina son frère à faire tuer Lignerolles pour prévenir toute indiscrétion. Le comte de Montansier se chargea de l'exécution avec quatre ou cinq autres gentilshommes-bourreaux, qui tous périrent misérablement par la suite. « En quoi, dit Brantôme, doit-on » bien prendre garde quand on tue un homme mal à propos ; » car guère n'a-t-on vu de tels meurtres qu'ils n'aient été ven- » gés par la permission de Dieu, *lequel nous a donné une épée* » *au côté* pour en user et non pour en abuser. »

d'un fallot étoila l'ombre profonde, et Perrot vit venir deux hommes de mauvaise mine, portant bêches et pioches avec eux.

— On nous a dit au bas de la statue de la Vierge, dit l'un des deux hommes.

— Voici nos gaillards, reprit le second, en apercevant le soldat. Mais non, il n'y en a qu'un.

— Eh bien ! cherchons l'autre.

Les deux fossoyeurs éclairèrent avec leur lanterne le sol avoisinant. Mais Perrot avait eu la force de se traîner derrière une tombe assez éloignée de l'endroit où ils cherchaient.

— Le diable aura emporté notre homme, dit l'un des fossoyeurs qui paraissait jovial.

— Oh ! reprit l'autre en frissonnant, ne dis donc pas de pareilles choses, toi, à pareille heure et en pareil lieu !

Et il se signa avec toutes les marques de l'effroi.

— Allons ! il n'y en a décidément qu'un, dit le premier fossoyeur. Que faire en somme ? Bah ! enterrons toujours celui qui reste ; nous dirons que son ami s'était échappé ; ou peut-être, avait-on mal compté.

Ils se mirent à creuser une fosse, et Perrot, qui s'éloignait pas à pas en chancelant, entendit encore avec joie le fossoyeur gai dire à son camarade :

— J'y songe, si nous avouons n'avoir trouvé qu'un corps et creusé qu'une fosse, l'homme ne nous donnera peut-être que cinq pistoles au lieu de dix. Est-ce que le mieux, pour notre intérêt, ne serait pas de taire cette fuite bizarre du second cadavre ?

— Oui, au fait ! répondit le fossoyeur pieux. Nous nous contenterons de dire que nous avons achevé la besogne, et nous n'aurons pas menti.

Cependant Perrot, non sans de mortelles défaillances, avait atteint la rue Aubry-le-Boucher. Là, il vit passer une charrette de maraîcher qui revenait du marché, et demanda à l'homme qui la conduisait où il allait.

— A Montreuil, répondit l'homme.

— Alors, seriez-vous assez charitable pour me laisser asseoir sur le bord de votre charrette jusqu'au coin de la rue Geoffroy-L'Asnier, dans la rue Saint-Antoine où je demeure !

— Montez, dit le maraîcher.

Perrot fit ainsi, sans trop de fatigue, le chemin qui le séparait du logis, et pourtant, dix fois pendant la route, il crut qu'il allait passer de vie à trépas. Enfin, à la rue Geoffroy-L'Asnier, la voiture s'arrêta.

— Holà ! vous voilà chez vous, l'ami, dit le maraîcher.

— Merci ! mon brave homme, dit Perrot.

Il descendit tout trébuchant, et fut obligé de s'appuyer contre la première muraille qu'il rencontra.

— Le compagnon a bu un coup de trop, reprit le paysan. Hé ! dia ! la grise !

Il s'éloigna en chantant la chanson, alors toute nouvelle, de maître François Rabelais, le joyeux curé de Meudon :

O Dieu, père Paterne
Qui muas l'eau en vin,
Fais de mon cul lanterne
Pour luire à mon voisin...

Perrot mit une heure pour venir de la rue Saint-Antoine à la rue des Jardins. Heureusement les nuits de janvier sont longues ! Il ne rencontra encore personne et arriva vers les six heures.

Malgré le froid, monseigneur, l'inquiétude m'avait tenue toute la nuit debout à la fenêtre ouverte. Au premier appel de Perrot, je courus donc à la porte et lui ouvris.

— Silence ! sur ta vie ! me dit-il tout d'abord. Aide-moi à monter jusqu'à notre chambre ; mais surtout pas un cri, pas un mot.

Il marcha, soutenu par moi, qui le voyant blessé n'osais pourtant pas parler, suivant sa défense, mais pleurais à petit bruit. Quand nous fûmes arrivés et que j'eus défait ses habits et ses armes, le sang du malheureux couvrait mes mains, et ses plaies m'apparurent larges et béantes. Il prévint mon cri d'un geste impérieux, et prit sur le lit la position qui le faisait le moins souffrir.

— Du moins laisse que je fasse venir un chirurgien, lui dis-je en sanglotant.

— Inutile ! me dit-il. Tu sais que je m'y connais un peu en chirurgie. Une de mes blessures pour le moins, celle au-dessous du cou, est mortelle ; et je ne vivrais déjà plus, je crois, si quelque chose de plus fort que la douleur ne m'avait soutenu, et si Dieu qui punit les assassins et les traîtres n'avait prolongé ma fin de quelques heures pour servir à ses desseins futurs. Bientôt la fièvre me va prendre, et tout sera dit. Nul médecin au monde ne peut rien à cela.

Il parlait avec des efforts pénibles. Je le suppliai de se reposer un peu.

— C'est juste, me dit-il, et je dois ménager mes dernières forces. Donne-moi seulement de quoi écrire.

Je lui apportai ce qu'il demandait. Mais il ne s'était pas aperçu qu'un coup d'épée lui avait déchiré la main droite. Il n'écrivait d'ailleurs que difficilement ; il dut jeter là plume et papier.

— Allons ! je parlerai, dit-il, et Dieu me laissera vivre jusqu'à ce que j'aie achevé. Car enfin, s'il frappe, ce Dieu juste ! les trois ennemis de mon maître dans leur puissance ou dans leur vie, qui sont les biens périssables des méchans, il faut que monsieur de Montgommery puisse être sauvé, lui, par son fils.

— Alors, monseigneur, reprit Aloyse, Perrot me raconta toute la lugubre histoire que je viens de vous dérouler. Il y fit cependant de longues et fréquentes interruptions, et, quand il se sentait trop épuisé pour continuer, il m'ordonnait de le quitter et de descendre me montrer aux gens de la maison. Je parus, et sans peine, hélas ! très inquiète du comte et de mon mari. Je les envoyai tous prendre des informations au Louvre, puis chez tous les amis de monsieur le comte de Montgommery successivement, puis, chez ses simples connaissances. Madame de Poitiers répondit qu'elle ne l'avait pas vu et monsieur de Montmorency qu'il ne savait pas de quoi on venait l'ennuyer.

Ainsi, tout soupçon fut écarté de moi, ce que voulait Perrot, et ses meurtriers purent croire leur secret enseveli dans le cachot du maître et dans la fosse de l'écuyer.

Quand j'avais pour quelque temps écarté les serviteurs, et que je vous avais confié à l'un d'eux, monseigneur Gabriel, je remontais auprès de mon pauvre Perrot qui reprenait courageusement son récit.

Vers le milieu du jour, les horribles souffrances qu'il avait endurées jusque-là parurent s'apaiser un peu. Il parlait plus aisément et avec une sorte d'animation. Mais, comme je me réjouissais de ce mieux :

— Ce mieux, me dit-il en souriant tristement, c'est la fièvre que je t'avais annoncée. Mais, Dieu merci ! j'ai achevé de te dérouler l'affreuse trame. Maintenant tu sais ce que Dieu et les trois assassins savaient seuls, et ton âme fidèle, ferme et vaillante saura garder, j'en suis sûr, ce secret de mort et de sang jusqu'au jour où, je l'espère, il te sera permis de le révéler à qui de droit. Tu as entendu le serment qu'a exigé de moi monsieur de Montgommery, tu vas me répéter ce serment, Aloyse.

— Tant qu'il y aura danger pour Gabriel à savoir son père vivant, tant que les trois ennemis tout puissans qui ont tué mon maître seront laissés en ce monde par le courroux de Dieu, tu te tairas, Aloyse. Jure-le à ton mari qui va mourir.

— Je jurai en pleurant, et c'est ce serment sacré que je viens de trahir, monseigneur ; car vos trois ennemis, plus puissans et plus redoutables que jamais, vivent encore. Mais vous alliez mourir, et si vous voulez user de ma révélation avec prudence et sagesse, ce qui devait vous perdre peut sauver votre père et vous. Pourtant, répétez-moi, monseigneur, que je n'ai pas commis un crime irrémissible, et qu'à cause de l'intention, Dieu et mon cher Perrot pourront me pardonner mon parjure.

— Il n'y a pas de parjure en tout ceci, sainte femme, reprit Gabriel, et toute ta conduite n'est que dévouement et héroïsme. Mais achève ! achève !

— Perrot, continua Aloyse, ajouta encore :

— Quand je n'y serai plus, chère femme, tu feras prudemment de fermer cette maison, de congédier les serviteurs et de t'en aller à Montgommery avec Gabriel et notre enfant. Et même, à Montgommery, n'habite pas le château, retire-toi dans notre petite maison, et élève l'héritier des nobles comtes, sinon tout à fait secrètement, du moins sans faste et sans bruit, de façon à ce que ses amis le connaissent et à ce que ses ennemis l'oublient. Toutes nos bonnes gens de là-bas, et l'intendant et le chapelain, t'aideront dans le grand devoir que le seigneur t'impose. Il vaudra peut-être mieux que Gabriel lui-même, jusqu'à dix-huit ans, ignore le nom qu'il porte, et sache seulement qu'il est gentilhomme. Tu verras. Notre digne chapelain et le seigneur de Vimoutiers, tuteur-né de l'enfant, te donneront leurs conseils. Mais à ces amis sûrs eux-mêmes cache le récit que je viens de te faire. Borne-toi à dire que tu crains pour Gabriel les ennemis puissans de son père.

Perrot ajouta encore toutes sortes d'avertissemens qu'il me répétait en mille façons jusqu'à ce que les souffrances le reprirent, mêlées d'abattemens non moins douloureux. Et cependant, il profitait encore du moindre moment de calme pour m'encourager et me consoler.

Il me dit aussi et me fit promettre une chose qui n'exigea pas de moi le moins d'énergie, je l'avoue, et ne me causa pas le moins d'angoisses.

— Pour monsieur de Montmorency, me dit-il, je suis enseveli au cimetière des Innocens. Il faut donc que je sois disparu avec le comte. Si une trace de mon retour ici se retrouvait, tu serais perdue, Aloyse, et Gabriel avec toi, peut-être ! Mais tu as le bras robuste et le cœur vaillant. Quand tu m'auras fermé les yeux, rassemble toutes les forces de ton âme et de ton corps, attends le milieu de la nuit, et, dès que tout le monde ici, après les fatigues de cette journée, sera endormi, descends mon corps dans l'ancien caveau funéraire des seigneurs de Brissac auxquels cet hôtel a autrefois appartenu. Personne ne pénètre plus dans cette tombe abandonnée et tu en trouveras la clef rouillée dans le grand bahut de la chambre du comte. J'aurai ainsi une sépulture consacrée, et, bien qu'un simple écuyer soit indigne de reposer parmi tant de grands seigneurs, après la mort, n'est-ce pas ? il n'y a que des chrétiens.

Comme une défaillance ai pris mon pauvre Perrot, et qu'il insistait pour avoir ma parole, je lui promis tout ce qu'il voulut. Vers le soir, le délire s'empara de lui ; puis, d'épouvantables douleurs se succédèrent. Je me frappais la poitrine de désespoir de ne pouvoir le soulager, mais il me faisait signe que tout serait inutile.

Enfin, brûlé par la fièvre et dévoré d'atroces souffrances, il me dit :

— Aloyse, donne-moi à boire ; une goutte d'eau seulement.

— Je lui avais déjà offert, dans mon ignorance, d'étancher cette soif ardente dont il disait souffrir, mais il m'avait toujours refusé. Je m'empressai donc d'aller chercher un verre que je lui tendis.

Avant de le prendre :

— Aloyse, me dit-il, un dernier baiser et un dernier adieu !... et souviens-toi ! souviens-toi !

Je couvris son visage de baisers, et de larmes. Il me demanda ensuite le crucifix et posa ses lèvres mourantes sur les clous de la croix de Jésus, en disant seulement : O mon Dieu ! ô mon Dieu ! Puis, me serrant la main d'une faible et dernière étreinte, il prit le verre que je lui offrais. Il n'en but qu'une gorgée, fit un soubresaut violent, et retomba sur l'oreiller.

Il était mort.

Je passai le reste de la soirée dans les prières et dans les larmes. Cependant j'allai, comme d'habitude, présider à votre coucher, monseigneur. Personne, bien entendu, ne s'étonna de ma douleur. La consternation était dans la maison, et tous les fidèles serviteurs pleuraient le comte et leur bon camarade Perrot.

Pourtant, vers deux heures de la nuit, nul bruit ne se fit plus entendre, et moi seule veillais. Je lavai le sang dont le corps de mon mari était couvert, je l'enveloppai d'un drap, et, me recommandant à Dieu, je me mis à descendre le cher fardeau, plus lourd encore à mon cœur qu'à mon bras. Quand mes forces défaillaient, je m'agenouillais auprès du cadavre et je priais.

Enfin, au bout d'une demi-heure éternelle, j'arrivai à la porte du caveau. Quand je l'ouvris, un vent glacé éteignit la lampe que je portais et faillit me suffoquer. Néanmoins, je revins à moi, je rallumai ma lampe, et je déposai le corps de mon mari dans une tombe restée ouverte et vide, et qui semblait attendre ; puis, après avoir baisé une dernière fois son linceul, je fis retomber le lourd couvercle de marbre, qui séparait de moi à jamais le cher compagnon de ma vie. Le bruit de la pierre sur la pierre me causa une telle épouvante, que, me donnant à peine le temps de refermer la porte du caveau, je pris la fuite et ne m'arrêtai que dans ma chambre où je tombai à demi morte sur une chaise. Cependant, avant le jour, il me fallut encore brûler les draps et les linges sanglans qui auraient pu me trahir. Mais, quand le matin parut, ma dure besogne était achevée, et il ne restait pas une seule trace des événemens de la veille et de la nuit. J'avais tout fait disparaître avec le soin d'une criminelle qui ne veut pas laisser de voix et de souvenir à son crime.

Seulement tant d'efforts m'avaient épuisée, et je tombai malade. Mais mon devoir était de vivre pour les deux orphelins que la Providence avait confiés à ma seule protection, et je vécus, monseigneur.

— Pauvre femme ! pauvre martyre ! dit Gabriel en serrant la main d'Aloyse dans les siennes.

— Un mois après, poursuivit la nourrice, je vous emportais à Montgommery, suivant les dernières instructions de mon mari.

Du reste, ce que monsieur de Montmorency avait prévu était arrivé. Il ne fut bruit à la cour pendant une semaine que de l'inexplicable disparition du comte de Montgommery et de son écuyer ; puis, on en parla moins ; puis, la prochaine arrivée de l'empereur Charles-Quint, qui devait traverser la France pour aller punir les Gantois, fut l'unique sujet de toutes les conversations.

— C'est au mois de mai de la même année, cinq mois après la mort de votre père, monseigneur, que Diane de Castro naquit.

— Oui ! reprit Gabriel pensif ; et madame de Poitiers était-elle à mon père ? a-t-elle aimé le dauphin après lui, en même temps que lui ?... questions sombres, que les bruits médisans d'une cour oisive ne suffisent pas à résoudre... Mais mon père vit ! mon père doit vivre ! et je le retrouverai, Aloyse. Il y a maintenant en moi deux hommes, un fils et un amant qui sauront les retrouver.

— Dieu le veuille ! dit Aloyse.

— Et tu n'as rien appris depuis, nourrice, dit Gabriel, sur la prison où ces misérables avaient pu enfouir mon père ?

— Rien, monseigneur, et le seul indice que nous ayons là-dessus est cette parole de monsieur de Montmorency recueillie par Perrot que le gouverneur du Châtelet était un ami dévoué à lui et dont il pouvait répondre.

— Le Châtelet ! s'écria Gabriel, le Châtelet !

Et le rapide éclair d'un souvenir horrible lui montra tout à coup le morne et désolé vieillard qui ne devait jamais prononcer une parole, et qu'il avait vu, avec un remuement de cœur si étrange, dans l'un des plus profonds cachots de la prison royale.

Gabriel se jeta dans les bras d'Aloyse en fondant en larmes.

XXV.

LA RANÇON HÉROÏQUE.

Mais le lendemain, 12 août, ce fut d'un pas ferme et avec un visage calme que Gabriel de Montgommery s'achemina vers le Louvre pour demander audience au roi.

Il avait longuement débattu avec Aloyse et avec lui-même ce qu'il devait faire et dire. Convaincu que la violence ne servirait avec un adversaire couronné qu'à lui attirer le sort de son père, Gabriel avait résolu d'être net et digne, mais modéré et respectueux. Il demanderait, il n'exigerait pas. Ne serait-il pas toujours temps de parler haut, et ne fallait-il pas d'abord voir si dix-huit ans écoulés n'avaient pas émoussé la haine de Henri II?

Gabriel, en prenant une détermination pareille, montrait autant de sagesse et de prudence qu'en pouvait admettre le parti hardi auquel il s'était arrêté.

Les circonstances allaient d'ailleurs lui prêter une aide inattendue.

En arrivant dans la cour du Louvre, suivi de Martin-Guerre, du véritable Martin-Guerre pour cette fois, Gabriel remarqua bien une agitation inusitée, mais il regardait trop fixement sa pensée pour considérer avec attention les groupes affairés et les visages attristés qui bordaient tout son chemin.

Pourtant, il dut bien reconnaître sur son passage une litière aux armes des Guises, et saluer le cardinal de Lorraine, qui descendait, tout animé, de sa litière.

— Eh! c'est vous, monsieur le vicomte d'Exmès, dit Charles de Lorraine, vous voilà donc remis tout à fait? Tant mieux! tant mieux! monsieur mon frère me demandait encore de vos nouvelles avec beaucoup d'intérêt dans sa dernière lettre.

— Monseigneur, tant de bonté !... répondit Gabriel.

— Vous la méritez par tant de bravoure! dit le cardinal. Mais où allez-vous donc si vitement ?

— Chez le roi, monseigneur.

— Hum! le roi a bien d'autres affaires que de vous recevoir, mon jeune ami. Tenez, je vais aussi chez Sa Majesté, qui vient de me mander tout à l'heure. Montons ensemble, je vous introduirai et vous me prêterez votre jeune bras. Aide pour aide. C'est cela même justement que je vais dire à l'instant à Sa Majesté; car vous savez la triste nouvelle, je suppose?

— Non, vraiment! répondit Gabriel, j'arrive de chez moi, et j'ai seulement remarqué en effet une certaine agitation.

— Je crois bien! dit le cardinal. Monsieur de Montmorency a fait des siennes là-bas à l'armée. Il a voulu voler au secours de Saint-Quentin assiégé, le vaillant connétable! Ne montez pas si vite, monsieur d'Exmès, je vous prie, je n'ai plus vos jambes de vingt ans. Je disais donc qu'il a offert aux ennemis la bataille, l'intrépide général! C'était avant-hier, 10 août, jour de la Saint-Laurent. Il avait des troupes égales à peu près en nombre à celles des Espagnols, une cavalerie admirable et l'élite de la noblesse française. Eh bien! il a si habilement arrangé les choses, l'expérimenté capitaine! qu'il a essuyé dans les plaines de Gibercourt et de Lizerolles une épouvantable défaite, qu'il est pris lui-même et blessé, et, avec lui, tous ceux des chefs et généraux qui ne sont pas restés sur le champ de bataille. Monsieur d'Enghien est de ces derniers, et, de toute l'infanterie, il n'est pas revenu cent hommes. Et voilà pourquoi, monsieur d'Exmès, vous voyez tout le monde si préoccupé, et pourquoi Sa Majesté me fait mander de suite.

— Grand Dieu! s'écria Gabriel, frappé, même au milieu de sa douleur personnelle, de ce grand désastre public, grand Dieu! est-ce que les journées de Poitiers et d'Azincourt peuvent vraiment revenir pour la France! Mais Saint-Quentin, monseigneur ?...

— Saint-Quentin, répondit le cardinal, tenait encore au départ du courrier ; et le neveu du connétable, monsieur l'amiral Gaspard de Coligny, qui défend la ville, avait juré d'atténuer la bévue de son oncle, en se laissant ensevelir sous les débris de la place plutôt que de la rendre. Mais j'ai bien peur qu'à l'heure qu'il est il ne soit enseveli déjà, et le dernier rempart qui arrête l'ennemi emporté.

— Mais alors le royaume serait perdu ! dit Gabriel.

— Que Dieu protège la France ! reprit le cardinal, mais nous voici chez le roi, nous allons voir ce qu'il va faire pour se protéger lui-même.

Les gardes, comme de raison, laissèrent passer en s'inclinant le cardinal, l'homme nécessaire de la situation, et celui dont le frère pouvait seul encore sauver le pays. Charles de Lorraine, suivi de Gabriel, entra sans opposition chez le roi, qu'il trouva seul avec madame de Poitiers, et plongé dans la consternation. Henri, en voyant le cardinal, se leva et vint avec empressement à sa rencontre.

— Que Votre Eminence soit la bien arrivée ! dit-il. Eh bien ! monsieur de Lorraine, quelle affreuse catastrophe ! Qui l'eût dit, je vous le demande ?

— Moi, sire, répondit le cardinal, si Votre Majesté me l'eût demandé il y a un mois, lors du départ de monsieur de Montmorency...

— Pas de récrimination vaine ! mon cousin, dit le roi ; il ne s'agit pas du passé, mais de l'avenir si menaçant, du présent si périlleux. Monsieur le duc de Guise est en route pour venir d'Italie, n'est-ce pas ?

— Oui, sire, et il doit être à Lyon maintenant.

— Dieu soit loué ! s'écria le roi. Eh bien ! Monsieur de Lorraine, je remets aux mains de votre illustre frère le salut de l'État. Ayez, vous et lui, pour ce glorieux but plein pouvoir et autorité souveraine. Soyez rois comme moi et plus que moi. Je viens d'écrire moi-même à monsieur le duc de Guise, pour hâter son retour ici. Voici la lettre. Que Votre Eminence veuille bien en écrire une aussi et peigne à son frère l'horrible situation où nous sommes et la nécessité de ne pas perdre une minute, si l'on veut encore préserver la France. Dites bien à monsieur de Guise que je m'abandonne à lui entièrement. Écrivez, monsieur le Cardinal, écrivez vite, je vous prie. Vous n'avez pas besoin de sortir d'ici. Tenez, là, dans ce cabinet, vous trouverez tout ce qu'il vous faut, vous savez. Le courrier, botté et éperonné, attend en bas, déjà en selle. Allez, de grâce! monsieur le Cardinal. Allez ! une demi-heure de plus ou de moins peut tout sauver ou tout perdre.

— J'obéis à Votre Majesté, répondit le cardinal en se dirigeant vers le cabinet, et mon glorieux frère obéira comme moi, car sa vie appartient au roi et au royaume ; cependant, qu'il réussisse ou qu'il échoue, Sa Majesté voudra bien se rappeler plus tard qu'elle lui a confié le pouvoir dans une situation désespérée.

— Dites dangereuse, reprit le roi, mais ne dites pas désespérée. Enfin, ma bonne ville de Saint-Quentin et son brave défenseur monsieur de Coligny tiennent encore ?

— Où du moins tenaient il y a deux jours, dit Charles de Lorraine. Mais les fortifications étaient dans un pitoyable état, mais les habitants affamés parlaient de se rendre ; et, Saint-Quentin au pouvoir de l'Espagnol aujourd'hui, Paris est à lui dans huit jours. N'importe, Sire ! je vais écrire à mon frère, et vous savez dès à présent que ce qui est seulement possible à un homme, monsieur de Guise le fera.

Et le cardinal, saluant le roi et madame Diane, entra dans le cabinet pour écrire la lettre que lui demandait Henri.

Gabriel était resté à l'écart pensif sans être aperçu. Son cœur jeune et généreux était profondément touché de cette extrémité terrible où la France était réduite. Il oubliait que c'était monsieur de Montmorency, son plus cruel ennemi, qui était vaincu, blessé et prisonnier. Il ne voyait plus pour le moment en lui que le général des troupes françaises. Enfin, il songeait presqu'autant aux dangers de la patrie qu'aux douleurs de son père. Le noble enfant avait de l'amour pour tous les sentimens et de la pitié pour toutes les infortunes, et quand le roi, après la sortie du cardinal, retomba désolé sur son fauteuil, le front dans les mains, en s'écriant:

— O Saint-Quentin ! c'est là qu'est maintenant la fortune de la France. Saint-Quentin ! ma bonne ville ! si tu pouvais résister seulement huit jours encore, monsieur de Guise aurait le temps de revenir, la défense pourrait s'organiser derrière tes murailles fidèles ! tandis que, si elles tombent, l'ennemi marche sur Paris, et tout est perdu. Saint-Quentin ! oh ! je te donnerais pour chacune de tes heures de résistance un privilége et pour chacune de tes pierres écroulées un diamant, si tu pouvais résister seulement huit jours encore !

— Sire ! elle résistera, et plus de huit jours ! dit en s'avançant Gabriel.

Il avait pris son parti, un parti sublime !

— Monsieur d'Exmès ! s'écrièrent en même temps Henri et Diane ; le roi avec surprise et Diane avec dédain.

— Comment êtes-vous ici, monsieur ? demanda sévèrement le roi.

— Sire, je suis entré avec Son Éminence.

— C'est différent, reprit Henri, mais que disiez-vous donc, monsieur d'Exmès ! que Saint-Quentin pourrait résister, je crois ?

— Oui, Sire, et vous disiez, vous, que, si elle résistait, vous lui donneriez libertés et richesses.

— Je le dis encore, reprit le roi.

— Eh bien ! ce que vous accorderiez, Sire, à la ville qui se défendrait, le refuseriez-vous à l'homme qui la ferait se défendre ; à l'homme dont l'énergique volonté s'imposerait à la cité tout entière, et qui ne la rendrait que lorsque le dernier pan de mur tomberait sous le canon ennemi. La faveur que vous demanderait alors cet homme, qui vous aurait donné ces huit jours de répit, et votre royaume par conséquent, Sire, la lui feriez-vous attendre ? et marchanderiez-vous une grâce à qui vous aurait rendu un empire ?

— Non, certes ! s'écria Henri, et tout ce que peut un roi, cet homme l'aurait.

— Marché conclu ! Sire, car non-seulement un roi peut, mais un roi doit pardonner, et c'est un pardon et non point des titres ou de l'or que cet homme vous demande.

— Mais où est-il ? quel est-il ce sauveur ? dit le roi ?

— Il est devant vous, Sire. C'est moi, simple capitaine des gardes, mais qui sens dans mon âme et dans mon bras une force surhumaine, qui vous prouverai que je ne me vante pas en m'engageant à sauver à la fois mon pays et mon père.

— Votre père ! monsieur d'Exmès ? reprit le roi étonné.

— Je ne m'appelle pas monsieur d'Exmès, dit Gabriel. Je suis Gabriel de Montgommery, fils du comte Jacques de Montgommery, que vous devez vous rappeler, Sire.

— Le fils du comte de Montgommery ! s'écria en se levant le roi, qui pâlit.

Madame Diane recula aussi son fauteuil avec un mouvement de terreur.

— Oui, Sire, reprit tranquillement Gabriel, je suis le vicomte de Montgommery, qui, en échange du service qu'il vous rendra en maintenant huit jours Saint-Quentin, vous demande seulement la liberté de son père.

— Votre père, monsieur ! dit le roi, votre père est mort, a disparu, que sais-je ? J'ignore, moi, où est votre père.

— Mais, moi, Sire, je le sais, reprit Gabriel qui surmonta une appréhension terrible. Mon père est au Châtelet depuis dix-huit ans, attendant la mort divine ou la pitié royale. Mon père est vivant, j'en suis sûr. Pour son crime, je l'ignore...

— L'ignorez-vous ? demanda le roi sombre et fronçant le sourcil.

— Je l'ignore, Sire ; et la faute doit être grave pour avoir mérité une captivité si longue ; mais elle n'est pas irrémissible, puisqu'elle n'a pas mérité la mort. Sire, écoutez-moi. En dix-huit ans, la justice a eu le temps de s'endormir et la clémence de se réveiller. Les passions humaines, qu'elles nous fassent méchans ou bons, ne résistent pas à une si longue durée. Mon père, qui est entré homme en prison, en sortirait vieillard. Si coupable qu'il soit, n'a-t-il pas assez expié ; et si, par hasard, la punition avait été trop sévère, n'est-il pas trop faible pour se souvenir ? Rendez à la vie, Sire, un pauvre prisonnier désormais sans importance. Rappelez-vous, roi chrétien, les paroles du symbole chrétien, et pardonnez les offenses d'autrui pour que les vôtres soient pardonnées.

Ces derniers mots furent prononcés d'un ton significatif, qui fit que le roi et madame de Valentinois se regardèrent comme pour s'interroger l'un l'autre avec épouvante.

Mais Gabriel ne voulait toucher que délicatement le point douloureux de leurs consciences, et il se hâta de reprendre :

— Remarquez, Sire, que je vous parle en sujet obéissant et dévoué. Je ne viens pas vous dire : Mon père n'a pas été jugé, mon père a été condamné secrètement sans avoir été entendu, et cette injustice ressemble bien à de la vengeance... donc, moi, son fils, je vais en appeler hautement devant la noblesse de France de l'arrêt clandestin qui l'a frappé ; je vais dénoncer publiquement à tout ce qui porte une épée l'injure qu'on nous a faite à tous dans la personne d'un gentilhomme...

Henri fit un mouvement.

— Je ne viens pas vous dire cela, Sire, continua Gabriel. Je sais qu'il est des nécessités suprêmes plus fortes que la loi et le droit, et où l'arbitraire est encore le moindre danger. Je respecte, comme mon père les respecterait sans doute, les secrets d'un passé déjà loin de nous. Je viens vous demander seulement de me permettre de racheter par une action glorieuse et libératrice le reste de la peine de mon père. Je vous offre pour sa rançon de soustraire pendant une semaine Saint-Quentin aux ennemis, et, si cela ne suffit pas, tenez ! de compenser la perte de Saint-Quentin en reprenant aux Espagnols ou bien aux Anglais une autre ville ! Cela vaut bien, en somme, la liberté d'un vieillard. Eh bien ! je ferai cela, Sire, et plus encore ! car la cause qui arme mon bras est pure et sainte, ma volonté est forte et hardie, et je sens que Dieu sera avec moi.

Madame Diane ne put retenir un sourire d'incrédulité devant cette héroïque confiance de jeune homme qu'elle ne savait pas et ne pouvait pas comprendre.

— Je comprends votre sourire, madame, reprit Gabriel avec un regard mélancolique ; vous croyez que je succomberai à cette grande tâche, n'est-il pas vrai ? Mon Dieu ! c'est possible. Il est possible que mes pressentimens me mentent. Mais quoi ! alors je mourrai. Oui, madame, oui, Sire, si les ennemis entrent à Saint-Quentin avant la fin du huitième jour, je me ferai tuer sur la brèche de la ville que je n'aurai pas su défendre. Dieu, mon père et vous, ne pouvez m'en demander davantage. Ma destinée aura été ainsi accomplie dans le sens que Dieu aura voulu le Seigneur : mon père mourra dans son cachot comme je serai mort sur le champ de bataille, et vous, vous serez débarrassé naturellement de la dette en même temps que du créancier. Vous pouvez donc être tranquille.

— C'est assez juste au moins ce qu'il dit là !... murmura Diane à l'oreille du roi tout pensif.

Cependant, elle reprit en s'adressant à Gabriel, tandis que Henri gardait ce silence rêveur.

— Même dans le cas où vous succomberiez, monsieur, laissant votre œuvre inaccomplie, n'est-il pas difficile de supposer qu'il ne vous survivra aucun héritier de votre creance, aucun confident de votre secret ?

— Je vous jure sur le salut de mon père, dit Gabriel, que, moi mort, tout mourra avec moi, et que nul n'aura le droit ni le pouvoir d'importuner Sa Majesté là-dessus. Je me soumets d'avance, je le répète, aux desseins de Dieu, comme vous devrez, sire, reconnaître son intervention s'il me prête la force nécessaire pour accomplir mon grand projet. Mais dès à présent, si je péris, je vous dégage de toute obligation comme de toute responsabilité, sire ;

du moins envers les hommes ; car les droits du Très-Haut ne se prescrivent pas.

Henri frissonna ; mais cette âme naturellement irrésolue ne savait quelle décision prendre, et le faible prince se tournait vers madame de Poitiers comme pour lui demander aide et conseil.

Celle-ci, qui comprenait bien ces incertitudes, auxquelles elle était habituée, reprit avec un singulier sourire :

— Est-ce que ce n'est pas votre avis, sire, que nous devons croire à la parole de monsieur d'Exmès, qui est un gentilhomme loyal et tout à fait chevaleresque, ce me semble? Je ne sais pas si sa demande est ou non fondée, et le silence de Votre Majesté à cet égard ne permet ni à moi ni à personne d'affirmer rien, et laisse tous les doutes subsister là-dessus. Mais, à mon humble avis, sire, on ne peut pas rejeter une offre aussi généreuse ; et, si j'étais que de vous, j'engagerais volontiers à monsieur d'Exmès ma parole royale de lui accorder, s'il réalisait ses héroïques et aventureuses promesses, la grâce, quelle qu'elle fût, qu'il me demanderait à son retour.

— Ah! madame, c'est tout ce que je souhaite, demanda Gabriel.

— Un dernier mot pourtant, reprit Diane. Comment, ajouta-t-elle en fixant sur le jeune homme son regard pénétrant, comment et pourquoi vous êtes-vous décidé à parler d'un mystère, qui me paraît d'importance, devant moi, devant une femme, assez indiscrète peut-être, et fort étrangère à tout ce secret, je suppose?

— J'avais deux raisons, madame, répondit Gabriel avec un sang-froid parfait. Je pensais d'abord qu'aucun secret ne pouvait et ne devait subsister pour vous dans le cœur de Sa Majesté. Je ne vous apprenais donc que ce que vous auriez su plus tard, ou ce que vous saviez déjà. Ensuite, j'espérais, ce qui est arrivé, que vous daigneriez m'appuyer auprès du roi, que vous l'exciteriez à m'envoyer à cette épreuve, et que vous, femme, vous seriez encore, comme vous avez dû l'être toujours, du parti de la clémence.

Il eût été impossible à l'observateur le plus attentif de démêler dans l'accent de Gabriel la moindre intention d'ironie, et sur ses traits impassibles le plus imperceptible sourire de dédain : le regard perçant de madame Diane y perdit sa peine.

Elle répondit à ce qui pouvait être, après tout, un compliment, par une légère inclinaison de tête.

— Permettez-moi encore une question, monsieur, reprit-elle, cependant. Une circonstance qui pique ma curiosité, voilà tout. Comment donc, vous, si jeune, pouvez-vous être en possession d'un secret de dix-huit années? ·

— Je vous répondrai d'autant plus volontiers, madame, dit Gabriel grave et sombre, que ma réponse doit servir à vous convaincre de l'intervention de Dieu dans tout ceci. Un écuyer de mon père, Perrot d'Avrigny, tué dans les événemens qui ont amené la disparition du comte, est sorti de sa tombe, par la permission du Seigneur, et m'a révélé ce que je viens de vous dire.

A cette réponse faite d'un ton solennel, le roi se dressa debout, pâle et la poitrine haletante, et madame de Poitiers elle-même, malgré ses nerfs d'acier, ne put s'empêcher de frémir. Dans cet époque superstitieuse, où l'on croyait volontiers aux apparitions et aux spectres, la parole de Gabriel, dite avec la conviction de la vérité même, devait être effrayante, en effet, pour deux consciences bourrelées.

— Cela suffit, monsieur, dit précipitamment le roi d'une voix émue, et tout ce que vous me demandez, je vous l'accorde. Allez! allez!

— Ainsi, reprit Gabriel, je puis partir sur-le-champ pour Saint-Quentin, confiant dans la parole de Votre Majesté?

— Oui, partez, monsieur, dit le roi qui, malgré les regards d'avertissement de Diane, avait grand'peine à se remettre de son trouble ; partez tout de suite ; faites ce que vous avez promis, et je vous donne ma parole de roi et de gentilhomme que je ferai ce que vous voudrez.

Gabriel, la joie au cœur, s'inclina devant le roi et devant la duchesse, puis sortit sans prononcer d'autre parole, comme si, ayant obtenu ce qu'il désirait, il n'avait plus maintenant une seule minute à perdre.

— Enfin ! il n'est plus là ! dit Henri, respirant, comme soulagé d'un poids énorme.

— Sire, reprit madame de Poitiers, calmez-vous et maîtrisez-vous. Vous avez failli vous trahir devant cet homme.

— C'est que ce n'est pas un homme, madame, dit le roi rêveur, c'est mon remords qui vit, c'est ma conscience qui parle.

— Eh bien ! sire, reprit Diane qui se remettait, vous avez très bien fait d'accorder à ce Gabriel sa requête, et de l'envoyer là où il va ; car, je me trompe fort, ou votre remords va mourir devant Saint-Quentin, et vous serez débarrassé de votre conscience.

Le cardinal de Lorraine rentra en ce moment avec la lettre qu'il venait d'écrire à son frère, et le roi n'eut pas le temps de répondre.

Cependant Gabriel, en sortant de chez le roi, le cœur léger, n'avait plus qu'une pensée dans le monde et qu'un désir : revoir, plein d'espérance, celle qu'il avait quittée plein d'épouvante ; dire à Diane de Castro tout ce qu'il attendait maintenant de l'avenir, et puiser dans ses regards le courage dont il allait avoir tant besoin.

Il savait qu'elle était entrée au couvent, mais dans quel couvent? Ses femmes ne l'y avaient peut-être pas suivie, et il se dirigea vers le logement qu'elle occupait autrefois au Louvre, afin d'interroger Jacinthe.

Jacinthe avait accompagné sa maîtresse ; mais Denise, la seconde suivante, était restée, et ce fut elle qui reçut Gabriel.

— Ah! monsieur d'Exmès ! s'écria-t-elle. Soyez le bienvenu ! est-ce que vous m'apportez des nouvelles de ma bonne maîtresse, par hasard ?

— Je venais, au contraire, en chercher auprès de vous, Denise, dit Gabriel.

— Ah! Sainte-Vierge ! je ne sais rien de rien, et vous m'en voyez tout justement alarmée.

— Et pourquoi cette inquiétude, Denise ? demanda Gabriel qui commençait à être assez inquiet lui-même.

— Quoi donc! reprit la suivante ; vous n'ignorez pas, sans doute, où madame de Castro se trouve maintenant?

— Si fait ! je l'ignore entièrement, Denise, et c'est ce que j'espérais apprendre de vous.

— Jésus! Eh bien! monseigneur, ne s'est-elle pas avisée, il y a un mois, de demander au roi la permisssion de se retirer au couvent.

— Je sais cela; après ?

— Après! C'est là justement qu'est le terrible. Car, savez-vous quel couvent elle a choisi ? celui des Bénédictines! dont son ancienne amie, sœur Monique, est la supérieure, à Saint-Quentin, monseigneur ; à Saint-Quentin, actuellement assiégée et peut-être prise par les païens d'Espagnols et d'Anglais. Elle n'était pas arrivée de quinze jours, monseigneur, qu'on a mis le siège devant la place.

— Oh ! s'écria Gabriel, le doigt de Dieu est dans tout ceci. Il anime toujours en moi le fils par l'amant et double ainsi mon courage et mes forces. Merci, Denise. Voici pour tes bons renseignemens, ajouta-t-il, en lui mettant une bourse dans les mains. Prie le ciel pour ta maîtresse et pour moi.

Il redescendit en toute hâte dans la cour du Louvre, où Martin-Guerre l'attendait.

— Où allons-nous maintenant, monseigneur? lui demanda l'écuyer.

— Là où le canon retentit, Martin, à Saint-Quentin ! à Saint-Quentin ! il faut que nous y soyons après-demain, et nous partons dans une heure, mon brave.

— Ah ! tant mieux ! s'écria Martin. O grand Saint-Martin, mon patron, ajouta-t-il, je me résigne encore à être buveur, joueur et paillard. Mais je me jetterais, je vous en préviens, à travers les bataillons ennemis, si jamais j'étais lâche.

XXVI.

JEAN PEUQUOY LE TISSERAND.

Il y avait dans la maison de ville de Saint-Quentin conseil et assemblée des chefs militaires et des notables bourgeois. On était au 15 août déjà, et la ville ne s'était pas rendue encore, mais elle parlait fort de se rendre. La souffrance et le dénûment des habitans étaient au comble, et puisqu'il n'y avait aucun espoir de sauver leur vieille cité, puisque l'ennemi, un jour plus tôt, un jour plus tard, devait s'en emparer, ne valait-il pas mieux abréger du moins tant de misères.

Gaspard de Coligny, le vaillant amiral, que le connétable de Montmorency, son oncle, avait chargé de la défense de la place, n'eût voulu y laisser entrer l'Espagnol qu'à la dernière extrémité. Il savait que chaque jour de retard, si douloureux aux pauvres assiégés, pouvait être le salut du royaume. Mais que pouvait-il contre le découragement et les murmures d'une population tout entière? La guerre du dehors ne permettait pas les chances de la lutte du dedans, et, si les habitans de Saint-Quentin se refusaient un jour aux travaux qu'on leur demandait aussi bien qu'aux soldats, toute résistance devenait inutile, il n'y avait plus qu'à livrer à Philippe II, et à son général Philibert-Emmanuel de Savoie, les clefs de la ville et la clef de la France.

Pourtant, avant d'en venir là, Coligny avait voulu tenter un dernier effort, et voilà pourquoi il avait convoqué cette assemblée des principaux de la ville, qui va achever de nous renseigner sur l'état désespéré des remparts, et surtout sur l'état des courages, ces remparts meilleurs.

Au discours par lequel l'amiral ouvrit la séance en faisant appel au patriotisme de ceux qui l'entouraient, il ne fut répondu que par un morne silence. Alors Gaspard de Coligny interpella directement le capitaine Oger, un des braves gentilshommes qui l'avaient suivi. Il espérait, en commençant par les officiers, entraîner les bourgeois à la résistance. Mais l'avis du capitaine Oger ne fut pas, par malheur, celui que l'amiral attendait.

— Puisque vous me faites l'honneur de me demander mon opinion, monsieur l'amiral, dit le capitaine, je vous la dirai avec tristesse, mais avec franchise : Saint-Quentin ne peut plus résister longtemps. Si nous avions l'espoir de nous y maintenir seulement huit jours encore, seulement quatre jours, seulement deux jours même, je dirais : Ces deux jours peuvent permettre à l'armée de s'organiser derrière nous, ces deux jours peuvent sauver la patrie, laissons tomber la dernière muraille et le dernier homme, et ne nous rendons pas. Mais je suis convaincu que le premier assaut, qui aura lieu dans une heure peut-être, nous livrera à l'ennemi. N'est-il donc pas préférable, puisqu'il en est temps encore, de savoir par une capitulation ce qui peut être sauvé de la ville, et, si nous ne pouvons éviter la défaite, d'éviter au moins le pillage?

— Oui, oui, c'est cela, bien dit ; c'est le seul parti raisonnable, murmura l'assistance.

— Non, messieurs, non, s'écria l'amiral, et ce n'est pas de raison qu'il s'agit ici, c'est de cœur. Qu'un seul assaut d'ailleurs doive maintenant introduire l'Espagnol dans la place quand nous en avons déjà repoussé cinq, c'est ce que je ne puis croire. Voyons, Lauxford, vous qui avez la direction des travaux et des contremines, n'est-ce pas que les fortifications sont en assez bon état pour tenir longtemps encore? Parlez sincèrement, ne faites les choses ni meilleures ni pires qu'elles ne sont. Nous sommes réunis pour connaître la vérité, c'est la vérité que je vous demande.

— Je vais donc vous la dire, reprit l'ingénieur Lauxford,

ou plutôt les faits vous la diront mieux que moi et sans flatterie. Il suffira pour cela que vous examiniez avec moi par la pensée les points vulnérables de nos remparts. Monsieur l'amiral, quatre portes y sont ouvertes, à l'heure qu'il est, à l'ennemi, et je m'étonne, s'il faut l'avouer, qu'il n'en ait pas profité déjà. D'abord, au boulevard Saint-Martin, la brèche est si large que vingt hommes de front y pourraient passer. Nous avons perdu là plus de deux cents hommes, murs vivans, qui ne pourront pas pourtant suppléer aux murs de pierre. À la porte Saint-Jean, la grosse tour seule reste debout, et la meilleure partie de la courtine est abattue. Il y a bien là une contremine toute fermée et apprêtée ; mais je crains, si l'on en fait usage, qu'elle ne fasse crouler cette grosse tour qui seule tient encore les assaillans en échec, et dont les ruines leur serviraient d'échelles. Au hameau de Remicourt, les tranchées des Espagnols ont percé le revers du fossé, et ils y sont établis à l'abri d'un mantelet sous lequel ils attaquent sans relâche les murailles. Enfin, du côté du faubourg d'Isle, vous savez, monsieur l'amiral, que les ennemis sont maîtres non seulement des fossés, mais encore du boulevard et de l'abbaye, et ils s'y sont logés si bien qu'il n'est plus guère possible de leur faire du mal sur ce point-là, tandis qu'eux, pas à pas, gagnent le parapet qui n'a que cinq à six pieds d'épaisseur, avec leurs batteries prennent en flanc les travailleurs du boulevard de la Reine, et leur causent un dommage tel qu'on a dû renoncer à les retenir à l'ouvrage. Le reste des remparts se soutiendrait peut-être ; mais ce sont là quatre blessures mortelles par où la vie de la cité doit s'échapper bientôt, monseigneur. Vous m'avez demandé la vérité, je vous la donne dans toute sa tristesse, laissant à votre sagesse et à votre prévoyance le soin de s'en servir.

Là-dessus, les murmures de la foule recommencèrent, et, si personne n'osait prendre tout haut la parole, chacun disait tout bas :

— Le mieux est de se rendre et de ne pas courir les chances désastreuses d'un assaut.

Mais l'amiral reprit sans se décourager :

— Voyons, messieurs, un mot encore. Comme vous l'avez dit, monsieur Lauxford, si nos murs nous font défaut, nous avons, pour y suppléer, de vaillans soldats vivans remparts. Avec eux, avec le concours zélé des citoyens, n'est-il pas possible de retarder de quelques jours la prise de la ville? (Et ce qui serait encore honteux aujourd'hui deviendrait glorieux alors!) Oui, les fortifications sont trop faibles, j'en conviens, mais enfin nos troupes sont assez nombreuses, n'est-il pas vrai, monsieur de Rambouillet?

— Monsieur l'amiral, dit le capitaine invoqué, si nous étions là-bas sur la place, au milieu de la foule qui attend les résultats de nos délibérations, je vous répondrais : Oui ; car il faudrait inspirer à tous espoir et confiance.

Mais ici, en conseil, devant des courages éprouvés, je n'hésite pas à vous dire qu'en vérité les hommes ne sont pas suffisans pour le rude et périlleux service que nous avons à faire. Nous avons donné des armes à tous ceux qui étaient en état d'en porter. Les autres sont employés aux travaux de la défense, et enfans et vieillards y contribuent. Les femmes elles-mêmes nous aident en secourant et en soignant les blessés. Pas un bras enfin n'est inutile, et cependant les bras manquent. Il n'y a pas sur aucun point des remparts un homme de trop, et souvent il y en a trop peu. Mais on a beau se multiplier, on ne peut faire que cinquante hommes de plus ne soient tout à fait nécessaires à la porte Saint-Jean, et cinquante autres au moins au boulevard Saint-Martin. La défaite de Saint-Laurent nous a privés des défenseurs que nous pouvions espérer, et, si vous n'en attendez pas de Paris, monseigneur, c'est à vous de considérer si, dans une extrémité semblable, il y a lieu de hasarder le peu de forces qui nous restent, et ces débris de notre vaillante gendarmerie, qui peuvent si efficacement encore servir à conserver d'autres places, et peut-être à préserver la patrie.

Toute l'assemblée appuya et approuva ces paroles de ses murmures, et la lointaine clameur de la foule pressée autour de la maison de ville les commenta plus éloquemment encore.

Mais alors une voix de tonnerre cria :

— Silence !

Et tous en effet se turent, car celui qui parlait si haut et si ferme, c'était Jean Peuquoy, le syndic de la corporation des tisserands, un citoyen très estimé, très écouté, et un peu redouté par la ville.

Jean Peuquoy était le type de cette brave race bourgeoise qui aimait sa cité à la fois comme une mère et comme un enfant, l'adorait et la grondait, vivait pour elle toujours et mourait pour elle au besoin. Pour l'honnête tisserand, il n'y avait au monde que la France, et en France que Saint-Quentin. Nul ne connaissait comme lui l'histoire et les traditions de la ville, les vieilles coutumes et les vieilles légendes. Il n'y avait pas un quartier, pas une rue, pas une maison qui, dans le présent et dans le passé, eût quelque chose de caché pour Jean Peuquoy. C'était le municipe incarné. Son atelier était la seconde Grand'place, et sa maison de bois de la rue Saint-Martin l'autre maison de ville. Cette vénérable maison se faisait remarquer par une enseigne assez étrange : une navette couronnée entre les bois d'un cerf dix-cors. Un des aïeux de Jean Peuquoy (car Jean Peuquoy comptait des aïeux comme un gentilhomme !) tisserand comme lui, cela va sans dire, et, de plus, tireur d'arc renommé, avait à plus de cent pas crevé de deux coups de flèche les deux yeux de ce beau cerf. On voit encore à Saint-Quentin, rue Saint-Martin, la magnifique ramure. A dix lieues à la ronde on connaissait alors la magnifique ramure et le tisserand. Jean Peuquoy était donc comme la cité vivante, et chaque habitant de Saint-Quentin en l'écoutant entendait parler sa patrie.

Voilà pourquoi pas un ne bougea plus quand la voix du tisserand, au milieu des rumeurs, cria : silence !

— Oui, silence ! reprit-il, et prêtez-moi, mes bons compatriotes et chers amis, une minute d'attention, je vous prie. Regardons, s'il vous plaît, ensemble ce que nous avons fait déjà, cela nous instruira peut-être de ce que nous avons encore à faire. Quand l'ennemi est venu mettre le siège devant nos murs, quand nous avons vu sous la conduite du redoutable Philibert-Emmanuel tous ces Espagnols, Anglais, Allemands et Wallons, s'abattre comme des sauterelles de malheur autour de notre ville, nous avons bravement accepté notre sort, n'est-ce pas ? Nous n'avons pas murmuré, nous n'avons pas accusé la Providence de ce qu'elle marquait justement Saint-Quentin comme la victime expiatoire de la France. Loin de là, monseigneur l'amiral nous rendra cette justice, du jour même où il est arrivé ici, nous apportant le secours de son expérience et de son courage, nous avons tâché d'aider ses projets de nos personnes et de nos biens. Nous avons livré nos provisions et nos biens, donné notre argent, et pris nous-mêmes l'arbalète, la pique ou la pioche. Ceux de nous qui n'étaient pas sentinelles sur les remparts, se faisaient ouvriers dans la ville. Nous avons contribué à discipliner et à réduire les paysans mutins des environs qui refusaient de payer de leur travail le refuge que nous leur avions donné. Tout ce qu'on pouvait demander enfin à des hommes dont la guerre n'est pas le métier, nous l'avons fait, je crois. Aussi espérions-nous que le roi notre Sire penserait bientôt à ses braves Saint-Quentinois et nous enverrait prompte assistance. Ce qui est arrivé. Monsieur le connétable de Montmorency est accouru pour chasser d'ici les troupes de Philippe II, nous avons remercié Dieu et le roi. Mais la fatale journée de Saint-Laurent a en quelques heures anéanti nos espérances. Le connétable a été pris, son armée détruite, et nous voilà plus abandonnés que jamais. Il y a de cela déjà cinq jours, et l'ennemi a mis à profit ces cinq journées. Trois assauts acharnés nous ont coûté plus de deux cents hommes et des pans entiers de muraille. Le canon ne cesse plus de tonner, et, tenez, il accompagne encore mes paroles. Nous, cependant, nous ne voulions pas l'entendre, et nous écoutons seulement du côté de Paris si quelque bruit n'annonce pas du secours nouveau. Mais rien ! les dernières ressources sont, à ce qu'il paraît, pour le moment épuisées. Le roi nous délaisse, et a bien autre chose à faire qu'à songer à nous. Il faut qu'il rallie là-bas ce qui lui reste de forces, il faut qu'il sauve le royaume avant une ville, et, s'il tourne quelquefois encore les yeux et la pensée vers Saint-Quentin, c'est pour se demander si son agonie laissera à la France le temps de vivre. Mais d'espoir, mais de chances de salut ou de secours, il n'y en a plus pour nous maintenant, chers concitoyens et amis ; monsieur de Rambouillet et monsieur de Lauxford ont dit la vérité. Les murs et les soldats nous manquent, notre vieille cité se meurt, nous sommes abandonnés, désespérés, perdus ?...

— Oui ! oui ! cria tout d'une voix l'assemblée, il faut se rendre, il faut se rendre.

— Non pas, reprit Jean Peuquoy, il faut mourir.

Le silence de l'étonnement succéda à cette conclusion inattendue. Le tisserand en profita pour reprendre avec plus d'énergie.

— Il faut mourir. Ce que nous avons fait déjà nous commande ce qui nous reste à faire. Messieurs Lauxford et de Rambouillet disent que nous ne pouvons pas résister. Mais monsieur de Coligny dit que nous devons résister. Résistons ! Vous savez si je suis dévoué à notre bonne ville de Saint-Quentin, mes compatriotes et frères. Je l'aime comme j'aimais ma vieille mère, en vérité. Chacun des boulets qui vient frapper ses vénérables murailles semble m'atteindre au cœur. Et pourtant, quand le général a parlé, je trouve qu'il faut obéir. Que le bras ne se révolte pas contre la tête, et que Saint-Quentin périsse ! monsieur l'amiral sait ce qu'il fait et ce qu'il veut. Il a pesé dans sa sagesse les destinées de France et les destinées de la France. Il trouve bon que Saint-Quentin meure comme une sentinelle à son poste, c'est bien. Celui qui murmure est un lâche, et celui qui désobéit un traître. Les murs croulent, faisons des murs avec nos cadavres, gagnons une semaine, gagnons deux jours, gagnons une heure au prix de tout notre sang et de tous nos biens, monsieur l'amiral n'ignore pas ce que tout cela vaut, et puisqu'il nous demande tout cela c'est qu'il le faut. Il rendra ses comptes à Dieu et au roi, cela ne nous regarde pas. Nous, notre affaire est de mourir quand il nous dit : mourez. Que la conscience de monsieur de Coligny s'arrange du reste. Il est responsable, soyons soumis.

Après ces sombres et solennelles paroles, tous se turent et baissèrent la tête, et Gaspard de Coligny comme les autres, et plus que les autres. C'était en effet un rude poids que celui dont le chargeait le syndic des tisserands, et il ne put s'empêcher de frémir en songeant à toutes ces existences dont on le faisait comptable.

— Je vois à votre silence, amis et frères, reprit Jean Peuquoy, que vous m'avez compris et approuvé. Mais on ne peut pas demander à des époux et à des pères de condamner tout haut leurs enfans et leurs femmes. Se taire ici, c'est répondre. Vous laissez monsieur l'amiral faire vos femmes veuves et vos enfans orphelins ; mais vous ne pouvez, n'est-ce pas, prononcer leur arrêt vous-mêmes ? c'est juste. Ne dites rien et mourez. Nul n'aurait la cruauté d'exiger que vous criez : meure Saint-Quentin ! Mais, si vos cœurs patriotiques sont, comme je le crois, d'accord avec le mien, vous pouvez du moins crier : Vive la France !

— Vive la France ! répétèrent quelques murmures faibles comme des plaintes et lugubres comme des sanglots.

Mais alors Gaspard de Coligny très ému et très agité se leva précipitamment.

— Écoutez ! écoutez ! s'écria-t-il ; je n'accepte pas seul une responsabilité aussi terrible ; j'ai pu vous résister quand vous vouliez céder à l'ennemi, mais, quand vous vous cédez à moi, je ne puis plus discuter, et, puisqu'enfin vous êtes dans cette assemblée tous contre mon avis, et que vous jugez tous votre sacrifice inutile...

— Je crois, Dieu me pardonne ! interrompit une voix

forte dans la foule, que vous allez aussi parler de rendre la ville, monsieur l'amiral !

XXVII.

GABRIEL A L'OEUVRE.

— Qui donc ose ainsi m'interrompre ? demanda Gaspard de Coligny en fronçant le sourcil.

— Moi ! dit en s'avançant un homme revêtu du costume des paysans des environs de Saint-Quentin.

— Un paysan ! dit l'amiral.

—Non, pas un paysan, reprit l'inconnu, mais le vicomte d'Exmès, capitaine aux gardes du roi, et qui vient au nom de Sa Majesté.

— Au nom du roi ! reprit la foule étonnée.

— Au nom du roi, reprit Gabriel ; et vous voyez qu'il n'abandonne pas ses braves Saint-Quentinois, et pense à eux toujours. Je suis arrivé déguisé en paysan, il y a trois heures, et pendant ces trois heures, j'ai vu vos murailles et entendu votre délibération. Mais laissez-moi vous dire que ce que j'ai entendu ne s'accorde guères avec ce que j'ai vu. Qu'est-ce que ce découragement, bon tout au plus pour vos femmes, qui s'empare ici comme une panique des plus fermes esprits ? D'où vient que vous perdez ainsi subitement tout espoir pour vous laisser aller à des craintes chimériques ? Quoi ! vous ne savez que vous rébeller contre la volonté de monsieur l'amiral ou courber la tête en victimes résignées ? Relevez le front, vive Dieu ! non contre vos chefs, mais contre l'ennemi, et, s'il vous est impossible de vaincre, faites que votre défaite soit plus glorieuse qu'un triomphe. J'arrive des remparts, et je vous dis que vous pouvez tenir quinze jours encore, et le roi ne vous demande qu'une semaine pour sauver la France. A tout ce que vous venez d'entendre dans cette salle, je veux répondre en deux mots, indiquer aux maux un remède, et aux doutes un espoir.

Les officiers et les notables se pressaient autour de Gabriel, saisis déjà par l'ascendant de cette volonté puissante et sympathique.

— Ecoutez, écoutez ! disaient-ils.

Ce fut au milieu du silence de l'intérêt que Gabriel reprit :

— Vous d'abord, monsieur Lauxford, l'ingénieur, que disiez-vous ? que quatre points faibles des remparts pouvaient ouvrir des portes à l'ennemi ? Voyons ensemble. Le côté du faubourg d'Isle est le plus menacé : les Espagnols sont maîtres de l'abbaye et entretiennent par là un feu si bien nourri que nos travailleurs n'osent plus s'y montrer. Permettez-moi, monsieur Lauxford, de vous indiquer un moyen très simple et très excellent de le préserver, que j'ai vu employer à Civitella par les assiégés, cette année même. Il suffit pour mettre nos ouvriers à couvert des batteries espagnoles, d'établir en travers du boulevard et de superposer de vieux bateaux remplis de sacs de terre. Les boulets se perdent dans cette terre molle, et, derrière cet abri, nos travailleurs seront aussi en sûreté que s'ils étaient hors de la portée du canon. Au hameau de Remicourt, les ennemis, garantis par un mantelet, sapent tranquillement la muraille, disiez-vous? J'ai effectivement vérifié le fait. Mais c'est là, monsieur l'ingénieur, qu'il faut établir une contremine et non à la porte Saint-Jean, où la grosse tour rend votre contremine non seulement inutile, mais dangereuse. Rappelez donc vos mineurs de l'ouest au sud, monsieur Lauxford, et vous vous en trouverez bien. Mais la porte Saint-Jean, demanderez-vous, mais le boulevard Saint-Martin vont donc demeurer sans défense ? Cinquante hommes au premier point, cinquante au second suffisent, Monsieur de Rambouillet vient lui-même de nous le dire.

Mais, a-t-il ajouté, ces cent hommes manquent. Eh bien ! je vous les amène.

Un murmure de surprise et de joie circula dans l'auditoire.

— Oui, reprit Gabriel, d'un accent plus ferme en voyant les esprits un peu ranimés par sa parole, j'ai rallié à trois lieues d'ici le baron de Vaulpergues avec sa compagnie de trois cent lances. Nous nous sommes entendus. J'ai promis de venir ici, à travers tous les dangers du camp ennemi, m'assurer des endroits favorables où il pourrait entrer dans la ville avec sa troupe. Je suis venu, comme vous voyez, et mon plan est fait. Je vais retourner près de Vaulpergues. Nous partagerons sa compagnie en trois corps, je prendrai moi-même le commandement d'un des détachemens, et, la nuit prochaine, nuit sans lune, nous nous dirigerons, chacun de notre côté, vers une poterne désignée d'avance. Nous aurons certes du malheur s'il n'y a qu'une de nos trois troupes qui échappe à l'ennemi distrait par les deux autres. En tout cas, il y en aura bien une, cent hommes déterminés seront jetés dans la place, et ce ne sont pas les provisions qui manquent. Les cent hommes seront postés, comme je le disais, à la porte Saint-Jean et au boulevard Saint-Martin, et dites-moi maintenant, monsieur Lauxford, monsieur de Rambouillet, dites-moi quel point des murailles pourra encore livrer à l'ennemi un passage facile ?

Une acclamation universelle accueillit ces bonnes paroles qui venaient de réveiller si puissamment l'espoir dans tous ces cœurs découragés.

— Oh ! maintenant, s'écria Jean Peuquoy, nous pourrons combattre, nous pourrons vaincre.

— Combattre, oui, vaincre, je ne l'ose espérer, reprit avec autorité Gabriel ; je ne veux pas vous faire la situation meilleure qu'elle n'est, je voulais seulement qu'on ne vous la fît pas pire. Je voulais vous prouver à tous, et à vous le premier, maître Jean Peuquoy, qui avez prononcé de si vaillantes, mais de si tristes paroles, je voulais vous prouver d'abord que le roi ne vous abandonnait pas, et puis, que votre défaite pouvait être glorieuse et votre résistance utile. Vous disiez : immolons-nous. Vous venez de dire : combattons. C'est un grand pas. Oui, il est possible, il est probable que les soixante mille hommes qui assiégent vos pauvres remparts finiront par s'en emparer. Mais, d'abord, gardez-vous de croire que la généreuse lutte que vous aurez supportée vous expose à de plus cruelles représailles. Philibert-Emmanuel est un soldat courageux, qui aime et honore le courage, et qui ne punira pas votre vertu. Ensuite, songez que si vous pouvez tenir dix ou douze jours encore, vous aurez peut-être perdu votre ville, mais vous aurez certainement sauvé votre pays. Grand et sublime résultat ! Les villes comme les hommes, ont leurs lettres de noblesse, et les hauts faits qu'elles accomplissent sont leurs titres et leurs aïeux. Vos petits enfans, habitans de Saint-Quentin, seront fiers un jour de leurs pères. On peut détruire vos murailles, mais qui pourra détruire l'illustre souvenir de ce siége ?... Courage donc ! héroïques sentinelles du royaume. Sauvez le roi, sauvez la patrie. Tout à l'heure, le front baissé, vous paraissiez résolus à mourir en victimes résignées. Relevez maintenant la tête ! Si vous périssez, ce sera en héros volontaires, et votre mémoire ne périra pas ! Donc, vous voyez que vous pouvez crier avec moi : Vive la France ! et vive Saint-Quentin !

— Vive la France ! vive Saint-Quentin ! vive le roi ! crièrent cent voix avec enthousiasme.

— Et maintenant, reprit Gabriel, aux remparts et au travail ! et ranimez de votre exemple vos concitoyens qui vous attendent. Demain cent bras de plus, je vous le jure, vous aideront dans votre œuvre de salut et de gloire.

— Aux remparts ! cria la foule.

Et elle se précipita dehors, toute transportée de joie, d'espoir et d'orgueil, entraînant par ses récits et son enthousiasme ceux qui n'avaient pas entendu le libérateur inespéré que Dieu et le roi venaient d'envoyer à la ville épuisée.

Gaspard de Coligny, le digne et généreux chef, avait écouté Gabriel dans le silence de l'étonnement et de l'admiration. Quand toute l'assemblée se dissipa avec des cris de triomphe, il descendit du siège qu'il occupait, vint au jeune homme et lui serra la main avec une sorte de surprise.

— Merci! monsieur, lui dit-il, vous avez sauvé Saint-Quentin et moi de la honte, peut-être la France et le roi de leur perte.

— Hélas! je n'ai rien fait encore, monsieur l'amiral, reprit Gabriel. Il faut maintenant que j'aille rejoindre Vaulpergues, et Dieu seul peut faire que je sorte comme je suis entré et que j'introduise ces cent hommes promis dans la place. C'est Dieu, ce n'est pas moi qu'il faudra remercier dans dix jours.

XXVIII.

OU MARTIN-GUERRE N'EST PAS ADROIT.

Gabriel de Montgommery s'entretint encore plus d'une heure avec l'amiral. Coligny était émerveillé de la fermeté, de la hardiesse et des connaissances de ce jeune homme qui lui parlait de stratégie comme un général en chef, de travaux de défense comme un ingénieur et d'influence morale comme un vieillard. Gabriel, de son côté, admira le noble et beau caractère de Gaspard et cette bonté, cette honnêteté de conscience qui en faisaient peut-être le gentilhomme le plus pur et le plus loyal du temps. Certes le neveu ne ressemblait guères à l'oncle! Au bout d'une heure, ces deux hommes, l'un aux cheveux grisonnans déjà, l'autre aux boucles toutes noires encore, se comprenaient et s'estimaient comme s'ils se fussent connus depuis vingt ans.

Quand ils se furent bien entendus sur les mesures à prendre pour favoriser dans la nuit suivante l'entrée de la compagnie de Vaulpergues, Gabriel prit congé de l'amiral en lui disant avec assurance : Au revoir! Il emportait les mots d'ordre et les signaux nécessaires.

Martin-Guerre, déguisé en paysan comme son maître, l'attendait au bas de l'escalier de la maison de ville.

— Ah! vous voilà donc, monseigneur! s'écria le brave écuyer. Je suis bien aise de vous revoir enfin, depuis une heure que j'entends tous ceux qui passent parler du vicomte d'Exmès, Dieu sait avec quelles exclamations et quels éloges! Vous avez bouleversé toute la ville. Quel talisman avez-vous donc apporté, monseigneur, pour changer ainsi l'esprit d'une population entière?

— La parole d'un homme déterminé, Martin, rien de plus. Mais il ne suffit pas de parler et maintenant il faut agir.

— Agissons, monseigneur, l'action pour ma part me va même mieux que la parole, nous allons, je vois cela, aller nous promener dans la campagne au nez des sentinelles ennemies. Allons! monseigneur, je suis prêt.

— Pas tant de hâte, Martin, reprit Gabriel ; il fait trop jour encore et j'attends la brune pour sortir d'ici, c'est convenu avec monsieur l'amiral. Nous avons donc devant nous près de trois heures. J'ai d'ailleurs pendant ce temps quelque chose à faire, ajouta-t-il avec un certain embarras, oui, un soin important à prendre, quelques informations à demander par la ville.

— J'entends, reprit Martin-Guerre ; encore sur les forces de la garnison, n'est-ce pas ? ou sur les côtés faibles des fortifications! quel zèle infatigable !

— Tu n'entends pas du tout, mon pauvre Martin, dit en souriant Gabriel; non, je sais tout ce que je voulais savoir quant aux remparts et aux troupes, et c'est d'un sujet plus... personnel que je m'occupe en ce moment.

— Parlez, monseigneur, et si je puis vous être bon à quelque chose...

— Oui, Martin, tu es, je le sais, un serviteur fidèle et un ami dévoué. Aussi n'ai-je de secrets pour toi que ceux qui ne m'appartiennent pas. Si donc tu ne sais pas qui je cherche avec inquiétude et amour dans cette ville après mes devoirs remplis, Martin, c'est tout simplement parce que tu l'as oublié.

— Oh! pardon, monseigneur, j'y suis à présent, s'écria Martin. Il s'agit, n'est-il pas vrai, d'une... Bénédictine ?

— C'est cela, Martin. Qu'est-elle devenue dans cette ville en alarme? Je n'ai pas osé, en vérité, le demander à monsieur l'amiral de peur de me trahir par mon trouble. Puis, aurait-il su me répondre ? Diane aura changé de nom sans doute en rentrant au couvent?

— Oui, reprit Martin, car je me suis laissé dire que celui qu'elle porte, et qui me semble charmant à moi, était païen quelque peu, à cause de madame de Poitiers, je suppose... Sœur Diane ! le fait est que cela jure comme moi autre moi quand il est gris.

— Comment donc faire ? dit Gabriel. Le mieux serait peut-être de s'informer d'abord du couvent des Bénédictines en général ?...

— Oui, dit Martin-Guerre, et puis, nous irons du général au particulier, comme disait mon ancien curé qu'on soupçonnait d'être luthérien. Eh bien! monseigneur, pour ces informations comme pour toutes choses, je suis à vos ordres.

— Il faut aller aux renseignemens chacun de notre côté, Martin, nous aurons ainsi deux chances pour une. Sois adroit et réservé, et tâche surtout de ne pas boire, ivrogne ; nous avons besoin de tout notre sang-froid.

— Oh! monseigneur sait que, depuis Paris, j'ai retrouvé mon ancienne sobriété et ne bois que de l'eau pure. Il ne m'est pas arrivé d'y voir double une seule fois.

— A la bonne heure! dit Gabriel. Eh bien! alors, Martin, dans deux heures rendez-vous à cette même place.

— J'y serai, monseigneur.

Et ils se séparèrent.

Deux heures après, ils se retrouvaient comme ils en étaient convenus. Gabriel était radieux, mais Martin-Guerre assez penaud. Tout ce que Martin-Guerre avait appris, c'est que les Bénédictines avaient voulu partager avec les autres femmes de la ville le soin et l'honneur de panser et de garder les blessés ; que tous les jours elles étaient dispersées dans les ambulances et ne rentraient au couvent que le soir, entourées de l'admiration et du respect des soldats et des citoyens.

Gabriel, par bonheur, en savait davantage. Quand le premier passant venu l'eut informé de tout ce que Martin-Guerre avait appris, Gabriel demanda le nom de la supérieure du couvent. C'était, si l'on s'en souvient, la mère Monique, une amie de Diane de Castro. Gabriel s'enquit alors de l'endroit où il trouverait la sainte femme.

— A l'endroit le plus périlleux, lui fut-il répondu.

Gabriel alla au faubourg d'Isle et trouva en effet la supérieure. Elle savait déjà par le bruit public ce qu'était le vicomte d'Exmès, ce qu'il avait dit à la maison de ville et ce qu'il venait faire à Saint-Quentin. Elle le reçut comme l'envoyé du roi et comme le sauveur de la cité.

— Vous ne vous étonnerez donc pas, ma mère, lui dit Gabriel, si, venant ici au nom du roi, je vous demande des nouvelles de la fille de Sa Majesté, madame Diane de Castro. Je l'ai en vain cherchée parmi les religieuses que je rencontrais sur mon passage. Elle n'est pas malade, j'espère ?

— Non, monsieur le vicomte, répondit la supérieure ; mais j'ai pourtant exigé d'elle qu'elle restât aujourd'hui au couvent et prît un peu de repos, car nulle de nous ne l'a égalée en dévouement et en courage. Elle était partout présente et toujours prête, exerçant à toute heure et en tout lieu, et avec une sorte de joie et d'ardeur, sa sublime charité, qui est notre bravoure à nous autres pacifiques religieuses. Ah ! c'est la digne fille du sang de France ! Et cependant elle n'a pas voulu qu'on connût son titre et son rang, et vous saura même gré, monsieur le vicomte, de respecter son glorieux incognito. N'importe! si elle cachait sa noblesse, elle montrait sa bonté, et tous ceux qui souffrent connaissent cette figure d'ange qui passe comme un espoir céleste au milieu de leurs douleurs. Elle s'était appelée du nom de notre ordre, la sœur *Benedicta*; mais nos blessés, qui ne savent pas le latin, l'appellent la sœur Bénie.

— Cela vaut bien madame la duchesse! s'écria Gabriel qui sentit de douces larmes mouiller ses paupières. Ainsi, ma mère, reprit-il, je pourrai la voir demain? si je reviens, toutefois!

— Vous reviendrez, mon frère, répondit la supérieure, et, là où vous entendrez le plus de gémissemens et de cris, c'est que vous trouverez la sœur Bénie.

Ce fut alors que Gabriel revint joindre Martin-Guerre, le cœur plein de courage, et certain maintenant, comme la supérieure, qu'il sortirait sain et sauf du redoutable péril de la nuit.

XXIX.

OU MARTIN-GUERRE EST MALADROIT.

Gabriel avait pris des renseignemens assez précis sur les environs de Saint-Quentin, pour ne pas s'égarer dans un pays où il n'était pas encore venu. Favorisé par la nuit tombante, il sortit sans encombre de la ville avec Martin-Guerre par la poterne la moins surveillée. Couverts tous deux de longs manteaux bruns, ils se glissèrent comme des ombres dans les fossés, puis, de là, par la brèche, dans la campagne.

Mais ils n'étaient pas quittes du plus grand danger. Des détachemens ennemis couraient jour et nuit les environs; divers camps étaient établis çà et là autour de la ville assiégée, et toute rencontre pouvait être fatale à nos paysans-soldats. Le moindre risque qu'ils couraient était de faire retarder d'un jour, c'est-à-dire de rendre peut-être à jamais inutile l'expédition projetée.

Aussi, quand, après une demi-heure de chemin, ils arrivèrent à un carrefour où la route bifurquait, Gabriel s'arrêta et parut réfléchir. Martin-Guerre s'arrêta aussi, mais ne réfléchit point. Il laissait d'ordinaire ce soin à son maître. Martin-Guerre était un brave et fidèle écuyer, mais il ne voulait et ne pouvait être que la main. Gabriel était la tête.

— Martin, reprit donc Gabriel au bout d'un instant de réflexion, voici devant nous deux routes qui, toutes deux conduisent auprès du bois d'Angimont, où nous attend le baron de Vaulpergues. Si nous restons ensemble, Martin, nous pouvons être pris ensemble. Séparés, nous doublons nos chances de réussite, comme pour la recherche de madame de Castro. Prenons chacun un des deux chemins. Toi, va par celui-ci, c'est le plus long, mais le plus sûr, à ce que croit monsieur l'amiral. Tu rencontreras pourtant les tentes des Wallons où monsieur de Montmorency doit être prisonnier. Tu les tourneras, comme nous avons fait la nuit passée, avec l'impudence et du sang-froid! Si tu rencontres quelque troupe, tu te donnes pour un paysan d'Angimont attardé qui revient de porter des vivres aux Espagnols campés autour de Saint-Quentin. Imite de ton mieux le patois picard, ce qui n'est pas très difficile avec des étrangers. Mais, sur toute chose, va plutôt du côté de l'impudence que du côté de l'hésitation. Aie l'air sûr de ton affaire. Si tu barguignes, tu es perdu.

— Oh! soyez tranquille, monseigneur, reprit Martin-Guerre d'un air capable. On n'est pas si simple qu'on semble, et je leur en ferai voir de belles.

— Bien dit, Martin. Pour moi, je vais prendre par là; c'est le plus court, mais le plus périlleux, car c'est la route directe de Paris qu'on surveille avant toutes les autres. Je rencontrerai, je le crains, plus d'un détachement ennemi,

et j'aurai plus d'une fois à me mouiller dans les fossés ou à m'écorcher dans les buissons. Puis, au bout du compte, il est bien possible que je n'arrive pas à mon but. N'importe! Martin; qu'on ne m'attende qu'une demi-heure. Si après ce délai je ne vous ai pas rejoints, que monsieur de Vaulpergues parte sans plus de retard. Ce sera vers le milieu de la nuit, et le danger sera moins grand que ce soir. Néanmoins, recommande-lui de ma part les plus grandes précautions, Martin. Tu sais ce qu'il y a à faire: partager sa compagnie en trois corps, et, par trois points opposés, s'approcher de la ville le plus secrètement possible. Il ne faut pas trop espérer que les trois détachemens réussissent. Mais la perte de l'un fait alors peut-être le salut des autres. C'est égal! il y a quelques chances pour que nous ne nous revoyions plus, mon brave Martin! Mais il faut penser qu'au bien de la patrie. Ta main, et que Dieu te garde!

— Oh! je ne le prie que pour vous, monseigneur, reprit Martin. S'il vous sauve, il peut bien faire de moi ce qu'il voudra, je ne suis guère bon qu'à vous aimer et à vous servir. Oh! et aussi, j'espère, à jouer quelque bon tour ce soir à ces Espagnols damnés.

— J'aime à te voir dans ces dispositions, Martin. Allons, adieu! Bonne chance, et de l'aplomb, surtout!

— Bonne chance, monseigneur, et de la prudence!

Le maître et l'écuyer se séparèrent encore. Tout alla bien d'abord pour Martin, et, bien qu'il ne lui fût guère possible de s'écarter de la route, il évita pourtant assez habilement quelques gens d'armes suspects auxquels la nuit noire le déroba. Mais il approchait du camp des Wallons, et les sentinelles allaient se multiplier.

A l'angle de deux chemins, Martin-Guerre se trouva tout à coup entre deux troupes, l'une à pied, l'autre à cheval, et un: Qui vive? bien accentué prouva au malheureux Martin-Guerre qu'il avait été aperçu.

— Allons! se dit-il, voilà le moment venu de montrer l'impudence que m'a tant recommandée mon maître.

Et, frappée d'une idée tout à fait lumineuse et providentielle, il se mit, avec un à-propos parfait, à chanter à tue-tête la chanson du siège de Metz:

Le vendredi de la Toussaint,
Est arrivé la Germanie
A la belle croix de Messain,
Pour faire grande boucherie.

— Holà? qui va là? cria une voix rude avec un accent et un jargon à peu près inintelligibles, mais que nous n'imiterons pas de peur d'être inintelligible nous-même.

— Paysan d'Angimont, répondit Martin-Guerre dans un patois moins obscur.

Et il continua sa route et sa chanson avec une célérité et une verve croissantes.

Se campant au haut des vignes,
Le duc d'Albe et sa compagnie
A Saint-Arnou, près nos fossés.
C'était pour faire l'entreprise
De reconnaître nos fossés...

— Hé! là! veux-tu te taire et t'arrêter, paysan de malheur, avec ta maudite chanson? reprit la voix féroce.

Martin-Guerre réfléchit que, les Espagnols qui l'interpellaient étaient dix contre un; que, grâce à leurs chevaux, ils l'atteindraient toujours sans peine, et que sa fuite d'ailleurs produirait le plus mauvais effet. Il s'arrêta donc tout court. Après tout, il n'était pas précisément fâché d'avoir occasion de déployer son sang-froid et son habileté. Son maître qui semblait parfois douter de lui n'en aurait plus de motif désormais, s'il savait se tirer adroitement d'un pas aussi difficile.

Il affecta d'abord la plus grande confiance.

— Par Saint-Quentin, martyr! murmurait-il en s'avançant vers la troupe, voilà un beau coup que vous faites-là d'empêcher un pauvre paysan attardé d'aller rejoindre à Angimont sa femme et ses petits. Parlez, çà, que me voulez-vous ?

Ceci eut l'intention d'être dit en picard, mais fut dit en auvergnat avec un accent provençal.

L'homme qui avait crié eut de même l'intention de répondre en français, mais répondit en wallon avec un accent allemand.

— Ce que nous voulons ? t'interroger et te visiter, rôdeur de nuit qui, sous ta souquenille de paysan, pourrais bien cacher un espion.

— Dà, interrogez-moi, visitez-moi, reprit Martin-Guerre avec un gros rire invraisemblable.

— C'est ce que nous verrons au camp où tu vas nous suivre.

— Au camp ! reprit Martin. Eh bien ! c'est ça. Je veux parler du chef. Ah ! vous arrêtez un malheureux paysan qui revient de Saint-Quentin porter des vivres à vos camarades de là-bas. Que Dieu me damne, si je recommence ! Je laisserai toute votre armée crever de faim à son aise. J'allais à Angimont chercher d'autres provisions ; mais, puisque vous me retenez en route, bonsoir ! Ah ! vous ne me connaissez guère ! et je vous revaudrai ce procédé-là. *Saint-Quentin, tête de lien*, dit le proverbe picard. Me prendre pour un espion ! Je veux me plaindre au chef ! Allons au camp.

— Mordieu ! quelle langue ! reprit celui qui commandait le détachement. Le chef, l'ami, c'est moi ! et c'est à moi que vous aurez affaire quand nous y verrons clair, s'il vous plaît. Croyez-vous qu'on va réveiller les généraux pour un drôle de votre espèce ?

— Oui, c'est aux généraux que je veux être conduit ! s'écria Martin-Guerre avec volubilité. J'ai à dire quelque chose aux généraux et aux maréchaux. J'ai à leur dire qu'on n'arrête pas ainsi sans crier seulement : Gare ! un quelqu'un qui vous nourrit, vous et vos gens. Je n'ai pas fait de mal. Je suis un honnête habitant d'Angimont. Je vais demander une indemnité pour ma peine, et, vous, vous serez pendu pour la vôtre.

— Camarade, il a l'air sûr de son fait, pourtant ! dit au reître un de ses hommes.

— Oui, répondit l'autre, et je le relâcherais bien si je ne croyais, par moments, reconnaître cette tournure et cette voix. Allons, marchons. Au camp tout s'expliquera.

Martin Guerre, placé pour plus de sûreté entre deux des cavaliers, ne cessa de jurer et de maugréer pendant toute la route. En entrant dans la tente où on le conduisit d'abord, il jurait et maugréait encore.

— Voilà comme vous arrangez vos alliés, vous autres ! ah bien ! à la bonne heure ! on vous en fournira de l'avoine pour vos bêtes et de la farine pour vous ! Je vous abandonne. Dès que vous m'aurez reconnu et relâché, je retourne à Angimont et n'en sors plus. Ou plutôt, si, j'en sors, et dès demain, pour aller porter plainte contre vous à monseigneur Philibert-Emmanuel en personne. Ce n'est pas lui qui me ferait un affront semblable.

En ce moment, l'enseigne des reîtres approchait un flambeau du visage de Martin-Guerre. Il recula trois pas de surprise et d'horreur.

— Par le diable ! s'écria-t-il, je ne me trompais pas. C'est bien lui, le misérable ! Est-ce que vous ne le reconnaissez pas maintenant, vous autres ?

— Oh, oui ! oh, oui ! répéta l'un après l'autre chacun des reîtres en venant à son tour examiner Martin-Guerre avec une curiosité qui se changeait immédiatement en indignation.

— Ah ! vous me reconnaissez donc enfin ? reprit le pauvre écuyer qui commençait à s'alarmer sérieusement. Vous savez qui je suis ? Martin Cornouiller d'Angimont... Vous allez me relâcher, n'est-ce pas malheureux !

— Nous, te relâcher, malandrin, paillard, pendard ! s'écria l'enseigne, les yeux enflammés et les poings menaçants.

— Ah ! çà, qu'est-ce qui vous prend donc, l'ami ? dit

Martin. Je ne suis peut-être plus Martin Cornouiller, à cette heure ?

— Non, tu n'es pas Martin Cornouiller, reprit l'enseigne, et, pour te démasquer et te démentir, voilà dix hommes autour de toi qui te connaissent. Mes amis, nommez cet imposteur à lui-même, afin de le convaincre de fraude et de flagrant mensonge.

— C'est Arnauld du Thill ! c'est ce misérable Arnauld du Thill, répétèrent les dix voix ensemble avec une effrayante unanimité.

— Arnauld du Thill ! qu'est-ce que cela ? demanda Martin en pâlissant.

— Oui, renie-toi toi-même, infâme ! s'écria l'enseigne. Mais voilà par bonheur dix témoins qui te contredisent. Devant eux, malgré ton déguisement de paysan, aurais-tu le front d'assurer que je ne t'ai pas fait prisonnier à la bataille de Saint-Laurent, dans la suite du connétable ?

— Non, non, je suis Martin Cornouiller, balbutia Martin qui perdait la tête.

— Tu es Martin Cornouiller ? dit l'enseigne avec un rire méprisant ; tu n'es pas ce lâche Arnauld du Thill qui m'avait promis rançon, que tu traitais avec égards, et qui, la nuit dernière, a pris la fuite, m'enlevant, outre la peur d'argent que je possédais, ma bien-aimée Gudule, la gentille vivandière ? Scélérat ! qu'as-tu fait de Gudule ?

— Qu'as-tu fait de Gudule ? répétèrent les reîtres dans un chœur formidable.

— Ce que j'ai fait de Gudule ? dit Martin-Guerre accablé. Eh ! le sais-je, misérable que je suis ! Ah çà ! vraiment, vous me reconnaissez donc tous ? vous êtes donc certains de ne pas vous tromper ? vous pourriez tous jurer que je m'appelle... Arnauld du Thill, que ce brave homme m'a fait prisonnier à la bataille de Saint-Laurent et que je lui ai enlevé traîtreusement sa Gudule ? vous pourriez le jurer ?

— Oui ! oui ! oui ! s'écrièrent les dix voix avec énergie.

— Eh bien ! cela ne m'étonne pas, reprit piteusement Martin-Guerre qui divaguait assez, on s'en souvient, quand on touchait ce sujet de sa double existence. Non, vraiment cela ne m'étonne pas. Je vous aurais soutenu jusqu'à demain que je m'appelle Martin Cornouiller. Mais vous me connaissez comme Arnauld du Thill, j'étais hier ici, je ne dis plus non ; je me résigne. Du moment que la chose est ainsi, j'ai les pieds et les poings liés. Je n'avais pas prévu celle-là. Voilà si longtemps, mon Dieu ! que mes alibi avaient cessé ! Allons ! c'est très bien, faites de moi ce que vous voudrez, emmenez-moi, emprisonnez-moi, garottez-moi. Ce que vous me dites de Gudule achève surtout de me convaincre que vous ne vous trompez pas. Oui, je me reconnais là ! Seulement, je suis bien aise de savoir que je m'appelle Arnauld du Thill.

Le pauvre Martin-Guerre avoua dès-lors tout ce qu'on voulut, se laissa accabler d'injures et de rebuffades, et offrir le tout à Dieu en pénitence des nouveaux méfaits qu'on venait de lui reprocher. Comme il ne put dire ce que Gudule était devenue, on le chargea de liens et on lui fit souffrir toutes sortes de mauvais traitements, mais sans lasser son angélique patience. Tout ce qu'il regrettait, c'est de n'avoir pas eu le temps d'accomplir sa mission auprès du baron de Vaulpergues. Mais qui aurait pu supposer que de nouvelles actions criminelles allaient tourner contre lui et réduire à néant ses beaux projets d'adresse et de présence d'esprit.

— Ce qui me console du moins, pensait-il dans le coin humide où on l'avait jeté sur le sol, c'est que peut-être Arnauld du Thill entre triomphant à Saint-Quentin avec le détachement de Vaulpergues. Mais non, non, c'est encore une chimère cela ! et ce que je connais du drôle me ferait plutôt conjecturer que le monstre est dans quelque auberge sur la route de Paris à caresser la gentille Gudule. Hélas ! hélas ! il me semble que j'aurais plus de cœur à la pénitence si du moins j'avais un peu conscience du péché.

XXX.

RUSES DE GUERRE.

Quelque chimérique qu'il lui parût, l'espoir de Martin-Guerre fut cependant réalisé. Quand Gabriel, après mille dangers, arriva dans le bois où l'attendait le baron de Vaulpergues, la première figure qu'il aperçut fut celle de son écuyer, le premier cri qu'il jeta fut: Martin-Guerre!

— Moi-même, monseigneur, répondit résolument l'écuyer.

Ce n'est pas à ce Martin-Guerre là qu'il était besoin de recommander l'impudence.

— Est-ce que tu me devances de beaucoup, Martin? demanda Gabriel.

— Mais je suis ici depuis une heure? monseigneur.

— En vérité! mais il me semble que tu as changé de costume, et le drôle, en arrivant ici, était accompagné d'une fille de fort jolie tournure, ma foi! une vivandière flamande, comme nous avons pu en juger à son langage. Elle paraissait pleurer fort, la pauvre petite, mais il l'a très brutalement et très prudemment congédiée, malgré ses larmes, sur la lisière du bois, avant de pénétrer jusqu'ici.

— Non pas sans l'avoir, au préalable, débarrassée d'une partie de sa marchandise, dit le faux Martin-Guerre avec son rire insolent.

— Ah! Martin! Martin! reprit Gabriel, voilà encore le vieil homme qui reparaît.

— Monseigneur veut dire le jeune homme. Mais, pardon! reprit maître Arnauld se souvenant de son rôle, j'occupe avec mes balivernes les momens si précieux de vos seigneuries.

— Oh! dit le baron de Vaulpergues, si c'est votre avis, monsieur d'Exmès, et celui de l'amiral, nous ne partirons d'ici que dans une demi-heure. Il n'est pas encore minuit je suis pour m'arriver devant Saint-Quentin au vers trois heures. C'est le moment où la surveillance se fatigue et se relâche. Ne le pensez-vous pas, monsieur le vicomte?

— Si fait, les instructions de monsieur de Coligny s'accordent exactement avec votre opinion. C'est à trois heures du matin qu'il nous attendra et que nous devons arriver, si toutefois nous arrivons.

— Oh! nous arriverons, monseigneur, permettez-moi de vous l'affirmer, dit Arnauld-Martin. J'ai profité de mon passage auprès du camp des Wallons pour observer les alentours, et je vous guiderai par là aussi sûrement que si j'avais couru les environs pendant quinze jours.

— Mais, c'est prodigieux, Martin! s'écria Gabriel. En si peu de temps, que de choses faites! Allons, j'aurai dorénavant la même confiance en ton intelligence qu'en ta fidélité.

— Oh! monseigneur, si vous vous fiez seulement à mon zèle et surtout à ma discrétion, je n'ai pas d'ambition plus haute.

La trame de l'astucieux Arnauld était si bien ourdie par le hasard et par son audace, que, depuis l'arrivée de Gabriel, l'imposteur n'avait dit que la vérité.

Pendant que Gabriel et Vaulpergues s'entendaient à l'écart sur la marche à suivre, lui, de son côté, acheva de combiner son plan, de façon à ne pas déranger les miraculeuses chances qui l'avaient servi jusque-là.

Voici, en effet, ce qui était arrivé. Arnauld, après s'être échappé, grâce à Gudule, du camp où on le tenait prisonnier, avait rôdé, pendant dix-huit heures, dans les bois environnans, n'osant sortir de peur de retomber aux mains de l'ennemi. Vers le soir, il avait cru reconnaître dans la forêt d'Angimont des traces de cavaliers, qui devaient se cacher pour s'être hasardés par des sentiers si peu frayés. C'étaient donc des Français en embuscade, et Arnauld tâcha de les rejoindre et y parvint. Ce fut alors qu'il congédia le plus lestement du monde la pauvre Gudule, qui s'en retourna pleurant aux tentes, sans se douter qu'après la perte de son amoureux, elle allait y retrouver un autre lui-même. Pour Arnauld, le premier soldat de Vaulpergues qui l'aperçut le salua du nom de Martin-Guerre, et, comme de raison, il ne le démentit point. En écoutant de toutes ses oreilles et en parlant le moins possible, il apprit bientôt tout. Le vicomte d'Exmès allait revenir la nuit même, après avoir averti l'amiral de l'arrivée à Saint-Quentin de Vaulpergues, et pris avec lui les dispositions nécessaires pour favoriser l'entrée de détachement dans la place. Martin-Guerre l'accompagnerait. On prenait donc naturellement Arnauld pour Martin, et on l'interrogeait sur son maître.

— Il va venir, répondait-il; nous avons pris des chemins différens.

Et, en lui-même, il calculait combien il lui serait avantageux dans le moment de se réunir à Gabriel: d'abord, sa subsistance, dans ces temps difficiles, serait assurée; puis, il savait que le connétable de Montmorency, son maître, pour l'heure prisonnier de Philibert-Emmanuel, souffrait moins peut-être de la honte de sa défaite et de sa captivité, que de la pensée que son rival odieux, le duc de Guise, allait avoir toute puissance à la cour et tout crédit sur l'esprit du roi. S'attacher aux pas d'un ami du Guise, c'était donc, pour Arnauld, se mettre à la source de tous les renseignemens qu'il vendait assez cher au connétable. Enfin, Gabriel n'était-il pas l'ennemi personnel des Montmorency et l'obstacle principal au mariage du duc François avec madame de Castro?

Arnauld se remémorait tout cela, mais songeait en même temps avec mélancolie que le retour de Martin-Guerre à côté de son maître allait déranger quelque peu ses beaux plans. Aussi, pour ne pas être convaincu d'imposture, guetta-t-il avec soin Gabriel, espérant éloigner ou supprimer le crédule Martin-Guerre. Mais quelle fut sa joie en voyant le vicomte d'Exmès arriver seul et le reconnaître tout de suite pour son écuyer! Arnauld avait dit vrai, sans le savoir. Alors il s'abandonna à sa chance, et, comptant que le diable, son patron, avait fait tomber le pauvre Martin aux mains des Espagnols, il prit audacieusement le rôle de l'absent, ce qui lui réussit comme nous venons de le voir.

Cependant, la conférence de Gabriel et de Vaulpergues terminée, et lorsqu'on forma les trois détachemens pour se mettre en route de différens côtés, Arnauld insista pour accompagner Gabriel par la route des tentes wallones. C'était le chemin qu'avait dû prendre le vrai Martin-Guerre, et, si on le rencontrait encore, Arnauld voulait être là pour le faire disparaître ou disparaître lui-même au besoin.

Mais on dépassa la hauteur du camp sans trouver le moindre Martin, et l'idée de ce péril assez mince s'effaça bientôt, pour Arnauld, devant le péril plus grave qui l'attendait, avec Gabriel et la troupe dont il faisait partie, devant les murailles partout entourées de Saint-Quentin.

Dans l'intérieur de la ville, l'anxiété n'était pas moindre, comme on le peut supposer; car le salut ou la perte de tous dépendait à peu près du coup de main hardi de Gabriel et de Vaulpergues. Aussi, dès deux heures du matin, l'amiral fit-il lui-même sa ronde aux points convenus entre lui et le vicomte d'Exmès, et recommanda aux sentinelles choisies qu'on avait placées à ces postes délicats la plus sévère attention. Puis, Gaspard de Coligny monta sur la tour du beffroi qui dominait la ville et tous les environs, et là, muet, immobile, retenant son haleine, écouta le silence et regarda la nuit. Mais il n'entendit que le bruit sourd et lointain des mines espagnoles et des contre-mines françaises ; il ne vit que les tentes de l'ennemi, et, plus loin, les bois sombres d'Origny se détachant noirs dans l'ombre noire.

Alors, incapable de maîtriser son inquiétude, l'amiral voulut au moins se rapprocher de l'endroit où allait se décider le sort de Saint-Quentin. Il descendit de la tour du beffroi, et, à cheval, suivi de quelques officiers, courut au boulevard de la Reine, vers une des poternes où devait arriver Vaulpergues, et, monté sur l'un des angles du rempart, attendit.

Comme trois heures sonnaient à la Collégiale, du fond des marais de la Somme le cri d'un hibou retentit.

— Dieu soit loué ! les voici ! s'écria l'amiral.

Monsieur Du Breuil, sur un geste de Coligny, se faisant de ses mains un porte-voix, répondit au signal en imitant distinctement le cri de l'orfraie.

Puis un silence de mort succéda. L'amiral et ceux qui l'entouraient demeurèrent immobiles et comme de pierre, l'oreille au guet et le cœur serré.

Mais subitement un coup de mousquet se fit entendre dans la direction d'où le cri était parti, et, presque aussitôt, succéda une décharge générale qu'accompagnaient sinistrement des gémissements aigus et une rumeur terrible.

Le premier détachement avait été découvert.

— Déjà cent braves de moins ! s'écria l'amiral.

Alors il descendit rapidement du boulevard, remonta à cheval, et, sans ajouter une parole, se dirigea vers le boulevard Saint-Martin, où il attendait une autre partie de la compagnie de Vaulpergues.

Là, il fut repris des mêmes angoisses. Gaspard de Coligny ressemblait à un joueur qui joue sa fortune sur trois coups de dés : il venait de perdre la première partie, quelle chance aurait la seconde ?

Hélas ! le même cri se fit entendre de l'autre côté du rempart, le même cri lui répondit dans la ville ; puis, comme si cette seconde scène n'était que la répétition fatale de la première, une sentinelle donna encore l'alarme, et la mousquetade et les cris annoncèrent aux Saint-Quentinois épouvantés un second combat ou plutôt une autre boucherie.

— Deux cents martyrs ! dit Coligny d'une voix sourde.

Et de nouveau, s'élançant sur son cheval, il fut arrivé en deux minutes à la poterne du faubourg, qui était le troisième point convenu entre Gabriel et lui. Il allait si vite qu'il se trouva le premier et seul sur le rempart, et que ses officiers ne le rejoignirent que peu à peu. Mais tous eurent beau écouter, on n'entendait toujours que le cri des mourans au loin, et les exclamations des vainqueurs.

L'amiral jugea tout perdu. L'alarme était donnée au camp ennemi. Pas un soldat espagnol qui ne fût éveillé maintenant. Celui qui commandait la troisième troupe aurait jugé à propos de ne pas s'aventurer à un péril aussi mortel, et se serait retiré sans rien entreprendre. Ainsi, cette troisième et dernière chance manquait tout à fait au joueur éperdu. Coligny se disait même, par momens, que le dernier détachement avait peut-être été surpris avec le second, et que seulement le bruit des deux massacres s'était confondu en un seul.

Une larme, larme brûlante de désespoir et de fureur, coula sur les joues basanées de l'amiral. Dans quelques heures, la population, découragée de nouveau par ce dernier échec, demanderait à grands cris la reddition de la place, et, ne la demandât-elle pas, Gaspard de Coligny ne se dissimulait plus que devant des troupes aussi démoralisées que les siennes, le premier assaut ouvrirait aux Espagnols les portes de Saint-Quentin et de la France. Et cet assaut, il ne se ferait pas certes attendre, et le signal en serait donné dès que le jour paraîtrait, ou peut-être même sur-le-champ, pendant la nuit, alors que ces trente mille hommes, tout fiers d'avoir égorgé trois cents soldats, étaient encore dans l'enivrement d'un si glorieux triomphe.

Comme pour confirmer les appréhensions de Gaspard de Coligny, le gouverneur Du Breuil fit entendre à ses côtés le cri : Alerte ! d'une voix étouffée, et, comme l'amiral se retournait vers lui, il lui montra dans le fossé une troupe noire et silencieuse, qui semblait marcher du pas des ombres et se diriger vers la poterne.

— Sont-ce des amis ou des ennemis ? demanda Du Breuil à voix basse.

— Silence ! reprit l'amiral, et tenons-nous en tous cas sur nos gardes.

— Comment ne font-ils donc pas plus de bruit ? reprit le gouverneur. Il me semble pourtant que j'aperçois des chevaux, et pas un caillou ne résonne ! et la terre même semble sourde sous leurs pas ! on dirait vraiment des fantômes !

Et le superstitieux Du Breuil se mit à faire le signe de la croix, pour plus de sûreté. Mais Coligny, le grave penseur, regardait attentivement la troupe noire et muette sans crainte et sans émotion.

Quand les survenans ne furent plus qu'à cinquante pas Coligny imita lui-même le cri de l'orfraie.

Le cri du hibou répondit.

Alors l'amiral, transporté de joie, se précipita vers le corps de garde de la poterne, donna ordre d'ouvrir sur-le-champ, et cent cavaliers enveloppés, eux et leurs montures, de grands manteaux sombres, entrèrent dans la haute ville, toujours aussi silencieux. Mais on put remarquer alors que les sabots des chevaux, qui frappaient si mats sur le pavé, étaient enveloppés de morceaux de toile remplis de sable. C'est grâce à cet expédient, dont on n'avait eu l'idée qu'en voyant les deux autres détachemens trahis par le bruit, que la troisième troupe avait pu entrer sans encombre. Et celui qui avait trouvé cet expédient et qui commandait la troupe n'était autre que Gabriel.

C'était peu de chose, sans doute, que ce secours de cent hommes ; mais il suffisait pour quelques jours à maintenir deux postes menacés, mais c'était le premier événement heureux d'un siège si fécond en désastres. Aussi la nouvelle de bon augure circula-t-elle sur-le-champ par toute la ville. Les portes s'ouvrirent, les fenêtres s'éclairèrent, et des applaudissemens unanimes accueillirent sur leur passage Gabriel et ses cavaliers.

— Non, pas de joie ! dit Gabriel d'une voix grave. Songez aux deux cents qui sont tombés là-bas.

Et il souleva son chapeau, comme pour saluer ces morts héroïques, au nombre desquels devait être le brave Vaulpergues.

— Oui, répondit Coligny, nous les plaignons et nous les admirons. Mais vous, monsieur d'Exmès, que faut-il vous dire et comment vous remercier ? Laissez-moi du moins, ami, vous presser dans mes bras, car vous avez sauvé déjà Saint-Quentin deux fois.

Mais Gabriel lui serrant la main, reprit encore :

— Monsieur l'amiral, vous me direz cela dans dix jours.

XXXI.

LE MÉMOIRE D'ARNAULD DU THILL.

Il était temps que le coup réussît, et que le bienheureux secours entrât dans la ville ; car le jour commençait à poindre, Gabriel écrasé de fatigue, pour avoir à peine reposé depuis quatre jours, fut conduit par l'amiral à la maison de ville, où Coligny voulut lui donner la chambre la plus voisine de celle qu'il occupait lui-même. Là, Gabriel épuisé se jeta sur un lit et s'endormit comme s'il ne devait plus se réveiller.

Il ne se réveilla en effet que sur les quatre heures de l'après-midi, et encore ce fut Coligny qui, en entrant dans sa chambre, interrompit ce bon sommeil réparateur, dont le pauvre jeune homme, malgré ses soucis, avait tant besoin. Un assaut avait été tenté dans la journée par l'ennemi et repoussé vaillamment; mais il en annonçait un autre sans doute pour le lendemain, et l'amiral, qui s'était bien trouvé jusque-là des conseils de Gabriel, venait les lui demander encore.

Gabriel fut bientôt à bas de son lit et prêt à recevoir Coligny.

— Un mot seulement à mon écuyer, monsieur l'amiral, lui dit-il, et je suis tout à vos ordres.

— Faites, monsieur le vicomte d'Exmès, répondit Coligny. Puisque sans vous le drapeau espagnol flotterait à l'heure qu'il est sur cet Hôtel de ville, je puis bien vous dire : Vous êtes chez vous.

Gabriel alla à la porte et appela Martin-Guerre. Martin-Guerre accourut aussitôt, Gabriel le prit à l'écart.

— Mon brave Martin, lui dit-il, je te répétais hier encore que j'aurais désormais une confiance égale dans ton intelligence et dans ta fidélité. Je te le prouve. Tu vas aller sur-le-champ à l'ambulance du faubourg d'Isle. Là, tu demanderas, non pas madame de Castro, mais la supérieure des Bénédictines, la respectable mère Monique, et c'est elle, elle seulement, que tu prieras d'avertir la sœur Bénie, tu entends, la sœur Bénie, que le vicomte d'Exmès, envoyé à Saint-Quentin par le roi, sera auprès d'elle dans une heure, et qu'il la conjure de l'attendre. Tu vois, monsieur de Coligny va me retenir ici quelque temps, et un intérêt de vie et de mort m'oblige, tu le sais, à mettre toujours mon devoir avant ma joie. Va donc, et qu'elle sache du moins que mon cœur est avec elle.

— Elle le saura, monseigneur, dit l'empressé Martin, qui sortit en effet, laissant son maître un peu moins impatient et un peu plus tranquille.

Et, de fait, il se hâta jusqu'à l'ambulance du faubourg d'Isle, et demanda partout la sœur Monique avec beaucoup d'empressement.

On lui indiqua la supérieure.

— Ah! ma mère, lui dit-il en l'abordant le rusé drôle, que je suis aise de vous rencontrer enfin ! mon pauvre maître eût été si triste si je n'avais pu remplir ma commission auprès de vous et de madame Diane de Castro surtout.

— Qui donc êtes-vous, mon ami, et de la part de qui venez-vous? demanda la supérieure surprise autant qu'affligée de voir le secret qu'elle avait recommandé à Gabriel aussi mal gardé par lui.

— Je viens de la part du vicomte d'Exmès, reprit le faux Martin-Guerre affectant la simplicité et la bonhomie. Vous devez connaître le vicomte d'Exmès, j'espère ! toute la ville ne connaît que lui.

— Certes! dit la supérieure, je connais notre sauveur à tous. Nous avons bien prié pour lui. J'ai eu l'honneur de le voir déjà hier, et je comptais, d'après sa promesse, le revoir aujourd'hui.

— Il va venir, le digne seigneur, il va venir, reprit Arnauld-Martin. Mais monsieur de Coligny le retient, et, dans son impatience, il m'a d'avance envoyé vers vous, vers madame de Castro. Ne vous étonnez pas, ma mère, que je sache et que je prononce ce nom. Une vieille fidélité, vingt fois éprouvée, permet à mon maître de se fier à moi comme à lui-même, et il n'a pas de secrets pour son loyal et dévoué serviteur. Je n'ai d'esprit et d'intelligence, ce que disent les autres, que pour l'aimer et le défendre; mais cet instinct-là, du moins, je l'ai bien, et nul ne peut me le refuser, pas même les reliques de Saint-Quentin ! Oh! pardonnez-moi, ma mère, de jurer comme cela devant vous. Je n'y pensais pas, et l'habitude, voyez-vous, et puis l'élan du cœur...

— C'est bien! c'est bien! dit en souriant la mère Monique. Ainsi monsieur d'Exmès va venir ? il sera le bien arrivé. La sœur Bénie surtout désire sa présence pour avoir par lui des nouvelles du roi qui l'a envoyé.

— Eh! eh! dit Martin en riant niaisement, qui l'a envoyé à Saint-Quentin, mais pas à madame Diane, je suppose.

— Que voulez-vous dire? reprit la supérieure.

— Je dis, madame, que moi, qui aime le vicomte d'Exmès, à la fois comme un maître et comme un frère, je suis vraiment bien aise que vous, une femme si digne de respect et si pleine d'autorité, vous vous mêliez un peu des amours de monseigneur et de madame de Castro.

— Des amours de madame de Castro ! s'écria la supérieure épouvantée.

— Eh ! sans doute, reprit le faux imbécile. Madame Diane n'a pas été sans vous confier tout, à vous, sa véritable mère et sa seule amie ?

— Elle m'a parlé vaguement de peines profondes de cœur, dit la religieuse, mais de cet amour profane, mais du nom du vicomte, je n'en savais rien, rien absolument !

— Oui, oui, vous niez .. par modestie, reprit Arnauld en hochant la tête d'un air capable. De fait, moi, je trouve votre conduite très belle, et je vous en suis, pour ma part, on ne peut plus reconnaissant. Vous agissez très courageusement au moins ! Ah ! vous êtes-vous dit, le roi s'oppose aux amours de ces enfants ! le père de Diane entrerait dans une redoutable colère s'il soupçonnait qu'ils peuvent seulement se rencontrer ! Eh bien ! moi, sainte et digne femme, je braverai la majesté royale et l'autorité paternelle, je prêterai à mes pauvres amoureux la sanction de mon appui et de mon caractère ; je leur ménagerai des entrevues, je leur rendrai l'espérance et ferai taire leurs remords. Eh bien ! c'est superbe, c'est magnifique ce que vous faites là, entendez-vous !

— Jésus! put seulement dire en joignant les mains de surprise et de terreur la supérieure, cœur craintif et conscience timorée. Jésus ! un père, un roi bravés, et mon nom, ma vie mêlés à ces intrigues amoureuses! oh !

— Tenez, reprit Arnauld, j'aperçois justement là-bas mon maître qui accourt pour vous remercier lui-même de votre bonne entremise et pour vous demander, l'impatient jeune homme ! quand et comment il pourra, grâce à vous, revoir sa maîtresse adorée.

Gabriel arrivait en effet, hors d'haleine. Mais, avant qu'il se fût approché, la supérieure l'arrêta d'un geste et se redressant avec dignité :

— Pas un pas de plus et pas un mot, monsieur le vicomte, lui dit-elle. Je sais maintenant à quel titre et dans quelles intentions vous vouliez vous rapprocher de madame de Castro. N'espérez donc pas que désormais je prête les mains à des projets, indignes, je le crains, d'un gentilhomme. Et non-seulement je ne dois plus et ne veux plus vous entendre, mais je prétends user de mon autorité pour retirer à Diane toute occasion et tout prétexte de vous voir et de vous rencontrer, soit au parloir du couvent, soit aux ambulances. Elle est libre, je le sais, et n'a pas prononcé de vœux qui l'engagent ; mais, tant qu'elle voudra rester dans l'asile, choisi par elle, de notre saint couvent, elle trouvera bon que ma protection sauvegarde son honneur et non pas son amour.

La supérieure salua d'un air glacial Gabriel immobile d'étonnement, et se retira, sans écouter sa réponse et sans se retourner vers lui une seule fois.

— Qu'est-ce que cela signifie? demanda, après un moment de stupéfaction, le jeune homme à son prétendu écuyer.

— Je n'en sais pas plus que vous, monseigneur, répondit Arnauld, qui donnait à sa joie intérieure le masque de la consternation. Madame la supérieure m'a fort mal reçu, s'il faut le dire, et m'a déclaré qu'elle n'ignorait rien de vos desseins, mais qu'elle devait s'y opposer et seconder les vues du roi, et que madame Diane ne vous aimait plus, si elle vous avait jamais aimé.

— Diane ne m'aime plus ! s'écria Gabriel pâlissant. Hélas! hélas! reprit-il, tant mieux peut-être ! Cependant je veux la voir encore, je veux lui prouver que je ne suis envers elle ni indifférent ni coupable. Cet entretien suprême, dont j'ai besoin pour m'encourager dans ma tâche, il faudra absolument que tu m'aides à l'obtenir, Martin-Guerre.

— Monseigneur sait, répondit humblement Arnauld,

que je suis un instrument dévoué de sa volonté, et que je lui obéis en toutes choses, comme la main obéit au front. Je m'emploierai de tous mes efforts, comme je viens de le faire encore à l'instant même, pour que monseigneur ait avec madame de Castro cet entretien qu'il souhaite.

Et le rusé drôle suivit, en riant sous cape, Gabriel qui rentra à la maison de ville tout abattu.

Puis, le soir quand, après une ronde aux remparts, le faux Martin-Guerre se retrouva seul dans sa chambre, il tira de sa poitrine un papier qu'il se mit à lire avec un air de vive satisfaction.

« Compte d'Arnauld du Thill, pour M. le connétable de » Montmorency, depuis le jour où il a été séparé violem- » ment de monseigneur. (Ce compte comprenait, tant les » services publics que les services privés.)

» — Pour avoir, étant prisonnier de l'ennemi après la » journée de Saint-Laurent, et conduit en présence de » Philibert-Emmanuel, conseillé à ce général de renvoyer » le connétable sans rançon, sous le spécieux prétexte » que monseigneur ferait moins de tort aux Espagnols » avec son épée, que de bien par ses avis au roi, — cin- » quante écus.

» Pour s'être échappé par ruse adroite du camp, où » l'on retenait ledit Arnauld prisonnier, et avoir ainsi » épargné à M. le connétable les frais de la rançon qu'il » n'aurait pas manqué de payer généreusement pour re- » trouver un si fidèle et si précieux serviteur, — cent écus.

» Pour avoir conduit habilement, par des sentiers igno- » rés, le détachement que le vicomte d'Exmès amenait au » secours de Saint-Quentin et de monsieur l'amiral de » Coligny, le neveu bien-aimé de monsieur le connétable, » — vingt livres. »

Il y avait encore dans la note du sieur Arnauld plus d'un article aussi impudemment avide que ceux-là. L'espion les relisait en se caressant la barbe. Quand il eut achevé sa lecture, il prit une plume et ajouta à la liste :

« Pour avoir, étant entré au service du vicomte d'Exmès, » sous le nom de Martin-Guerre, dénoncé ledit vicomte à » la supérieure des Bénédictines comme amant de ma- » dame de Castro, et séparé ainsi pour longtemps ces deux » jeunes gens contre l'intérêt de monsieur le conné- » table, — deux cents écus. »

— Cela, par exemple, n'est pas cher, se dit Arnauld, et voilà un de ces chapitres qui font passer les autres. Le total, en somme, est assez rond. Nous approchons de mille livres, et, avec un peu d'imagination, nous irons bien jusqu'à deux mille ; — et, si je les ai, ma foi ! je me retirerai des affaires, je me marierai, je serai père de mes enfans et marguillier de ma paroisse dans quelque pro- vince, et toucherai ainsi le rêve de toute ma vie et le but honnête de toutes mes mauvaises actions.

Arnauld se coucha et s'endormit sur ces vertueuses ré- solutions.

Le lendemain, il fut requis par Gabriel d'aller encore à la recherche de Diane, et l'on devine comment il s'ac- quitta de la commission. Gabriel lui-même quitta monsieur de Coligny pour s'informer et interroger. Mais, vers dix heures du matin, l'ennemi tenta un furieux assaut, et il fallut courir aux boulevards. Gabriel y fit des prodiges de valeur, selon sa coutume, et s'y conduisit comme s'il avait deux vies à perdre.

C'est qu'il en avait deux à sauver.

En outre, s'il se faisait remarquer, Diane entendrait parler de lui, peut-être.

XXXII.

THÉOLOGIE.

Gabriel revenait de l'assaut brisé de fatigue, à côté de Gaspard de Coligny, quand deux hommes qui passaient à trois pas de lui prononcèrent dans leur conversation le nom de la sœur Bénie. Il laissa l'amiral, et courant à ces hommes, leur demanda avec empressement s'ils savaient des nouvelles de celle qu'ils venaient de nommer.

— Oh ! mon Dieu ! non, mon capitaine, pas plus que vous, dit un des hommes, lequel n'était autre que Jean Peuquoy. Justement, je m'en inquiétais avec mon compa- gnon, car on n'a pas vu la noble et vaillante fille de tout le jour, et je disais que pourtant, après une chaude journée comme celle-ci, il y a bien des malheureux blessés qui auraient besoin de ses soins et de son sourire d'ange. Mais nous saurons bientôt si c'est qu'elle est sérieusement malade ; car c'est son tour demain soir de faire à l'ambu- lance le service de nuit ; elle n'y a pas manqué jusqu'ici, et les religieuses sont en trop petit nombre et se relaient de trop près pour qu'on veuille ou qu'on puisse l'en dis- penser, à moins de nécessité absolue. Nous la reverrons donc demain soir, bien sûr, et j'en remercierai Dieu pour nos malades, vu qu'elle sait vous consoler et vous ranimer comme une vraie Notre-Dame.

— Merci, ami, merci, dit Gabriel en serrant chaleureu- sement la main à Jean Peuquoy, tout surpris d'un tel honneur.

Gaspard de Coligny avait entendu Jean Peuquoy, et re- marqué la joie de Gabriel. Quand celui-ci l'eut rejoint, il ne lui dit pourtant rien d'abord ; mais, une fois qu'ils furent rentrés à la maison, et seuls tous deux dans la chambre où l'amiral avait ses papiers et donnait ses ordres, Gaspard dit avec son fin et doux sourire à Gabriel :

— Vous prenez, je le vois, à cette religieuse, la sœur Bénie, un vif intérêt, mon ami.

— Le même intérêt que Jean Peuquoy, répondit Gabriel en rougissant ; le même intérêt que vous-même sans doute, monsieur l'amiral, car vous avez dû remarquer comme moi à quel point elle manque réellement à nos blessés, et quelle influence bienfaisante exercent sur eux et sur tous ceux qui combattent sa parole et sa présence.

— Pourquoi voulez-vous me tromper, ami ? reprit l'amiral avec une nuance de tristesse. Vous avez donc bien peu de confiance en moi que vous essayez ainsi de me mentir.

— Quoi ! monsieur l'amiral... répondit Gabriel de plus en plus embarrassé, qui a pu vous faire sup- poser ?...

— Que la sœur Bénie n'est autre que madame Diane de Castro ? reprit Coligny, et que vous aimez d'amour ma- dame de Castro ?

— Vous le savez ? s'écria Gabriel au comble de la sur- prise.

— Comment ne le saurais-je pas ? reprit l'amiral. Mon- sieur le connétable n'est-il pas mon oncle ? Est-il pour lui quelque chose de caché à la cour ? Madame de Poitiers n'a-t-elle pas l'oreille du roi, et monsieur de Montmorency n'a-t-il pas le cœur de Diane de Poitiers ? Comme il y a sous toute cette affaire de graves intérêts pour notre fa- mille, à ce qu'il paraît, j'ai été tout d'abord prévenu de me tenir sur mes gardes et prêt à se- conder les projets de ma noble parenté. Je n'étais pas entré depuis un jour dans Saint-Quentin pour défendre la place ou pour mourir, quand j'ai reçu de mon oncle un exprès. Cet exprès ne venait pas m'informer, comme je le crus d'abord, des mouvemens de l'ennemi et des plans militaires du connétable. Non, vraiment ! Il avait tra- versé mille périls pour venir me donner avis qu'au couvent des Bénédictines de Saint-Quentin se cachait, sous un nom supposé, madame Diane de Castro, fille du roi, et que j'eusse à surveiller exactement toutes ses démarches. Puis, hier, un émissaire flamand, gagné à prix d'or par monsieur de Montmorency prisonnier, m'a demandé à la poterne du Sud. J'ai pensé qu'il allait me dire de la part de mon oncle de prendre courage, que je devais relever la gloire des Montmorency ternie par l'échec de Saint-Laurent, que le roi ajouterait immanquablement d'autres secours à ceux amenés par vous, Gabriel, et qu'en tous cas, je mourusse sur la brèche plutôt que de rendre Saint-Quentin. Non ! non ! l'émissaire acheté ne venait pas m'apporter de ces généreuses paroles qui raniment et excitent, et je m'étais grossièrement trompé ! Cet homme devait m'avertir seulement que le vicomte d'Exmès, arrivé de la veille dans ces murs sous prétexte d'y combattre et d'y mourir, aimait madame de Castro fiancée à mon cousin François de Montmorency, et que la réunion des amans pouvait porter atteinte aux grands projets mûris par mon oncle. Mais je me trouvais, par bonheur ! gouverneur de Saint-Quentin, et mon devoir était d'employer mon activité tout entière à séparer par tous les moyens possibles madame Diane et Gabriel d'Exmès, à m'opposer surtout à toutes leurs entrevues, et à contribuer ainsi à l'élévation et à la puissance de ma famille !

Tout ceci fut dit avec une amertume et une tristesse évidentes. Mais Gabriel ne sentait que le coup porté à ses espérances d'amour.

— Ainsi, monsieur, dit-il avec une sourde colère à l'amiral, c'est vous qui m'avez dénoncé à la supérieure des Bénédictines, et qui, fidèle aux instructions de votre oncle, comptez sans doute m'enlever une à une toutes les chances que je pourrais avoir de me rester de retrouver et de revoir Diane ?

— Taisez-vous, jeune homme ! s'écria l'amiral avec une expression de fierté indicible. Mais je vous pardonne, reprit-il plus doucement, la passion vous aveugle, et vous n'avez pas encore eu le temps de connaître Gaspard de Coligny.

Il y eut dans l'accent de ces paroles tant de noblesse et de bonté que tous les soupçons de Gabriel s'évanouirent, et qu'il eut honte de les avoir seulement admis une minute.

— Pardon ! dit-il en tendant la main à Gaspard. Comment ai-je pu croire que vous fussiez mêlé à de pareilles intrigues ! Pardon mille fois, monsieur l'amiral.

— A la bonne heure, Gabriel, reprit Coligny, je vous retrouve avec vos instincts jeunes et purs. Non, certes, je ne me mêle pas à de telles menées, je les méprise et je méprise ceux qui les ont conçues. Je n'y vois pas la gloire, mais la honte de ma famille, et loin de vouloir en profiter, j'en rougis. Si ces hommes, qui bâtissent leur fortune par tous les moyens, scandaleux ou non, qui regardent pas, pour assouvir leur ambition et leur cupidité, à la douleur et à la ruine de leurs semblables, qui passeraient même, pour arriver plus tôt à leur but infâme, sur le cadavre de la mère-patrie, si ces hommes sont mes parens, c'est le châtiment par lequel Dieu frappe mon orgueil et me rappelle à l'humilité ; c'est un encouragement à me montrer sévère envers moi-même, et intègre envers les autres pour racheter les fautes de mes proches.

— Oui, reprit Gabriel, je sais que l'honneur et la vertu des temps évangéliques résident en vous, monsieur l'amiral, et je vous fais encore mes excuses de vous avoir un moment parlé comme à un de ces seigneurs de notre cour, sans foi ni loi, que j'ai trop appris à mépriser et à haïr.

— Hélas ! dit Coligny, il faut plutôt les plaindre, ces pauvres ambitieux de rien, ces pauvres papistes aveuglés. Mais, reprit-il, j'oublie que je ne suis point devant un de mes frères en religion. N'importe, vous êtes digne d'être des nôtres, Gabriel, et vous serez des nôtres tôt ou tard. Oui, Dieu, pour qui tous les moyens sont saints, vous ramènera, je le prévois, à la vérité par la passion même, et cette lutte inégale, où votre amour va vous briser contre une cour corrompue, finira par vous conduire dans nos rangs un jour ou l'autre. Je serais heureux de contribuer à jeter en vous, ami, les premières semences de la moisson divine.

— Je savais déjà, monsieur l'amiral, dit Gabriel, que vous apparteniez au parti des réformés, et j'en ai appris à estimer le parti qu'on persécute. Néanmoins, voyez-vous, je suis un faible d'esprit, étant un faible de cœur, et je sens bien que je serai toujours de la religion dont sera Diane.

— Eh bien ! dit Gaspard de Coligny, pris comme ses coreligionnaires de la fièvre du prosélytisme ; eh bien ! si madame de Castro est de la religion de la nature et de la vérité, elle est de notre religion, et vous en serez, Gabriel. Vous en serez aussi, je le répète, parce que cette cour dissolue avec laquelle, imprudent ! vous entrez en lutte, vous vaincra, et que vous voudrez vous venger. Croyez-vous que monsieur de Montmorency, qui a jeté son dévolu sur la fille du roi pour son fils, consente à vous abandonner cette riche proie ?

— Hélas ! je ne la lui disputerais peut-être pas, dit Gabriel. Que le roi tienne seulement des engagemens sacrés pris avec moi…

— Des engagemens sacrés ! reprit l'amiral. Est-ce qu'il en est, Gabriel, pour celui qui, après avoir ordonné au parlement de discuter librement devant lui la question de la liberté de conscience, fit brûler Anne Dubourg et Dufaur, pour avoir, sur la foi de la parole royale, plaidé la cause de la réforme.

— Oh ! ne me dites pas cela ! monsieur l'amiral, s'écria Gabriel ; ne me dites pas que le roi Henri II me tiendra pas la promesse solennelle qu'il m'a faite ; car alors ce ne serait pas seulement ma croyance qui se ferait rebelle, ce serait aussi, j'en ai peur, mon épée ; je ne deviendrais pas huguenot, je deviendrais meurtrier.

— Non, si vous deveniez huguenot, reprit Gaspard de Coligny. Nous pourrons être martyrs ; nous ne serons jamais assassins… Mais votre vengeance, pour n'être pas sanglante, n'en serait pas moins terrible, ami. Vous nous aideriez de votre jeune courage, de votre ardent dévouement, dans une œuvre de rénovation, qui devra sembler plus funeste au roi qu'un coup de poignard, peut-être. Songez, Gabriel, que nous voudrions lui arracher ses droits iniques et ses monstrueux privilèges ; songez que ce n'est pas seulement dans l'Église, mais aussi dans le gouvernement, que nous tâcherions d'apporter une réforme, salutaire aux bons, mais redoutable aux pervers. Vous avez pu voir si j'aime la France et si je la sers. Eh bien ! je suis avec les réformés, en partie, parce que je vois dans la réforme la grandeur et l'avenir de la patrie. Gabriel ! Gabriel ! si vous aviez lu seulement une fois les livres puissans de notre Luther, vous verriez comme cet esprit d'examen et de liberté qu'ils respirent mettraient en vous une autre âme, et vous ouvriraient une nouvelle vie.

— Ma vie, c'est mon amour pour Diane, répondit Gabriel ; mon âme, c'est une tâche sainte que Dieu m'a imposée et que j'espère accomplir.

— Amour et tâche d'un homme, reprit Gaspard, mais qui doivent pouvoir se concilier, certes, avec la tâche et l'amour d'un chrétien ! Vous êtes jeune et aveuglé, ami ; mais, je ne le prévois que trop, et mon cœur saigne de vous le prédire, le malheur vous dessillera les yeux. Votre générosité et votre pureté vous attireront tôt ou tard des douleurs dans cette cour licencieuse et méchante, comme les grands arbres, dans un air de tempête, attirent la foudre. Vous réfléchirez alors à ce que je vous dis aujourd'hui. Vous connaîtrez ces livres, celui-ci, par exemple, reprit l'amiral en montrant sur sa table un volume ouvert qu'il prit. Vous comprendrez ces paroles hardies et sévères, mais justes et belles, que vient de faire entendre un jeune homme comme vous, conseiller au parlement de Bordeaux, qu'on appelle Etienne de la Boétie. Vous direz alors, Gabriel, avec ce livre vigoureux de *La servitude volontaire* : « Quel malheur ou quel vice de voir un nombre infini, non pas obéir, mais servir ; non pas être gouvernés, mais tyrannisés d'un seul, et non pas d'un Hercule ni d'un Samson, mais d'un seul hommeau, et le plus souvent du plus lâche et féminin de la nation, tout empêché de servir virilement à quelque femmelette. »

— Ce sont là, en effet, dit Gabriel, de dangereux et audacieux discours, et qui étonnent l'intelligence. Vous avez d'ailleurs raison, monsieur l'amiral, il se peut qu'un jour la colère me jette dans vos rangs, et que l'oppression me mette du parti des opprimés. Mais jusque-là, voyez-vous, ma vie est trop pleine pour que ces idées nouvelles que vous me présentez puissent y tenir, et j'ai à faire trop de choses pour avoir le temps de méditer des livres.

Néanmoins, Gaspard de Coligny développa encore avec chaleur les doctrines et les idées qui fermentaient alors comme un vin nouveau dans son esprit, et la conversation se prolongea longtemps entre le jeune homme passionné et l'homme convaincu, l'un résolu et fougueux comme l'action, l'autre grave et profond comme la pensée.

L'amiral d'ailleurs ne se trompait guère dans ses sombres prévisions, et le malheur devait en effet se charger de féconder les germes que cet entretien semait dans l'âme ardente de Gabriel.

XXXIII.

LA SOEUR BÉNIE.

C'était une soirée d'août sereine et splendide. Dans le ciel, d'un bleu calme et profond, tout parsemé d'étoiles, la lune cependant ne s'était pas encore levée ; mais la nuit, plus mystérieuse, n'en était que plus rêveuse et plus charmante.

Cette douce tranquillité contrastait singulièrement avec le mouvement et le fracas qui avaient rempli la journée. Les Espagnols avaient donné deux assauts consécutifs. Ils avaient été repoussés deux fois, mais non sans faire plus de morts et plus de blessés que le petit nombre des défenseurs de la place ne pouvait en supporter. L'ennemi, au contraire, avait de puissantes réserves et des troupes fraîches pour remplacer les troupes fatiguées. Aussi Gabriel, toujours sur ses gardes, craignait que les deux assauts du jour n'eussent pour but unique d'épuiser les forces et la vigilance des assiégeans, afin de favoriser un troisième assaut ou une surprise nocturne. Cependant dix heures venaient de sonner à la Collégiale, et rien ne confirmait ses soupçons. Pas une lumière ne brillait parmi les tentes espagnoles. Dans le camp, comme dans la ville, on n'entendait que le cri monotone des sentinelles, et, comme la ville, le camp semblait se reposer des rudes fatigues de la journée.

En conséquence, Gabriel, après une dernière ronde autour des remparts, crut pouvoir se relâcher un moment de cette surveillance de toutes les minutes dont il avait entouré la ville, comme un fils sa mère malade. Saint-Quentin, depuis l'arrivée du jeune homme, avait résisté déjà quatre jours. Quatre jours encore, et il aurait tenu la promesse faite au roi, et le roi n'aurait plus qu'à tenir la sienne.

Gabriel avait ordonné à son écuyer de le suivre, mais sans lui dire où il allait. Depuis la déconvenue de la veille auprès de la supérieure, il commençait à se défier, sinon de la fidélité, au moins de l'intelligence de Martin-Guerre. Il s'était donc gardé de lui faire part des précieux renseignemens que Jean Peuquoy lui avait donnés, et le Martin-Guerre postiche, qui croyait n'accompagner son maître qu'à une ronde militaire, fut assez étonné de le voir se diriger vers le boulevard de la Reine, où la grande ambulance avait été établie.

— Allez-vous donc voir quelque blessé, monseigneur? dit-il.

— Chut! répondit seulement Gabriel en mettant un doigt sur ses lèvres.

La principale ambulance, devant laquelle Gabriel et Arnauld arrivaient en ce moment, avait été placée auprès des remparts, non loin du faubourg d'Isle, qui était l'endroit le plus périlleux et celui par conséquent où les secours étaient le plus nécessaires. C'était un grand bâtiment qui servait, avant le siège, de magasin à fourrage, mais qu'on avait dû mettre par urgence à la disposition des chirurgiens. La douceur d'une nuit d'été avait permis de laisser ouverte la porte du milieu de l'ambulance, pour renouveler et rafraîchir l'air. Du bas des marches d'une galerie extérieure, Gabriel pouvait donc déjà, à la lueur des lampes allumées sans cesse, plonger son regard dans cette salle des souffrances.

Le spectacle était navrant. Il y avait bien çà et là quelques lits sanglans dressés à la hâte ; mais ce luxe n'était accordé qu'aux privilégiés. La plupart des malheureux blessés gisaient à terre sur des matelas, des couvertures, et même sur la paille. Des gémissemens aigus ou plaintifs appelaient de toutes parts les chirurgiens et leurs aides qui, malgré leur zèle, ne pouvaient entendre à tous cependant. Ils allaient au pansement le plus nécessaire, à l'amputation la plus pressée et les autres devaient attendre. Et le tremblement de la fièvre ou les convulsions de l'agonie tordaient sur leur grabat les misérables ; et si, dans quelque coin, l'un d'eux étendu restait sans mouvement et sans cri, le drap-linceul, ramené sur sa tête, disait assez qu'il ne devait plus jamais remuer ou se plaindre.

Devant ce douloureux et lugubre tableau, les cœurs les plus vaillans et les plus pervers auraient perdu leur endurcissement et leur courage. Arnauld du Thill ne put s'empêcher de frissonner et Gabriel de pâlir.

Mais, tout à coup, sur cette pâleur soudaine du jeune homme un sourire attendri se dessina. Au milieu de cet enfer rempli d'autant de douleurs que celui de Dante, l'ange calme et radieux, la douce Béatrix, venait de lui apparaître. Diane, ou plutôt la sœur Bénie, venait de passer, sereine et mélancolique, au milieu de tous ces pauvres blessés.

Jamais elle n'avait semblé plus belle à Gabriel ébloui. Certes, aux fêtes de la cour, l'or, les diamans et le velours ne lui seyaient pas comme, dans cette morne ambulance, la robe de bure et la guimpe blanche de la religieuse. A son profil pur, à sa chaste démarche, à son consolant regard, on eût dû la prendre pour la Pitié elle-même descendue en ce lieu de souffrances. La pensée chrétienne ne pouvait pas s'incarner sous une forme plus admirable, et rien n'était touchant comme de voir cette beauté choisie se pencher sur ces fronts hâves et défigurés par l'angoisse, et cette fille de roi tendre sa petite main émue à ces soldats sans nom qui allaient mourir.

Gabriel songea involontairement à madame Diane de Poitiers occupée sans doute, en ce moment même, de dilapidations joyeuses et d'impudiques amours, et Gabriel, frappé de ce contraste étrange entre les deux Diane, se dit qu'à coup sûr Dieu avait fait les vertus de la fille pour racheter les fautes de la mère.

Tandis que Gabriel, dont le défaut n'était pourtant pas d'être un rêveur, se livrait à sa contemplation et à ses comparaisons sans s'apercevoir que le temps passait, dans l'intérieur de l'ambulance la tranquillité s'établissait peu à peu. La soirée en effet était déjà avancée ; les chirurgiens achevaient leur tournée ; le mouvement cessait et aussi le bruit. On recommandait aux blessés le silence et le repos et des breuvages assoupissans aidaient à la recommandation. On entendait encore çà et là quelques gémissemens plaintifs, mais plus de ces cris déchirans de tout à l'heure. Avant qu'une demi-heure se fût écoulée, tout redevint calme, autant que la souffrance peut être calme.

Diane avait adressé aux malades ses dernières paroles de consolation, et les avait, après les médecins et mieux qu'eux exhortés à la paix et à la patience. Tous obéissaient de leur mieux à sa voix doucement impérieuse. Quand elle vit que pour chacun d'eux les prescriptions ordonnées étaient remplies, et qu'en ce moment nul n'avait plus besoin d'elle, elle respira longuement, comme pour soulager sa poitrine oppressée et s'approcha de la galerie extérieure, sans doute afin de respirer un peu à la porte l'air frais du soir, et de se reposer des misères et des infirmités des hommes en contemplant les étoiles de Dieu.

Elle vint, en effet, s'appuyer sur une sorte de balustre de pierre, et son regard levé au ciel n'aperçut pas au bas des marches, à dix pas d'elle, Gabriel ravi en extase à son aspect comme devant une apparition céleste.

Un assez brusque mouvement de Martin-Guerre, qui ne semblait pas partager ce ravissement, ramena notre amoureux sur la terre.

— Martin, dit-il à son écuyer à voix basse, tu vois quelle occasion unique m'est offerte. Je dois, je veux en profiter, et parler, peut-être hélas! pour la dernière fois, à madame Diane. Toi, veille cependant à ce qu'on ne nous interrompe pas, et fais le guet un peu à l'écart, tout en restant néanmoins à portée de ma voix. Va, mon fidèle serviteur, va.

— Mais, monseigneur, objecta Martin, ne craignez-vous pas que madame la supérieure?...

— Elle est dans une autre salle probablement, reprit Gabriel. Et puis, il n'y a pas à hésiter devant la nécessité qui peut désormais nous séparer pour toujours.

Martin parut se résigner et s'éloigna en jurant, mais tout bas.

Pour Gabriel, il s'approcha de Diane un peu plus, et, contenant sa voix afin de n'éveiller l'attention de personne, appela doucement :

— Diane! Diane!

Diane tressaillit ; mais ses yeux, qui n'avaient pas encore eu le temps de s'habituer à l'ombre, ne virent pas d'abord Gabriel.

— M'appelle-t-on? dit-elle ; et qui m'appelle ainsi?

— Moi! répondit Gabriel, comme si le monosyllabe de Médée devait suffire pour le faire reconnaître.

Il suffit en effet, car Diane, sans en demander davantage, reprit d'une voix que l'émotion et la surprise faisaient tremblante.

— Vous, monsieur d'Exmès! est-ce bien vous? et que voulez-vous de moi en ce lieu et à cette heure? Si, comme on me l'avait annoncé, vous m'apportez des nouvelles du roi mon père, vous avez bien tardé, et vous choisissez mal l'endroit et le moment. Sinon, vous le savez, je n'ai rien à entendre de vous et je ne veux rien entendre. Eh bien! monsieur d'Exmès, vous ne répondez pas? ne m'avez-vous pas comprise? Vous vous taisez? que signifie ce silence, Gabriel?

— Gabriel! à la bonne heure donc! s'écria le jeune homme. Je ne vous répondais pas, Diane, parce que vos froides paroles me glaçaient, et que je ne trouvais pas la force de vous appeler *madame*, comme vous m'appeliez *monsieur*. C'est bien assez déjà de vous dire : Vous!

— Ne m'appelez pas madame et ne m'appelez plus non plus Diane. Madame de Castro n'est pas ici ; c'est la sœur Bénie qui est devant vous. Appelez-moi ma sœur, et je vous appellerai mon frère!

— Quoi! qu'est-ce à dire? s'écria Gabriel en reculant épouvanté. Moi, vous nommer ma sœur! pourquoi voulez-vous, grand Dieu! que je vous nomme ma sœur?

— Mais c'est le nom qu'à présent tout le monde me donne, reprit Diane. Est-ce donc un nom si effrayant ?

— Oh! oui, oui, certes! ou plutôt non ; pardonnez-moi, je suis fou. C'est un titre doux et charmant ; je m'y habituerai, Diane, je m'y habituerai... ma sœur.

— Vous voyez, reprit Diane en souriant tristement. C'est d'ailleurs le vrai nom chrétien qui me convient désormais ; car, bien que je n'aie pas encore prononcé mes vœux, je suis déjà religieuse par le cœur ; et je le serai bientôt par le fait, j'espère, dès que j'aurai obtenu la permission du roi. M'apportez-vous cette permission, mon frère ?

— Oh! fit Gabriel avec douleur et reproche.

— Mon Dieu! reprit Diane, il n'y a, je vous assure, aucune amertume dans mes paroles. J'ai tant souffert depuis quelque temps parmi les hommes, que naturellement je cherche mon refuge en Dieu. Ce n'est pas le dépit qui me fait agir et parler, c'est la douleur.

Il n'y avait, en effet, dans l'accent de Diane que de la douleur et de la tristesse. Et dans son cœur pourtant se mêlait à cette tristesse une joie involontaire qu'elle n'avait pu contenir à l'aspect de Gabriel, de Gabriel qu'elle avait cru autrefois perdu pour son amour et pour ce monde, et qu'elle retrouvait aujourd'hui énergique, fort et peut-être tendre.

Aussi, sans le vouloir, sans le savoir, elle avait descendu de deux ou trois degrés l'escalier, et, attirée par un aimant invincible, s'était ainsi rapprochée de Gabriel.

— Ecoutez, dit celui-ci, il faut que le malentendu cruel qui a déchiré nos deux cœurs cesse à la fin. Je ne puis supporter plus longtemps cette pensée que vous me méconnaissez, que vous croyez à mon indifférence, ou, qui sait? à ma haine. Cette idée affreuse me trouble, même dans la tâche sainte et difficile que je dois accomplir. Mais venez un peu à l'écart... ma sœur, vous avez encore confiance en moi, n'est-ce pas? Eloignons-nous, je vous prie, de cette place ; si l'on ne peut nous voir, on peut nous entendre, et j'ai des raisons de craindre qu'on ne veuille troubler notre entretien, cet entretien qui, je vous le dis, ma sœur, est nécessaire à ma raison et à ma tranquillité.

Diane ne réfléchit plus. De tels mots prononcés par une telle bouche étaient tous-puissants sur elle. Elle remonta seulement deux marches pour voir dans la salle de l'ambulance si l'on n'avait pas besoin d'elle, et, trouvant tout en repos comme il fallait, elle redescendit aussitôt vers Gabriel, appuyant sa main confiante sur la main loyale de son *gentilhomme*.

— Merci! lui dit Gabriel, les momens sont précieux ; car ce que je crains, le savez-vous, c'est que la supérieure, qui connaît mon amour maintenant, ne vienne s'opposer à cette explication, grave et pure pourtant comme mon affection pour vous, ma sœur.

— C'est donc cela, reprit Diane, qu'après m'avoir parlé elle-même de votre arrivée et du désir que vous aviez de m'entretenir, la bonne mère Monique, instruite par quelqu'autre sans doute du passé que je lui avais en partie caché, je l'avoue, m'a empêchée depuis trois jours de sortir du couvent, et aurait voulu encore m'y retenir ce soir, si, mon tour de veille à l'ambulance étant arrivé, je n'avais tenu absolument à remplir mon douloureux devoir. Oh! Gabriel! la tromper, cette douce et vénérable amie, n'est-ce pas bien mal à moi?

— Faut-il donc vous répéter, reprit Gabriel avec mélancolie, que vous êtes auprès de moi comme auprès d'un frère, hélas! que je dois, que je veux faire taire tous les tressaillemens de mon cœur, et vous parler uniquement comme un ami, certes toujours dévoué et qui mourrait pour vous avec joie, mais qui écoutera sa tristesse bien plutôt que son amour, soyez tranquille!

— Alors parlez donc, mon frère, reprit Diane.

Mon frère! ce nom terrible et charmant rappelait toujours à Gabriel l'étrange et solennelle alternative où la destinée l'avait placé, et, comme un mot magique, chassait les ardentes pensées qu'auraient pu éveiller au cœur du jeune homme la nuit solitaire et la ravissante beauté de sa bien-aimée.

— Ma sœur, dit-il d'une voix assez ferme, j'avais absolument besoin de vous revoir et de vous parler, pour vous adresser deux prières : l'une qui a trait au passé, l'autre qui se rapporte à l'avenir. Vous êtes bonne et généreuse, Diane, et vous pouvez accorder toutes deux à un ami qui ne vous rencontrera peut-être plus sur son chemin en ce monde, et qu'une mission fatale et dangereuse expose à toute minute à la mort.

— Oh! ne dites pas cela, ne dites pas cela! s'écria madame de Castro prête à défaillir, et mesurant, éperdue, son amour à son épouvante.

— Je vous dis cela, ma sœur, repartit Gabriel, non pour que vous vous alarmiez, mais pour que vous ne me refusiez pas un pardon et une grâce. Le pardon est pour cet effroi et ce chagrin qu'a dû vous causer mon délire, le jour où je vous ai vue pour la dernière fois à Paris. J'ai jeté dans votre pauvre cœur l'épouvante et la désolation. Hélas ! ma sœur, ce n'était pas moi qui vous parlais, c'était la fièvre. Je ne savais pas ce que je disais, vraiment ; et une révélation terrible reçue ce jour-là même, et que j'avais peine à contenir en moi, m'emplissait de démence et de désespoir. Vous vous souvenez peut-être, ma sœur, que c'est en vous quittant que je fus pris de cette longue et douloureuse maladie qui faillit me coûter la vie ou au moins la raison ?

— Si je m'en souviens, Gabriel ! s'écria Diane.

— Ne m'appelez pas Gabriel, par grâce ! appelez-moi mon frère toujours, comme tout à l'heure ; appelez-moi mon frère ! Ce nom qui me faisait peur d'abord, j'ai besoin de l'entendre à présent.

— Comme vous voudrez... mon frère, reprit Diane étonnée.

Mais en ce moment, à cinquante pas d'eux, le bruit régulier d'une troupe en marche se fit entendre, et la sœur Bénie se serra contre Gabriel avec crainte.

— Qui vient là ? mon Dieu ! on va nous voir ! dit-elle.

— C'est une patrouille de nos hommes, reprit Gabriel assez contrarié.

— Mais ils vont passer auprès de nous, me reconnaître ou appeler. Oh ! laissez-moi rentrer avant qu'ils n'approchent ; laissez-moi me sauver, je vous en supplie.

— Non, il est trop tard, reprit Gabriel en la retenant. Fuir maintenant, ce serait se montrer. Par ici, plutôt ; venez par ici, ma sœur.

Et, suivi de Diane tremblante, il monta en toute hâte un escalier caché par une rampe de pierre, qui conduisait sur les remparts mêmes. Là, il plaça Diane et se plaça lui-même entre une guérite non gardée et les créneaux.

La patrouille passa à vingt pas sans les voir.

— Que voilà un point mal protégé ! se dit Gabriel, chez qui son idée fixe veillait toujours.

Mais il revint aussitôt à Diane, à peine rassurée encore.

— Soyez tranquille maintenant, ma sœur, lui dit-il ; le péril est passé. Mais écoutez-moi, car le temps passe, et j'ai encore sur mon cœur les deux poids qui l'oppressaient. Vous ne m'avez pas dit d'abord que vous m'aviez pardonné ma folie, et j'ai toujours à porter ce lourd fardeau du passé.

— Pardonne-t-on la fièvre et le désespoir ? reprit Diane ; non, mon frère, on les plaint et on les console. Je ne vous en voulais pas, je pleurais ; à présent, vous voilà revenu à la raison et à la vie, et je suis, moi, résignée à la volonté de Dieu.

— Ah ! ce n'est pas le tout que la résignation, ma sœur, s'écria Gabriel, il faut que vous ayez l'espérance. C'est pour cela que j'ai voulu vous voir. Vous m'avez délivré de mon remords du passé, merci ! Mais il faut que vous m'ôtiez de dessus la poitrine mon angoisse pour votre avenir. Vous êtes, voyez-vous, un des buts rayonnants de mon existence. Il faut que, tranquille sur ce but, je n'aie à me préoccuper, en y marchant, que des périls du chemin ; il faut que je sois certain de vous trouver au terme de ma route, avec un sourire, triste si j'échoue, et joyeux si je réussis, mais, en tous cas, avec un sourire ami. Pour cela, il ne doit pas y avoir entre nous de méprise. Cependant, ma sœur, il sera nécessaire que vous me croyiez sur parole et que vous ayez en moi une foi de confiance ; car le secret qui réside au fond de mes actions ne m'appartient pas ; j'ai juré de le garder, et si je veux qu'on tienne les engagemens pris envers moi, je dois tenir aussi les engagemens pris par moi envers les autres.

— Expliquez-vous, dit Diane.

— Ah ! reprit Gabriel, vous voyez bien que j'hésite et que je cherche des détours, parce que je songe à cet habit que vous portez, à ce nom de sœur que je vous donne, et, plus que tout cela, au profond respect qu'il y a pour vous dans mon cœur ; et je ne veux prononcer aucune parole qui réveille ou des souvenirs trop enivrants, ou des illusions trop dangereuses. Et pourtant, il faut bien que je vous le dise, que jamais votre image adorée ne s'est effacée ou seulement affaiblie en mon âme, et que rien et personne ne pourra l'affaiblir jamais !

— Mon frère !... interrompit Diane, à la fois confuse et charmée.

— Oh ! écoutez-moi jusqu'au bout, ma sœur, reprit Gabriel. Je vous le répète, rien n'a altéré et rien n'altérera jamais cet ardent... dévouement que je vous ai consacré ; et même, je suis heureux de le dire, et de le dire, quoi qu'il advienne, il me sera toujours, non-seulement permis, mais commandé presque de vous aimer. Seulement, de quelle nature devra être cette tendresse ? Dieu seul le sait, hélas ! mais nous le saurons bientôt aussi, je l'espère. En attendant, voici ce que j'ai à vous demander, sœur : Confiante au Seigneur et en votre frère, vous laisserez faire la Providence et mon amitié, n'espérant rien, mais ne désespérant pas non plus. Comprenez-moi bien. Vous m'avez dit autrefois que vous m'aimiez, et, pardonnez-moi je sens, dans mon cœur que vous pouvez m'aimer encore, si le destin le veut bien. Or, je désire atténuer ce que mes paroles ont eu de trop désolant dans ma folie, lorsque je vous ai quittée au Louvre. Il ne faut ni nous leurrer de vaines chimères, ni croire que tout est décidément fini pour nous en ce monde. Attendez. D'ici le temps je viendrai vous dire de deux choses l'une ; ou bien : Diane, je t'aime, souviens-toi de notre enfance et de tes aveux ; il faut que tu sois à moi, Diane, et que, par tous les moyens possibles, nous obtenions du roi son consentement à notre union. Ou bien, je vous dirai : Ma sœur, une fatalité invincible s'oppose à notre amour et ne veut pas que nous soyons heureux ; rien ne dépend de nous en tout ceci, et c'est quelque chose de surhumain, de divin presque, qui vient se placer entre nous, ma sœur. Je vous rends votre promesse. Vous êtes libre. Donnez votre vie à un autre, vous n'en serez ni à blâmer, ni même, hélas ! à plaindre ; non, nos larmes même seraient ici de trop. Courbons la tête sans mot dire, et acceptons notre destinée inévitable. Vous me serez toujours chère et sacrée ; mais nos deux existences qui pourront, Dieu merci ! se côtoyer encore, ne pourront jamais se mêler.

— Quelle étrange et redoutable énigme ! ne put s'empêcher de dire madame de Castro, perdue dans une rêverie pleine d'effroi.

— Cette énigme, reprit Gabriel, je pourrai sans doute vous en dire le mot alors. Jusque-là, vous creuseriez en vain l'abîme de ce secret, ma sœur. Jusque-là donc, attendez et priez. Me le promettez-vous, d'abord, de croire en mon cœur, et puis, de ne plus nourrir la pensée désolée de renoncer au monde pour vous ensevelir dans un cloître ? Me le promettez-vous d'avoir la foi et l'espérance, comme vous avez déjà la charité ?

— Foi en vous, espérance en Dieu, oui, je puis vous promettre cela maintenant, mon frère. Mais pourquoi voulez-vous que je m'engage à retourner dans le monde, si ce n'est pour vous y accompagner. Mon âme, n'est-ce pas assez pour quoi vous voulez-vous que je vous soumette aussi ma vie, quand ce n'est pas à vous peut-être que je devrai la consacrer ? Tout n'est donc en moi et autour de moi que ténèbres, mon Dieu !

— Sœur, dit Gabriel de sa voix pénétrante et solennelle, je vous demande cette promesse pour marcher paisible et fort désormais dans ma voie redoutable et mortelle peut-être, et pour être sûr de vous trouver libre et prête au rendez-vous que je vous donne.

— C'est bien, mon frère, je vous obéirai, dit Diane.

— Oh ! merci, merci ! s'écria Gabriel. L'avenir m'appartient maintenant. Voulez-vous mettre votre main dans la mienne comme gage de votre promesse, ma sœur ?

— La voici, mon frère.

— Ah ! je suis sûr de vaincre à présent, reprit l'ardent jeune homme. Il me semble que rien ne sera plus désormais contraire à mes désirs et à mes desseins.

Mais, comme pour donner un double démenti à ce rêve, en ce moment même des voix appelant la sœur Bénie s'écrièrent du côté de la ville, et, dans le même temps, Gabriel crut entendre derrière lui un léger bruit du côté des fossés. Mais il ne s'occupa d'abord que de l'effroi de Diane.

— On me cherche, on m'appelle ! Jésus ! si on nous trouvait ensemble ! Adieu, mon frère, adieu, Gabriel.

— Au revoir, ma sœur, au revoir Diane. Allez ! je reste ici. Vous serez sortie seulement pour prendre l'air. A bientôt, et merci encore.

Diane se hâta de redescendre l'escalier et d'aller au-devant des gens portant des torches qui l'appelaient de toutes parts à tue-tête, précédés par la mère Monique.

Qui donc avait, par ses insinuations faussement niaises, donné l'éveil à la supérieure ? qui, si ce n'est mons Arnauld, mêlé, avec la mine la plus piteuse du monde, à ceux qui cherchaient la sœur Bénie. Personne n'avait un air candide comme ce coquin-là ! aussi ressemblait-il au bon Martin-Guerre.

Gabriel, rassuré en voyant de loin Diane rejoindre sans encombre la mère Monique et sa troupe, s'apprêtait aussi à quitter les remparts, quand tout à coup une ombre se dressa derrière lui.

Un homme, un ennemi, armé de toutes pièces, enjambait la muraille.

Courir à cet homme, le renverser d'un coup d'épée, et, tout en criant : Alarme ! alarme ! d'une voix retentissante, s'élancer à la tête de l'échelle dressée contre les murs, et toute chargée d'Espagnols, ce fut pour Gabriel l'affaire d'un instant.

Il s'agissait tout simplement d'une surprise nocturne, et Gabriel ne s'était pas trompé, l'ennemi avait donné coup sur coup deux assauts dans le jour pour pouvoir hasarder plus sûrement dans la nuit cette tentative hardie.

Mais la Providence, ou, pour parler plus véridiquement et plus païennement, l'Amour avait amené là Gabriel. Avant qu'un second ennemi eût le temps de suivre sur la plate-forme celui qu'il avait déjà abattu, il saisit de ses mains vigoureuses les deux montants de l'échelle et les dix assiégeans qu'elle portait.

Leurs cris, en se brisant à terre, se mêlèrent aux cris de Gabriel appelant toujours : Aux armes ! Pourtant, à vingt pas plus loin, une autre échelle s'était déjà dressée, et, là, pas de point d'appui pour Gabriel ! Par bonheur, il avisa dans l'ombre une grosse pierre, et, le danger doublant sa vigueur, il put la soulever jusque sur le parapet, d'où il n'eut qu'à la pousser sur la seconde échelle : ce poids terrible la brisa en deux du coup, et les malheureux qui y montaient, assommés ou meurtris, vinrent tomber dans les fossés, effrayant de leur agonie leurs compagnons dès lors hésitant.

Cependant les cris de Gabriel avaient donné l'alarme ; les sentinelles l'avaient propagée ; les tambours battaient le rappel ; le tocsin de la Collégiale retentit à coups pressés. Cinq minutes ne s'étaient pas écoulées, et plus de cent hommes déjà étaient accourus auprès du vicomte d'Exmès, prêts à repousser avec lui les assaillans qui oseraient se présenter encore, et tirant même avec avantage sur ceux qui étaient dans les fossés et qui ne pouvaient répondre au feu de leurs arquebuses.

Le hardi coup de main des Espagnols était donc manqué. Il ne pouvait réussir que si, en réalité, le point de l'attaque avait été dégarni de défenseurs, comme on avait cru le remarquer. Mais Gabriel, en se trouvant là, avait déjoué la surprise. Les assiégeans n'avaient plus qu'à battre en retraite, ce qu'ils firent au plus vite, mais non pas sans laisser nombre de morts, et sans emporter nombre de blessés.

La ville était sauvée encore une fois, et encore une fois grâce à Gabriel.

Mais il fallait qu'elle tînt bon quatre longs jours encore, pour que la promesse faite au roi fût accomplie.

XXXIV.

UNE VICTORIEUSE DÉFAITE.

L'échec inattendu qu'ils venaient de subir eut pour premier effet de décourager les assiégeans, et ils semblèrent comprendre qu'ils ne s'empareraient décidément de la ville qu'après avoir anéanti un à un les moyens de résistance qu'elle pouvait leur opposer encore. Donc, pendant trois jours, ils ne tentèrent pas de nouvel assaut ; mais toutes leurs batteries tonnèrent, toutes leurs mines jouèrent sans relâche et sans repos. Les hommes qui défendaient la place, animés d'un esprit surhumain, leur paraissaient invincibles ; ils s'attaquèrent aux murailles, et les murailles furent moins solides que les poitrines. Les tours croulaient, les fossés se comblaient, toute la ceinture de la ville tombait lambeau par lambeau.

Puis, quatre jours après leur surprise nocturne, les Espagnols se hasardèrent enfin à l'assaut. C'était le huitième et dernier jour demandé à Henri II par Gabriel. Si l'attaque des ennemis échouait encore cette fois, son père était sauvé comme la ville ; sinon, toutes ses peines et tous ses efforts devenaient inutiles, le vieillard, Diane et lui-même, Gabriel, étaient perdus.

Aussi, quel furieux courage il déploya dans cette journée suprême, c'est ce qu'il est plus qu'impossible de dire. On n'eût pas cru qu'il pût y avoir dans l'âme et dans le corps d'un homme tant de puissance et d'énergie. Il ne voyait pas les dangers et la mort, mais seulement la pensée de son père et de sa fiancée, et il marchait contre les piques et au devant des balles et des boulets comme s'il eût été invulnérable. Un éclat de pierre l'atteignit au côté et un fer de lance au front, mais il ne sentait pas ses blessures ; il semblait ivre de bravoure ; il allait, courant, frappant, exhortant de la voix et de l'exemple. On le voyait partout où le péril était le plus urgent. Comme l'âme anime tout le corps, il animait toute cette ville : il était dix, il était vingt, il était cent. Et, dans cette exaltation prodigieuse, le sang-froid et la prudence ne lui manquaient pas. D'un coup d'œil plus prompt que l'éclair il apercevait le danger et y parait sur-le-champ. Puis, quand les assaillans cédaient, quand les nôtres, électrisés par cette valeur contagieuse, reprenaient évidemment l'avantage, vite Gabriel s'élançait à un autre poste menacé ; et sans se lasser, sans s'affaiblir, recommençait son héroïque mission.

Cela dura six heures, depuis une heure jusqu'à sept.

A sept heures, la nuit tombait et les Espagnols battaient en retraite de toutes parts. Derrière quelques pans de murs, avec quelques ruines de tours et quelques soldats décimés et mutilés, Saint-Quentin avait encore prolongé d'un jour, de plusieurs jours peut-être, sa glorieuse résistance.

Quand le dernier ennemi quitta le dernier poste attaqué, Gabriel tomba entre les mains de ceux qui l'entouraient, épuisé de fatigue et de joie.

On le porta triomphalement à la maison de ville.

Ses blessures d'ailleurs étaient légères et son évanouissement ne pouvait se prolonger. Quand il revint à lui, l'amiral de Coligny tout radieux était à ses côtés.

— Monsieur l'amiral, dit pour premier mot Gabriel, je n'ai pas rêvé, n'est-ce pas ? il y a bien eu aujourd'hui un assaut terrible que nous avons encore repoussé ?

— Oui, ami, et en partie grâce à vous, répondit Gaspard.

— Et les huit jours que le roi m'avait accordés sont écoulés ! s'écria Gabriel. Oh ! merci, merci ! mon Dieu !

— Et pour achever de vous reconforter, ami, reprit l'amiral, je vous apporte d'excellentes nouvelles. Protégée par notre défense de Saint-Quentin, la défense de tout le territoire s'organise, à ce qu'il paraît ; un de mes espions, qui a pu voir le connétable et entrer pendant le tumulte d'aujourd'hui, me donne là-dessus les meilleures espérances. Monsieur de Guise est arrivé à Paris avec l'armée de Piémont, et, de concert avec le cardinal de Lorraine, prépare à la résistance les villes et les hommes. Saint-Quentin dépeuplé et démantelé ne pourra pas résister au premier assaut, mais son œuvre et la nôtre est faite ; et la France est sauvée, ami. Oui, tout s'arme derrière nos fidèles remparts; la noblesse et tous les ordres de l'État se soulèvent, les recrues abondent, les dons gratuits pleuvent, deux corps auxiliaires allemands viennent d'être engagés. Quand l'ennemi en aura fini avec nous, et cela par malheur ne peut plus tarder, il trouvera du moins après nous à qui parler. La France est sauvée, Gabriel !

— Ah ! monsieur l'amiral, vous ne savez pas tout le bien que vous me faites, reprit Gabriel. Mais permettez-moi une question : ce n'est pas par un vain sentiment d'amour-propre que je vous la fais au moins ! vous me connaissez trop maintenant pour le croire, non ! il y a au fond de ma demande un motif bien sérieux et bien grave, allez ! Monsieur l'amiral, en deux mots, croyez-vous que ma présence ici depuis huit jours ait été pour quelque chose dans l'heureux résultat de la défense de Saint-Quentin ?

— Pour tout, ami, pour tout ! répondit Gaspard avec une généreuse franchise. Le jour de votre arrivée, vous l'avez vu, sans votre intervention bien inattendue, je cédais, j'allais plier sous la responsabilité terrible dont on chargeait ma conscience, je rendais moi-même aux Espagnols les clefs de cette cité que le roi avait confiée à ma garde. Le lendemain, n'avez-vous pas achevé votre œuvre en introduisant dans la ville un secours, faible sans doute, mais qui a suffi à remonter les esprits des assiégés ? Je ne parle pas des excellens conseils que vous donniez à nos mineurs et à nos ingénieurs. Je ne parle pas du brillant courage que vous avez toujours et partout déployé à chaque assaut. Mais, il y a quatre jours, qui a miraculeusement préservé la ville de cette surprise nocturne ? Mais, aujourd'hui même, qui, avec une audace et un bonheur inouïs, a prolongé encore une résistance que je croyais moi-même désormais impossible ? vous, toujours vous, ami, qui, partout présent et prêt sans cesse sur toute la ligne de nos remparts, sembliez vraiment partager le don d'ubiquité des anges; les soldats ne vous appellent plus autrement que le capitaine cinq-cents ! Gabriel, je vous le dis avec une joie sincère et une reconnaissance profonde, vous êtes le premier et le seul sauveur de cette ville, et, par conséquent, de la France.

— Oh ! grâces vous soient rendues, monsieur l'amiral, dit Gabriel, pour vos bonnes et vos indulgentes paroles ! Mais pardon ! est-ce que vous voudrez bien les répéter devant Sa Majesté ?

— Ce n'est pas seulement ma volonté, ami, reprit l'amiral, c'est mon devoir, et vous savez qu'à son devoir Gaspard de Coligny ne fault jamais.

— Quel bonheur ! fit Gabriel, et quelle obligation ne vous aurai-je pas, monsieur l'amiral ! Mais voulez-vous ajouter encore à ce service ! Ne parlez à personne, je vous prie, pas même à monsieur le connétable, à monsieur le connétable surtout, de ce que j'ai pu faire pour vous aider dans votre glorieuse tâche. Que le roi le sache seul. Sa Majesté verra par là que je n'ai pas travaillé pour la gloire et le bruit, mais seulement pour tenir un engagement pris vis-à-vis d'elle, et elle a dans les mains pour me récompenser, si elle le souhaite, un prix mille fois plus enviable que tous les honneurs et toutes les dignités de son royaume. Oui, monsieur l'amiral, que ce prix me soit accordé, et la dette de Henri II envers moi, dette il y a, sera payée au centuple.

— Il faut donc que la récompense soit en effet magnifique, reprit l'amiral. Dieu veuille que la reconnaissance du roi ne vous en frustre pas ! Je ferai d'ailleurs comme vous le désirez, Gabriel, et, quoiqu'il m'en coûte de me taire sur vos mérites, puisque vous l'exigez, je me tairai.

— Ah ! s'écria Gabriel, qu'il y a donc longtemps que je

n'ai goûté une tranquillité pareille à celle que j'éprouve en ce moment ! Que c'est bon d'espérer et de croire un peu à l'avenir ! maintenant j'irai tout gaîment aux remparts, je me battrai le cœur léger, et il me semble que je serai invincible. Est-ce que le fer ou le plomb oseraient toucher un homme qui espère ?

— Ne vous y fiez pas trop, ami, cependant ! reprit en souriant Coligny. Déjà je puis vous dire à coup sûr que cette certitude de victoire vous mentira. La ville est presque ouverte désormais ; quelques coups de canon auront bientôt mis à bas ses derniers fragmens de murailles et ses derniers fragmens de tours. De plus, il ne nous reste guères de bras valides, et les soldats qui ont si bravement jusqu'ici suppléé aux remparts vont nous manquer à leur tour. Le prochain assaut rendra l'ennemi maître de la place, ne nous faisons pas illusion là-dessus.

— Mais, monsieur de Guise ne peut-il pas nous envoyer de Paris des secours ? demanda le vicomte d'Exmès.

— Monsieur de Guise, répondit Gaspard, n'exposera pas ses précieuses ressources pour une ville prise aux trois quarts, et monsieur de Guise fera bien. Qu'il garde ses hommes au cœur de la France, c'est là qu'ils sont nécessaires. Saint-Quentin est sacrifié. La victime expiatoire a lutté assez longtemps, Dieu merci ! il ne lui reste plus qu'à tomber noblement, et c'est à quoi nous tâcherons de l'aider encore, n'est-il pas vrai, Gabriel ? Il faut que le triomphe des Espagnols devant Saint-Quentin leur coûte plus cher qu'une défaite. Nous ne nous battons plus à présent pour nous sauver, mais pour nous battre.

— Oui, pour le plaisir, pour le luxe ! reprit joyeusement Gabriel, plaisir de héros ! monsieur l'amiral, luxe digne de vous ! Eh bien ! soit, amusons-nous à tenir la ville encore deux, trois jours, quatre jours si nous le pouvons. Faisons rester Philippe II, Philibert-Emmanuel, l'Espagne, l'Angleterre et la Flandre, en échec devant quelques débris de pierre. Ce sera toujours un peu de temps de gagné pour monsieur de Guise, et pour nous un spectacle assez comique à voir. Qu'en dites-vous ?

— Je dis, ami, répondit l'amiral, que vous avez la plaisanterie sublime et que, jusque dans vos jeux, il y a de la gloire.

L'aventure aida au souhait de Gabriel et de Coligny. En effet, Philippe II et son général Philibert-Emmanuel, furieux d'être arrêtés si longtemps devant une ville et d'avoir déjà livré dix assauts en vain, ne voulurent pas en tenter un onzième sans être assurés cette fois de la victoire. Comme ils l'avaient fait déjà précédemment, ils restèrent trois jours sans attaquer, et remplacèrent leurs soldats par leurs canons, puisque décidément, dans la cité héroïque, les murs étaient moins durs que les cœurs. L'amiral et le vicomte d'Exmès, pendant ces trois jours, firent bien réparer à mesure, autant que possible, par leurs travailleurs, les dégâts des batteries et des mines ; mais les bras manquaient, par malheur. Le 26 août, à midi, il ne restait pas debout un seul pan de muraille. Les maisons se voyaient à découvert comme dans une ville ouverte, et les soldats étaient tellement clair-semés qu'ils ne pouvaient même plus former une ligne d'un homme de front sur les points principaux.

Gabriel lui-même fut obligé d'en convenir ; avant que le signal de l'assaut fût seulement donné, la ville était déjà prise.

On ne la prit pas du moins à la brèche que défendait Gabriel. Là se trouvaient avec lui monsieur du Breuil et Jean Peuquoy, et tous trois s'escrimèrent si bien et firent de si merveilleuses prouesses que, leur côté, ils repoussèrent jusqu'à trois fois les assaillans. Gabriel surtout s'en donna à cœur joie, et Jean Peuquoy s'ébahissait tellement des grands coups d'épée qu'il lui voyait distribuer à droite et à gauche qu'il faillit être tué lui-même dans ses étonnemens distraits, et que Gabriel fut obligé à deux reprises de sauver la vie à son admirateur.

Aussi le bourgeois jura sur place au vicomte un culte et un dévouement éternels. Il s'écria même, dans son enthousiasme, qu'il regrettait un peu moins sa ville natale, puisqu'il aurait une autre affection à vénérer et à chérir, et que Saint-Quentin, il est vrai, lui avait donné la vie, mais que le vicomte d'Exmès la lui avait conservée !

Néanmoins, malgré ces généreux efforts, la ville ne pouvait plus absolument résister : ses remparts n'étaient plus qu'une brèche continue, et Gabriel, du Breuil et Jean Peuquoy se battaient encore, que, derrière eux, les ennemis, maîtres de Saint-Quentin, remplissaient déjà les rues. Mais la vaillante cité ne cédait à la force qu'au bout de dix-sept jours et après onze assauts.

Il y avait douze jours que Gabriel était arrivé, et il avait outrepassé la promesse faite au roi de deux fois quarante-huit heures !

XXXV.

ARNAULD DU THILL FAIT ENCORE SES PETITES AFFAIRES.

Dans le premier moment, le pillage et le carnage sévirent par la ville. Mais Philibert donna des ordres sévères, fit cesser la confusion, et, l'amiral de Coligny lui ayant été amené, il le complimenta hautement.

— Je ne sais pas punir la bravoure, et la ville de Saint-Quentin ne sera pas traitée plus rigoureusement que si elle s'était rendue le jour où nous avons mis le siège devant ses murailles.

Et le vainqueur, aussi généreux que le vaincu, laissa l'amiral débattre avec lui les conditions qu'il aurait pu imposer.

Saint-Quentin fut naturellement déclarée ville espagnole ; mais ceux de ses habitants qui ne voudraient pas accepter la domination étrangère pourraient se retirer, en abandonnant toutefois la propriété de leurs maisons. Tous, d'ailleurs, soldats et bourgeois, seraient libres dès à présent, et Philibert retiendrait seulement cinquante prisonniers de tout âge, de tout sexe et de toute condition, à son choix ou au choix de ses capitaines, afin d'en avoir rançon et de pouvoir payer ainsi la solde arriérée des troupes. Les biens et les personnes des autres seraient respectés, et Philibert s'appliquerait à prévenir tout désordre. Il faisait, du reste, à Coligny, qui avait épuisé toutes ses ressources personnelles dans ce siège, la galanterie de ne pas exiger d'argent de lui. L'amiral serait libre dès le lendemain de rejoindre à Paris son oncle, le connétable de Montmorency, qui n'avait pas trouvé, lui, après Saint-Laurent, des vainqueurs aussi désintéressés, et qui venait de fournir une bonne rançon, que devait payer la France, bien entendu, d'une façon ou d'une autre. Mais Philibert-Emmanuel tenait à honneur de devenir l'ami de Gaspard, et ne voulut pas mettre de prix à sa liberté. Ses principaux lieutenans et les plus riches d'entre les bourgeois suffiraient aux frais de la guerre.

Ces décisions, qui témoignaient certes de plus de mansuétude qu'on n'eût dû s'y attendre, furent acceptées avec soumission par Coligny, et par les habitans avec une joie mêlée de quelque crainte. Sur qui, en effet, allait tomber le choix redoutable de Philibert-Emmanuel et des siens ? C'est ce que la journée du lendemain devait apprendre, et ce jour-là, les plus fiers se firent bien humbles, et les plus opulens parlèrent bien haut de leur pauvreté.

Arnauld du Thill, trafiquant aussi actif qu'ingénieux, avait passé la nuit, lui, à songer à ses affaires, et avait trouvé une combinaison qui pouvait lui devenir assez lucrative. Il s'habilla avec le plus de luxe possible, et s'en alla dès le matin se promener fièrement dans les rues tout encombrées déjà de vainqueurs de toutes les langues, Allemands, Anglais, Espagnols, etc.

— Quelle tour de Babel ! se disait Arnauld soucieux, en n'entendant sonner à ses oreilles que des syllabes étrangères. Avec les quelques mots d'anglais que je sais, jamais je ne pourrai m'aboucher avec aucun de ces baragouineurs. Les uns disent : Carajo ! les autres : Goddam ! les autres : Tausend sapperment ! et pas un...

— Tripes et boyaux ! veux-tu t'arrêter, malandrin ! dit en ce moment derrière Arnauld une voix assez puissante.

Arnauld se retourna avec empressement vers celui qui, malgré un accent anglais prononcé, semblait pourtant posséder aussi à fond les finesses de la langue française.

C'était un grand gaillard au teint blême et aux cheveux roux, qui paraissait assez rusé comme marchand et fort bête comme homme. Arnauld du Thill le reconnut Anglais au premier coup d'œil.

— Qu'y a-t-il pour votre service ? lui demanda-t-il.

— Je vous fais prisonnier, voilà ce qu'il y a pour mon service, répondit l'homme d'armes qui, d'ailleurs, émaillait son langage de vocables anglais, ce qu'Arnauld s'efforçait à son tour d'imiter, pour se rendre plus intelligible à son interlocuteur.

— Pourquoi, reprit-il, me faites-vous prisonnier plutôt qu'un autre ? plutôt que ce tisserand qui passe, par exemple ?

— Parce que vous êtes mieux nippé que le tisserand, répondit l'Anglais.

— Oui dà ! repartit Arnauld, et de quel droit m'arrêtez-vous, s'il vous plaît, vous, un simple archer, comme il me semble ?

— Oh ! je n'agis pas pour mon compte, dit l'Anglais, mais au nom de mon maître, lord Grey, qui commande en effet les archers anglais, et auquel le duc Philibert-Emmanuel a alloué, pour sa part de prise, trois prisonniers, dont deux nobles et un bourgeois, avec les rançons qu'il en pourra tirer. Or, mon maître, qui ne me suit ni manchot, ni aveugle, m'a chargé d'aller à la chasse et de lui dépister trois prisonniers de valeur. Vous êtes le meilleur gibier que j'aie encore rencontré, et je vous prends au collet, messire le bourgeois.

— C'est bien de l'honneur pour un pauvre écuyer, répondit modestement Arnauld. Me nourrira-t-il bien, votre maître ?

— Maraud ! est-ce que tu crois qu'il va te nourrir longtemps ? dit l'archer.

— Mais jusqu'à ce qu'il lui plaise de me rendre la liberté, j'imagine ! reprit Arnauld, il ne me laissera sûrement pas mourir de faim.

— Hum ! fit l'archer, est-ce que j'aurais vraiment pris un pauvre loup pelé pour un renard à magnifique fourrure ?

— J'en ai peur, seigneur archer, dit Arnauld, et, si lord Grey vous maître vous a promis un droit de commission sur les captures que vous lui procureriez, je crains que vingt ou trente coups de bâton soient le seul bénéfice que vous retirez de la mienne. Après cela, ce que j'en dis n'est pas pour vous dégoûter, et je vous conseille d'essayer.

— Drôle ! tu peux bien avoir raison ! reprit l'anglais en examinant de plus près le regard malicieux d'Arnauld, et je perdrais tout de même avec toi ce que lord Grey m'a promis, une livre par cent livres qu'il obtiendra de mes prises.

— Voilà mon homme ! pensa Arnauld. Holà ! dit-il tout haut, camarade ennemi, si je vous faisais mettre la main sur une riche proie, sur un prisonnier qui vaudrait dix mille livres tournois par exemple, seriez-vous homme à vous montrer envers moi un peu reconnaissant, dites ?

— Dix mille livres tournois ! s'écria l'anglais, ils sont assez rares en effet les prisonniers de ce prix ! C'est cent livres qui me reviendraient à moi, une belle part !

— Oui, mais il faudrait en donner cinquante à l'ami qui vous aurait indiqué la voie. C'est juste, cela, hein ?

— Eh bien ! soit, dit l'archer de lord Grey après une minute d'hésitation, mais menez-moi sur-le-champ à l'homme et nommez-le moi.

— Nous n'irons pas loin pour le trouver, reprit Arnauld, faisons quelques pas de ce côté. Attendez, je ne veux pas me montrer avec vous sur la grand place. Laissez-moi me cacher derrière l'angle de cette maison. Vous, avancez,

Voyez-vous au balcon de la maison de ville un gentilhomme qui cause avec un bourgeois?

— Je le vois, dit l'Anglais, est-ce mon homme?

— C'est notre homme.

— Il s'appelle?

— Le vicomte d'Exmès.

— Ah! vraiment, reprit l'archer, c'est là le vicomte d'Exmès! on en parlait joliment au camp. Est-ce qu'il est aussi riche que brave?

— Je vous en réponds.

— Vous le connaissez donc particulièrement, mon maître?

— Pardieu! je suis son écuyer.

— Ah! Judas! ne put s'empêcher de dire l'archer.

— Non, répondit tranquillement Arnauld, car Judas s'est pendu, et moi, je ne me pendrai pas.

— On vous en évitera peut-être la peine, dit l'anglais, qui était facétieux à ses heures.

— Mais, voyons, reprit Arnauld, voilà bien des paroles; tenez-vous notre marché, oui, ou non?

— Tenu! reprit l'anglais, je vais conduire votre maître à milord. Vous m'indiquerez après un autre noble et quelque bon bourgeois enrichi, si vous en connaissez.

— J'en connais au même prix, moitié de votre bénéfice.

— Vous l'aurez, pourvoyeur du diable.

— Je suis bien le vôtre, dit Arnauld. Ah çà! pas de tricheries au moins! Entre coquins, on doit s'entendre. D'ailleurs je vous rattraperais; votre maître paie-t-il comptant?

— Comptant et d'avance, vous viendrez avec nous chez milord, sous couleur d'accompagner votre vicomte d'Exmès, je toucherai ma somme et vous en donnerai votre part tout de suite. Mais vous, très reconnaissant comme de raison, vous m'aiderez à trouver ma deuxième et ma troisième capture, n'est-il pas vrai?

— On verra, dit Arnauld, occupons-nous d'abord de la première.

— Ce sera vite fait! répondit l'archer, votre maître est trop rude en temps de guerre pour n'être pas doux en temps de paix, nous connaissons cela; prenez deux minutes d'avance sur moi, et allez vous poster derrière lui, vous verrez qu'on sait son métier.

Arnauld quitta en effet son digne acolyte, entra dans la maison de ville, et, avec son visage deux fois double, vint dans la chambre où Gabriel causait avec son ami Jean Peuquoy, et lui demanda s'il n'avait pas besoin de ses services. Il parlait encore lorsque l'archer entra avec une mine de circonstance. L'anglais alla droit au vicomte qui le regardait assez surpris, et, lui faisant un salut profond :

— C'est à monseigneur le vicomte d'Exmès que j'ai l'honneur de parler? demanda-t-il avec les égards que tout marchand doit à sa marchandise.

— Je suis le vicomte d'Exmès, en effet, répondit Gabriel de plus en plus étonné; que voulez-vous de moi?

— Votre épée, monseigneur, dit l'archer en s'inclinant jusqu'à terre.

— Toi! s'écria Gabriel en se reculant avec un geste inexprimable de dédain.

— Au nom de lord Grey mon maître, monseigneur, reprit l'archer qui n'était pas fier. Vous êtes désigné pour l'un des cinquante prisonniers que monseigneur l'amiral doit remettre aux vainqueurs. Ne m'en veuillez pas, à moi chétif, d'être forcé de vous annoncer cette désagréable nouvelle.

— T'en vouloir! dit Gabriel, non; mais lord Grey, un gentilhomme! aurait pu prendre la peine de me demander lui-même mon épée. C'est à lui que je veux la remettre, entends-tu?

— Comme il plaira à monseigneur.

— Et j'aime à croire qu'il me recevra à rançon, ton maître?

— Oh! croyez-le, croyez-le, monseigneur, dit avec empressement l'archer.

— Je te suis donc, dit Gabriel.

— Mais c'est une indignité! s'écria Jean Peuquoy. Mais vous avez tort de céder ainsi, monseigneur. Résistez, vous n'êtes pas de Saint-Quentin! vous n'êtes pas de la ville!

— Maître Jean Peuquoy a raison, reprit Arnaud du Thill avec ardeur, tout en dénonçant d'un signe à la dérobée le bourgeois à l'archer. Oui, maître Jean Peuquoy a mis le doigt sur la vérité; monseigneur n'est pas de Saint-Quentin, et maître Jean Peuquoy s'y connaît, lui! maître Jean Peuquoy connaît toute sa ville! Il en est bourgeois depuis quarante ans! et syndic de sa corporation! et capitaine de la compagnie de l'arc! Qu'avez-vous à dire à cela, anglais?

— J'ai à dire à cela, reprit l'Anglais qui avait compris, que, si c'est là maître Jean Peuquoy, j'ai ordre de l'arrêter aussi, et qu'il est couché sur ma liste.

— Moi! s'écria le digne bourgeois.

— Vous-même, mon maître, dit l'archer.

Peuquoy regardait Gabriel avec interrogation.

— Hélas! messire Jean, dit en soupirant malgré lui le vicomte d'Exmès, je crois que le mieux, après avoir fait notre devoir de soldat pendant la bataille, est que nous acceptions le droit du vainqueur, la bataille achevée. Résignons-nous, maître Jean Peuquoy.

— A suivre cet homme? demanda Peuquoy.

— Sans doute, mon digne ami. Et, dans cette épreuve, je suis heureux encore de n'être pas séparé de vous.

— C'est juste cela, monseigneur! dit Jean Peuquoy touché, et vous êtes bien bon, et, puisqu'un grand et vaillant capitaine comme vous accepte son sort, est-ce qu'un malheureux bourgeois comme moi doit murmurer? Allons! coquin, reprit-il en s'adressant à l'archer, c'est dit, je suis ton prisonnier ou celui de ton maître.

— Et vous allez me suivre chez lord Grey, dit l'archer, où vous resterez, s'il vous plaît, jusqu'à ce que vous ayez fourni une bonne rançon.

— Où je resterai toujours, fils du diable! s'écria Jean Peuquoy. Ton anglais de maître ne saura jamais, ou je meure de mes écus; il faudra qu'il me nourrisse, s'il est chrétien, jusqu'à mon dernier jour, et je me nourris puissamment, je t'en préviens.

L'archer jeta un regard d'épouvante du côté d'Arnauld du Thill, mais celui-ci le rassura d'un signe et lui montra Gabriel qui riait de la boutade de son ami. L'anglais savait entendre la plaisanterie et rire avec bienveillance.

— Comme cela, dit-il, monseigneur, et vous, messire, je vais vous em...

— Vous allez nous précéder jusqu'au logis de lord Grey, interrompit Gabriel avec hauteur, et nous conviendrons de nos faits avec votre maître.

— A la volonté de monseigneur, reprit humblement l'archer.

Et, marchant devant eux en ayant même soin de se mettre de côté, il conduisit chez lord Grey le gentilhomme et le bourgeois qu'Arnauld du Thill suivait à distance.

Lord Grey était un soldat flegmatique et pesant, ennuyé et ennuyeux, pour qui la guerre était un commerce et qui était de fort mauvaise humeur de n'être payé, lui et sa troupe, que par la rançon de trois malheureux prisonniers. Il accueillit Gabriel et Jean Peuquoy avec une dignité froide.

— Ah! c'est le vicomte d'Exmès que j'ai l'avantage d'avoir pour prisonnier! dit-il en considérant Gabriel avec curiosité. Vous nous avez donné bien de l'embarras, monsieur, et, si je vous demandais pour rançon ce que vous avez fait perdre au roi Philippe II, je crois bien que la France du roi Henri y passerait.

— J'ai fait de mon mieux, dit simplement Gabriel.

— Votre mieux est bien! et je vous en félicite, reprit lord Grey. Mais ce n'est pas ce dont il s'agit. Le sort de la guerre, bien que vous ayez accompli des miracles pour le détourner, vous a mis en mon pouvoir, vous et votre vaillante épée. Oh! gardez-la, monsieur, gardez-la, ajouta-t-il en voyant que Gabriel faisait un mouvement pour la lui remettre. Mais, pour racheter le droit de vous en servir, que pouvez-vous bien sacrifier? Arrangeons cela. Je sais que par malheur bravoure et richesse ne vont pas toujours ensemble. Pourtant je ne puis pas tout perdre. Cinq mille écus, monsieur, vous semblent-ils pour votre liberté un prix convenable?

— Non, milord, dit Gabriel.

— Non? vous trouvez cela trop cher? reprit lord Grey. Ah! maudite guerre! pauvre campagne! Allons! quatre mille écus, ce n'est pas trop, Dieu me damne!

— Ce n'est pas assez, milord, répondit froidement Gabriel.

— Comment, monsieur, que dites-vous? s'écria l'Anglais.

— Je dis, reprit Gabriel, que vous vous êtes mépris à mes paroles, milord. Vous m'avez demandé si cinq mille écus me paraissaient une rançon convenable, et je vous ai répondu que non; car, à mon estimation, je vaux le double, milord.

— Bien cela! répondit l'Anglais, et, de fait, votre roi pourra bien donner cette somme pour conserver un vaillant de votre sorte.

— J'espère n'avoir pas besoin de recourir au roi, dit Gabriel, et ma fortune personnelle me permettra, je crois, de faire face à cette dépense imprévue et de m'acquitter envers vous directement.

— Tout est donc pour le mieux, reprit lord Grey un peu surpris. C'est dix mille écus, dans l'état des choses, que vous aurez à me compter, et, pardon! à quand le payement?

— Vous comprenez, dit Gabriel que je n'ai pas apporté cette somme dans une ville assiégée; d'autre part, les ressources de monsieur de Coligny et de ses amis comme des miens sont bien restreintes ici, j'imagine, et je ne veux pas les importuner. Mais, si vous m'accordez un peu de temps, je puis faire venir de Paris...

— Très bien! dit lord Grey, et au besoin, je me contenterais de votre parole qui vaut de l'or. Mais comme les affaires sont les affaires, et que la mésintelligence entre nos troupes et celles de l'Espagne m'obligera peut-être à retourner en Angleterre, vous ne vous offenserez pas si, jusqu'à l'entier payement de la somme convenue, je vous fais retenir, non pas dans cette ville espagnole de Saint-Quentin que je quitte, mais à Calais qui est ville anglaise, et dont mon beau-frère lord Wentworth est le gouverneur. Cet arrangement vous convient-il?

— A merveille, dit Gabriel dont un sourire amer effleura les lèvres pâles; je vous demanderai seulement la permission d'envoyer à Paris mon écuyer chercher l'argent, afin que ma captivité et votre confiance n'aient pas à souffrir d'un trop long retard.

— Rien de plus juste, reprit lord Grey, et, en attendant le retour de votre homme de confiance, soyez convaincu que vous serez traité par mon beau-frère avec tous les égards qui vous sont dus. Vous aurez à Calais toute la liberté possible, d'autant plus que la ville est fortifiée et fermée, et lord Wentworth vous fera faire bonne chère; car il aime la table et la débauche plus qu'il ne devrait. Mais c'est son affaire, et sa femme, ma sœur, est morte. Je voulais seulement vous dire que vous ne vous ennuieriez pas trop.

Gabriel s'inclina sans répondre.

— A vous, maître, reprit lord Grey en s'adressant à Jean Peuquoy, qui avait plus d'une fois haussé les épaules d'admiration pendant la scène précédente, à vous. Vous êtes je le vois, le bourgeois qui m'a été accordé avec deux gentilshommes.

— Je suis Jean Peuquoy, milord.

— Eh bien! Jean Peuquoy, quelle rançon peut-on bien vous demander à vous?

— Oh! moi, je vais marchander, monseigneur. Marchand contre marchand comme on dit. Vous avez beau froncer le sourcil, je ne suis pas fier, moi, milord, et m'est avis que je ne vaux pas dix livres.

— Allons! reprit lord Grey avec dédain. vous paierez cent livres, c'est à peu près ce que j'ai promis à l'archer qui vous a amené ici.

— Cent livres, soit! milord, puisque vous m'estimez si haut, repartit le malin capitaine des compagnons de l'arc. Mais pas cent livres comptant, n'est-ce pas?

— Quoi! n'avez-vous pas même cette misérable somme? dit lord Grey.

— Je l'avais, milord, reprit Jean Peuquoy, mais j'ai tout donné aux pauvres et aux malades pendant le siège.

— Vous avez au moins des amis? des parents peut-être?. reprit lord Grey.

— Des amis? il ne faut pas trop compter sur eux, milord; des parents? non, je n'en ai pas. Ma femme est morte sans me laisser d'enfans, et je n'avais pas de frère, il ne me reste qu'un cousin.

— Eh bien! ce cousin?... dit lord Grey impatienté.

— Ce cousin, milord, qui m'avancera, je n'en doute pas, la somme que vous me demandez, il habite précisément Calais.

— Ah! oui dà? dit lord Grey avec quelque défiance.

— Mon Dieu! oui, milord, reprit Jean Peuquoy avec un air de sincérité irrécusable, mon cousin s'appelle Pierre Peuquoy, et il est depuis plus de trente ans armurier de son état, rue du Martroi, à l'enseigne du Dieu Mars.

— Et il vous est dévoué? demanda lord Grey.

— Je crois bien, milord! je suis le dernier des Peuquoy de ma branche, c'est-à-dire qu'il me vénère! Il y a plus de deux siècles, un Peuquoy de nos ancêtres eut deux fils, un qui devint tisserand et s'établit à Saint-Quentin, l'autre qui se fit armurier et qui alla demeurer à Calais. Depuis ce temps-là, les Peuquoy de Saint-Quentin tissent et les Peuquoy de Calais forgent. Mais, quoique séparés, ils s'aiment toujours de loin et s'assistent le plus qu'ils peuvent, comme il sied à de bons parents et à des bourgeois de la vieille roche. Pierre me prêtera ce qu'il me faut pour me racheter, j'en suis sûr, et pourtant je ne l'ai pas vu depuis près de dix ans, ce brave cousin; car, vous autres Anglais, vous ne nous permettez pas aisément, à nous autres Français, d'entrer dans vos villes fortes.

— Oui, oui, dit lord Grey avec complaisance, il y a tout à l'heure deux cent dix ans qu'ils sont Anglais vos Peuquoy de Calais!

— Oh! s'écria Jean avec chaleur, les Peuquoy...

Puis, il s'interrompit subitement.

— Eh bien! reprit lord Grey étonné, les Peuquoy?...

— Les Peuquoy, milord, dit Jean en tournant son bonnet avec embarras, les Peuquoy ne s'occupent point de politique, voilà ce que je voulais dire. Qu'ils soient Anglais ou Français, dès qu'ils ont pour gagner leur pain, ceux de là-bas une enclume et ceux d'ici une navette, les Peuquoy sont contens.

— Eh bien? alors, qui sait! dit lord Grey en gaîté; vous vous établirez peut-être tisserand à Calais, et deviendrez aussi un sujet de la reine Marie, et les Peuquoy seront enfin, après tant d'années, réunis.

— Ma foi! cela se peut bien, dit Jean Peuquoy avec bonhomie.

Gabriel ne pouvait revenir de sa surprise, en entendant le vaillant bourgeois, qui avait défendu si héroïquement sa ville, parler tranquillement de devenir Anglais comme de changer de casaque. Mais un clignement d'œil de Jean Peuquoy, pendant que lord Grey ne pouvait le voir, rassura Gabriel sur le patriotisme de son ami, et lui apprit qu'il y avait sous jeu quelque mystère.

Lord Grey les congédia bientôt l'un et l'autre.

— Nous quitterons demain ensemble Saint-Quentin pour Calais, leur dit-il. Jusque-là, vous pouvez aller faire vos apprêts et vos adieux dans la ville. Je vous laisse libres sur parole, d'autant plus, ajouta-t-il avec cette délicatesse qui le distinguait, d'autant plus que vous serez consignés aux portes, et qu'on ne laisse sortir personne sans un permis du gouverneur.

Gabriel rendit son salut à lord Grey sans répondre, et s'éloignant avec Jean Peuquoy, sortit de la maison de l'Anglais, sans remarquer que son écuyer Martin-Guerre restait en arrière au lieu de le suivre.

— Quelle est donc votre intention, ami? dit-il au Peuquoy lorsqu'ils furent dehors. Est-il possible que vous n'ayez pas cent écus pour vous racheter sur-le-champ ? Pourquoi tenez-vous ainsi à faire le voyage de Calais ? est-ce que ce cousin armurier existe réellement ? Quel motif étrange vous pousse en tout ceci ?

— Chut ! reprit Jean Peuquoy d'un air mystérieux, dans cette atmosphère espagnole j'ose à peine maintenant hasarder une parole. Vous pouvez compter, je crois, sur votre écuyer Martin-Guerre ?

— J'en réponds, reprit Gabriel ; malgré quelques oublis et quelques intermittences, c'est le plus fidèle cœur du monde.

— Bon ! répondit Peuquoy. Il ne faudra pas l'envoyer directement d'ici quérir votre rançon à Paris ; mais l'emmener à Calais avec nous, et le faire partir de là. Nous ne saurions avoir trop d'yeux.

— Mais que signifient ces précautions enfin ? demanda Gabriel. Vous n'avez pas à Calais le moindre parent, je le vois.

— Si fait ! reprit Peuquoy vivement ; Pierre Peuquoy existe, aussi vrai qu'il a été élevé à aimer et à regretter son ancienne patrie la France, et qu'il donnera comme moi un bon coup de main au besoin, si, par hasard, vous formez là-bas quelque héroïque projet comme vous en avez tant exécuté ici.

— Noble ami, je te devine, reprit Gabriel en serrant la main du bourgeois ; mais tu m'estimes trop haut et me juges à ta mesure ; tu ne sais pas ce qu'il y avait d'égoïsme dans ce prétendu héroïsme ; tu ne sais pas que, pour l'avenir, un devoir sacré, plus sacré encore, s'il est possible, que la gloire de la patrie, me réclame avant tout et tout entier.

— Eh bien ! dit Jean Peuquoy, vous remplirez ce devoir comme tous les autres devoirs ! Et parmi les autres, ajouta-t-il en baissant la voix, c'en est un pour vous peut-être, si l'occasion s'en présente, de prendre à Calais votre revanche de Saint-Quentin.

XXXVI.

SUITE DES HONORABLES NÉGOCIATIONS DE MAÎTRE ARNAULD DU THILL.

Mais laissons le jeune capitaine et le vieux bourgeois à leurs rêves de victoire, et revenons à l'écuyer et à l'archer qui font leurs comptes dans la maison de lord Grey.

L'archer, en effet, après le départ des deux prisonniers, avait demandé la prime promise à son maître, qui la lui avait sans trop de peine octroyée, satisfait qu'il était de la sagacité des choix que son émissaire.

Arnauld du Thill, à son tour, attendait sa part que l'Anglais, il faut être juste, lui apporta consciencieusement. Il trouva Arnauld griffonnant dans un coin quelques lignes sur l'éternelle note du connétable de Montmorency, et murmurant à part lui :

« Pour avoir adroitement fait mettre le vicomte d'Exmès au nombre des prisonniers de guerre, et avoir ainsi pour un temps débarrassé monseigneur le connétable dudit vicomte... »

— Qu'est-ce que vous faites donc là, l'ami ? dit à Arnauld l'archer en lui frappant sur l'épaule.

— Ce que je fais ? un compte, répondit le faux Martin-Guerre. Où en est le nôtre ?

— Le voici réglé, dit l'archer en mettant dans les mains d'Arnauld des écus que l'autre se mit à vérifier et à compter avec attention. Vous voyez que je suis de parole, et je ne regrette pas mon argent. Vous m'avez indiqué deux bons choix : votre maître surtout, qui n'a pas marchandé, au contraire ! La barbe grise a bien fait des difficultés, mais, pour un bourgeois, il n'est point trop mauvais non plus, et, sans vous, j'aurais pu rencontrer plus mal, j'en conviens.

— Je crois bien, dit Arnauld en mettant l'argent dans sa poche.

— Ah çà ! reprit l'archer, tout n'est pas fini, vous voyez que je suis de bonne paie ; il s'agit de m'indiquer maintenant ma troisième capture, le second prisonnier noble auquel nous avons droit.

— Par la messe ! dit Arnauld, je n'ai plus à favoriser personne, et vous n'avez qu'à choisir.

— Je le sais bien, reprit l'archer : et ce que je vous demande c'est précisément de m'aider à choisir parmi les hommes, femmes, vieillards ou enfans de race noble qu'on peut happer dans cette bonne ville.

— Quoi ? demanda Arnauld, les femmes en sont aussi ?

— Les femmes en sont surtout, dit l'Anglais, et si vous en connaissez une qui ait, outre la noblesse et la richesse, la jeunesse et la beauté, nous aurons un joli bénéfice à partager, car milord Grey la revendra cher à son beau-frère, milord Wentworth, qui aime encore mieux les prisonnières que les prisonniers, à ce que je me suis laissé dire.

— Par malheur, je n'en connais pas, reprit Arnauld du Thill. Ah ! si fait pourtant ! mais non, non, c'est impossible.

— Pourquoi impossible, camarade ?. ne sommes-nous pas maîtres et vainqueurs ici ? et, hormis l'amiral, y a-t-il quelqu'un d'exempté dans la capitulation ?

— C'est vrai, dit Arnauld, mais il ne faut pas que la beauté dont je parle soit rapprochée de mon maître et le revoie. Or, les mettre en prison dans la même ville serait un mauvais moyen de les séparer.

— Bah ! reprit l'archer, est-ce que milord Wentworth ne gardera pas au secret et pour lui seul sa jolie captive ?

— Oui, à Calais, dit Arnauld pensif ; mais sur la route ?... mon maître aura le temps de la voir et de lui parler.

— Non pas, si je veux, répondit l'Anglais. Nous formons deux détachemens dont l'un doit précéder l'autre, et il y aura deux heures de marche entre le chevalier et la belle, si cela peut vous faire plaisir.

— Oui, mais que dira le vieux connétable ? se demanda Arnauld à voix haute, et s'il sait que j'ai contribué à ce beau coup-là, comme il me fera pendre haut et court !

— Est-ce qu'il le saura ? est-ce que personne le saura ? repartit l'archer l'archer tentateur. Ce n'est pas vous qui irez le dire, et, à moins que votre argent ne prenne la parole pour dire d'où il vient...

— Et il y aurait encore pas mal d'argent, hein ? demanda Arnauld.

— Il y aurait encore moitié pour vous.

— Quel dommage ! reprit Arnauld, car la somme serait bonne, je le crois, et le père n'y regarderait pas, je pense.

— Le père est duc ou prince ? demanda l'archer.

— Le père est roi, camarade, et s'appelle Henri II de son nom.

— Une fille du roi ici ! s'écria l'Anglais. Dieu me damne ! si vous ne me dites pas maintenant où je trouverai la colombe, je crois que je serai obligé de vous étrangler, camarade ! Une fille du roi !

— Et une reine de beauté, dit Arnauld.

— Oh ! milord Wentworth en perdrait la tête, reprit l'archer. Camarade, ajouta-t-il solennellement en tirant son escarcelle et en l'ouvrant aux yeux fascinés d'Arnauld, le contenant et le contenu pour toi en échange du nom de la belle et de l'indication de son gîte.

— Tope ! dit Arnauld incapable de résister, en saisissant la bourse.

— Le nom ? demanda l'archer.

— Diane de Castro, surnommée la sœur Bénie.

— Et le gîte ?

— Le couvent des Bénédictines.

— Je cours, s'écria l'Anglais qui disparut.

— C'est égal, se dit Arnauld en allant rejoindre son maître, c'est égal, je ne mettrai pas celle-là sur le compte du connétable.

XXXVII.

LORD WENTWORTH.

A trois jours de là, le 1er septembre, lord Wentworth, gouverneur de Calais, après avoir pris les instructions de son beau-frère, lord Grey, et l'avoir vu s'embarquer pour l'Angleterre, remonta à cheval et revint à son hôtel, où se trouvaient alors Gabriel et Jean Peuquoy, et, dans une autre pièce, Diane.

Mais madame de Castro ne se savait pas si près de son amant, et, d'après la promesse faite à Arnauld par l'émissaire de lord Grey, n'avait eu avec lui aucune communication depuis son départ de Saint-Quentin.

Lord Wentworth formait avec son beau-frère le plus parfait contraste : autant lord Grey était rogue, froid et avare, autant lord Wentworth était vif, aimable et généreux. C'était un beau gentilhomme de haute taille et de façons élégantes. Il pouvait bien avoir quarante ans, et quelques cheveux blancs se mêlaient déjà à ses abondants cheveux noirs naturellement bouclés. Mais son allure toute juvénile, et la flamme ardente de ses yeux gris, annonçaient en lui la fougue et les passions d'un jeune homme, et il menait en effet joyeusement et vaillamment la vie, comme s'il n'eût eu que vingt ans encore.

Il entra d'abord dans la salle où l'attendaient le vicomte d'Exmès et Jean Peuquoy, et les salua avec une affabilité souriante comme des hôtes et non comme des prisonniers.

— Soyez le bien venu dans ma maison, monsieur, et vous, maître, leur dit-il. Je sais le plus grand gré à mon cher beau-frère de vous avoir amené ici, monsieur le vicomte, et je me réjouis deux fois de la prise de Saint-Quentin. Pardonnez-moi, mais dans cette triste place de guerre, où je vis confiné, les distractions sont si rares, et la société si bornée, que je suis heureux de rencontrer de temps en temps quelqu'un à qui parler, et je vais former des vœux égoïstes pour que votre rançon arrive le plus tard possible.

— Elle tardera en effet plus que je ne croyais, milord, répondit Gabriel. Lord Grey a dû vous le dire : mon écuyer, que j'avais l'intention d'envoyer à Paris pour me la rapporter, s'est, dans l'ivresse, pris de querelle en route avec un des hommes de l'escorte, et a reçu à la tête une blessure, peu dangereuse il est vrai, mais qui, je le crains, le retiendra à Calais plus longtemps que je n'aurais voulu, je l'avoue.

— Tant pis pour le pauvre garçon et tant mieux pour moi, monsieur, dit lord Wentworth.

— C'est trop de civilité, milord, reprit avec un sourire triste Gabriel.

— Non, il n'y a pas là, ma foi ! la moindre civilité, et la civilité serait sans doute de vous laisser aller sur-le-champ vous-même à Paris sur parole. Mais, je vous le répète, je suis pour cela trop égoïste et trop ennuyé, et je n'ai pas eu de peine, quoique pour des motifs différents, à entrer dans les intentions méfiantes de mon beau-frère, qui m'a fait solennellement promettre de ne vous donner la liberté que contre un sac d'écus. Que voulez-vous ? nous serons prisonniers ensemble et nous tâcherons de nous adoucir l'un à l'autre les ennuis de notre captivité.

Gabriel s'inclina sans mot dire. Il eût mieux aimé, en effet, que lord Wentworth le rendît sur parole à la liberté et à sa tâche. Mais pouvait-il réclamer, lui inconnu, une telle confiance ?

Il se consolait du moins un peu en pensant que Coligny était en ce moment auprès de Henri II. Or, il l'avait chargé de rapporter au roi ce qu'il avait pu faire pour prolonger la résistance de Saint-Quentin. Certes, le noble ami n'y aurait pas manqué ! et Henri, fidèle à sa royale promesse, n'attendrait pas peut-être le retour du fils pour s'acquitter envers le père.

N'importe ! Gabriel n'était pas tout à fait maître de son inquiétude, d'autant plus qu'elle était double et qu'il n'avait pu revoir, avant de quitter Saint-Quentin, une autre personne non moins chère. Aussi maudissait-il de bon cœur l'accident arrivé à cet incorrigible ivrogne de Martin-Guerre, et ne partageait-il pas sur ce point la satisfaction de Jean Peuquoy, lequel voyait avec une joie secrète ses mystérieux desseins favorisés par ce même retard dont s'affligeait tant Gabriel.

Cependant lord Wentworth poursuivait, sans vouloir s'apercevoir de la mélancolique distraction de son prisonnier.

— Je m'efforcerai, d'ailleurs, monsieur d'Exmès, de ne pas vous être un geôlier trop farouche, et, pour vous prouver déjà que ce n'est pas une défiance injurieuse qui me fait agir, si vous voulez me donner votre parole de gentilhomme de ne pas chercher à vous échapper, je vous accorde toute permission de sortir à votre gré et d'aller courir par la ville.

Ici, Jean Peuquoy ne put retenir un mouvement de satisfaction non équivoque, et, pour le communiquer à Gabriel, tira vivement par derrière l'habit du jeune homme, assez surpris de cette démonstration.

— J'accepte de bon cœur, milord, répondit Gabriel à l'offre courtoise du gouverneur, et vous avez ma parole d'honneur que je ne penserai à aucune tentative d'évasion.

— Cela suffit, monsieur, reprit lord Wentworth, et si même l'hospitalité que je puis et dois vous offrir ici, quoique ma maison de passage soit assez mal montée ; si cette hospitalité, dis-je, vous semblait gênante et un peu forcée, eh bien ! il ne faudrait pas vous contraindre, et je ne vous saurais nullement mauvais gré de préférer au mauvais gîte que j'ai à votre disposition, un logement plus ouvert et plus commode que vous trouveriez dans Calais.

— Oh ! monsieur le vicomte, dit Jean Peuquoy à Gabriel d'un ton suppliant, si vous daigniez accepter la plus belle chambre de la maison de mon cousin Pierre Peuquoy, l'armurier ! vous le rendriez bien fier, et moi, vous me rendriez bien heureux, je vous jure !

Et le digne Peuquoy accompagna ces paroles d'un geste significatif. Car il ne procédait plus que par mystères et réticences, le digne Peuquoy ! et il était devenu d'un ténébreux à faire peur.

— Merci, mon ami, dit Gabriel ; mais vraiment, profiter d'une telle permission serait en abuser peut-être.

— Non, je vous assure, reprit vivement lord Wentworth, et vous êtes parfaitement libre d'accepter le logement chez Pierre Peuquoy. C'est un riche bourgeois, actif et habile dans sa profession, et le plus honnête homme qui soit. Je le connais bien, je lui ai acheté plusieurs fois des armes, et il a même chez lui une assez jolie personne, sa fille ou sa femme, je ne sais trop.

— Sa sœur, milord, dit Jean Peuquoy ; ma cousine Babette. Eh ! oui, elle est assez avenante, et si je n'étais pas si vieux !... mais les Peuquoy ne s'éteindront pas pour cela : Pierre a perdu sa femme, elle lui a laissé deux gros garçons fort vivans, qui vous distrairont, monsieur le vicomte, si vous voulez bien accepter la cordiale hospitalité du cousin.

— Ce à quoi non-seulement je vous autorise, mais aussi je vous engage, ajouta lord Wentworth.

Décidément, Gabriel commençait à croire, et non pas sans raison, que le beau et galant gouverneur de Calais aimait autant, peut-être pour des motifs à lui connus, se débarrasser d'un commensal qui serait à toute heure dans sa maison, et qui, à cause de la liberté même qu'il lui laisserait, pourrait finir par gêner la sienne. Telle était en effet la pensée de lord Wentworth qui, ainsi que l'archer de lord Grey l'avait élégamment dit à Arnauld, préférait les prisonnières aux prisonniers.

Dès lors, Gabriel n'eut plus aucun scrupule, et, se tournant en souriant vers Jean Peuquoy ;

— Puisque lord Wentworth me le permet, lui dit-il, ami, j'irai demeurer chez votre cousin.

Jean Peuquoy fit un bond de joie.

— Ma foi ! à vrai dire, je crois que vous faites bien, reprit lord Wentworth. Non que je n'eusse été heureux de vous héberger de mon mieux ! mais dans un logis gardé nuit et jour par des soldats, et où mon ennuyeuse autorité a dû établir des règles sévères, vous auriez bien pu ne pas vous trouver toujours à l'aise, comme vous allez l'être dans la maison de ce brave armurier. Et un jeune homme a besoin de ses aises, nous savons cela.

— Vous me paraissez le savoir en effet, dit en riant Gabriel, et je vois que vous connaissez tout le prix de l'indépendance.

— Ma foi ! oui, reprit lord Wentworth sur le même ton enjoué, et je ne suis pas encore d'âge à médire de la liberté !

Puis s'adressant à Jean Peuquoy :

— Et vous, maître Peuquoy, lui dit-il, comptez-vous, pour votre part, sur la bourse du cousin, comme vous comptez sur sa maison quand il s'agit de monsieur d'Exmès ? Lord Grey m'a dit que vous attendiez de lui les cent écus fixés pour votre rançon.

— Tout ce que Pierre possède appartient à Jean, répondit le bourgeois sentencieusement ; c'est toujours ainsi entre les Peuquoy. J'étais tellement sûr d'avance que la maison de mon cousin était la mienne, que j'ai envoyé chez lui déjà l'écuyer blessé de monsieur le vicomte d'Exmès, et je suis si certain encore que sa bourse m'est ouverte comme sa porte, que je vous prie de me faire accompagner de l'un de vos gens qui vous rapportera la somme convenue.

— Inutile, maître Peuquoy, répondit lord Wentworth, et je vous laisse aussi aller sur parole. J'irai demain ou après-demain, faire visite au vicomte d'Exmès chez Pierre Peuquoy, et je choisirai, pour l'argent dû à mon beau-frère, une de ces belles armures qu'il fait si bien.

— Comme il vous plaira, milord, dit Jean.

— Maintenant, monsieur d'Exmès, dit le gouverneur, ai-je besoin de vous dire que toutes les fois que vous voudrez bien frapper à ma porte, vous serez d'autant plus le bien venu que vous étiez libre de ne pas le faire ? Je vous le répète, la vie est monotone à Calais, vous le reconnaîtrez bien sans doute, et vous vous liguerez, je l'espère, avec moi contre l'ennemi commun, l'ennui. Votre présence est une fort bonne fortune dont je veux profiter le plus possible : si vous vous teniez éloigné, j'irais vous importuner, je vous en préviens ; et rappelez-vous qu'en somme, je ne vous laisse la liberté qu'à demi, et que l'ami doit me ramener souvent le prisonnier.

— Merci, milord, dit Gabriel, j'accepte toute votre obligeance. A titre de revanche, ajouta-t-il en souriant, car la guerre a des retours, et l'ami d'aujourd'hui redeviendra l'ennemi de demain.

— Oh ! dit lord Wentworth, je suis en sûreté, moi, et trop en sûreté, hélas ! derrière mes invincibles murailles. Si les Français avaient dû reprendre Calais, ils n'auraient pas attendu deux cents ans pour cela. Je suis tranquille, et si vous avez un jour à me faire les honneurs de Paris, ce sera en temps de paix, j'imagine.

— Laissons faire Dieu, milord, reprit Gabriel. Monsieur de Coligny, que je quitte, avait coutume de dire que le plus sage parti pour l'homme c'est d'attendre.

— Soit ! et en attendant, de vivre le plus heureusement possible. A propos, j'oubliais, vous devez être assez mal en argent, monsieur ; vous savez que ma bourse est à votre disposition.

— Merci, encore, milord : la mienne, bien qu'elle ne soit pas assez garnie pour me permettre de m'acquitter sur-le-champ, est au moins suffisante pour les frais de mon séjour ici. Ma seule inquiétude matérielle, je l'avoue, est que la maison de votre cousin, maître Peuquoy, ne puisse s'ouvrir ainsi à l'improviste à trois nouveaux hôtes sans dérangement, et j'aimerais mieux, en ce cas, me mettre en quête d'un autre logement, où, pour quelques écus...

— Vous vous moquez ! interrompit vivement Jean Peuquoy, et la maison de Pierre est assez grande, Dieu merci ! pour contenir trois familles, s'il le fallait. En province, on ne bâtit pas chichement et à l'étroit comme à Paris.

— C'est vrai, dit lord Wentworth, et je vous atteste, monsieur d'Exmès, que le logement de l'armurier n'est pas indigne du capitaine. Une suite plus nombreuse que la vôtre y tiendrait à l'aise, et deux métiers ne s'y gêneraient point. N'était-ce pas votre intention, maître Peuquoy, de vous y établir et d'y continuer votre état de tisserand ? lord Grey m'a touché deux mots de ce projet que je verrais se réaliser avec plaisir.

— Et qui se réalisera en effet peut-être, dit Jean Peuquoy. Calais et Saint-Quentin appartenant bientôt aux mêmes maîtres, je préférerais me rapprocher de ma famille.

— Oui, reprit lord Wentworth, qui se méprit au sens des paroles du malicieux bourgeois, oui, il se peut que Saint-Quentin soit avant peu une ville anglaise. Mais je vous retiens, ajouta-t-il, et après les fatigues de la route, vous devez avoir besoin de repos. Monsieur d'Exmès, et vous, maître, je vous le dis encore une fois, vous êtes libres. Au revoir, et à bientôt, n'est-ce pas ?

Il conduisit le capitaine et le bourgeois jusqu'à la porte, serra la main de l'un, fit un salut amical à l'autre, et les laissa s'acheminer ensemble vers la rue du Martroi. C'est là, si nos lecteurs se le rappellent, que Pierre Peuquoy demeurait, à l'enseigne vaillante du dieu Mars, et que nous retrouverons bientôt Gabriel et Jean, s'il plaît à Dieu.

— Ma foi ! se dit lord Wentworth quand il les eut vus s'éloigner, je crois que j'ai aussi bien fait d'écarter de chez moi ce vicomte d'Exmès. Il est gentilhomme, il a dû vivre à la cour, et, n'eût-il aperçu qu'une fois la belle prisonnière qui m'est confiée, il se la rappellerait certes toute sa vie. Oui, car moi qui n'ai fait que l'entrevoir, quand elle a passé devant moi il y a deux heures, j'en suis encore ébloui. Qu'elle est belle ! Oh ! je l'aime ! je l'aime ! Pauvre cœur, si longtemps muet dans cette morne solitude, comme tu bats enfin ! Mais ce jeune homme, qui me paraît vif et brave, aurait pu, en reconnaissant la fille de son roi, se mêler peu agréablement aux rapports qui, j'y compte, ne vont pas manquer de s'établir entre madame Diane et moi. La présence d'un compatriote, et peut-être d'un ami, eût aussi sans doute gêné dans ses aveux ou encouragé dans ses refus madame de Castro. Point de tiers entre nous. Si je ne veux avoir recours en tout ceci qu'à des moyens dignes de moi, il est fort inutile cependant de se créer des obstacles.

Il frappa d'une façon particulière sur un timbre. Au bout d'une minute, une suivante parut.

— Jane, lui dit en anglais lord Wentworth, vous êtes-vous mise, comme je vous l'ai ordonné, à la disposition de cette dame ?

— Oui, milord.

— Comment se trouve-t-elle en ce moment, Jane ?

— Elle paraît triste, milord, mais non pas accablée. Elle a le regard fier et la parole ferme, et commande avec douceur, mais avec l'habitude d'être obéie.

— C'est bien, dit le gouverneur. A-t-elle pris la collation que vous lui avez fait servir ?

— À peine a-t-elle touché un fruit, milord ; sous l'air d'assurance qu'elle affecte, il n'est pas difficile de démêler beaucoup d'inquiétude et de douleur.

— Il suffit, Jane, dit lord Wentworth. Vous allez retourner auprès de cette dame, et vous lui demanderez de ma part, de la part de lord Wentworth, gouverneur de Calais, à qui lord Grey a dévolu ses droits, si elle veut bien me recevoir. Allez et revenez vite.

Au bout de quelques minutes qui parurent des siècles à l'impatient Wentworth, la suivante reparut.

— Eh bien ? demanda-t-il.

— Eh bien ! milord, répondit Jane, cette dame non-seulement consent, mais encore demande à vous entretenir sur-le-champ.

— Allons! tout va au mieux, se dit lord Wentworth.

— Seulement, ajouta Jane, elle a retenu auprès d'elle la vieille Mary, et m'a ordonné à moi-même de remonter tout de suite.

— Bien, Jane, allez. Il faut lui obéir en tout, vous entendez. Allez. Dites que vous ne me précédez que d'un instant.

Jane sortit, et lord Wentworth, le cœur serré comme un amoureux de vingt ans, se mit à monter l'escalier qui conduisait à la chambre de Diane de Castro.

— Oh! quel bonheur! se disait-il, j'aime! Et celle que j'aime, la fille d'un roi! est en ma puissance!

XXXVIII.

LE GEOLIER AMOUREUX.

Diane de Castro reçut lord Wentworth avec cette dignité calme et chaste qui empruntait de son regard angélique et de son pur visage un pouvoir et un charme irrésistibles. Sous sa tranquillité apparente, il y avait pourtant bien de l'angoisse, et elle tremblait, la pauvre jeune fille, tout en répondant au salut du gouverneur et en lui indiquant d'un geste tout royal un fauteuil à quelques pas d'elle.

Puis, elle fit signe à Mary et à Jane, qui paraissaient vouloir se retirer, de demeurer au contraire, et, voyant que lord Wentworth, perdu dans son admiration, gardait le silence, elle se décida à parler la première.

— C'est devant lord Wentworth, gouverneur de Calais, que je me trouve, je crois? dit-elle.

— C'est lord Wentworth, votre dévoué serviteur, qui attend vos ordres, madame.

— Mes ordres! reprit-elle avec amertume, oh! milord! ne parlez pas ainsi, car je pourrais croire que vous raillez. Si l'on avait écouté, non mes ordres, mais mes prières, mais mes supplications, je ne serais pas ici. Vous savez qui je suis, milord, et de quelle maison?

— Je sais que vous êtes madame Diane de Castro, madame, la fille chérie du roi Henri II.

— Pourquoi m'a-t-on faite prisonnière, alors? reprit Diane dont la voix s'affaiblit au lieu de s'élever en faisant cette question.

— Mais précisément parce que vous étiez la fille d'un roi, madame, reprit Wentworth, parce que, d'après la capitulation consentie par l'amiral Coligny, on devait livrer aux vainqueurs cinquante prisonniers à leur choix, de tout rang, de tout âge et de tout sexe, et qu'ils ont naturellement choisi les plus illustres, les plus dangereux, et, permettez-moi de le dire, ceux qui pouvaient leur payer le plus grosse rançon.

— Mais comment a-t-on su, reprit Diane, que j'étais cachée à Saint-Quentin sous le nom et l'habit d'une religieuse Bénédictine? Avec la supérieure du couvent, une seule personne dans la ville savait mon secret.

— Eh bien! c'est cette personne qui vous aura trahie, voilà tout, dit lord Wentworth.

— Oh! non, je suis sûre que non! s'écria Diane avec une vivacité et une conviction telles que lord Wentworth se sentit mordu au cœur par le serpent de la jalousie, et ne trouva rien à répondre.

— C'était le lendemain de la prise de Saint-Quentin, poursuivit Diane en s'animant. Je m'étais réfugiée toute tremblante et toute émue au fond de ma cellule. On fait demander au parloir la sœur Bénie, mon nom de novice, milord. C'était un soldat anglais qui me demandait ainsi. Je redoute quelque malheur, quelque nouvelle terrible. Je descends, néanmoins, saisie par cette redoutable curiosité de la douleur qui veut savoir ce qu'elle doit pleurer. Cet archer, que je ne connaissais pas, me déclare que je suis sa prisonnière. Je m'indigne, je résiste, mais que pouvais-je contre la force? Ils étaient trois soldats, oui, trois, mylord, pour arrêter une femme! Je vous demande pardon si cela vous blesse, mais je dis ce qui est. Ces hommes s'emparent donc de moi et me somment d'avouer que je suis Diane de Castro, fille du roi de France. Je nie d'abord, mais comme, malgré mes dénégations, ils m'entraînent, je demande à être conduite à monsieur l'amiral de Coligny, et, comme l'amiral ne connaît pas la sœur Bénie, je déclare qu'en effet je suis celle qu'ils désignent. Vous croyez peut-être, milord, qu'alors, ils cèdent à ma prière et m'accordent cette grâce bien simple d'être menée à monsieur l'amiral qui m'eût reconnue et réclamée? Pas du tout! ils se réjouissent seulement de leur capture, me poussent et m'entraînent plus vite, me font entrer ou plutôt me jettent, pleurante et éperdue, dans une litière fermée, et quand, suffoquée de sanglots et anéantie de douleur, je cherche pourtant à reconnaître où l'on me mène, je suis déjà sortie de Saint-Quentin et sur la route de Calais. Puis, lord Grey qui commande, me dit-on, l'escorte, refuse de m'entendre, et c'est un soldat qui m'apprend que je suis prisonnière de son maître, et qu'en attendant le paiement de ma rançon, on me conduit à Calais. C'est ainsi que je suis arrivée, milord, sans en savoir davantage.

— Je n'ai rien rien de plus à vous dire, madame, reprit lord Wentworth pensif.

— Rien de plus, milord, reprit Diane. Vous ne pouvez pas me dire pourquoi on ne m'a laissé parler ni à la supérieure des Bénédictines ni à monsieur l'amiral? Vous ne pouvez pas me dire ce qu'on veut de moi, donc, puisqu'on ne me permet pas d'approcher de ceux qui auraient annoncé ma captivité au roi et envoyé de Paris le prix de ma rançon? Pourquoi cette sorte d'enlèvement secret? Pourquoi n'ai-je pas même vu lord Grey, qui, m'a-t-on dit, a ordonné tout cela?

— Vous avez vu lord Grey, madame, tantôt, quand vous avez passé devant nous. C'est le gentilhomme avec lequel je causais, et qui vous a saluée en même temps que moi.

— Excusez-moi, milord, j'ignorais en présence de qui je me trouvais, reprit Diane. Mais, puisque vous avez causé avec lord Grey, votre parent, à ce que m'a dit cette fille, il a dû vous faire part de ses intentions envers moi.

— En effet, madame, et, avant de s'embarquer pour l'Angleterre, il me les expliquait, au moment même où l'on vous amenait dans cet hôtel. Il m'apprenait qu'on vous avait désignée à lui à Saint-Quentin pour la fille du roi, et qu'ayant trois prisonniers à choisir pour sa part, il avait accepté avec empressement une si excellente prise, sans toutefois prévenir personne de sa capture, afin d'éviter toute contestation. Son but, fort simple, était de tirer de vous le plus d'argent possible, madame, et j'approuvais, en riant, mon avide beau-frère, quand vous avez traversé la salle où nous étions. Je vous ai vue, madame, et j'ai compris que, si vous étiez fille du roi par la naissance, vous étiez reine par la beauté. Dès-lors, je vous l'avoue à ma honte, j'ai changé vis-à-vis de lord Grey d'avis, sinon sur son action passée, du moins sur son projet à venir. Oui, et j'ai cessé d'approuver son dessein d'obtenir une rançon de vous. Je lui ai représenté qu'il pouvait espérer bien davantage que l'Angleterre et la France étant en guerre, vous serviriez peut-être à quelqu'important échange, et que vous valiez bien même une ville. Bref, je l'engageais fort à ne pas abandonner pour quelques écus une si riche proie. Vous étiez à Calais, une ville à nous, une ville imprenable, il fallait vous y garder, et attendre.

— Quoi! s'écria Diane, vous avez donné à lord Grey de tels conseils, et vous en convenez devant moi! Ah! milord, pourquoi vous être opposé ainsi à ma délivrance? Que vous avais-je fait? Vous ne m'aviez vue qu'une minute! Vous me haïssiez donc?

— Je ne vous avais vue qu'une minute, et je vous aimais, madame, dit lord Wentworth éperdu.

Diane recula pâlissante.

— Jane! Mary! cria-t-elle en appelant les deux femmes qui se tenaient à l'écart dans l'embrasure d'une croisée.

Mais lord Wentworth leur fit un signe impérieux, et elles ne bougèrent pas. Puis il reprit en souriant avec tristesse :

— N'ayez pas peur, madame, je suis un gentilhomme, et ce n'est pas vous, c'est moi qui dois craindre et trembler. Oui, je vous aime, et n'ai pu me tenir de vous le dire, oui, quand je vous ai vue passer si gracieuse, si charmante, et pareille à une déesse, tout mon cœur est allé à vous ; oui, encore, vous êtes en mon pouvoir ici et l'on m'y obéit sur un signe... C'est égal, ne craignez rien, je suis plus en votre possession, hélas ! que vous n'êtes en la mienne, et, de nous deux, le véritable prisonnier ce n'est pas vous. Vous êtes la reine, madame, et je suis l'esclave. Ordonnez, et j'obéirai.

— Alors, monsieur, dit Diane palpitante, renvoyez-moi à Paris, d'où je vous ferai passer telle rançon que vous fixerez.

Lord Wentworth hésita, puis il reprit :

— Tout, hormis cela, madame ! car je sens que ce sacrifice est au-dessus de mes forces. Quand je vous dis qu'un regard a pour jamais enchaîné ma vie à la vôtre ! Ici, dans cet exil où je suis confiné, voilà bien longtemps que mon cœur ardent n'avait aimé d'un amour digne de lui ! Dès que je vous ai vue, si belle, si noble, si fière, j'ai senti que toutes les forces comprimées de mon âme avaient désormais leur essor et leur but. Je vous aime depuis deux heures ; mais, si vous me connaissiez, vous sauriez que c'est comme si je vous aimais depuis dix années.

— Mais, mon Dieu ! que voulez-vous donc, milord ? reprit Diane. Qu'espérez-vous ? Qu'attendez-vous ? Quel est votre dessein ?

— Je veux vous voir, madame, je veux jouir de votre présence et de votre aspect gracieux, voilà tout. Ne me supposez pas, encore une fois, des projets indignes d'un gentilhomme. Seulement mon droit, que je bénis, est de vous garder près de moi, et j'en use.

— Et vous croyez, milord, dit madame de Castro, que cette violence contraindra mon amour à répondre au vôtre ?...

— Je ne crois pas cela, dit doucement lord Wentworth, mais peut-être qu'en me voyant chaque jour si résigné, si respectueux, venir seulement prendre de vos nouvelles pour pouvoir vous regarder une minute, peut-être que vous serez touchée de la soumission de celui qui pourrait contraindre et qui implore.

— Et alors, reprit Diane avec un dédaigneux sourire, la fille de France, vaincue, deviendra la maîtresse de lord Wentworth ?

— Et alors, lord Wentworth, répondit le gouverneur, lord Wentworth, le dernier rejeton d'une des maisons les plus riches et les plus illustres de l'Angleterre, offrira à genoux à madame de Castro son nom et sa vie. Mon amour, vous le voyez, est aussi honorable qu'il est sincère.

— Serait-il ambitieux ? pensa Diane.

— Écoutez, milord, reprit-elle à voix haute en essayant de sourire, je vous le conseille, laissez-moi libre, rendez-moi au roi mon père, et je ne me croirai pas quitte envers vous pour une rançon. Vienne entre les deux États une paix, à la fin inévitable, si je ne puis me donner moi-même, j'obtiendrai au moins pour vous, je vous le jure, autant et plus d'honneurs et de dignités que vous n'en pourriez souhaiter si vous étiez mon mari. Soyez généreux, milord, et je serai reconnaissante.

— Je devine votre pensée, dit Wentworth avec amertume ; mais je suis à la fois plus désintéressé et plus ambitieux que vous ne croyez. De tous les trésors de l'univers, je ne souhaite que vous.

— Alors, un dernier mot, milord, et que vous comprendrez, peut-être, dit Diane en même temps confuse et fière : Milord, un autre m'aime.

— Et vous vous imaginez que je vais vous livrer à ce rival en vous laissant aller ! s'écria Wentworth hors de lui. Non ! il sera du moins aussi malheureux que moi ! plus malheureux encore, car il ne vous verra pas, madame. A partir de ce jour, trois événemens peuvent seuls vous délivrer : ou ma mort, mais je suis encore jeune et robuste ; ou une paix entre la France et l'Angleterre, mais les guerres entre la France et l'Angleterre durent, vous le savez, cent ans ; ou la prise de Calais, mais Calais est imprenable. Hors ces trois chances presque désespérées, vous serez, je crois, longtemps ma prisonnière ; car j'ai acheté à lord Grey tous ses droits sur vous, et je ne veux pas vous recevoir à rançon, fût-elle un empire ! Et quand à la fuite, vous ferez aussi bien de n'y pas penser ; car c'est moi qui vous garde, et vous verrez quel geôlier attentif et sûr est un homme qui aime.

Ce disant, lord Wentworth salua profondément et se retira, laissant Diane tremblante et désolée.

Elle ne se rassurait un peu qu'en pensant que la mort était un refuge certain, et qui, dans les dangers suprêmes, restait toujours ouvert aux malheureux.

XXXIX.

LA MAISON DE L'ARMURIER.

La maison de Pierre Peuquoy formait l'angle de la rue du Martroi et de la place du marché. Des deux côtés, elle s'appuyait sur de larges piliers de bois comme on en voit encore à Paris aux piliers des Halles. Elle avait deux étages, plus les combles. Sur sa façade, le bois, la brique et l'ardoise se jouaient curieusement en arabesques à la fois capricieuses et régulières. De plus, les appuis des croisées et les grosses poutres offraient des figures d'animaux bizarres enroulées dans des feuillages amusans ; le tout naïf et grossier, mais non sans invention et sans vie. Le toit haut et large débordait assez pour mettre à couvert une galerie extérieure à balustres, qui, comme dans les chalets suisses, circulait autour du second étage.

Au-dessus de la porte vitrée de la boutique pendait l'enseigne, sorte de drapeau de bois, sur lequel un guerrier formidablement peint voulait représenter le Dieu Mars, ce à quoi l'aidait sans doute l'inscription suivante : *Au Dieu Mars. Pierre Peuquoy, armurier.*

Sur le côté de la porte, une armure complète, casque, cuirasse, brassards et cuissards, servait d'enseigne parlante pour ceux des gentilshommes qui ne savaient pas lire.

En outre, à travers le vitrage en plomb de la devanture de boutique, on pouvait distinguer, malgré l'obscurité des magasins, d'autres panoplies et des armes offensives et défensives de toute sorte. Les épées surtout se faisaient remarquer par leur nombre, leur variété et leur richesse.

Deux apprentis assis sous les piliers interpellaient les passans, leur offrant la marchandise avec les invitations les plus engageantes.

Pour l'armurier Pierre Peuquoy, il se tenait majestueusement d'ordinaire, soit dans son arrière-boutique donnant sur la cour, soit dans sa forge établie dans un hangard au fond de cette même cour. Il ne venait que lorsqu'un chaland d'importance, attiré par les cris des apprentis ou plutôt par la réputation de Peuquoy, faisait demander le maître.

L'arrière-boutique, mieux éclairée que le magasin, servait en même temps de salon et de salle à manger. Elle était par tout lambrissée de chêne et meublée d'une table carrée à pieds tors, de chaises en tapisserie, et d'un magnifique bahut sur lequel se voyait le *chef-d'œuvre* de Pierre Peuquoy exécuté par lui sous les yeux de son père lorsqu'il avait été reçu maître ; c'était une charmante petite armure en miniature, toute damasquinée d'or et du travail le plus fin et le plus délicat. On ne saurait imaginer ce qu'il avait fallu d'art et de patience pour obtenir la perfection d'un pareil bijou.

En face du bahut, une niche pratiquée dans le lambris encadrait une statue de plâtre de la Vierge, entourée de buis bénit. La pensée sainte veillait ainsi toujours dans la salle de famille.

Une autre pièce en retour était prise tout entière par la cage d'un escalier droit, de bois, qui conduisait aux étages supérieurs.

Pierre Peuquoy, ravi de recevoir chez lui le vicomte d'Exmès et Jean Peuquoy, avait absolument voulu céder le premier étage à Gabriel et à son cousin. Là donc étaient les chambres des hôtes. Pour lui, il habitait le second avec sa jeune sœur Babette et ses enfans. On avait aussi logé au deuxième l'écuyer blessé, Arnauld du Thill. Les apprentis couchaient aux combles. Dans toutes les chambres, commodes et bien closes, on sentait, sinon la richesse, au moins l'aisance et la simplicité abondante propre à la vieille bourgeoisie de tous les temps.

C'est à table que nous retrouverons Gabriel et Jean Peuquoy auxquels leur digne hôte achève de faire les honneurs d'un souper copieux. Babette servait les convives. Les enfans se tenaient respectueusement à quelque distance.

— Vive Dieu! monseigneur, dit l'armurier, comme vous mangez peu, si vous me permettez de le dire! vous êtes tout soucieux et Jean est tout pensif. Pourtant si le régal est médiocre, le cœur qui l'offre est bon. Prenez donc au moins de ces raisins, ils sont assez rares dans notre pays. Je tiens de mon grand-père, qui tenait du sien, qu'autrefois, du temps des Français, la vigne à Calais était généreuse, et la grappe dorée. Mais quoi! depuis que la ville est anglaise, le raisin se trompe et se croit en Angleterre où il n'a pas coutume de mûrir.

Gabriel ne put s'empêcher de sourire des singulières déductions du patriotisme de ce brave Pierre.

— Allons, dit-il en levant son verre, je bois à la maturité des raisins à Calais!

On pense si les Peuquoy répondirent cordialement à un semblable toast! Puis, le souper achevé, Pierre dit les grâces que ses hôtes écoutèrent debout et tête nue. Les enfans furent alors envoyés au lit.

— Toi aussi, Babette, tu peux maintenant te retirer, dit l'armurier à sa sœur. Veille à ce que les apprentis ne lassent pas trop de bruit là-haut, et, avant de rentrer dans ta chambre, entre, avec Gertude, dans celle de l'écuyer de monsieur le vicomte, pour voir si le malade n'aurait pas besoin de quelque chose.

La gentille Babette rougit, fit une révérence et sortit.

— Maintenant, dit Pierre à Jean, mon cher compère et cousin, nous voilà seuls tous trois, et, si vous avez une communication secrète à me faire, je suis prêt à l'entendre.

Gabriel regarda avec étonnement Jean Peuquoy mais celui-ci reprit avec sa mine grave :

— En effet, Pierre, je vous ai dit que j'avais à vous parler de choses importantes.

— Je vais me retirer, dit Gabriel.

— Pardon, monsieur le vicomte, dit Jean ; mais votre présence à cet entretien est non seulement utile, mais nécessaire ; car, sans votre concours, les projets que j'ai à confier à Pierre ne sauraient aboutir.

— Je vous écoute donc, ami, reprit Gabriel en retombant dans sa tristesse rêveuse.

— Oui, monseigneur, dit le bourgeois, oui, écoutez-nous, et en nous écoutant, vous relèverez la tête avec espérance, et, qui sait même? avec joie.

Gabriel sourit douloureusement en pensant que, tant qu'il serait retenu loin de la liberté de son père, loin de l'amour de Diane, la joie serait pour lui comme un ami absent. Néanmoins, le courageux jeune homme se retourna vers Jean et lui faisant signe qu'il pouvait commencer.

Alors Jean s'adressant gravement à Pierre :

— Cousin, lui dit-il, et plus que cousin, frère, c'est à vous à parler le premier, afin de montrer à monsieur le vicomte d'Exmès quel fonds on peut faire sur votre patriotisme. Dites-nous donc, Pierre, dans quels sentiments envers la France votre père vous a élevé et avait été élevé lui-même par son père. Dites-nous si, Anglais par la force depuis plus de deux cents ans, vous avez jamais été Anglais par le cœur. Dites-nous enfin si, le cas échéant, vous croiriez devoir votre sang et votre appui à l'ancienne patrie de vos aïeux ou à la patrie nouvelle qu'on leur a imposée?

— Jean, répondit l'autre bourgeois avec autant de solennité que son cousin ; Jean, je ne sais pas, si mon nom et ma race étaient anglais, ce que je penserais et ce que je sentirais ; mais je sais bien par expérience en général que quand une famille a été Française, ne fût-ce qu'un moment, fût-ce au-delà de deux siècles, toute autre domination étrangère est insupportable aux membres de cette famille, et leur semble dure comme la servitude et amère comme l'exil. Celui de mes aïeux, Jean, qui avait vu Calais tomber au pouvoir de l'ennemi, n'a jamais devant son fils parlé de la France qu'avec larmes, et de l'Angleterre qu'avec haine. Son fils en a fait autant pour le sien, et ce double sentiment de regret et d'aversion s'est transmis de génération en génération, sans s'affaiblir et sans s'altérer. L'air de nos vieilles maisons bourgeoises conserve. Le Pierre Peuquoy d'il y a deux siècles revit dans le Pierre Peuquoy d'aujourd'hui, et, comme le même nom français, j'ai le même cœur français, Jean. L'affront est d'hier et aussi la douleur. Ne dites pas, Jean, que j'ai deux patries ; il n'y en a, il ne peut y en avoir jamais qu'une! Et, s'il fallait choisir entre le pays que les hommes m'ont fait subir et le pays que Dieu m'avait donné, croyez bien que je n'hésiterais pas.

— Vous entendez, monseigneur! s'écria Jean en se tournant vers le vicomte d'Exmès.

— Oui, ami, oui, j'entends, et c'est bien, et c'est noble! répondit Gabriel pourtant un peu distrait.

— Mais un mot, Pierre, reprit Jean Peuquoy, tous nos anciens compatriotes d'ici ne pensent pas malheureusement comme vous, n'est-ce pas? Vous êtes sans doute, à Calais, au bout de deux cents ans, le seul enfant de la France qui ne soit pas devenu ingrat à la mère-patrie.

— Vous vous trompez, Jean, répondit l'armurier. J'ai parlé en général et non pour moi seul. Je ne dis pas que tous ceux qui portent comme moi un nom français n'ont pas oublié leur origine ; mais plusieurs familles bourgeoises aiment et regrettent toujours la France, et c'est dans ces familles que les Peuquoy se plaisairent à choisir leurs femmes. Tenez! dans les rangs de la garde civique de Calais, dont je fais malgré moi partie, maint citoyen briserait sa hallebarde plutôt que de la tourner contre un soldat français.

— Bon encore à savoir cela! murmurait Jean Peuquoy en se frottant les mains, et dites-moi, cousin, vous devez certainement avoir quelque grade dans cette garde civique? aimé et estimé comme vous l'êtes, cela va sans dire!

— Non pas, Jean, et j'ai refusé tout grade, pour refuser toute responsabilité.

— Tant pis et tant mieux alors! Est-ce que le service qu'on vous impose est bien pénible, Pierre? Est-ce qu'il se renouvelle souvent?

— Mais oui, dit Pierre, la corvée est assez fréquente et assez rude, vu que dans une place comme Calais la garnison n'est jamais suffisante, et, pour ma part, je suis commandé le 5 de chaque mois.

— Le 5 de chaque mois régulièrement, Pierre? Ces Anglais n'ont pas de prudence de fixer ainsi d'une manière certaine le jour de service de chacun.

— Oh! reprit l'armurier en secouant la tête, il n'y a pas de danger après deux siècles de possession. Et puis, comme néanmoins ils se défient toujours un peu de la garde civique, ils ne lui remettent que des postes imprenables par eux-mêmes. Moi, je suis toujours de faction sur la plateforme de la tour Octogone, qui est défendue par la mer mieux que par moi, et d'où les mouettes seules peuvent s'approcher, je crois.

— Ah! vous êtes toujours de faction le 5 de chaque mois sur la plate-forme de la tour Octogone, Pierre?

— Oui, de quatre heures à six heures du matin. C'est l'heure que le quartenier me laisse choisir et que je préfère, parce qu'à cette heure-là, je vois, les trois quarts de l'année, le reflet du lever du soleil sur l'Océan, et, même pour un pauvre marchand comme moi, c'est là un spectacle divin.

— Un spectacle tellement divin en effet, Pierre, reprit Jean Peuquoy en baissant la voix, que si, malgré la position imprenable, quelque hardi aventurier essayait d'escalader de ce côté-là votre tour Octogone, vous ne le verriez pas, je parie, tant vous seriez absorbé par votre contemplation!

Pierre regarda son cousin avec surprise.

— Je ne le verrais pas, c'est vrai, répondit-il après une minute d'hésitation; car je saurais qu'un Français seul peut avoir intérêt à pénétrer dans la ville, et, comme étant contraint je ne suis tenu à rien envers ceux qui me contraignent, plutôt que de repousser l'assaillant, je l'aiderais à entrer peut-être.

— Bien dit, Pierre! s'écria Jean Peuquoy. Vous voyez, monseigneur, que Pierre est un Français dévoué, ajouta-t-il en s'adressant à Gabriel.

— Je le vois, maître, reprit celui-ci toujours inattentif malgré lui à un entretien qui lui semblait inutile. Je le vois, mais hélas! à quoi bon ce dévouement?

— A quoi bon? je vais vous le dire, moi, répondit Jean Peuquoy; car c'est à mon tour de parler, je pense. Eh bien donc, si vous le voulez, monsieur le vicomte, nous pouvons prendre à Calais notre revanche de Saint-Quentin. Les Anglais, tout fiers de deux siècles de possession, s'endorment dans une sécurité trompeuse; cette sécurité doit les perdre. Nous avons, monseigneur le voit, des auxiliaires tout prêts dans la place. Mûrissons ce projet; que votre intervention auprès de ceux qui ont la puissance nous vienne en aide, et ma raison, plus encore mon instinct, me dit qu'un coup de main hardi nous rendrait maîtres de la ville. Vous m'entendez, n'est-ce pas, monseigneur?

— Oui, oui, certainement! répondit Gabriel qui n'écoutait plus en réalité, mais que cet appel direct réveilla de sa rêverie, votre cousin veut retourner, n'est-ce pas? dans notre beau royaume de France, être transféré dans une ville française, Amiens par exemple... Eh bien! j'en parlerai à milord Wentworth et aussi à monsieur de Guise. La chose peut se faire et mon intervention que vous réclamez ne vous fera pas défaut. Continuez, ami, je suis tout à vous. Certainement je vous écoute.

Et il retomba dans sa distraction puissante.

Car la voix qu'il écoutait en ce moment, ce n'était pas, à vrai dire, celle de Jean Peuquoy, non c'était en lui-même celle du roi Henri II, donnant ordre, sur le récit du siège de Saint-Quentin fait par l'amiral, de délivrer sur-le-champ le comte de Montgommery. Puis, c'était la voix de son père lui attestant, morne et jaloux encore, que Diane était la fille de son rival couronné. Enfin, c'était la voix de Diane elle-même qui, après tant d'épreuves, pouvait lui dire, et de laquelle il pouvait écouter ce mot suprême et divin : Je t'aime.

On comprend que, dans ce doux songe, il devait n'écouter qu'à moitié les projets hasardeux et victorieux du digne Jean Peuquoy.

Mais le grave bourgeois devait, lui, se trouver blessé du peu d'attention accordée par Gabriel à un dessein qui avait certes sa grandeur et son courage, et ce fut avec un peu d'amertume qu'il reprit :

— Si monseigneur avait daigné prêter à mon discours une oreille moins distraite, il aurait vu que nos idées, à Pierre et à moi, étaient moins personnelles et moins médiocres qu'il ne les suppose...

Gabriel ne répondit pas.

— Il ne vous entend pas, Jean, dit Pierre Peuquoy en montrant à son cousin leur hôte de nouveau absorbé, il a peut-être aussi son projet, sa passion...

— La sienne n'est pas plus désintéressée que la nôtre toujours! reprit Jean, non sans aigreur. Je dirais même qu'elle est égoïste, si je n'avais vu ce gentilhomme braver le danger avec une sorte de fureur et même exposer sa vie pour sauver la mienne. N'importe! il aurait dû m'écouter quand je parlais pour le bien et la gloire de la patrie. Mais, sans lui, malgré tout notre zèle, nous serions des instrumens inutiles, Pierre. Nous n'avons que le sentiment! la pensée nous manque et la puissance.

— C'est égal! le sentiment était bon; car je t'ai entendu et compris, dit Pierre Peuquoy, mon frère! dit celui-ci à l'armurier.

Et les deux cousins se serrèrent solennellement la main.

— Il faut, en attendant, renoncer à notre chimère, ou l'ajourner du moins, dit Jean Peuquoy; car que peut le bras sans la tête? que peut le peuple sans les nobles?...

Ce bourgeois du vieux temps ajouta avec un singulier sourire :

— Jusqu'au jour où le peuple sera à la fois le bras et la tête.

XL.

OÙ DE NOMBREUX ÉVÉNEMENS SONT RASSEMBLÉS AVEC BEAUCOUP D'ART.

Trois semaines s'étaient écoulées, on touchait aux derniers jours de septembre, et aucun changement notable ne s'était opéré dans la situation des divers personnages de cette histoire.

Jean Peuquoy avait, comme de raison, payé à lord Wentworth la faible rançon à laquelle il avait su se faire taxer. De plus, il avait obtenu la permission de se fixer à Calais. Mais nous dirons d'abord qu'il ne se pressait nullement de monter un établissement nouveau et de se remettre à l'ouvrage. Il paraissait fort curieux et fort nonchalant de sa nature, l'honnête bourgeois! et on le voyait, du matin au soir, flâner sur les remparts et causer avec les soldats de la garnison, sans paraître plus songer au métier de tisserand que s'il eût été abbé ou moine.

Toutefois, il n'avait pas voulu ou n'avait pas pu entraîner son cousin Pierre Peuquoy dans son désœuvrement, et jamais l'habile armurier n'avait fourbi plus d'armes et de plus belles.

Gabriel devenait de jour en jour plus triste. Il n'arrivait jusqu'à lui, de Paris, que des nouvelles générales. La France commençait à respirer. Les Espagnols et les Anglais avaient perdu à prendre des bicoques un temps irréparable; le pays avait pu se reconnaître, et Paris et le roi étaient sauvés. Ces nouvelles, que l'héroïque défense de Saint-Quentin n'avait pas peu contribué à faire si bonnes, réjouissaient Gabriel sans doute! mais quoi? de Henri II, de Coligny, de son père, de Diane, pas un mot! Cette pensée assombrissait son front et l'empêchait de se livrer, comme il l'eût fait peut-être en toute autre occasion, aux amicales avances de lord Wentworth pour lui.

Le facile et expansif gouverneur semblait, en effet, s'être pris de belle amitié pour son prisonnier. L'ennui et, depuis quelques jours, un peu de tristesse avaient sans doute contribué à cette sympathie. C'était une distraction précieuse, dans ce morne Calais, que la compagnie d'un jeune et spirituel gentilhomme de la cour de France. Aussi, lord Wentworth ne passait jamais deux jours sans aller faire visite au vicomte d'Exmès, et voulait le voir trois fois par semaine au moins à sa table. Affection gênante, à tout prendre; car le gouverneur jurait en riant qu'il ne lâcherait son captif qu'à la dernière extrémité, qu'il ne se résignerait jamais à le laisser aller sur parole, qu'il ne serait que lorsque le dernier écu de la rançon de Gabriel lui aurait été bien et dûment payé qu'il subirait la dure nécessité de se séparer d'un ami si cher.

Comme, au fond, cela pouvait n'être fort bien qu'une

façon élégante et seigneuriale de se défier de lui, Gabriel n'osait pas insister, et, dans se délicatesse, souffrait sans se plaindre, en attendant le rétablissement de son écuyer qui, si l'on s'en souvient, devait aller chercher à Paris la rançon convenue pour la mise en liberté du vicomte d'Exmès.

Mais Martin-Guerre, ou plutôt son remplaçant Arnauld du Thill, ne se rétablissait que bien lentement. Au bout de quelques jours cependant, le chirurgien chargé de soigner la blessure que le drôle avait reçue dans une rixe s'était retiré, déclarant sa tâche achevée et son malade entièrement remis. Un ou deux jours de repos et les bons soins de la gentille Babette, sœur de Pierre Peuquoy, suffiraient pour compléter la guérison, si elle avait besoin d'être complétée.

Sur cette assurance, Gabriel avait annoncé à son écuyer qu'il partirait sans retard pour Paris le surlendemain. Mais le surlendemain au matin, Arnauld du Thill se plaignit d'éblouissemens et d'étourdissemens qui l'exposeraient à des chutes graves s'il faisait seulement quelques pas sans l'appui accoutumé de Babette. Nouveau délai, demandé et accordé, de deux jours. Mais, au bout de ce temps, une sorte de lassitude générale cassait bras et jambes au pauvre Arnauld ; il fallut combattre cette fatigue, causée par ses souffrances assurément, au moyen de bains et d'une diète assez sévère. Mais ce régime occasionna une faiblesse si grande qu'un autre délai fut jugé indispensable pour donner au fidèle écuyer le temps de rétablir sa vigueur par des fortifians et un peu de vin généreux. Du moins sa garde-malade Babette jurait en pleurant à Gabriel que, s'il exigeait de Martin-Guerre un départ immédiat, il l'exposait à périr d'inanition sur la grand'route.

Cette singulière convalescence se prolongeant ainsi bien au-delà de la maladie, malgré les soins, un médisant dirait grâce aux soins de Babette, deux semaines, gagnées jour par jour, s'écoulèrent ; ce qui faisait près d'un mois depuis l'arrivée de Gabriel à Calais.

Mais cela ne pouvait pas durer plus longtemps. Gabriel à la fin s'impatientait, et Arnauld du Thill lui-même, qui, dans le commencement, cherchait et trouvait des expédiens avec la meilleure volonté du monde, déclarait maintenant d'un air suffisant et vainqueur à Babette éplorée qu'il ne pouvait pas risquer de mécontenter son maître, et que le mieux était, après tout, de partir plus vite pour revenir plus vite aussi. Mais les yeux rouges et la mine abattue de la pauvre Babette prouvaient qu'elle n'entendait guères cette raison-là.

La veille du jour où, d'après sa déclaration formelle, Arnauld du Thill devait enfin se mettre en route pour Paris, Gabriel alla souper chez lord Wentworth.

Le gouverneur semblait avoir plus de mélancolie encore que d'ordinaire à secouer, car il força sa gaîté jusqu'à la folie.

Quand il quitta Gabriel, après l'avoir reconduit jusqu'au préau, éclairé seulement à cette heure par une lampe déjà pâlissante, le jeune homme, au moment où il s'enveloppait de son manteau pour sortir, vit une des portières qui donnaient dans le préau s'entr'ouvrir. Une femme, que Gabriel reconnut pour une des camérières de la maison, se glissa jusqu'à lui, un doigt sur les lèvres, et lui tendant de l'autre main un papier :

— Pour le gentilhomme français que reçoit souvent ord Wentworth, dit-elle à voix basse en lui remettant let billet plié.

Et avant que Gabriel stupéfait eût eu le temps de l'interroger, elle avait déjà pris la fuite.

Le jeune homme, fort intrigué, et de sa nature un peu curieux et passablement imprudent, songea qu'il avait un quart d'heure de chemin à faire dans l'obscurité avant de pouvoir lire le billet à son aise dans sa chambre, et que c'était bien longtemps attendre le mot d'une énigme qui paraissait piquante. Donc, sans plus de façon, et pour savoir à quoi s'en tenir tout de suite, il regarda autour de lui, et, voyant qu'il était bien seul, il s'approcha de la lampe fumeuse, déploya le billet et lut, non sans quelque émotion, ce qui suit :

« Monsieur, je ne vous connais pas, je ne vous ai jamais vu ; mais une des femmes qui me sert me dit que vous êtes Français comme moi et prisonnier comme moi. Cela me donne le courage de crier vers vous dans ma détresse. Vous êtes sans doute reçu ici souvent. Vous retournerez probablement bientôt à Paris. Vous pourrez y voir les miens qui ignorent ce que je suis devenue. Vous pourriez leur dire où je suis, que lord Wentworth me retient sans me permettre de communiquer avec âme qui vive, sans vouloir accepter de prix pour ma liberté, et, qu'abusant du droit cruel que ma position lui donne, il ose chaque jour me parler d'un amour que je repousse avec horreur, mais que ce mépris même et la certitude de l'impunité peuvent exciter au crime. Un gentilhomme et surtout un compatriote me doit certainement son aide dans cette misérable extrémité ; mais je veux encore vous dire qui je suis pour que ce devoir... »

La lettre s'arrêtait là, non signée. Un obstacle inattendu, un accident subit l'avait fait interrompre probablement, et cependant on avait voulu l'envoyer, même inachevée, pour ne pas laisser perdre quelque précieuse occasion, et parce qu'ainsi incomplète elle disait pourtant encore tout ce qu'elle voulait dire, hormis le nom de la femme si indignement contrainte.

Ce nom, Gabriel ne le savait pas, cette écriture tremblante et hâtée il ne pouvait la connaître, et cependant un trouble étrange, un pressentiment inouï s'était glissé dans son cœur. Et, tout pâle d'émotion, il se rapprochait de la lampe pour mieux relire ce billet, quand une autre portière s'ouvrit et donna passage à lord Wentworth lui-même qui, précédé d'un petit page, traversait le préau pour se rendre à sa chambre.

En apercevant Gabriel, qu'il venait de reconduire cinq minutes auparavant, le gouverneur s'arrêta assez étonné.

— C'est vous encore, mon ami ? lui dit-il en allant à lui avec l'intérêt qu'il lui témoignait d'habitude. Qui vous a retenu ? ce n'est pas, du moins je l'espère, un accident, une indisposition ?

Le loyal jeune homme, sans répondre à lord Wentworth, lui tendit seulement la lettre qu'il venait de recevoir. L'Anglais y jeta un coup d'œil et devint plus pâle que Gabriel, mais il sut garder son sang-froid, et, tout en feignant de lire, combina habilement sa réponse.

— La vieille folle ! dit-il en froissant et en jetant à terre le billet avec un dédain bien joué.

Aucune parole ne pouvait désenchanter plus vite et mieux Gabriel, tout à l'heure perdu dans les rêves les plus émouvans, et maintenant fort refroidi déjà à l'endroit de l'inconnue. Pourtant, il ne se rendit pas encore tout de suite et reprit avec quelque défiance :

— Vous ne me dites pas quelle est cette prisonnière que vous retenez ici malgré elle, milord ?

— Malgré elle, je crois bien ! dit-il d'un ton dégagé Wentworth. C'est une parente de ma femme, cerveau fêlé, s'il en est au monde, que la famille a voulu éloigner d'Angleterre, et qu'on a fort mal à propos confiée à ma garde, dans cette ville où la surveillance est plus facile pour les insensés aussi bien que pour les prisonniers. Puisque vous avez pénétré dans ce secret de famille, mon cher ami, j'aime mieux vous dire tout de suite ce qu'il en est. La manie de lady Howe, qui a lu trop de poëmes de chevalerie, est de se croire, malgré ses cinquante ans et ses cheveux gris, une héroïne opprimée et persécutée, et de vouloir intéresser à sa cause, au moyen de fables plus ou moins bien trouvées, tout chevalier jeune et galant qui passe à sa portée. Et, Dieu me damne ! Gabriel, il me semble que les contes de ma vieille tante vous avaient touché. Allons ! convenez que sa missive vous avait un peu troublé, mon pauvre ami !

— L'histoire aussi est étrange, convenez-en vous-même, milord, reprit Gabriel assez froidement, et vous ne m'aviez jamais parlé, que je sache, de cette parente ?

— Non, en vérité, répondit lord Wentworth, et l'on ne se soucie pas d'ordinaire d'introduire des étrangers dans ses affaires d'intérieur.

— Mais comment votre parente se dit-elle Française, reprit Gabriel.

— Eh! pour vous intéresser probablement, dit lord Wentworth avec un sourire qui commençait à être contraint.

— Mais cet amour dont elle se dit obsédée, milord?

— Illusions de vieille qui prend des souvenirs pour des espérances! reprit Wentworth, non sans marquer toutefois un peu d'impatience.

— Et c'est pour éviter le ridicule, n'est-ce pas, milord, que vous la tenez cachée à tous les regards?

— Ah! voilà bien des questions! dit lord Wentworth en fronçant le sourcil, mais sans éclater toutefois. Je ne vous savais pas interrogatif à ce point, Gabriel. Mais il est neuf heures moins un quart, et je vous engage à rentrer chez vous avant que le couvre-feu ait sonné; car vos licences de prisonnier sur parole ne doivent pas aller jusqu'à enfreindre les règlemens de sûreté de Calais. Si lady Howe vous intéresse tellement, nous pourrons reprendre demain l'entretien sur ce sujet. En attendant, je vous demande le silence sur ces choses délicates de famille, et je vous souhaite le bonsoir, monsieur le vicomte.

Là-dessus, le gouverneur salua Gabriel et sortit. Il voulait rester maître de lui jusqu'au bout, et craignait de trop s'animer si la conversation se prolongeait.

Gabriel, après une minute d'hésitation et de réflexion, quitta l'hôtel du gouverneur pour retourner à la maison de l'armurier. Mais lord Wentworth ne s'était pas assez bien contenu jusqu'au bout pour effacer tout soupçon au cœur de Gabriel, et les doutes du jeune homme, doutes qu'un secret instinct encourageait, l'assaillirent de nouveau pendant le chemin.

Il résolut de garder désormais là-dessus le silence avec lord Wentworth, qui certes ne devait rien lui apprendre, mais d'observer, d'interroger et de s'assurer si véritablement la dame inconnue n'était pas une compatriote et la prisonnière de l'Anglais.

— Mais, mon Dieu! quand cela me serait prouvé jusqu'à l'évidence, se disait Gabriel, que pourrais-je faire? Ne suis-je pas moi-même prisonnier ici? N'ai-je pas les mains liées, et lord Wentworth ne peut-il pas me redemander cette épée que je ne porte que grâce à sa tolérance? Il faut que cela finisse, et qu'au besoin je puisse sortir de cette position équivoque. Il faut que définitivement et sans plus de délai Martin-Guerre parte demain. Je vais le lui signifier ce soir même.

En effet, Gabriel, à qui un apprenti de Pierre Peuquoy vint ouvrir, monta au second étage, au lieu de rester comme à l'ordinaire à son logement du premier. Toute la maison dormait à cette heure, et Martin-Guerre dormait sans doute comme les autres. Mais Gabriel voulait le réveiller pour lui intimer sa volonté expresse. Il s'avança pourtant sans faire de bruit jusqu'à la chambre de son écuyer, afin de ne troubler le sommeil de personne.

La clef était à la première porte, et Gabriel l'ouvrit doucement. Mais la seconde porte était fermée, et Gabriel put seulement entendre, à travers la cloison, des éclats de rire et le bruit de verres qui se choquent. Il frappa alors avec quelque violence, et se nomma d'une voix impérieuse. Tout aussitôt, le silence se fit, et, comme Gabriel n'en élevait que plus haut la voix, Arnauld du Thill vint en hâte ouvrir les verrous à son maître. Mais justement il se hâta trop et ne laissa pas le temps à une robe de femme, qui s'enfuyait par une porte de côté, de disparaître complétement avant l'entrée de Gabriel.

Celui-ci crut à quelque amourette avec la servante de la maison, et, comme, après tout, le jeune homme n'était pas d'une pruderie exagérée, il ne put s'empêcher de sourire en morigénant son écuyer.

— Ah! ah! dit-il, il me semble, Martin, que tu te portes mieux que tu ne le prétends! une table dressée, trois bouteilles, deux couverts! Il me paraît que j'ai mis l'autre convive en fuite. N'importe, j'ai vu assez de preuves flagrantes de ta guérison, et je crois plus que jamais pouvoir sans scrupule t'ordonner de partir demain.

— C'était, vous le savez, mon intention, monseigneur, dit Arnauld du Thill assez penaud, et précisément je faisais mes adieux...

— A un ami? c'est d'un bon cœur, dit Gabriel, mais il ne faut pas que l'amitié fasse oublier le devoir, et j'exige que demain, avant mon lever, tu sois sur la route de Paris. Tu as la passe du gouverneur, ton équipage est prêt depuis quelques jours, ton cheval reposé comme toi, ton escarcelle pleine, grâce à la confiance de notre excellent hôte, qui n'a qu'un regret, le digne homme! celui de ne pouvoir m'avancer ma rançon toute entière. Rien ne te manque, Martin, et, si tu pars demain matin de bonne heure, dans trois jours tu peux être à Paris. Là, tu te rappelles ce que as à faire.

— Oui, monseigneur; je vais sur-le-champ à l'hôtel de la rue des Jardins-Saint-Paul; je rassure votre nourrice sur votre compte; je lui demande les dix mille écus de votre rançon, plus trois mille autres pour vos dépenses et vos dettes ici, et, comme gage, je lui montre ce mot de vous et votre anneau.

— Précautions inutiles, Martin, car ma bonne nourrice te connaît bien, mon fidèle serviteur; mais j'ai cédé à tes scrupules. Seulement, fais que cet argent soit rassemblé un peu promptement, entends-tu?

— Soyez tranquille, monseigneur. Et l'argent rassemblé, votre lettre à monsieur l'amiral remise, je reviens ici plus vite encore que je ne suis parti.

— Et pas de mauvaises querelles en route, surtout!

— Il n'y a pas de danger, monseigneur.

— Allons! adieu, Martin, et bonne chance!

— Dans dix jours d'ici vous me reverrez, monseigneur, et demain, au lever du soleil, je serai déjà loin de Calais.

Arnauld du Thill, cette fois, tint sa promesse. Il permit seulement le lendemain matin à Babette de l'accompagner jusqu'à la porte de la ville. Il l'embrassa une dernière fois lui jurant à elle aussi qu'elle le reverrait bientôt, puis il piqua des deux, fort allègre en somme, comme un sacripant qu'il était, et disparut bientôt à un angle du chemin.

La pauvre fille se dépêcha de rentrer avant que son terrible frère Pierre Peuquoy ne fût levé, mais elle fut obligée de se dire malade pour pouvoir pleurer seule à son aise dans sa chambre.

Dès-lors, il serait difficile de dire si ce fut elle ou Gabriel qui attendit avec le plus d'impatience le retour de l'écuyer.

Ils devaient attendre longtemps tous deux.

XLI.

COMMENT ARNAULD DU THILL FIT PENDRE ARNAULD DU THILL, A NOYON.

Arnauld du Thill, le premier jour, ne fit pas de mauvaise rencontre et poursuivit sa route sans trop d'obstacles. Il trouvait bien, de temps en temps, sur le chemin, des troupes d'ennemis, Allemands qui désertaient, Anglais licenciés, Espagnols insolens comme leur victoire; car, dans cette pauvre France désolée, il y avait alors plus d'étrangers que de Français. Mais, à tous ces questionneurs de grand'route, Arnauld montrait fièrement le laissez-passer de lord Wentworth, et tous, non sans regrets et sans murmures, respectaient le porteur de la signature du gouverneur de Calais.

Néanmoins, le second jour, aux environs de Saint-Quentin, un détachement d'Espagnols lui chercha de mauvaises chicanes, prétendant que son cheval n'était pas compris dans le laissez-passer, et qu'il serait bon de le confisquer peut-être. Mais le faux Martin-Guerre déploya une grande fermeté, demandant à être conduit au chef, et on relâcha avec son cheval ce compagnon difficile.

L'aventure toutefois lui servit de leçon, et il résolut dorénavant d'éviter autant que possible les troupes qu'il rencontrerait. La chose était difficile : — l'ennemi, sans remporter depuis la prise de Saint-Quentin d'avantage décisif, avait pourtant occupé tout le pays. Le Catelet, Ham, Noyon, Chauny, lui appartenaient, et Arnauld arrivant, le soir de ce dixième jour, devant Noyon, dut se déterminer, pour prévenir tout embarras, à tourner la ville et à n'aller coucher qu'au village suivant.

Mais pour cela il fallut quitter la route : Arnauld connaissait mal le pays, il s'égara, et, en cherchant son chemin, il tomba tout à coup, au détour d'un sentier, au milieu d'une troupe de reîtres ennemis qui paraissaient chercher aussi.

Or, quelle ne fut pas la satisfaction d'Arnauld en entendant l'un d'eux s'écrier, quand il l'aperçut :

— Holà ! hé ! ne serait-ce pas lui par hasard, ce misérable Arnauld du Thill ?

— Est-ce qu'Arnauld du Thill serait à cheval ? dit un autre reître.

— Grand Dieu ! se dit l'écuyer en pâlissant, il paraît que je suis connu par ici, et, si je suis connu, je suis perdu.

Mais il était trop tard pour reculer et fuir; les reîtres l'entouraient. Heureusement la nuit se faisait déjà assez sombre.

— Qui êtes-vous ? et où allez-vous ? lui demanda l'un d'eux.

— Je m'appelle Martin-Guerre, répondit Arnauld tremblant, je suis l'écuyer du vicomte d'Exmès, actuellement prisonnier à Calais, et je vais chercher à Paris l'argent de sa rançon. Voici la passe de milord Wentworth, gouverneur de Calais.

Le chef de la troupe appela un des siens qui portait une torche, et se mit à vérifier gravement le laissez-passer d'Arnauld.

— Le sceau est bien authentique, dit-il, et la passe véritable. Vous avez dit la vérité, l'ami, et vous pouvez continuer votre route.

— Merci ! dit Arnauld qui respira.

— Un mot encore pourtant, l'ami. Vous n'auriez pas rencontré sur votre route un homme qui semblait fuir, un coquin, un pendard qui répond au nom d'Arnauld du Thill.

— Je ne connais pas du tout Arnauld du Thill, se hâta de crier Arnauld du Thill.

— Vous ne le connaissez pas, l'ami, mais vous auriez pu le rencontrer par ces sentiers. Il est de votre taille, et, autant qu'on en peut juger par cette soirée noire, un peu de votre tournure. Seulement, il n'est pas aussi bien habillé que vous, il s'en faut. Il porte une cape brune, un chapeau noir et des chausses grises, et il doit se cacher du côté d'où vous venez, le brigand ! Oh ! qu'il nous tombe sous la main, cet Arnauld du diable !

— Qu'a-t il donc fait ? demanda timidement Arnauld.

— Ce qu'il a fait ? c'est la troisième fois qu'il s'échappe. Il prétend qu'on lui rend la vie bien dure. Je crois bien ! A sa première escapade, il avait enlevé la maîtresse de son maître. Cela méritait punition, il me semble. Et puis, il n'a pas de quoi payer sa rançon ! on l'a vendu et revendu, il passe de main en main, et c'est à qui n'en voudra plus. Il est juste au moins, puisqu'il ne peut nous profiter, qu'il nous amuse. Eh bien ! il fait le fier, il ne veut pas, il se sauve. Voilà trois fois qu'il se sauve. Mais si nous le rattrapons, le scélérat !...

— Que lui ferez-vous ? demanda encore Arnauld.

— La première fois, on l'a battu ; la seconde, on l'a tué à moitié ; la troisième, on le pendra.

— On le pendra ! répéta Arnauld effrayé.

— Tout de suite, l'ami ! et sans autre forme de procès. Il est à nous. Cela nous divertira, et cela lui apprendra.

Regarde à ta droite, l'ami. Tu vois bien cette potence ? Eh bien ! c'est à cette potence-là que nous pendrons immédiatement Arnauld du Thill si nous parvenons à le reprendre.

— Ah ! oui-dà ! dit Arnauld avec un rire un peu forcé.

— C'est comme je te l'affirme, l'ami ! et, si tu rencontres le drôle, mets la main dessus et amène-nous-le ; nous reconnaîtrons le service. Là-dessus, bon voyage !

Ils s'éloignaient. Arnauld, rassuré, les rappela.

— Pardon, mes maîtres, service pour service ! je me suis égaré, voyez-vous, et je ne sais plus trop où je suis. Orientez-moi donc un peu, s'il vous plaît.

— Mais c'est bien aisé, l'ami, dit le reître. Là, derrière vous, ces murailles et cette poterne que vous distinguez peut-être dans l'ombre, c'est Noyon. Vous regardez trop à droite, du côté du gibet ! c'est là, à gauche, où vous devez voir briller les piques de nos camarades ; car c'est à cette poterne que notre compagnie est de garde cette nuit. A présent, retournez-vous, vous avez devant vous la route de Paris à travers le bois. A vingt pas d'ici, la route se bifurque. Vous prendrez à gauche ou à droite, comme bon vous semblera ; les deux chemins ne sont pas plus longs l'un que l'autre, et tous deux se rejoignent au bac de l'Oise, à un quart de lieue d'ici. Le bac traversé, allez toujours tout droit. Le premier village est Auvray, à une lieue du bac. Maintenant vous voilà aussi bien renseigné que nous, l'ami. Bon voyage !

— Merci ! et bonsoir, dit Arnauld en mettant au trot sa monture.

Les indications qu'on lui avait données étaient exactes. A vingt pas, il trouva le carrefour et laissa son cheval prendre la route de gauche.

La nuit était épaisse, et la forêt aussi. Pourtant, au bout de dix minutes, Arnauld du Thill arriva à une clairière dans le bois, et la lune, à travers la nacre des nuages, répandit une faible lueur sur le chemin.

En ce moment, l'écuyer rêvait à la peur qu'il venait d'avoir et à la bizarre aventure qui avait éprouvé son sang-froid. Rassuré sur le passé, il n'envisageait pas l'avenir sans mélancolie.

— Ce ne peut être que le vrai Martin-Guerre qu'on poursuit ainsi sous mon nom, pensait-il. Mais s'il s'est échappé, ce pendard ! je le retrouverai aussitôt que moi à Paris, et un étrange conflit pourra s'en suivre. Je sais bien que l'impudence peut me sauver, mais elle peut aussi me perdre. Quel besoin ce drôle avait-il de s'échapper ! C'est bien gênant, en vérité ! et ce serait charité à ces braves ennemis de me le pendre. Cet homme est décidément mon mauvais génie.

Cet édifiant monologue durait encore quand Arnauld, qui avait la vue très pénétrante et très exercée, aperçut, ou crut apercevoir, à cent pas en avant, un homme, ou plutôt une ombre qui, à son approche, disparut vivement dans un fossé.

— Holà ! encore une mauvaise rencontre, quelque embuscade, pensa le prudent Arnauld.

Il essaya d'entrer dans le bois, mais le fossé était impénétrable pour le cavalier et pour le cheval. Il attendit quelques minutes, puis se hasarda à regarder. Le fantôme, qui s'était relevé, se jeta rapidement dans son fossé.

— Est-ce qu'il aurait peur de moi, comme moi de lui ? se dit Arnauld. Est-ce que nous chercherions réciproquement à nous éviter ? Mais il faut prendre un parti, puisque ces maudits taillis m'empêchent de gagner l'autre route à travers bois. Faut-il rebrousser chemin ? ce serait le plus prudent. Faut-il bravement mettre mon cheval au galop et passer comme un éclair devant mon homme ? ce serait le plus court. Il est à pied, et à moins qu'un coup d'arquebuse... Mais bon ! je ne lui en laisserai pas le temps.

Aussitôt résolu, aussitôt exécuté. Arnauld piqua des deux et passa comme un trait devant l'homme embusqué ou caché.

L'homme ne bougea pas.

Ceci ôta à Arnauld sa frayeur, il arrêta court son cheval, et revint même de quelques pas en arrière, saisi de l'éclair d'une idée soudaine.

L'homme ne fit pas un seul mouvement.

Cela rendit à Arnauld tout son courage; et, presque certain maintenant de son fait, il alla droit au fossé.

Mais, alors, et avant qu'il eût le temps de dire : Jésus! l'homme s'élança d'un bond, et, dégageant subitement de l'étrier la jambe droite d'Arnauld et la relevant avec violence, il jeta à bas de cheval l'écuyer, tomba avec lui sur lui, et lui mit la main à la gorge et le genou sur la poitrine.

Tout cela n'avait pas duré vingt secondes.

— Qui es-tu ? et que veux-tu ? demanda le vainqueur à son ennemi terrassé.

— Lâchez-moi, par grâce! dit d'une voix fort étranglée Arnauld qui sentit son maître. Je suis Français, mais j'ai un laissez-passer de lord Wentworth, gouverneur de Calais.

— Si vous êtes Français, dit l'homme, et, en effet, vous n'avez pas l'accent de tous ces étrangers du démon, je n'ai pas besoin de votre laissez-passer. Mais qu'aviez-vous à vous approcher si curieusement de moi?

— J'avais cru voir un homme dans le fossé, reprit Arnauld sous une étreinte moins vigoureuse, et je m'avançais pour regarder s'il n'était pas blessé, et s'il n'y avait pas à lui porter secours.

— L'intention était bonne, dit l'homme en retirant sa main et en écartant son genou. Allons, camarade, relevez-vous, ajouta-t-il en tendant la main à Arnauld qui fut debout bien vite. Je vous ai peut-être accueilli un peu... sévèrement, excusez-moi. C'est qu'il ne vaut rien pour moi qu'on mette en ce moment le nez dans mes affaires. Mais vous êtes un compatriote, c'est différent, et, loin de nuire, vous me servirez. Nous allons nous entendre tout de suite. Moi je m'appelle Martin-Guerre, et vous?

— Moi? moi? Bertrand, dit Arnauld tressaillant ; car seul avec lui, la nuit, dans ce bois, l'homme qu'il dominait d'ordinaire par la ruse et l'astuce le dominait à son tour par la force et le courage.

Heureusement, la nuit profonde assurait l'incognito d'Arnauld, et il déguisait encore sa voix de son mieux.

— Eh bien ! camarade Bertrand, continua Martin-Guerre, sachez que je suis un prisonnier fugitif échappé ce matin pour la deuxième fois, d'autres disent pour la troisième, à ces Espagnols, Anglais, Allemands, Flamands, bref, à toute cette séquelle ennemie qui s'est jetée sur notre pauvre pays comme une nuée de sauterelles. Car la France ressemble à cette heure, où Dieu me confonde ! à la tour de Babel. Depuis un mois, j'ai appartenu, tel que vous me voyez, à vingt baragouineurs de nations différentes, et c'était toujours un nouveau langage plus rude et plus barbare à entendre. Je me suis lassé d'être promené de bourgade en bourgade, d'autant qu'il m'a semblé qu'on se moquait de moi et qu'on se faisait un jeu de me tourmenter. Ils me reprochaient toujours une jolie diablesse appelée Gudule qui m'avait aimé, à ce qu'il paraît, jusqu'à fuir avec moi.

— Ah ! ah ! fit Arnauld.

— Je vous dis ce qu'on m'a dit. Donc, leurs moqueries m'ont ennuyé, si bien qu'un beau jour, c'était à Chauny, je me suis enfui de rechef, mais tout seul. On m'a, par guignon, repris et roué de coups que je m'en faisais pitié à moi-même. Mais à quoi bon tout cela? ils ont eu beau menacer de me pendre si je recommençais, je n'en avais que plus envie de recommencer, et, ce matin, trouvant l'occasion belle, pendant qu'on m'emménageait à Noyon, j'ai planté là bel et bien mes tyrans. Dieu sait comme ils m'ont cherché pour me pendre !... Mais moi, qui y répugne, je m'étais juché, s'il vous plaît, sur un gros arbre de la forêt pour y attendre la nuit, et je ne pouvais m'empêcher de rire, quoique un peu pâle, en les voyant passer maugréant et jurant sous mon arbre. Le soir arrivé, j'ai quitté mon observatoire. Mais, premièrement, je me suis égaré dans ce bois, n'étant jamais venu par ici, et, deuxièmement, je meurs de faim, n'ayant rien mis sous ma dent, depuis vingt-quatre heures, que quelques feuilles et quelques racines, maigre régal ! c'est ce qui fait que je tombe de faiblesse, comme vous pouvez aisément le voir.

— Pouh! dit Arnauld, je n'ai pas vu cela tout à l'heure, et vous m'avez paru, je dois l'avouer, assez vigoureux au contraire.

— Ah ! oui, reprit Martin, parce que je vous ai un peu gourmé. Ne m'en tenez pas rancune. C'était en vérité la fièvre de la faim qui me soutenait. Mais, à cette heure, vous êtes ma providence, car puisque vous êtes un compatriote, vous ne me laisserez pas retomber aux mains de ces ennemis, n'est-ce pas ?

— Non certainement, si j'y puis quelque chose, répondit Arnauld du Thill qui réfléchissait sournoisement au discours de Martin.

Il commençait à voir jour à reprendre ses avantages un moment compromis par le poignet de fer de son sosie.

— Vous devez pouvoir beaucoup pour moi, continua bonnement Martin-Guerre. Connaissez-vous un peu les environs d'Auvray ?

— Je suis d'Auvray, à un quart de lieue d'ici, dit Arnauld.

— Vous y alliez ? reprit Martin.

— Non pas, j'en revenais, répondit, après un moment d'hésitation, le maître fourbe.

— C'est donc par là, Auvray ? dit Martin, désignant le côté où se trouvait Noyon.

— Par là justement, repartit Arnauld. C'est le premier village après Noyon sur la route de Paris.

— Sur la route de Paris ! s'écria Martin ; eh bien ! voyez comme on se perd dans les bois. Je m'imaginais tourner le dos à Noyon et j'y revenais. Je m'imaginais marcher vers Paris et je m'en éloignais. Votre maudit pays m'est, comme je vous le disais, parfaitement inconnu. C'est donc du côté d'où vous arriviez qu'il faut que je me dirige pour ne pas tomber dans la gueule du loup.

— Comme vous dites, vous mon maître. Moi, je vais à Noyon; mais faites avec moi quelques pas. Nous allons trouver tout près d'ici, un peu avant le bac de l'Oise, une autre route qui vous conduira plus directement à Auvray.

— Grand merci ! ami Bertrand, dit Martin ; il est certain que je souhaite fort épargner mes pas, car je suis bien las et de plus bien faible, me trouvant, comme je vous le disais encore, aussi à jeun qu'on peut l'être. Vous n'auriez pas sur vous, par hasard, quelques subsistances, ami Bertrand ? ce serait me sauver deux fois ! une fois de l'Anglais et une fois de la faim non moins horrible que l'Anglais.

— Hélas ! répondit Arnauld, je n'ai pas une miette dans mon havresac. Mais, si vous voulez boire un coup, j'ai ma grosse gourde pleine.

En effet, Babette avait eu soin d'emplir de petit Chypre, un vin assez chaud du temps, la gourde de son infidèle, et Arnauld, jusque là, avait prudemment ménagé sa bouteille, pour ménager sa raison un peu fragile au milieu des dangers du chemin.

— Je crois bien que je veux boire ! s'écria avec enthousiasme Martin-Guerre. Un coup de vin me ranimera toujours un peu.

— Eh bien ! prenez et buvez, mon brave homme, dit Arnauld en lui tendant sa gourde.

— Merci ! et que Dieu vous le rende, fit Martin.

Et il se mit à s'ingurgiter sans défiance ce vin, aussi traître que celui qui le lui offrait, et dont les fumées troublèrent presque aussitôt son cerveau vide.

— Eh ! dit-il, tout hilare, il ne manque pas d'ardeur votre clairet.

— Oh ! mon Dieu ! il est bien innocent, dit Arnauld, et j'en bois à chaque repas deux bouteilles. Mais, tenez, la soirée est belle, asseyons-nous là sur l'herbe un instant, vous vous reposerez et vous boirez tout à votre aise. J'ai le temps, moi, et pourvu que j'arrive à Noyon avant dix heures, heure où les portes sont fermées, tout ira bien. Vous, de votre côté, bien qu'Auvray tienne toujours pour la France, vous pourrez encore rencontrer, si vous suivez la grande route de si bonne heure, des patrouilles embarrassantes, et, si vous quittez la grande route, vous vous égarerez de nouveau. Le mieux est de nous arrêter quelques minutes à causer là de bonne amitié. Où donc avez-vous été fait prisonnier ?

— Je ne sais pas au juste, dit Martin-Guerre, car il y a là-dessus, comme sur presque toute ma pauvre existence, deux versions contradictoires : ce que je crois et ce qu'on me dit. Or, on m'assure que c'est à la bataille de Saint-Laurent que je me suis rendu à merci, et moi je m'imagine que je n'étais pas à cette journée, et que c'est plus tard que je suis tombé seul dans un détachement ennemi.

— Comment l'entendez-vous? demanda Arnauld du Thill jouant l'étonnement. Vous avez donc deux histoires? Vos aventures me paraissent devoir être intéressantes et instructives, au moins ! Il faut vous dire que j'aime les récits à en perdre la tête. Buvez donc cinq ou six gorgées pour vous donner de la mémoire, et racontez-moi quelque chose de votre vie, hein ! Vous n'êtes pas de la Picardie ?

— Non, répondit Martin, après une pause qu'il remplit en vidant la gourde aux trois quarts, non, je suis du midi, d'Artigues.

— Un beau pays, dit-on. Vous avez là votre famille ?

— Famille et femme, cher ami, répondit Martin-Guerre devenu, grâce au petit Chypre, très expansif et très confiant.

Et excité, moitié par les questions d'Arnauld, moitié par ses libations réitérées, il se mit à raconter avec volubilité son histoire dans ses plus intimes détails : sa jeunesse, ses amours, son mariage; que sa femme était charmante, à cela près d'un petit défaut à la main, qu'elle avait trop légère et trop lourde à la fois. A la vérité un soufflet de femme ne déshonorait pas un homme, mais à la longue cela l'ennuyait. C'est pourquoi Martin-Guerre avait quitté sa femme par trop expressive. Narration circonstanciée des causes, des accidens et des suites de cette rupture. Il l'aimait pourtant toujours, au fond, cette chère Bertrande ! il portait toujours à son doigt l'anneau de fer de son mariage, et, sur son cœur, les deux ou trois lettres que Bertrande lui avait écrites, lors d'une première séparation. Ce disant, il pleurait, le bon Martin-Guerre. Il avait décidément le vin tendre. Il voulait raconter ensuite ce qui lui était arrivé, depuis qu'il était entré au service du vicomte d'Exmès, qu'un démon le poursuivait, que lui, Martin-Guerre était double et ne s'y reconnaissait pas du tout dans ses deux existences. Mais cette partie de son histoire paraissait moins intéresser Arnauld du Thill, lequel ramenait toujours le narrateur à son enfance, à la maison paternelle, aux amis, aux parens d'Artigues, aux grâces et aux défauts de Bertrande.

En moins de deux heures, le perfide Arnauld du Thill, au moyen du plus habile interrogatoire, sut tout ce qu'il voulait savoir sur les anciennes habitudes et les plus secrètes actions du pauvre Martin-Guerre.

Au bout de deux heures, Martin-Guerre, la tête en feu, se leva ou plutôt voulut se lever ; car dans son mouvement, il trébucha et retomba lourdement assis.

— Eh bien ! eh bien ! qu'est-ce que c'est? dit-il en partant d'un éclat de rire qui se prolongea fort longtemps avant de s'éteindre. Je crois, Dieu me damne ! que ce petit vin impertinent fait des siennes. Donnez-moi donc la main, mon camarade, que je voie à me tenir debout.

Arnauld le hissa courageusement et parvint à le rétablir sur ses jambes, mais non pas dans un équilibre classique.

— Holà ! hé ! que de lanternes ! s'écria Martin. Mais que je suis bête ! je prenais les étoiles pour des lanternes.

Puis il se mit à chanter d'une voix formidable :

Par ta foy, envoyras-tu pas
Au vin, pour fournir le repas
Du meilleur cabaret d'Enfer,
Le vieil ravasseur Lucifer.

— Mais voulez-vous bien vous taire, s'écria Arnauld. Si quelque troupe ennemie passait aux environs et vous entendait ?

— Baste ! je m'en moque beaucoup, dit Martin ; qu'est-ce qu'ils pourraient me faire? me pendre ? on doit être bien pendu ! Vous m'avez fait trop boire, camarade. Moi qui suis sobre ordinairement comme un agneau, je ne sais pas me battre avec l'ivresse, et puis, j'étais à jeun, j'avais faim; maintenant j'ai soif.

Par ta foy, envoyras-tu pas...

— Chut! dit Arnauld. Allons ! essayez de marcher. Ne voulez-vous pas aller coucher à Auvray ?

— Oh ! oui, me coucher ! dit Martin. Mais pas à Auvray, là, sur l'herbe, sous les lanternes du bon Dieu.

— Oui, reprit Arnauld, et demain matin une patrouille espagnole vous découvrira et vous enverra coucher chez le diable.

— Le vieil ravasseur Lucifer? dit Martin ; non j'aime encore mieux prendre un peu sur moi et me traîner jusqu'à Auvray. C'est par là n'est-ce pas ? j'y vais.

Mais il eut beau prendre sur lui, il décrivait des zigzags si extravagans qu'Arnauld vit bien que, s'il ne l'aidait un peu, Martin allait se perdre encore, c'est-à-dire cette fois se sauver. Or, ce n'était pas là le compte du vilain sire.

— Voyons, dit-il au pauvre Martin, j'ai l'âme charitable, et Auvray n'est pas si loin. Je vais vous conduire jusque-là. Laissez-moi détacher mon cheval, je le mènerai par la bride et vous me donnerez le bras.

— Ma foi ! j'accepte, reprit Martin. Je n'ai aucune fierté, moi, et entre nous, je vous avouerai que je me crois un peu gris. J'en reviens à mon opinion, votre clairet ne manque pas d'ardeur. Je suis très heureux, mais un peu gris.

— Allons ! en route, il se fait tard, dit Arnauld du Thill, en reprenant, avec son sosie sous le bras, le chemin par lequel il était venu, et qui conduisait directement à la poterne de Noyon. Mais, reprit-il, pour abréger le chemin, est-ce que vous n'allez pas me raconter encore quelque bonne histoire d'Artigues ?

— Voulez-vous que je vous raconte l'histoire de Papotte? dit Martin-Guerre, ah ! ah ! cette pauvre Papotte !

L'épopée de Papotte fut trop décousue pour que nous la relations ici. Elle était pourtant à peu près achevée lorsque, cahin caha, les deux ménechmes du XVIe siècle arrivèrent à la poterne de Noyon.

— Là ! dit Arnauld, je n'ai pas besoin d'aller plus loin. Vous voyez bien cette porte ? c'est la porte d'Auvray. Frappez, le gardien viendra vous ouvrir, vous vous recommanderez de moi, Bertrand, et il vous montrera à deux pas de là ma maison, où mon frère vous accueillera, et où vous trouverez bon souper et bon gîte. Là-dessus, adieu, camarade. Oui, une dernière poignée de main, et adieu !

— Adieu ! et merci, répondit Martin. Je ne suis qu'un pauvre hère qui ne peux pas reconnaître ce que vous avez fait pour moi. Mais, soyez tranquille ! le bon Dieu, qui est juste, saura bien vous payer, lui. Adieu, l'ami.

Chose étrange ! cette prédiction d'ivrogne fit frémir Arnauld, qui pourtant n'était pas superstitieux, et il eut, une minute, envie de rappeler Martin. Mais celui-ci frappait déjà à tour de bras à la poterne.

— Pauvre diable ! il frappe à sa tombe ! pensait Arnauld; mais bah ! ce sont là des puérilités.

Cependant, Martin, qui ne se doutait pas que son compagnon de route l'observait de loin, criait à tue-tête :

— Hé ! le gardien ! Hé ! Cerbère ! veux-tu bien ouvrir, manant ! c'est Bertrand, le digne Bertrand qui m'envoie.

— Qui est là ? demanda la sentinelle à l'intérieur. On n'ouvre plus. Qui êtes-vous pour faire tant de tapage ?

— Qui je suis ? butor ! je suis Martin-Guerre, ou, si tu veux, Arnauld du Thill, ou, si tu veux l'ami de Bertrand. Je suis plusieurs, moi, surtout quand j'ai bu. Je suis une vingtaine de gaillards qui allons te rosser d'importance si tu ne m'ouvres pas sur-le-champ.

— Arnauld du Thill ! vous êtes Arnauld du Thill? demanda la sentinelle.

— Oui, Arnauld du Thill en est, vingt mille charretées de diables! dit Martin-Guerre qui battait la porte des pieds et des poings.

Il se fit alors derrière la porte une rumeur de soldats appelés par la sentinelle.

Puis, on vint ouvrir avec une lanterne, et Arnauld du Thill, embusqué derrière les arbres à quelque distance, entendit plusieurs voix s'écrier ensemble avec l'accent de la surprise :

— C'est lui, ma foi! c'est bien lui, Dieu me damne!

Pour Martin-Guerre, en reconnaissant ses tyrans, il jeta un cri de désespoir qui vint frapper Arnauld dans sa cachette comme une malédiction.

Puis, Arnauld jugea, aux piétinemens et aux cris, que le brave Martin, voyant tout perdu, entreprenait une lutte impossible. Mais il n'avait que ses deux poings contre vingt épées. Le bruit diminua, puis s'éloigna, puis cessa. On avait emmené Martin jurant et blasphémant.

— Si c'est avec des injures et des coups qu'il compte accommoder ses affaires!... se disait Arnauld en se frottant les mains.

Quand il n'entendit plus rien, il se livra pendant un quart d'heure à ses réflexions ; car c'était un coquin très profond qu'Arnauld du Thill. Le résultat de sa méditation fut qu'il s'enfonça dans le bois à trois ou quatre cents pas, attacha son cheval à un arbre, étendit à terre sur des feuilles mortes la selle et la couverture du cheval, s'enveloppa de son manteau, et, au bout de quelques minutes, s'endormit de ce profond sommeil que Dieu permet au méchant endurci, encore plus qu'à l'innocent timide.

Il dormit huit heures de suite.

Néanmoins, lorsqu'il se réveilla, il faisait nuit encore, et il vit à la position des étoiles qu'il pouvait être quatre heures du matin. Il se leva, se secoua, et, sans détacher son cheval, s'avança avec précaution jusqu'à la grande route.

Au gibet qu'on lui avait montré la veille, se balançait doucement le corps du pauvre Martin-Guerre.

Un sourire hideux erra sur les lèvres d'Arnauld.

Il s'approcha sans trembler du cadavre. Mais le corps pendait trop haut pour qu'il pût l'atteindre. Alors, il grimpa le long du poteau du gibet, son épée à la main, et, parvenu à la hauteur nécessaire, coupa la corde du tranchant de son épée.

Le corps tomba à terre.

Arnauld redescendit, détacha du doigt du mort un anneau de fer qui ne valait pas la peine d'être pris, fouilla la poitrine du pendu et y trouva des papiers qu'il serra avec soin, remit son manteau, et se retira tranquillement, sans un regard, sans une prière pour le malheureux qu'il avait tant tourmenté pendant sa vie et qu'il volait encore dans la mort.

Il retrouva son cheval dans le taillis, le sella et s'éloigna au grand galop du côté d'Aulnay. Il était content, le misérable! Martin ne lui faisait plus peur.

Une demi-heure après, comme une faible lueur commençait à poindre au levant, un bûcheron passant par hasard sur la route vit la corde du gibet coupée, et le pendu gisant à terre. Il s'approcha, à la fois craintif et curieux, du mort qui avait ses vêtements en désordre et la corde assez lâche autour du cou ; il se demandait si c'était le poids du corps qui avait cassé la corde ou quelque ami qui l'avait coupée, trop tard sans doute. Il se hasarda même à toucher le patient pour s'assurer qu'il était bien mort.

Mais alors, à sa grande terreur, le pendu remua la tête et les mains, et se releva sur ses genoux, et le bûcheron épouvanté s'enfuit à toutes jambes dans le bois, en multipliant les signes de croix et en se recommandant à Dieu et aux saints.

XLII.

LES RÊVES BUCOLIQUES D'ARNAULD DU THILL.

Le connétable de Montmorency, revenu à Paris seulement de la veille, après avoir payé une rançon royale, s'était présenté au Louvre pour tâter tout de suite le terrain de sa faveur. Mais Henri II l'avait reçu avec une froideur sévère, et lui avait fait l'éloge de l'administration du duc de Guise, qui s'était arrangé, lui dit-il, de façon à atténuer, sinon à réparer, les malheurs du royaume.

Le connétable, pâlissant de colère et d'envie, avait du moins espéré trouver auprès de Diane de Poitiers quelque consolation. Mais la favorite lui avait battu froid aussi, et, comme Montmorency se plaignait de cet accueil et semblait craindre que l'absence ne lui eût fait tort, et qu'un plus heureux que lui eût succédé dans les bonnes grâces de la duchesse.

— Dame! reprit impertinemment madame de Poitiers, vous savez sans doute le nouveau dicton du peuple de Paris?

— J'arrive, madame, et j'ignore... balbutia le connétable.

— Eh bien ! il dit, ce méchant peuple : C'est aujourd'hui la saint Laurent; qui quitte sa place la rend.

Le connétable devint blême, salua la duchesse, et sortit du Louvre, la mort dans le cœur.

En rentrant à son hôtel et dans sa chambre, il jeta violemment son chapeau à terre.

— Oh! les rois et les femmes, s'écria-t-il, race ingrate! cela n'aime que le succès.

— Monseigneur, lui dit un valet, il y a là un homme qui demande à vous parler.

— Qu'il aille au diable! reprit le connétable; je suis bien en train de recevoir! envoyez-le chez monsieur de Guise.

— Monseigneur, cet homme m'a prié de vous dire son nom, il s'appelle Arnauld du Thill.

— Arnauld du Thill! s'écria le connétable frappé, c'est différent, faites-le entrer.

Le valet s'inclina et sortit.

Cet Arnauld, pensait le connétable, est habile, rusé et avide, de plus, sans scrupule et sans conscience. Oh! s'il pouvait m'aider à me venger de tous ces gens-là. Me venger! eh! qu'y gagnerais-je ? s'il pouvait m'aider à rentrer en grâce plutôt! il sait beaucoup de choses. J'avais déjà songé à me servir de ce secret de Montgommery ; mais si Arnauld peut me dispenser d'y avoir recours, ce sera mieux.

En ce moment Arnauld du Thill fut introduit.

La joie et l'impudence éclataient sur la figure du drôle. Il salua le connétable jusqu'à terre.

— Je te croyais prisonnier, lui dit Montmorency.

— Et je l'étais en effet, monseigneur, comme vous, dit Arnauld.

— Mais tu t'en es tiré, à ce que je vois, reprit le connétable.

— Oui, monseigneur, je les ai payés en ma monnaie, monnaie de singe. Vous vous êtes servi de votre argent, je me suis servi de mon esprit, et nous voilà libres tous les deux.

— Ah! ça, est-ce une impertinence, misérable ? dit le connétable.

— Non monseigneur, répondit Arnauld, c'est de l'humilité, cela veut dire que je manque d'argent, voilà tout.

— Hum! fit Montmorency grondant, qu'est-ce que tu veux de moi ?

— De l'argent, puisque j'en manque, monseigneur.

— Et pourquoi te donnerais-je de l'argent ? reprit le connétable.

— Mais pour me payer, monseigneur, répondit l'espion.

— Pour te payer quoi ?

— Les nouvelles que je vous apporte.
— Voyons tes nouvelles.
— Voyons vos écus.
— Drôle! si je te faisais pendre?
— Un détestable moyen pour me délier la langue que de me l'allonger, monseigneur.
— Il est bien insolent, se dit Montmorency, il faut qu'il se sache nécessaire.
— Voyons, reprit-il tout haut, je consens encore à te faire quelques avances.
— Monseigneur est bien bon, reprit Arnauld, et je lui rappellerai cette généreuse parole quand il se sera acquitté envers moi des dettes du passé.
— Quelles dettes? demanda le connétable.
— Voici ma note, monseigneur, dit Arnauld en lui présentant la fameuse pancarte que nous lui avons vu si souvent grossir.

Anne de Montmorency y jeta un coup d'œil.

— Oui, dit-il, il y a là, à côté de services parfaitement chimériques et illusoires, des services qui auraient pu m'être utiles dans la situation où j'étais au moment où tu me les rendais, mais qui, à l'heure qu'il est, ne sont bons qu'à me donner des regrets tout au plus.
— Bah! monseigneur, vous vous exagérez peut-être votre disgrâce aussi, dit Arnauld.
— Hein? fit le connétable. Tu sais donc, on sait donc déjà que je suis en disgrâce?
— On s'en doute et je m'en doute, monseigneur.
— Eh bien! alors, Arnauld, reprit Montmorency avec amertume, tu dois te douter aussi qu'il ne me sert de rien à présent que tu me dises que le vicomte d'Exmès et Diane de Castro aient été séparés à Saint-Quentin, puisque, selon toute probabilité, le roi et la grande sénéchale ne voudront plus donner leur fille à mon fils.
— Mon Dieu! monseigneur, reprit Arnauld, je crois, moi, que le roi consentirait de grand cœur à vous la donner, si vous pouviez la lui rendre.
— Que veux-tu dire?
— Je dis, monseigneur, que Henri II, notre sire, doit être en ce moment bien triste, non-seulement de la perte de la ville de Saint-Quentin et de la bataille de Saint-Laurent, mais aussi de la perte de sa fille bien-aimée Diane de Castro, qui a disparu après le siége de Saint-Quentin, sans qu'on pût savoir au juste ce qu'elle était devenue; car vingt bruits contradictoires ont couru sur cette disparition. Revenu d'hier seulement vous deviez ignorer cela, monseigneur? je ne l'ai su moi-même que ce matin.
— J'ai en effet tant d'autres soucis! reprit le connétable. Je devais naturellement penser plutôt à ma défaveur présente qu'à ma faveur passée.
— C'est juste, dit Arnauld. Mais cette faveur ne refleurirait-elle pas, monseigneur, si vous veniez dire au roi, par exemple: Sire, vous pleurez votre fille, vous la cherchez partout, vous la demandez à tous. Mais moi seul je sais où elle est, sire.
— Est-ce que tu le saurais, toi, Arnauld? demanda vivement Montmorency.
— Savoir est mon métier, répondit l'espion. Je vous ai dit que j'avais des nouvelles à vendre, vous voyez que ma marchandise n'est pas de mauvaise qualité. Vous y réfléchissez? réfléchissez, monseigneur.
— Je réfléchis, dit le connétable, que les rois se souviennent des échecs de leurs serviteurs, mais non de leurs mérites. Quand j'aurai rendu à Henry II sa fille, il sera d'abord transporté: tout l'or, tous les honneurs du royaume ne suffiraient pas dans le premier moment à me payer. Et puis, Diane pleurera, Diane dira qu'elle veut mourir si on la donne à un autre qu'à son vicomte d'Exmès, et le roi, obsédé par elle, vaincu par mes ennemis, se rappellera la bataille que j'ai perdue, et non plus l'enfant que je lui aurai retrouvé. Ainsi tous mes efforts auront abouti à rendre heureux le vicomte d'Exmès.
— Il faudrait donc, reprit Arnauld de son mauvais sourire, il faudrait qu'en même temps que madame de Castro reparût, le vicomte d'Exmès disparût. Ah! ce serait bien joué cela, hein!
— Oui, mais ce sont là des moyens extrêmes dont il me répugne d'user, dit le connétable. Je sais que ton bras est sûr et ta bouche discrète. Cependant...
— Ah! monseigneur se méprend à mes intentions, s'écria Arnauld jouant l'indignation, monseigneur me calomnie! Monseigneur a cru que je voulais le délivrer de ce jeune homme par un procédé... violent. (Il fit un geste expressif.) Non, cent fois non! j'ai mieux que cela.
— Qu'as-tu donc? demanda vivement le connétable.
— Faisons d'abord nos petits arrangemens, monseigneur, reprit Arnauld. Voyons, je vous dis l'endroit où gîte la biche égarée. Je vous assure, au moins pour le temps nécessaire à la conclusion du mariage du duc François, l'absence et le silence de son dangereux rival. Ce sont là deux fameux services, monseigneur! Vous, de votre côté, que ferez-vous bien pour moi?
— Que demandes-tu? dit Montmorency.
— Vous êtes raisonnable, je le serai, reprit Arnauld. Vous acquittez d'abord sans marchander, n'est-il pas vrai? la petite note du passé, que j'ai eu l'honneur de vous présenter tout à l'heure?
— Soit, répondit le connétable.
— Je savais bien que nous n'aurions point de difficultés sur ce premier point, monseigneur; le total est une misère, et cet argent n'est pas pour payer mes frais de route et quelques cadeaux dont je compte faire emplette avant de quitter Paris. Mais l'or n'est pas tout en ce monde.
— Quoi! dit le connétable étonné et presque effrayé, c'est bien Arnauld du Thill qui vient de me dire que l'or n'était pas tout en ce monde?
— Arnauld du Thill lui-même, monseigneur, mais non plus cet Arnauld du Thill gueux et avide que vous avez connu, non: un autre Arnauld du Thill, content d'une modique fortune qu'il s'est... acquise, et n'ayant plus d'autre désir hélas! que de passer paisiblement le reste de sa vie dans le pays qui l'a vu naître, sous le toit paternel, au milieu de ses amis d'enfance, de sa famille. Ce fut toujours là mon rêve, monseigneur, ce fut là le but tranquille et charmant de mon existence... agitée.
— Oui, en effet, dit Montmorency, si, pour jouir du calme il faut passer par la tempête, tu seras heureux, Arnauld. Mais tu es donc devenu riche?
— A mon aise, monseigneur, à mon aise. Dix mille écus pour un pauvre diable comme moi, c'est une fortune, surtout dans mon humble village, au sein de ma modeste famille.
— Ta famille! ton village! reprit le connétable; moi qui te croyais sans feu ni lieu, et vivant au hasard avec un habit de rencontre et une bourse de contrebande.
— Arnauld du Thill est de fait un nom supposé, monseigneur. Mon nom véritable est Martin-Guerre, et je suis né au village d'Artigues près Rieux, où j'ai laissé ma femme et mes enfans.
— Ta femme! répétait le vieux Montmorency de plus en plus stupéfait. Tes enfans!
— Oui, monseigneur, reprit Arnauld d'un ton sentimental le plus comique du monde, et je dois prévenir monseigneur qu'il n'a plus dorénavant à compter sur mes services, et que ces deux expédiens, dont je le secours en ce moment, seront assurément les derniers. Je me retire des affaires, et veux vivre honnêtement désormais, entouré de l'affection de mes parens et de l'estime de mes concitoyens.
— A la bonne heure! dit le connétable, mais si tu es devenu si modeste et pastoral que tu ne veuilles plus entendre parler d'argent, que demandes-tu donc pour prix des secrets que tu dis posséder?
— Je demande plus et moins que de l'argent, monseigneur, reprit Arnauld de son naturel cette fois, je demande de l'honneur, non pas des honneurs, cela s'entend, seulement un peu d'honneur, dont j'ai, je vous l'avoue, le plus urgent besoin.

— Explique-toi, dit Montmorency ; car tu parles en énigmes, véritablement.

— Eh bien ! voici, monseigneur : j'ai fait préparer un écrit qui atteste que moi, Martin-Guerre, je suis resté à votre service pendant tant d'années, en qualité... en qualité d'écuyer (il faut embellir la chose) ; que, durant tout ce temps, je me suis conduit en serviteur loyal et fidèle, de plus dévoué ; et que ce dévouement, monseigneur, vous l'avez voulu reconnaître en me faisant don d'une somme assez forte pour me mettre le reste de mes jours à l'abri du besoin. Apposez au bas de cet écrit votre sceau et votre signature, et nous serons quittes, monseigneur.

— Impossible, reprit le connétable. Je m'exposerais à être faussaire, c'est-à-dire à être appelé faussaire et félon, si je signais de pareils mensonges.

— Ce ne sont pas des mensonges, monseigneur ; car je vous ai toujours servi fidèlement... dans mes moyens, et je vous atteste que, si j'avais économisé tout l'argent que j'ai obtenu de vous jusqu'ici, la somme irait à plus de dix mille écus. Vous n'êtes donc exposé à aucun démenti, et croyez-vous d'ailleurs que je ne me sois pas terriblement exposé, moi, pour amener l'heureux résultat dont vous n'aurez plus qu'à recueillir les fruits.

— Misérable ! cette comparaison...

— Est juste, monseigneur, reprit Arnauld. Nous avons besoin l'un de l'autre, et l'égalité est fille de la nécessité. L'espion vous rend votre crédit, rendez son crédit à l'espion. Allez ! personne ne nous entend, monseigneur, pas de fausse honte ! concluez le marché : il est bon pour moi, meilleur pour vous. Donnant, donnant. Signez, monseigneur.

— Non, après, reprit Montmorency. Donnant, donnant, comme tu dis. Je veux d'abord connaître tes moyens pour arriver au double résultat que tu me promets. Je veux savoir ce qu'est devenue Diane de Castro et ce que deviendra le vicomte d'Exmès.

— Eh bien ! monseigneur, à part quelques réticences que je crois nécessaires, je veux bien vous satisfaire sur ces deux points, et vous allez être forcé de convenir que le hasard et moi nous avons assez bien arrangé les choses dans votre intérêt.

— J'écoute, dit le connétable.

— Pour ce qui est d'abord de madame de Castro, reprit Arnauld du Thill, elle n'a été ni tuée ni enlevée, mais seulement faite prisonnière à Saint-Quentin, et comprise parmi les cinquante personnages notables dont on devait tirer rançon. Maintenant, pourquoi celui aux mains de qui elle est tombée n'a-t-il pas publié sa capture ? comment madame de Castro elle-même n'a-t-elle pas donné de ses nouvelles ? c'est que j'ignore absolument. À vrai dire, je la croyais déjà libre, et, en arrivant à Paris, je pensais l'y trouver. C'est seulement ce matin que le bruit public m'a appris qu'on ne savait à la cour ce que la fille du roi était devenue, et que ce n'était pas là un des moindres soucis de Henri II. Peut-être, en ces temps de troubles, les messages de madame Diane ont-ils été détournés ou égarés, peut-être quelqu'autre mystère est-il caché sous ce retard. Mais enfin je puis lever ce point tous les doutes et être positivement en quel endroit et de qui madame de Castro est prisonnière.

— Le renseignement est assez précieux en effet, dit le connétable, et quel est cet endroit, quel est cet homme ?

— Attendez donc, monseigneur, reprit Arnauld, ne voulez-vous pas avant tout être édifié également sur le compte du vicomte d'Exmès ? car, s'il est bon de savoir où sont ses amis, il est mieux de savoir où sont ses ennemis.

— Trêve de maximes ! dit Montmorency. Où est ce d'Exmès ?

— Prisonnier aussi, monseigneur, répondit Arnauld. Qui n'a pas été un peu prisonnier dans ces derniers temps ? C'était fort la mode ! Or, le vicomte d'Exmès s'est conformé à la mode, et il est prisonnier.

— Mais il saura bien donner de ses nouvelles, lui ! reprit le connétable, il doit avoir des amis, de l'argent ; il trouvera sans doute de quoi payer sa rançon, et nous tombera au premier jour sur les épaules.

— Vous l'avez fort bien conjecturé, monseigneur. Oui, le vicomte d'Exmès a de l'argent, oui, il est impatient de sortir de captivité et entend payer sa rançon le plus tôt possible. Il a même déjà envoyé quelqu'un à Paris pour aller chercher et lui rapporter au plus vite le prix de sa liberté.

— Que faire à cela ? dit Montmorency.

— Mais, par bonheur pour nous, par malheur pour lui, continua Arnauld, ce quelqu'un qu'il a envoyé à Paris en si grande hâte, c'est moi, monseigneur, moi qui servais, le vicomte d'Exmès sous mon vrai nom de Martin-Guerre, en qualité d'écuyer. Vous voyez que je puis être écuyer sans invraisemblance.

— Et tu n'as pas fait la commission, drôle ? dit le connétable. Tu n'as pas ramassé la rançon de ton prétendu maître ?

— Je l'ai ramassée précieusement, monseigneur, on ne laisse pas ces choses-là à terre. Considérez d'ailleurs que ne pas prendre cet argent, c'était exciter des soupçons. Je l'ai pris scrupuleusement... pour le bien de l'entreprise. Seulement, soyez tranquille ! je ne le lui porterai d'ici à bien longtemps sous aucun prétexte. Ce seraient justement ces dix mille écus qui m'aideraient à passer pieusement et honnêtement le reste de ma vie, et que je serais censé tenir de votre générosité, monseigneur, d'après le papier que vous allez signer.

— Je ne le signerai pas, infâme ! s'écria Montmorency. Je ne me ferai pas sciemment le complice d'un vol.

— Oh ! monseigneur, reprit Arnauld, comment appelez-vous d'un nom si dur une nécessité que je subis pour vous rendre service ! Quoi ! je fais taire ma conscience par dévoûment et c'est ainsi que vous m'en récompensez ! Eh bien ! soit ! envoyons au vicomte d'Exmès cette somme d'argent, et il sera ici aussitôt que madame Diane, s'il ne la devance. Tandis que s'il ne la reçoit pas...

— S'il ne la reçoit pas ? dit le connétable.

— Nous gagnons du temps, monseigneur. Monsieur d'Exmès m'attend d'abord patiemment quinze jours. Il faut bien quelque délai pour recueillir dix mille écus, et sa nourrice ne me les a comptés en vérité que ce matin.

— Elle s'est donc fiée à toi, cette pauvre femme ?

— À moi, et à l'anneau et à l'écriture du vicomte, monseigneur. Et puis elle m'a bien reconnu. Nous disions donc quinze jours d'attente impatiente, une semaine d'attente inquiète, une autre semaine d'attente désolée. Ce n'est que dans un mois, un mois et demi que le vicomte d'Exmès désespéré enverra un autre messager à la recherche du premier. Mais le premier ne se retrouvera pas ; mais, si dix mille écus sont difficiles à réunir, dix mille autres sont presqu'impossibles. Vous aurez assez de loisir pour marier vingt fois votre fils, monseigneur ; car le vicomte d'Exmès va retarder comme s'il était mort pendant plus de deux mois, et ne reviendra vivant et furieux que l'année prochaine.

— Oui, mais il reviendra ! dit Montmorency, et, ce jour-là, ne s'informera-t-il pas de ce qu'est devenu son bon écuyer Martin-Guerre ?

— Hélas ! monseigneur, reprit piteusement Arnauld, on lui répondra, j'ai le regret de vous l'apprendre, que le fidèle Martin-Guerre, en venant retrouver son maître avec la rançon qu'il était allé chercher, est malheureusement tombé entre les mains d'un parti d'Espagnols qui, après l'avoir, selon toutes probabilités, pillé et dépouillé, l'ont cruellement pendu, pour s'assurer son silence, aux portes de Noyon.

— Comment ! Arnauld, tu seras pendu ?

— Je l'ai été, monseigneur, voyez jusqu'où va mon zèle. Il n'y a que sur la date de la pendaison que les versions se contrediront un peu. Mais croira-t-on aux reîtres pillards intéressés à déguiser la vérité ? Allons ! monseigueur, reprit gaîment et résolument l'impudent Arnauld. Pensez donc que mes précautions sont habilement prises, et qu'avec un gaillard expérimenté comme moi, il n'y a pas de danger que votre Excellence soit jamais compromise. Si la prudence était bannie de la terre, elle se réfugierait au cœur d'un... pendu. D'ailleurs, je le répète, vous n'affirmez que la vérité : je vous sers depuis longtemps, nombre de vos gens peuvent l'attester comme vous, et vous m'avez bien donné en somme dix mille écus, soyez-en sûr. Voulez-vous, au reste, reprit magnifiquement le drôle, que je vous fasse mon reçu?

Le connétable ne put s'empêcher de sourire.

— Oui, mais, coquin, dit-il, si, au bout du compte...

Arnauld du Thill l'interrompit :

— Allons! monseigneur, dit-il, vous n'hésitez plus que pour la forme, et qu'est-ce que la forme pour les esprits supérieurs? signez sans plus de façons.

Il mit sur la table devant Montmorency le papier qui n'attendait plus que cette signature.

— Mais, d'abord, le nom de la ville et le nom de l'homme qui tiennent Diane de Castro prisonnière?

— Nom pour nom, monseigneur, le vôtre au bas de ce papier et vous saurez les autres.

— Allons! dit Montmorency.

Il traça le paraphe hardi qui lui servait de signature.

— Et le sceau, monseigneur?

— Le voici. Es-tu content?

— Comme si monseigneur me donnait les dix mille écus.

— Eh bien! maintenant, où est Diane?

— Entre les mains de lord Wentworth, à Calais, dit Arnauld en voulant prendre le parchemin au connétable qui le retint encore.

— Un instant, dit-il, et le vicomte d'Exmès?

— A Calais, entre les mains de lord Wentworth.

— Mais alors Diane et lui se voient?

— Non, monseigneur; il demeure, lui chez un armurier de la ville appelé Pierre Peuquoy, et doit habiter, elle, l'hôtel du gouverneur. Le vicomte d'Exmès ne sait pas plus que moi, j'en jurerais, que sa belle est aussi près de lui.

— Je cours au Louvre, dit le connétable en lâchant le papier.

— Et moi à Artigues, s'écria Arnauld triomphant. Bonne chance, monseigneur! tâchez de ne plus être connétable pour rire.

— Bonne chance, drôle! tâche de ne pas être pendu pour tout de bon.

Ils sortirent chacun de leur côté.

XLIII.

LES ARMES DE PIERRE PEUQUOY, LES CORDES DE JEAN PEUQUOY, ET LES PLEURS DE BABETTE PEUQUOY.

A Calais, près d'un mois se passa sans apporter, à leur grand regret, aucun changement dans la situation de ceux que nous y avons laissés. Pierre Peuquoy confectionnait toujours des armes à force ; Jean Peuquoy s'était remis à tisser et, dans ses momens perdus, achevait des cordes d'une longueur invraisemblable ; Babette Peuquoy pleurait.

Pour Gabriel, son attente avait subi les phases prédites par Arnauld du Thill au connétable. Il avait patienté les quinze premiers jours ; mais, depuis, il s'impatientait.

Il n'allait plus que très rarement chez lord Wentworth, et ne lui rendait que de fort courtes visites. Il y avait du froid entre eux, depuis le jour où Gabriel était intervenu témérairement dans les prétendues affaires du gouverneur.

Celui-ci d'ailleurs, nous devons le dire avec satisfaction, devenait de jour en jour plus triste. Ce n'était pourtant pas les trois messages envoyés depuis le départ d'Arnauld de la part du roi de France à de courts intervalles qui inquiétaient lord Wentworth. Tous trois, le premier avec politesse, le second avec aigreur, le troisième avec menace, demandaient, on peut s'en douter, la même chose, la liberté de madame de Castro moyennant une rançon qu'on laissait au gouverneur de Calais le soin de fixer lui-même. Mais à tous trois il avait fait la même réponse : qu'il entendait garder madame de Castro comme ôtage, pour l'échanger, si besoin était, contre quelque prisonnier important pendant la guerre, ou pour la rendre au roi sans rançon à la paix. Il était donc strict, et bravait derrière ses fortes murailles la colère de Henri II.

Ce n'était donc pas cette colère qui le troublait, bien qu'il se demandât comment le roi avait appris la captivité de Diane ; ce qui le troublait, c'était l'indifférence de plus en plus méprisante de sa belle prisonnière. Ni soumissions, ni prévenances n'avaient pu adoucir l'humeur fière et dédaigneuse de madame de Castro. Elle restait toujours triste, calme et digne devant le passionné gouverneur, et, lorsqu'il hasardait un mot de son amour, tout en restant fidèle, il faut le dire, à la réserve que lui imposait son titre de gentilhomme, un regard à la fois douloureux et hautain venait briser le cœur et offenser l'orgueil du pauvre lord Wentworth. Il n'avait osé parler à Diane ni de la lettre écrite par elle à Gabriel, ni des tentatives faites par le roi pour obtenir la liberté de sa fille, tant il craignait un mot amer, un reproche ironique de cette bouche charmante et cruelle.

Mais Diane, en ne revoyant plus dans l'hôtel la camérière qui avait osé remettre son billet, avait bien compris que cette chance désespérée lui échappait encore. Pourtant, elle n'avait pas perdu courage, la chaste et noble fille : elle attendait et elle priait. Elle se confiait en Dieu et en la mort, au besoin.

Le dernier jour d'octobre, terme que Gabriel s'était fixé à lui-même pour attendre Martin-Guerre, il résolut d'aller chez lord Wentworth, et de lui demander comme un service la permission d'envoyer à Paris un autre messager.

Vers deux heures, il quitta donc la maison des Peuquoy où Pierre polissait une épée, où Jean nattait une de ses cordes énormes, et où, depuis plusieurs jours, Babette, les yeux rougis par les larmes, tournait autour de lui sans pouvoir lui parler ; et il se rendit directement à l'hôtel du gouverneur.

Lord Wentworth était pour le moment retenu par quelque affaire, et fit prier Gabriel de l'attendre cinq minutes. Il serait tout à lui ensuite.

La salle où se trouvait Gabriel donnait sur une cour intérieure. Gabriel s'approcha de la fenêtre pour regarder dans cette cour, et machinalement ses doigts jouaient et couraient sur les vitres. Tout à coup, sous ses doigts même, des caractères tracés sur le verre avec une bague en diamant appelèrent son attention. Il s'approcha pour mieux voir et put lire distinctement ces mots : *Diane de Castro*.

C'était la signature qui manquait au bas de la lettre mystérieuse qu'il avait reçue le mois précédent.

Un nuage passa devant les yeux de Gabriel, et il fut obligé de s'appuyer contre la muraille pour ne pas tomber. Ses pressentimens intérieurs ne lui avaient donc pas menti ! Diane ! c'était bien Diane, sa fiancée ou sa sœur, que ce Wentworth débauché tenait actuellement en son pouvoir ! c'était à la pure et douce créature qu'il osait parler de son amour.

D'un geste involontaire, Gabriel portait la main à la garde de son épée absente.

En ce moment, lord Wentworth entra.

Comme la première fois, Gabriel, sans prononcer une parole le conduisit devant la fenêtre et lui montra la signature accusatrice.

Le gouverneur pâlit d'abord, puis, se remettant aussitôt avec cet empire sur lui-même qu'il possédait à un degré éminent :

— Eh bien! quoi? demanda-t-il.
— N'est-ce pas là le nom de cette parente folle que vous êtes obligé de garder ici, milord? dit Gabriel.
— C'est possible ; après? reprit lord Wentworth d'un air hautain.
— C'est que si cela était, milord, je connais cette parente... bien éloignée sans doute. Je l'ai vue souvent au Louvre. Je lui suis dévoué, comme tout gentilhomme français doit l'être à une fille de la maison de France.
— Et puis? dit lord Wentworth.
— Et puis, milord, je vous demanderais compte de la façon dont vous retenez et dont vous traitez une prisonnière de ce rang.
— Et si je refusais, monsieur, de vous rendre ce compte, comme je l'ai refusé déjà au roi de France?
— Au roi de France! répéta Gabriel étonné.
— Sans doute, monsieur, reprit lord Wentworth avec son inaltérable sang-froid. Un Anglais n'a pas, ce me semble, à répondre de ses actions à un souverain étranger, surtout quand son pays est en guerre avec ce souverain. Ainsi, monsieur d'Exmès, si à vous aussi je refusais de rendre compte?
— Je vous demanderais de me rendre raison, milord? s'écria Gabriel.
— Et vous espérez me tuer sans doute, monsieur, reprit le gouverneur, avec l'épée que vous ne portez que grâce à ma permission et que j'ai le droit de vous redemander tout à l'heure?
— Oh! milord, milord! dit Gabriel furieux, vous me paierez aussi celle-là.
— Soit, monsieur, reprit lord Wentworth, et je ne renierai pas ma dette, quand vous aurez acquitté la vôtre.
— Impuissant! s'écriait Gabriel en se tordant les mains, impuissant dans un moment où je voudrais avoir la force de dix mille hommes!
— Il est en effet fâcheux pour vous, reprit lord Wentworth, que la convenance et le droit vous lient les mains; mais avouez aussi qu'il serait trop commode pour un prisonnier de guerre ou pour un débiteur d'obtenir tout simplement sa quittance et sa liberté en coupant la gorge à son créancier et à son ennemi.
— Milord, dit Gabriel s'efforçant de recouvrer son calme, vous n'ignorez pas que j'ai envoyé, il y a un mois, mon écuyer à Paris pour m'aller chercher cette somme qui vous préoccupe si fort. Martin-Guerre a-t-il été blessé, tué sur les routes, malgré votre sauf-conduit? lui a-t-on volé l'argent qu'il rapportait? c'est ce que j'ignore. Le fait est qu'il ne revient pas, et je venais en ce moment même vous prier de me laisser envoyer de nouveau quelqu'un à Paris, puisque vous n'avez pas foi dans une parole de gentilhomme, et que vous ne m'avez pas offert d'aller chercher ma rançon moi-même. Maintenant, milord, cette permission que je venais vous demander, venez-vous plus le droit de me la refuser, ou bien, moi, j'ai le droit de dire maintenant que vous avez peur de ma liberté, et que vous n'osez pas me rendre mon épée.
— Et à qui diriez-vous cela, monsieur, reprit lord Wentworth, dans une ville anglaise, placée sous mon autorité immédiate, et où vous ne devez être regardé que comme un prisonnier et un ennemi?
— Je dirais cela tout haut, milord, à tout homme qui sent et qui pense, à tout noble de cœur ou de nom, à vos officiers qui s'entendent aux choses d'honneur, à vos ouvriers même que leur instinct éclairerait, et tous conviendraient avec moi contre vous, milord, qu'en ne m'accordant pas les moyens de sortir d'ici, vous avez démérité d'être le chef de vaillants soldats.
— Mais vous ne songez pas, monsieur, reprit froidement lord Wentworth, qu'avant de vous laisser répandre parmi les miens l'esprit d'indiscipline, je n'ai qu'un mot à prononcer; qu'un geste à faire pour que vous soyez jeté dans une prison où vous ne pourrez m'accuser que devant les murailles.

OEUV. COMPL. — XIII.

— Oh! c'est vrai pourtant, mille tempêtes! murmurait Gabriel les dents serrées et les poings fermés.
Cet homme de sentiment et d'émotion se brisait contre l'impassibilité de cet homme de fer et d'airain.
Mais un mot changea la face de la scène et rétablit soudain entre Wentworth et Gabriel l'égalité.
— Chère Diane! chère Diane! répéta le jeune homme avec angoisse ; ne pouvoir rien pour toi dans ton danger!
— Qu'est-ce que vous avez dit, monsieur? demanda lord Wentworth chancelant, vous avez dit, je crois : Chère Diane! l'avez-vous dit ou ai-je mal entendu? est-ce que vous aimeriez aussi madame de Castro, vous?
— Eh bien! oui, je l'aime! s'écria Gabriel. Vous l'aimez bien, vous! mais mon amour est aussi pur et dévoué que le vôtre est indigne et cruel. Oui, devant Dieu et les anges! je l'aime avec idolâtrie.
— Qu'est-ce que vous veniez donc alors me parler de fille de France et de protection que tout gentilhomme devait à une telle opprimée! reprit lord Wentworth hors de lui. Ah! vous l'aimez! et vous êtes celui qu'elle aime sans doute! dont elle invoque le souvenir quand elle veut me torturer! Vous êtes l'homme pour l'amour duquel elle me méprise! l'homme sans lequel elle m'aimerait peut-être! Ah! celui qu'elle aime, c'est vous?
Lord Wentworth, tout à l'heure si railleur et dédaigneux, considérait maintenant avec une sorte de respectueuse terreur celui qu'aimait Diane, et Gabriel, de son côté, aux paroles de son rival, relevait peu à peu son front joyeux et triomphant.
— Ah! vraiment elle m'aime ainsi! s'écria-t-il, elle pense à moi encore! elle m'appelle, comme vous le dites! Oh! bien, si elle m'appelle, j'irai, je la secourrai, je la sauverai. Allez, milord! prenez mon épée, bâillonnez-moi, liez-moi, emprisonnez-moi. Je saurai bien, malgré l'univers et malgré vous, la secourir et la préserver, puisqu'elle m'aime toujours, ma sainte Diane! Puisqu'elle m'aime toujours, je vous brave et je vous défie, et, vous armé, moi sans armes je suis sûr de vous vaincre encore avec l'amour de Diane pour divine égide.
— C'est vrai, c'est vrai, je le crois bien! murmurait à son tour lord Wentworth écrasé.
— Aussi ne serait-il pas généreux à moi maintenant de vous appeler en duel, reprit Gabriel, venez ici vos gardes, et dites-leur de m'enfermer, si cela vous plaît. La prison près d'elle et en même temps qu'elle, c'est encore une sorte de bonheur.
Il se fit un assez long silence.
— Monsieur, reprit enfin lord Wentworth après quelque hésitation, vous veniez me demander, je crois, de laisser partir pour Paris un second envoyé qui rapporterait votre rançon?
— En effet, milord, répondit Gabriel, tel était d'abord mon dessein quand je suis arrivé ici.
— Et vous m'avez reproché dans vos discours, ce me semble, continua le gouverneur, de n'avoir pas eu foi dans votre honneur de gentilhomme et de ne vous avoir pas permis, avec votre parole pour garant, d'aller chercher votre rançon vous-même?
— C'est vrai, milord.
— Eh bien! monsieur, reprit Wentworth, vous pouvez dès aujourd'hui partir : les portes de Calais vous seront ouvertes, votre demande vous est accordée.
— J'entends, dit Gabriel avec amertume, vous voulez m'éloigner d'elle. Et si je refusais de quitter Calais maintenant?
— Je suis le maître ici, monsieur, reprit lord Wentworth, et vous n'avez ni à refuser ni à accepter ma volonté, mais à la subir.
— Soit donc, dit Gabriel, je partirai, milord, sans toutefois vous savoir gré de cette générosité, je vous en préviens.
— Aussi, n'ai-je pas besoin, monsieur, de votre reconnaissance.
— Je partirai, poursuivit Gabriel, mais sachez que je ne

resterai pas longtemps votre débiteur, et que je reviendrai bientôt, milord, pour vous payer toutes mes dettes ensemble. Et, comme je ne serai plus votre prisonnier alors, et que vous ne serez plus mon créancier, il n'y aura plus de prétexte pour que l'épée que j'aurai le droit de porter ne se rencontre pas avec la vôtre.

— Je pourrais refuser ce combat, monsieur, reprit lord Wentworth avec une sorte de mélancolie ; car les chances entre nous ne sont pas égales : si je vous tue, *elle* me haïra plus ; si vous me tuez, *elle* vous aimera davantage. N'importe ! il faut que j'accepte, et j'accepte. Mais ne craignez-vous pas, ajouta-t-il d'un air sombre, de me réduire par là à quelque extrémité? Quand tous les avantages sont de votre côté, ne pourrais-je pas, dites, abuser de ceux qui me restent?

— Dieu là-haut, et en ce monde la noblesse de tous les pays vous jugeront, milord, dit Gabriel frissonnant, si vous vous vengez lâchement sur ceux qui ne peuvent se défendre de ceux que vous n'aurez pas vaincus.

— Quoi qu'il en soit, monsieur, reprit Wentworth, je vous récuse parmi mes juges.

Il ajouta après une pause :

— Il est trois heures, monsieur, vous avez jusqu'à sept heures, heure de la fermeture des premières portes, pour faire vos apprêts et quitter la ville. J'aurai donné mes ordres pour qu'on vous laisse librement passer.

— A sept heures, milord, dit Gabriel, je ne serai plus à Calais.

— Et comptez, reprit Wentworth, que vous n'y rentrerez de votre vie, et que, quand même je mourrais tué par vous dans ce duel hors de nos remparts, mes précautions du moins seront prises, et bien prises, fiez-vous-en à ma jalousie ! pour que vous ne possédiez et ne revoyiez jamais madame de Castro.

Gabriel avait déjà fait un pas pour sortir de la chambre. Il s'arrêta devant la porte.

— Ce que vous dites est impossible, milord, reprit-il, il est nécessaire qu'un jour ou l'autre je revoie Diane.

— Cela ne sera pourtant pas, monsieur, je vous le jure ! si la volonté d'un gouverneur de place ou le dernier ordre d'un mourant ont quelque chance de s'imposer.

— Cela sera, milord, je ne sais comment, mais j'en suis sûr, dit Gabriel.

— Alors, monsieur, reprit Wentworth avec un sourire dédaigneux, alors vous prendrez Calais d'assaut.

Gabriel réfléchit une minute.

— Je prendrai d'assaut Calais, dit-il. Au revoir, milord.

Il salua et sortit, laissant lord Wentworth pétrifié et ne sachant plus s'il devait s'épouvanter ou rire.

Gabriel retourna sur-le-champ à la vieille maison des Peuquoy.

Il trouva Pierre qui polissait la lame de son épée, Jean qui faisait des nœuds à sa corde, et Babette qui soupirait.

Il raconta à ses amis la conversation qu'il venait d'avoir avec le gouverneur, et leur annonça son départ qui en était la suite. Il ne leur cacha même pas le mot téméraire peut-être avec lequel il avait pris congé de lord Wentworth.

Puis il leur dit :

— Maintenant je monte à ma chambre pour faire mes préparatifs, et je vous laisse à vos épées, Pierre, à vos cordes, Jean, à vos soupirs, Babette.

Il monta en effet afin de tout disposer en hâte pour son départ. Maintenant qu'il était libre, il tardait au vaillant jeune homme de revoir Paris pour sauver son père, puis, de revoir Calais pour sauver Diane.

Quand il sortit de sa chambre, une demi-heure après, il trouva sur le palier Babette Peuquoy.

— Vous partez donc, monsieur le vicomte? lui dit-elle. Vous ne me demanderez donc plus pourquoi je pleure?

— Non, mon enfant, car j'espère que lorsque je reviendrai, vous ne pleurerez plus.

— Je l'espère aussi, monseigneur, reprit Babette. Ainsi, malgré les menaces de notre gouverneur, vous comptez revenir, n'est-ce pas?

— Je vous en réponds ! Babette.

— Avec votre écuyer Martin-Guerre, je suppose?

— Assurément.

— Comme cela, monsieur d'Exmès, reprit la jeune fille, vous êtes certain de le retrouver à Paris, Martin-Guerre? Ce n'est pas un malhonnête homme, n'est-ce pas? il n'a pas à coup sûr détourné votre rançon? il est incapable d'une... infidélité ?

— J'en jurerais, dit Gabriel assez étonné de ces questions. Martin a l'humeur changeante, surtout depuis quelque temps, et il y a comme deux hommes en lui, l'un simple d'esprit et tranquille de mœurs, l'autre rusé et tapageur. Mais, à part ces variations de caractère, c'est un serviteur loyal et fidèle.

— Et, reprit Babette, il ne tromperait pas plus une femme que son maître, n'est-il pas vrai?

— Oh ! ceci est plus chanceux, dit Gabriel, et je n'en répondrais plus, je l'avoue.

— Enfin, monseigneur, reprit la pauvre Babette pâlissant, auriez-vous la bonté de lui remettre cette bague? il saura de qui elle vient et ce qu'elle signifie.

— Je la remettrai, Babette, dit Gabriel surpris, en se rappelant cette soirée du départ de son écuyer, Je la remettrai, mais la personne qui l'envoie sait... que Martin-Guerre... est marié, je présume.

— Marié ! s'écria Babette. Alors monseigneur, gardez cette bague, jetez-la, mais ne la lui remettez pas.

— Mais, Babette...

— Merci ! monseigneur, et adieu, murmura la pauvre fille.

Elle s'enfuit au second étage, et, à peine rentrée dans sa chambre, tomba sur une chaise, évanouie.

Gabriel, chagrin et inquiet du soupçon qui, pour la première fois, lui traversait l'esprit, descendit pensif l'escalier de bois de la vieille maison des Peuquoy.

Au bas des marches, il trouva Jean qui s'approcha de lui avec mystère.

— Monsieur le vicomte, lui dit à voix basse le bourgeois, vous me demandiez toujours pourquoi je confectionnais des cordes d'une telle longueur. Je ne veux pourtant pas vous laisser partir, surtout après vos admirables adieux à ce Wentworth, sans vous donner le mot de l'énigme. En joignant par de petites cordes transversales deux longues et solides cordes comme celle que je fais, monsieur le vicomte, on obtient une immense échelle. Cette échelle, quand on est de la garde urbaine, comme Pierre depuis vingt ans, comme moi depuis trois jours, on peut la transporter à deux en deux fois sous la guérite de la plate-forme de la tour Octogone. Puis, par une matinée noire de décembre ou de janvier, on peut, par curiosité, étant en sentinelle, en attacher solidement deux bouts à ces tronçons de fer scellés dans les créneaux, et laisser tomber les deux autres bouts dans la mer, à trois cents pieds, où quelque hardi canot pourrait se trouver par mégarde.

— Mais, mon brave Jean... interrompit Gabriel.

— Assez sur ce point ! monsieur le vicomte, reprit le tisserand. Mais, excusez-moi, je voudrais, avant de vous quitter, vous laisser encore un souvenir de votre dévoué serviteur Jean Peuquoy. Voici un dessin tel quel, représentant le plan des murs et des fortifications de Calais. Je l'ai fait, en m'amusant, après ces éternelles promenades qui vous étonnaient si fort de ma part. Cachez-le sous votre pourpoint, et, quand vous serez à Paris, regardez-le quelquefois, je vous prie, par amitié pour moi.

Gabriel voulut interrompre encore, mais Jean ne lui en laissa pas le temps, et, lui serrant la main que lui tendait le jeune homme, s'éloigna en lui disant seulement :

— Au revoir, monsieur d'Exmès. Vous trouverez à la porte Pierre, qui vous attend pour vous faire aussi ses adieux. Ils compléteront les miens.

En effet, Pierre attendait devant sa maison, tenant en bride le cheval de Gabriel.

— Merci de votre bonne hospitalité, maître, lui dit le vicomte d'Exmès. Je vous enverrai sous peu, si même je ne vous rapporte pas moi-même, l'argent que vous avez bien voulu m'avancer. Vous y joindrez, s'il vous plaît, une bonne gratification pour vos gens. En attendant, veuillez offrir de ma part ce petit diamant à votre chère sœur.

— J'accepte pour elle, monsieur le vicomte, répondit l'armurier, mais à condition que vous accepterez aussi quelque chose de ma façon, ce cor que j'ai pendu à l'arçon de votre selle, ce cor que j'ai fabriqué de mes mains et dont je reconnaîtrais le son, fût-ce à travers les mugissemens de la mer orageuse, par exemple dans ces nuits du 5 de chaque mois, où je monte ma faction de quatre à six heures du matin sur la tour Octogone qui donne sur la mer.

Merci ! dit Gabriel, en serrant la main de Pierre de façon à lui prouver qu'il avait compris.

— Quant à ces armes que vous vous étonniez de me voir faire en si grande quantité, reprit Pierre, je me repens, en effet, d'en avoir chez moi un tel nombre : car, enfin, si Calais était assiégé quelque jour, le parti qui tient encore pour la France parmi nous pourrait s'emparer de ces armes, et faire, dans le sein même de la ville, une diversion dangereuse.

— C'est vrai ! dit Gabriel en serrant plus fort encore la main du brave citoyen.

— Là-dessus, je vous souhaite bon voyage et bonne chance, monsieur d'Exmès, reprit Pierre. Adieu et à bientôt !

— A bientôt ! dit Gabriel.

Il se retourna et salua une dernière fois de la main Pierre debout sur le seuil, Jean, la tête penchée à la fenêtre du premier étage, et même Babette qui le regardait aussi partir derrière un rideau du second.

Puis il donna de l'éperon à son cheval, et s'éloigna au galop.

Des ordres avaient été envoyés par lord Wentworth à la porte de Calais ; car on ne fit nulle difficulté pour laisser passer le prisonnier, qui se trouva bientôt sur la route de Paris, seul avec ses anxiétés et ses espérances.

Pourrait-il délivrer son père en arrivant à Paris ? pourrait-il délivrer Diane en revenant à Calais ?

XLIV.

SUITE DES TRIBULATIONS DE MARTIN-GUERRE.

Les routes de France n'étaient pas plus sûres pour Gabriel de Montgommery que pour son écuyer, et il dut déployer toute l'intelligence et toute l'activité de son esprit pour éviter les obstacles et les encombres. Encore, malgré toute sa diligence, n'arriva-t-il à Paris que le quatrième jour après son départ de Calais.

Mais les périls du chemin préoccupaient peut-être moins Gabriel que son inquiétude touchant le but. Bien qu'il ne fût pas de sa nature fort porté aux songeries, sa marche solitaire le contraignait presque à rêver sans cesse à la captivité de son père et de Diane, aux moyens de délivrer ces êtres chers et sacrés, à la promesse du roi, au parti qu'il faudrait prendre si Henri II manquait à cette promesse. Mais non ! Henri II n'était pas pour rien le premier gentilhomme de la chrétienté. L'accomplissement de son serment lui coûtait, et il attendait que Gabriel vînt le réclamer pour pardonner au vieux comte rebelle, mais il pardonnerait. Et s'il ne pardonnait pas pourtant ?...

Gabriel, quand cette idée désespérante traversait son esprit, comme un poignard eût traversé son cœur ; Gabriel donnait de l'éperon à son cheval et portait la main à la garde de son épée....

C'était d'ordinaire la douce et douloureuse pensée de Diane de Castro qui ramenait au calme son âme agitée.

Ce fut au milieu de ces incertitudes et de ces angoisses qu'il arriva enfin aux portes de Paris, le matin du quatrième jour. Il avait voyagé toute la nuit, et les clartés pâles de l'aube éclairaient à peine la ville, lorsqu'il traversa les rues qui avoisinaient le Louvre.

Il s'arrêta devant la maison royale fermée et endormie, et se demanda s'il devait attendre ou passer outre. Mais son impatience s'accommodait mal de l'immobilité. Il résolut d'aller tout de suite jusque chez lui, à la rue des Jardins-Saint-Paul, où il pourrait du moins apprendre quelque chose de ce qu'il souhaitait ou de ce qu'il redoutait.

Sa route le conduisait devant les sinistres tourelles du Châtelet.

Il s'arrêta aussi devant la porte fatale. Une sueur froide baignait son front. Son passé et son avenir étaient pourtant là, derrière ces humides murailles. Mais Gabriel n'était pas homme à donner aux émotions une longue partie du temps qu'il pouvait utilement consacrer à agir. Il secoua ces sombres pensées et se remit en marche en se disant : Allons !

Lorsqu'il arriva devant son hôtel, qu'il n'avait pas revu depuis si longtemps, une lumière brillait aux vitres de la salle basse. La vigilante Aloyse était debout déjà.

Gabriel frappa en se nommant. Deux minutes après, il était dans les bras de la bonne et digne femme qui lui avait servi de mère.

— Ah ! vous voilà donc, monseigneur ! vous voilà, mon enfant !

C'est tout ce qu'elle eut la force de dire.

Gabriel, après l'avoir tendrement embrassée, recula d'un pas et la regarda.

Il y avait dans ce profond regard une muette interrogation plus claire que toutes les paroles.

Aussi Aloyse comprit-elle, et cependant elle baissa la tête et ne répondit rien.

— Donc, aucune nouvelle de la cour ? demanda alors le vicomte, comme si la révélation contenue dans ce silence ne lui suffisait pas.

— Aucune nouvelle, monseigneur, répondit la nourrice.

— Oh ! je m'en doutais bien. S'il s'était passé quelque chose d'heureux ou de malheureux, tu me l'aurais crié d'abord du premier baiser. Tu ne sais rien ?

— Rien, hélas !

— Oui, je conçois, reprit amèrement le jeune homme. J'étais prisonnier, mort peut-être ! On ne paie pas ses dettes à un prisonnier, encore moins à un mort. Mais me voici vivant et libre, et il faudra bien que l'on compte avec moi ; que de force, il le faudra.

— Oh ! prenez garde, monseigneur ! s'écria Aloyse.

— Ne crains rien, nourrice. Monsieur l'amiral est-il à Paris ?

— Oui, monseigneur. Il est venu et il a envoyé ici dix fois pour s'informer de votre retour.

— Bien. Et monsieur de Guise ?

— Il est revenu aussi. C'est sur lui que le peuple compte pour réparer les malheurs de la France et les douleurs des citoyens.

— Dieu veuille, reprit Gabriel, qu'il ne trouve pas des douleurs qu'on ne puisse plus réparer !

— Pour madame Diane de Castro, que l'on croyait perdue, continua Aloyse avec empressement, monsieur le connétable a découvert qu'elle était prisonnière à Calais, et l'on espère la tirer bientôt.

— Je le savais, et je l'espère comme eux, dit Gabriel avec un accent singulier. Mais, reprit-il, tu ne me parles pas de ce qui a si longtemps prolongé ma propre captivité, de Martin-Guerre, de son message en retard. Qu'est donc devenu Martin ?

— Il est ici, monseigneur, le fainéant, l'imbécile !

— Quoi ! ici ! Mais depuis quand ? que fait-il ?

— Il est couché là-haut et il dort, dit Aloyse, qui semblait parler du pauvre Martin avec quelque aigreur. Il se dit un peu malade, sous prétexte qu'on l'a pendu !

— Pendu ! s'écria Gabriel. Pour lui voler l'argent de ma rançon, probablement ?

— L'argent de votre rançon, monseigneur ? Oui, parlez-lui un peu à ce triple idiot de l'argent de votre rançon ! vous verrez ce qu'il vous répondra. Il ne saura pas ce que vous voudrez lui dire. Figurez-vous, monseigneur, qu'il arrive ici tout zélé, tout en hâte, et que, d'après votre lettre, je réunis bien vite et je lui compte dix mille beaux écus sonnans. Il repart tout chaud, sans perdre une minute. Quelques jours après, qui vois-je revenir ici, l'oreille basse et l'air piteux ? mon Martin-Guerre. Il prétend n'avoir pas reçu de moi un rouge denier. Prisonnier lui-même, bien avant la prise de Saint-Quentin, il ignore, dit-il, depuis trois mois, ce que vous êtes devenu. Vous ne l'avez chargé d'aucune mission. Il a été battu, pendu ! Il a réussi à s'échapper, et rentre à Paris, pour la première fois, depuis la guerre. Voilà les contes que Martin-Guerre nous rabâche, du matin au soir, quand on lui parle de votre rançon.

— Explique-toi, nourrice, dit Gabriel. Martin-Guerre n'a pu détourner cet argent, j'en jurerais. Ce n'est pas un malhonnête homme, assurément, et il m'est loyalement dévoué.

— Non, monseigneur, il n'est pas malhonnête homme, mais il est fou, j'en ai peur, fou sans idée et sans souvenir, fou à lier, croyez-moi. Bien qu'il ne soit pas encore méchant, il est dangereux du moins. Enfin, je ne suis pas la seule qui l'aie vu ici ! tous vos gens l'accablent de leur témoignage. Il a réellement reçu les dix mille écus. Maître Elyot a même eu quelque peine à me le ramasser si promptement.

— Il faudra pourtant, reprit Gabriel, qu'il réunisse de nouveau au plus vite une somme pareille, voire même une somme plus forte. Mais il ne s'agit pas encore de cela. Voici le grand jour. Je vais au Louvre, je vais parler au roi.

— Quoi ! monseigneur, sans prendre une minute de repos ! dit Aloyse. En outre, vous avez réfléchissez qu'il n'est guère plus de sept heures, et que vous trouveriez fermées les portes qu'on ouvre seulement à neuf.

— C'est juste ! dit Gabriel, encore deux heures d'attente ! O mon Dieu ! donnez-moi la patience d'attendre deux heures, puisque j'ai pu attendre deux mois. Mais du moins, reprit-il, je puis trouver monsieur de Coligny et monsieur de Guise.

— Non, car ils sont vraisemblablement au Louvre, dit Aloyse. D'ailleurs, le roi ne reçoit pas avant midi, et vous ne pourriez le voir plus tôt, je le crains. Vous aurez donc trois heures pour entretenir monsieur l'amiral et monseigneur le lieutenant général du royaume. C'est, vous le savez, le nouveau titre dont le roi, dans les circonstances graves où nous sommes, a revêtu monsieur de Guise. En attendant, monseigneur, vous ne me refuserez pas de prendre quelques alimens, et de recevoir vos fidèles et anciens serviteurs, qui ont si longtemps langui après votre retour.

Dans le même moment, et comme pour occuper en effet et distraire la douloureuse attente du jeune homme, Martin-Guerre, averti sans doute de l'arrivée de son maître, se précipita dans la chambre, plus pâle encore de joie que des suites de sa souffrance.

— Quoi ! c'est vous ! quoi ! vous voilà, monseigneur, s'écria-t-il. Oh ! quel bonheur !

Mais Gabriel accueillit assez froidement les transports du pauvre écuyer.

— Si je suis heureusement arrivé, Martin, lui dit-il, convenez que ce n'est pas de votre faute, et que vous avez fait tout pour me laisser à jamais prisonnier !

— Allons ! vous aussi, monseigneur, dit Martin avec consternation. Vous aussi, au lieu de me justifier du premier mot, comme je l'espérais, vous allez m'accuser d'avoir touché ces dix mille écus. Qui sait ! vous direz peut-être même que vous m'aviez chargé de les recevoir et de vous les rapporter ?

— Mais sans doute, reprit Gabriel stupéfait.

— Ainsi, repartit le pauvre écuyer d'une voix sourde, vous me jugez capable, moi Martin-Guerre, de m'être approprié lâchement un argent qui ne m'appartenait pas, un argent destiné à payer la liberté de mon maître ?

— Non, Martin, non, reprit vivement Gabriel, touché de l'accent de son loyal serviteur, mes soupçons, je te le jure, n'ont jamais été jusqu'à douter de ta probité, et nous le disions à l'instant même avec Aloyse. Mais on a pu te prendre cette somme, tu as pu la perdre sur le chemin en venant me rejoindre.

— En venant vous rejoindre, répéta Martin. Mais où monseigneur. Depuis notre première sortie de Saint-Quentin, que Dieu me foudroie si je sais où vous avez été ! Où allais-je vous rejoindre ?

— A Calais, Martin. Quelque légère et folle que soit ta tête, il est impossible que tu aies oublié Calais !

— Comment oublierais-je en effet ce que je n'ai jamais connu, dit tranquillement Martin-Guerre.

— Mais, malheureux, peux-tu te renier à ce point ! s'écria Gabriel.

Il dit tout bas quelques mots à la nourrice qui sortit. S'approchant alors de Martin :

— Et Babette ? ingrat ! lui dit-il.

— Babette ! quelle Babette ? demanda l'écuyer stupéfait.

— Mais celle que tu as séduite, indigne.

— Ah ! bon ! Gudule ! dit Martin, vous vous trompez de nom. Ce n'est pas Babette, c'est Gudule, monseigneur. Ah ! oui, la pauvre fille ! mais franchement je ne l'ai pas séduite, elle s'est séduite toute seule, je vous jure.

— Quoi ! une autre encore ! reprit Gabriel. Mais celle-là, je ne la connais pas, et quoi qu'il en soit, elle ne peut être aussi à plaindre que Babette Peuquoy.

Martin-Guerre n'osait pas s'impatienter ; mais s'il eût été du rang du vicomte, il n'y eût pas manqué, certes.

— Tenez, monseigneur, ils disent tous ici que je suis fou, et, à force de me l'entendre dire, je crois, par Saint-Martin ! que je le deviendrai. Pourtant, j'ai bien encore ma raison et ma mémoire, que diable ! et au besoin, monseigneur, quoique j'aie eu à subir des épreuves multipliées et des malheurs... pour deux, cependant, je vous, je vous raconterais de point en point ce qui m'est arrivé depuis trois mois, depuis que je vous ai quitté. Au moins, ajouta-t-il, ce que je me rappelle... pour ma part !

— Je serais curieux en effet, dit Gabriel, de savoir comment tu vas expliquer ton étrange conduite.

— Eh bien ! monseigneur, quand, au sortir de Saint-Quentin pour aller quérir les secours de monsieur de Vaulpergues, nous eûmes pris chacun notre route, comme vous devez vous en souvenir, ce que vous aviez prévu arriva. Je tombai entre les mains des ennemis. Je voulais, selon vos recommandations, payer d'audace ; mais, chose étrange ! les ennemis me reconnurent. J'étais déjà leur prisonnier.

— Allons ! interrompit Gabriel, voilà déjà que tu divagues !

— Oh ! monseigneur, reprit Martin, je vous en conjure en grâce, laissez-moi raconter ce que je sais comme je le sais. J'ai assez de peine à m'y reconnaître ! vous me critiquerez après. Du moment où les ennemis me reconnaissaient, monseigneur, j'avoue que je me résignai ; car je savais, et, au fond, vous savez bien comme moi, monseigneur, que je suis deux, et que, sans m'en prévenir, mon autre moi faisait souvent des siennes. Donc, *nous* acceptâmes notre sort ; car dorénavant je veux parler de moi, de nous, dis-je, au pluriel. Gudule, une gentille Flamande que nous avions enlevée, nous reconnut aussi ; ce qui nous valut, par parenthèse, des grêles de coups. Il n'y a vraiment que nous qui ne nous reconnaissions pas. Vous raconter toutes les misères qui suivirent, et au pouvoir de combien de maîtres, tous embellis de patois différens, votre malheureux écuyer tomba successivement, ce serait trop long, monseigneur.

— Oui, abrège tes condoléances, dit Gabriel.

— J'en passe et des pires. Mon numéro 2 s'était déjà échappé une fois, et on m'avait fort éreinté pour sa peine. Mon numéro 1, celui dont j'ai conscience et dont je vous narre le martyre, parvint à s'échapper de nouveau, mais eut la sottise de se faire reprendre, et on me laissa pour mort sur la place. N'importe ! je pris une troisième fois la fuite ! Mais, rattrapé une troisième fois par une double trahison, celle du vin et celle d'un passant, je voulus faire un coup de tête, et gourmai mes estafiers avec la fureur du désespoir et de l'ivresse. Pour le coup, après m'avoir bafoué et tourmenté toute la nuit de la façon la plus barbare, mes bourreaux me pendirent vers le matin.

— Ils te pendirent ! s'écria Gabriel jugeant que la monomanie de son écuyer le reprenait sans doute. Ils te pendirent, Martin ! qu'entends-tu par là ?

— J'entends, monseigneur, qu'ils me hissèrent entre ciel et terre au bout d'une corde de chanvre solidement attachée à un gibet, autrement dit potence. Ce qui, dans toutes les langues et patois dont on m'a écorché les oreilles, s'appelle vulgairement pendre, monseigneur ! Est-ce clair cela ?

— Pas trop, Martin ; car enfin pour un pendu...

— Je me porte assez bien, monseigneur, c'est un fait ; mais vous ne savez pas la fin de l'histoire. Ma douleur et ma rage, quand je me vis pendre, firent que je perdis à peu près connaissance. Quand je revins à moi, j'étais étendu sur l'herbe fraîche avec ma corde coupée autour du cou. Quelque voyageur passant par la route avait-il voulu, touché de ma position, délivrer le gibet de son fruit humain ? C'est ce que ma misanthropie actuelle me défend de croire. J'imagine plutôt qu'un filou aura souhaité me dépouiller et coupé la corde pour fouiller mes poches à son aise. C'est ce que ma bague nuptiale et mes papiers enlevés m'autorisent, je pense, à affirmer, sans trop faire de tort à la race humaine. Toujours est-il que j'avais été détaché à temps, et que, malgré mon cou un peu disloqué, je pus m'enfuir une quatrième fois à travers bois et champs, me cachant le jour, m'avançant la nuit avec précaution, vivant de racines et d'herbes sauvages, une détestable nourriture, et à laquelle les bestiaux doivent avoir bien de la peine à s'accoutumer. Enfin, après m'être égaré cent fois, j'ai pu, au bout de quinze jours, revoir Paris et cette maison où je suis arrivé depuis douze jours, et où j'ai été reçu plus médiocrement que je ne m'y attendais après tant d'épreuves. Voilà mon histoire, monseigneur.

— Eh bien ! moi, Gabriel, en regard de cette histoire, je pourrais bien t'en raconter une autre, une entièrement différente que je t'ai vu accomplir sous mes yeux.

— L'histoire de mon numéro 2, monseigneur ? dit tranquillement Martin. Ma foi, monseigneur, s'il n'y a pas d'indiscrétion, et si vous aviez cette bonté de m'en toucher deux mots, je serais assez curieux de la connaître.

— Railles-tu, coquin ? dit Gabriel.

— Oh ! monseigneur connaît mon profond respect ! Mais chose singulière ! cet autre moi-même m'a causé bien des embarras, n'est-il pas vrai ? il m'a fourré dans de cruelles passes ! Eh bien ! malgré cela, je ne sais pas, jo m'intéresse à lui ! je crois, ma parole d'honneur ! que j'aurais à la fin la faiblesse de l'aimer, le drôle !

— Le drôle, en effet !... dit Gabriel.

Il allait entamer peut-être le récit des méfaits d'Arnauld du Thill ; mais il fut interrompu par sa nourrice qui rentra suivie d'un homme en habit de paysan.

— Qu'est-ce encore que ceci ? dit Aloyse. Voici un homme qui se prétend envoyé ici pour nous annoncer votre mort, Martin-Guerre !

XLV.

OU LA VERTU DE MARTIN-GUERRE COMMENCE A SE RÉHABILITER.

— Ma mort ? s'écria Martin-Guerre pâlissant aux terribles paroles de dame Aloyse.

— Ah ! Jésus Dieu ! s'écria de son côté le paysan dès qu'il eut dévisagé l'écuyer.

— Mon autre moi serait-il mort ? bonté divine ! reprit Martin. N'aurais-je plus d'existence de rechange ? Bah ! au fond, avec la réflexion, j'en serais bien un peu fâché, mais cependant assez content. Parle, toi, l'ami, parle, ajouta-t-il en s'adressant au paysan ébahi.

— Ah ! maître, reprit ce dernier quand il eut bien regardé et touché Martin, comment se fait-il que je vous retrouve arrivé avant moi ? Je vous jure pourtant, maître, que je me suis dépêché autant qu'homme puisse se dépêcher, pour faire votre commission et gagner vos dix écus ; et, à moins que vous n'ayez pris un cheval, il est absolument impossible, maître, que vous m'ayez dépassé sur la route, où j'aurais dû, en tous cas, vous revoir.

— Ah çà ! mais mon brave, je ne t'ai jamais vu, moi ! dit Martin-Guerre, et tu me parles comme si tu me connaissais.

— Si je vous connais ! dit le paysan stupéfait ; ce n'est pas vous peut-être qui m'avez donné la commission de venir dire ici que monsieur Martin-Guerre était mort pendu ?

— Comment ! mais Martin-Guerre, c'est moi, dit Martin-Guerre.

— Vous ? impossible ! est-ce que vous auriez pu annoncer votre propre pendaison ? reprit le paysan.

— Mais pourquoi, où et quand t'ai-je annoncé de pareilles atrocités ? demanda Martin.

— Il faut donc tout dire à cette heure ? dit le paysan.

— Oui, tout.

— Malgré la frime que vous m'avez recommandée ?

— Malgré la frime.

— Eh bien, alors, puisque vous avez si peu de mémoire, je vas tout dire ; tant pis pour vous si vous m'y forcez ! Il y a de cela six jours, au matin, j'étais en train de sarcler mon champ...

— Où est-il d'abord, ton champ ? demanda Martin.

— Est-ce la vérité vraie qu'il faut répondre, mon maître ? dit le paysan.

— Eh ! sans doute, animal !

— Pour lors, mon champ est derrière Montargis, là ! Je travaillais, vous vîntes à passer sur la route, un sac de voyage sur le dos.

— Eh ! l'ami, que fais-tu là ? C'est vous qui parlez.

— Je sarcle, notre maître. C'est moi qui réponds.

— Combien cela te rapporte-t-il, ce métier-là ?

— Bon an mal an, quatre sols par jour.

— Veux-tu gagner vingt écus en deux semaines ?

— Oh ! oh !

— Je te demande oui ou non.

— Oui-da.

— Eh bien ! tu vas partir sur-le-champ pour Paris. En marchant bien, tu y seras au plus tard dans cinq ou six jours ; tu demanderas la rue des Jardins-Saint-Paul et l'hôtel du vicomte d'Exmès. C'est à cet hôtel que je t'envoie. Le vicomte n'y sera pas ; mais tu trouveras la dame Aloyse, une bonne femme, sa nourrice ; et voici ce que tu lui diras. Écoute bien. Tu lui diras : J'arrive de Noyon... Tu comprends ? Pas de Montargis, de Noyon. J'arrive de Noyon, où quelqu'un de votre connaissance a été pendu, il y a quinze jours. Ce quelqu'un s'appelle Martin-Guerre. Retiens bien ce nom : Martin-Guerre. On a pendu Martin-Guerre, après l'avoir dépouillé de l'argent qu'il portait, de peur qu'il ne s'allât plaindre. Mais, avant d'être conduit au gibet, Martin-Guerre a eu le temps de me charger de venir vous prévenir de ce malheur, afin, m'a-t-il dit, que vous puissiez ramasser une nouvelle rançon à son maître. Il m'a promis que pour ma peine vous me compteriez dix écus. Je l'ai vu pendre, et je suis venu.

— Voilà ce que tu diras à la bonne femme. As-tu compris? m'avez-vous demandé.

— Oui, maître, ai-je répondu ; seulement, vous aviez dit vingt écus d'abord, et vous ne dites plus que dix.

— Imbécile ! fîtes-vous, voilà d'avance les dix autres.

— À la bonne heure ! fis-je. Mais si la bonne femme Aloyse me demande comment était fait ce monsieur Martin-Guerre que je n'ai jamais vu et que je dois avoir vu ?

— Regarde-moi.

— Je vous regarde.

— Eh bien ! tu peindras Martin-Guerre comme si c'était moi-même.

— C'est étrange ! murmura Gabriel, qui écoutait le narrateur avec une attention profonde.

— Maintenant, reprit le paysan, je suis venu, mon maître, prêt à répéter ma leçon comme vous me l'avez apprise à deux fois et presque par cœur, et je vous retrouve ici avant moi ! Il est bien vrai que j'ai flâné en route et rogné dans les cabarets du chemin vos dix écus, dans l'espérance de toucher bientôt les dix autres. Mais enfin je n'ai eu garde de dépasser le terme que vous m'aviez fixé. Vous m'aviez donné les six jours, et il y a précisément six jours aujourd'hui que j'ai quitté Montargis.

— Six jours ! dit Martin-Guerre mélancolique et rêveur. J'ai passé à Montargis il y a six jours ! j'étais, il y a six jours, sur la route de mon pays ! Ton récit est extrêmement vraisemblable, l'ami, continua-t-il, et je le crois vrai.

— Mais non ! interrompit vivement Aloyse ; cet homme est évidemment un menteur, au contraire, puisqu'il prétend vous avoir parlé à Montargis il y a six jours, et que, depuis douze jours, vous n'êtes pas sorti de ce logis.

— C'est juste, dit Martin. Pourtant, mon numéro 2...

— Et puis, reprit la nourrice, il n'y a pas quinze jours que vous avez été pendu à Noyon ; d'après vos dires mêmes, il y a un mois.

— C'est certain, repartit l'écuyer, et c'est justement aujourd'hui le quatrième, j'y pensais en m'éveillant. Cependant, mon autre moi-même...

— Balivernes ! s'écria la nourrice.

— Non pas, dit Gabriel intervenant, cet homme nous ment, je le crois, sur la voie de la vérité.

— Oh ! mon bon seigneur, vous ne vous trompez pas ! dit le paysan. Aurai-je les dix écus ?

— Oui, dit Gabriel, mais vous nous laisserez votre nom et votre adresse. Nous aurons peut-être quelque jour besoin de votre témoignage. Je commence, à travers des soupçons encore obscurs, à entrevoir bien des crimes.

— Cependant, monseigneur... voulut objecter Martin.

— En voilà assez là-dessus, interrompit Gabriel. Tu veilleras, ma bonne Aloyse, à ce que ce brave homme soit aise satisfait. Cette affaire-ci aura son heure. Mais, tu le sais, ajouta-t-il en baissant la voix, avant de punir la trahison envers l'écuyer, j'ai peut-être à venger la trahison envers le maître.

— Hélas ! murmura Aloyse.

— Voilà huit heures, reprit Gabriel. Je ne verrai nos gens qu'au retour, car je veux me trouver à l'ouverture des portes du Louvre ; si je ne puis approcher le roi qu'à midi, je m'entretiendrai au moins avec l'amiral et monsieur de Guise.

— Et, après avoir vu le roi, vous reviendrez ici sur-le-champ, n'est-ce pas ? demanda Aloyse.

— Sur-le-champ, et tranquillise-toi, bonne nourrice. Quelque chose me dit que je sortirai vainqueur de tous ces ténébreux obstacles que l'intrigue et l'audace accumulent autour de moi.

— Oh ! oui, si Dieu entend ma prière ardente, cela sera ! dit Aloyse.

— Je pars, reprit Gabriel. Reste, Martin, il faut que je sois seul. Va, nous te justifierons et nous te délivrerons, ami. Mais, vois-tu, j'ai une autre justification et une autre délivrance à accomplir avant tout. À bientôt, Martin ; au revoir, nourrice.

Tous deux baisèrent les mains que leur tendait le jeune homme. Puis il sortit, seul, à pied, enveloppé d'un grand manteau, et prit, grave et fier, le chemin du Louvre.

— Hélas ! pensa la nourrice, voilà comme j'ai vu une fois partir son père, qui depuis n'est pas revenu.

Au moment où Gabriel, après avoir dépassé le Pont-au-Change, continuait sa route le long de la Grève, il remarqua de loin un homme couvert aussi d'un grand manteau, mais plus grossier et plus soigneusement fermé que le sien. De plus, cet homme s'efforçait de dérober les traits de son visage sous les larges rebords de son chapeau.

Gabriel, bien qu'il eût cru d'abord distinguer vaguement la tournure d'une personne amie, passait cependant son chemin. Mais l'inconnu, à l'aspect du vicomte d'Exmès, fit un mouvement, parut hésiter, puis enfin s'arrêtant tout à fait :

— Gabriel ! mon ami ! dit-il avec précaution.

Il se découvrit à demi la figure, et Gabriel vit qu'il ne s'était pas trompé.

— Monsieur de Coligny ! s'écria-t-il sans toutefois élever la voix. Vous à cette place ! à cette heure !

— Chut ! fit l'amiral. Je vous avoue que je ne voudrais pas être en ce moment reconnu, épié, suivi. Mais en vous voyant, mon ami, après une si longue séparation et tant d'inquiétude pour votre compte, je n'ai pu résister au besoin de vous appeler et de vous serrer la main. Depuis quand donc êtes-vous à Paris ?

— De ce matin même, dit Gabriel, et j'allais avant tout vous voir au Louvre.

— Eh bien ! si vous n'êtes pas trop pressé, reprit l'amiral, faites quelques pas avec moi de mon côté. Vous me direz ce que vous étiez devenu pendant cette longue absence.

— Je vous dirai tout ce que je puis vous dire comme au plus loyal et au plus dévoué des amis, répondit Gabriel. Néanmoins, veuillez d'abord, monsieur l'amiral, me permettre une question sur un point qui m'intéresse plus que tout au monde.

— Je prévois cette question, dit l'amiral. Mais ne devez-vous pas, ami, prévoir aussi ma réponse ? Vous allez me demander, n'est-il pas vrai, si j'ai tenu la promesse que je vous avais faite ? si j'ai raconté au roi la part glorieuse et efficace que vous aviez prise à la défense de Saint-Quentin ?

— Non, monsieur l'amiral, reprit le vicomte d'Exmès, ce n'est pas cela, en vérité ! que j'allais vous demander ; car je vous connais, et j'appris à me fier à votre parole, et je suis bien sûr que votre premier soin, à votre retour ici, a été de remplir votre engagement et de déclarer généreusement au roi, au roi lui seul, que j'avais été pour quelque chose dans la résistance de Saint-Quentin. Vous avez même dû, je le crois, exagérer à Sa Majesté mes quelques services. Oui, monsieur, cela je le savais d'avance. Mais ce que j'ignore et ce qu'il m'importe de savoir pourtant, c'est ce que Henri II a répondu à vos bonnes paroles.

— Hélas ! Gabriel, dit l'amiral, Henri II n'a répondu qu'en m'interrogeant sur ce que vous étiez devenu. J'étais assez embarrassé de le lui dire. La lettre que vous aviez laissée pour moi en quittant Calais n'était guère explicite et me rappelait seulement ma promesse. J'ai répondu au roi qu'à coup sûr vous n'aviez pas succombé, mais que, selon toutes les probabilités, vous aviez été prisonnier, et que, par délicatesse, vous n'aviez pas voulu m'en instruire.

— Et le roi alors ?... demanda Gabriel.

— Le roi, mon ami, a dit : — C'est bien ! Et un sourire de satisfaction a effleuré ses lèvres. Puis, comme j'insistais sur le mérite de vos faits d'armes et sur les obligations que vous avaient le roi et la France.—En voilà assez là-dessus, a repris Henri II, et, changeant impérieusement le sujet de la conversation, il m'a contraint à parler d'autre chose.

— Oui, c'est bien ce que je présumais ! dit Gabriel avec ironie.

— Ami, du courage ! reprit l'amiral. Vous vous rappelez que, dès Saint-Quentin, je vous avais prévenu qu'il ne fallait pas trop compter sur la reconnaissance des grands de ce monde.

— Oh ! mais, dit Gabriel d'un air menaçant, le roi a bien pu vouloir oublier, alors qu'il m'espérait captif ou mort. Mais quand je viendrai tantôt lui rappeler mes droits en face, il faudra bien qu'il se souvienne !

— Et s'il persiste à manquer de mémoire ? demanda monsieur de Coligny.

— Monsieur l'amiral, dit Gabriel, quand on a subi quelque offense, on s'adresse au roi, qui vous fait justice. Quand le roi lui-même est l'offenseur, on n'a plus besoin de s'adresser qu'à Dieu, qui vous venge.

— D'ailleurs, reprit l'amiral, j'imagine que, s'il le fallait, vous vous feriez volontiers l'instrument de la vengeance divine ?

— Vous l'avez dit, monsieur.

— Eh bien ! reprit Coligny, c'est peut-être ici le lieu et le moment de vous rappeler une conversation que nous eûmes ensemble sur la religion des opprimés, et où je vous parlai d'un moyen sûr de punir les rois, tout en servant la vérité.

— Oh ! j'ai cet entretien présent à la pensée, dit Gabriel ; la mémoire ne me fait pas défaut, à moi ! J'aurai peut-être recours à votre moyen, monsieur, sinon contre Henri II lui-même, du moins contre ses successeurs, puisque ce moyen est bon contre tous les rois.

— Cela étant, reprit l'amiral, pouvez-vous en ce moment me donner une heure ?

— Le roi ne reçoit qu'à midi. Mon temps vous appartient jusque-là.

— Venez donc avec moi là où je vais, dit l'amiral. Vous êtes gentilhomme, et j'ai vu votre caractère à l'épreuve, je ne vous demande donc pas de serment. Promettez-moi simplement de garder un secret inviolable sur les personnes que vous allez voir et les choses que vous allez entendre.

— Je vous promets un silence absolu, dit Gabriel.

— Suivez-moi donc, reprit l'amiral, et, si vous essuyez au Louvre quelque injustice, vous aurez du moins d'avance entre les mains votre revanche. Suivez-moi.

Coligny et Gabriel traversèrent le Pont-au-Change et la Cité, et s'engagèrent ensemble dans les ruelles tortueuses qui avoisinaient alors la rue Saint-Jacques.

XLVI.

UN PHILOSOPHE ET UN SOLDAT.

Coligny s'arrêta, au commencement de la rue Saint-Jacques, devant la porte basse d'une maison de pauvre apparence. Il frappa, un guichet s'ouvrit d'abord, puis la porte, quand un gardien invisible eut reconnu l'amiral.

Gabriel, à la suite de son noble guide, traversa une longue allée noire, et gravit les trois étages d'un escalier vermoulu. Lorsqu'ils furent arrivés presque au grenier, à la porte de la chambre la plus haute et la plus misérable de la maison, Coligny frappa trois coups contre cette porte, non avec la main, mais avec le pied.

On ouvrit, et ils entrèrent.

Ils entrèrent dans une cahmbre assez grande, mais triste et nue. Deux étroites fenêtres, l'une sur la rue Saint-Jacques, l'autre sur une arrière-cour, ne l'éclairaient que d'une lueur sombre. Pour tous meubles, il n'y avait que quatre escabeaux et une table de chêne aux pieds tors.

A l'entrée de l'amiral, deux hommes qui paraissaient l'attendre vinrent à sa rencontre. Un troisième resta discrètement à l'écart, debout devant la croisée de la rue, et fit seulement de loin un profond salut à Coligny.

— Théodore, et vous, capitaine, dit l'amiral aux deux hommes qui l'avaient reçu, je vous amène et vous présente un ami, ami sinon dans le passé ou le présent, du moins, je le crois, dans l'avenir.

Les deux inconnus s'inclinèrent en silence devant le vicomte d'Exmès. Puis, le plus jeune, celui qui se nommait Théodore, se mit à parler à voix basse à Coligny avec vivacité.

Gabriel s'éloigna un peu pour les laisser plus libres, et put alors examiner à son aise ceux à qui l'amiral venait de le présenter et dont il ignorait encore les noms.

Le capitaine avait les traits accentués de l'allure décidée d'un homme de résolution et d'action. Il était grand, brun et nerveux. On n'avait pas besoin d'être un observateur pour lire l'audace sur son front, l'ardeur dans ses yeux, l'énergique volonté aux plis de ses lèvres serrées.

Le compagnon de cet aventurier hautain ressemblait plutôt à un courtisan : c'était un gracieux cavalier, à la figure ronde et gaie, au regard fin, aux gestes élégans et faciles. Son costume, conforme aux lois de la mode la plus récente, contrastait singulièrement avec le vêtement, simple jusqu'à l'austérité, du capitaine.

Pour le troisième personnage, qui était resté debout et séparé du groupe des autres, malgré son attitude réservée sa puissante physionomie attirait d'abord l'attention ; l'ampleur de son front, la netteté et la profondeur de son coup-d'œil indiquaient assez aux moins clairvoyans l'homme de pensée, et, disons-le tout de suite, l'homme de génie.

Cependant Coligny, après avoir échangé quelques paroles avec son ami, se rapprocha de Gabriel.

— Je vous demande pardon, lui dit-il, mais je ne suis pas le seul maître ici, et j'ai dû consulter mes frères avant de vous révéler où vous êtes, et en compagnie de qui vous êtes.

— Et maintenant puis-je le savoir ? demanda Gabriel.

— Vous le pouvez, ami.

— Où suis-je donc ?

— Dans la pauvre chambre où le fils du tonnelier de Noyon, où Jean Calvin, a tenu les premières réunions secrètes des réformés, et d'où il a failli sortir pour marcher au bûcher de l'Estrapade. Mais il est aujourd'hui triomphant et tout-puissant à Genève ; les rois de ce monde comptent avec lui, et son seul souvenir suffit à faire resplendir les murs humides de ce taudis plus que les arabesques d'or du Louvre.

Gabriel en effet, à ce nom déjà grand de Calvin, se découvrit. Bien que l'impétueux jeune homme ne se fût guère occupé jusque-là de questions de religion ou de morale, cependant il n'eût pas été de son siècle si la vie austère et laborieuse, le caractère sublime et terrible, les doctrines hardies et absolues du législateur de la réforme, n'eussent préoccupé plus d'une fois son esprit.

Il reprit toutefois avec assez de calme :

— Et quels sont ceux qui m'entourent dans la chambre vénérée du maître ?

— Ses disciples, répondit l'amiral : Théodore de Bèze, sa plume ; La Renaudie, son épée.

Gabriel salua l'élégant écrivain qui devait être l'historien des églises réformées, et l'aventureux capitaine qui devait être le fauteur du Tumulte d'Amboise.

Théodore de Bèze rendit à Gabriel son salut avec la grâce courtoise qui lui était habituelle, et, prenant à son tour la parole :

— Monsieur le vicomte d'Exmès, lui dit-il en souriant, bien que vous ayez été introduit ici avec quelques précautions, ne nous regardez pas, je vous prie, comme de trop dangereux et ténébreux conspirateurs. Je me hâte de vous déclarer que, si les principaux de la religion se réunissent en secret dans cette maison trois fois par semaine, c'est uniquement pour se communiquer les nouvelles de la réforme, et pour recevoir soit les néophytes qui, partageant nos principes, demandent à partager nos périls, soit ceux que, pour leur mérite personnel, nous serions jaloux de gagner à notre cause. Nous remercions l'amiral de vous avoir conduit ici, monsieur le vicomte; car vous êtes certes de ces derniers.

— Et moi, messieurs, je suis des autres, dit en s'avançant d'un air simple et modeste l'inconnu qui était resté jusque-là à l'écart. Je suis un de ces humbles songeurs que la lumière de vos idées attire dans leur ombre, et qui voudrait s'en rapprocher.

— Mais vous ne tarderez pas, Ambroise, à compter entre les plus illustres de nos frères, dit alors La Renaudie. Oui, messieurs, continua-t-il en s'adressant à Coligny et à de Bèze, celui que je vous présente, un praticien encore obscur, c'est vrai, encore jeune, comme vous le voyez, sera pourtant, j'en réponds, une des gloires de la religion, car il travaille et pense beaucoup; et, puisqu'il vient de lui-même à nous, il faut nous réjouir, car nous citerons bientôt avec orgueil parmi les nôtres le chirurgien Ambroise Paré.

— Oh! monsieur le capitaine! se récria Ambroise.

— Par qui maître Ambroise Paré a-t-il été instruit? demanda Théodore de Bèze.

— Par le ministre Chaudieu, qui m'a fait connaître monsieur de La Renaudie, répondit Ambroise.

— Et avez-vous abjuré déjà solennellement?

— Pas encore, répondit le chirurgien. Je veux être sincère et ne m'engager qu'en connaissance de cause. Or, je conserve quelques doutes, je l'avoue; et, pour que je me donne sans retour et sans réserve, certains points me sont trop obscurs encore. C'est pour les éclaircir que j'ai souhaité connaître les chefs des réformés, et que j'irais, s'il le fallait, à Calvin lui-même; car la vérité et la liberté sont mes passions.

— Bien dit! s'écria l'amiral, et, soyez tranquille, maître, nul de nous n'aurait garde de vouloir porter atteinte à votre rare et fière indépendance d'esprit.

— Que vous disais-je? reprit La Renaudie triomphant. Ne sera-ce pas là pour notre foi une précieuse conquête?... J'ai vu Ambroise Paré dans sa *librairie*, je l'ai vu au chevet des malades, je l'ai vu même sur les champs de bataille, et partout, devant les erreurs et les préjugés comme devant les blessures et les maladies des hommes, il est ainsi, calme, froid, supérieur, maître des autres et de lui-même.

Gabriel reprit ici, tout ému de ce qu'il voyait et de ce qu'il entendait :

— Qu'on me permette de dire un mot : je sais maintenant où je suis, et je devine pour quels motifs mon généreux ami, monsieur de Coligny, m'a amené dans cette maison, où se réunissent ceux que le roi Henri II appelle des hérétiques, et considère comme ses mortels ennemis. Mais j'ai certainement plus besoin d'être instruit que maître Ambroise Paré. Comme lui, j'ai beaucoup agi peut-être, mais je n'ai guère réfléchi, hélas! et il rendrait service à un nouveau venu dans toutes ces idées nouvelles, s'il voulait lui apprendre quelles raisons ou quels intérêts ont acquis au parti de la réforme sa noble intelligence.

— Ce ne sont pas des intérêts, répondit Ambroise Paré ; car, pour réussir dans mon état de chirurgien, mon intérêt serait de m'attacher aux croyances de la cour et des princes. Ce ne sont pas des intérêts, monsieur le vicomte, mais ce sont, comme vous le disiez, des raisons; et, si les éminens personnages devant qui j'élève la voix m'y autorisent, je vous ferai comprendre ces raisons en deux mots.

— Parlez! parlez! dirent à la fois Coligny, La Renaudie et Théodore de Bèze.

— J'abrégerai, reprit Ambroise, mon temps ne m'appartient pas. Sachez d'abord que j'ai voulu dégager l'idée de la réforme de toutes les théories et de toutes les formules. Ces broussailles une fois écartées, voici les principes qui me sont apparus et pour lesquels je me soumettrais assurément à toutes les persécutions...

Gabriel écoutait avec une admiration qu'il ne cherchait pas à cacher, ce confesseur désintéressé de la vérité.

Ambroise Paré poursuivit :

— Les pouvoirs religieux et politiques, l'église et la royauté ont jusqu'ici substitué leur règle et leur loi à la volonté et à la raison de l'individu. Le prêtre dit à chaque homme : crois ceci, et le prince : fais ceci. Or, les choses ont pu durer de cette façon tant que les esprits étaient enfans encore et avaient besoin de s'appuyer sur cette discipline pour marcher dans la vie. Mais, à cette heure, nous nous sentons forts : donc nous le sommes. Et cependant, le prince et le prêtre, l'église et le roi, ne veulent pas se départir de l'autorité qui est devenue pour eux une habitude. C'est contre cet anachronisme d'iniquité que *proteste*, selon moi, la réforme. Que toute âme dorénavant puisse examiner sa croyance et raisonner sa soumission, c'est là, ce me semble, que doit tendre la rénovation à laquelle nous consacrons nos efforts. Est-ce que je me trompe, messieurs?

— Non, mais vous allez bien loin et bien avant, dit Théodore de Bèze, et cette audace de mêler aux questions morales les choses politiques...

— Ah! c'est justement cette audace-là qui me plaît à moi! interrompit Gabriel.

— Eh! ce n'est pas de l'audace, mais de la logique! reprit Ambroise Paré. Pourquoi ce qui est équitable dans l'Église ne le serait-il pas dans l'État? Ce que vous admettez pour la pensée, comment le repousseriez-vous pour l'action?

— Il y a bien des révoltes dans les paroles hardies que vous avez prononcées, maître, s'écria Coligny pensif.

— Des révoltes? reprit tranquillement Ambroise. Oh! moi, je dis tout de suite des révolutions.

Les trois réformés s'entre-regardèrent avec surprise.

Cet homme est plus fort encore que nous ne le supposions, semblait signifier ce regard.

Pour Gabriel, il n'oubliait pas l'éternelle pensée de sa vie, mais il y rapportait ce qu'il venait d'entendre, et il songeait.

Théodore de Bèze dit vivement à l'audacieux chirurgien :

— Il faut absolument que vous soyez des nôtres. Que demandez-vous?

— Rien que la faveur de vous entretenir quelquefois, et de soumettre à vos lumières les quelques difficultés qui m'arrêtent encore.

— Vous aurez plus, dit Théodore de Bèze, vous correspondrez directement avec Calvin.

— Un tel honneur à moi? s'écria Ambroise Paré rougissant de joie.

— Oui, il faut que vous le connaissiez et qu'il vous connaisse, repartit l'amiral. Un disciple comme vous réclame un maître comme lui. Vous remettrez vos lettres à notre ami La Renaudie, et nous nous chargerons de les faire parvenir à Genève. C'est nous aussi qui vous rendrons les réponses. Elles ne se feront pas attendre. Vous avez entendu parler de la prodigieuse activité de Calvin ; vous serez content.

— Ah! dit Ambroise Paré, vous me récompensez avant que j'aie rien fait. Comment donc ai-je mérité tant de faveur?

— En étant ce que vous êtes, ami, dit La Renaudie. Je savais bien que vous les séduiriez du premier coup.

— Oh! merci, merci mille fois! reprit Ambroise. Mais, continua-t-il, il faut malheureusement que je vous quitte. Il y a tant de souffrances qui m'attendent!

— Allez! allez! dit Théodore de Bèze, vos motifs sont trop sacrés pour que nous voulions vous retenir. Allez s faites le bien comme vous pensez le vrai.

— Mais en nous quittant, reprit Coligny, répétez-vous bien que vous quittez des amis, et, comme nous le disons, de ceux de notre religion, des frères.

Ils prirent ainsi cordialement congé de lui, et Gabriel,

en lui serrant la main avec chaleur, s'unit à ce témoignage d'amitié.

Ambroise Paré sortit, la joie et la fierté au cœur.

— Une âme vraiment d'élite ! s'écria Théodore de Bèze.

— Quelle haine du lieu commun ! reprit La Renaudie.

— Et quel dévoûment sans calcul et sans arrière-pensée à la cause de l'humanité ? dit Coligny.

— Hélas ! reprit Gabriel, comme à côté de cette abnégation mon égoïsme doit vous paraître mesquin, monsieur l'amiral ! Je ne subordonne pas, moi, comme Ambroise Paré, les faits et les personnes aux idées et aux principes, mais, au contraire, les principes et les idées aux personnes et aux faits. La Réforme, vous ne le savez que trop, ne serait pas pour moi un but, mais un moyen. Dans votre grand combat désintéressé, je combattrais pour mon propre compte. Je le sens, mes motifs sont trop personnels pour que j'ose défendre une cause si pure, et vous ferez très bien de me repousser dès à présent de vos rangs comme indigne.

— Vous nous calomniez certainement monsieur d'Exmès, dit Théodore de Bèze. Lors même que vous obéiriez à des vues moins élevées que celles d'Ambroise Paré, les voies de Dieu sont diverses, et l'on ne trouve pas la vérité dans un seul chemin.

— Oui, dit La Renaudie, nous obtenons bien rarement des professions de foi comme celle que vous venez d'entendre, quand nous adressons à ceux que nous voudrions enrôler dans notre parti cette question : Que demandez-vous ?

— Eh bien ! reprit Gabriel avec un sourire triste, Ambroise Paré, à cette question, a répondu : Je demande si réellement la justice et le bon droit sont de votre côté. Savez-vous ce que, moi, je demanderais ?

— Non, répondit Théodore de Bèze ; mais, sur tous les points, nous serions prêts à vous satisfaire.

— Je demanderais, reprit Gabriel : Êtes-vous sûrs qu'il y ait de votre côté suffisamment de puissance matérielle et de nombre, sinon pour vaincre, au moins pour lutter ?

De nouveau les trois réformés s'entreregardèrent avec surprise. Mais cette surprise n'avait plus la même signification que la première fois.

Gabriel les observait dans un mélancolique silence.

Théodore de Bèze, une pause, reprit :

— Quel que soit, monsieur d'Exmès, le sentiment qui vous dicte cette interrogation, je vous ai promis d'avance de vous répondre sur tous les points, et je tiens ma promesse. Nous n'avons pas seulement pour nous la raison, mais aussi désormais la force, grâce à Dieu ! Les progrès de la religion sont rapides et incontestables. Depuis trois ans une église réformée s'est établie à Paris, et les grandes villes du royaume, Blois, Tours, Poitiers, Marseille, Rouen, ont maintenant les leurs. Vous pourriez voir vous-même, monsieur d'Exmès, le prodigieux concours qu'attirent nos promenades au Pré-aux-Clercs. Le peuple, la noblesse et la cour abandonnent les fêtes pour venir chanter avec nous les psaumes français de Clément Marot. Nous comptons, l'an prochain, constater notre nombre par une procession publique, mais, dès à présent, j'affirmerais que nous avons pour nous le cinquième de la population. Nous pouvons donc nous intituler sans présomption un parti, et inspirer, je crois, à nos amis quelque confiance, à nos ennemis quelque terreur.

— Cela étant, dit froidement Gabriel, je pourrai bien, moi, être avant peu au nombre des premiers, et vous aider à combattre les seconds.

— Mais si nous avions été plus faibles ?... demanda La Renaudie.

— J'aurais cherché d'autres alliés, je l'avoue, répondit Gabriel avec sa fermeté tranquille.

La Renaudie et Théodore de Bèze laissèrent échapper un geste d'étonnement.

— Ah ! s'écria Coligny, ne le jugez pas, amis, avec trop de promptitude et de sévérité. Je l'ai vu à l'œuvre au siège de Saint-Quentin, et, quand on risque sa vie comme il la risquait, on n'a point une âme vulgaire. Mais je sais qu'il lui faut accomplir un devoir secret et terrible, qui ne laisse libre aucune part de son dévoûment.

— Et, à défaut de ce dévoûment, je voudrais vous apporter du moins la sincérité, dit Gabriel. Si les événemens me déterminent à être des vôtres, monsieur l'amiral peut vous attester que je vous offrirai un bras et un cœur solides. Mais la vérité est que je ne puis pas me donner tout entier et sans calcul ; car j'appartiens à une œuvre nécessaire et redoutable que le courroux de Dieu et la méchanceté des hommes m'ont imposée, et, tant que cette œuvre ne sera pas achevée, il faut me pardonner, je ne suis pas le maître de mon sort. La destinée d'un autre réclame, à toute heure, en tout lieu, la mienne.

— On peut se dévouer à un homme aussi bien qu'à une idée, dit Théodore de Bèze.

— Et, dans ce cas, reprit Coligny, nous serons heureux, ami, de vous servir, comme nous serons fiers de nous servir de vous.

— Nos vœux vous accompagneront, et nos volontés vous aideront au besoin, continua La Renaudie.

— Ah ! vous êtes des héros et des saints ! s'écria Gabriel.

— Seulement, prends-y garde, jeune homme, reprit l'austère La Renaudie dans son langage familier et grand ; prends-y garde, quand une fois nous t'appellerons notre frère, il faudra rester digne de nous. Nous pouvons admettre dans nos rangs un dévoûment particulier ; mais le cœur se trompe quelquefois lui-même. Es-tu bien sûr, jeune homme, que, lorsque tu te crois uniquement consacré à la pensée d'un autre, aucune pensée personnelle ne se mêle à tes actions ? Dans le but que tu poursuis, es-tu absolument et réellement désintéressé ? n'es tu conseillé enfin par aucune passion, cette passion fût-elle la plus généreuse du monde ?

— Oui, reprit Théodore de Bèze, nous ne vous demandons pas vos secrets ; mais descendez dans votre cœur, dites-nous que, si vous aviez le droit de nous en révéler tous les sentimens et tous les projets, vous n'éprouveriez d'embarras à aucun moment, et nous vous croirons sur parole.

— S'ils vous parlent ainsi, ami, dit à son tour l'amiral à Gabriel, c'est qu'il faut en effet pour défendre les causes pures des mains pures ; sinon, l'on porterait malheur et à sa cause et à soi-même.

Gabriel écoutait et regardait l'un après l'autre ces trois hommes, sévères pour autrui comme pour eux-mêmes, qui, debout autour de lui, pénétrans et graves, l'interrogeaient à la fois comme des amis et comme des juges.

Gabriel, à leurs paroles, pâlissait et rougissait tour à tour.

Lui-même il interrogeait sa conscience. Homme tout d'extérieur et de mouvement, il s'était trop peu accoutumé sans doute à réfléchir et à se reconnaître. En ce moment, il se demandait avec terreur si dans sa piété filiale son amour pour madame de Castro n'avait pas une bien grande part ; s'il ne tenait pas autant à apprendre le secret de la naissance de Diane qu'à délivrer le vieux comte ; si enfin, en cette question de vie et de mort, il apportait autant de désintéressement qu'il en fallait, selon Coligny, pour mériter la faveur de Dieu.

Doute effrayant ! si, par quelque arrière-pensée d'égoïsme, il compromettait vraiment devant le Seigneur le salut de son père !

Il frémissait dans sa pensée inquiète. Une circonstance, en apparence insignifiante, le rappela à sa nature, à l'action.

Onze heures sonnèrent à l'église Saint-Séverin.

Dans une heure, il serait en présence du roi !

Alors, d'une voix assez ferme, Gabriel dit aux réformés :

— Vous êtes des hommes de l'âge d'or, et ceux qui se croyaient le plus irréprochables, quand ils se comparent à votre idéal, se sentent troublés et attristés dans leur estime d'eux-mêmes. Cependant il est impossible que tous ceux de votre parti soient semblables à vous. Que vous, qui êtes la tête et le cœur de la Réforme, vous surveilliez sévèrement vos intentions et vos actes, cela est utile et nécessaire ; mais, si je me donne, moi, à votre cause, ce ne sera pas comme chef, ce sera seulement comme soldat. Or, les souillures de l'âme sont seules indélébiles ; celles de la main peuvent se laver. Je serai votre main, voilà tout. Cette main courageuse et hardie, j'ose le dire, auriez-vous le droit de la refuser ?

— Non, dit Coligny, et nous l'acceptons dès cette heure, ami.

— Et je répondrais, continua Théodore de Bèze, qu'elle se posera aussi pure que vaillante sur la garde de son épée.

— Nous en voudrions pour tout garant, reprit La Renaudie, l'hésitation même qu'ont pu faire naître dans votre cœur scrupuleux nos paroles peut-être trop rudes et trop exigeantes. Nous savons juger les hommes.

— Merci, messieurs, dit Gabriel. Merci de ne pas vouloir altérer la confiance dont j'ai tant besoin dans la dure tâche que je vais remplir. Merci à vous surtout, monsieur l'amiral, qui, selon votre promesse, m'avez fourni d'avance les moyens de faire payer un manque de foi, même à un roi couronné. Il faut maintenant que je vous quitte, messieurs, et je ne vous dis pas adieu, mais au revoir. Bien que je sois de ceux qui obéissent plutôt aux événemens qu'aux abstractions, je crois pourtant que ce que vous avez semé aujourd'hui en moi germera plus tard.

— Nous le souhaitons pour nous, dit Théodore de Bèze.

— Il ne faudrait pas le souhaiter pour moi, reprit Gabriel ; car, je vous l'ai avoué, ce sera le malheur qui me donnera à votre cause. Adieu encore une fois, messieurs, je dois me rendre à cette heure au Louvre.

— Et je vous y accompagne, dit Coligny. J'ai à répéter à Henri II, devant vous, ce que je lui ai déclaré déjà, en votre absence. La mémoire des rois est courte, et il ne faut pas que celui-ci puisse oublier ou nier. Je vais avec vous.

— Je n'aurais pas osé vous demander ce service, monsieur l'amiral, dit Gabriel. Mais j'accepte votre offre avec reconnaissance.

— Partons donc, dit Coligny.

Quand ils eurent quitté la chambre de Calvin, Théodore de Bèze prit ses tablettes et y inscrivit deux noms :

Ambroise Paré,
Gabriel, vicomte d'Exmès.

— Mais, lui dit La Renaudie, il me semble que vous vous hâtez un peu trop en inscrivant ces deux hommes parmi les nôtres. Ils ne se sont nullement engagés.

— Ces deux hommes sont à nous, répondit de Bèze. L'un cherche la vérité, et l'autre fuit l'injustice. Je vous dis qu'ils sont à nous, et je l'écrirai à Calvin.

— La matinée aura été bonne pour la religion alors, reprit La Renaudie.

— Certes! dit Théodore, nous y aurons conquis un profond philosophe et un valeureux soldat, une tête puissante et un bras fort, un gagneur de batailles et un semeur d'idées. Vous avez raison, La Renaudie : la matinée est bonne, en effet.

XLVII.

OU LA GRACE DE MARIE STUART PASSE DANS CE ROMAN AUSSI FUGITIVEMENT QUE DANS L'HISTOIRE DE FRANCE.

Gabriel, en arrivant avec Coligny aux portes du Louvre, fut atterré du premier mot qu'il entendit.

Le roi ne recevait pas ce jour-là.

L'amiral, tout amiral et neveu de Montmorency qu'il était, se trouvait trop fortement entaché du soupçon d'hérésie pour avoir à la cour beaucoup de crédit. Quant au capitaine des gardes, Gabriel d'Exmès, les huissiers du logis royal avaient eu le temps d'oublier sa figure et son nom. Les deux amis eurent de la peine rien qu'à franchir les portes extérieures.

Ce fut bien pis au dedans. Ils perdirent plus d'une heure en pourparlers, séductions, menaces même. A mesure qu'ils avaient réussi à faire lever une hallebarde, un autre venait leur barrer le chemin. Tous ces dragons, plus ou moins invincibles, qui gardent les rois, semblaient se multiplier devant eux.

Mais lorsqu'ils furent arrivés, à force d'instances, dans la grande galerie qui précédait le cabinet de Henri II, il leur fut impossible de passer outre. La consigne était trop sévère. Le roi, enfermé avec le connétable et madame de Poitiers, avait donné les ordres les plus stricts pour qu'on ne le dérangeât sous aucun prétexte.

Il fallait que Gabriel, pour avoir audience, attendît jusqu'au soir.

Attendre, attendre encore, quand on croit enfin toucher au but poursuivi par tant de luttes et de douleurs! Ces quelques heures à traverser paraissaient à Gabriel plus redoutables et plus mortelles que tous les dangers qu'il avait jusque-là bravés et vaincus.

Sans entendre les bonnes paroles par lesquelles l'amiral essayait de le consoler et de lui faire prendre patience, il regardait tristement par la fenêtre la pluie qui commençait à tomber d'un ciel assombri, et, saisi de colère et d'angoisse, il tourmentait fiévreusement la poignée de son épée.

Comment renverser et dépasser ces gardes stupides qui l'empêchaient de parvenir jusqu'à la chambre du roi, et peut-être jusqu'à la liberté de son père?...

Tout à coup la portière de l'antichambre royale se souleva, et une forme blanche et rayonnante sembla au morne jeune homme illuminer l'atmosphère grise et pluvieuse.

La petite reine-dauphine, Marie Stuart, traversa la galerie.

Gabriel, comme d'instinct, jeta un cri et étendit les bras vers elle.

— Oh ! madame ! fit-il sans se rendre même compte de son mouvement.

Marie-Stuart se retourna, reconnut l'amiral et Gabriel, et vint tout de suite à eux, souriante comme toujours.

— Vous enfin de retour, monsieur le vicomte d'Exmès! dit-elle. Je suis heureuse de vous revoir ; j'ai beaucoup entendu parler de vous dans ces derniers temps. Mais que faites-vous au Louvre à cette heure matinale, et que voulez-vous?

— Parler au roi ! parler au roi, madame! répondit Gabriel d'une voix étranglée.

— Monsieur d'Exmès, dit alors l'amiral, a en effet bien besoin de parler sur-le-champ à Sa Majesté. La chose est grave pour lui et pour lui-même, et tous ces gardes lui interdisent le passage, en le remettant à ce soir.

— Comme si je pouvais attendre à ce soir ! s'écria Gabriel.

— C'est que, dit Marie Stuart, je crois que Sa Majesté achève en ce moment de donner des ordres importans. Monsieur le connétable de Montmorency est encore avec le roi, et, vraiment, je crains...

Un regard suppliant de Gabriel empêcha Marie d'achever sa phrase.

— Allons, voyons, tant pis! je me risque, dit-elle.

Elle fit un signe de sa main mignonne. Les gardes s'écartèrent respectueusement. Gabriel et l'amiral purent passer.

— Oh ! merci, madame, dit l'ardent jeune homme. Merci à vous qui, pareille en tout à un ange, m'apparaissez toujours pour me consoler ou pour m'aider dans mes douleurs.

— Voilà le chemin libre, reprit en souriant Marie Stuart. Si Sa Majesté se met trop en colère, ne trahissez l'intervention de l'ange qu'à la dernière extrémité, je vous en prie.

Elle fit à Gabriel et à son compagnon un salut gracieux et disparut.

Gabriel était déjà à la porte du cabinet du roi. Il y avait

dans la dernière antichambre, un dernier huissier qui faisait encore mine de s'opposer à leur passage. Mais, au même instant, la porte s'ouvrait, et Henri II paraissait en personne sur le seuil, achevant de donner quelques instructions au connétable.

La vertu du roi n'était pas la résolution. À la vue subite du vicomte d'Exmès, il recula, et ne sut pas même s'irriter.

La vertu de Gabriel était la fermeté. Il s'inclina d'abord profondément devant le roi.

— Sire, dit-il, daignez agréer l'expression de mon respectueux hommage...

Puis, se tournant vers monsieur de Coligny, qui s'avançait derrière lui, et auquel il voulut éviter l'embarras des premières paroles :

— Venez, monsieur l'amiral, lui dit-il, et, d'après la bienveillante promesse que vous m'avez faite, veuillez rappeler à Sa Majesté la part que j'ai pu prendre à la défense de Saint-Quentin.

— Qu'est-ce à dire, monsieur ? s'écria Henri qui commençait à recouvrer son sang-froid. Comment vous introduisez-vous ainsi jusqu'à nous, sans être autorisé, sans être annoncé ? Comment osez-vous interpeller monsieur l'amiral en notre présence ?...

Gabriel, audacieux dans ces occasions décisives comme devant l'ennemi, et comprenant bien que ce n'était pas le moment de s'intimider, reprit d'un ton respectueux, mais résolu :

— J'ai pensé, Sire, que Votre Majesté était toujours prête quand il s'agissait de rendre justice, fût-ce au dernier de ses sujets.

Il avait profité du mouvement en arrière du roi pour entrer hardiment dans le cabinet, où Diane de Poitiers, pâlissante et à demi-soulevée sur son fauteuil de chêne sculpté, regardait faire cet être le téméraire, sans pouvoir, dans sa fureur et sa surprise, trouver une seule parole.

Coligny était entré à la suite de son impétueux ami, et Montmorency, aussi stupéfait qu'eux tous, avait pris le parti de l'imiter.

Il y eut un moment de silence. Henri II, tourné vers sa maîtresse, l'interrogeait du regard. Mais, avant qu'il eût pris ou qu'elle lui eût dicté une résolution, Gabriel, qui savait bien qu'en cette minute il jouait une partie suprême, dit de nouveau à Coligny avec un accent suppliant et digne à la fois :

— Je vous adjure de parler, monsieur l'amiral.

Montmorency fit rapidement à son neveu un signe négatif ; mais le brave Gaspard n'en tint compte.

— Je parlerai en effet, dit-il, car c'est mon devoir et ma promesse.

— Sire, reprit-il en s'adressant au roi, je vous répète sommairement en présence de monsieur le vicomte d'Exmès ce que j'ai cru déjà devoir vous dire en détail avant son retour. C'est à lui, à lui seul que nous devons d'avoir prolongé la défense de Saint-Quentin au-delà du terme fixé par Votre Majesté elle-même.

Le connétable fit ici un haut-le-corps significatif. Mais Coligny, le regardant fixement, n'en reprit pas moins avec calme :

— Oui, Sire, trois fois et plus, monsieur d'Exmès a sauvé la ville, et, sans son courage, sans son énergie, la France, à l'heure qu'il est, ne serait pas sans doute dans la voie de salut où l'on peut désormais espérer qu'elle se maintiendra.

— Allons donc ! vous êtes trop modeste ou trop complaisant, notre neveu ! s'écria monsieur de Montmorency, hors d'état de contenir plus longtemps l'expression de son impatience.

— Non, monsieur, dit Coligny, je suis juste et véridique, voilà tout. J'ai contribué pour ma part et de toutes mes forces à la défense de la cité qui m'était confiée. Mais le vicomte d'Exmès a ranimé le courage des habitants que, moi, je considérais déjà comme à jamais éteint ; le vicomte d'Exmès a su introduire dans la place un se-

cours que je ne savais pas, moi, si voisin de nous ; le vicomte d'Exmès a déjoué enfin une surprise de l'ennemi que, moi, je n'avais pas prévue. Je ne parle pas de la façon dont il se comportait dans les mêlées : nous faisions tous de notre mieux. Mais ce qu'il a fait seul, je le proclame hautement, dût la part immense de gloire qu'il s'est acquise en cette occasion diminuer d'autant, ou même rendre tout à fait illusoire la mienne.

Et, se tournant vers Gabriel, le brave amiral ajouta :

— Est-ce ainsi qu'il fallait parler, ami ! Ai-je rempli à votre gré mes engagements, et êtes-vous content de moi ?

— Oh ! je vous remercie et je vous bénis, monsieur l'amiral, pour tant de loyauté et de vertu, dit Gabriel ému en serrant les mains de Coligny. Je n'attendais pas moins de vous. Mais comptez sur moi, je vous prie, comme sur votre éternel obligé. Oui, de cette heure, votre créancier est devenu votre débiteur, et se souviendra de sa dette, je vous le jure.

Pendant ce temps, le roi, les sourcils froncés et les yeux baissés à terre, frappait impatiemment du pied le parquet et semblait profondément contrarié.

Le connétable s'était peu à peu rapproché de madame de Poitiers et échangeait avec elle quelques paroles à voix basse.

Ils parurent s'être arrêtés à une détermination, car Diane se mit à sourire ; ce sourire féminin et diabolique fit frémir Gabriel, qui en ce moment portait par hasard ses yeux du côté de la belle duchesse.

Cependant Gabriel trouva la force d'ajouter :

— Je ne vous retiens plus, maintenant, monsieur l'amiral ; vous avez fait pour moi plus que votre devoir, et, si Sa Majesté daigne à présent m'accorder, comme première récompense, la faveur d'une minute d'entretien particulier...

— Plus tard, monsieur, plus tard, je ne dis pas non, reprit vivement Henri II ; mais, pour l'instant, la chose est impossible.

— Impossible ! s'écria douloureusement Gabriel.

— Et pourquoi, impossible, sire ? interrompit paisiblement Diane, à la grande surprise et de Gabriel et du roi lui-même.

— Quoi ! madame, balbutia Henri, vous pensez ?...

— Je pense, sire, que ce qu'il y a de plus pressé pour un roi, c'est de rendre à chacun de ses sujets ce qui lui est dû. Or, votre dette envers monsieur le vicomte d'Exmès est des plus légitimes et des plus sacrés, ce me semble.

— Sans doute, sans doute, dit Henri, qui cherchait à lire dans les yeux de sa maîtresse ce qu'elle voulait...

— Entendre monsieur d'Exmès sur-le-champ, reprit Diane ; c'est bien, sire, c'est justice.

— Mais Sa Majesté sait, dit Gabriel de plus en plus stupéfait, que j'ai besoin de lui parler seul ?

— Monsieur de Montmorency se retirait comme vous entriez, monsieur, reprit madame de Poitiers. Quant à monsieur l'amiral, vous avez pris vous-même la peine de lui dire que vous ne le reteniez plus. Pour moi, qui ai été témoin de l'engagement contracté par le roi envers vous, et qui saurais même, s'il le fallait, en rappeler à Sa Majesté les termes précis, vous me permettrez de demeurer peut-être ?

— Assurément, madame, je vous le demande, murmura Gabriel.

— Nous prenons congé, mon neveu et moi, de Sa Majesté et de vous, madame, dit Montmorency.

Il fit à Diane, en s'inclinant devant elle, un signe d'encouragement dont elle ne paraissait pourtant pas avoir besoin.

De son côté, Coligny osa serrer la main de Gabriel ; puis il sortit sur les pas de son oncle.

Le roi et la favorite restèrent seuls avec Gabriel, tout épouvanté de l'imprévue et mystérieuse protection que lui accordait la mère de Diane de Castro.

XLVIII.

L'AUTRE DIANE.

Malgré sa rude puissance sur lui-même, Gabriel ne put empêcher la pâleur de couvrir son visage et l'émotion de briser sa voix, quand, après une pause, il dit au roi :

— Sire, c'est en tremblant, et pourtant avec une confiance profonde en votre royale promesse, que j'ose, échappé d'hier seulement de la captivité, rappeler à Votre Majesté l'engagement solennel qu'elle a daigné prendre envers moi. Le comte de Montgommery vit encore, sire ! sans quoi, vous auriez arrêté depuis longtemps déjà mes paroles...

Il s'arrêta la poitrine oppressée. Le roi resta immobile et muet. Gabriel reprit :

— Eh bien ! sire, puisque le comte de Montgommery est vivant encore, et que, d'après l'attestation de monsieur l'amiral, j'ai prolongé au delà du terme fixé la résistance de Saint-Quentin, sire, j'ai dépassé ma promesse, tenez la vôtre ; sire, rendez-moi mon père !

— Monsieur !... dit Henri II hésitant.

— Il regardait Diane de Poitiers, dont le calme et l'assurance ne paraissaient pas se troubler.

Le pas était cependant difficile. Henri s'était habitué à regarder Gabriel comme mort ou prisonnier, et n'avait pas prévu la réponse à sa terrible demande.

Devant cette hésitation, Gabriel sentait l'angoisse lui serrer le cœur.

— Sire, reprit-il avec une sorte de désespoir, il est impossible que Votre Majesté ait oublié ! Votre Majesté certainement se rappelle ce solennel entretien ; elle se rappelle quel engagement j'ai pris au nom du prisonnier, mais quel engagement elle a pris aussi envers moi.

Le roi fut, malgré lui, saisi de la douleur et de l'effroi du noble jeune homme ; ses instincts généreux s'éveillèrent en lui.

— Je me souviens de tout, dit-il à Gabriel.

— Ah ! sire, merci ! s'écria Gabriel dont le regard brilla de joie.

Mais madame de Poitiers reprit en ce moment avec tranquillité :

— Sans doute, le roi se souvient de tout, monsieur d'Exmès ; mais c'est vous qui me paraissez avoir oublié.

La foudre tombant à ses pieds au milieu d'une belle journée de juin n'eût pas davantage épouvanté Gabriel.

— Comment ! murmura-t-il, qu'ai-je donc oublié, madame ?

— La moitié de votre tâche, monsieur, répondit Diane. Vous avez dit en effet à Sa Majesté, et si ce ne sont pas vos propres paroles, c'en est du moins le sens ; vous avez dit : Sire, pour racheter la liberté du comte de Montgommery, j'arrêterai l'ennemi dans sa marche triomphale vers le centre de la France.

— Eh bien ! ne l'ai-je pas fait, madame ? demanda Gabriel éperdu.

— Oui, répondit Diane. Mais vous avez ajouté : Et même, s'il le fallait, d'attaqué devenant agresseur, je m'emparerais d'une des places dont l'ennemi est le maître. Voilà ce que vous avez dit, monsieur. Or, vous n'avez fait, ce me semble, que la moitié de ce que vous avez dit. Que pouvez-vous répondre à cela ? Vous avez maintenu Saint-Quentin durant un certain nombre de jours, c'est fort bien, on ne le nie pas. Voilà la ville défendue, mais la ville prise, où est-elle ?

— Oh ! mon Dieu ! mon Dieu ! put seulement dire Gabriel anéanti.

— Vous voyez, reprit Diane avec le même sang-froid, que ma mémoire est encore meilleure et plus présente que la vôtre. Pourtant, j'espère que maintenant, à votre tour, vous vous souvenez ?

— Oui, c'est vrai, je me souviens maintenant ! s'écria amèrement Gabriel. Mais, en disant cela, je voulais dire seulement qu'au besoin je ferais l'impossible ; car prendre en ce moment une ville aux Espagnols ou aux Anglais, est-ce possible ? je vous le demande, sire ? Votre Majesté, en me laissant partir, a tacitement accepté la première de mes offres, sans me laisser croire qu'après cet effort héroïque, après cette longue captivité, j'aurais encore à exécuter la seconde. Sire ! c'est à vous, à vous que je m'adresse, une ville pour la liberté d'un homme, n'est-ce donc pas assez ? ne vous contenterez-vous pas d'une rançon pareille ? et faudra-t-il que, sur une parole en l'air échappée à mon exaltation, on m'impose à moi, pauvre Hercule humain, une autre tâche cent fois plus rude que la première, et même, cela se comprend, sire, irréalisable.

Le roi fit un mouvement pour parler ; mais la grande sénéchale se hâta de le prévenir.

— Est-il donc plus facile et plus réalisable, dit-elle, y a-t-il donc moins de dangers et de folie, malgré vos promesses, à rendre à la liberté un redoutable captif, un criminel de lèse-majesté ? Pour obtenir l'impossible, vous avez offert l'impossible, monsieur d'Exmès ; mais il n'est pas juste que vous exigiez l'accomplissement de la parole du roi, quand vous n'avez pas tenu jusqu'au bout la vôtre. Les devoirs d'un souverain ne sont pas moins graves que ceux d'un fils ; d'immenses et surhumains services rendus à l'État pourraient seuls excuser l'extrémité qui ferait imposer silence par Sa Majesté aux lois de l'État. Vous avez à sauver votre père, soit ; mais le roi a la France à garder.

Et, d'un regard expressif commentant ses paroles, Diane rappelait deux fois à Henri quels risques il y avait à laisser sortir de la tombe le vieux comte de Montgommery et son secret.

Aussi, lorsque Gabriel, tentant un dernier effort, s'écria en étendant les mains vers le roi :

— Sire, c'est à vous, c'est à votre équité, c'est à votre clémence même que j'en appelle ! Sire, plus tard, avec l'aide du temps et des circonstances, je m'engage encore à rendre à la patrie cette ville, ou à mourir à la tâche. Mais en attendant, sire, faites, de grâce, que je voie mon père !

Henri, conseillé par le regard fixe et par toute l'attitude de Diane, répondit en affermissant sa voix :

— Tenez votre promesse jusqu'au bout, monsieur, et je jure Dieu qu'alors, mais alors seulement, je remplirai la mienne. Ma parole ne vaut qu'autant que la vôtre.

— C'est votre dernier mot, sire, dit Gabriel.

— C'est mon dernier mot.

Gabriel courba un moment la tête, écrasé, vaincu et tout frémissant de cette terrible défaite.

En une minute il remua un monde de pensées.

Il se vengerait de ce roi ingrat et de cette femme perfide ; il se jetterait dans les rangs des réformés ! il remplirait la destinée des Montgommery ! il frapperait mortellement Henri, comme Henri avait frappé le vieux comte ! il ferait renvoyer Diane de Poitiers honteuse et sans honneurs ! Ce serait là désormais le but unique de sa volonté et de sa vie, et ce but, quelque éloigné et invraisemblable qu'il parût pour un simple gentilhomme, il saurait l'atteindre à la fin !

Mais quoi ! son père, pendant ce temps, serait mort vingt fois ! Le venger était bien, le sauver était mieux. Dans sa position, prendre une ville n'était pas plus difficile peut-être que de punir un roi. Seulement, ce but-là était saint et glorieux, et l'autre criminel et impie !

Avec l'un il perdait Diane de Castro à jamais ; avec l'autre, qui sait s'il ne la gagnerait pas !

Tous les événements qui s'étaient accomplis depuis la prise de Saint-Quentin passèrent devant les yeux de Gabriel comme un éclair.

En dix fois moins de temps que nous n'en mettons à écrire tout ceci, l'âme vaillante et toujours prête du jeune homme s'était relevée. Il avait arrêté une résolution, conçu un plan, entrevu une issue.

Le roi et sa maîtresse le virent avec étonnement, et

presque avec effroi, redresser son front pâle, mais calme.
— Soit ! dit-il seulement.
— Vous vous résignez ? reprit Henri.
— Je me décide, répondit Gabriel.
— Comment ? expliquez-vous ! dit le roi.
— Écoutez-moi, sire. L'entreprise par laquelle je tenterais de vous rendre une ville pour celle que les Espagnols vous ont occupée, vous paraîtrait désespérée, impossible, insensée, n'est-ce pas ? Soyez de bonne foi, sire, et vous aussi, madame, c'est ainsi qu'au fond vous la jugiez ?
— C'est vrai, répondit Henri.
— Je le crains, ajouta Diane.
— Selon toutes les probabilités, poursuivit Gabriel, cette tentative me coûterait la vie, sans produire d'autres résultats que de me faire passer pour un fou ridicule.
— Ce n'est pas moi qui vous l'ai proposée, dit le roi.
— Et il sera sage sans doute d'y renoncer, reprit Diane.
— Je vous ai dit pourtant que j'y étais déterminé, dit Gabriel.
Henri et Diane ne purent retenir un mouvement d'admiration.
— Oh ! prenez garde ! s'écria le roi.
— A quoi ? à ma vie ? reprit en riant tout haut Gabriel, il y a longtemps que j'en ai fait le sacrifice. Seulement, sire, pas de malentendu et de faux-fuyant cette fois. Les termes du marché que nous concluons ensemble devant Dieu sont clairs et nets à présent. Moi, Gabriel, vicomte d'Exmès, vicomte de Montgommery, je ferai de telle sorte que, par moi, une ville, actuellement au pouvoir des Espagnols ou des Anglais, tombera au vôtre. Cette ville ne sera pas une bicoque ou une bourgade, mais une place forte aussi importante que vous puissiez la souhaiter. Pas d'ambiguïté là-dedans, je pense !
— Non vraiment, dit le roi troublé.
— Mais aussi, reprit Gabriel, vous, de votre côté, Henri II, roi de France, vous vous engagez à ouvrir, à ma première réquisition, le cachot de mon père, et à me rendre le comte de Montgommery. Vous vous y engagez ? c'est dit ?
Le roi vit le sourire d'incrédulité de Diane et dit :
— Je m'y engage.
— Merci, Votre Majesté ! Mais ce n'est pas tout : vous pouvez bien accorder une garantie de plus à ce pauvre insensé qui se jette les yeux ouverts dans l'abîme. Il faut être indulgent pour ceux qui vont mourir. Je ne vous demande pas d'écrit signé qui puisse vous compromettre, vous me refuseriez sans doute. Mais voici là une Bible. Sire, posez dessus votre main royale et jurez ce serment : « En échange d'une ville de premier ordre que je devrai vous rendre par le vicomte d'Exmès la liberté de son père, et déclare d'avance, si je viole ce serment, ledit vicomte dégagé envers moi et les miens de toute fidélité ; dis que tout ce qu'il fera pour punir le parjure sera bien fait, et l'absous devant les hommes et devant Dieu, fût-ce d'un crime sur ma personne. » Jurez ce serment-là, sire.
— De quel droit me le demandez-vous ? reprit Henri.
— Je vous l'ai dit, sire, du droit de celui qui va mourir.
Le roi hésitait encore. Mais la duchesse, avec son dédaigneux sourire, lui faisait signe qu'il pouvait bien s'engager sans crainte.
En effet, elle pensait que, pour le coup, Gabriel avait tout à fait perdu la raison, et haussait les épaules de pitié.
— Allons ! je consens, dit Henri avec un entraînement fatal.
Et il répéta, la main sur l'Évangile, la formule de serment que lui dicta Gabriel.
— Au moins, dit le jeune homme quand le roi eut fini, cela suffirait pour m'épargner tout remords. Le témoin de notre nouveau marché, ce n'est plus seulement madame, c'est Dieu. Maintenant, je n'ai plus de temps à perdre. Adieu, sire. Dans deux mois d'ici je serai mort, où j'embrasserai mon père.
Il s'inclina devant le roi et la duchesse, et sortit précipitamment.

Henri, malgré lui, resta un moment sérieux et pensif, mais Diane éclata de rire.
— Allons ! vous ne riez pas, sire ! dit-elle. Vous voyez bien que ce fou est perdu, et que son père mourra en prison. Vous pouvez rire, allez ! sire.
— Ainsi fais-je, dit le roi en riant.

LXIX.

UNE GRANDE IDÉE POUR UN GRAND HOMME.

Le duc de Guise, depuis qu'il portait le titre de lieutenant général du royaume, occupait un logement dans le Louvre même. C'était maintenant dans le château des rois de France que dormait, ou plutôt que veillait, chaque nuit, l'ambitieux chef de la maison de Lorraine.
Quels rêves rêvait-il tout éveillé sous ces lambris peuplés de Chimères ! N'avaient-ils pas fait bien du chemin, ses songes, depuis le jour où il confiait à Gabriel sous sa tente de Civitella ses projets sur le trône de Naples ? s'en contenterait-il à présent ? l'hôte de la maison royale ne se disait-il pas dès-lors qu'il en pourrait bien devenir le maître ? ne sentait-il pas déjà vaguement autour de ses tempes le contact d'une couronne ? ne regardait-il pas avec un sourire de complaisance sa bonne épée, qui, plus sûre que la baguette d'un magicien, pouvait transformer son espérance en réalité ?
Il est permis de supposer que, même à cette époque, François de Lorraine nourrissait de telles pensées. Voyez ! le roi lui-même, en l'appelant à son secours dans sa détresse, n'autorisait-il point ses ambitions les plus audacieuses ? Lui confier le salut de la France dans cette passe désespérée, c'était le reconnaître le premier capitaine du temps ! François 1er n'eût pas agi avec cette modestie ! il eût saisi son épée de Marignan. Mais Henri II, quoique personnellement fort brave, manquait de la volonté qui commande et de la force qui exécute.
Le duc de Guise se disait tout cela, mais il se disait aussi qu'il ne suffisait pas de se justifier à soi-même ces espoirs téméraires, il fallait les justifier aux yeux de la France ; il fallait, par des services éclatants, par des succès signalés, acheter ses droits et conquérir sa destinée.
L'heureux général, qui avait eu la chance d'arrêter à Metz la seconde invasion du grand empereur Charles-Quint, sentait bien pourtant qu'il n'avait pas encore assez fait pour tout oser. Quand bien même, à cette heure, il repousserait de nouveau jusqu'à la frontière les Espagnols et les Anglais, ce n'était pas assez non plus. Pour que la France se donnât ou se laissât prendre, il ne fallait pas seulement réparer ses défaites, il fallait lui remporter des victoires.
Telles étaient les réflexions qui occupaient d'ordinaire le grand esprit du duc de Guise, depuis son retour d'Italie.
Il se les répétait ce jour même où Gabriel de Montgommery concluait avec Henri II son nouveau pacte insensé et sublime.
Seul dans sa chambre, François de Guise, debout à la fenêtre, regardait sans voir dans la cour, et tambourinait machinalement des doigts contre la vitre.
Un de ses gens gratta à la porte avec discrétion, et, entrant sur la permission du duc, lui annonça le vicomte d'Exmès.
— Le vicomte d'Exmès ! dit le duc de Guise qui avait la mémoire de César, et qui d'ailleurs avait de bonnes raisons pour se rappeler Gabriel. Le vicomte d'Exmès ! mon jeune compagnon d'armes de Metz, de Renty et de Valenza ! Faites entrer, Thibault, faites entrer sur-le-champ.
Le valet s'inclina et sortit pour introduire Gabriel.
Notre héros (nous avons bien le droit de lui donner ce nom), notre héros n'avait pas hésité. Avec cet instinct qui

illumine l'âme aux heures de crise, et qui, s'il éclaire tou le cours ordinaire de l'existence, s'appelle le génie, Gabriel, en quittant le roi, comme s'il eût pressenti les secrètes pensées que caressait dans le moment même le duc de Guise, s'était rendu tout droit au logement du lieutenant général du royaume.

C'était peut-être le seul homme vivant qui dût le comprendre et qui pût l'aider.

Gabriel, d'ailleurs, eut lieu d'être touché de l'accueil que lui fit son ancien général.

Le duc de Guise vint au-devant de lui jusqu'à la porte, et le serra dans ses bras.

— Ah! c'est vous enfin, mon vaillant! lui dit-il avec effusion. D'où arrivez-vous? qu'êtes vous devenu depuis Saint-Quentin? Que j'ai souvent pensé à vous et parlé de vous, Gabriel!

— Vraiment, monseigneur, j'aurais gardé dans votre souvenir quelque place?

— Pardieu! il le demande! s'écria le duc. Aussi bien n'avez-vous pas des façons à vous de vous rappeler aux gens? Coligny, qui vaut mieux à lui tout seul que tous les Montmorency ensemble, m'a raconté (quoiqu'à mots couverts, je ne sais pourquoi) une partie de vos exploits làbas, à Saint-Quentin; et encore il m'en taisait, à ce qu'il disait, la meilleure moitié.

— J'en ai trop peu fait, pourtant! dit en souriant tristement Gabriel.

— Ambitieux, reprit le duc.

— Bien ambitieux, en effet! dit Gabriel en secouant la tête avec mélancolie.

— Mais, Dieu merci! reprit le duc de Guise, vous voilà de retour? nous voilà réunis, ami! et vous savez les projets que nous faisions ensemble en Italie! Ah! mon pauvre Gabriel, c'est maintenant que la France a plus que jamais besoin de votre bravoure. A quelles tristes extrémités il ont réduit la patrie!

— Tout ce que je suis et tout ce que je puis, dit Gabriel, est consacré à son soutien, et n'attend que votre signal, monseigneur.

— Merci, ami, répondit le duc, j'userai de l'offre, soyez-en certain, et mon signal ne se fera pas attendre.

— Ce sera donc à moi à vous remercier, monseigneur! s'écria Gabriel.

— A vrai dire pourtant, reprit le duc de Guise, plus je regarde autour de moi, plus je trouve la situation embarrassante et grave. J'ai dû courir d'abord au plus pressé, organiser autour de Paris la résistance, présenter une ligne formidable de défense à l'ennemi, arrêter ses progrès enfin. Mais ce n'est rien, cela. Il a Saint-Quentin! il a le nord! je dois, e veux agir. Mais comment?...

Il s'arrêta, comme pour consulter Gabriel. Il connaissait la haute portée de l'esprit du jeune homme, et s'était en plus d'une occasion trouvé bien de ses avis; mais, cette fois, le vicomte d'Exmès se tut, observant lui-même le duc et le laissant venir, pour ainsi dire.

François de Lorraine reprit donc:

— N'accusez point ma lenteur, ami. Je ne suis point, vous le savez, de ceux qui hésitent, mais je suis de ceux qui réfléchissent. Vous ne m'en blâmerez pas, car vous êtes un peu comme moi, à la fois résolu et prudent. Et même, ajouta le duc, la pensée de votre jeune front me semble encore plus austère que par le passé. Je n'ose vous interroger sur vous-même. Vous aviez, je m'en souviens, à vous acquitter de graves devoirs et à découvrir de dangereux ennemis. Auriez-vous à déplorer d'autres malheurs que ceux de la patrie? J'en ai peur; car je vous ai quitté sérieux et je vous retrouve triste.

— Ne parlons pas de moi, monseigneur, je vous prie, dit Gabriel. Parlons de la France, ce sera encore parler de moi.

— Soit! reprit le duc de Guise. Je veux donc vous dire à cœur ouvert ma pensée et mon souci. Il me semble que ce qui serait actuellement nécessaire, ce serait de relever par quelque coup d'éclat le moral de nos gens et notre vieille réputation de gloire, ce serait de mettre la défense dans l'attaque, ce serait enfin de ne pas se borner à remédier à nos revers, mais de les compenser par un succès.

— Cet avis, c'est le mien, monseigneur! s'écria vivement Gabriel, surpris et ravi d'une coïncidence si favorable à ses propres desseins.

— C'est votre avis, n'est-ce pas? reprit le duc de Guise, et vous avez songé plus d'une fois sans doute aux dangers de notre France et aux moyens de l'en retirer?

— J'y ai songé souvent en effet, dit Gabriel.

— Eh bien! reprit François de Lorraine, êtes-vous, ami, plus avancé que moi? Avez-vous envisagé la difficulté sérieuse? Ce coup d'éclat, que vous jugez comme moi nécessaire, où, quand et comment le tenter?

— Monseigneur, je crois le savoir.

— Se peut-il? s'écria le duc. Oh! parlez, parlez, mon ami!

— Mon Dieu! j'ai peut-être déjà parlé trop vite, dit Gabriel. La proposition que j'ai à vous faire est de celles qui auraient besoin sans doute de longues préparations. Vous êtes très grand, monseigneur; mais, c'est égal! la chose que j'ai à vous dire pourra bien encore vous paraître à vous-même démesurée.

— Je ne suis guère sujet au vertige, dit le duc de Guise en souriant.

— N'importe, monseigneur, reprit le vicomte d'Exmès. Au premier aspect, mon projet, je le crains et je vous en préviens, va vous paraître étrange, insensé, irréalisable même! Il n'est cependant que difficile et périlleux.

— Mais c'est un attrait de plus, cela! dit François de Lorraine.

— Ainsi, continua Gabriel, il est convenu, monseigneur, que vous ne vous en effraierez pas d'abord. Il y aura, je le répète, de grands risques à courir. Mais les moyens de réussite sont en mon pouvoir, et quand je vous les aurai développés, vous en convaincrez vous-même.

— S'il en est ainsi, parlez donc, Gabriel, dit le duc. Mais, ajouta-t-il avec impatience, qui vient nous interrompre encore? Est-ce vous qui frappez, Thibault?

— Oui, monseigneur, dit le valet survenant. Monseigneur m'avait ordonné de l'avertir quand il serait l'heure du conseil, et voilà deux heures qui sonnent, monsieur de Saint-Remy et ces messieurs vont venir dans l'instant prendre monseigneur.

— C'est vrai, c'est vrai, reprit le duc de Guise, il y a conseil tout à l'heure, et conseil important. Il est indispensable que j'y assiste. C'est bien, Thibault, laissez nous. Vous introduirez ces messieurs quand ils arriveront. Vous voyez, Gabriel, que mon devoir va m'appeler près du roi. Mais, en attendant que vous puissiez à votre aise développer à loisir votre dessein, qui doit être grand puisqu'il est de vous, satisfaites brièvement, je vous en supplie, ma curiosité et mon impatience. En deux mots, Gabriel, que prétendriez-vous faire?

— En deux mots, monseigneur! *prendre Calais*, dit tranquillement Gabriel.

— Prendre Calais! s'écria le duc de Guise en reculant de surprise.

— Vous oubliez, monseigneur, reprit Gabriel avec le même sang-froid, que vous aviez promis de ne pas vous effrayer de la première impression.

— Oh! mais j'y avais-vous bien songé aussi? dit le duc. Prendre Calais défendu par une garnison formidable, par des remparts imprenables, par la mer! Calais au pouvoir de l'Angleterre depuis plus de deux siècles! Calais gardé comme on garde la clef de la France quand on la tient! J'aime ce qui est audacieux. Mais ceci ne serait-il pas téméraire?

— Oui, monseigneur, répondit Gabriel. Mais c'est justement parce que l'entreprise est téméraire, c'est parce qu'on ne peut même en concevoir la pensée ou le soupçon, qu'elle a des chances meilleures de réussite.

— C'est possible, au fait, dit le duc rêvant.

— Quand vous m'aurez entendu, monseigneur, vous

direz : C'est certain! La conduite à tenir est marquée d'avance : garder le plus absolu secret, donner le change à l'ennemi par quelque fausse manœuvre, et arriver devant la ville à l'improviste. En quinze jours, Calais sera à nous.

— Mais, reprit vivement le duc de Guise, ces indications générales ne suffisent pas. Votre plan, Gabriel, vous avez un plan ?

— Oui, monseigneur, il est simple et sûr...

Gabriel n'eut pas le temps d'achever. En ce moment, la porte s'ouvrit, et le comte de Saint-Remy entra, suivi de nombre de seigneurs attachés à la fortune des Guise.

— Sa Majesté attend au conseil monseigneur le lieutenant général du royaume, dit Saint-Remy.

— Je suis à vous, messieurs, reprit le duc de Guise en saluant les arrivans.

Puis, revenant rapidement à Gabriel, il lui dit à voix basse :

— Il faut, vous le voyez, que je vous quitte, ami. Mais l'idée inouïe et magnifique que vous venez de jeter dans mon esprit ne me quittera pas de la journée, je vous en réponds! Si vraiment vous croyez un tel prodige exécutable, je me sens digne de vous comprendre. Pouvez-vous revenir ici ce soir à huit heures? nous aurons à nous toute la nuit, et nous ne serons plus interrompus.

— A huit heures, je serai exact, dit Gabriel, et j'emploierai bien mon temps d'ici là.

— Je ferai observer à monseigneur, dit le comte de Saint-Remy, qu'il est maintenant plus de deux heures.

— Me voici! me voici! répondit le duc.

Il fit quelques pas pour sortir, puis se retourna vers Gabriel, le regarda, et, se rapprochant encore de lui, comme pour s'assurer de nouveau qu'il avait bien entendu :

— Prendre Calais? répéta-t-il tout bas avec une sorte d'interrogation.

Et Gabriel, inclinant affirmativement la tête, de répondre avec son sourire doux et calme :

— Prendre Calais.

Le duc de Guise sortit, et le vicomte d'Exmès quitta derrière lui le Louvre.

L.

DIVERS PROFILS DE GENS D'ÉPÉE.

Aloyse guettait avec angoisse le retour de Gabriel à la fenêtre basse de l'hôtel. Quand elle l'aperçut enfin, elle leva au ciel ses yeux pleins de larmes, larmes de bonheur et de gratitude, cette fois.

Puis elle courut elle-même ouvrir la porte à son maître bien-aimé.

— Dieu soit béni! je vous revois, monseigneur, s'écria-t-elle. Vous sortez du Louvre? vous avez vu le roi ?

— Je l'ai vu, répondit Gabriel.

— Eh bien ?

— Eh bien! ma bonne nourrice, il faut encore attendre.

— Attendre encore! répéta Aloyse en joignant les mains. Sainte Vierge! c'est pourtant bien triste et bien difficile d'attendre.

— Ce serait impossible, dit Gabriel, si, en attendant, je n'agissais pas. Mais merci! je pourrai me distraire de la route en regardant le but.

Il entra dans la salle et jeta son manteau sur le dossier d'un fauteuil.

Il n'apercevait pas Martin-Guerre assis dans un coin et plongé dans des réflexions profondes.

— Eh bien, Martin, eh bien, paresseux! cria dame Aloyse à l'écuyer, vous ne venez seulement pas aider monseigneur à se débarrasser de son manteau?

— Oh! pardon! pardon! fit Martin en s'éveillant de sa rêverie et en se levant précipitamment.

— C'est bon, Martin, ne te dérange pas, dit Gabriel. Aloyse, je ne veux pas que tu tourmentes mon pauvre Martin; son zèle et son dévouement me sont en ce moment plus que jamais nécessaires, et j'ai à m'entendre avec lui de choses graves.

Tout désir du vicomte d'Exmès était sacré pour Aloyse. Elle favorisa l'écuyer rentré en grâce de son plus aimable sourire, et sortit discrètement, pour laisser Gabriel plus libre de l'entretenir.

— Çà, Martin, dit celui-ci quand ils furent seuls, que faisais-tu donc là, de fait? et sur quel sujet méditais-tu si gravement?

— Monseigneur, répondit Martin-Guerre, je me creusais, s'il vous plaît, la cervelle pour deviner un peu l'énigme de l'homme de ce matin.

— Eh bien! l'as-tu trouvée? reprit Gabriel en souriant.

— Très peu, hélas! monseigneur. S'il faut vous l'avouer, j'ai beau m'écarquiller les yeux, je ne vois absolument que la nuit noire.

— Mais je t'ai annoncé, moi, Martin, que je croyais voir autre chose...

— En effet, monseigneur, mais quoi? c'est ce que je me tue à chercher.

— Le moment n'est pas venu de te le dire, reprit Gabriel. Écoute : tu m'es dévoué, Martin?

— Est-ce une question que fait monseigneur?

— Non, Martin, c'est ton éloge. J'invoque ce dévouement dont je parle. Il faut, pour un temps, l'oublier toi-même, oublier l'ombre qu'il y a sur ta vie et que nous dissiperons plus tard, je te le promets. Mais à présent, j'ai besoin de toi, Martin.

— Ah! tant mieux! tant mieux! tant mieux! s'écria Martin-Guerre.

— Mais entendons-nous bien, reprit Gabriel. J'ai besoin de toi tout entier, de toute ta vie, de tout ton courage. veux-tu te fier à moi, ajourner les inquiétudes personnelles et te donner à ma seule fortune?

— Si je le veux! s'écria Martin. Mais, monseigneur, c'est mon devoir, et qui plus est, mon plaisir. Par saint Martin! je n'ai été que trop longtemps séparé de vous! je veux réparer les jours perdus, grêle et tempête! Quand il y aurait des légions de Martin-Guerre à mes trousses, soyez tranquille, monseigneur, je m'en moquerai entièrement. Quand vous serez là, devant moi, je ne verrai que vous au monde.

— Brave cœur! dit Gabriel. Réfléchis pourtant, Martin, que l'entreprise où je te demande de t'engager est pleine de dangers et d'abîmes.

— Baste! on saute par dessus! dit Martin en faisant claquer ses doigts avec insouciance.

— Nous jouerons cent fois nos existences, Martin.

— Tant vaut l'enjeu, tant vaut la partie, monseigneur!

— Mais cette partie terrible, une fois qu'elle sera engagée, ami, il ne nous sera plus permis de la quitter.

— On est beau joueur ou on ne l'est pas, reprit fièrement l'écuyer.

— N'importe! dit Gabriel, malgré toute ta résolution, tu ne prévois pas les chances redoutables et étranges que comporte la lutte surhumaine dans laquelle je vais te conduire; et tant d'efforts resteront peut-être, songes-y bien, sans récompense! Martin, pense à ceci : le plan qu'il me faut accomplir, quand je l'envisage, il me fait peur à moi-même.

— Bon! les périls et moi nous nous connaissons, dit Martin d'un air capable, et quand on a eu l'honneur d'être pendu...

— Martin, reprit Gabriel, il faudra braver les élémens, se réjouir de la tempête, rire de l'impossible!...

— Nous rirons! dit Martin-Guerre. A vous parler franchement, monseigneur, depuis mon gibet, les jours que je vis me paraissent des jours de grâce, et je ne vais pas chicaner le bon Dieu sur la portion de surplus qu'il veut bien m'octroyer. Ce que le marchand vous accorde par dessus le marché, il ne faut pas le compter ; sans quoi, l'on est un ingrat ou un sot.

— C'est dit alors, Martin ! reprit le vicomte d'Exmès, tu partages mon sort et tu me suivras.

— Jusqu'en enfer, monseigneur ! pourvu toutefois que ce soit pour narguer Satan ; car on est bon catholique.

— Ne crains rien là-dessus, dit Gabriel. Tu compromettras peut-être avec moi ton salut en ce monde, mais non pas dans l'autre.

— C'est tout ce qu'il me faut, reprit Martin. Mais est-ce que monseigneur n'avait pas à me demander autre chose que ma vie?

— Si vraiment, dit Gabriel en souriant de la naïveté héroïque de cette question ; si vraiment, Martin-Guerre, il faut encore que tu me rendes un service.

— De quoi s'agit-il, monseigneur?

— Te ferais-tu bon, reprit Gabriel, de me chercher et de me trouver le plus promptement possible, aujourd'hui même s'il se pouvait, une douzaine de compagnons de ta trempe, braves, forts, hardis, qui ne redoutent ni le fer ni le feu, qui sachent supporter la faim et la soif, le chaud et le froid, qui obéissent comme des anges et se battent comme des démons? Cela se peut-il?

— C'est selon. Seront-ils bien payés? demanda Martin-Guerre.

— Une pièce d'or pour chaque goutte de leur sang, dit Gabriel. Ma fortune est la moindre chose que je regrette, hélas! dans la pieuse et rude tâche que je dois mener à bout.

— A ce taux-là, monseigneur, reprit l'écuyer, je vous ramasserai en deux heures de bons chenapans qui, je vous en réponds, ne plaindront pas leurs blessures. En France, et surtout à Paris, on ne chôme jamais de lurons pareils. Mais qui serviront-ils?

— Moi-même, dit le vicomte d'Exmès. Ce n'est pas comme capitaine des gardes, c'est comme volontaire que je vais faire la campagne qu'on prépare. Il me faut des gens à moi.

— Oh! s'il en est ainsi, monseigneur, dit Martin, j'ai d'abord sous la main, et prêts au premier signal, cinq ou six de mes anciens gaillards de la guerre de Lorraine. Ils jaunissent, les pauvres diables, depuis que vous les avez congédiés. Vont-ils être contens de retourner au feu avec vous! Ah ! c'est pour vous-même que je suis recruteur. Oh ! bien alors, dès ce soir, je vous présenterai votre galerie complète.

— Bien ! dit Gabriel. Une condition nécessaire de leur enrôlement, c'est qu'ils devront se disposer à quitter Paris à toute heure et à me suivre partout où j'irai, sans questions ni commentaires, sans seulement regarder si nous marchons vers le sud ou vers le septentrion.

— Ils marcheront vers la gloire et l'argent les yeux bandés, monseigneur.

— Je compte donc sur eux et sur toi, Martin. Pour ta part, à toi...

— N'en parlons pas, monseigneur, interrompit Martin.

— Parlons-en, au contraire. Si nous survivons à la bagarre, mon brave serviteur, je m'engage ici solennellement à faire pour toi ce que tu auras fait pour moi, et à te servir à mon tour contre tes ennemis, sois tranquille. En attendant, ta main, mon fidèle.

— Oh! monseigneur ! dit Martin-Guerre en baisant respectueusement la main que lui tendait son maître.

— Allons, va, Martin, reprit le vicomte d'Exmès ; mets-toi tout de suite en quête. Discrétion et courage ! J'ai besoin maintenant d'être seul.

— Pardon ! monseigneur va-t-il rester à l'hôtel? demanda Martin.

— Oui, jusqu'à sept heures. Je ne dois aller au Louvre qu'à huit.

— En ce cas, reprit l'écuyer, avant sept heures, monsieur le vicomte, j'espère pouvoir vous présenter au moins quelques échantillons du personnel de votre troupe.

Il salua et sortit, tout fier et tout préoccupé déjà de sa haute mission.

Gabriel, resté seul, passa le reste du jour enfermé, à consulter le plan que lui avait remis Jean Peuquoy, à écrire des notes, à marcher de long en large dans sa chambre et à méditer.

Il ne fallait pas qu'il laissât le soir une seule objection du duc de Guise sans réponse.

Il s'interrompait seulement de temps en temps pour répéter d'une voix ferme et d'un cœur ardent :

— Je te sauverai, mon père! Ma Diane, je te sauverai!

Vers six heures, Gabriel, sur les instances d'Aloyse, venait de prendre quelque nourriture, Martin-Guerre entra d'un air grave et composé :

— Monseigneur, dit-il, vous plairait-il recevoir six ou sept de ceux qui aspirent à l'honneur de servir sous vos ordres la France et le roi?

— Quoi déjà six ou sept! s'écria Gabriel.

— Six ou sept inconnus de monseigneur. Nos anciens de Metz compléteraient les douze. Ils sont tous enchantés de risquer leur peau pour un maître tel que vous, et acceptent toutes les conditions que vous voudrez bien leur faire.

— Diable! tu n'as pas perdu de temps, dit le vicomte d'Exmès. Eh bien ! voyons, introduis tes hommes.

— L'un après l'autre, n'est-ce pas? reprit Martin-Guerre. Monseigneur pourra mieux les juger ainsi.

— L'un après l'autre, soit ! dit Gabriel.

— Un dernier mot, ajouta l'écuyer. Je n'ai pas besoin d'avertir monsieur le vicomte que tous ces hommes me sont connus, soit par moi-même, soit par des informations exactes. Ils sont d'humeurs diverses et d'instincts variés ; mais leur caractère commun, c'est une bravoure à l'épreuve. Je puis répondre à monseigneur de cette qualité essentielle, s'il veut bien être indulgent d'ailleurs à l'endroit de quelques petits travers.

Après cette harangue préparatoire, Martin-Guerre sortit un instant, et revint presque aussitôt suivi d'un grand gaillard au teint basané, à la tournure leste, à la physionomie insouciante et spirituelle.

— Ambrosio, dit Martin-Guerre en le présentant.

— Ambrosio ! c'est un nom étranger. N'est-il pas Français? demanda Gabriel.

— Qui le sait? dit Ambrosio. On m'a trouvé enfant, et j'ai vécu homme dans les Pyrénées, un pied en France, un pied en Espagne, et ma foi! j'ai galment pris mon parti de ma double bâtardise, sans en vouloir autrement ni au bon Dieu, ni à ma mère.

— Et comment viviez-vous? reprit Gabriel.

— Ah ! voilà, dit Ambrosio. Impartial entre mes deux patries, je tâchais toujours, dans la limite de mes faibles moyens, d'annuler entre elles les barrières, d'étendre à chacune d'elles les avantages de l'autre, et, par ce libre échange des dons qu'elles tiennent séparément de la Providence, de contribuer, en fils pieux, de tout mon pouvoir à leur mutuelle prospérité.

— En un mot, reprit Martin-Guerre, Ambrosio faisait la contrebande.

— Mais, continua Ambrosio, signalé aux autorités espagnoles comme aux autorités françaises, méconnu et poursuivi à la fois par mes ingrats compatriotes des deux versans pyrénéens, j'ai pris le parti de leur quitter la place et de venir à Paris, ville de ressources pour les braves...

— Où Ambrosio serait heureux, ajouta Martin, de mettre au service du vicomte d'Exmès son intrépidité, son adresse et sa longue habitude de la fatigue et du danger.

— Accepté Ambrosio le contrebandier ! dit Gabriel. A un autre.

Ambrosio sortit, ravi, et fit place à un personnage de mine ascétique et de façons discrètes, vêtu d'une longue cape brune, avec un chapelet à gros grains autour du cou.

Martin-Guerre l'annonça sous le nom de Lactance.

— Lactance, ajouta-t-il, a déjà servi sous les ordres de monsieur de Coligny, qui le regrette et qui en rendra bon témoignage à monseigneur. Mais Lactance est un zélé catholique, et il lui répugnait d'obéir à un chef entaché d'hérésie.

Lactance, sans mot dire, approuvait par signes de la tête et de la main les paroles de Martin, qui continua :

— Ce pieux soudard fera, comme c'est son devoir, tous ses efforts pour contenter monsieur le vicomte d'Exmès ; mais il demande que toutes facilités et libertés lui soient laissées pour accomplir rigoureusement les pratiques de religion qu'exige son salut. Obligé par la profession des armes qu'il a embrassée, et par sa vocation naturelle, à se battre contre ses frères en Jésus-Christ et à les tuer le plus possible, Lactance estime sagement qu'il lui faut au moins compenser à force d'austérités ces nécessités cruelles. Plus Lactance est enragé à la bataille, plus Lactance est ardent à la messe, et il a renoncé à compter les jeûnes et les pénitences qu'il s'est imposées pour les morts et les blessés qu'il a envoyés avant leur heure au pied du trône du Seigneur.

— Accepté Lactance le dévot! dit en souriant Gabriel.

Lactance, toujours silencieux, s'inclina profondément et sortit en marmottant une prière de reconnaissance au Très-Haut qui venait de lui accorder la faveur d'être agréé par un si vaillant capitaine.

Après Lactance, Martin-Guerre introduisit, sous le nom d'Yvonnet, un jeune homme de taille moyenne, à la figure distinguée et fine, aux mains petites et soignées. Depuis sa fraise jusqu'à ses bottes, son costume était non-seulement propre, mais coquet. Il salua Gabriel le plus gracieusement du monde, et se tint debout devant lui, dans une pose aussi respectueuse qu'élégante, secouant légèrement de la main quelques grains de poussière qui s'étaient attachés à sa manche droite.

— Voilà, monseigneur, le plus déterminé de tous, dit Martin-Guerre. Yvonnet, dans les mêlées, est un vrai lion déchaîné que rien n'arrête. Il frappe d'estoc et de taille avec une sorte de frénésie. Mais c'est surtout à l'assaut qu'il brille. Il faut toujours qu'il mette le pied le premier sur la première échelle, et qu'il plante le premier étendard français sur les murailles ennemies.

— Mais c'est donc un vrai héros ? dit Gabriel.

— Je fais de mon mieux, reprit modestement Yvonnet, et monsieur Martin-Guerre apprécie sans doute au-delà de leur valeur mes faibles efforts.

— Non, je vous rends justice, dit Martin, et la preuve, c'est qu'après avoir vanté vos vertus, je vais signaler vos défauts. Yvonnet, monseigneur, n'est le diable sans peur dont je vous parle que sur le champ de bataille. Il est nécessaire à sa bravoure qu'autour d'elle le tambour retentisse, les flèches sifflent, le canon tonne. Hors de là, et dans la vie ordinaire, Yvonnet est timide, impressionnable et nerveux comme une jeune fille. Sa sensibilité exige les plus grands ménagements. Il n'aime pas rester seul dans l'obscurité, il a en horreur les souris et les araignées, et perd volontiers connaissance pour une égratignure. Il ne retrouve enfin sa belliqueuse audace que lorsque l'odeur de la poudre et la vue du sang l'enivrent.

— N'importe, dit Gabriel, comme ce n'est pas au bal, mais au carnage que nous le menons, accepté Yvonnet le délicat !

Yvonnet fit au vicomte d'Exmès un salut dans toutes les règles, et s'éloigna, souriant, en tortillant de sa main blanche sa fine moustache noire.

Deux colosses blonds, raides et calmes lui succédèrent. L'un paraissait avoir quarante ans ; l'autre n'en accusait guère que vingt-cinq.

— Heinrich Scharfenstein et Frantz Scharfenstein, son neveu, annonça Martin-Guerre.

— Diantre ! qui sont ceux-là ? dit Gabriel ébloui. Qui êtes-vous, mes braves?

— *Wir verstehen nur ein wenig das franzosich*, dit l'aîné des colosses.

— Comment ? demanda le vicomte d'Exmès.

— Nous comprendre français mal, reprit le géant cadet.

— Ce sont des reîtres allemands, dit Martin-Guerre ; en italien, des condottieri ; en français, des soldats. Ils vendent leurs bras au plus offrant et tiennent la bravoure à juste prix. Ils ont travaillé déjà pour les Espagnols et les Anglais. Mais l'Espagnol paie trop mal, et l'Anglais marchande trop. Achetez-les, monseigneur, et vous vous trouverez bien de l'acquisition. Jamais ils ne discutent un ordre, et iraient se placer à la bouche d'un canon avec un sang-froid inaltérable. Le courage est pour eux une affaire de probité, et, pourvu qu'ils touchent exactement leurs appointemens, ils subiront sans une plainte les éventualités périlleuses ou même mortelles de leur genre de commerce.

— Je retiens donc ces manœuvres de gloire, dit Gabriel, et, pour plus de sûreté, je leur paie un mois d'avance. Mais le temps presse. A d'autres.

Les deux Goliath germaniques portèrent militairement et mécaniquement la main à leur chapeau, et se retirèrent ensemble tout d'une pièce en emboîtant le pas avec précision.

— Le suivant, dit Martin-Guerre, a nom Pilletrousse. voici.

Une espèce de brigand, à la mine farouche, aux habits déchirés, fit son entrée en se dandinant avec embarras, et en détournant les yeux de Gabriel comme d'un juge.

— Pourquoi paraissez-vous honteux, Pilletrousse ? lui demanda Martin-Guerre avec aménité. Monseigneur que voici m'a demandé des gens de cœur. Vous êtes un peu plus... accentué que les autres, mais, en somme, vous n'avez pas à rougir.

Il reprit gravement en s'adressant à son maître

— Pilletrousse, monseigneur, est ce que nous appelons un routier. Dans la guerre générale contre les Espagnols et les Anglais, il a fait jusqu'ici la guerre pour son propre compte. Pilletrousse rôde sur nos grands chemins, remplis à cette heure de pillards étrangers, et Pilletrousse pille les pillards. Pour ses compatriotes, non-seulement il les respecte, mais il les protége. Donc, Pilletrousse conquiert, il ne vole pas. Pilletrousse vit de butin, non de larcins. Néanmoins, il a éprouvé le besoin de régulariser sa profession... errante, et d'inquiéter moins... arbitrairement les ennemis de la France. Aussi a-t-il accepté avec empressement l'offre de s'enrôler sous la bannière du vicomte d'Exmès...

— Et moi, dit Gabriel, sous ta caution, Martin-Guerre, je le reçois, à condition qu'il ne prendra plus pour théâtre de ses exploits les routes ou les sentiers, mais les villes fortes et les champs de bataille.

— Rends grâce au monseigneur, drôle, tu es des nôtres, dit au routier Martin-Guerre, qui semblait avoir un faible pour ce coquin.

— Oh ! oui, merci, monseigneur, reprit avec effusion Pilletrousse. Je vous promets de ne plus jamais me battre maintenant un contre deux ou trois, mais un contre dix toujours.

— A la bonne heure ! dit Gabriel.

Celui qui vint après Pilletrousse était un individu pâle, mélancolique et même soucieux, qui semblait envisager l'univers avec découragement et tristesse. Ce qui ajoutait surtout au cachet lugubre de sa figure, c'étaient les balafres et cicatrices dont elle était largement et abondamment couturée.

Martin-Guerre présenta cette septième et dernière recrue sous l'appellation funèbre de Malemort.

— Monseigneur le vicomte d'Exmès serait réellement coupable s'il refusait le pauvre Malemort, ajouta-t-il. Malemort est, en effet, atteint d'une passion, d'une passion sincère et profonde, à l'endroit de Bellone, pour parler un peu mythologiquement. Mais cette passion a jusqu'ici été bien malheureuse. L'infortuné a un goût fini et prononcé pour la guerre ; il ne se plaît ailleurs que dans les combats, il n'est heureux que devant un beau carnage, et il n'a encore, hélas ! goûté à son bonheur que du bout des lèvres. Il se jette si aveuglément et si furieusement dans les mêlées, que toujours il vous attrape, du premier bond, quelque estafilade qui le met sur le flanc et le renvoie d'abord à l'ambulance, où il passe le reste de la bataille à gémir, moins de sa blessure que de son absence. Tout son corps n'est qu'une plaie ; mais il est robuste, Dieu merci ! il se relève promptement. Seulement il lui faut attendre une autre occasion ! Ce long désir inassouvi le mine plus que tout le sang qu'il a si glorieusement perdu. Monseigneur voit qu'il y aurait vraiment conscience à exclure ce mélancolique batailleur d'une joie qu'il peut lui procurer avec avantage réciproque.

— Aussi j'accepte Malemort avec enthousiasme, mon cher Martin, dit Gabriel.

Un sourire de satisfaction effleura la face pâle de Malemort. L'espérance ranima d'une étincelle ses yeux éteints, et il alla rejoindre ses camarades d'un pas plus allègre que lorsqu'il était entré.

— Sont-ce là tous ceux que tu as à me présenter ? demanda Gabriel à son écuyer.

— Oui, monseigneur, je n'en ai pas, pour le moment, d'autres à vous offrir. Je n'osais espérer que monseigneur les accepterait tous.

— Je serais difficile, dit Gabriel ; tu as le goût bon et sûr, Martin. Reçois tous mes compliments sur ces heureux choix.

— Oui, dit modestement Martin-Guerre, j'aime à penser au fond que Malemort, Pilletrousse, les deux Scharfenstein, Lactance, Yvonnet et Ambrosio ne sont pas précisément des gaillards à dédaigner.

— Je le crois bien ! dit Gabriel. Quels rudes compagnons !

— Si monseigneur, ajouta Martin, consent à leur adjoindre Landry, Chesnel, Aubriot, Contamine et Balu, nos vétérans de la guerre de Lorraine, j'estime, avec monseigneur à notre tête, et quatre ou cinq des gens d'ici pour nous servir, que nous aurons une troupe véritablement bonne à montrer à nos amis, et, mieux encore, à nos ennemis.

— Oui, certes, dit Gabriel, des bras et des têtes de fer ! Tu feras armer et équiper ces douze braves dans le plus bref délai, Martin. Mais repose-toi aujourd'hui. Tu as bien employé la journée, ami, et je t'en remercie ; la mienne, quoique pleine aussi d'activité et de douleur, n'est cependant pas encore achevée.

— Où donc monseigneur va-t-il ce soir ? demanda Martin-Guerre.

— Au Louvre, auprès de monsieur de Guise, qui m'attend à huit heures, dit Gabriel en se levant. Mais, grâce à la promptitude de ton zèle, Martin, j'espère que quelques-unes des difficultés qui pouvaient se présenter dans mon entretien avec le duc sont d'avance levées.

— Oh ! j'en suis bien heureux, monseigneur.

— Et moi donc, Martin ! Tu ne sais pas à quel point j'ai besoin de réussir ! Oh ! mais je réussirai !

Et le noble jeune homme se répétait dans son cœur, en se dirigeant vers la porte pour se rendre au Louvre :

— Oui, je te sauverai, mon père ! ma Diane, je te sauverai !

LI.

ADRESSE DE LA MALADRESSE.

Franchissons par la pensée soixante lieues et deux semaines, et retournons à Calais vers la fin du mois de novembre 1557.

Vingt-cinq jours ne s'étaient pas écoulés depuis le départ du vicomte d'Exmès, quand un messager se présenta de sa part aux portes de la ville anglaise.

Cet homme demandait à être mené à milord Wentworth, le gouverneur, auquel il devait remettre la rançon de son ancien prisonnier.

Il paraissait d'ailleurs assez maladroit et peu avisé, ledit messager ! car on avait eu beau lui indiquer son chemin, il avait passé vingt fois sans y entrer devant la grande porte qu'on se tuait à lui désigner, et s'en était toujours allé stupidement frapper à des poternes et à des portes condamnées : si bien qu'il fit en pure perte, l'imbécile ! presque tout le tour des boulevards extérieurs de la place.

Enfin, à force d'informations plus précises les unes que les autres, il voulut bien se laisser mettre dans la vraie route, et tel était déjà, en ce temps lointain, le pouvoir magique de ces mots : J'apporte dix mille écus au gouverneur ! que les précautions de rigueur accomplies du reste, après avoir fouillé notre homme, après être allé prendre les ordres de lord Wentworth, on laissa volontiers pénétrer dans Calais le porteur d'une somme aussi respectable.

Décidément, il n'y a que le siècle d'or qui n'ait pas été un siècle d'argent !

L'inintelligent envoyé de Gabriel s'égara encore plus d'une fois dans les rues de Calais avant de trouver l'hôtel du gouverneur, dont des âmes compatissantes lui indiquaient pourtant tous les cent pas. Il semblait croire, à chaque corps-de-garde qu'il rencontrait, que c'était là qu'il fallait demander lord Wentworth, et, vite, il courait de ce côté.

Après avoir dépensé une heure à faire un chemin qui eût pris dix minutes à tout autre, il atteignit enfin l'hôtel du gouverneur.

Il fut introduit presque aussitôt en présence de lord Wentworth, qui le reçut de son air grave, poussé même ce jour-là jusqu'à une tristesse morne.

Quand il eut expliqué l'objet de son message et posé sur la table un sac gonflé d'or :

— Le vicomte d'Exmès, lui demanda l'Anglais, vous a-t-il seulement chargé de me remettre cet argent, sans rien ajouter pour moi ?

Pierre, ainsi se nommait l'envoyé, regarda lord Wentworth avec une mine d'étonnement qui continuait à faire peu d'honneur à ses moyens naturels.

— Milord, dit-il enfin, je n'ai rien à faire auprès de vous qu'à vous remettre cette rançon. Mon maître du moins ne m'a rien ordonné de plus, et je ne comprends pas...

— A la bonne heure ! interrompit lord Wentworth avec un dédaigneux sourire. Monsieur le vicomte d'Exmès est devenu plus raisonnable là-bas, à ce que je vois ! Je l'en félicite. L'air de la cour de France est fait d'oubli ! tant mieux pour ceux qui le respirent !

Il murmura à voix basse, comme se parlant à lui-même.

— L'oubli, c'est la moitié du bonheur souvent !

— Milord, de son côté, n'a rien à mander à mon maître ? reprit le messager qui paraissait écouter d'un air fort insouciant et assez stupide les à parte mélancoliques de l'Anglais.

— Je n'ai rien à dire à monsieur d'Exmès, puisqu'il ne me dit rien, repartit sèchement lord Wentworth. Cependant, prévenez-le, si vous voulez, que durant un mois encore, jusqu'au 1er janvier, tenez, je l'attendrai et serai à ses ordres, et comme gentilhomme et comme gouverneur de Calais. Il comprendra.

— Jusqu'au 1er janvier ? répéta Pierre. Je le lui dirai, milord.

— Bien ! voici votre reçu, l'ami, de plus, pour vous, un petit dédommagement des peines de ce long voyage. Prenez. Prenez donc !

L'homme, qui avait paru d'abord hésiter, se ravisa et accepta la bourse que lui offrait lord Wentworth.

— Merci, milord, dit-il. Mais milord m'accordera-t-il encore une grâce !

— Qu'est-ce que c'est ? demanda le gouverneur de Calais.

— Outre cette dette que je viens d'acquitter envers milord, reprit le messager, le vicomte d'Exmès en a contracté une autre, pendant son séjour ici, envers un des habitants de cette ville, un nommé... Comment est-ce donc qu'on le nomme? Un nommé Pierre Peuquoy, dont il a été l'hôte.

— Eh bien? dit lord Wentworth.

— Eh bien! milord, me sera-t-il permis d'aller présentement chez ce Pierre Peuquoy pour lui rembourser ses avances?

— Mais sans doute, dit le gouverneur. On vous montrera sa maison. Voici votre laissez-passer pour sortir de Calais. Je voudrais pouvoir vous permettre d'y séjourner quelques jours; vous auriez peut-être besoin de vous reposer du voyage. Mais les règlements de la place défendent d'y garder un étranger, un Français surtout. Adieu donc, l'ami, et bonne route!

— Adieu, et bonne chance, milord, avec tous mes remercîmens.

En quittant l'hôtel du gouverneur, le messager, non sans s'être trompé encore dix fois de chemin, se rendit rue du Martroi, où demeurait, si nos lecteurs veulent bien se le rappeler, l'armurier Pierre Peuquoy.

L'envoyé de Gabriel trouva Pierre Peuquoy plus triste encore dans son atelier que lord Wentworth dans son hôtel. L'armurier, qui le prit d'abord pour une pratique, le reçut avec une indifférence marquée.

Néanmoins, quand l'autre s'annonça comme venant de la part du vicomte d'Exmès, le front du brave bourgeois s'éclaircit soudainement.

— De la part du vicomte d'Exmès! s'écria-t-il.

Puis, s'adressant à un de ses apprentis, qui tout en rangeant l'établi pouvait écouter :

— Quentin, lui dit-il négligemment, laissez-nous et allez tout de suite avertir mon cousin Jean qu'un messager du vicomte d'Exmès vient d'arriver.

L'apprenti, désappointé, sortit sur cet ordre.

— Parlez maintenant, ami, reprit avec vivacité Pierre Peuquoy. Oh! nous savions bien que ce digne seigneur ne nous oublierait point! Parlez vite. Que nous apportez-vous de sa part?

— Ses complimens et remercîmens cordiaux, cette bourse d'or et ces mots : Souvenez-vous du 5 ! qu'il a dit que vous comprendriez.

— C'est tout? demanda Pierre Peuquoy.

— Absolument tout, maître. Sont-ils exigeans dans ce pays-ci! pensa le messager. Il paraît qu'ils ne tiennent guère aux écus. Seulement, ils vous ont des prétentions secrètes auxquelles le diable ne comprendrait rien.

— Mais, reprit l'armurier, nous sommes trois dans cette maison. Il y a aussi Jean mon cousin et ma sœur Babette. Vous vous êtes acquitté de votre commission envers moi, c'est bien. Mais n'en avez-vous point quelque autre pour Babette ou pour Jean?

Jean Peuquoy, le tisserand, entra justement pour entendre le messager de Gabriel répondre.

— Je n'ai rien à dire qu'à vous, maître Pierre Peuquoy, et je vous ai dit tout ce que j'avais à vous dire.

— Eh bien! tu le vois, frère, reprit Pierre en se tournant vers Jean, tu le vois, monsieur le vicomte d'Exmès nous remercie. L'ami, continua-t-il en s'adressant à l'envoyé, si vous êtes de la maison de monsieur d'Exmès, vous devez connaître, parmi ses serviteurs et vos compagnons, un nommé Martin-Guerre.

— Martin-Guerre?... Ah! oui, Martin-Guerre l'écuyer? Oui, maître, je le connais.

— Il est toujours au service de M. d'Exmès?

— Toujours.

— Mais a-t-il su que vous veniez à Calais?

— Il l'a su, répond-t-il l'homme. Il était même là, je m'en souviens, quand j'ai quitté l'hôtel de monsieur d'Exmès. Il m'a accompagné avec son... avec notre maître jusqu'à la porte, et m'a vu me mettre en route.

— Et il ne vous a rien dit pour moi, ni pour personne de cette maison?

— Rien du tout, je vous le répète.

— Attendez, Pierre, reprit Jean, ne vous impatientez pas encore! L'ami, Martin-Guerre vous a peut-être recommandé de rendre votre message secrètement? Apprenez que la précaution est devenue inutile. Nous savons maintenant la vérité. La douleur de... la personne à qui Martin-Guerre doit une réparation ne nous a rien laissé ignorer. Vous pouvez donc parler en notre présence. Au surplus, s'il vous restait sur ce point des scrupules, nous nous retirerons, et cette personne à laquelle je fais allusion, et que Martin-Guerre vous a désignée, viendra seule s'entretenir avec vous sur-le-champ.

— Par ma foi! je vous jure, reprit le messager, que je ne comprends pas un mot à tous vos discours.

— Il suffit, Jean, et vous devez en avoir assez! s'écria Pierre Peuquoy, dont la prunelle s'enflamma d'un éclair d'indignation. Par la mémoire de mon père! je ne vois pas, Jean, quel plaisir vous pouvez trouver à insister sur l'affront qu'on nous fait subir.

Jean baissa douloureusement la tête sans rien ajouter. Il trouvait que son cousin n'avait que trop raison.

— Daignerez-vous compter cet argent, maître? demanda le messager assez embarrassé de son rôle.

— Ce n'en est pas la peine, dit Jean, plus calme, sinon moins triste, que Pierre. Prenez ceci pour vous, l'ami. Je vais, en outre, vous faire apporter à manger et à boire.

— Merci pour l'argent; reprit l'envoyé, qui semblait pourtant assez gêné de le prendre. Quant à boire et à manger, je n'ai ni faim ni soif, ayant déjeuné tantôt à Nieullay. Il faut même que je reparte sur-le-champ; car votre gouverneur m'a défendu de séjourner longtemps dans votre ville.

— Nous ne vous retenons donc pas, l'ami, reprit Jean Peuquoy. Adieu. Dites à Martin-Guerre... Mais non! à lui nous n'avons rien à dire. Dites seulement à monsieur d'Exmès que nous le remercions, et que nous nous souvenons du 5. Mais, nous l'espérons, de son côté aussi, lui se souviendra.

— Écoutez, de plus, ajouta Pierre Peuquoy qui sortit un moment de sa sombre méditation. Vous direz encore à votre maître que nous persisterons à l'attendre tout un mois. En un mois, vous pouvez retourner à Paris, et il pourra renvoyer quelqu'un ici. Mais si la première année se termine sans que nous recevions de ses nouvelles, nous croirons que son cœur n'a pas de mémoire, et nous en serons fâchés pour lui autant que pour nous. Car, enfin, sa probité de gentilhomme, qui se rappelle si bien l'argent prêté, devrait se souvenir encore mieux des secrets confiés. Là-dessus, adieu, l'ami.

— Que Dieu vous garde! dit le messager de Gabriel en se levant pour partir. Toutes vos questions et tous vos avis seront fidèlement rapportés à mon maître.

Jean Peuquoy accompagna l'homme jusqu'à la porte de la maison. Pour Pierre, il resta atterré dans son coin.

Le messager flâneur, après maints détours et mainte nouvelle erreur dans cette ville embrouillée de Calais qu'il avait tant de peine à comprendre, regagna enfin la porte principale, où l'on exhiba son laissez-passer, et quand on l'eut soigneusement fouillé, put sortir dans la campagne.

Il marcha trois quarts d'heure, d'un pas allègre, sans s'arrêter, et ne ralentit sa marche qu'à une lieue environ de la place.

Alors, il se permit à lui-même de se reposer, s'assit sur un tertre de gazon, parut réfléchir, et un sourire de contentement illumina ses yeux et ses lèvres.

— Je ne sais pas, se dit-il, ce qu'ils ont tous dans cette ville de Calais à être plus tristes et plus mystérieux les uns que les autres. Le Wentworth me paraît avoir un compte à régler avec monsieur d'Exmès, et les Peuquoy me semblent garder quelque rancune à ce Martin-Guerre. Mais bah ! qu'est-ce que cela me fait au bout du compte ? Je ne suis pas triste, moi ! J'ai ce que je veux et ce qu'il me faut ! Pas un trait de plume, pas un brin de papier, c'est vrai ! mais tout est là, dans ma tête, et, avec le plan de monsieur d'Exmès, je reconstruirai aisément dans ma pensée cette place, qui rend les autres si mornes et dont le souvenir me rend si joyeux, moi.

Il repassa rapidement, dans son imagination, par les rues, boulevards et postes fortifiés, où sa prétendue balourdise l'avait si à propos conduit.

— C'est cela ! se dit-il. Tout est net et clair comme si je voyais tout encore. Le duc de Guise sera content. Grâce à ce voyage et aux précieuses indications du capitaine des gardes de Sa Majesté, nous pourrons l'amener en force, ce cher vicomte d'Exmès, et son écuyer avec lui, au rendez-vous que leur assignent dans un mois lord Wentworth et Pierre Peuquoy. Dans six semaines, si Dieu et les circonstances nous favorisent, nous serons les maîtres de Calais, ou j'y perdrai mon nom !

Et nos lecteurs conviendront que c'eût été dommage, quand ils sauront que ce nom était celui du maréchal Pierre Strozzi, l'un des plus célèbres et des plus habiles ingénieurs du quatorzième siècle.

Au bout de quelques minutes de repos, Pierre Strozzi se remit en route, comme s'il eût eu hâte d'être déjà de retour à Paris. Il pensait beaucoup à Calais et fort peu à ses habitans.

LII.

LE 31 DÉCEMBRE 1557.

On a deviné sans doute pourquoi Pierre Strozzi avait trouvé lord Wentworth si amer et si chagrin, et pourquoi le gouverneur de Calais parlait encore du vicomte d'Exmès avec tant de hauteur et d'aigreur.

C'est que madame de Castro paraissait le haïr de plus en plus.

Quand il lui faisait demander la permission d'aller lui rendre visite, elle cherchait toujours des prétextes pour se dispenser de le recevoir. Si pourtant elle était forcée parfois de subir sa présence, son accueil glacial et cérémonieux trahissait trop clairement ses sentiments pour lui et le laissait chaque fois plus désolé.

Lui, cependant, ne se lassait pas encore dans son amour. Sans espérer rien, il n'en était pas à désespérer. Il voulait, du moins, rester pour Diane le parfait gentilhomme qui avait laissé à la cour de Marie d'Angleterre une réputation de courtoisie exquise. Il accablait, c'est le mot, sa prisonnière de ses prévenances. Elle était servie avec des égards et un luxe princiers. Il lui avait donné un page français, Il avait engagé pour elle un de ses musiciens italiens si recherchés au siècle de la renaissance. Diane trouvait parfois dans sa chambre des parures et des atours du plus grand prix ; c'était lord Wentworth qui les avait fait venir de Londres à son intention ; mais elle ne les regardait seulement pas.

Une fois, il donna en son honneur une grande fête à laquelle il convia tout ce qu'il y avait d'Anglais illustres à Calais et en France. Ses invitations traversèrent même le détroit. Mais madame de Castro refusa obstinément d'y paraître.

Lord Wentworth, en présence de tant de froideurs et de dédains, se répétait chaque jour qu'il vaudrait assurément mieux, pour son repos, accepter la rançon royale que lui faisait offrir Henri II, et rendre Diane à la liberté.

Mais c'était, en même temps, la rendre à l'amour heureux de Gabriel d'Exmès, et l'Anglais ne trouvait jamais dans son cœur assez de force et de courage pour accomplir un si rude sacrifice.

— Non, non, se disait-il, si je ne l'ai pas, personne du moins ne l'aura !

Au milieu de ces irrésolutions et de ces angoisses, les jours, les semaines, les mois s'écoulaient.

Le 31 décembre 1557, lord Wentworth avait réussi à se faire admettre dans le logement de madame de Castro. Nous l'avons dit, il ne respirait que là, bien qu'il en sortît toujours plus triste et plus épris. Mais voir Diane, même sévère, l'entendre, même ironique, était devenu pour lui le plus impérieux besoin.

Lui debout, elle assise devant la haute cheminée, ils causaient.

Ils causaient sur l'unique et navrant sujet qui les réunissait et les séparait à la fois.

— Enfin, madame, disait l'amoureux gouverneur, si pourtant, outré de votre cruauté, exaspéré de vos mépris, j'oubliais que j'étais gentilhomme et votre hôte ?...

— Vous vous déshonoreriez, milord, vous ne me déshonoreriez pas, répondit Diane avec fermeté.

— Nous serions déshonorés ensemble ! reprit lord Wentworth. Vous êtes en mon pouvoir ! Où vous réfugieriez-vous ?

— Mais, mon Dieu ! dans la mort, répondit-elle tranquillement.

Lord Wentworth pâlit et frissonna. Lui, causer la mort de Diane !

— Une telle obstination n'est point naturelle, reprit-il en secouant la tête. Au fond, vous craindriez de me pousser à bout, si vous ne conserviez quelque espérance insensée, madame. Vous croyez donc toujours à je ne sais quelle chance impossible ? Voyons, dites, de qui pouvez-vous cependant attendre du secours à cette heure ?

— De Dieu, du roi... répondit Diane.

Il y eut dans sa phrase une suspension et, dans sa pensée, une réticence que lord Wentworth ne comprit que trop.

— A coup sûr, elle songe à ce d'Exmès ! se dit-il.

Mais c'était là un dangereux souvenir qu'il n'osa pas aborder ou réveiller.

Il se contenta donc de reprendre avec amertume :

— Oui, comptez sur le roi ! comptez sur Dieu ! Mais si Dieu avait voulu vous secourir, madame, c'est le premier jour qu'il vous eût sauvée, ce me semble ! et voici une année qui finit aujourd'hui sans qu'il ait étendu sur vous sa protection.

— J'espère donc en l'année qui commence demain, répliqua Diane, en levant ses beaux yeux au ciel, comme pour implorer le céleste appui.

— Quant au roi de France, votre père, poursuivit lord Wentworth, il a, j'imagine, sur les bras des affaires assez lourdes pour employer toute sa puissance et toute sa pensée. La France est encore dans un plus urgent danger que sa fille.

— C'est vous qui le dites ! reprit Diane avec un accent de doute.

— Lord Wentworth ne ment pas, madame. Savez-vous où en sont les choses pour le roi, votre auguste père ?...

— Que puis-je apprendre dans cette prison ? répondit Diane, qui pourtant n'avait pu retenir un mouvement d'intérêt.

— Vous n'auriez qu'à m'interroger, reprit lord Wentworth, heureux d'être un moment écouté, fût-ce comme messager de malheur. Eh bien ! sachez que le retour de monsieur le duc de Guise à Paris n'a nullement amélioré jusqu'ici la situation de la France. On a organisé quelques troupes, renforcé quelques places, rien de plus. A l'heure où nous sommes, ils hésitent et ne savent trop que faire. Toutes leurs forces rassemblées sur les frontières du Nord ont bien pu arrêter la marche triomphante des Espagnols, mais n'entreprennent rien pour leur compte. Attaqueront-elles le Luxembourg ? Se dirigeront-elles sur la Picardie ? on l'ignore. Essayeront-elles de prendre Saint-Quentin ou Ham ?...

— Ou Calais ? interrompit Diane, en levant vivement

les yeux sur le gouverneur, pour saisir sur son visage l'effet de ce nom jeté.

Mais lord Wentworth ne sourcilla pas, et, avec un superbe sourire :

— Oh! madame, reprit-il, permettez-moi de ne pas même me poser cette question-là. Quiconque a seulement une idée de la guerre n'admettra pas cette folle supposition une minute, et monsieur le duc de Guise a trop d'expérience pour s'exposer, par une tentative aussi étrangement irréalisable, à la risée de tout ce qui porte une épée en Europe.

En ce même moment, il se fit quelque bruit à la porte, et un archer entra précipitamment.

Lord Wentworth se levant alla à lui avec impatience.

— Qu'y a-t-il donc pour qu'on ose venir me déranger ainsi? demanda-t-il irrité.

— Que milord me pardonne! répondit l'archer. C'est lord Derby qui m'envoie en hâte.

— Et pour quel si pressant motif? Expliquez-vous, voyons !

— C'est, reprit l'archer, qu'on vient d'annoncer à lord Derby qu'une avant-garde de deux mille arquebusiers français avait été vue à dix lieues de Calais hier, et lord Derby m'a donné ordre d'en venir sur-le-champ avertir milord.

— Ah! s'écria Diane qui ne chercha pas à dissimuler un mouvement de joie.

Mais lord Wentworth reprit froidement en s'adressant à l'archer :

— Et c'est pour cela que vous avez pris l'audace de me poursuivre jusqu'ici, drôle?

— Milord, dit le pauvre diable stupéfait, lord Derby...

— Lord Derby, interrompit le gouverneur, est un myope qui prend des mottes de terre pour des montagnes. Allez le lui dire de ma part.

— Ainsi, milord, reprit l'archer, les postes que lord Derby voulait faire doubler au plus vite ?

— Qu'ils restent comme ils sont ! et qu'on me laisse tranquille avec ces paniques ridicules !

L'archer s'inclina respectueusement et sortit.

— Pourtant, milord, dit Diane de Castro, vous voyez que, dans l'opinion même de l'un de vos meilleurs lieutenans, mes prévisions si insensées pourraient se réaliser à la rigueur.

— Je suis obligé de vous détromper plus que jamais sur ce point, madame, reprit lord Wentworth avec son imperturbable assurance. Je puis vous donner en deux mots l'explication de cette fausse alerte, à laquelle je ne conçois pas que lord Derby se soit laissé prendre.

— Voyons, dit madame de Castro, avide de lumière sur un point où se concentrait maintenant sa vie.

— Eh bien! madame, continua lord Wentworth, de deux choses l'une : ou messieurs de Guise et de Nevers, qui sont, je le reconnais, d'habiles et prudens capitaines, veulent ravitailler Ardres et Boulogne, et dirigent de ce côté les troupes qu'on a signalées, ou bien ils font vers Calais un mouvement simulé pour tranquilliser Ham et Saint-Quentin ; puis, revenant brusquement sur leurs pas, ils vont tâcher de surprendre une de ces deux villes.

— Et qui vous dit, en somme, monsieur, reprit madame de Castro plus imprudente que patiente, qui vous dit que ce n'est pas vers Ham ou Saint-Quentin qu'ils ont dirigé leur feinte, pour surprendre plus sûrement Calais?

Heureusement, elle avait affaire à une conviction solide, et ancrée à la fois sur l'orgueil national et l'orgueil individuel.

— J'ai déjà eu l'honneur de vous affirmer, madame, reprit lord Wentworth avec dédain, que Calais est une de ces villes qu'on ne saurait ni surprendre ni prendre. Avant qu'on pût seulement en approcher, il faudrait emporter le fort Sainte-Agathe, se rendre maître du fort de Nieullay. Il faudrait quinze jours de lutte victorieuse sur tous les points, et, pendant ces quinze jours, l'Angleterre avertie aurait quinze fois le temps d'accourir tout entière au secours de sa précieuse cité. Prendre Calais ! Ah! ah! je ne puis m'empêcher de rire quand j'y songe !

Madame de Castro blessée repartit avec quelque amertume :

— Ce qui fait ma douleur fait votre joie. Comment voulez-vous que nos âmes parviennent jamais à s'entendre?

— Eh ! madame, s'écria lord Wentworth pâlissant, je voudrais justement anéantir vos illusions qui nous séparent. Je voudrais vous prouver, clair comme le jour, que vous vous leurrez de chimères, et que, pour concevoir seulement l'idée de la tentative que vous rêvez, il faudrait qu'à la cour de France on fût atteint de folie.

— Il y a des folies héroïques, milord, dit fièrement Diane, et je sais en effet des insensés grandioses qui ne reculeraient pas devant cette sublime extravagance, par amour de la gloire, ou simplement par dévoûment.

— Ah! oui, monsieur d'Exmès par exemple! s'écria lord Wentworth emporté par une fureur jalouse qu'il fut incapable de maîtriser.

— Qui vous a dit ce nom? demanda madame de Castro stupéfaite.

— Ce nom, madame, reprit le gouverneur, avouez que vous l'avez eu sur les lèvres depuis le commencement de cet entretien, et qu'en même temps que Dieu et votre père, vous invoquiez dans votre pensée ce troisième libérateur.

— Ai-je à vous rendre compte de mes sentimens? dit Diane.

— Ne me rendez compte de rien, je sais tout, reprit le gouverneur. Je sais ce que vous ignorez vous-même, madame, et ce qu'il me plaît de vous apprendre aujourd'hui, pour vous montrer quel fonds il faut établir sur la belle passion de ces romanesques amoureux. Je sais notamment que le vicomte d'Exmès, fait prisonnier à Saint-Quentin en même temps que vous, a été amené en même temps que vous ici, à Calais.

— Se peut-il ! s'écria Diane au comble de la surprise.

— Oh ! mais il n'y est plus, madame! Sans cela je ne vous le dirais pas. Depuis deux mois, monsieur d'Exmès est libre.

— Et j'ai ignoré qu'un ami souffrait avec moi, si près de moi ! reprit Diane.

— Oui, vous l'ignoriez, mais il ne l'ignorait pas, lui, madame, dit le gouverneur. Je dois même vous avouer que, lorsqu'il l'a su, il s'est répandu contre moi en menaces fort redoutables. Non-seulement il m'a provoqué en duel, mais, poussant, comme vous l'avez prévu avec une sympathie admirable, l'amour jusqu'à la folie, il m'a déclaré en face sa résolution nette de prendre Calais.

— J'espère bien que jamais! reprit Diane.

— N'espérez pas trop, madame, dit lord Wentworth ; car, je vous le répète, depuis que monsieur d'Exmès m'a adressé ses adieux effrayans, deux mois se sont écoulés. J'ai bien eu, il est vrai, dans ces deux mois, des nouvelles de mon agresseur; il m'a envoyé à la fin de novembre, avec une scrupuleuse exactitude, l'argent de sa rançon. Mais de son fier défi, plus un mot.

— Attendez, milord, reprit Diane. Monsieur d'Exmès saura payer tous ses genres de dettes.

— J'en doute, madame; car le jour de l'échéance est bientôt passé.

— Que voulez-vous dire? demanda madame de Castro.

— J'ai fait annoncer, madame, au vicomte d'Exmès, par l'homme qu'il m'a envoyé, que j'attendrais l'effet de sa double provocation jusqu'au 1er janvier 1558. Or, nous voici au 31 décembre...

— Eh bien! interrompit Diane, il a encore douze heures devant lui.

— C'est juste, madame, dit lord Wentworth. Mais si demain, à pareille heure, je n'ai pas de ses nouvelles...

Il n'acheva pas. Lord Derby tout effaré se précipita en ce moment dans la chambre.

— Milord! s'écria-t-il, milord, je le disais bien ! c'étaient les Français ! et c'est à Calais qu'ils en veulent.

— Allons donc! reprit lord Wentworth qui changea de

couleur malgré sa feinte assurance. Allons donc! c'est impossible! Qui vous prouve cela? encore des bruits, des propos, des terreurs chimériques?...

— Hélas! non, des faits, par malheur, répondit lord Derby.

— Plus bas, Derby, alors, parlez plus bas, dit le gouverneur en se rapprochant de son lieutenant; voyons, du sang-froid. Que voulez-vous dire avec vos faits?

Lord Derby reprit à voix basse, comme l'exigeait son supérieur qui ne voulait pas faiblir devant Diane.

— Les Français ont attaqué à l'improviste le fort Sainte-Agathe. Rien n'était préparé pour les recevoir, ni les murs, ni les hommes; et j'ai bien peur qu'à l'heure qu'il est ils ne soient déjà maîtres de ce premier boulevard de Calais.

— Ils seraient loin de nous encore! dit vivement lord Wentworth.

— Oui, reprit lord Derby, mais rien dès-lors ne leur ferait obstacle jusqu'au pont de Nieullay, et le pont de Nieullay est à deux milles de la place.

— Avez-vous envoyé des renforts aux nôtres, Derby?

— Oui, milord, excusez-moi; sans vos ordres et malgré vos ordres.

— Vous avez bien fait, dit lord Wentworth.

— Mais ces secours seront encore arrivés trop tard, reprit le lieutenant.

— Qui sait? Ne nous effrayons point. Vous allez m'accompagner sur-le-champ à Nieullay. Nous ferons payer cher à ces imprudens leur audace! Et, s'ils ont déjà Sainte-Agathe, eh bien! nous en serons quitte pour les en chasser.

— Dieu le veuille! dit lord Derby. Mais ils ont bien fermement engagé la partie.

— Nous aurons la revanche, répondit lord Wentworth. Qui les commande, savez-vous?

— On l'ignore; monsieur de Guise probablement, ou, au moins, monsieur de Nevers. L'enseigne qui, au grand galop de son cheval, est accouru ici apporter l'incroyable nouvelle de leur subite arrivée, m'a dit seulement avoir reconnu lui-même de loin, aux premiers rangs, votre ancien prisonnier, vous vous rappelez, ce vicomte d'Exmès...

— Damnation! s'écria le gouverneur en serrant les poings. Venez, Derby, venez vite!

Madame de Castro, avec cette finesse de perception qu'on trouve dans les grandes circonstances, avait entendu presque tout le rapport, fait pourtant à voix basse, de lord Derby.

Quand lord Wentworth prit congé d'elle, en lui disant:

— Vous m'excuserez, madame, il faut que je vous quitte. Une affaire importante...

— Allez, milord, interrompit Diane, non sans quelque malice de femme; allez tâcher de reprendre vos avantages si cruellement compromis. Mais sachez, en attendant, deux choses : d'abord, que les illusions les plus fortes sont précisément celles qui ne doutent pas, et puis, qu'il faut toujours compter sur la parole d'un gentilhomme français. Nous ne sommes pas au 1er janvier, milord.

Lord Wentworth, furieux, sortit sans répondre.

LIII.

PENDANT LA CANONNADE.

Lord Derby ne s'était guère trompé dans ses conjectures. Voici ce qui était arrivé :

Les troupes de monsieur de Nevers s'étant rapidement unies, la nuit, à celles du duc de Guise, étaient arrivées inopinément, grâce à une marche forcée, devant le fort Sainte-Agathe. Trois mille arquebusiers, soutenus de vingt-cinq à trente chevaux, avaient emporté ce fort en moins d'une heure.

Lord Wentworth n'arriva avec lord Derby au fort de Nieullay, que pour voir sur le pont les siens en fuite accourir demander un refuge à ce second et meilleur rempart de Calais.

Mais, le premier moment de saisissement passé, nous devons convenir que lord Wentworth se redressa vaillamment. C'était, après tout, une âme d'élite, et qui puisait dans l'orgueil particulier à sa race une grande énergie.

— Il faut que ces Français soient véritablement fous! dit-il de très bonne foi à lord Derby. Mais nous leur ferons payer cher leur folie. Il y a deux siècles, Calais a tenu une année contre les Anglais, et tiendrait dix ans avec eux. Nous n'aurons pas, au surplus, besoin de si longs efforts. Avant la fin de la semaine, Derby, vous verrez l'ennemi battre honteusement en retraite. Il a gagné tout ce qu'il pouvait emporter par surprise. Mais nous sommes sur nos gardes à présent. Qu'on se rassure donc, et qu'on rie avec moi de cette bévue de monsieur de Guise.

— Allez-vous faire venir des renforts d'Angleterre? demanda lord Derby.

— A quoi bon? répondit superbement le gouverneur. Si nos étourdis persistent dans leur imprudence, avant trois jours, et tandis que nous les tiendrons en échec, les troupes espagnoles et anglaises qui sont en France viendront d'elles-mêmes à notre aide. Si ces fiers conquérans s'entêtent tout à fait, en vingt-quatre heures un avis transmis à Douvres nous amènera dix mille hommes. Mais, jusque-là, ne leur faisons pas trop d'honneur par trop d'appréhension. Nos neuf cents soldats et nos bonnes murailles leur donneront assez de besogne. Ils n'iront pas plus loin que le pont de Nieullay!

Toujours est-il que le lendemain, 1er janvier 1558, les Français étaient déjà à ce pont que lord Wentworth leur marquait pour dernier terme. Ils avaient ouvert la tranchée pendant la nuit, et, dès midi, leurs canons battaient le fort de Nieullay en brèche.

Ce fut donc au bruit formidable et régulier des deux artilleries étonnantes qu'une scène de famille, solennelle et triste, se passa dans la vieille maison de Peuquoy.

Les questions pressantes adressées par Pierre Peuquoy au messager de Gabriel l'ont déjà, sans nul doute, appris au lecteur, Babette n'avait pu cacher longtemps à son frère et à son cousin ses larmes, et la cause de ses larmes.

Elle n'était pas en effet malheureuse à moitié, la pauvre fille! Et la réparation que lui devait le prétendu Martin-Guerre n'était plus seulement nécessaire pour elle, elle l'était aussi pour son enfant.

Babette Peuquoy allait être mère.

Toutefois, en avouant sa faute et la dure conséquence de sa faute, elle n'avait pas osé convenir vis-à-vis de Pierre et de Jean que son avenir était sans issue, que Martin-Guerre était marié.

Elle ne convenait pas vis-à-vis de son propre cœur; elle se disait que c'était impossible, que monsieur d'Exmès s'était trompé, et que Dieu, qui est bon, n'accable pas ainsi sans ressource une pauvre misérable créature dont tout le crime est d'avoir aimé! Elle se répétait naïvement, tout le jour, ces raisonnemens d'enfant, et elle espérait. Elle espérait dans Martin-Guerre, elle espérait dans le vicomte d'Exmès. Quoi? elle ne le savait pas; mais enfin elle espérait.

Néanmoins, le silence gardé pendant ces deux mois éternels, par le maître et par le serviteur, lui avait porté un coup affreux.

Elle attendait avec une impatience mêlée d'épouvante le 1er janvier, cette dernière limite que Pierre Peuquoy avait osé assigner au vicomte d'Exmès lui-même.

Aussi, le 31 décembre, la nouvelle, d'abord vague et bientôt certaine, que les Français marchaient sur Calais, lui causa un tressaillement de joie indicible.

Elle entendait dire à son frère et à son cousin que sûrement le vicomte d'Exmès était parmi les assaillants. Donc Martin-Guerre y était aussi; donc, Babette avait eu raison d'espérer!

Ce fut cependant avec un certain serrement de cœur que, le lendemain 1er janvier, elle reçut de Pierre Peuquoy l'invitation de se rendre dans la salle basse, où ils allaient s'entendre avec Jean, devant elle, sur ce qu'il y avait lieu de faire dans les circonstances actuelles.

Elle se présenta toute pâle et tremblante devant cette sorte de tribunal domestique, composé pourtant des deux seuls êtres qui lui portaient une affection presque paternelle.

— Mon cousin, mon frère, dit-elle d'une voix émue, me voici à vos ordres.

— Asseyez-vous, Babette, lui dit Pierre en lui montrant une chaise préparée pour elle.

Puis, il reprit avec douceur, mais avec gravité :

— Au commencement, Babette, lorsque, vaincue par nos instances et nos alarmes, vous nous avez confié la triste vérité, je n'ai pas, je m'en souviens à regret, été le maître d'un premier mouvement de colère et de douleur, je vous ai injuriée, menacée même ; mais Jean est heureusement intervenu entre nous.

— Qu'il soit béni pour sa générosité et son indulgence! dit Babette en tournant vers son cousin son regard noyé de larmes.

— Ne parlez pas de cela, Babette, n'en parlez pas, reprit Jean plus ému qu'il n'eût voulu le paraître. Ce que j'ai fait est bien simple, et, après tout, ce n'était pas le moyen de remédier à vos peines que de vous en infliger de nouvelles.

— C'est ce que j'ai compris, reprit Pierre. D'ailleurs, Babette, votre repentir et vos larmes m'ont touché : ma fureur s'est adoucie en pitié, ma pitié en tendresse, et je vous ai pardonné la tache que vous aviez faite à notre nom jusque-là sans tache.

— Jésus sera bon pour vous comme vous avez été bon pour moi, mon frère.

— Et puis, continua Pierre, Jean me faisait encore remarquer que votre malheur n'était peut-être pas sans remède, et que celui qui vous avait entraînée dans la faute avait pour droit et pour devoir de vous en retirer.

Babette courba plus bas son front rougissant. Lorsqu'un autre qu'elle paraissait croire à cette réparation, elle n'y croyait plus.

Pierre poursuivit :

— Malgré cet espoir, que j'accueillis avec transport, de voir votre honneur et le nôtre réhabilités, Martin-Guerre se taisait toujours, et le messager que monsieur d'Exmès a envoyé, il y a un mois, à Calais ne nous a même apporté de votre séducteur aucune nouvelle. Mais voici les Français devant nos murs. Le vicomte d'Exmès et son écuyer sont avec eux, j'imagine.

— Dites que cela est certain, Pierre, interrompit le brave Jean Peuquoy.

— Ce n'est pas moi qui vous contredirai là-dessus, Jean. Admettons donc que monsieur d'Exmès et son écuyer ne sont séparés de nous que par les murailles et les fossés qui nous gardent, ou plutôt qui gardent les Anglais. En ce cas, si nous les revoyons, Babette, comment estimez-vous que nous devions nous comporter envers eux ? Seront-ils des amis ou des ennemis pour nous ?

— Ce que vous ferez sera bien fait, mon frère, dit Babette, effrayée du tour que prenait l'entretien.

— Mais, Babette, ne présumez-vous rien de leurs intentions ?

— Rien, mon Dieu ! J'attends, voilà tout.

— Ainsi, vous ne savez pas s'ils viennent pour vous sauver ou pour vous abandonner, et le canon qui sert d'accompagnement à mes paroles annonce à notre famille des libérateurs qu'il faut bénir, ou des infâmes qu'il faut punir ? Vous n'en savez rien, Babette ?

— Hélas! dit Babette, pourquoi me demandez-vous cela, à moi, triste fille sans pensée, qui ne sais plus que prier et me résigner ?

— Pourquoi je vous demande cela, Babette ? Ecoutez. Vous vous rappelez dans quels sentiments nous a élevés notre père à l'endroit de la France et des Français. Les Anglais n'ont jamais été pour nous des compatriotes, mais des oppresseurs, et, il y a trois mois, nulle musique n'eût été plus agréable à mes oreilles que celle qui retentit en ce moment.

— Ah ! pour moi, s'écria Jean, c'est toujours comme la voix de ma patrie qui m'appelle.

— Jean, reprit Pierre Peuquoy, la patrie, c'est le foyer en grand ; c'est la famille multipliée, c'est la fraternité élargie. Mais sied-il de lui sacrifier l'autre fraternité, l'autre foyer, l'autre famille ?

— Mon Dieu ! à quoi voulez-vous donc en venir, Pierre ? demanda Babette.

— A ceci, répondit Pierre : dans les rudes mains plébéiennes et travailleuses de ton frère, Babette, réside peut-être, à la minute où nous sommes, le sort de la ville de Calais. Oui, ces pauvres mains, noircies par le travail de chaque jour, peuvent rendre au roi de France la clef de la France.

— Et elles hésitent ! s'écria Babette qui avait véritablement sucé avec le lait la haine du joug étranger.

— Ah ! noble fille ! dit Jean Peuquoy ; oui, tu étais bien digne de notre confiance !

— Ni mon cœur ni mes mains n'hésiteraient, reprit Pierre imperturbable, si j'avais la possibilité de restituer directement sa belle cité au roi Henri II, ou à son représentant monsieur le duc de Guise. Mais les circonstances sont telles que nous serions forcés de nous servir de l'intermédiaire de monsieur d'Exmès.

— Eh bien ? demanda Babette surprise de cette réserve.

— Eh bien ! reprit Pierre, autant je serais heureux et fier d'associer à cette grande action celui qui fut notre hôte, et dont l'écuyer devrait devenir mon frère, autant il me répugnerait de faire cet honneur au gentilhomme sans entrailles qui aurait contribué à nous ôter l'honneur.

— Lui, monsieur d'Exmès, si compatissant, si loyal ! s'écria Babette.

— Il n'en est pas moins vrai, dit Pierre, que monsieur d'Exmès, par ta confidence, Babette, comme Martin-Guerre par sa conscience, a su ton malheur, et tu vois bien que tous deux ils se taisent.

— Mais que pouvait dire et faire monsieur d'Exmès ? demanda Babette.

— Il pouvait, ma sœur, dès son retour à Paris, faire venir Martin-Guerre, et lui commander de te donner son nom ! Il pouvait, au lieu de cet inconnu, renvoyer ici son écuyer, et nous payer ainsi à la fois la dette de sa bourse et la dette de son cœur !

— Non, non, il ne le pouvait pas, dit la sincère Babette en hochant tristement la tête.

— Quoi ! il n'était pas libre de donner un ordre à son serviteur ?

— Et à quoi bon donner cet ordre ? reprit Babette.

— Comment ! à quoi bon ? s'écria Pierre Peuquoy. A quoi bon réparer un crime ? à quoi bon sauver une réputation ? mais devenez-vous folle, Babette ?

— Hélas ! non, pour mon malheur ! dit la pauvre fille en larmes. Les fous oublient.

— Alors, continua Pierre, comment, si vous avez votre raison, pouvez-vous dire que monsieur d'Exmès a bien fait de ne pas user de son autorité de maître pour contraindre votre séducteur à vous épouser ?...

— M'épouser ! m'épouser ! eh ! le pourrait-il ? dit Babette éperdue.

— Mais qui donc l'en empêcherait ? s'écrièrent en même temps Jean et Pierre.

Tous deux s'étaient levés d'un mouvement irrésistible. Babette tomba sur ses genoux.

— Ah ! s'écria-t-elle égarée, pardonnez-moi une fois de plus, mon frère !... Je voulais vous cacher cela... Je me le cachais à moi-même !... Mais voilà que vous venez me parler de notre honneur flétri, de la France, de monsieur d'Exmès, de cet indigne Martin-Guerre... que sais-je ?... Ah ! ma tête se perd. Vous me demandiez si je devenais folle ?

je crois qu'en effet la démence me saisit. Voyons, vous qui êtes plus calmes, dites-moi si je me trompe, si j'ai rêvé, ou bien si c'est vraiment possible ce qu'il m'a annoncé, monsieur d'Exmès?...

— Ce qu'il vous a annoncé! répéta Pierre saisi d'épouvante.

— Oui, dans ma chambre, le jour de son départ, quand je le priais de remettre à Martin cette bague... Je n'osais pas lui avouer, à lui étranger, ma faute. Et cependant il a dû me comprendre. Et s'il m'a comprise, comment a-t-il pu me dire?...

— Quoi? Que t'a-t-il dit? Achève! s'écria Pierre.

— Hélas! que Martin-Guerre était déjà marié! dit Babette.

— Malheureuse! s'écria Pierre Peuquoy s'élançant, hors de lui, et levant la main sur sa sœur.

— Ah! c'est donc vrai! dit d'une voix mourante la malheureuse enfant; je sens que c'est vrai à présent.

Et elle tomba sur le parquet, évanouie.

Jean avait eu le temps de prendre Pierre par le corps et de le rejeter en arrière.

— Que fais-tu donc, Pierre? lui dit-il sévèrement. Ce n'est pas la malheureuse qu'il faut frapper, c'est le misérable.

— C'est juste, reprit Pierre Peuquoy, honteux de sa colère aveugle.

Il se retira à l'écart, farouche et sombre, tandis que Jean, penché sur Babette, s'efforçait de la rappeler à la vie. Il y eut un assez long silence.

Au dehors, par intervalles presque réglés, le canon grondait toujours.

Enfin, Babette rouvrit les yeux, et, d'abord, essaya de rappeler ses souvenirs.

— Que s'est-il donc passé? demanda-t-elle.

Elle regarda, avec un regard vague, le visage incliné vers elle de Jean Peuquoy.

Chose étrange! Jean ne paraissait pas trop triste. Il y avait même sur son excellente physionomie, en même temps qu'un attendrissement profond, une sorte de contentement secret.

— Mon bon bon cousin! dit Babette en lui tendant la main.

Le premier mot de Jean Peuquoy à la chère affligée fut:

— Espérez, Babette, espérez!

Mais les yeux de Babette s'arrêtèrent en ce moment sur la figure morne et désolée de son frère, et elle tressaillit, car tout lui revint à la mémoire à la fois.

— Oh! Pierre, pardon! pardon! cria-t-elle.

Sur un signe touchant de Jean Peuquoy pour l'exhorter à la miséricorde, Pierre s'avança vers sa sœur, la releva, la fit s'asseoir.

— Rassure-toi, lui dit-il. Ce n'est pas à toi que j'en veux. Tu as dû tant souffrir! Rassure-toi. Je te répéterai après Jean : Espère.

— Ah! que puis-je espérer maintenant? dit-elle.

— Non plus la réparation, c'est vrai, mais du moins la vengeance, répondit Pierre les sourcils froncés.

— Et moi, lui glissa Jean à voix basse, moi, je vous dis : la vengeance et la réparation en même temps.

Elle le regarda avec surprise. Mais, avant qu'elle pût l'interroger, Pierre reprit :

— De nouveau, pauvre sœur, je te pardonne. Ta faute, en somme, n'est pas plus grande parce qu'un lâche t'a trompée deux fois. Je t'aime, Babette, comme je t'ai toujours aimée.

Babette, heureuse dans sa douleur, se jeta dans les bras de son frère.

— Mais, reprit Pierre Peuquoy quand il l'eut embrassée, ma colère ne s'est pas éteinte, elle s'est seulement déplacée. Celui qu'elle voudrait maintenant atteindre c'est, je le répète, cet infâme suborneur, cet odieux Martin-Guerre!...

— Mon frère! interrompit douloureusement Babette.

— Non, pour lui pas de pitié! s'écria le bourgeois rigide. Mais à son maître, à monsieur d'Exmès, je dois une réparation, ma loyauté en convient sans peine.

— Je vous l'avais bien dit, Pierre, reprit Jean Peuquoy.

— Oui, Jean, vous aviez raison, comme toujours, et j'avais mal jugé ce digne seigneur. Désormais, tout s'explique. Son silence même était de la délicatesse. Pourquoi nous eût-il cruellement rappelé un malheur irréparable? J'avais tort! Et quand je songe que, par une méprise funeste, j'allais peut-être mentir aux convictions et aux instincts de toute ma vie, et faire payer à cette France que j'aime tant une faute qui n'existait même pas!

— A quoi tiennent, mon Dieu! les grands événemens de ce monde! reprit philosophiquement Jean Peuquoy; mais par bonheur, rien n'est perdu encore, ajouta-t-il, et, grâce à la confiance de Babette, nous savons maintenant que le vicomte d'Exmès n'a pas démérité de notre amitié. Oh! je connaissais son noble cœur; car je n'ai jamais eu qu'à l'admirer, hormis dans son hésitation première, quand nous lui avons d'abord proposé la revanche de la prise de Saint-Quentin. Mais cette hésitation, m'est avis qu'il contribue en ce moment à la réparer d'une éclatante façon.

Et le brave tisserand faisait signe qu'on écoutât le son formidable du canon, qui semblait retentir à coups de plus en plus pressés.

— Jean, reprit Pierre Peuquoy, savez-vous ce que dit pour nous cette canonnade?

— Elle nous dit que monsieur d'Exmès est là, répondit Jean.

— Oui, frère, mais, ajouta Pierre à l'oreille de son cousin, elle nous dit encore : *Souvenez-vous du 5!*

— Et nous nous en souviendrons, Pierre, n'est-il pas vrai?

Ces confidences à voix basse alarmaient Babette, qui, toute à son idée fixe, murmura :

— Que complotent-ils? Jésus! Si monsieur d'Exmès est là, Dieu veuille que du moins ce Martin-Guerre n'y soit pas avec lui!

— Martin-Guerre? reprit Jean qui l'entendit. Oh! monsieur d'Exmès aura honteusement chassé ce serviteur indigne! Et il aura bien fait dans l'intérêt même du lâche; car nous l'eussions provoqué et tué, à son premier pas dans Calais, n'est-ce pas, Pierre?

— En tout cas, reprit le frère de son accent inflexible, si ce n'est à Calais, ce sera à Paris; je le tuerai!

— Oh! s'écria Babette, ce sont justement ces représailles que je craignais! non pas pour lui, que je n'aime plus, que je méprise, mais pour vous, Pierre, pour vous Jean, tous deux si fraternels et si dévoués!

— Ainsi, Babette, dit Jean Peuquoy ému, dans un combat entre lui et moi ce n'est pas pour lui c'est pour moi que vous feriez des vœux.

— Ah! reprit Babette, cette seule question, Jean, est la plus cruelle punition de ma faute que vous puissiez m'infliger. Entre vous si bon et si clément et lui si vil et si traître, comment donc pourrais-je hésiter aujourd'hui?

— Merci! s'écria Jean. Ce que vous dites là me fait du bien, et croyez que Dieu vous en récompensera.

— Je suis sûr, moi du moins, reprit Pierre, que Dieu punira le coupable. Mais ne songeons pas encore à lui, ami, dit-il à Jean, nous avons actuellement d'autres choses à faire, et trois jours seulement pour préparer ces choses. Il faut sortir, voir nos amis, compter les armes...

Il répéta à voix basse :

— Jean, souvenons-nous du 5!

Un quart d'heure après, tandis que Babette, retirée plus calme dans sa chambre, remerciait Dieu, sans trop savoir de quoi, de leur côté, l'armurier et le tisserand sortaient tout affairés par la ville.

Ils ne paraissaient plus penser à Martin-Guerre, lequel, en ce moment, pour le dire en passant, se doutait aussi fort peu du mauvais parti qu'on lui préparait dans cette ville de Calais où il n'avait jamais mis le pied.

Cependant, les canons tonnaient toujours, et, comme dit Rabutin, *chargeaient et déchargeaient, de furie esmerveillable, leur tempête d'artillerie.*

LIV.

SOUS LA TENTE.

Trois jours après cette scène, le 4 janvier au soir, les Français, en dépit des prédictions de lord Wentworth, avaient encore fait du chemin.

Ils avaient dépassé, non-seulement le pont, mais aussi le fort de Nieullay, dont ils étaient depuis le matin les maîtres, ainsi que de toutes les armes et munitions qu'il contenait.

De cette position, ils pouvaient désormais fermer le passage à tout secours d'Espagnols ou d'Anglais venant de terre.

Un tel résultat valait bien, certes, les trois jours de lutte acharnée et meurtrière qu'il avait coûtés.

— Mais c'est un rêve! s'était écrié le hautain gouverneur de Calais, quand il avait vu ses troupes fuir en désordre vers la ville, malgré ses courageux efforts pour les retenir à leur poste.

Et, comble d'humiliation! il avait dû les suivre. Son devoir était de mourir le dernier.

— Par bonheur, lui dit lord Derby quand ils furent en sûreté, par bonheur, Calais et le Vieux-Château, même avec le peu de forces qui nous restent, tiendront bien deux ou trois jours encore. Le fort de Risbank et l'entrée par mer demeurent libres, et l'Angleterre n'est pas loin !

Le conseil de lord Wentworth assemblé déclara en effet avec assurance que là était le salut. Mais ce n'était plus le temps d'écouter l'orgueil. Un avis devait être sur-le-champ expédié à Douvres. Le lendemain, au plus tard, de puissans renforts arriveraient, et Calais était sauvé!

Lord Wentworth adopta ce parti avec résignation. Une barque partit aussitôt, emportant un message pressant pour le gouverneur de Douvres.

Puis, les Anglais prirent des mesures pour concentrer toute leur énergie sur la défense du Vieux-Château.

C'était là le côté vulnérable de Calais. Car la mer, les dunes et une poignée de milices urbaines suffisaient, et au-delà, à protéger le fort de Risbank.

Tandis que les assiégés organisent dans Calais la résistance sur le point attaquable, voyons un peu, hors de la ville, où en sont les assiégeans, et ce que notamment deviennent, dans cette soirée du 4, le vicomte d'Exmès, Martin-Guerre, et leurs vaillantes recrues.

Leur besogne étant celle de soldats et non de mineurs, et leur place n'étant pas aux tranchées et travaux du siége, mais au combat et à l'assaut, ils doivent se reposer, à l'heure qu'il est. Nous n'aurons en effet qu'à soulever la toile de cette tente placée un peu à l'écart sur la droite du camp français, pour retrouver Gabriel et sa petite troupe de volontaires.

Le tableau qu'ils présentaient était pittoresque et surtout varié.

Gabriel, la tête baissée, assis dans un coin sur le seul escabeau qu'il y eût, paraissait absorbé par une préoccupation profonde.

A ses pieds, Martin-Guerre raccommodait la boucle d'un ceinturon. Il relevait de temps en temps les yeux vers son maître avec sollicitude, mais il respectait la silencieuse méditation où il le voyait plongé.

Non loin d'eux, sur une sorte de lit formé de manteaux, gisait et geignait un blessé. Hélas! ce blessé n'était autre encore que le malencontreux Malemort.

A l'autre extrémité de la tente, le pieux Lactance agenouillé égrenait son chapelet avec activité et ferveur. Lactance avait eu le malheur d'assommer le matin, à la prise du fort Nieullay, trois de ses frères en Jésus-Christ. Il redevait donc à sa conscience trois cents *Pater* et autant d'*Ave*. C'était le taux ordinaire que lui avait imposé pour ses morts son confesseur. Ses blessés ne comptaient que pour moitié.

Près de lui, Yvonnet, après avoir soigneusement décrotté et brossé ses habits tachés par la boue et la poudre, cherchait des yeux un coin du sol qui ne fût pas trop humide afin de s'y étendre et de prendre un peu de repos, les veilles et fatigues trop prolongées étant tout à fait contraires à son tempérament délicat.

A deux pas d'Yvonnet, Scharfenstein oncle et Scharfenstein neveu faisaient sur leurs doigts énormes des calculs compliqués. Ils supputaient ce que pourrait leur rapporter le butin de la matinée. Scharfenstein neveu avait eu le talent de mettre la main sur une armure de prix, et ces dignes Teutons, le visage épanoui, partageaient d'avance l'argent qu'ils comptaient tirer de cette riche proie.

Pour le reste des soudards, groupés au centre de la tente, ils jouaient aux dés, et joueurs et pariers suivaient avec animation les chances diverses de la partie.

Une grosse chandelle fumeuse, fichée à même la terre, éclairait leurs physionomies joyeuses ou désappointées, et projetait même quelques lueurs incertaines jusqu'aux autres figures, aux expressions opposées, que nous avons tâché de découvrir et d'esquisser dans la pénombre.

A un gémissement plus douloureux poussé par le pauvre Malemort, Gabriel releva la tête, et, interpellant son écuyer :

— Martin-Guerre, quelle heure peut-il être maintenant? lui demanda-t-il.

— Monseigneur, je ne sais pas trop, répondit Martin, cette nuit pluvieuse a éteint toutes les étoiles. Mais j'estime qu'il ne doit pas être loin de six heures; car il y a plus d'une heure qu'il fait nuit fermée.

— Et ce chirurgien t'a bien promis de venir à six heures? reprit Gabriel.

— A six heures précises, monseigneur. Et tenez, on soulève la portière, c'est lui, le voilà.

Le vicomte d'Exmès jeta un seul coup d'œil sur le nouvel arrivant, et sur-le-champ le reconnut. Il ne l'avait pourtant vu qu'une fois. Mais la figure du chirurgien était de celles que l'on n'oublie pas quand on les a rencontrées.

— Maître Ambroise Paré ! s'écria Gabriel en se levant.

— Monsieur le vicomte d'Exmès ! dit Paré avec un profond salut.

— Ah ! maître, je ne vous savais pas au camp, si près de nous, reprit Gabriel.

— Je tâche d'être toujours à l'endroit où je puis me rendre le plus utile, répondit le chirurgien.

— Oh! je vous reconnais bien là, généreux cœur ; et je vous sais doublement gré aujourd'hui d'être ainsi, car je vais recourir à votre science et à votre habileté.

— Pas pour vous, j'espère, dit Ambroise Paré. De quoi s'agit-il?

— C'est un de mes gens, reprit Gabriel, qui, ce matin, en se ruant avec une espèce de frénésie sur les fuyards anglais, a reçu de l'un d'eux un coup de lance dans l'épaule.

— Dans l'épaule? ce n'est peut-être pas grave, dit le chirurgien.

— J'ai peur du contraire, reprit Gabriel en baissant la voix ; car un des camarades du blessé, Scharfenstein que voilà, a si rudement et si maladroitement essayé de dégager le bois de la lance, qu'il l'a cassée, et le fer est resté dans la plaie.

Ambroise Paré laissa échapper une grimace de mauvais augure.

— Voyons cela, dit-il cependant avec son calme accoutumé.

On le mena au lit du patient. Tous les soudards s'étaient levés et entouraient le chirurgien, laissant là, qui son jeu, qui ses calculs, qui son nettoyage. Lactance seul continua à marmotter dans son coin. Lactance, quand il faisait pénitence de ses prouesses, ne s'interrompait jamais que pour en commettre d'autres.

Ambroise Paré écarta les linges qui enveloppaient l'épaule de Malemort, et examina attentivement la blessure

Il secoua la tête avec doute et mécontentement, mais il dit tout haut :

— Ce ne sera rien.

— Heuh! grommela Malemort. Si ce n'est rien, pourrai-je demain retourner me battre?

— Je ne crois pas, dit Ambroise Paré qui sondait la plaie.

— Aïe! mais vous me faites un peu mal, savez-vous? reprit Malemort.

— Pour cela, je le crois, dit le chirurgien; du courage, mon ami!

— Oh! j'en ai, fit Malemort. Après tout, jusqu'ici c'est fort tolérable. Sera-ce plus dur quand il faudra extirper ce damné tronçon?

— Non, car le voici, dit Ambroise Paré triomphant, en élevant et montrant à Malemort le fer de lance qu'il venait d'extraire.

— Je vous suis bien obligé, monsieur le chirurgien, repartit poliment Malemort.

Un murmure d'admiration et d'étonnement accueillit le coup de maître d'Ambroise Paré.

— Quoi! tout est fini? dit Gabriel. Mais c'est un prodige !

— Il faut convenir aussi, reprit Ambroise en souriant, que le blessé n'était pas douillet.

— Ni l'opérateur maladroit, par la messe! s'écria derrière les soldats un survenant, que dans l'anxiété générale personne n'avait vu entrer.

Mais, à cette voix bien connue, tous s'écartèrent respectueusement.

— Monsieur le duc de Guise! dit Paré en reconnaissant le général en chef.

— Oui, maître, reprit le duc, monsieur de Guise qui est stupéfait et ravi de votre savoir-faire. Par Saint-François, mon patron! j'ai vu là-bas tout à l'ambulance, des ânes bâtés de médecins qui, j'en jure, faisaient plus de mal à nos soldats avec leurs instruments que les Anglais avec leurs armes. Mais vous avez arraché ce pieu, vous, aussi aisément qu'un cheveu blanc. Et je ne vous connaissais pas! Comment vous appelle-t-on, maître?

— Ambroise Paré, monseigneur, dit le chirurgien.

— Eh bien! maître Ambroise Paré, reprit le duc de Guise, je vous réponds que votre fortune est faite, à une condition toutefois.

— Et peut-on savoir laquelle, monseigneur?

— C'est que s'il m'arrive plaie ou bosse, ce qui est fort possible, et ces jours-ci plus que jamais, vous vous chargiez de moi et me traitiez sans plus de façon et de cérémonie que ce pauvre diable-là.

— Monseigneur, je le ferais, dit Ambroise en s'inclinant. Tous les hommes sont égaux devant la souffrance.

— Hum! reprit François de Lorraine, vous tâcherez donc, au cas que je vous dis, qu'ils le soient aussi devant la guérison.

— Monseigneur me permettra-t-il actuellement, dit le chirurgien, de fermer et de bander la plaie de cet homme. Tant d'autres blessés ont besoin de mes soins aujourd'hui!

— Faites, maître Ambroise Paré! reprit le duc. Faites sans vous occuper de moi. J'ai hâte moi-même de vous renvoyer délivrer le plus de patiens possible des mains de nos Esculapes jurés. D'ailleurs, j'ai à m'entretenir avec monsieur d'Exmès.

Ambroise Paré se remit donc tout de suite au pansement de Malemort.

— Monsieur le chirurgien, je vous remercie de nouveau, lui dit le blessé. Mais, pardonnez-moi, j'ai encore un service à vous demander.

— Qu'est-ce que c'est, mon vaillant? demanda Ambroise.

— Voici, monsieur le chirurgien, reprit Malemort. Maintenant que je ne sens plus dans ma chair cet horrible bâton qui me gênait atrocement, il me semble que je dois être à peu près guéri.

— Oui, à peu près, dit Ambroise Paré tout en serrant les ligatures.

— Eh bien! alors, fit Malemort d'un ton simple et dégagé, voulez-vous avoir la bonté de dire à mon maître, à monsieur d'Exmès, que, si l'on se bat demain, je suis parfaitement en état de me battre.

— Vous battre demain! s'écria Ambroise Paré. Ah çà! mais vous n'y songez pas!

— Oh! si fait! j'y songe, reprit Malemort avec mélancolie.

— Mais, malheureux, dit le chirurgien, sachez que je vous ordonne huit jours de repos absolu, au moins huit jours de lit, huit jours de diète!

— Diète de nourriture, soit, reprit Malemort, mais pas diète de bataille, je vous en prie.

— Vous êtes fou! continua Ambroise Paré, si vous vous leviez seulement, la fièvre vous prendrait, vous seriez perdu. J'ai dit huit jours, je n'en rabats pas une heure.

— Heuh! beugla Malemort, dans huit jours le siège sera bâclé. Je ne me battrai donc jamais tout mon saoul.

— Voilà un rude gaillard! dit le duc de Guise qui avait prêté l'oreille à ce singulier dialogue.

— Malemort est comme cela, reprit en souriant Gabriel, et je vous prierai même, monseigneur, de donner des ordres pour qu'on le transporte à l'ambulance et pour qu'on l'y surveille; car s'il entend le bruit de quelque mêlée, il est capable de vouloir se lever malgré tout.

— Eh bien! rien de plus simple, dit le duc de Guise. Faites-le transporter vous-même par ses camarades.

— C'est que, monseigneur, reprit Gabriel avec quelque embarras, j'aurai peut-être besoin de mes hommes cette nuit.

— Ah! fit le duc, en regardant le vicomte d'Exmès avec surprise.

— Si monsieur d'Exmès le désire, dit Ambroise Paré qui s'approcha après avoir terminé son pansement, je vais envoyer deux de mes aides avec un brancard pour prendre ce blessé batailleur.

— Je vous remercie et j'accepte, dit Gabriel. Je le recommande à votre attention la plus vigilante, n'est-ce pas!

— Heuh! clama de nouveau Malemort avec désespoir.

Ambroise Paré sortit après avoir pris congé du duc de Guise. Les gens de monsieur d'Exmès, sur un signe de Martin-Guerre, se retirèrent tous à l'extrémité de la tente, et Gabriel put rester dans une sorte de tête-à-tête avec le général commandant le siége.

LV.

LES PETITES BARQUES SAUVENT LES GROS NAVIRES.

Quand le vicomte d'Exmès se trouva ainsi à peu près seul avec le duc de Guise, il commença en lui disant :

— Eh bien? vous êtes content, monseigneur?

— Oui, ami, répondit François de Lorraine, oui, content du résultat obtenu, mais, je l'avoue, inquiet du résultat à obtenir. C'est cette inquiétude qui m'a fait sortir de ma tente, errer par le camp, et venir chercher auprès de vous bon encouragement et bon conseil.

— Mais qu'y a-t-il donc de nouveau? reprit Gabriel. L'événement a, ce me semble, dépassé toutes vos espérances. En quatre jours, vous voilà maître des deux boucliers de Calais. Les défenseurs de la ville même et du Vieux-Château ne tiendront pas maintenant plus de quarante-huit heures.

— C'est vrai, dit le duc, mais ils tiendront quarante-huit heures, et cela suffit pour nous perdre et les sauver.

— Oh! monseigneur me permettra encore d'en douter, dit Gabriel.

— Non, ami, ma vieille expérience ne me trompe point, reprit le duc de Guise. A moins d'un coup de fortune imprévu, d'une chance hors des calculs humains, notre entreprise est manquée. Croyez-moi quand je vous le dis.

— Et comment cela ? demanda Gabriel avec un sourire qui répondait mal à la tristesse d'une telle confidence.

— Je vais vous le démontrer en deux mots, et sur votre plan même. Suivez-moi bien.

— Je suis tout attention, dit Gabriel.

— La tentative étrange et hasardeuse où votre jeune ardeur a entraîné ma prudente ambition, reprit le duc, n'avait d'issue possible que par l'isolement et l'étonnement de la garnison anglaise. Calais était imprenable, soit, mais n'était pas insurpenable. C'est d'après cette idée que nous avons raisonné notre folie, n'est-il pas vrai ?

— Et jusqu'à présent, reprit Gabriel, les faits n'ont pas trop donné tort à nos calculs.

— Non, sans doute, dit le duc de Guise, et vous avez prouvé, Gabriel, que vous saviez aussi bien juger les hommes que voir les choses, et que vous aviez étudié le cœur du gouverneur de Calais aussi habilement que l'intérieur de sa ville. Lord Wentworth n'a démenti aucune de vos conjectures. Il a cru que ses neuf cents hommes et ses redoutables avant-postes suffiraient pour nous faire repentir de notre audacieuse équipée. Il nous a estimé trop peu pour s'alarmer, et n'a pas daigné appeler à son secours une seule compagnie, ni sur le continent ni en Angleterre.

— J'avais été à même, dit Gabriel, de préjuger comment son dédaigneux orgueil se comporterait en pareille circonstance.

— Aussi, reprit le duc de Guise, avons-nous, grâce à cette outrecuidance, emporté le fort Saint-Agathe presque sans coup férir, et le fort de Nieullay par trois jours de lutte heureuse.

— Si bien qu'à présent, dit joyeusement Gabriel, les Anglais ou les Espagnols venant secourir, du côté de la terre, leur compatriote ou leur allié, trouveraient, au lieu des canons de lord Wentworth pour les seconder, les batteries du duc de Guise pour les écraser.

— Ils s'en défieront et ne s'approcheront qu'à distance, reprit en souriant François de Guise, que gagnait la bonne humeur du jeune homme.

— Eh bien, n'avons-nous pas conquis là un point important ? reprit Gabriel.

— Sans doute, sans doute, dit le duc ; mais ce n'est malheureusement pas le seul, ce n'est même pas le plus important. Nous avons fermé aux auxiliaires extérieurs de Calais un des chemins qu'ils pouvaient prendre, une des portes de la place. Mais il leur reste une autre porte, un second chemin.

— Lequel donc, monseigneur ? demanda Gabriel, qui feignait de chercher.

— Jetez les yeux sur cette carte, refaite par le maréchal Strozzi, d'après le plan que vous nous aviez remis, dit le général en chef. Calais peut être secouru par deux extrémités : par le fort de Nieullay qui défend les chaussées et avenues de terre.

— Mais qui les défend pour nous à présent, interrompit Gabriel.

— Sans doute, reprit le duc de Guise ; mais là, du côté de la mer, protégé par l'Océan, les marais et les dunes, il y a, voyez ! le fort de Risbank, ou, si vous l'aimez mieux, la tour Octogone ; le fort de Risbank, qui commande tout le port et qui l'ouvre et le ferme aux navires. Qu'un avertissement en parte pour Douvres, en quelques heures les vaisseaux anglais amènent assez de renforts et de vivres pour assurer la place pendant des années. Ainsi, le fort de Risbank garde la ville, et la mer garde le fort de Risbank. Or, savez-vous, Gabriel, ce qu'après son échec de tantôt, fait à cette heure lord Wentworth ?

— Parfaitement, répondit avec calme le vicomte d'Exmès. Lord Wentworth, sur l'avis unanime de son conseil, expédie en toute hâte à Douvres un avertissement jusqu'ici trop retardé, et compte recevoir demain, à pareille heure, les renforts qu'il reconnaît enfin nécessaires.

— Après ? vous n'achevez pas ? dit monsieur de Guise.

— Mais j'avoue, monseigneur, que je ne vois pas beaucoup plus loin, reprit Gabriel. Je n'ai pas la prescience de Dieu.

— Il suffit ici de la prévoyance d'un homme, reprit François de Lorraine, et, puisque la vôtre s'arrête à moitié chemin, je continuerai pour elle.

— Que monseigneur veuille donc m'apprendre ce qui, selon lui, adviendra, dit Gabriel en s'inclinant.

— C'est fort simple, reprit monsieur de Guise. Les assiégés, secourus au besoin par l'Angleterre entière, pourront, dès demain, nous opposer, au Vieux-Château, des forces supérieures, des forces désormais invincibles. Si néanmoins nous tenons bon, d'Ardres, de Ham, de Saint-Quentin, tout ce qui se trouve d'Espagnols et d'Anglais en France va s'amasser, comme la neige hivernale, aux environs de Calais. Puis, quand ils se jugeront assez nombreux, ils nous assiégeront à leur tour. J'admets qu'ils ne reprennent pas tout de suite le fort de Nieullay, ils finiront bien par reprendre celui de Sainte-Agathe. Ce sera assez pour nous foudroyer entre deux feux.

— Une telle catastrophe serait épouvantable en effet, dit paisiblement Gabriel.

— Elle n'est que trop probable pourtant ! reprit le duc de Guise, qui serrait sa main contre son front avec découragement.

— Mais, dit le vicomte d'Exmès, vous n'avez pas été, monseigneur, sans songer aux moyens de la prévenir, cette catastrophe terrible ?

— Je ne songe qu'à cela, parbleu ! dit le duc de Guise.

— Ah ! Eh bien ? demanda négligemment Gabriel.

— Eh bien ! la seule chance, chance trop précaire, hélas ! qui nous reste, c'est, je crois, de donner demain au Vieux-Château, en tout état de choses, un assaut désespéré. Rien ne sera prêt comme il faut sans doute, quoique l'on doive pousser cette nuit les travaux avec toute l'activité possible. Mais il n'y a pas d'autre parti à prendre, et cela est moins fou encore que d'attendre l'arrivée des renforts d'Angleterre. La *furie française*, comme ils disent en Italie, viendra peut-être à bout, dans son impétuosité prodigieuse, de ces inabordables murailles.

— Non, elle s'y brisera repartit froidement Gabriel. Pardonnez-moi, monseigneur, mais il me semble que l'armée de France n'est, en ce moment, ni assez forte ni assez faible pour l'aventurer ainsi dans l'impossible. Une responsabilité terrible pèse sur vous, monseigneur. Il est vraisemblable qu'après avoir perdu la moitié de notre monde, nous serions finalement repoussés. Que compte faire alors le duc de Guise ?

— Ne pas s'exposer du moins à une ruine totale, à un échec complet, dit douloureusement François de Lorraine, retirer de ces murs maudits les troupes qui me resteront, et les conserver pour de meilleurs jours au roi et à la patrie.

— Le vainqueur de Metz et de Renty battre en retraite ! s'écria Gabriel.

— Cela vaut toujours mieux que de s'obstiner dans la défaite, comme le connétable à la journée de Saint-Laurent, dit le duc de Guise.

— N'importe ! reprit Gabriel, le coup serait désastreux et pour la gloire de la France et pour la réputation de monseigneur.

— Eh ! qui le sait mieux que moi ! s'écria le duc de Guise. Voilà ce que c'est que le succès et que la fortune ! Si j'avais réussi, j'eusse été un héros, un grand génie, un demi-dieu. J'échoue, et je ne serai plus qu'un esprit présomptueux et vain qui méritera la honte de sa chute. La même tentative qu'on eût appelée grandiose et surprenante, si elle eût heureusement abouti, va m'attirer les huées de l'Europe, et ajourner, ou même détruire dans leur germe, tous mes projets et toutes mes espérances. A quoi tiennent les pauvres ambitions de ce monde !...

Le duc se tut, consterné. Il y eut un assez long silence que Gabriel, à dessein, se garda d'interrompre.

Il voulait laisser monsieur de Guise mesurer de son œil expert les terribles difficultés de sa situation.

Puis, quand il jugea que le duc les avait de nouveau bien sondées, il reprit :

— Je vous vois, monseigneur, dans un de ces momens de doute qui, au milieu même des plus grandes œuvres, saisissent les plus grands ouvriers. Un mot cependant. Ce n'est pas certainement un génie supérieur, un capitaine consommé comme celui auquel j'ai l'honneur de parler, qui a pu s'engager à la légère dans une entreprise aussi grave que celle-ci. Les moindres détails, les éventualités les plus improbables en ont été prévus dès Paris, dès le Louvre. Vous avez dû trouver d'avance des dénouemens à toutes les péripéties et des remèdes à tous les maux. Comment se fait-il que vous hésitiez et cherchiez encore ?

— Mon Dieu ! dit le duc de Guise, votre enthousiasme et votre assurance juvéniles m'ont, je crois fasciné et aveuglé, Gabriel.

— Monseigneur !... reprit le vicomte d'Exmès avec reproche.

— Oh ! ne vous blessez pas, je ne vous en veux point, ami ! j'admire toujours votre idée qui était grande et patriotique. Mais la réalité aime justement à tuer les beaux rêves. Néanmoins, je m'en souviens bien, je vous avais posé mes objections sur cette même extrémité où nous voilà, et vous aviez détruit ces objections.

— Et comment, s'il vous plaît, monseigneur ? demanda Gabriel.

— Vous m'aviez promis, dit le duc de Guise, que si nous nous rendions maîtres en peu de jours des deux forts de Sainte-Agathe et de Nieullay, les intelligences que vous aviez dans la place mettraient dans nos mains le fort de Risbank, et qu'ainsi Calais ne pourrait plus être secouru ni par mer, ni par terre. Oui, Gabriel, je me le rappelle, et vous devez vous le rappeler aussi, vous m'aviez promis cela.

— Eh bien !... dit le vicomte d'Exmès, sans paraître troublé le moins du monde.

— Eh bien ! reprit le duc, vos espérances vous ont menti, n'est-ce pas ? vos amis de Calais n'ont pas tenu parole, c'est l'usage. Ils ne sont pas encore certains de notre victoire, et ils ont peur, et ils ne se montreront que si nous n'avons plus besoin d'eux.

— Excusez-moi, monseigneur ; qui vous a dit cela ? demanda Gabriel.

— Mais, mon ami, votre silence même. L'instant est venu où vos auxiliaires secrets devraient nous servir et pourraient nous sauver. Ils ne bougent pas et vous vous taisez. J'en conclus que vous ne comptez plus sur eux, et qu'il faut renoncer à ce secours.

— Si vous me connaissiez mieux, monseigneur, reprit Gabriel, vous sauriez que je n'aime guère parler quand je puis agir.

— Eh quoi ? espérez-vous toujours ? dit le duc de Guise.

— Oui, monseigneur, puisque je vis, répondit Gabriel avec une expression mélancolique et grave.

— Ainsi le fort de Risbank ?...

— Vous appartiendra, si je ne suis mort, quand cela sera nécessaire.

— Mais, Gabriel, ce serait nécessaire demain, demain au matin !

— Nous l'aurons donc demain, au matin ! répondit avec calme Gabriel, à moins, je le répète, que je ne succombe ; mais alors vous ne pourrez pas reprocher un manque de parole à celui qui aura donné sa vie pour tenir sa promesse.

— Gabriel, dit le duc de Guise, qu'allez-vous faire ? braver quelque danger mortel, courir quelque chance insensée ? Je ne veux pas je ne veux pas ! La France n'a que trop besoin d'hommes tels que vous.

— Ne vous inquiétez de rien, monseigneur, reprit Gabriel. Si le péril est grand le but est grand aussi, et la partie vaut bien les risques qu'elle entraîne. Ne pensez qu'à profiter du résultat, et laissez-moi maître des moyens. Je ne réponds que de moi, et vous répondez de tous.

— Que pourrais-je faire pour vous seconder du moins ? dit le duc de Guise. Quelle part me laissez-vous dans vos desseins ?

— Monseigneur, reprit Gabriel, si vous ne m'aviez fait la grâce de venir ce soir sous cette tente, mon intention était d'aller vous trouver dans la vôtre et de vous adresser une requête...

— Parlez, parlez ! dit vivement François de Lorraine.

— Demain, 5 du mois, au point du jour, monseigneur, c'est-à-dire sur les huit heures, les nuits sont longues en janvier, veuillez poster quelqu'un sur le promontoire d'où l'on voit le fort de Risbank. Si le drapeau anglais continue d'y flotter, faites donner l'assaut désespéré que vous aviez résolu, car j'aurai échoué, en d'autres termes je serai mort.

— Mort ! s'écria le duc de Guise. Vous voyez bien, Gabriel, que vous allez vous perdre.

— N'employez pas, en ce cas, votre temps à me regretter, monseigneur, dit le jeune homme. Que seulement tout soit prêt et animé pour votre dernier effort, et je prie Dieu qu'il vous soit donné d'y réussir. Allez ! que tout marche et combatte ! Les secours d'Angleterre ne pourront arriver avant midi ; vous aurez quatre heures d'héroïsme pour prouver, avant de battre en retraite, que les Français sont intrépides autant que prudens.

— Mais vous, Gabriel, reprit le duc, répétez-moi du moins que vous avez quelques chances de succès.

— Oui, j'en ai, rassurez-vous, monseigneur. Aussi, restez calme et patient comme un homme fort que vous êtes. Ne donnez pas trop vite le signal d'un assaut trop précipité. Ne vous jetez pas, avant l'ordre de la nécessité, dans cette extrémité hasardeuse. Enfin ! vous n'aurez qu'à faire continuer tranquillement par monsieur le maréchal Strozzi et ses mineurs les travaux du siége, et vos soldats et artilleurs pourront attendre l'instant favorable pour l'assaut, si, à huit heures, on vous signale sur le fort de Risbank l'étendard de France.

— L'étendard de France sur le fort de Risbank ! s'écria le duc de Guise.

— Où sa vue, je pense, continua Gabriel, ferait immédiatement rebrousser chemin aux navires qui arriveraient d'Angleterre.

— Je le pense comme vous, dit monsieur de Guise. Mais, ami, comment ferez-vous ?...

— Laissez-moi mon secret, je vous en supplie, monseigneur, dit Gabriel. Si vous connaissiez mon dessein étrange, vous voudriez m'en détourner peut-être. Or, ce n'est plus l'heure de réfléchir et de douter. D'ailleurs, je ne compromets en tout ceci ni l'armée, ni vous. Les hommes qui sont là, les seuls que je veuille employer, sont tous des volontaires à moi, et vous vous êtes engagé à me laisser libre avec eux. Je désire accomplir mon projet sans aide, ou mourir.

— Et pourquoi cette fierté ? demanda le duc de Guise.

— Ce n'est point fierté, monseigneur, mais je veux payer de mon mieux la grâce inappréciable que vous avez bien voulu me promettre à Paris, et que vous vous rappelez, j'espère.

— De quelle grâce inappréciable parlez-vous, Gabriel ? dit le duc de Guise. Je passe pour avoir bonne mémoire, à l'endroit de mes amis surtout. Mais j'avoue à ma honte qu'ici je ne me souviens pas...

— Hélas ! monseigneur, reprit Gabriel, la chose est pourtant pour moi bien importante ! Voici en effet ce que j'avais sollicité de votre bonté : s'il vous devenait prouvé que, par l'exécution comme par l'idée, on me devait, à moi seul, la prise de Calais, je vous avais demandé, non point de m'en faire publiquement l'honneur, cet honneur vous revient à vous, chef de l'entreprise, mais seulement de déclarer au roi Henri II la part que j'aurais eue, sous vos ordres, dans cette conquête. Or, vous aviez bien voulu me laisser espérer que cette récompense me serait accordée.

— Quoi ! est-ce là cette faveur inouïe à laquelle vous faisiez allusion, Gabriel ? reprit le duc. Du diable si je m'en doutais ! Mais, mon ami, ce ne sera pas une récompense cela, ce sera une justice ; et, secrètement ou publiquement, à votre gré, je serai toujours prêt à reconnaître et attester comme je le dois vos mérites et vos services.

— Mon ambition ne va pas au-delà, monseigneur, dit Gabriel. Que le roi soit informé de mes efforts, il a dans les mains un prix qui vaudra pour moi tous les honneurs et tous les bonheurs du monde.

— Le roi saura donc tout ce que vous aurez fait pour lui, Gabriel. Mais moi ne puis-je rien de plus pour vous ?

— Si fait, monseigneur, j'ai encore quelques services à réclamer de votre bienveillance.

— Parlez, dit le duc.

— D'abord, reprit Gabriel, j'ai besoin du mot de passe pour pouvoir cette nuit, à quelque heure que ce soit, sortir du camp avec mes gens.

— Vous n'avez qu'à dire : *Calais et Charles*, les sentinelles vous livreront passage.

— Ensuite, monseigneur, dit Gabriel, si je succombe et que vous réussissiez, j'ose vous rappeler que madame Diane de Castro, la fille du roi, est prisonnière de lord Wentworth, et a les droits les plus légitimes à votre courtoise protection.

— Je me souviendrai de mon devoir d'homme et de gentilhomme, répondit François de Lorraine. Après ?

— Enfin, monseigneur, dit le vicomte d'Exmès, je vais contracter cette nuit une dette considérable envers un pêcheur de ces côtes appelé Anselme. Si Anselme périt avec moi, j'ai écrit à maître Élyot, celui qui a soin de mes domaines, de pourvoir à la subsistance et au bien-être de sa famille privée désormais de soutien. Mais, pour plus de sûreté, monseigneur, je vous serais obligé de veiller à l'exécution de mes ordres.

— Ce sera fait, dit le duc de Guise. Est-ce tout ?

— C'est tout, monseigneur, reprit Gabriel. Seulement, si vous ne me revoyez plus, pensez parfois, je vous prie, à moi avec quelque regret, et parlez de moi avec quelque estime, soit au roi qui sera certainement content de ma mort, soit à madame de Castro qui en sera peut-être fâchée. Et maintenant je ne vous retiens plus, et vous dis adieu, monseigneur.

Le duc de Guise se leva.

— Chassez donc vos tristes idées, ami, dit-il. Je vous quitte pour vous laisser tout entier à votre mystérieux projet, et je conviens que jusqu'à demain huit heures je serai bien inquiet et ne dormirai guère. Mais ce sera surtout à cause de cette obscurité qui pour moi plane sur ce que vous allez faire. Quelque chose me dit que je vous reverrai, et je ne vous dis pas adieu, moi.

— Merci de l'augure, monseigneur ! dit Gabriel ; car, si vous me revoyez, ce sera dans Calais ville française.

— Et, en ce cas, reprit le duc de Guise, vous pourrez vous vanter d'avoir tiré d'un grand péril et l'honneur de la France, et le mien propre.

— Les petites barques, monseigneur, sauvent quelquefois les gros navires, dit en s'inclinant Gabriel.

Le duc de Guise, sur le seuil de la tente, serra une dernière fois, dans une accolade amicale, la main du vicomte d'Exmès, et rentra tout songeur à son logis.

VI.

OBSCURI SOLA SUB NOCTE...

Quand Gabriel revint à sa place, après avoir reconduit jusqu'à la porte monsieur de Guise, il fit de loin un signe à Martin-Guerre, qui se leva sur-le-champ et sortit, sans paraître avoir besoin d'autre explication.

L'écuyer rentra, un quart-d'heure après, accompagné d'un homme au teint hâve, et vêtu misérablement.

Martin s'approcha de son maître qui était retombé dans ses réflexions. Pour les autres compagnons, ils jouaient ou dormaient à qui mieux mieux.

— Monseigneur, dit Martin-Guerre, voici notre homme.

— Ah ! bien ! dit Gabriel. C'est vous qui êtes le pêcheur Anselme dont Martin-Guerre m'a parlé ? ajouta-t-il en s'adressant au nouveau venu.

— Je suis le pêcheur Anselme, oui, monseigneur, dit l'homme.

— Et vous savez, reprit le vicomte d'Exmès, le service que nous attendons de vous ?

— Votre écuyer me l'a dit, monseigneur, et je suis prêt.

— Martin-Guerre a dû cependant vous dire aussi, continua Gabriel, que dans cette expédition vous couriez avec nous risque de la vie.

— Oh ! reprit le pêcheur, cela il n'avait pas besoin de me le dire. Je le savais aussi bien et mieux que lui.

— Et pourtant vous êtes venu ? dit Gabriel.

— Me voilà tout à vos ordres, repartit Anselme.

— Bien ! ami, c'est le fait d'un vaillant cœur.

— Ou d'une existence perdue, reprit le pêcheur.

— Comment cela ? demanda Gabriel. Que voulez-vous dire ?

— Eh ! par Notre-Dame de Grâce ! fit Anselme, je brave tous les jours la mort pour rapporter quelque poisson, et bien souvent je ne rapporte rien. Il n'y a donc pas grand mérite à hasarder aujourd'hui ma peau hâtée pour vous, qui vous engagez, si je meurs ou si je vis, à assurer le sort de ma femme et de mes trois enfants.

— Oui, dit Gabriel, mais le danger que vous affrontez journellement est douteux et caché. Vous ne vous embarquez jamais par la tempête. Cette fois le péril est visible et certain.

— Ah ! reprit le pêcheur, il est sûr qu'il faut être un fou ou un saint pour s'aventurer sur la mer par une nuit pareille. Mais la chose vous regarde et je n'ai rien à y reprendre, si c'est votre idée. Vous m'avez payé d'avance ma barque et mon corps. Seulement vous devrez à la Sainte-Vierge une fameuse chandelle de vraie cire, si nous arrivons sains et saufs.

— Et une fois arrivés, Anselme, reprit Gabriel, votre tâche n'est pas finie. Après avoir ramé, vous devez, au besoin, vous battre, et faire œuvre de soldat après avoir fait œuvre de marin. Partant, il y a deux dangers pour un, ne l'oubliez pas.

— C'est bon, dit Anselme, ne me découragez pas trop. On vous obéira. Vous me garantissez la vie de ceux qui me sont chers. Je vous donne la mienne. Marché conclu, n'en parlons plus.

— Vous êtes un brave homme, reprit le vicomte d'Exmès. Pour votre femme et vos enfants, soyez tranquille, ils ne manqueront jamais de rien. J'ai écrit à mon intendant Élyot mes ordres à ce sujet, et monsieur le duc de Guise lui-même s'en occupera.

— C'est plus qu'il ne m'en faut, dit le pêcheur, et vous êtes plus généreux qu'un roi. Je ne ferai pas le finaud avec vous. Vous ne m'auriez donné que cette somme qui nous a, par ces temps si durs, tiré d'embarras, je ne vous aurais pas demandé le reste. Mais si je suis content de vous, j'espère que vous le serez de moi.

— Voyons, reprit Gabriel, pourrons-nous bien tenir quatorze dans votre barque ?

— Elle en a tenu vingt, monseigneur.

— Il vous faut des bras pour vous aider à ramer, n'est-ce pas ?

— Ah ! oui, par exemple ! dit Anselme. J'aurai déjà assez à faire au gouvernail et à la voile, si la voile peut tenir.

— Nous avons, dit Martin-Guerre, Ambrosio, Pilletrousse et Landry qui rameront comme s'ils n'avaient fait que cela toute leur vie, et moi-même je nage aussi bien avec du bois qu'avec mes bras.

— Oh ! bien, reprit gaîment Anselme, j'aurai l'air d'un patron huppé, j'espère, avec tant et de si bons compagnons à mon service ! Maître Martin ne m'a plus maintenant laissé ignorer qu'une chose, c'est le point précis où nous devons débarquer.

— Le fort de Risbank, répondit le vicomte d'Exmès.

— Le fort de Risbank! vous avez dit le fort de Risbank? s'écria Anselme avec stupéfaction.

— Eh! sans doute, dit Gabriel, qu'avez-vous à objecter à cela?

— Rien, reprit le pêcheur, sinon que l'endroit n'est guère abordable, et que, pour ma part, je n'y ai jamais jeté l'ancre. C'est tout rocher.

— Refusez-vous de nous conduire? dit Gabriel.

— Ma foi! non, et, quoique je connaisse mal ces parages-là, je ferai de mon mieux. Mon père, qui était comme moi pêcheur de naissance, avait coutume de dire : Il ne faut vouloir régenter ni le poisson ni la pratique. Je vous mènerai au fort de Risbank, si je puis. Une jolie promenade que nous ferons là!

— A quelle heure faudra-t-il nous tenir prêts? demanda Gabriel.

— Vous voulez arriver à quatre heures, je crois? reprit Anselme.

— De quatre à cinq, pas plus tôt.

— Eh bien! du lieu dont nous partons afin de n'être pas vus et de n'exciter nul soupçon, il faut compter, à vue de nez, deux heures de navigation : l'essentiel est de ne pas nous fatiguer inutilement en mer. Puis, pour se rendre d'ici à la crique, calculons une heure de marche.

— Nous quitterions alors le camp à une heure après minuit, dit Gabriel.

— C'est cela, répondit Anselme.

— Je vais donc à présent avertir mes hommes, reprit le vicomte d'Exmès.

— Faites, monseigneur, dit le pêcheur. Je vous demanderai seulement la permission de dormir jusqu'à une heure un somme avec eux. J'ai fait mes adieux chez nous; la barque nous attend soigneusement cachée et solidement amarrée; je n'ai donc plus rien qui m'appelle dehors.

— Reposez-vous, vous avez raison, Anselme, dit Gabriel ; vous aurez assez de fatigue cette nuit. Martin-Guerre, préviens les compagnons maintenant.

— Hé! vous autres, les joueurs et les dormeurs! cria Martin-Guerre.

— Quoi? Qu'est-ce qu'il y a? dirent-ils en se levant et s'approchant.

— Remerciez monseigneur. Il y a expédition particulière à une heure, dit Martin.

— Boh! très bien! parfait! répondirent en chœur unanime les soudards.

Malemort mêlait aussi son hourrah de joie à ces marques non équivoques de satisfaction.

Mais, dans le moment, entrèrent quatre aides d'Ambroise Paré, annonçant qu'ils venaient chercher le blessé pour le transporter à l'ambulance.

Malemort se mit à jeter les hauts cris.

En dépit de ses protestations et de sa résistance, on le plaça et on le maintint sur un brancard. Il adressa vainement à ses camarades les plus durs reproches, appelant même déserteurs et traîtres ces lâches qui allaient se battre sans lui. On ne tint compte de ses injures, et on l'emporta maugréant et jurant.

— Il nous reste actuellement, dit Martin-Guerre, à régler toutes nos dispositions et à assigner à chacun son rôle et son rang.

— Quelle espèce de besogne aurons-nous à faire? demanda Pilletrousse.

— Il s'agit d'une sorte d'assaut, répondit Martin.

— Oh! alors, c'est moi qui monte le premier! s'écria Yvonnet.

— Soit! dit l'écuyer.

— Non, c'est injuste! réclama Ambrosio. Yvonnet accapare toujours la première place au danger. On dirait qu'il n'y en a que pour lui, vraiment!

— Laissez faire, dit le vicomte d'Exmès intervenant. Dans l'ascension périlleuse que nous allons tenter, celui qui montera le premier sera le moins exposé, je pense. La preuve en est que je veux monter le dernier, moi!

— Alors, Yvonnet est volé! reprit Ambrosio en riant.

Martin-Guerre désigna à chacun son numéro d'ordre, soit pour la marche, soit dans la barque, soit à l'assaut. Ambrosio, Pilletrousse et Landry furent avertis qu'ils auraient à ramer. On prévit enfin tout ce qui pouvait être prévu, afin d'éviter autant que possible les malentendus et la confusion.

Lactance prit un instant Martin-Guerre à part.

— Pardon, lui dit-il, croyez-vous que nous ayons à tuer?

— Je ne sais pas au juste; mais c'est fort possible, répondit Martin.

— Merci, reprit Lactance, en ce cas, je vais toujours me mettre en avance dans mes prières pour trois ou quatre morts et autant de blessés.

Quand tout fut réglé, Gabriel engagea ses gens à prendre une heure ou deux de repos. Il se chargeait de les réveiller lui-même lorsqu'il le faudrait.

— Oui, je dormirai volontiers un peu dit Yvonnet ; car mes pauvres nerfs sont horriblement excités ce soir, et j'ai tant besoin d'être dispos et frais quand je me bats!

Au bout de quelques minutes, on n'entendit plus sous la tente que les ronflemens réguliers des soudards et les monotones patenôtres de Lactance.

Encore ce dernier bruit s'éteignit-il bientôt. Lactance s'assoupit aussi, vaincu par le sommeil.

Gabriel seul veillait et pensait.

Vers une heure, il éveilla sans bruit et un à un ses hommes. Tous se levèrent et s'armèrent en silence. Puis, ils sortirent doucement de la tente et du camp.

Aux mots *Calais et Charles* prononcés à voix basse par Gabriel, les sentinelles les laissèrent passer sans obstacle.

La petite troupe, guidée par Anselme le pêcheur, s'avança alors par la campagne, le long des côtes. Pas un ne prononçait un mot. On n'entendait que le vent qui pleurait et la mer qui dans le lointain se lamentait.

La nuit était noire et brumeuse. Personne ne se trouva sur le chemin de nos aventuriers. Mais, quand même ils eussent rencontré quelqu'un, on ne les eût pas vus peut-être, et si on les eût vus, à cette heure et par cette ombre, on les eût certainement pris pour des fantômes.

Dans l'intérieur de la ville, il y avait aussi quelqu'un qui, à ce moment, veillait encore.

C'était lord Wentworth le gouverneur.

Et cependant, comptant pour le lendemain sur les secours qu'il avait envoyé demander à Douvres, lord Wentworth s'était retiré chez lui pour prendre quelques instans de repos.

Il n'avait pas dormi, en effet, depuis trois jours, s'exposant, il faut le dire, aux endroits les plus périlleux avec une infatigable valeur, se multipliant sur tous les points où sa présence était nécessaire.

Le soir du 4 janvier, il avait encore visité la brèche du Vieux-Château, posé lui-même les factionnaires, passé en revue la milice urbaine chargée de la facile défense du fort de Risbank.

Mais, malgré sa fatigue, et bien que tout fût certain et tranquille, il ne pouvait dormir.

Une crainte vague, absurde, incessante, le tenait éveillé sur son lit de repos.

Toutes ses précautions étaient pourtant bien prises. L'ennemi ne pouvait matériellement pas tenter un assaut nocturne par une brèche aussi peu avancée que celle du Vieux Château. Quant aux autres points, ils se gardaient d'eux-mêmes par les marais et par l'Océan.

Lord Wentworth se répétait tout cela mille fois, et cependant il ne pouvait dormir.

Il sentait vaguement circuler dans la nuit autour de la ville un danger redoutable, un ennemi invisible.

Cet ennemi n'était pas, dans sa pensée, le maréchal Strozzi, ce n'était pas le duc de Nevers, ce n'était pas même le grand François de Guise.

Quoi! était-ce donc son ancien prisonnier que, de loin,

du haut des remparts, sa haine avait plusieurs fois reconnu dans la mêlée ? Était-ce vraiment ce fou, ce vicomte d'Exmès, l'amoureux de madame de Castro ?

Risible adversaire pour le gouverneur de Calais dans sa ville encore si formidablement gardée !

Cependant, lord Wentworth, quoiqu'il fît, ne pouvait ni maîtriser cet effroi indistinct, ni l'expliquer.

Mais il le sentait et ne dormait pas.

LXVII.

ENTRE DEUX ABÎMES.

Le fort de Risbank, qu'à cause de ses huit pans on nommait aussi la tour Octogone, était bâti, comme nous l'avons dit, à l'entrée du port de Calais, en avant des dunes, et posait sa masse noire et formidable de granit sur une autre masse aussi sombre et aussi énorme de rocher.

La mer, quand elle était haute, venait briser ses lames contre le rocher, mais n'atteignait jamais aux dernières assises de la pierre.

Or, la mer était bien forte et bien menaçante dans la nuit du 4 au 5 janvier 1558, vers quatre heures du matin. Elle poussait de ces immenses et lugubres gémissemens qui la font ressembler à une âme toujours inquiète et toujours désolée.

A un moment, un peu après que la sentinelle de deux à quatre heures eût été remplacée, sur la plate-forme de la tour, par la sentinelle de quatre à six, une sorte de cri humain, comme échappé à une bouche de cuivre, se mêla, mais distinctement, dans la rafale, à la plainte éternelle de l'Océan.

Alors on eût pu voir le nouveau factionnaire tressaillir, prêter l'oreille, et, après avoir reconnu la nature de ce bruit étrange, poser son arbalète contre la muraille. Ensuite, quand il se fut assuré que nul œil ne pouvait l'observer, il souleva d'un bras puissant sa guérite de pierre, et en tira un morceau de cordes formant une longue échelle à nœuds, qu'il assujétit fortement à des crampons de fer scellés dans les créneaux du fort.

Enfin, l'homme attacha solidement l'un à l'autre ces divers fragmens de cordes, puis, les déroula par dessus les créneaux, et deux lourdes balles de plomb les firent bientôt descendre jusqu'au roc sur lequel le fort était assis.

L'échelle mesurait deux cent douze pieds de longueur et le fort de Risbank deux cent quinze.

A peine la sentinelle avait-elle achevé son opération mystérieuse, qu'une ronde de nuit parut au haut de l'escalier de pierre qui menait à la plate-forme.

Mais la ronde trouva le factionnaire debout près de sa guérite, lui demanda et reçut le mot de ralliement, et passa sans avoir rien vu.

La sentinelle, plus tranquille, attendit. Le premier quart de quatre heures était déjà passé.

Sur la mer, après plus de deux heures de lutte et d'efforts surhumains, une barque montée par quatorze hommes parvint enfin à aborder le rocher du fort de Risbank. Une échelle de bois fut dressée contre le rocher. Elle atteignait à une première excavation de la pierre où cinq à six hommes pouvaient se tenir debout.

Un à un et en silence, les hardis aventuriers de la barque gravirent cette échelle, et, sans s'arrêter à l'excavation, continuèrent à grimper, s'aidant seulement des pieds et des mains, et en profitant de tous les accidens du terrain.

Leur but était certainement d'arriver au pied de la tour; mais la nuit était noire, la roche était glissante; leurs ongles s'arrachaient, leurs doigts s'ensanglantaient sur la pierre. Le pied manqua à l'un d'eux, il roula sans pouvoir se retenir et tomba dans la mer.

Heureusement, le dernier des quatorze hommes était encore dans la barque, qu'il cherchait, mais inutilement, à amarrer avant de se confier à l'échelle.

Celui qui était tombé, et qui d'ailleurs en tombant avait eu le courage de ne pas pousser un seul cri, nagea vigoureusement vers la barque. L'autre lui tendit la main, et, malgré les impatiences de la barque mouvante sous ses pieds, eut la joie de le recueillir sain et sauf.

— Quoi! c'est toi Martin-Guerre ? dit-il, croyant le reconnaître dans l'ombre.

— Moi-même, je l'avoue, monseigneur, répondit l'écuyer.

— Comment as-tu pu te laisser glisser, maladroit ? reprit Gabriel.

— Il vaut encore mieux que cela soit arrivé à moi qu'à un autre, dit Martin.

— Et pourquoi ?

— Un autre eût peut-être crié, dit Martin-Guerre.

— Allons! aide-moi, puisque te voilà, dit Gabriel, à passer cette corde derrière cette grosse racine. J'ai renvoyé Anselme avec les autres et j'ai eu tort.

— La racine ne tient guère, monseigneur, reprit Martin. Une secousse la brisera, et la barque sera perdue et nous avec.

— Il n'y a pas mieux à faire, répondit le vicomte d'Exmès. Ainsi agissons, ne parlons pas.

Quand ils eurent fixé la barque du mieux qu'ils purent :

— Monte, dit Gabriel à son écuyer.

— Après vous, monseigneur ; qui vous tiendrait l'échelle ?

— Monte donc, te dis-je! reprit Gabriel en frappant du pied avec impatience.

Le moment n'était pas propice aux discussions et cérémonies. Martin-Guerre grimpa jusqu'à l'excavation, et, arrivé là, maintint d'en haut, de toutes ses forces, le montant de l'échelle, tandis que Gabriel la gravissait à son tour.

Il avait le pied sur le dernier échelon, quand une vague violente secoua la barque, brisa le câble et emporta en pleine mer échelle et chaloupe.

Gabriel était perdu si Martin, au risque de se perdre avec lui, ne se fût penché sur l'abîme d'un mouvement plus prompt que la pensée, et n'eût saisi son maître au collet de son pourpoint. Ensuite, avec la vigueur du désespoir, le brave écuyer ramena à lui Gabriel, sans blessure comme lui, sur le rocher.

— Tu m'as sauvé à ton tour, mon vaillant Martin, reprit Gabriel.

— Oui, mais la barque est loin ! reprit l'écuyer.

— Bah! comme dit Anselme, elle est payée ! répondit Gabriel avec une insouciance qui voulait cacher son inquiétude.

— C'est égal ! dit le prudent Martin-Guerre en hochant la tête, si votre ami ne se trouve pas en faction là-haut, si l'échelle ne pend pas à la tour ou se rompt sous notre poids, si la plate-forme est occupée par des forces supérieures, toute chance de retraite, tout espoir de salut nous est enlevée avec cette maudite barque.

— Eh bien, tant mieux ! dit Gabriel, il nous faut maintenant réussir ou mourir.

— Soit ! répondit Martin avec son indifférente et héroïque naïveté.

— Allons ! reprit Gabriel, les compagnons doivent être arrivés au bas de la tour, puisque je n'entends plus de bruit. Il faut les rejoindre. Fais attention, Martin, à te bien tenir cette fois, et à ne jamais lâcher une main que lorsque l'autre sera fixée solidement.

— Soyez tranquille, je tâcherai, dit Martin.

Ils commencèrent leur périlleuse ascension, et, au bout de dix minutes, après avoir vaincu des difficultés et des dangers innombrables, ils rejoignirent leurs douze compagnons qui les attendaient, pleins d'anxiété, groupés sur le roc, au bas du fort de Risbank.

Le troisième quart de quatre heures s'était, et au-delà, écoulé.

Gabriel aperçut, avec une joie inexprimable, l'échelle de cordes qui pendait sur le rocher.

— Vous le voyez, amis, dit-il à voix basse à sa troupe, nous sommes attendus là-haut. Remerciez-en Dieu, car nous ne pouvons plus regarder en arrière : la mer a emporté notre barque. Donc, en avant ! et que Dieu nous sauve !

— Amen ! dit Lactance.

Il fallait que ce fussent véritablement des hommes déterminés ceux qui entouraient Gabriel ! En effet, l'entreprise, qui jusque-là était déjà bien téméraire, devenait presque insensée ; et pourtant, à la terrible nouvelle que toute retraite leur était interdite, pas un ne bougea.

Gabriel, à la lueur noire qui tombe du ciel le plus couvert, regarda attentivement leurs mâles visages et les trouva tous impassibles.

Ils répétèrent tous après lui :

— En avant !

— Vous vous souvenez de l'ordre convenu ? dit Gabriel. Vous passez le premier, Yvonnet, puis Martin-Guerre, puis chacun à la suite, à son rang désigné, jusqu'à moi, qui veux monter le dernier. La corde et les nœuds de cette échelle sont solides, j'espère !

— La corde est du fer, monseigneur, dit Ambrosio. Nous l'avons essayée, elle en porterait trente aussi bien que quatorze.

— Allons donc, mon brave Yvonnet, reprit le vicomte d'Exmès, tu n'as pas la part la moins dangereuse de l'entreprise. Marche, et du courage !

— Du courage, je n'en manque pas, monseigneur ! dit Yvonnet, surtout quand le tambour bat et le canon gronde. Mais je vous avoue que je n'ai pas plus l'habitude des assauts silencieux que de ces cordages flottans. Aussi suis-je bien aise de passer le premier, pour avoir derrière moi les autres.

— Prétexte modeste pour t'assurer le poste d'honneur ! dit Gabriel qui ne voulait pas s'engager dans une discussion dangereuse. Allons ! pas de phrases ! Quoique le vent et la mer couvrent nos paroles, il faut faire et non dire. En avant, Yvonnet, et souvenez-vous tous qu'au cent cinquantième échelon seulement il est permis de se reposer. Vous êtes prêts ! Le mousquet attaché sur le dos, l'épée aux dents ?... Regardez en haut et non en bas, et pensez à Dieu et non au danger. En avant !

Yvonnet mit le pied sur le premier échelon.

Quatre heures venaient de sonner ; une deuxième ronde de nuit venait de passer devant la sentinelle de la plateforme.

Alors, lentement et en silence, ces quatorze hommes intrépides se hasardèrent, l'un derrière l'autre, sur cette frêle échelle balancée au vent.

Ce ne fut rien tant que Gabriel, qui venait le dernier, resta à quelques pas du sol. Mais à mesure qu'ils avançaient, et que leur grappe vivante vacillait davantage, le péril prenait des proportions inouïes.

C'eût été un spectacle superbe et terrible que de voir, dans la nuit et dans la rafale, ces quatorze démons taciturnes, ces quatorze démons escalader la noire muraille, au haut de laquelle était la mort possible, au bas de laquelle était la mort certaine.

Au cent cinquantième nœud, Yvonnet s'arrêta. Tous en firent autant.

Il était convenu qu'on se reposerait là, le temps de réciter chacun deux *Pater* et deux *Ave*.

Quand Martin-Guerre eut fini ses prières, il vit avec étonnement qu'Yvonnet ne bougeait pas. Il crut s'être trompé, et, se reprochant son trouble, recommença consciencieusement un troisième *Pater* et un troisième *Ave*.

Mais Yvonnet restait toujours immobile.

Alors, bien qu'on ne fût plus qu'à une centaine de pieds de la plate-forme, et qu'il devînt assez dangereux de parler, Martin-Guerre prit le parti de frapper sur les jambes d'Yvonnet et de lui dire :

— Avance donc !

— Non, je ne peux plus, dit Yvonnet d'une voix étranglée.

— Tu ne peux plus, misérable, et pourquoi ? demanda Martin frémissant.

— J'ai le vertige, dit Yvonnet.

Une sueur froide perla au front de Martin-Guerre.

Il resta une minute sans savoir à quoi se résoudre. Si le vertige prenait Yvonnet et qu'il se précipitât, tous étaient entraînés dans sa chute. Redescendre n'était pas moins chanceux. Martin se sentit incapable d'accepter une responsabilité quelconque dans cette effrayante conjoncture. Il se contenta de se pencher vers Anselme, qui le suivait, et de lui dire :

— Yvonnet a le vertige.

Anselme frémit comme avait frémi Martin, et dit à son tour à Scharfenstein son voisin :

— Yvonnet a le vertige.

Et chacun, retirant une minute son poignard d'entre ses dents, dit ainsi à celui qui venait après lui :

— Yvonnet a le vertige, Yvonnet a le vertige.

Jusqu'à ce qu'enfin la fatale nouvelle arrivât à Gabriel, qui pâlit et trembla à son tour en l'entendant.

LVIII.

ARNAULD DU THILL ABSENT EXERCE ENCORE SUR CE PAUVRE MARTIN-GUERRE UNE MORTELLE INFLUENCE.

Ce fut un moment d'angoisse terrible et de crise suprême.

Gabriel se voyait entre trois dangers. Au-dessous de lui, la mer mugissante semblait appeler sa proie de sa voix formidable. Devant lui, douze hommes effrayés, immobiles, ne pouvant plus reculer ni avancer, lui barraient pourtant par leur masse le chemin vers le troisième péril, les piques et les arquebuses anglaises qui les attendaient peut-être là-haut.

De toutes parts, sur cette échelle vacillante, s'offraient l'épouvante et la mort.

Heureusement, Gabriel n'était pas homme à hésiter longtemps, même entre des abîmes, et, en une minute, il eut pris son parti.

Il ne se demanda point si la main n'allait point lui échapper et s'il ne se briserait pas le crâne contre les rochers d'en bas. Il se souleva, en se cramponnant à la corde sur le côté, par la seule force de ses poignets, et passa successivement par-dessus les douze hommes qui le précédaient.

Grâce à sa prodigieuse vigueur de corps et d'âme, il arriva ainsi jusqu'à Yvonnet sans encombre, et put enfin poser ses pieds à côté de ceux de Martin-Guerre.

— Veux-tu avancer ? dit-il alors à Yvonnet d'une voix brève et impérieuse.

— J'ai... le vertige... répondit le malheureux dont les dents claquaient, dont les cheveux se hérissaient.

— Veux-tu avancer ? répéta le vicomte d'Exmès.

— Impossible !... dit Yvonnet. Je le sens... que si mes pieds et mes mains... quittent les échelons qu'ils serrent... je me laisserai tomber.

— Nous allons voir ! dit Gabriel.

Il s'éleva jusqu'à la ceinture d'Yvonnet et lui mit la pointe de son poignard dans le dos.

— Sens-tu la pointe de mon poignard, lui demanda-t-il ?

— Oui, monseigneur, ah ! grâce ! j'ai peur, grâce !

— La lame est fine et acérée, poursuivit Gabriel avec un merveilleux sang-froid. Au moindre mouvement elle s'enfonce comme d'elle-même. Écoute bien, Yvonnet. Martin-Guerre va passer devant toi, et moi je resterai derrière. Si tu ne suis pas Martin, tu m'entends, si tu fais mine de broncher, je jure Dieu que tu ne tomberas pas et que tu ne feras pas tomber les autres ; car je te clouerai avec mon poignard contre la muraille, jusqu'à ce qu'ils aient tous passé sur ton cadavre.

— Oh! pitié! monseigneur! j'obéirai! s'écria Yvonnet, guéri d'une terreur par une autre plus forte.

— Martin, dit le vicomte d'Exmès, tu m'as entendu. Passe devant.

Martin-Guerre exécuta à son tour le mouvement qu'il avait vu faire à son maître, et se trouva dès lors le premier.

— Marche! dit Gabriel.

Martin se mit à monter bravement, et Yvonnet, que Gabriel, en ne se servant que de la main gauche et des pieds, menaçait toujours de son poignard, oublia son vertige et suivit l'écuyer.

Les quatorze hommes franchirent ainsi les cent cinquante derniers échelons.

— Parbleu! pensait Martin-Guerre à qui la bonne humeur revint quand il vit diminuer la distance qui le séparait du sommet de la tour, parbleu! monseigneur a trouvé là un remède souverain contre le vertige!

Il achevait cette joyeuse réflexion, lorsque sa tête se trouva au niveau du rebord de la plate-forme.

— Est-ce vous? demanda une voix inconnue à Martin.

— Parbleu! répondit l'écuyer d'un ton dégagé.

— Il était temps! reprit la sentinelle. Avant cinq minutes, la troisième ronde va passer.

— Bon! c'est nous qui la recevrons, dit Martin-Guerre.

Et il posa victorieusement un genou sur le rebord de pierre.

— Ah! s'écria tout à coup l'homme du fort en cherchant à le mieux distinguer dans l'ombre, comment t'appelles-tu?

— Eh! Martin-Guerre...

Il n'acheva pas. Pierre Peuquoy, c'était bien lui, ne lui laissa pas poser l'autre genou, et, le poussant avec fureur de la paume de ses deux mains, le précipita dans l'abîme.

— Jésus! dit seulement le pauvre Martin-Guerre.

Et il tomba, mais sans crier, et en se détournant, par un dernier et sublime effort, pour ne pas faire tomber avec lui ses compagnons et son maître.

Yvonnet qui le suivait, et qui, en sentant de nouveau le sol ferme sous ses pas, recouvra tout à fait son sang-froid et son audace, Yvonnet s'élança sur la plate-forme, et, après lui, Gabriel et tous les autres.

Pierre Peuquoy ne leur opposa aucune résistance. Il restait debout, insensible et comme pétrifié.

— Malheureux! lui dit le vicomte d'Exmès en le saisissant et le secouant par le bras. Quelle fureur insensée vous a pris? Que vous avait fait Martin-Guerre?

— A moi? rien, répondit l'armurier d'une voix sourde. Mais à Babette! à ma sœur!...

— Ah! j'avais oublié! s'écria Gabriel frappé. Pauvre Martin?... Mais ce n'est pas lui!... Ne peut-on le sauver encore.

— Le sauver d'une chute de plus de deux cent cinquante pieds sur le roc! dit Pierre Peuquoy avec un rire strident. Allez! monsieur le vicomte, vous ferez mieux, pour l'heure, de songer à vous sauver vous-même avec vos compagnons.

— Mes compagnons, et mon père, et Diane! se dit le jeune homme, rappelé par ces mots aux devoirs et aux périls de sa situation. — C'est égal! reprit-il tout haut, mon pauvre Martin!...

— Ce n'est pas le moment de pleurer le coupable! interrompit Pierre Peuquoy.

— Coupable! il était innocent, vous dis-je! je vous le prouverai. Mais l'instant n'est pas venu, vous avez raison. Voyons, êtes-vous toujours disposé à nous servir? demanda Gabriel à l'armurier avec une brusque brusquerie.

— Je suis dévoué à la France et à vous, répondit Pierre Peuquoy.

— Eh bien! dit Gabriel, que nous reste-t-il à faire!

— Une ronde de nuit va passer, répondit le bourgeois. Il faudra garotter et bâillonner les quatre hommes qui la composent... Mais, ajouta-t-il, il n'est plus temps de les surprendre. Les voici!

Comme Pierre Peuquoy parlait encore, la patrouille urbaine débouchait en effet d'un escalier intérieur sur la plate-forme. Si elle donnait l'alarme, tout était perdu peut-être.

Heureusement, les deux Scharfenstein, oncle et neveu, qui étaient très curieux et très fureteurs de leur nature, rôdaient déjà de ce côté-là. Les hommes de la ronde n'eurent pas le temps de jeter un cri. Une large main, fermant tout à coup à chacun d'eux la bouche par derrière, les renversa de plus sur le dos fort vigoureusement.

Pilletrousse et deux autres accourent, et, dès-lors, purent sans peine bâillonner et désarmer de quatre miliciens stupéfaits.

— Bien engagé! dit Pierre Peuquoy. Maintenant, monseigneur, il faut s'assurer des autres sentinelles, et puis descendre hardiment aux corps-de-garde. Nous avons deux postes à emporter. Mais ne craignez point d'être accablés par le nombre. Plus de la moitié de la milice urbaine, pratiquée par Jean et par moi, est dévouée aux Français et les attend pour les seconder. Je vais descendre le premier pour avertir ces alliés de votre réussite. Occupez-vous, pendant ce temps, des factionnaires. Quand je remonterai, mes paroles auront fait déjà les trois quarts de la besogne.

— Ah! je vous remercierais, Peuquoy, dit Gabriel, si cette mort de Martin-Guerre... Et pourtant, ce crime n'était pour vous que justice!

— Encore une fois, laissez cela à Dieu et à ma conscience, monsieur d'Exmès, reprit gravement le rigide bourgeois. Je vous quitte. Agissez de votre côté, tandis que j'agirai du mien.

Tout se passa à peu près comme Pierre Peuquoy l'avait prévu. Les factionnaires appartenaient en grande partie à la cause des Français. Un seul qui voulut résister fut bientôt lié et mis hors d'état de nuire. Quant l'armurier remonta, accompagné de Jean Peuquoy et de quelques amis sûrs, tout le haut du fort de Risbank était déjà au pouvoir du vicomte d'Exmès.

Il s'agissait maintenant de se rendre maître des corps-de-garde. Avec le renfort qui lui amenaient les Peuquoy, Gabriel n'hésita pas à y descendre sur-le-champ.

On profita habilement du premier moment de surprise et d'indécision.

A cette heure matinale, la plupart de ceux qui tenaient pour les Anglais par leur naissance ou par leurs intérêts dormaient encore, en toute sécurité, sur leurs lits de camp. Avant qu'ils ne s'éveillassent, pour ainsi dire, ils étaient déjà garottés.

Le tumulte, car ce ne fut pas un combat, ne dura que quelques minutes. Les amis de Peuquoy criaient: Vive Henri II! Vive la France! Les neutres et les indifférens se rangèrent immédiatement, comme c'est la coutume, du côté du succès. Ceux qui essayèrent quelque résistance durent bientôt céder au nombre. Il n'y eut, en tout, que deux morts et cinq blessés, et l'on ne tira que trois coups d'arquebuse. Le pieux Lactance eut la douleur d'avoir sur son compte deux de ces blessés et un de ces morts. Par bonheur, il avait de la marge!

Six heures n'avaient pas sonné, que tout au fort de Risbank était soumis aux Français. Les récalcitrans et les suspects étaient enfermés en lieu sûr, et tout le reste de la garde urbaine entourait et saluait Gabriel comme un libérateur.

Ainsi fut emporté presque sans coup férir, en moins d'une heure, par un effort étrange et surhumain, ce fort que les Anglais n'avaient même pas songé à munir, tant la mer seule semblait puissamment le défendre! ce fort qui avait cependant la clef du port de Calais, la clef de Calais même!

L'affaire fut si bien et si promptement menée que la tour de Risbank était prise et que le vicomte d'Exmès y avait placé de nouvelles sentinelles avec un nouveau mot d'ordre, sans qu'on en sût rien dans la ville.

— Mais tant que Calais ne se sera pas rendu aussi, dit Pierre Peuquoy à Gabriel, je ne regarde par notre tâche comme terminée. Aussi, monsieur le vicomte, je suis d'avis que vous gardiez Jean et la moitié de nos hommes pour maintenir le fort de Risbank, et que vous me laissiez rentrer dans la ville avec l'autre moitié. Nous y servirons, au besoin, les Français mieux qu'ici par quelque utile diversion. Après les cordes de Jean, il est bon d'utiliser les armes de Pierre.

— Ne craignez-vous pas, dit Gabriel, que lord Wentworth furieux ne vous fasse un mauvais parti?

— Soyez tranquille! reprit Pierre Peuquoy, j'agirai de ruse : avec nos oppresseurs de deux siècles, c'est de bonne guerre. S'il le faut, j'accuserai Jean de nous avoir trahis. Nous aurons été surpris par des forces supérieures, et contraints, malgré notre résistance, de nous rendre à discrétion. On aura chassé du fort ceux d'entre nous qui se seront refusé à reconnaître votre victoire. Lord Wentworth est trop bas dans ses affaires pour ne pas paraître nous croire et ne pas nous remercier.

— Soit! rentrez donc dans Calais, reprit Gabriel, vous êtes, je le vois, aussi adroit que brave. Et il est certain que vous pourrez m'aider si, par exemple, de mon côté, je tente quelque sortie.

— Oh! ne risquez pas cela, je vous y engage! dit Pierre Peuquoy. Vous n'êtes pas assez en force, et vous avez peu à gagner et tout à perdre à une sortie. Vous voilà à votre tour inattaquable derrière ces bonnes murailles. Restez-ici. Si vous preniez l'offensive, lord Wentworth pourrait bien vous regagner le fort de Risbank. Et après avoir tant fait, ce serait grand dommage de tout défaire.

— Mais quoi! reprit Gabriel, vais-je rester oisif et l'épée au côté, tandis que monsieur de Guise et tous les nôtres se battent et jouent leur vie?...

— Leur vie est à eux, monseigneur, et le fort de Risbank est à la France, répondit le prudent bourgeois. Ecoutez cependant : Quand je jugerai le moment favorable et qu'il ne faudra plus qu'un dernier coup décisif pour arracher Calais aux Anglais, je ferai soulever et ceux que j'emmène et tous les habitants qui partagent mes opinions. Alors, comme tout sera mûr pour la victoire, vous pourrez sortir, pour nous donner un coup de main et pour ouvrir la ville au duc de Guise.

— Mais qui m'avertira que je puis me hasarder? demanda le vicomte d'Exmès.

— Vous m'allez rendre ce cor que je vous avais confié, dit Pierre Peuquoy, dont le son m'a servi à vous reconnaître. Quand, du fort de Risbank, on l'entendra de nouveau sonner, sortez sans crainte, et vous pourrez une seconde fois participer au triomphe que vous avez si bien préparé.

Gabriel remercia cordialement Pierre Peuquoy, choisit avec lui les hommes qui devaient rentrer dans la ville pour seconder les Français au besoin, et les accompagna gracieusement jusqu'aux portes de ce fort de Risbank dont ils étaient censés expulsés avec honte.

Quand ce fut fait, il était sept heures et demie, et le jour commençait à blanchir dans le ciel.

Gabriel voulut éveiller lui-même à ce que les étendards de France, qui devaient tranquilliser monsieur de Guise et épouvanter les vaisseaux anglais, fussent placés sur le fort de Risbank. Il monta en conséquence sur la plate-forme témoin des événements de cette nuit terrible et glorieuse.

Il s'approcha, tout pâle, de l'endroit où l'échelle de cordes avait été attachée, et d'où le pauvre Martin-Guerre, victime de la plus fatale méprise, avait été précipité.

Il se pencha en frémissant, pensant apercevoir sur le roc le cadavre mutilé de son fidèle écuyer.

Mais son regard ne le trouva pas d'abord et dut le chercher, avec une surprise mêlée d'un commencement d'espoir.

Une gargouille de plomb, par où s'écoulaient les eaux pluviales de la tour, avait en effet arrêté le corps à moitié chemin dans sa chute formidable, et c'est là que Gabriel le vit suspendu, plié en deux, immobile.

Il le crut sans vie, au premier aspect. Mais il voulait du moins lui rendre les derniers devoirs.

Pilletrousse qui était là, pleurant, que Martin-Guerre avait toujours aimé, associa son dévouement à la pieuse pensée de son maître. Il se fit solidement attacher à l'échelle de cordes de la huit et se risqua dans l'abîme.

Quand il remonta, non sans peine, le corps de son ami, on s'aperçut que Martin respirait encore.

Un chirurgien appelé constata aussi la vie, et le brave écuyer reprit en effet un peu connaissance.

Mais ce fut pour souffrir davantage. Martin-Guerre était dans un cruel état. Il avait un bras démis et une cuisse cassée.

Le chirurgien pouvait remettre le bras, mais il jugeait l'amputation de la jambe nécessaire et n'osait cependant prendre sur lui une opération aussi difficile.

Plus que jamais, Gabriel se dépitait d'être enfermé vainqueur dans le fort de Risbank. L'attente, qui était déjà bien pénible, devenait atroce.

Si l'on eût pu communiquer avec le maître-expert Ambroise Paré, Martin-Guerre était sauvé peut-être.

LIX.

LORD WENTWORTH AUX ABOIS.

Le duc de Guise, bien qu'avec la réflexion il ne pût croire au succès d'une entreprise aussi téméraire, voulut cependant s'assurer par lui-même si le vicomte d'Exmès avait ou non réussi. Dans la passe difficile où il se trouvait, on espère même l'impossible.

Avant huit heures, il arrivait donc à cheval, avec une suite peu nombreuse, sur la falaise que lui avait indiquée Gabriel, et d'où l'on pouvait en effet, au moyen d'une longue-vue, apercevoir le fort de Risbank.

Au premier regard que le duc jeta dans la direction du fort, il poussa un cri de triomphe.

Il ne se trompait pas! il reconnaissait bien l'étendard et les couleurs de France! Ceux qui l'entouraient lui affirmaient que ce n'était pas une illusion, et partageaient sa joie.

— Mon brave Gabriel! s'écria-t-il. Il est véritablement venu à bout de ce prodige! N'est-il pas supérieur à moi qui doutais? Maintenant nous avons, grâce à lui, tout loisir de préparer et d'assurer la prise de Calais. Viennent les secours d'Angleterre, c'est Gabriel qui se chargera de les recevoir!

— Monseigneur, il semble que vous les ayez appelés, dit un des suivants du duc qui, en ce moment, dirigeait la longue-vue du côté de la mer. Regardez, monseigneur, ne voilà-t-il pas à l'horizon les voiles anglaises?

— Elles auraient fait diligence! repartit monsieur de Guise. Voyons cela.

Il prit la lorgnette et regarda à son tour.

— Ce sont bien vraiment nos Anglais! dit-il. Diantre! ils n'ont pas perdu de temps, et je ne les attendais pas sitôt! Savez-vous que si, à cette heure, nous avions attaqué le Vieux-Château, l'arrivée subite de ces renforts nous eût joué un assez vilain tour. Double sujet de reconnaissance envers monsieur d'Exmès! Il ne nous donne pas seulement la victoire, il nous sauve la honte de la défaite. Mais, puisque nous sommes plus pressés, voyons comment les nouveaux venus vont se conduire, et comment, de son côté, le jeune gouverneur du fort de Risbank se comportera avec eux.

Il faisait tout à fait jour quand les vaisseaux anglais arrivèrent en vue du fort.

Le drapeau français leur apparut, comme un spectre menaçant, aux premières lueurs du matin.

Et, comme pour leur confirmer cette apparition inouïe, Gabriel les fit saluer de trois ou quatre coups de canon.

Il n'y avait donc pas à en douter ! c'était bien l'étendard de France qui *ventelait* sur la tour anglaise. Il fallait donc que, comme la tour, la ville fût déjà au pouvoir des assiégeans. Les renforts, malgré leur grande hâte, arrivaient trop tard.

Après quelques minutes données à la surprise et à l'irrésolution, les vaisseaux anglais parurent s'éloigner peu à peu et retourner vers Douvres.

Ils amenaient bien des forces suffisantes pour secourir Calais mais non pour le reprendre.

— Vive Dieu ! s'écria le duc de Guise ravi, parlez-moi de ce Gabriel ! Il sait aussi bien garder qu'il sait conquérir ! Il nous a mis Calais dans les mains, et nous n'avons plus qu'à les serrer pour tenir la belle ville.

Et, remontant à cheval, il revint tout joyeux au camp presser les travaux du siége.

Les événemens humains ont presque toujours une double face, et, quand ils font rire les uns, font pleurer les autres. Dans le même moment où le duc de Guise se frottait les mains, lord Wentworth s'arrachait les cheveux.

Après une nuit agitée, comme nous l'avons vu, de pressentimens sinistres, il s'était enfin endormi vers le matin, et sortait seulement de sa chambre quand les prétendus vaincus du fort de Risbank, Pierre Peuquoy à leur tête, apportèrent dans la ville la fatale nouvelle.

Le gouverneur n'en fut pour ainsi dire, informé que le dernier.

Dans sa douleur et sa colère, il ne pouvait en croire ses oreilles. Il ordonna que le chef de ces fugitifs lui fût amené.

On introduisit bientôt auprès de lui Pierre Peuquoy, qui entra l'oreille basse et avec une mine fort bien composée pour la circonstance.

Le rusé bourgeois raconta, tout terrifié encore, l'assaut de la nuit, et dépeignit les *trois cents* farouches aventuriers qui avaient escaladé tout à coup le fort de Risbank, aidés sans aucun doute par une trahison, que lui, Pierre Peuquoy, n'avait pas eu le temps d'approfondir.

— Mais qui commandait ces trois cents hommes ? demanda lord Wentworth.

— Mon Dieu ! votre ancien prisonnier, monsieur d'Exmès, répondit ingénument l'armurier.

— Oh ! mes songes éveillés ! s'écria le gouverneur.

Puis, les sourcils froncés, frappé d'un souvenir inévitable :

— Eh ! mais, dit-il à Pierre Peuquoy, monsieur d'Exmès, pendant son séjour ici, avait été votre hôte ce me semble ?

— Oui, monseigneur, répondit Pierre sans se troubler. Aussi ai-je tout lieu de croire, pourquoi vous le cacher ? que mon cousin Jean, le tisserand, a trempé dans cette machination plus qu'il n'eût fallu.

Lord Wentworth regarda le bourgeois de travers. Mais le bourgeois regarda intrépidement lord Wentworth en face.

Comme sa hardiesse l'avait conjecturé, le gouverneur se sentait trop faible et savait Pierre Peuquoy trop puissant dans la ville pour laisser paraître ses soupçons.

Après lui avoir demandé quelques dernières informations, il le congédia avec des paroles tristes, mais amicales.

Resté seul, lord Wentworth tomba dans un accablement profond.

N'y avait-il pas de quoi ! La ville, réduite à sa faible garnison, fermée désormais à tout secours venant de terre ou de mer, serrée entre le fort de Nieullay et le fort de Risbank, qui l'accablaient au lieu de la défendre, la ville ne pouvait plus tenir qu'un petit nombre de jours, où peut-être même un petit nombre d'heures.

Horrible condition pour le superbe orgueil de lord Wentworth.

— N'importe ! se dit-il tout bas à lui-même, pâle encore d'étonnement et de rage, n'importe ! je leur vendrai cher leur victoire. Calais est maintenant à eux, c'est trop certain ! mais enfin je m'y maintiendrai jusqu'au bout, et leur ferai payer une si précieuse conquête du plus de cadavres que je pourrai. Et quant à l'amoureux de la belle Diane de Castro...

Il s'arrêta, une pensée infernale éclaira d'une lueur de joie son visage sombre.

— Quant à l'amoureux de la belle Diane, reprit-il avec une sorte de complaisance, si je m'ensevelis, comme je le dois, comme je le veux, sous les ruines de Calais, nous tâcherons du moins qu'il n'ait pas trop à se réjouir de notre mort ! et son rival agonisant et vaincu lui réserve aussi, qu'il y prenne garde ! une effrayante surprise.

Là-dessus, il s'élança hors de son hôtel pour ranimer les courages et donner ses ordres. Raffermi et calmé, eu quelque sorte, par je ne sais quel sinistre dessein, il déploya un sang-froid tel que son désespoir même rendit à plus d'un esprit hésitant l'espérance.

Il n'entre pas dans le plan de ce livre de raconter au long tous les détails du siége de Calais. François de Rabutin, dans ses *Guerres de Belgique*, vous les donnera dans toute leur prolixité.

Les journées du 5 et du 6 janvier se consumèrent en efforts également énergiques de la part des assiégeans et de la part des assiégés. Travailleurs et soldats agissaient des deux côtés avec le même courage et la même héroïque obstination.

Mais la belle résistance de lord Wentworth était paralysée par une force supérieure : le maréchal Strozzi, qui conduisait les travaux du siége, semblait deviner les moyens de défense et tous les mouvemens des Anglais, comme si les remparts de Calais eussent été transparens.

Il fallait que l'ennemi se fût procuré un plan de la ville ! Ce plan, nous savons qui l'avait fourni au duc de Guise.

Ainsi le vicomte d'Exmès, même absent, même oisif, était encore utile aux siens, et, comme le faisait remarquer monsieur de Guise avec sa reconnaissable équité, son influence salutaire exerçait ses effets même de loin.

Cependant, l'impuissance à laquelle se trouvait réduit lui pesait bien lourdement, au bouillant jeune homme ! Emprisonné dans sa conquête, il était obligé d'employer son activité à des soins de surveillance qu'il trouvait trop faciles et trop vite remplis.

Quand il avait fait sa ronde de toutes les heures avec cette attentive vigilance que lui avait apprise la défense de Saint-Quentin, il revenait d'ordinaire s'asseoir au chevet de Martin-Guerre pour le consoler et l'encourager.

Le brave écuyer endurait ses souffrances avec une patience et une égalité d'âme admirables. Mais ce qui l'étonnait et l'indignait douloureusement, c'était le méchant procédé dont Pierre Peuquoy avait cru devoir user à son égard.

La naïveté de son chagrin et de sa surprise, quand il s'interrogeait sur ce sujet obscur, eût dissipé les derniers soupçons que Gabriel aurait pu conserver encore sur la bonne foi de Martin.

Le jeune homme se décida donc à raconter à Martin-Guerre sa propre histoire, telle du moins qu'il la présumait d'après les apparences et ses conjectures : il était maintenant évident pour lui qu'un fourbe avait profité de sa merveilleuse ressemblance avec Martin pour commettre, sous le nom de celui-ci, toutes sortes d'actions vilaines et répréhensibles dont il se souciait peu d'accepter la responsabilité, et, aussi, pour accaparer sans doute tous les avantages et bénéfices qu'il avait pu détourner de son Sosie sur lui-même.

Cette révélation, Gabriel eut soin de la faire en présence de Jean Peuquoy. Jean s'affligeait et s'effrayait, dans sa conscience d'honnête homme, des suites de la fatale méprise. Mais il s'inquiétait surtout de celui qui les avait tous abusés. Qu'était ce misérable? était-il marié aussi? où se cachait-il?...

Martin-Guerre, de son côté, s'épouvantait à l'idée d'une perversité si grande. Tout en se réjouissant de voir sa conscience déchargée d'un tas de méfaits qu'elle s'était si longtemps reprochés, il se désolait en pensant que son nom avait été porté et sa réputation compromise par un tel misérable. Et qui sait à quels excès le coquin se livrait encore, à l'abri de son pseudonyme, à cette heure même où Martin gisait à sa place sur un lit de douleur !

Ce qui surtout remplit de tristesse et de pitié le cœur du bon Martin-Guerre, ce fut l'épisode de Babette Peuquoy. Oh ! il excusait à présent la brutalité de Pierre. Non-seulement il lui pardonnait, mais il l'approuvait. Il avait très bien fait certainement de venger ainsi son honneur indignement outragé ! C'était à présent Martin-Guerre qui consolait et rassurait Jean Peuquoy consterné.

Le bon écuyer, dans ses félicitations au frère de Babette, n'oubliait qu'une chose, c'est qu'en somme c'était lui qui avait payé pour le vrai coupable.

Lorsque Gabriel, en souriant, le lui fit observer :

— Eh bien! n'importe ! dit Martin-Guerre, je bénis encore mon accident ! du moins, si j'y survis, ma pauvre jambe boiteuse, ou encore mieux absente, servira à me distinguer de l'imposteur et du traître.

Mais, hélas! cette médiocre consolation qu'espérait là Martin était encore fort problématique ; car survivrait-il ? le chirurgien de la garde urbaine n'en répondait pas. Il eût fallu les prompts secours d'un praticien habile, et deux jours allaient bientôt s'écouler sans que l'état alarmant de Martin-Guerre fût autrement soulagé que par quelques pansemens insuffisans.

Ce n'était pas là pour Gabriel un de ses moindres sujets d'impatience, et bien souvent, la nuit comme le jour, il se dressait et prêtait l'oreille pour écouter s'il n'entendrait pas ce son attendu du cor qui le devait tirer enfin de son oisiveté forcée. Mais nul bruit de ce genre ne venait varier le bruit lointain et monotone des deux artilleries d'Angleterre et de France.

Seulement, dans la soirée du 6 janvier, comme Gabriel, depuis trente-six heures déjà, était en possession du fort de Risbank, il crut distinguer du côté de la ville un tumulte plus grand que de coutume et des clameurs inusitées de triomphe ou de détresse.

Les Français venaient, après une lutte des plus chaudes, d'entrer en vainqueurs au Vieux-Château.

Calais ne pouvait pas dorénavant résister plus de vingt-quatre heures.

Néanmoins, toute la journée du 7 se passa en efforts inouïs de la part des Anglais pour reprendre une position si importante et pour se maintenir sur les derniers points qu'ils possédaient encore.

Mais monsieur de Guise, loin de laisser l'ennemi reconquérir un pouce de terrain, en gagnait peu à peu sur lui; si bien qu'il devint bientôt évident que le lendemain ne verrait pas Calais sous la domination anglaise.

Il était trois heures de l'après-midi : lord Wentworth, qui ne s'était pas ménagé depuis sept jours, et qu'on avait constamment vu au premier rang, donnant la mort et la bravant, jugea qu'il ne restait guère aux siens que deux heures de force physique et d'énergie morale.

Alors, il appela lord Derby.

— Combien croyez-vous, lui demanda-t-il, que nous puissions tenir encore ?

— Pas plus de trois heures, je le crains, répondit tristement lord Derby.

— Mais vous répondriez de deux heures, n'est-ce pas ? reprit le gouverneur.

— Sauf quelque événement imprévu, j'en répondrais, dit lord Derby en mesurant le chemin que les Français avaient à faire encore.

— Eh bien ! ami, lord Wentworth, je vous confie le commandement et me retire. Si les Anglais, dans deux heures, mais pas avant, vous entendez ! si, dans deux heures, les nôtres n'ont pas la chance plus favorable, et cela n'est que trop probable, je vous permets, je vous ordonne même, pour mieux mettre votre responsabilité à couvert, de faire sonner la retraite et de demander à capituler.

— Dans deux heures, cela suffit, milord, dit lord Derby.

Lord Wentworth fit part à son lieutenant des conditions qu'il pouvait exiger et que le duc de Guise lui accorderait sans nul doute.

— Mais, lui fit remarquer lord Derby, vous vous oubliez dans ces conditions, milord. Je dois demander aussi à monsieur de Guise qu'il vous reçoive à rançon, n'est-ce pas ?

Un feu sombre brilla dans le morne regard de lord Wentworth.

— Non, non, reprit-il avec un singulier sourire, ne vous occupez pas de moi, ami. Je me suis assuré moi-même tout ce qu'il me faut, tout ce que je souhaite encore.

— Cependant... voulut objecter lord Derby.

— Assez ! dit le gouverneur avec autorité. Faites seulement ce que je vous dis, rien de plus. Adieu. Vous me rendrez ce témoignage en Angleterre que j'ai fait ce qu'il était humainement possible de faire pour racheter ma ville, et que je n'ai cédé qu'à la fatalité ? Pour vous, luttez aussi jusqu'au dernier moment, mais ménagez l'honneur et le sang anglais, Derby. C'est mon dernier mot. Adieu.

Et, sans vouloir en dire et en entendre davantage, lord Wentworth, après avoir serré la main de lord Derby, quitta le lieu du combat, et se retira seul dans son hôtel désert, en défendant, par les ordres les plus sévères, qu'on l'y suivît sous aucun prétexte.

Il était sûr d'avoir au moins deux heures devant lui.

LX.

AMOUR DÉDAIGNÉ.

Lord Wentworth se croyait bien certain de deux choses : d'abord, il lui restait deux bonnes heures avant la reddition de Calais, et lord Derby ne demanderait assurément à capituler qu'après cinq heures. Ensuite, il allait trouver son hôtel presque entièrement vide ; car il avait eu la précaution d'envoyer aussi ses gens à la brèche depuis le matin. André, le page français de madame de Castro, avait été enfermé par ses ordres. Diane devait être seule avec une ou deux femmes.

Tout était en effet désert et comme mort sur les pas de lord Wentworth rentrant chez lui, et, Calais, pareil à un corps dont la vie se retire, avait concentré sa dernière énergie à l'endroit où l'on combattait.

Lord Wentworth morne, farouche et, en quelque sorte, ivre de désespoir, alla droit au logement qu'occupait madame de Castro.

Il ne se fit pas annoncer à Diane, comme c'était son habitude, mais il entra brusquement, en maître, dans la chambre où elle se trouvait avec une des suivantes qu'il lui avait données.

Sans saluer Diane stupéfaite, ce fut à cette suivante qu'il s'adressa impérieusement :

— Vous, dit-il, sortez sur-le-champ ! Il se peut que les Français entrent dès ce soir dans la ville, et je n'ai le loisir ni le moyen de vous protéger. Allez retrouver votre père. C'est là votre place. Allez tout de suite, et dites aux deux ou trois femmes qui sont ici que je veux qu'elles en fassent autant sur l'heure.

— Mais, milord... objecta la suivante.

— Ah ! reprit le gouverneur en frappant du pied avec colère, n'avez-vous donc pas entendu que j'ai dit : Je veux !

— Pourtant, milord... voulut dire Diane à son tour.

— J'ai dit : Je veux ! madame, repartit lord Wentworth avec un geste inflexible.

La suivante, terrifiée, sortit.

— Je ne vous reconnais pas, milord, en vérité, reprit Diane après un silence plein d'angoisse.

— C'est que vous ne m'avez pas vu encore vaincu, madame, reprit lord Wentworth avec un amer sourire. Car vous avez été pour moi un excellent prophète de ruine et de malédiction, et j'étais en vérité un insensé de ne pas vous croire. Je suis vaincu, tout à fait vaincu, vaincu sans espoir et sans ressources. Réjouissez-vous !

— Le succès de ces Français est-il vraiment assuré à ce point? dit Diane qui avait bien de la peine à dissimuler sa joie.

— Comment ne serait-il point assuré, madame? Le fort de Nieullay, le fort de Risbank, le Vieux-Château sont en leur pouvoir. Ils peuvent prendre la ville entre trois feux. Allez ! Calais est bien à eux. Réjouissez-vous.

— Oh ! reprit Diane, c'est qu'avec un homme comme vous pour adversaire, milord, on doit n'être jamais certain de la victoire, et, malgré moi, je l'avoue et vous me comprendrez, malgré moi, j'en doute encore.

— Eh ! madame, s'écria lord Wentworth, ne voyez-vous pas que j'ai déserté la partie? Après avoir assisté jusqu'au bout à la bataille, ne voyez-vous pas que je n'ai pas voulu assister à la défaite, et que c'est pour cela que je suis ici? Lord Derby dans une heure et demie va se rendre. Dans une heure et demie, madame, les Français entreront triomphans dans Calais, et le vicomte d'Exmès avec eux. Réjouissez-vous !

— C'est que, milord, vous dites cela d'un tel ton, qu'on ne sait pas si l'on doit vous croire, dit Diane, qui cependant commençait à espérer, et dont le regard, dont le sourire rayonnaient à cette pensée de délivrance.

— Alors vous persuader, madame, reprit lord Wentworth, car je tiens à vous persuader, je prendrai une autre manière, et je vous dirai : — Madame, dans une heure et demie, les Français entreront ici triomphans, et le vicomte d'Exmès avec eux. Tremblez !

— Que voulez-vous dire? s'écria Diane pâlissant.

— Quoi ! ne suis-je pas assez clair? dit lord Wentworth en se rapprochant de Diane avec un rire menaçant. Je vous dis : — Dans une heure et demie, madame, nos rôles seront changés. Vous serez libre et je serai prisonnier. Le vicomte d'Exmès viendra vous rouvrir la liberté, l'amour, le bonheur, et me faire jeter, moi, dans quelque cul de basse fosse. Tremblez !

— Mais pourquoi dois-je trembler? reprit Diane en reculant jusqu'au mur sous le sombre et ardent regard de cet homme.

— Mon Dieu ! c'est bien facile à comprendre, dit lord Wentworth. En ce moment, je suis le maître, je serai l'esclave dans une heure et demie, ou plutôt dans une heure un quart, car les minutes passent. Dans une heure un quart je serai en votre pouvoir ; à présent vous êtes au mien. Dans une heure un quart, le vicomte d'Exmès sera ici ; dans ce moment, c'est moi qui y suis. Donc, réjouissez-vous et tremblez, madame !

— Milord ! milord ! s'écria la pauvre Diane repoussant palpitante lord Wentworth, que voulez-vous de moi?

— Ce que je veux de toi? toi ! dit le gouverneur d'une voix sourde.

— Ne m'approchez pas ! ou je crie, j'appelle, et je vous déshonore, misérable ! reprit Diane au comble de l'effroi.

— Crie et appelle, cela m'est bien égal, dit lord Wentworth avec une tranquillité sinistre. L'hôtel est désert, les rues sont désertes. Nul ne viendra à tes cris, du moins avant une heure. Vois : je n'ai pas même pris la peine de fermer portes ni fenêtres, tant je suis sûr qu'on ne viendra pas avant une heure.

— Mais dans une heure enfin on viendra, reprit Diane, et je vous accuserai, je vous dénoncerai, on vous tuera.

— Non, dit froidement lord Wentworth, c'est moi qui me tuerai. Crois-tu que je veuille survivre à la prise de Calais ! dans une heure je me tuerai, j'y suis résolu. Ne parlons pas de cela. Mais, auparavant, je veux te prendre à ton amant et satisfaire à la fois, dans une volupté terrible et suprême, et ma vengeance et mon amour. Allons ! la belle, vos refus et vos dédains ne sont plus de saison, je ne prie plus, j'ordonne ! je n'implore plus, j'exige !

— Et moi, je meurs ! s'écria Diane en tirant de son sein un couteau.

Mais, avant qu'elle eût le temps de se frapper, lord Wentworth s'était élancé vers elle, avait saisi ses petites mains frêles dans ses mains vigoureuses, lui avait arraché le couteau et l'avait jeté bien loin.

— Pas encore ! s'écria lord Wentworth avec un effrayant sourire. Je ne veux pas, madame, que vous vous frappiez encore. Après, vous ferez ce que vous voudrez, et, si vous aimez mieux mourir avec moi que de vivre avec lui, vous serez certainement libre. Mais cette dernière heure, car il n'y a plus qu'une heure à présent, cette dernière heure de votre existence m'appartient ; je n'ai que cette heure pour me dédommager de l'éternité de l'enfer. Croyez donc bien que je n'y renoncerai pas.

Il voulut la saisir. Alors, défaillante, et sentant que ses forces lui échappaient, elle se jeta à ses pieds.

— Grâce ! milord, cria-t-elle, grâce ! je vous demande grâce et pardon à genoux. Par votre mère ! souvenez-vous que vous êtes un gentilhomme.

— Un gentilhomme ! reprit lord Wentworth en secouant la tête, oui, j'étais un gentilhomme et je me suis comporté en gentilhomme, ce me semble, tant que je triomphais, tant que j'espérais, tant que je vivais. Mais maintenant, je ne suis plus un gentilhomme, je suis tout simplement un homme, un homme qui va mourir et qui veut se venger.

Il releva madame de Castro, gisant à ses genoux, d'une étreinte effrénée. Le beau corps abandonné de Diane se meurtrissait à la peau de buffle de son ceinturon. Elle voulait prier, crier, elle ne pouvait plus.

En ce moment, il se fit un grand tumulte dans la rue.

— Ah ! cria seulement Diane dont l'œil éteint se ranima encore sur un peu d'espérance.

— Bon ! dit Wentworth avec un rire infernal, il paraît que les habitans commencent à se piller entre eux, en attendant les ennemis. Soit ! je trouve qu'ils font bien, ma foi ! C'est encore au gouverneur à leur donner ici l'exemple.

Il souleva Diane, comme il eût pu faire d'un enfant, et la porta pantelante et brisée par ses propres efforts sur un lit de repos qu'il y avait là.

— Grâce ! put-elle dire encore.

— Non ! non, reprit lord Wentworth. Tu es trop belle ! Elle s'évanouit...

Mais le gouverneur n'avait pas eu le temps de poser sa bouche sur les lèvres décolorées de Diane, quand, le tumulte se rapprochant, la porte s'ouvrit avec fracas.

Le vicomte d'Exmès, les deux Peuquoy et trois ou quatre archers français parurent sur le seuil.

Gabriel bondit jusqu'à lord Wentworth, l'épée à la main, avec un cri terrible :

— Misérable !

Lord Wentworth, les dents serrées, saisit aussi son épée laissée sur un fauteuil.

— Arrière ! fit Gabriel aux siens qui allaient intervenir. Je veux être seul à châtier l'infâme.

Les deux adversaires, sans ajouter une parole, croisèrent le fer avec furie.

Pierre et Jean Peuquoy, et leurs compagnons, se rangèrent pour leur faire place, témoins muets mais non pas indifférens de ce combat mortel.

Diane était toujours étendue sans connaissance.

On a d'ailleurs deviné comment ce secours providentiel était arrivé à la prisonnière sans défense plus tôt que lord Wentworth ne s'y attendait.

Pierre Peuquoy, pendant les deux jours précédens, avait, selon sa promesse à Gabriel, excité et armé ceux qui tenaient secrètement avec lui pour le parti de la France. Or, la victoire n'étant plus douteuse, ceux-là étaient devenus naturellement assez nombreux. C'étaient, pour la plupart, des bourgeois avisés et prudens qui s'accordaient tous à penser que, puisqu'il n'y avait plus moyen de résister, le mieux était, après tout, de se ménager la meilleure capitulation possible.

L'armurier, qui ne voulait frapper qu'avec toute sûreté son coup décisif, attendit que sa troupe fût assez forte et le siége assez avancé pour ne pas courir le risque d'exposer gratuitement la vie de ceux qui s'étaient fiés à lui. Dès que le Vieux-Château fut pris, il avait résolu d'agir. Mais il n'avait pas pu réunir sans quelques retards ses conspirateurs disséminés. Ce fut seulement au moment où lord Wentworth venait de quitter la brèche que, derrière lui, le mouvement intérieur se manifesta.

Mais plus ce mouvement avait été lentement préparé, plus il fut irrésistible.

Et d'abord le son retentissant du cor de Pierre Peuquoy avait fait, comme par enchantement, se précipiter hors du fort de Risbank le vicomte d'Exmès, Jean, et la moitié de leurs hommes. Le faible détachement qui gardait la ville de ce côté fut promptement désarmé et la porte ouverte aux Français.

Puis, tout le parti des Peuquoy, grossi par ce renfort et enhardi par le premier et facile succès, s'élança vers la brèche, où lord Derby tâchait de tomber le plus honorablement possible.

Mais, quand cette sorte de révolte prit ainsi entre deux feux le lieutenant de lord Wentworth, que lui restait-il à faire ? Le drapeau français était déjà entré dans Calais avec le vicomte d'Exmès. La milice urbaine soulevée, menaçait d'ouvrir elle-même les portes aux assiégeans. Lord Derby préféra se rendre tout de suite. Il ne faisait en somme qu'avancer un peu l'exécution des ordres laissés par le gouverneur, et une heure et demie de résistance inutile, quand même cette résistance n'eût pas devenue impossible, ne retirait rien à la défaite et pouvait ajouter au représailles.

Lord Derby envoya des parlementaires au duc de Guise.

C'était tout ce que demandaient pour le moment Gabriel et les Peuquoy. L'absence remarquée de lord Wentworth les inquiétait. Ils laissèrent donc la brèche, où retentissaient les derniers coups de feu, et, poussés par un secret pressentiment, prirent, avec deux ou trois soldats dévoués, le chemin connu de l'hôtel du gouverneur.

Toutes les portes étaient ouvertes, et ils pénétrèrent sans aucune difficulté jusqu'à la chambre de madame de Castro, où les entraînait Gabriel.

Il était temps ! et l'épée brandie de l'amant de Diane s'étendit à propos sur la fille de Henri II pour la préserver du plus lâche des attentats.

Le combat de Gabriel et du gouverneur fut assez long. Les deux adversaires semblaient également experts aux choses de l'escrime. Ils montraient l'un et l'autre le même sang-froid dans la même fureur. Leurs fers s'enroulaient comme deux serpens et se croisaient comme deux éclairs.

Cependant, au bout de deux minutes, l'épée de lord Wentworth lui échappa des mains, enlevée par un vigoureux contre du vicomte d'Exmès.

Lord Wentworth voulut rompre pour éviter le coup, glissa sur le parquet et tomba.

La colère, le mépris, la haine et tous les sentimens voilens qui fermentaient au cœur de Gabriel n'y laissaient plus de place pour la générosité. Il n'avait pas de ménagemens à garder avec un pareil ennemi. Il fut à l'instant sur lui, l'épée levée sur sa poitrine.

Il n'était aucun des assistans de cette scène, émus d'une indignation si récente, qui eût voulu arrêter le bras vengeur.

Mais Diane de Castro, pendant ce combat, avait eu le temps de revenir de sa défaillance.

En rouvrant ses yeux appesantis, elle vit, elle comprit tout, et s'élança entre Gabriel et lord Wentworth.

Par une coïncidence sublime, le dernier cri qu'elle avait jeté en s'évanouissant fut le premier qu'elle poussa en re prenant ses sens :

— Grâce !

Elle priait pour celui-là même qu'elle avait inutilement prié.

Gabriel, à l'aspect chéri de Diane, à l'accent de sa voix toute-puissante, ne sentit plus que sa tendresse et son amour. La clémence succéda tout à coup dans son âme à la rage.

— Vous voulez donc qu'il vive, Diane ? demanda-t-il à la bien-aimée.

— Je vous en prie, Gabriel, dit-elle, ne faut-il pas qu'il ait le temps de se repentir !

— Soit ! dit le jeune homme, que l'ange sauve le démon, c'est son rôle.

Et, tout en maintenant toujours sous son genou vainqueur lord Wentworth furieux et rugissant :

— Vous autres, dit-il tranquillement aux Peuquoy et aux archers, approchez-vous et liez cet homme pendant que je le tiens. Puis, vous le jetterez dans la prison de son propre hôtel, jusqu'à ce que monsieur le duc de Guise ait décidé de son sort.

— Non, tuez-moi ! tuez-moi ! criait lord Wentworth en se débattant.

— Faites ce que je dis, poursuivit Gabriel sans lâcher prise. Je commence à croire que la vie le punira plus que la mort.

On obéit au vicomte d'Exmès, et lord Wentworth eut beau se démener, écumer et injurier, il fut en un instant bâillonné et garotté. Puis, deux ou trois hommes le prirent dans leurs bras et emportèrent, sans plus de cérémonie, l'ex-gouverneur de Calais.

Gabriel s'adressa alors à Jean Peuquoy, en présence de son cousin.

— Ami, lui dit-il, j'ai raconté devant vous à Martin-Guerre sa singulière histoire, et vous possédez maintenant les preuves de son innocence. Vous avez déploré la cruelle méprise qui a frappé l'innocent au lieu du coupable, et vous ne demandez, je le sais, qu'à soulager le plus vite possible la rude souffrance qu'il endura pour un autre en ce moment. Rendez-moi donc un service...

— Je devine, interrompit le brave Jean Peuquoy. Il faut, n'est-ce pas, que j'aille chercher et trouver cet Ambroise Paré qui doit sauver votre pauvre écuyer ? J'y cours, et, pour qu'il soit mieux soigné, je le ferai transporter sur-le-champ chez nous, si la chose peut se faire sans danger pour lui.

Pierre Peuquoy, stupéfait, regardait et écoutait Gabriel et son cousin, comme s'il eût été sous l'empire d'un rêve.

— Venez, Pierre, lui dit Jean, vous m'aiderez en tout ceci. Ah ! oui, vous êtes étonné, vous ne comprenez pas ; je vous expliquerai cela, chemin faisant, et vous convaincrai de ma conviction sans peine. Vous serez le premier ensuite, je vous connais, à vouloir réparer le mal que vous avez involontairement commis.

Là-dessus, après avoir salué Diane et Gabriel, Jean sortit, emmenant Pierre qui déjà le questionnait.

Quand madame de Castro demeura seule avec Gabriel, elle tomba à genoux par un premier mouvement de piété et de gratitude, et, levant les yeux et les mains, en même temps vers le ciel et vers celui qui avait été l'instrument de son salut :

— Soyez béni, mon Dieu ! dit-elle. Soyez béni deux fois : pour m'avoir sauvée, et pour m'avoir sauvée par lui !

LXI.

AMOUR PARTAGÉ.

Puis, Diane se jeta dans les bras de Gabriel.

— Et vous, Gabriel, dit-elle, il faut aussi que je vous

remercie et que je vous bénisse. Dans le dernier éclair de ma pensée, j'invoquais mon ange sauveur, et vous êtes venu. Merci ! merci !

— Oh ! dit-il, Diane, que j'ai souffert depuis que je ne vous ai vue, et qu'il y a longtemps que je ne vous ai vue !

— Et moi donc ! s'écria-t-elle.

Ils se mirent alors à se raconter, avec des longueurs peu dramatiques, il faut en convenir, ce qu'ils avaient fait et senti, chacun de leur côté, pendant cette dure absence. Calais, le duc de Guise, les vaincus, les vainqueurs, tout était oublié. Toutes les rumeurs et toutes les passions qui entouraient les deux amoureux ne parvenaient plus jusqu'à eux. Perdus dans leur monde d'amour et d'ivresse, ils ne voyaient plus, ils n'entendaient plus l'autre triste monde.

Quand on a subi tant de douleurs et tant d'épouvantes, l'âme s'affaiblit et s'amollit en quelque sorte par la souffrance, et, forte contre la peine, ne sait plus résister au bonheur. Dans cette tiède atmosphère de pures émotions, Diane et Gabriel se laissaient aller avec abandon aux douceurs, bien inaccoutumées depuis longtemps pour eux, du calme et de la joie.

A la scène d'amour violent que nous avons rapportée en succéda alors une autre, à la fois pareille et différente.

— Qu'on est bien près de vous, ami ! disait Diane. Au lieu de la présence de cet homme impie que je haïssais et dont l'amour me faisait peur, quelle ivresse que d'avoir votre présence rassurante et chérie !

— Et moi, reprit Gabriel, depuis notre enfance, où nous étions heureux sans le savoir, je ne me rappelle pas, Diane, avoir eu, dans ma pauvre vie agitée et isolée, un seul moment comparable à celui-ci !

Ils gardèrent un moment le silence, absorbés par une contemplation réciproque.

Diane reprit ;

— Venez donc là vous asseoir près de moi, Gabriel : le croiriez-vous, ami ? cet instant qui nous réunit d'une façon si inespérée, je l'ai pourtant rêvé et presque prévu, dans ma captivité même. Il me semblait toujours que ma délivrance me viendrait de vous, et qu'en un danger suprême, ce serait vous, vous, mon chevalier, que Dieu amènerait tout à coup pour me sauver.

— Pour moi, reprit Gabriel, c'est votre pensée, Diane, qui m'attirait à la fois comme un aimant et me guidait comme une lumière. L'avouerai-je à vous et à ma conscience ? Bien que d'autres puissans mobiles eussent dû m'y pousser, je n'aurais peut-être pas conçu, Diane, cette idée, qui est mienne, de prendre Calais, je ne l'aurais pas exécutée par des moyens vraiment téméraires, si vous n'aviez été prisonnière ici, si l'instinct des périls que vous y couriez ne m'eût animé et encouragé. Sans l'espoir de vous secourir, sans l'autre intérêt sacré que ma vie poursuit aussi, Calais serait encore au pouvoir des Anglais. Pourvu que Dieu ne me punisse pas, dans son équité, de n'avoir voulu et fait le bien que dans des vues intéressées !

Le vicomte d'Exmès pensait en ce moment à la scène de la rue Saint-Jacques, à l'abnégation d'Ambroise Paré, et à cette rigide croyance de l'amiral, que le ciel veut des mains pures pour les causes pures.

Mais la voix aimée de Diane le rassura un peu en s'écriant ;

— Dieu vous punir, vous, Gabriel ! Dieu vous punir d'avoir été grand et généreux !

— Qui sait ? dit-il, en interrogeant le ciel par un regard chargé d'une sorte de mélancolique pressentiment.

— Je sais, moi, reprit Diane avec un charmant sourire.

Elle était si ravissante en disant cela, que Gabriel, frappé de cet éclat, et distrait de toute autre pensée, ne put s'empêcher de s'écrier :

— Oh ! vous êtes belle comme un ange, Diane !

— Vous êtes vaillant comme un héros, Gabriel ! dit Diane.

Ils étaient assis tout près l'un de l'autre ; leurs mains, par hasard, se rencontrèrent et se pressèrent. La nuit commençait d'ailleurs à se faire.

Diane, la rougeur au front, se leva et fit quelques pas dans la chambre.

— Vous vous éloignez, vous me fuyez, Diane ! reprit tristement le jeune homme.

— Oh ! non, fit-elle vivement en se rapprochant. Avec vous, c'est bien différent ! Je n'ai pas peur, ami !

Diane avait tort : le danger était autre ; mais c'était toujours le danger, et l'ami n'était pas moins à craindre peut-être que l'ennemi.

— A la bonne heure, Diane ! dit Gabriel en prenant la petite main blanche et douce qu'elle lui abandonnait de nouveau ; à la bonne heure ! laissons-nous être heureux un peu, après avoir tant souffert. Laissons nos âmes se détendre et se reposer dans la confiance et dans la joie.

— Oui, c'est vrai ; on est si bien près de vous, Gabriel ! reprit Diane. Oublions un moment, tant pis ! le monde et le bruit d'alentour. Cette heure délicieuse et unique, savourons-la ; Dieu, je crois, nous le permet, sans trouble et sans crainte. Vous avez raison : pourquoi avons-nous tant souffert aussi !

Par un gentil mouvement qui lui était familier lorsqu'elle était enfant, elle posa sa tête charmante sur l'épaule de Gabriel ; ses grands yeux de velours se fermèrent lentement ; ses cheveux effleurèrent les lèvres de l'ardent jeune homme.

Ce fut lui qui, à son tour, se leva, tout frémissant et éperdu.

— Eh bien ? dit Diane en rouvrant ses yeux étonnés et languissans.

Il tomba tout pâle à genoux devant elle, et ses mains l'entourèrent.

— Eh bien ! Diane, je t'aime ! cria-t-il du fond du cœur.

— Je t'aime, Gabriel ! répondit Diane, sans frayeur et comme obéissant à l'irrésistible instinct de son cœur.

Comment leurs visages se rapprochèrent, comment leurs lèvres s'unirent ; comment, dans ce baiser, se confondirent leurs âmes, Dieu seul le sait ; car il est certain qu'ils ne le surent pas eux-mêmes.

Mais, tout à coup, Gabriel, qui sentait sa raison vaciller devant le vertige du bonheur, s'arracha d'auprès de Diane.

— Diane, laissez-moi !... laissez-moi fuir ! s'écria-t-il avec un accent de terreur profonde.

— Fuir ! et pourquoi fuir ? demanda-t-elle, surprise.

— Diane ! Diane ! si vous étiez ma sœur ! reprit Gabriel hors de lui.

— Votre sœur ! répéta Diane anéantie, foudroyée.

Gabriel s'arrêta, étonné et comme étourdi de ses propres paroles, et, passant la main sur son front brûlant :

— Qu'ai-je donc dit ? se demanda-t-il à voix haute.

— Qu'avez-vous dit en effet ? reprit Diane. Faut-il la prendre à la lettre, cette terrible parole ? Quel est le mot de cet effrayant mystère ? serais-je réellement votre sœur, mon Dieu ?

— Ma sœur ? vous ai-je avoué que vous étiez ma sœur ? dit Gabriel ?

— Ah ! c'est donc la vérité ! s'écria Diane palpitante.

— Non, ce n'est pas, ce ne peut pas être la vérité ! je ne la sais pas, qui peut la savoir ? Et, d'ailleurs, je ne dois rien vous dire de tout cela ! C'est un secret de vie et de mort que j'ai juré de garder ! Ah ! céleste miséricorde ! j'avais conservé mon sang-froid et ma raison dans les souffrances et les malheurs ; faut-il que la première goutte de bonheur qui touche mes lèvres m'enivre jusqu'à la démence, jusqu'à l'oubli de mes sermens !

— Gabriel, reprit gravement madame de Castro, Dieu sait que ce n'est pas une vaine curiosité qui m'anime ; mais vous m'en avez dit trop ou trop peu pour mon repos. Il faut achever maintenant.

— Impossible ! impossible ! s'écria Gabriel avec une sorte d'effroi.

— Et pourquoi impossible ? dit Diane. Quelque chose en

moi m'assure que ces secrets m'appartiennent aussi bien qu'à vous, et que vous n'avez pas le droit de me les cacher.

— C'est juste cela, reprit Gabriel, et vous avez certainement autant de droits que moi à ces douleurs. Mais, puisque le poids m'en accable seul, n'en demandez pas la moitié.

— Si fait, je la demande, je la veux, je l'exige, cette moitié de vos peines! repartit Diane, et, pour dire encore plus, Gabriel, mon ami, je l'implore! me la refuserez-vous?

— Mais j'ai juré au roi! dit Gabriel avec anxiété.

— Vous avez juré? reprit Diane. Eh bien, observez loyalement ce serment envers les étrangers, les indifférens, envers les amis mêmes, ce sera bien fait à vous. Mais avec moi qui, de votre propre aveu, ai dans ce mystère les mêmes intérêts que vous, pouvez-vous, devez-vous garder un injurieux silence? Non, Gabriel, si vous avez quelque pitié de moi. Mes doutes, mes inquiétudes à ce sujet ont déjà bien assez torturé mon cœur! Sur ce point, sinon hélas! dans les autres accidens de votre vie, je suis, en quelque sorte, un autre vous-même. Est-ce que vous vous parjurez, dites, quand vous pensez à votre secret dans la solitude de votre conscience? Croyez-vous que mon âme profonde et sincère, et mûrie par tant d'épreuves, ne saura pas, comme la vôtre, contenir et renfermer jalousement le dépôt confié, de joie ou d'amertume, qui est à elle comme à vous?

La voix douce et caressante de Diane continua, remuant les fibres intimes du jeune homme comme un instrument docile:

— Et puis, Gabriel, puisque le sort nous défend d'être joints dans l'amour et dans le bonheur, comment avez-vous le courage de récuser encore la seule communauté qui nous soit permise, celle de la tristesse? Ne souffrirons-nous pas moins en souffrant du moins ensemble? Voyez donc! n'est-il pas bien douloureux de songer que l'unique lien qui devrait nous réunir nous sépare!

Et, sentant que Gabriel, à moitié vaincu, hésitait cependant encore:

— Prenez garde, d'ailleurs! reprit Diane, si vous persistez à vous taire, pourquoi ne reprendrais-je pas avec vous ce langage qui vous cause à présent, je ne sais pourquoi, tant d'épouvante et d'angoisse, mais que vous-même, après tout, avez autrefois appris à ma bouche et à mon cœur. Enfin, votre fiancée a le droit de vous répéter qu'elle vous aime, qu'elle n'aime que vous. Votre promise devant Dieu peut bien, dans ses chastes caresses, approcher ainsi sa tête de votre épaule et ses lèvres de votre front...

Mais Gabriel, le cœur serré, écarta de nouveau Diane en frémissant.

— Non! s'écria-t-il, ayez pitié de ma raison, Diane, je vous en supplie. Vous voulez donc absolument le savoir tout entier notre redoutable secret? Eh bien! devant un crime possible, il m'échappe! Oui, Diane, il faut le prendre à la lettre les paroles que ma fièvre avait laissé tomber tout à l'heure. Diane, vous êtes peut-être la fille du comte de Montgommery, mon père! vous êtes peut-être ma sœur!

— Sainte Vierge! murmura madame de Castro écrasée par cette révélation.

— Mais comment donc cela se fait-il? reprit-elle.

— J'aurais voulu, lui dit Gabriel, que votre vie pure et calme ne connût jamais cette histoire pleine d'épouvante et de crimes. Mais je sens bien, hélas! qu'à la fin mes seules forces ne sont plus suffisantes contre mon amour. Il faut que vous m'aidiez contre vous-même, Diane, et je vais tout vous dire.

— Je vous écoute, effrayée mais attentive, reprit Diane.

Gabriel alors lui raconta tout, en effet: comment son père avait aimé madame de Poitiers, et, au vu de toute la cour, avait paru aimé d'elle; comment le dauphin, aujourd'hui roi, était devenu son rival; comment le comte de Montgommery avait disparu un jour, et comment Aloyse avait été à même de savoir et de révéler à son fils ce qu'il était devenu. Mais c'était tout ce que savait la nourrice, et, puisque madame de Poitiers refusait obstinément de l'avouer, le comte de Montgommery seul pouvait dire, s'il vivait encore, le secret de la naissance de Diane.

Quand Gabriel eut achevé ce lugubre récit:

— C'est affreux! s'écria Diane. Mais alors, quelle que soit l'issue, ami, il y aura donc un malheur au bout de notre destin! Si je suis la fille du comte de Montgommery, vous êtes mon frère, Gabriel. Si je suis la fille du roi, vous êtes l'ennemi justement irrité de mon père. Dans tous les cas, nous sommes séparés.

— Non, Diane, répondit Gabriel. Notre malheur, grâce à Dieu, n'est pas tout à fait sans espérance. Puisque j'ai commencé à tout vous dire, je vais achever. Aussi bien, je sens que vous aviez raison: cette confidence m'a soulagé, et mon secret, après tout, n'est pas sorti de mon cœur pour être entré dans le vôtre.

Gabriel apprit alors à madame de Castro le pacte étrange et dangereux qu'il avait conclu avec Henri II, et la promesse solennelle du roi de rendre la liberté au comte de Montgommery, si le vicomte de Montgommery, après avoir défendu Saint-Quentin contre les Espagnols, reprenait Calais aux Anglais.

Or, Calais était depuis une heure ville française, et Gabriel pouvait croire sans vanité qu'il avait été pour beaucoup dans ce glorieux résultat.

A mesure qu'il parlait, l'espoir dissipait peu à peu la tristesse du visage de Diane, comme l'aurore dissipe les ténèbres:

Quand Gabriel eut fini, elle se recueillit un instant, pensive, puis, lui tendant la main:

— Mon pauvre Gabriel, lui dit-elle avec fermeté, il y a pour nous sans doute dans le passé et dans l'avenir de quoi beaucoup penser et beaucoup souffrir. Mais ne nous arrêtons pas à cela, mon ami. Nous ne devons pas nous attendrir et nous amollir. Pour ma part, je tâcherai de me montrer forte et courageuse comme vous et avec vous. L'essentiel est actuellement d'agir et de dénouer notre sort d'une façon ou d'une autre. Nos angoisses touchent, je crois, à leur terme. Vous avez été à présent tenu, et au-delà, vos engagemens envers le roi. Le roi tiendra, je l'espère, les siens envers vous. C'est sur cette attente qu'il faut concentrer désormais tous nos sentimens et toutes nos pensées. Que comptez-vous faire maintenant?

— Monsieur le duc de Guise, répondit Gabriel; a été le confident et le complice illustre de tout ce que j'ai tenté ici. Je sais que, sans lui, je n'aurais rien fait; mais il sait qu'il n'aurait rien fait sans moi. C'est lui, lui seul qui peut et qui doit rendre au roi la part que j'ai eue dans cette nouvelle conquête. J'ai d'autant plus lieu d'attendre de lui cet acte de justice qu'il s'est, pour la seconde fois, ces jours-ci, solennellement engagé à me rendre ce témoignage. Or, je vais de ce pas rappeler sa promesse à monsieur de Guise, réclamer de lui une lettre pour Sa Majesté, puis, ma présence ici n'étant plus nécessaire, partir sur-le-champ pour Paris...

Comme Gabriel parlait encore avec animation, et que Diane l'écoutait l'œil brillant d'espérance, la porte s'ouvrit, et Jean Peuquoy parut, défait et consterné.

— Eh bien! qu'y a-t-il? demanda Gabriel inquiet. Martin-Guerre est-il plus mal?

— Non, monsieur le vicomte, répondit Jean Peuquoy. Martin-Guerre, transporté chez nous par mes soins, a déjà été visité par maître Ambroise Paré. Bien que l'amputation de la jambe soit jugée nécessaire, maître Paré croit pouvoir assurer que votre vaillant serviteur survivra à l'opération.

— L'excellente nouvelle! dit Gabriel. Ambroise Paré est encore près de lui sans doute?

— Monseigneur, reprit tristement le bourgeois, il a été obligé de le quitter pour un autre blessé plus considérable et plus désespéré.

— Qui donc cela? demanda Gabriel en changeant de couleur. Le maréchal Strozzi? monsieur de Nevers?...

— Monsieur le duc de Guise, qui se meurt en ce moment, répondit Jean Peuquoy.

Gabriel et Diane jetèrent en même temps un cri de douleur.

— Et je disais que nous touchions au terme de nos angoisses ! reprit après un silence madame de Castro. O mon Dieu ! mon Dieu ! mon Dieu !

— N'appelez pas Dieu, madame ! dit Gabriel avec un mélancolique sourire. Dieu est juste et punit justement mon égoïsme. Je n'avais pris Calais que pour mon père et vous. Dieu veut que je l'aie pris seulement pour la France.

LXII.

LE BALAFRÉ.

Néanmoins, toute espérance n'était pas morte pour Gabriel et Diane, puisqu'enfin le duc de Guise respirait encore. Les malheureux se rattachent avidement à la chance la plus incertaine, comme les naufragés à quelque débris flottant.

Le vicomte d'Exmès quitta donc Diane pour aller voir par lui-même jusqu'où portait le nouveau coup qui venait les frapper, au moment même où la mauvaise fortune semblait se relâcher pour eux de ses rigueurs.

Jean Peuquoy, qui l'accompagna, lui raconta, chemin faisant, ce qui s'était passé.

Lord Derby, sommé par les bourgeois mutinés de se rendre avant l'heure fixée par lord Wentworth, venait d'envoyer au duc de Guise des parlementaires pour traiter de la capitulation.

Cependant, sur plusieurs points le combat durait encore, plus acharné dans ses derniers efforts par la colère des vaincus et l'impatience des vainqueurs.

François de Lorraine, aussi intrépide soldat qu'habile général, se montrait à l'endroit où la mêlée semblait la plus chaude et la plus périlleuse.

C'était une brèche déjà à moitié emportée, au delà d'un fossé entièrement comblé.

Le duc de Guise à cheval, en butte aux traits dirigés sur lui de toutes parts, animait tranquillement les siens et de l'exemple et de la parole.

Tout à coup il aperçut, au-dessus de la brèche, le drapeau blanc des parlementaires.

Un fier sourire effleura son noble visage ; car c'était la consécration définitive de sa victoire qu'il voyait ainsi venir à lui.

— Arrêtez ! cria-t-il, au milieu du fracas, à ceux qui l'entouraient. Calais se rend : Bas les armes !

Il leva la visière de son casque, et, poussant son cheval, il fit quelques pas en avant, les yeux fixés sur ce drapeau, signal de son triomphe et de la paix.

L'ombre, d'ailleurs, commençait à tomber, et le tumulte n'avait pas cessé.

Un homme d'armes anglais, qui vraisemblablement n'avait, ni vu les parlementaires, ni entendu, dans le bruit, le cri de monsieur de Guise, s'élança à la bride du cheval qu'il fit reculer, et, comme le duc distrait, sans même tourner la tête, donnait de l'éperon pour passer outre, l'homme le frappa de sa lance à la tête.

— On n'a pu me dire, continua Jean Peuquoy, à quel endroit du visage monsieur le duc de Guise avait été atteint ; mais il est certain que la blessure est terrible. Le bois de la lance s'est brisé et le fer est resté dans la plaie. Le duc, sans prononcer une parole, est tombé, le front en avant, sur le pommeau de sa selle. Il paraît que l'Anglais qui avait porté ce coup désastreux a été mis en pièces par les Français furieux. Mais cela n'a pas sauvé monsieur de Guise, hélas ! On l'a emporté comme mort. Depuis, il n'a seulement pas repris connaissance.

— De sorte que Calais n'est pas même à nous ? demanda Gabriel.

— Oh ! si fait ! répondit Jean Peuquoy. Monsieur le duc de Nevers a reçu les parlementaires et a imposé en maître les conditions les plus avantageuses. Mais le gain d'une telle ville compensera à peine pour la France la perte d'un tel héros.

— Mon Dieu ! vous le regardez donc déjà comme trépassé ? dit en frissonnant Gabriel.

— Hélas ! hélas ! fit pour toute réponse le tisserand en hochant la tête.

— Et où me menez-vous de ce pas ? reprit Gabriel. Vous savez donc où on l'a transporté ?

— Dans le corps de garde du Château-Neuf, a dit à maître Ambroise Paré l'homme qui nous a donné la fatale nouvelle. Maître Paré a voulu y courir tout de suite, Pierre lui a montré le chemin, et moi je suis allé vous avertir. Je pressentais bien que cela était important pour vous, et que, dans cette circonstance, vous auriez sans doute quelque chose à faire.

— Je n'ai qu'à me désoler comme les autres et plus que les autres, dit le vicomte d'Exmès.

— Mais, ajouta-t-il, autant que la nuit me permet de distinguer les objets, il me semble que nous approchons.

— Voici le Château-Neuf, en effet, dit Jean Peuquoy.

Bourgeois et soldats, une immense foule agitée, pressée et murmurante, encombrait les abords du corps de garde où le duc de Guise avait été porté. Les questions, les conjectures et les commentaires circulaient dans les groupes inquiets, comme un souffle de vent entre les ombrages sonores d'une forêt.

Le vicomte d'Exmès et Jean Peuquoy eurent bien de la peine à percer toute cette foule pour arriver jusqu'aux marches du corps de garde dont un fort détachement de piquiers et hallebardiers défendait l'entrée. Quelques-uns d'entre eux tenaient des torches allumées que projetaient leurs lueurs rougeâtres sur les masses mouvantes du peuple.

Gabriel tressaillit en apercevant, à cette lumière incertaine, debout au bas des marches, Ambroise Paré sombre, immobile, les sourcils contractés, et serrant convulsivement de ses bras croisés sa poitrine émue. Des larmes de douleur et d'indignation étincelaient dans son beau regard.

Derrière lui se tenait Pierre Peuquoy, aussi morne et aussi abattu que lui.

— Vous ici, maître Paré ! s'écria Gabriel. Mais que faites-vous là ? Si monsieur le duc de Guise a encore un souffle de vie, votre place est à ses côtés !

— Eh ! ce n'est pas à moi qu'il faut dire cela, monsieur d'Exmès ! reprit vivement le chirurgien, lorsque, levant les yeux, il reconnut Gabriel. Dites-le, si vous avez sur eux quelque autorité, à ces gardes stupides.

— Quoi ! vous refusent-ils donc le passage ? demanda Gabriel.

— Sans vouloir rien entendre, reprit Ambroise Paré. Oh ! songer que Dieu fait peut-être dépendre une si précieuse existence de si misérables fatalités !

— Mais il faut que vous entriez ! dit Gabriel, vous vous serez mal pris.

— Nous avons supplié d'abord, dit Peuquoy intervenant, nous avons menacé ensuite. Ils ont répondu à nos prières par des rires, à nos menaces par des coups. Maître Paré, qui voulait forcer le passage, a été violemment repoussé, et atteint, je crois, par le bois d'une hallebarde.

— C'est tout simple ! reprit Ambroise Paré avec amertume, je n'ai ni collier d'or ni éperons ; je n'ai que le coup d'œil prompt et la main sûre.

— Attendez, dit Gabriel, je saurai bien vous faire entrer, moi.

Il s'avança vers les marches du corps de garde. Mais un piquier, tout en s'inclinant à sa vue, lui barra le passage.

— Pardon, lui dit-il respectueusement, nous avons reçu pour consigne de ne plus laisser pénétrer qui que ce soit,

— Drôle! reprit Gabriel qui pourtant se modérait encore, ta consigne est-elle pour le vicomte d'Exmès, capitaine aux gardes de Sa Majesté, et l'ami de monsieur de Guise? Où est ton chef, que je lui parle?

— Monseigneur, il garde la porte intérieure, reprit plus humblement le piquier.

— Je vais donc à lui, reprit impérieusement le vicomte d'Exmès. Venez, maître Paré, suivez-moi.

— Monseigneur, passez, vous, puisque vous l'exigez, fit le soldat. Mais celui-là ne passera pas.

— Et pourquoi cela? demanda Gabriel. Pourquoi le chirurgien n'irait-il point au blessé?

— Tous les chirurgiens, médecins et myrrhes, reprit le piquier, du moins tous ceux qui sont reconnus et patentés, ont été appelés auprès de monseigneur. Il n'en manque pas un, nous a-t-on dit.

— Eh! voilà justement ce qui m'épouvante! dit avec un dédain ironique Ambroise Paré.

— Celui-ci n'a pas brevet en poche, continua le soldat. Je le connais bien. Il en a sauvé plus d'un au camp, c'est vrai; mais il n'est point fait pour les ducs!

— Pas tant de phrases! s'écria Gabriel en frappant du pied avec impatience. Je veux, moi, que maître Paré passe avec moi.

— Impossible, monsieur le vicomte.

— J'ai dit; je veux! drôle!

— Songez, reprit le soldat, que ma consigne m'ordonne de vous désobéir.

— Ah! s'écria douloureusement Ambroise, le duc meurt peut-être pendant ces ridicules débats?

Ce cri eût dissipé toutes les hésitations de Gabriel, si l'impétueux jeune homme avait pu en conserver dans un pareil moment.

— Vous voulez donc absolument que je vous traite comme des Anglais! cria-t-il aux hallebardiers. Tant pis pour vous alors! La vie de monsieur de Guise vaut bien vingt existences comme les vôtres, après tout. Nous allons voir si vos piques oseront toucher mon épée.

Sa lame flamboya hors du fourreau comme un éclair, et, entraînant derrière lui Ambroise Paré, il monta, l'épée haute, les marches du corps-de-garde.

Il y avait tant de menace dans son attitude et dans son regard; il y avait tant de puissance dans le calme et l'attitude du chirurgien; puis, la personne et la volonté d'un gentilhomme avaient à cette époque un tel prestige, que les gardes subjugués s'écartèrent et baissèrent leurs armes, moins devant le fer que devant le nom du vicomte d'Exmès.

— Eh! laissez-le! cria une voix dans le peuple. Ils ont vraiment l'air d'être envoyés de Dieu pour sauver le duc de Guise.

Gabriel et Ambroise Paré arrivèrent donc sans autres obstacles à la porte du corps de garde.

Dans l'étroit vestibule qui précédait la grande salle, il y avait encore le lieutenant des soldats du dehors, avec trois ou quatre hommes.

Mais le vicomte d'Exmès, sans s'arrêter, lui dit d'une voix brève et qui ne voulait pas de réplique :

— J'amène à monseigneur un nouveau chirurgien.

Le lieutenant s'inclina et laissa passer sans la moindre objection.

Gabriel et Paré entrèrent.

L'attention de tous était trop vivement et trop cruellement distraite ailleurs pour qu'on prît garde à leur arrivée.

Le spectacle qui s'offrit à eux était vraiment terrible et navrant.

Au milieu de la salle, sur un lit de camp, était étendu le duc de Guise, toujours immobile et sans connaissance, la plage inondée de sang.

Il avait le visage traversé de part en part; le fer de la lance, après avoir percé la joue au-dessous de l'œil droit, avait pénétré jusqu'à la nuque au-dessous de l'oreille gauche, et le tronçon brisé sortait d'un demi-pied de la tête ainsi fracassée. La plaie était horrible à voir.

Autour du lit se tenaient dix ou douze médecins et chirurgiens, consternés au milieu de la désolation générale.

Mais ils n'agissaient pas, ils regardaient seulement et ils parlaient.

Au moment où Gabriel entra avec Ambroise Paré, un d'eux disait à voix haute :

— Ainsi, après nous être concertés, nous nous voyons dans la douloureuse nécessité de convenir que monsieur le duc de Guise est frappé mortellement, sans espoir et sans remède; car, pour avoir quelque chance de le sauver, il faudrait que ce tronçon de lance fût retiré de la tête : et l'arracher, ce serait à coup sûr tuer monseigneur.

— Donc, vous aimez mieux le laisser mourir! dit hardiment, derrière les spectateurs du premier rang, Ambroise Paré, qui de loin avait jugé d'un coup d'œil l'état, presque désespéré en effet, de l'illustre blessé.

Le chirurgien qui avait parlé releva la tête pour chercher son audacieux interrupteur, et, ne le voyant pas, reprit :

— Quel téméraire oserait porter ses mains impies sur cet auguste visage, et risquer, sans certitude, d'achever un tel mourant?

— Moi! dit Ambroise Paré en s'avançant, le front haut, dans le cercle des chirurgiens.

Et, sans se préoccuper davantage de ceux qui l'entouraient et des murmures de surprise qu'avaient excités ses paroles, il se pencha sur le duc pour voir de plus près sa blessure.

— Ah! c'est maître Ambroise Paré! reprit avec dédain le chirurgien en chef en reconnaissant l'insensé qui osait émettre un avis différent du sien. Maître Ambroise Paré oublie, ajouta-t-il, qu'il n'a pas l'honneur d'être au nombre des chirurgiens du duc de Guise.

— Dites plutôt, reprit Ambroise, que je suis son seul chirurgien, puisque ses chirurgiens ordinaires l'abandonnent. D'ailleurs, il y a quelques jours, le duc de Guise, après une opération qui réussit sous ses yeux, voulut bien me dire, et très sérieusement, sinon officiellement, qu'au besoin désormais il réclamerait mes services. Monsieur le vicomte d'Exmès qui était présent peut l'attester.

— C'est la vérité, je le déclare, dit Gabriel.

Ambroise Paré était déjà retourné au corps, en apparence inanimé, du duc, et examinait de nouveau la blessure.

— Eh bien? demanda le chirurgien en chef avec un sourire ironique; après examen, persistez-vous encore à vouloir arracher le fer de la plaie?

— Après examen, je persiste, dit Ambroise Paré résolument.

— Et de quel merveilleux instrument comptez-vous donc vous servir?

— Mais de mes mains, dit Ambroise.

— Je proteste hautement, s'écria le chirurgien furieux, contre la profanation de cette agonie.

— Et nous protestons avec vous, acclamèrent tous ses confrères.

— Avec-vous quelque moyen de sauver le prince? reprit Ambroise Paré.

— Non, la chose est impossible! dirent-ils tous.

— Il est donc à moi, dit Ambroise en étendant la main sur le corps comme pour en prendre possession.

— Et nous, retirons-nous, reprit le chirurgien en chef, qui fit en effet avec les siens un mouvement de retraite.

— Mais qu'allez-vous faire? demandait-on de tous côtés à Ambroise.

— Le duc de Guise est mort pour tous, répondit-il, je vais agir comme s'il était mort.

Ce disant, il se débarrassait de son pourpoint et relevait ses manches.

— Faire de telles expériences sur monseigneur, *tanquàm in animâ vili!* dit en joignant les mains un vieux médecin scandalisé.

— Eh ! répondit Ambroise, sans quitter des yeux le blessé, je vais le traiter en effet, non comme un homme, non pas même comme une âme vile, mais comme une chose. Regardez.

Il mit hardiment le pied sur la poitrine du duc.

Un murmure mêlé de terreur, de doute et de menace, courut dans l'assemblée.

— Prenez garde, maître ! dit monsieur de Nevers, en touchant l'épaule d'Ambroise Paré ; prenez garde ! Si vous échouez, je ne réponds pas de la colère des amis et serviteurs du duc.

— Ah ! fit Ambroise avec un sourire triste en se retournant.

— Vous risquez votre tête ! reprit un autre.

Ambroise Paré regarda le ciel ; puis, avec une gravité mélancolique :

— Soit ! dit-il, je risquerai ma tête pour essayer de sauver celle-ci. Mais, au moins, reprit-il avec un fier regard, au moins qu'on me laisse tranquille !

Tous s'écartèrent avec une sorte de respect devant la domination du génie.

On n'entendit plus, dans un silence solennel, que les respirations haletantes.

Ambroise Paré posa le genou gauche sur la poitrine du duc ; puis, se penchant, prit seulement avec ses ongles, comme il l'avait dit, le bois de la lance, et l'ébranla par degré, doucement d'abord, et plus fort ensuite.

Le duc tressaillit comme dans une souffrance horrible.

L'effroi avait mis sur tous les fronts des assistants la même pâleur.

Ambroise Paré s'arrêta lui-même une seconde, comme épouvanté. Une sueur d'angoisse mouillait son front. Mais il se remit presque aussitôt à l'œuvre.

Au bout d'une minute, plus longue qu'une heure, le fer sortit enfin de la blessure.

Ambroise Paré le jeta vivement loin de lui, et, vite, se courba sur la plaie béante.

Quand il se releva, un éclair de joie illuminait son visage. Mais bientôt, redevenant sérieux, il tomba à genoux, joignit les mains vers Dieu, et une larme de bonheur coula lentement sur sa joue.

Ce fut un moment sublime. Sans que le grand chirurgien eût parlé, on comprenait qu'il y avait maintenant de l'espoir. Des serviteurs du duc pleuraient à chaudes larmes ; d'autres baisaient par derrière l'habit d'Ambroise Paré.

Mais on se taisait, on attendait sa première parole.

Il dit enfin de sa voix grave, quoique émue :

— Je réponds à présent de la vie de monseigneur de Guise.

Et, en effet, une heure après, le duc de Guise avait recouvré la connaissance et même la parole.

Ambroise Paré achevait de bander la blessure, et Gabriel se tenait à côté du lit où le chirurgien avait fait transporter son auguste client.

— Merci, Gabriel, disait le duc, je vous dois, non-seulement la prise de Calais, mais aussi la vie, puisque c'est vous qui avez amené, presque de force, auprès de moi maître Paré.

— Oui, monseigneur, reprenait Ambroise, sans monsieur d'Exmès, ils ne me laissaient pas même approcher de vous.

— O mes deux sauveurs ! dit François de Lorraine.

— Ne parlez pas tant, monseigneur, je vous en supplie, reprit le chirurgien.

— Allons, je me tais. Mais un mot cependant, une seule question.

— Qu'est-ce que c'est, monseigneur ?

— Croyez-vous, maître Paré, demanda le duc, que les suites de cette horrible blessure n'altéreront ni ma santé, ni ma pensée ?

— J'en suis sûr, monseigneur, dit Ambroise. Mais il vous en restera, je le crains, une cicatrice, une balafre...

— Une cicatrice ! s'écria le duc, oh ! ce n'est rien cela ! cela orne un visage guerrier ! et c'est un sobriquet qui ne me déplairait pas que celui de *balafré*.

On sait que les contemporains et la postérité ont été de l'avis du duc de Guise, lequel dès lors, comme son fils depuis, fut surnommé le Balafré par son siècle et par l'histoire.

LXIII

DÉNOUEMENT PARTIEL.

Nous sommes au 8 janvier, lendemain du jour où Gabriel d'Exmès a rendu au roi de France sa plus belle ville perdue, Calais, et son plus grand capitaine en danger, le duc de Guise.

Mais il ne s'agit plus ici de ces questions d'où l'avenir des nations dépend, il s'agit tout simplement d'intérêts bourgeois et d'affaires de famille. De la brèche devant Calais, et du lit de mort de François de Lorraine, nous passons à la salle basse de la maison des Peuquoy.

C'est là que, pour lui éviter de la fatigue, Jean Peuquoy avait fait transporter Martin-Guerre ; c'est là que, la veille au soir, Ambroise Paré avait, avec son bonheur habituel, pratiqué sur le brave écuyer une amputation jugée nécessaire.

Ainsi, ce qui jusque-là n'avait été qu'espérance, était devenu certitude. Martin-Guerre, il est vrai, resterait estropié, mais Martin-Guerre vivrait.

Peindre les regrets ou, pour mieux dire, les remords de Pierre Peuquoy, quand il avait appris de Jean la vérité, serait impossible. Cette âme rigide, mais probe et loyale, ne devait jamais se pardonner une si cruelle méprise. L'honnête armurier conjurait à chaque instant Martin-Guerre, de demander ou d'accepter tout ce qu'il possédait, bras et cœur, biens et vie.

Mais on sait que Martin-Guerre n'avait pas attendu l'expression de ce repentir pour pardonner à Pierre Peuquoy, et, qui pis est, pour l'approuver.

Ils étaient donc pour le mieux ensemble, et on ne s'étonnera plus, dès lors, de voir se passer auprès de Martin-Guerre, qui était désormais de la famille, un conseil domestique pareil à celui auquel nous avons assisté déjà pendant le bombardement.

Le vicomte d'Exmès, qui repartait le soir même pour Paris, était aussi de cette délibération, moins pénible après tout que la précédente pour ses vaillans alliés du fort de Risbank.

En effet, la réparation qu'avait à exiger l'honneur des Peuquoy n'était sans doute plus dorénavant impossible. Le vrai Martin-Guerre était marié, mais rien ne prouvait que le séducteur de Babette le fût. Il n'y avait plus qu'à retrouver le coupable.

Aussi le visage de Pierre Peuquoy, exprimait plus de sérénité et de calme. Celui de Jean, au contraire, était assez triste, et Babette, de son côté, paraissait fort abattue.

Gabriel les observait tous en silence, et Martin-Guerre, étendu sur son lit de souffrance, se désolait de ne rien pouvoir pour ses nouveaux amis que leur fournir des renseignemens bien vagues et bien incertains sur la personne de son Sosie.

Pierre et Jean Peuquoy revenaient, dans le moment, d'auprès de monsieur de Guise. Le duc n'avait pas voulu tarder plus longtemps à remercier les braves bourgeois patriotes de la part efficace et glorieuse qu'ils avaient eu dans la reddition de la ville ; Gabriel, sur sa demande expresse, les lui avait amenés.

Pierre Peuquoy racontait, tout fier et joyeux, à Babette, les détails de cette présentation.

— Oui, ma sœur, disait-il ; quand monsieur d'Exmès a eu raconté au duc de Guise notre coopération en tout ceci, dans des termes certainement trop flatteurs et trop exagréés, ce grand homme a daigné nous témoigner, à Jean et à moi, sa satisfaction, avec une grâce et une bonté dont, pour ma part, je ne perdrai jamais la mémoire, lors même que je vivrais plus de cent ans. Mais il m'a surtout réjoui et touché en ajoutant qu'il désirait à son tour nous être utile, et me demandant en quoi il pourrait nous servir. Ce n'est pourtant pas que je sois intéressé, tu me connais, Babette. Seulement, sais-tu quel service je compte réclamer de lui ?...

— Non, en vérité, mon frère, murmura Babette.

— Eh bien ! sœur, reprit Pierre Peuquoy, dès que nous aurons trouvé celui qui t'a si indignement trompée, et nous le trouverons, sois-en sûre ! je demanderai à monsieur de Guise de m'aider de son crédit pour te faire rendre l'honneur. Nous n'avons ni force, ni richesse par nous-mêmes, et un tel appui nous sera peut-être nécessaire pour obtenir justice.

— Et si, même avec cet appui, la justice vous fait défaut, cousin ? demanda Jean.

— Grâce à ce bras, reprit Pierre avec énergie, la vengeance du moins ne me manquerait pas. Et cependant continua-t-il en baissant la voix, en en jetant du côté de Martin-Guerre un regard timide, je dois convenir que la violence m'a jusqu'ici réussi bien mal.

Il se tut et resta pensif une minute. Quand il sortit de cette distraction rêveuse, il s'aperçut avec surprise que Babette pleurait.

— Eh bien, qu'y a-t-il donc, sœur ? demanda-t-il.

— Ah ! je suis bien malheureuse ! s'écria Babette en sanglotant.

— Malheureuse ! et pourquoi ? l'avenir, il me semble, se rassérène...

— Il se rembrunit, reprit-elle.

— Non, tout ira bien, sois tranquille, dit Pierre Peuquoy. Entre une douce réparation et un châtiment terrible on ne saurait hésiter. Ton amant va revenir à toi, tu seras sa femme...

— Et si je le refuse pour mari, moi ? s'écria Babette.

Jean Peuquoy ne put retenir un mouvement joyeux qui n'échappa point à Gabriel.

— Le refuser ? reprit Pierre au comble de l'étonnement. Mais tu l'aimais !

— J'aimais, dit Babette, celui qui souffrait, qui paraissait m'aimer, qui me témoignait du respect et de la tendresse. Mais celui qui m'a trompée, qui m'a menti, qui m'a abandonnée, celui qui avait volé, il faut bien qu'on le dise, pour surprendre un pauvre cœur, le langage, le nom, et peut-être les habits d'un autre, ah ! celui-là, je le hais et je le méprise.

— Mais enfin, s'il t'épousait ? reprit Pierre Peuquoy.

— Il m'épouserait, dit Babette, parce qu'il y serait contraint, ou bien parce qu'il espérerait les faveurs du duc de Guise. Il me donnerait son nom par peur ou par cupidité. Non ! non ! à mon tour je ne veux plus de lui, moi !

— Babette, reprit sévèrement Pierre Peuquoy, vous n'avez pas le droit de dire : Je ne veux pas de lui.

— Mon bon frère, par grâce ! par pitié ! s'écria Babette éplorée, ne me forcez pas à épouser celui que vous nommiez vous-même un misérable et un lâche.

— Babette, songez à votre front sans honneur !

— J'aime mieux avoir à rougir de mon amour un instant, que d'avoir à rougir de mon mari toute ma vie.

— Babette, songez à votre enfant sans père !

— Il vaut mieux pour lui, je crois, dit Babette, perdre son père qui le détesterait, que sa mère qui l'adorera. Or, si elle épouse cet homme, sa mère mourra certainement de honte et de chagrin.

— Ainsi, Babette, vous fermez l'oreille à mes remontrances et à mes prières ?

— J'implore votre affection, mon frère, et votre pitié.

— Eh bien ! dit Pierre Peuquoy, ma pitié et mon affection vont donc vous répondre avec douleur, mais avec fermeté. Comme il est nécessaire avant toute chose, Babette, que vous viviez estimée des autres et de vous-même,

comme je vous préférerais malheureuse à déshonorée, vû que déshonorée vous seriez malheureuse deux fois ; je veux, moi, votre frère, votre aîné, le chef de votre famille, je veux, vous m'entendez bien ! que vous épousiez, s'il y consent, celui qui vous a perdue et qui seul peut vous rendre actuellement cet honneur qu'il vous a pris. La loi et la religion m'arment vis-vis de vous d'une autorité dont j'userais au besoin, je vous en préviens, pour vous contraindre à ce que je considère comme votre devoir envers Dieu, envers votre famille, envers votre enfant et envers vous-même.

— Vous me condamnez à mort, mon frère, reprit Babette d'une voix altérée ; c'est bien, je me résigne, puisque c'est mon destin, puisque c'est mon châtiment, puisque personne n'intercède pour moi...

Elle regardait, en parlant ainsi, Gabriel et Jean Peuquoy qui se taisaient tous deux, celui-ci parce qu'il souffrait, celui-là parce qu'il voulait observer.

Mais, à l'appel direct de Babette, Jean Peuquoy ne sut point se contenir, et, s'adressant à elle, mais en se tournant vers Pierre, il reprit avec une amertume ironique, qui n'était pourtant guère dans son caractère :

— Qui voulez-vous qui intercède pour vous, Babette ? Est-ce que la chose qu'exige de vous votre frère n'est pas tout à fait juste et sage ? Sa manière de voir est admirable, en vérité ! Il a principalement à cœur l'honneur de sa famille et le vôtre, et, pour sauvegarder cet honneur, que fait-il ? il vous contraint d'épouser un faussaire. C'est merveilleux ! Il est vrai que ce misérable, une fois entré dans la famille, la déshonorera probablement par sa conduite. Il est certain que monsieur d'Exmès ici présent ne manquera pas de lui demander, au nom de Martin-Guerre, un compte sévère d'une infâme susbtitution de personne, et que ceci pourra bien vous conduire devant les juges, Babette, comme femme de cet odieux voleur de nom. Mais qu'importe ! Vous ne lui en appartiendrez pas moins au titre le plus légitime, votre enfant n'en sera pas moins le fils reconnu et avéré du faux Martin-Guerre. Vous mourrez peut-être de honte comme épouse ; mais votre réputation de jeune fille demeurera intacte aux yeux de tous.

Jean Peuquoy s'exprimait avec une chaleur et une indignation qui frappèrent de surprise Babette elle-même.

— Je ne vous reconnais pas, Jean ! lui dit Pierre avec étonnement. Est-ce bien vous qui parlez, vous si modéré, si calme ?...

— C'est parce que je suis calme et modéré, reprit Jean, que je vois mieux la situation où vous voulez inconsidérément nous entraîner aujourd'hui.

— Croyez-vous donc, reprit Pierre Peuquoy, que j'accepterais plus aisément l'infamie de mon beau-frère que le déshonneur de ma sœur ? Non, si nous retrouvons le séducteur de Babette, j'espère qu'après tout sa fraude n'aura causé de préjudice qu'à nous et à Martin-Guerre ; et, en ce cas, je compte sur le dévouement de l'excellent Martin pour se désister d'une plainte qui tomberait sur des innocens en même temps que sur le coupable.

— Oh ! dit de son lit Martin-Guerre, je n'ai point l'âme vindicative et ne veux pas la mort du pécheur. Qu'il vous paie sa dette et je le tiens quitte envers moi.

— Voilà qui est superbe pour le passé ! reprit Jean Peuquoy, qui paraissait médiocrement charmé de la clémence de l'écuyer. Mais l'avenir ? qui nous répondra de l'avenir ?

— C'est moi qui y veillerai, dit Pierre. L'époux de Babette ne quittera pas mes yeux, et il faudra bien qu'il reste honnête homme et marche droit, ou sinon...

— Vous vous ferez encore justice vous-même, n'est-ce pas ? interrompit Jean. Il sera bien temps ! Babette, en attendant, n'en aura pas moins été sacrifiée !

— Eh ! mais, Jean, reprit Pierre avec quelque impatience, si la position est difficile, je le sais bien, je ne l'ai pas faite. Vous qui parlez, avez-vous trouvé une issue autre que celle que je propose ?

— Oui, sans doute, il y a une autre issue, dit Jean Peuquoy.

— Laquelle? demandèrent à la fois Pierre et Babette, et Pierre, il faut le dire, avec autant d'empressement que sa sœur.

Le vicomte d'Exmès gardait toujours le silence, mais il redoubla d'attention.

— Eh bien, dit Jean Peuquoy, ne peut-il pas se rencontrer un honnête homme, qui, touché plus qu'effrayé du malheur de Babette, consente à lui donner son nom!

Pierre hocha la tête d'un air d'incrédulité.

— N'espérons pas cela, dit-il. Pour fermer ainsi les yeux, il faudrait être ou amoureux ou lâche. Dans tous les cas, nous serions obligés d'initier à notre douloureux secret des étrangers, des indifférens; et, quoique monsieur d'Exmès et Martin soient pour nous des amis dévoués, je regrette déjà que les circonstances leur aient révélé ce qui n'eût pas dû sortir de la famille.

Jean Peuquoy reprit avec une émotion qu'il essayait vainement de dissimuler :

— Je ne proposerais pas à Babette un lâche pour époux, mais votre autre supposition, Pierre, n'est-elle pas également admissible? Si quelqu'un aimait ma cousine, si, à lui aussi, les événemens avaient appris la faute mais en même temps le repentir, et s'il était résolu, pour s'assurer un avenir heureux et calme, d'oublier un passé que Babette, à coup sûr, voudrait effacer à force de vertus?... Si cela était, que diriez-vous, Pierre? Babette, que diriez-vous?

— Oh! cela ne se peut pas! c'est un rêve ! s'écria Babette, dont les yeux s'illuminèrent pourtant d'un rayon d'espoir.

— Connaîtriez-vous un tel homme, Jean? demanda Pierre Peuquoy plus positif. Ou bien n'est-ce, de votre part, qu'une hypothèse, et, comme dit Babette, un rêve?

Jean Peuquoy à cette question précise, hésita, balbutia, se troubla...

Il ne remarquait pas l'attention silencieuse et profonde dont Gabriel suivait tous ses mouvemens; il était absorbé tout entier à regarder Babette qui, palpitante et les yeux baissés, semblait ressentir une émotion, que le brave tisserand, peu expert en ces matières, ne savait en quel sens interpréter.

Il ne se détermina pas pour une traduction favorable à ses désirs : car ce fut d'un ton piteux qu'il répondit à l'interpellation directe de son cousin :

— Hélas ! Pierre, il est vraisemblable, je l'avouerai, que tout ce que j'ai dit n'était qu'un songe : il ne suffirait pas, en effet, pour la réalisation de mon rêve, que Babette fût beaucoup aimée, il faudrait aussi qu'elle aimât un peu; sans quoi, elle serait encore malheureuse. Or, celui qui voudrait acheter ainsi de Babette son bonheur au prix de l'oubli aurait sans doute, de son côté, à se faire pardonner quelque désavantage, et ne serait probablement ni jeune, ni beau, ni, en un mot, aimable. Il n'y a donc pas d'apparence que Babette elle-même consentît à devenir sa femme, et c'est pourquoi tout ce que j'ai dit n'était, je le crains, qu'un songe.

— Oui, c'était un songe! reprit tristement Babette, mais non pas, mon cousin, pour les raisons que vous dites. L'homme assez généreux pour me secourir d'un pareil dévouement, fût-il le vieillard le plus flétri et le plus morose, je devrais, moi, le trouver jeune ; car son action témoignerait une fraîcheur d'âme qu'on n'a pas toujours à vingt ans; je devrais le trouver beau ; car de si bonnes et si charitables pensées ne peuvent laisser qu'une noble empreinte sur un visage; je devrais enfin le trouver aimable, car il m'aurait donné la plus grande preuve d'amour qu'une femme pût recevoir. Mon devoir et ma joie seraient donc de l'aimer toute ma vie, de lui tout mon cœur, et ce serait bien simple. Mais ce qui est impossible et invraisemblable c'est de trouver une abnégation comme celle que vous imaginiez, mon cousin, pour une pauvre fille comme moi sans beauté et sans honneur. Il est peut-être des hommes assez grands et assez cléments pour concevoir un instant l'idée d'un pareil sacrifice, et c'est déjà beaucoup ; mais, avec la réflexion, ceux-là même douteraient, ceux-là reculeraient au dernier moment, et moi je retomberais de mon espérance dans mon désespoir. Voilà, mon bon Pierre, les vraies raisons pour lesquelles ce que vous avez dit n'était qu'un songe.

— Et si pourtant c'était la vérité? fit tout à coup Gabriel en se levant.

— Comment? que dites-vous? s'écria Babette Peuquoy éperdue.

— Je dis, Babette, reprit Gabriel, que cet homme si dévoué, si généreux existe.

— Vous le connaissez? demanda Pierre tout ému.

— Je le connais, répondit en souriant le jeune homme. Il vous aime en effet, Babette, mais d'une affection aussi paternelle que tendre, d'une affection qui aime à protéger, à pardonner même. Aussi pouvez-vous accepter sans arrière-pensée son sacrifice où ne se mêle aucun mépris, et qui n'est inspiré que par la pitié la plus douce et le plus sincère dévouement. D'ailleurs, vous donnerez autant que vous recevrez, Babette, vous recevrez l'honneur mais vous donnerez le bonheur ; car celui qui vous aime est seul, isolé au monde, sans joie, sans intérêts, sans avenir, et vous lui apporterez tout cela, et, si vous l'agréez, vous le rendrez aussi heureux qu'il aura voulu vous rendre un jour heureuse... N'est-il pas vrai, Jean Peuquoy ?...

— Mais.... monsieur le vicomte... j'ignore... balbutia Jean tremblant comme la feuille.

— Oui, Jean, poursuivit toujours souriant Gabriel, oui, vous ignorez peut-être en effet une chose : c'est que, de son côté, Babette a pour celui dont elle est aimée non-seulement une profonde estime, non-seulement une reconnaissance sentie, mais aussi une pieuse tendresse. Babette a, sinon deviné, du moins pressenti vaguement l'amour dont elle était l'objet, et elle en a été d'abord relevée à ses propres yeux, et puis touchée, et puis heureuse. C'est depuis ce temps qu'elle a conçu une si violente aversion contre le misérable qui l'a trompée. C'est pour cela qu'elle suppliait tout à l'heure à genoux son frère de ne pas l'unir à celui qu'elle a cru seulement aimer par une sorte d'erreur et de surprise, et qu'elle exècre aujourd'hui de toute son affection pour celui qui veut la sauver... Est-ce que je me trompe, Babette ?...

— En vérité... monseigneur... je ne sais, dit Babette pâle comme la neige.

— L'une ne sait pas, l'autre ignore, reprit Gabriel. Comment, Babette ! comment, Jean, vous ne savez rien de vos propres consciences? vous ignorez vos propres sentimens? Allons donc ! c'est impossible ! Ce n'est pas moi qui vous révèle, Babette, que Jean vous aime ! Vous vous doutiez avant moi, Jean, que vous étiez aimé de Babette !

— Se peut-il ! s'écria Pierre Peuquoy ravi, non, ce serait trop de joie!

— Eh ! voyez-les! lui dit Gabriel.

Babette et Jean s'étaient regardés, encore irrésolus et à moitié incrédules.

Et puis, Jean lut dans les yeux de Babette une si fervente reconnaissance, et Babette dans les yeux de Jean une prière si touchante, qu'ils furent tout d'un coup convaincus et éperdus.

Sans savoir comment cela s'était fait, ils se trouvèrent dans les bras l'un de l'autre.

Pierre Peuquoy, dans son ravissement, n'avait pas la force de prononcer une parole, mais il serrait la main de Jean, d'une étreinte plus éloquente que tous les langages du monde.

Pour Martin-Guerre, il s'était, à tous risques, soulevé sur son séant, et des larmes de joie plein la paupière, battait des mains avec enthousiasme à ce dénoûment inattendu.

Quand ces premiers transports furent un peu apaisés :

— Voilà donc qui est conclu, dit Gabriel. Jean Peuquoy épousera Babette Peuquoy le plus promptement possible, et avant de s'installer près de leur frère, ils viendront chez moi passer quelques mois à Paris. Ainsi le secret de

Babette, triste cause de cet heureux mariage, mourra ensevelie dans les cinq loyales poitrines de ceux qui sont ici présens ; un sixième pourrait trahir ce secret ; mais celui-là, s'il s'informait du sort de Babette, ce qui est douteux, n'aurait plus longtemps à les troubler, c'est moi qui vous en réponds ! Vous pouvez donc, mes bons et chers amis, vivre désormais contens et tranquilles, et vous abandonner en toute sécurité à l'avenir.

— Mon noble et généreux hôte ! dit Pierre Peuquoy en baisant la main de Gabriel.

— C'est à vous, à vous seul, reprit Jean, que nous devons notre bonheur, tout comme le roi vous doit Calais.

— Et chaque jour, matin et soir, dit Babette, nous prierons Dieu ardemment pour notre sauveur.

— Oui, Babette, reprit Gabriel ému, oui, je vous remercie de cette pensée ; priez Dieu pour que votre sauveur puisse à présent se sauver lui-même !

LXIV.

HEUREUX AUSPICES.

— Oh ! répondit Babette Peuquoy au doute mélancolique de Gabriel, ne réussissez-vous pas dans tout ce que vous entreprenez ? dans la défense de Saint-Quentin et la prise de Calais, comme dans la conclusion du mariage de la pauvre Babette ?

— Oui, c'est vrai, reprit Gabriel avec un triste sourire, Dieu consent à ce que les obstacles les plus invincibles et les plus effrayans de ma route se dissipent devant moi comme par enchantement. Mais hélas ! ce n'est pas une raison, ma chère enfant, pour que je touche à mon but souhaité.

— Bon ! fit Jean Peuquoy, vous avez fait trop d'heureux pour n'être pas à la fin heureux vous-même !

— J'accepte cet augure, Jean, répondit Gabriel, et rien ne pourrait être pour moi d'un plus favorable présage que de laisser mes amis de Calais dans la paix et dans la joie. Mais, vous le savez, il faut à présent que je les quitte, qui sait ? pour la douleur et les larmes, peut-être ! Ne laissons du moins aucun souci en arrière, et réglons bien tout ce qui nous intéresse.

On fixa alors l'époque du mariage, auquel Gabriel, à son grand regret, ne devait pas assister, puis le jour du départ pour Paris de Babette et de Jean.

— Il se peut, dit tristement Gabriel, que vous ne me trouviez pas à mon hôtel pour vous recevoir. Cette prévision ne se réalisera point, j'espère, mais enfin je serai peut-être obligé de m'absenter pour un temps de Paris et de la cour. N'importe ! venez toujours. Aloyse, ma bonne nourrice, vous accueillera à ma place aussi bien que je le ferais moi-même. Pensez quelquefois avec elle à votre hôte absent.

Quant à Martin-Guerre, il devait, malgré qu'il en eût, demeurer à Calais. Ambroise Paré avait déclaré que sa convalescence serait longue, et exigerait les plus grands soins et les plus grands ménagemens. Son dépit n'y faisait donc rien, il fallait que Martin se résignât.

— Mais, dès que tu seras guéri, mon fidèle, lui dit le vicomte d'Exmès, reviens aussi à Paris, et, quoiqu'il m'arrive, je tiendrai ma promesse, sois tranquille ! et te délivrerai de ton étrange persécuteur. J'y suis maintenant doublement engagé.

— Oh ! monseigneur, pensez à vous et non à moi, dit Martin-Guerre.

— Toute dette sera payée, reprit Gabriel. Mais adieu, mes bon amis. Voici l'heure où je dois retourner auprès de monsieur de Guise. Je lui ai demandé en votre présence certaines grâces qu'il accordera, je pense, si j'ai pu le servir en ces derniers événemens.

Mais les Peuquoy ne voulurent pas accepter ainsi les adieux de Gabriel. Ils iraient l'attendre à trois heures à la Porte de Paris pour prendre congé de lui et le revoir encore une fois.

Martin-Guerre seul se séparait en ce moment de son maître, non sans regret et sans chagrin. Mais Gabriel le consola un peu avec quelques-unes de ces bonnes paroles qu'il savait trouver.

Un quart d'heure après le vicomte d'Exmès était introduit auprès du duc de Guise.

— Vous voilà donc, ambitieux ! lui dit en riant, quand il le vit entrer, François de Lorraine.

— Toute mon ambition a été de vous seconder de mon mieux, monseigneur, dit Gabriel.

— Oh ! de ce côté-là, vous ne vous en êtes pas tenu à l'ambition, reprit le Balafré. (Nous pouvons à présent donner au duc ce nom, ou pour mieux dire, ce titre). Je vous appelle ambitieux, Gabriel, continua-t-il avec enjouement, à causes des demandes nombreuses et exorbitantes que vous m'avez adressées, et auxquelles je ne sais trop en vérité si je pourrai satisfaire !

— Je les ai, en effet, mesurées à votre générosité plus qu'à mes mérites, monseigneur, dit Gabriel.

— Vous avez alors de ma générosité une belle opinion ! reprit le duc de Guise avec une douce raillerie. Je vous en fais juge, monsieur de Vaudemont, dit-il à un seigneur assis près de son lit, et, qui, dans l'instant, lui rendait visite. Je vous en fais juge, et vous allez voir s'il est permis de présenter à un prince d'aussi piètres requêtes.

— Prenez donc que j'ai mal dit, monseigneur, repartit Gabriel, et que j'ai seulement mesuré mes demandes à mes mérites, et non pas à votre générosité.

— Faussement répliqué encore ! dit le duc ; car votre valeur est cent fois au-dessus de mon pouvoir. Or, écoutez un peu, monsieur de Vaudemont, les faveurs inouïes que réclame de moi le vicomte d'Exmès.

— Je prononce d'avance, monseigneur, dit le marquis de Vaudemont, qu'elles seront toujours trop peu de chose, et pour vous et pour lui. Cependant, voyons-les.

— Premièrement, reprit le duc de Guise, monsieur d'Exmès me demande de ramener avec moi à Paris, mais jusque-là d'employer à mon gré, la petite troupe qu'il avait enrôlée pour son propre compte. Il ne se réserve que quatre hommes de suite jusqu'à Paris. Ces vaillans qu'il me prête ainsi, sous couleur de me les recommander, ne sont autres, monsieur de Vaudemont, que les diables incarnés qui ont pris avec lui, par une escalade titanique, cet inexpugnable fort de Risbank. Eh bien ! lequel déjà de monsieur d'Exmès ou de moi rend service à l'autre en ceci ?

— Je dois convenir que c'est monsieur d'Exmès, dit le marquis de Vaudemont.

— Et, ma foi ! j'accepte cette nouvelle obligation, reprit gaîment le duc de Guise. Je ne gâterai point par l'oisiveté vos huit braves, Gabriel. Dès que je pourrai me lever, je les emmène avec moi devant Ham ; car je ne veux pas laisser à ces Anglais un pouce de terre dans notre France. Malemort lui-même, l'éternel blessé, y viendra aussi. Maître Paré lui a promis qu'il serait guéri en même temps que moi.

— Il va être bien heureux, monseigneur ! dit Gabriel.

— Voilà donc, reprit le Balafré, une première grâce accordée, et sans trop d'effort de ma part. Pour seconde obligation, monsieur d'Exmès me rappelle qu'il y a ici, à Calais, madame Diane de Castro, la fille du roi, que vous connaissez, monsieur de Vaudemont, et que les Anglais détenaient prisonnière. Le vicomte d'Exmès, au milieu des préoccupations qui m'assaillent, me fait très à-propos songer à assurer à cette dame du sang royal la protection et les honneurs qui lui sont dûs. Est-ce encore là, oui ou non, un service que me rend monsieur d'Exmès ?

— Sans aucun doute, répondit le marquis de Vaudemont.

— Ce second point est donc réglé, dit le duc de Guise.

Mes ordres sont déjà donnés, et, bien que je passe pour assez mauvais courtisan, je tiens trop à mes devoirs de gentilhomme envers les dames pour oublier actuellement les égards commandés par la personne et le rang de madame de Castro, laquelle sera accompagnée à Paris, quand et comme elle le voudra, par une escorte convenable.

Gabriel s'inclina devant le duc pour tout remerciement, craignant de laisser voir l'intérêt et l'importance qu'il ajoutait à cette promesse.

— Troisièmement, reprit le duc de Guise, lord Wentworth, l'ex-gouverneur anglais de cette ville, avait été fait prisonnier par le vicomte d'Exmès. Dans la capitulation accordée à lord Derby, nous nous engagions à le recevoir à rançon, mais monsieur d'Exmès auquel prisonnier et rançon appartiennent, nous permet de nous montrer plus généreux encore. Il demande en effet l'autorisation de renvoyer en Angleterre lord Wentworth, sans que celui-ci ait à payer aucun prix pour sa liberté. Cette action ne va-t-elle pas faire grand honneur, au-delà du détroit, à notre courtoisie, et monsieur d'Exmès ne nous rend-il pas encore ainsi un vrai service ?

— De la noble façon dont l'entend monseigneur, la chose est certaine, dit monsieur de Vaudemont.

— Aussi, reprit le duc, soyez satisfait, Gabriel ; monsieur de Thermes est allé, de votre part et de la mienne, délivrer lord Wentworth et lui rendre son épée. Dès qu'il le souhaitera, il pourra partir.

— Je vous remercie, monseigneur, dit Gabriel ; mais ne me croyez pas si magnanime. Je ne fais qu'acquitter quelques gracieux procédés de lord Wentworth à mon égard quand j'étais moi-même son prisonnier, et lui donner en même temps une leçon de prud'homie dont il comprendra, je le présume, le reproche et l'allusion tacites.

— Vous avez plus que tout autre le droit d'être sévère sur ces questions, dit sérieusement le duc de Guise.

— Maintenant, monseigneur, reprit Gabriel qui voyait avec inquiétude son principal souci passé sous silence par le duc de Guise, permettez-moi de vous rappeler ce que vous aviez bien voulu me promettre sous ma tente, la veille de la prise du fort de Risbank.

— Attendez donc, ô jeune homme impatient ! dit le Balafré. Après les trois éminens services que je vous rends, et que monsieur de Vaudemont a constatés, j'ai bien le droit, à mon tour, d'en réclamer un de vous. Je vous demande donc, puisque vous partez tantôt pour Paris, d'y porter et d'y présenter au roi ces clefs de Calais...

— Oh ! monseigneur ! interrompit Gabriel avec une effusion de gratitude.

— Cela ne vous gênera pas trop, je pense, reprit le duc. Vous avez déjà d'ailleurs l'habitude de ces sortes de messages, vous qui vous étiez chargé des drapeaux de notre campagne d'Italie.

— Ah ! vous savez doubler les bienfaits par la bonne grâce, monseigneur ! s'écria Gabriel ravi.

— De plus, continua le duc de Guise, vous remettrez à Sa Majesté, par la même occasion, une copie de la capitulation, et cette lettre qui lui annonce notre succès, et que j'ai écrite tout entière de ma main ce matin, en dépit des prescriptions de maître Ambroise Paré. Mais, ajouta-t-il d'un air significatif, nul n'aurait pu sans doute, avec autant d'autorité que moi, vous rendre justice, Gabriel, et vous faire rendre justice. Or, vous serez content de moi, je l'espère, et, par conséquent, content du roi. Tenez, ami, voici cette lettre, voici, là, les clefs. Je n'ai pas besoin de vous recommander d'en prendre soin.

— Et moi, monseigneur, je n'ai pas besoin de me dire vôtre à la vie, à la mort, reprit Gabriel d'une voix émue.

Il prit le coffret de bois sculpté et la lettre cachetée que lui tendait le duc de Guise. C'étaient là les précieux talismans qui lui vaudraient peut-être, et la liberté de son père et son propre bonheur !

— A présent, je ne vous retiens plus, dit le duc de Guise. Vous avez probablement hâte de partir, et moi, moins heureux que vous, j'éprouve, après cette matinée agitée, une fatigue qui, plus impérieusement encore que maître Paré, m'ordonne quelques heures de repos.

— Adieu donc, et, de nouveau, merci, monseigneur, reprit le vicomte d'Exmès.

En ce moment rentra, tout consterné, monsieur de Thermes, que le duc de Guise avait envoyé à lord Wentworth.

— Ah ! dit le duc à Gabriel en l'apercevant, notre ambassadeur auprès du vainqueur ne partira pas sans avoir revu notre ambassadeur auprès du vaincu. Eh ! mais, ajouta-t-il, qu'y a-t-il donc, de Thermes ? Vous paraissez tout chagrin ?

— Aussi, le suis-je, monseigneur, dit monsieur de Thermes.

— Quoi ! qu'est-il arrivé ? demanda le Balafré. Est-ce que lord Wentworth ?...

— Lord Wentworth auquel, d'après vos ordres, monseigneur, j'avais annoncé sa délivrance et remis son épée, a froidement et sans mot dire accepté cette faveur. Je le quittais, étonné de cette réserve, quand de grands cris m'ont rappelé auprès de lui. Lord Wentworth, pour premier usage de sa liberté, s'était passé au travers du corps cette épée que je venais de lui rendre. Il est mort sur le coup et je n'ai revu que son cadavre.

— Ah ! s'écria le duc de Guise, c'est le désespoir de sa défaite qui l'aura poussé à cette extrémité. Ne le pensez-vous pas, Gabriel ? C'est un véritable malheur !

— Non, monseigneur, répondit Gabriel avec une gravité triste, non, lord Wentworth n'est pas mort parce qu'il avait été vaincu.

— Comment ! mais quelle cause alors ?... demanda le Balafré.

— Cette cause, permettez-moi de vous la taire, monseigneur, reprit le vicomte d'Exmès. J'eusse gardé ce secret à la vie de lord Wentworth, je le garderai encore plus à sa tombe. Cependant, devant ce fier trépas, continua Gabriel en baissant la voix, je puis vous confier, à vous, monseigneur, qu'à sa place, j'eusse agi comme il vient d'agir. Oui, lord Wentworth a bien fait ! car, n'eût-il pas eu à rougir devant moi, la conscience d'un gentilhomme déjà un témoin assez importun pour qu'on doive, à tout prix, lui imposer silence, et, quand on a l'honneur d'appartenir à la noblesse d'un noble pays, il est de ces chutes fatales dont on ne se relève qu'en tombant mort.

— Je vous comprends, Gabriel, dit le duc de Guise. Nous n'avons donc plus qu'à rendre à lord Wentworth les honneurs suprêmes.

— Il en est maintenant digne, reprit Gabriel, et, tout en déplorant amèrement cette fin... nécessaire, j'aime néanmoins à pouvoir encore estimer et regretter, en partant, celui dont je fus l'hôte en cette ville.

Quand il eut pris, quelques instans après, congé du duc de Guise avec de nouveaux remercîmens, Gabriel alla droit à l'ancien hôtel du gouverneur où madame de Castro demeurait encore.

Il n'avait pas revu Diane depuis la veille ; mais elle avait bien vite appris, avec tout Calais, l'heureuse intervention d'Ambroise Paré et le salut du duc de Guise. Gabriel la trouva donc calme et raffermie.

Les amoureux sont superstitieux, et cette tranquillité de sa bien-aimée lui fit du bien.

Diane fut naturellement plus contente encore quand le vicomte d'Exmès lui rapporta ce qui venait de se passer entre le duc de Guise et lui, et montra cette lettre et ce coffret qu'il avait achetés par tant et de si grands périls.

Cependant, même au milieu de cette joie, elle donna un regret de chrétienne à la triste fin de ce lord Wentworth qui l'avait, il est vrai, outragée une heure, mais qui, pendant trois mois, l'avait respectée et protégée.

— Que Dieu lui pardonne comme je lui pardonne ! dit-elle.

Gabriel lui parla ensuite de Martin-Guerre, des Peuquoy, de la protection que lui assurait, à elle, Diane, monsieur de Guise... Il lui parla encore de tout ce qui l'entourait.

Il eût voulu trouver, pour rester, mille autres sujets d'entretien, et pourtant la pensée qui l'appelait à Paris le préoccupait bien impérieusement. Il souhaitait partir et demeurer, il était à la fois heureux et inquiet.

Enfin, l'heure s'avançant, il fallut bien que Gabriel annonçât son départ qu'il ne pouvait plus retarder que de peu d'instans.

— Vous partez, Gabriel ? tant mieux pour cent raisons ! dit Diane. Je n'avais pas le courage de vous parler de ce départ, et, toutefois, en ne le différant point, vous me donnez la plus grande preuve d'affection que je puisse recevoir de vous. Oui, mon ami, partez, pour que j'aie moins longtemps à souffrir et à attendre. Partez, pour que notre sort se décide plus promptement.

— Soyez bénie pour ce bon courage qui soutient le mien ! lui dit Gabriel.

— Oui, tout à l'heure, reprit Diane, je sentais en vous écoutant et vous deviez, en me parlant, éprouver je ne sais quelle gêne. Nous causions de cent choses, et nous n'osions aborder la vraie question de nos cœurs et de nos existences. Mais, puisque vous partez dans quelques minutes, nous pouvons revenir sans crainte au seul sujet qui nous intéresse.

— Vous lisez du même coup d'œil dans mon âme et dans la vôtre, reprit Gabriel.

— Ecoutez-moi donc, dit Diane. Outre cette lettre que vous portez au roi, de la part du duc de Guise, vous en remettrez à Sa Majesté une autre de moi, que j'ai écrite cette nuit et que voici. Je lui raconte comment vous m'avez délivrée et sauvée. Ainsi, il sera clair pour lui et pour tous que vous avez rendu au roi de France sa cité, et au père sa fille. Je parle ainsi ; car j'espère que les sentimens de Henri II pour moi ne se trompent pas, et que j'ai bien le droit de l'appeler mon père.

— Chère Diane ! puissiez-vous dire vrai ! s'écria Gabriel.

— Je vous envie, Gabriel, reprit madame de Castro, vous soulèverez avant moi le voile de nos destinées. Cependant je vous suivrai de près, ami. Puisque monsieur de Guise est si bien disposé pour moi, je lui demanderai à partir dès demain, et, quoiqu'il me faille voyager plus lentement que vous, vous ne me précéderez pourtant à Paris que de peu de jours.

— Oh ! oui, venez vite, dit Gabriel, votre présence me portera bonheur, il me semble.

— En tout cas, reprit Diane, je ne veux pas être entièrement absente de vous ; je veux que quelqu'un me rappelle de temps en temps à votre pensée. Puisque vous êtes forcé de laisser ici votre fidèle écuyer Martin Guerre, prenez avec vous le page français que lord Wentworth avait placé près de moi. André n'est qu'un enfant, a dix-sept ans à peine, et son caractère est peut-être plus jeune encore que son âge ; mais il est dévoué, loyal, et pourra vous rendre service. Acceptez-le de moi. Parmi les autres rudes compagnons qui vous accompagnent, ce sera un serviteur plus aimant et plus doux que j'aimerai à savoir à vos côtés.

— Oh ! merci de ce soin délicat, dit Gabriel. Mais vous savez que je pars dans peu d'instans...

— André est prévenu, dit Diane. S'il vous saviez comme il est fier de vous appartenir ! Il a dû se préparer, et je n'ai plus qu'à lui donner quelques dernières instructions. Pendant que vous ferez vos adieux à cette bonne famille des Peuquoy, André vous rejoindra, avant que vous soyez sorti de Calais.

— J'accepte donc avec joie ! reprit Gabriel. J'aurai du moins quelqu'un à qui parler parfois de vous.

— J'y avais aussi pensé ! dit madame de Castro en rougissant un peu. Mais maintenant, adieu, reprit-elle vivement, il faut nous dire adieu.

— Oh ! non pas adieu, fit Gabriel, c'est le triste mot de la séparation ; non pas adieu, mais au revoir !

— Hélas ! dit Diane, quand et surtout comment nous reverrons-nous ! Si l'énigme de notre sort se résout par le malheur, le mieux ne sera-t-il pas de ne nous revoir jamais ?

— Oh ! ne dites pas cela, Diane ! s'écria Gabriel, ne dites pas cela. D'ailleurs, si ce n'est moi, qui pourra vous apprendre le dénouement funeste ou prospère ?

— Ah ! Dieu ! reprit Diane en frissonnant, qu'il soit prospère ou funeste, il me semble que, si je dois l'entendre de votre bouche, je mourrai de joie ou de douleur, rien qu'en vous écoutant.

— Cependant, comment faire pour que vous sachiez ?... dit Gabriel.

— Attendez une minute, reprit madame de Castro.

Elle tira de son doigt un anneau d'or ; puis, elle alla prendre dans un bahut le voile de religieuse qu'elle avait porté au couvent des Bénédictines de Saint-Quentin.

— Ecoutez, Gabriel, dit-elle solennellement. Comme il est probable que tout se décidera avant mon retour, envoyez André hors de Paris, à ma rencontre. Si Dieu est pour nous, il remettra cet anneau nuptial à la vicomtesse de Montgommery. Si notre espérance nous ment, au contraire, il remettra ce voile de religieuse à la sœur Bénie.

— Oh ! laissez-moi à vos pieds vous adorer comme un ange ! s'écria le jeune homme, l'âme pénétrée de ce touchant témoignage d'amour.

— Non, Gabriel, non, relevez-vous, reprit Diane ; soyons fermes et dignes devant les desseins de Dieu. Posez sur mon front un baiser chaste et fraternel, comme j'en pose un sur le vôtre, mon vous douant, autant qu'il est en mon pouvoir, de foi et d'énergie.

Ils échangèrent en silence ce saint et douloureux baiser.

— Et maintenant, mon ami, reprit Diane, quittons-nous, il le faut, en nous disant, non pas adieu, puisque vous craignez ce mot ; mais au revoir, dans ce monde ou dans l'autre !

— Au revoir ! au revoir ! murmurait Gabriel.

Il serrait Diane d'une muette étreinte contre sa poitrine, la regardait avec une sorte d'avidité, comme pour puiser dans ses beaux yeux la force dont il avait tant besoin.

Enfin, sur un signe triste mais expressif qu'elle lui fit, il la laissa aller, et, mettant à son doigt l'anneau, et le voile dans son sein :

— Au revoir, Diane ! dit-il encore une fois d'une voix étouffée.

— Gabriel, au revoir ! repartit Diane avec un geste d'espérance.

Gabriel s'enfuit en quelque sorte comme un insensé.

A une demi-heure de là, le vicomte d'Exmès, plus calme, sortait de cette ville de Calais qu'il venait de rendre à la France.

Il était à cheval, accompagné du jeune page André, qui l'avait rejoint, et de quatre de ses volontaires.

C'était Ambrosio, qui était bien aise d'emporter à Paris quelques menues marchandises anglaises dont il se déferait avantageusement dans le voisinage de la cour.

C'était Pilletrousse qui, dans une ville conquise, où il était maître et vainqueur... avec les autres, craignait les tentations et le retour de ses anciennes habitudes.

Pour Yvonnet, il n'avait pas trouvé dans ce provincial Calais un seul tailleur digne de sa confiance, et son costume avait été trop endommagé par tant d'épreuves pour être désormais présentable. On ne le lui remplacerait convenablement qu'à Paris.

Enfin, Lactance avait demandé à accompagner son maître pour aller s'assurer auprès de son confesseur que ses exploits n'avaient pas dépassé ses pénitences, et que l'actif de ses austérités égalait le passif de ses faits d'armes.

Pierre et Jean Peuquoy, avec Babette, avaient voulu accompagner à pied les cinq cavaliers jusqu'à la porte dite de Paris.

Là, il fallait absolument se séparer. Gabriel, de la voix et de la main, dit un dernier adieu à ses bons amis, qui, les larmes aux yeux, lui envoyaient mille souhaits et mille bénédictions.

Mais les Peuquoy perdirent bientôt de vue la petite troupe, qui partit au trot et disparut à un tournant du chemin. Les braves bourgeois retournèrent, le cœur navré, auprès de Martin-Guerre.

Pour Gabriel, il se sentait grave, mais non pas triste.

Il espérait !

Une fois déjà, il avait ainsi quitté Calais, pour aller chercher à Paris une solution à sa destinée. Mais, cette fois-là, les circonstances étaient bien moins favorables : il était inquiet de Martin-Guerre, inquiet de Babette et des Peuquoy, inquiet de Diane qu'il laissait prisonnière au pouvoir de lord Wentworth amoureux. Enfin, ses vagues pressentimens de l'avenir ne lui disaient rien de bon ; car il n'avait fait, après tout, que prolonger la résistance d'une ville; mais cette ville n'en était pas moins perdue pour la patrie. Était-ce là un assez grand service pour une si grande récompense ?...

Aujourd'hui, il ne laissait derrière lui aucune fâcheuse préoccupation. Ses chers blessés, le général et l'écuyer, étaient sauvés l'un et l'autre, et Ambroise Paré répondait de leur guérison ; Babette Peuquoy allait épouser un homme qu'elle aimait et dont elle était aimée, et son honneur comme son bonheur étaient assurés désormais ; madame de Castro restait libre et reine dans une ville française, et, dès le lendemain, partirait pour rejoindre Gabriel à Paris.

Enfin, notre héros avait assez lutté avec la fortune pour pouvoir espérer qu'il l'avait lassée : l'entreprise qu'il avait menée à bout en fournissant l'idée et les moyens de prendre Calais n'était pas de celles que l'on discute ou dont on marchande le prix. La clef de la France rendue au roi de France ! une telle prouesse légitimait sans aucun doute les plus extrêmes ambitions, et celle du vicomte d'Exmès était si juste et si sacrée !

Il espérait ! Les encouragemens persuasifs et les douces promesses de Diane retentissaient encore à son oreille avec les derniers vœux des Peuquoy. Gabriel regardait autour de lui André dont la présence lui rappelait sa bien-aimée, et les dévoués et vaillans soldats qui l'escortaient ; devant lui, solidement attaché au pommeau de la selle, il voyait le coffret qui contenait les clefs de Calais ; il touchait dans son pourpoint la précieuse capitulation, et les plus précieuses lettres du duc de Guise et de madame de Castro ; l'anneau d'or de Diane brillait à son petit doigt. Que de gages présens et éloquens de bonheur !

Le ciel même, tout bleu et sans nuages, semblait parler d'espérance ; l'air vif mais pur laissait bien circuler le sang dans les veines ; les mille bruits de la campagne au crépuscule du soir avaient un caractère de calme et de paix, et le soleil, qui se couchait dans sa splendeur de pourpre, à la gauche de Gabriel, donnait à ses yeux et à sa pensée le plus consolant spectacle.

Il était impossible de se mettre en route vers un but désiré sous de plus heureux auspices !

Nous allons voir ce qui en advint.

LXV.

UN QUATRAIN.

Le 12 janvier 1558, au soir, il y avait au Louvre, chez la reine Catherine de Médicis, une de ces réceptions dont nous avons déjà parlé, et qui réunissaient autour du roi tous les princes et gentilshommes du royaume.

Celle-ci surtout était fort brillante et fort animée, bien que la guerre retînt en ce moment, dans le nord, auprès du duc de Guise, une bonne partie de la noblesse.

Il y avait là, parmi les femmes, outre Catherine la reine de droit, madame Diane de Poitiers la reine de fait, la jeune reine dauphine Marie Stuart, et la mélancolique princesse Élisabeth qui allait être reine d'Espagne, et que sa beauté déjà si admirée devait faire un jour si malheureuse.

Parmi les hommes, il y avait le chef actuel de la maison de Bourbon, Antoine, le roi équivoque de Navarre, prince indécis et faible, que sa femme au cœur viril, Jeanne d'Albret, avait envoyé à la cour de France pour tâcher de s'y faire rendre, par l'entremise de Henri II, les terres de Navarre que l'Espagne avait confisquées.

Mais Antoine de Navarre protégeait déjà les opinions calvinistes, et n'était pas vu d'un fort bon œil à une cour qui brûlait les hérétiques.

Son frère, Louis de Bourbon, prince de Condé, était là aussi ; mais lui savait se faire mieux respecter, sinon mieux aimer. Il était cependant calviniste plus avéré que le roi de Navarre, et on le donnait pour le chef secret des rebelles. Mais il avait eu le don de se faire aimer du peuple. Il montait hardiment à cheval et maniait habilement l'épée et la dague, bien qu'il eût la taille petite et les épaules un peu exagérées. Il était d'ailleurs galant, spirituel, aimait les femmes avec passion, et la chanson populaire disait de lui :

> Ce petit homme tant joli,
> Toujours cause et toujours rit,
> Et toujours baise sa mignonne.
> Dieu gard' de mal le petit homme.

Autour du roi de Navarre et du prince de Condé, se groupaient naturellement les gentilshommes qui, ouvertement ou secrètement, tenaient pour le parti de la réforme l'amiral Coligny, La Renaudie, le baron de Castelnau qui, arrivé récemment de la Touraine, sa province, était ce jour-là même présenté pour la première fois à la cour.

L'assemblée, malgré les absens, était donc, on le voit, nombreuse et distinguée. Mais, au milieu du bruit, de l'agitation et de la joie, deux hommes restaient distraits, sérieux et presque tristes.

C'étaient, pour des motifs bien opposés, le roi et le connétable de Montmorency.

La personne de Henri II était au Louvre, mais sa pensée était à Calais.

Depuis trois semaines, depuis le départ du duc de Guise, il songeait sans cesse, nuit et jour, à cette expédition hasardeuse qui pouvait chasser à jamais les Anglais du royaume, mais qui pouvait aussi compromettre gravement le salut de la France.

Henri s'était reproché plus d'une fois d'avoir permis à monsieur de Guise un coup si dangereux.

Si l'entreprise avortait, quelle honte aux yeux de l'Europe! que d'efforts il faudrait pour réparer un tel échec ! La journée de Saint-Laurent ne serait rien à côté de cela. Le connétable y avait subi la défaite, François de Lorraine serait allé la chercher.

Le roi qui, depuis trois jours, n'avait pas de nouvelles de l'armée de siége, était donc tristement préoccupé et n'écoutait qu'à peine les encouragemens et les assurances du cardinal de Lorraine qui, debout près de son fauteuil, essayait de ranimer son espoir.

Diane de Poitiers remarqua bien la sombre humeur de son royal amant; mais, comme elle voyait d'un autre côté monsieur de Montmorency pour le moins aussi morne, ce fut à lui qu'elle alla.

C'était aussi le siège de Calais qui tourmentait le connétable, mais, nous l'avons dit, dans un sens fort différent.

Le roi avait peur de la défaite, le connétable avait peur du succès.

Un succès, en effet, mettrait définitivement au premier rang le duc de Guise, et rejetterait tout à fait le connétable au second. Le salut de la France était la perte de ce pauvre connétable, qui, l'égoïsme, il en faut convenir, avait toujours eu le pas sur son patriotisme.

Aussi reçut-il fort maussadement la belle favorite qui s'avançait souriante vers lui.

On se rappelle quel amour étrange et dépravé la maîtresse du roi le plus galant du monde portait à ce soudard brutal.

— Qu'a donc aujourd'hui mon vieux guerrier? lui demanda-t-elle de sa voix la plus caressante.

— Ah! vous aussi, vous me raillez, madame! dit Montmorency avec aigreur.

— Moi, vous railler, ami! Vous ne pensez pas à ce que vous dites.

— Je pense à ce que vous dites, vous, reprit le connétable en maugréant. Vous m'appelez votre vieux guerrier. Vieux? c'est vrai, je ne suis plus un muguet de vingt ans. Guerrier? non. Vous voyez bien qu'on ne me juge plus bon qu'à me montrer en parade avec une épée dans les salles du Louvre.

— Ne parlez pas ainsi, dit la favorite avec un doux regard. N'êtes-vous pas toujours le connétable?

— Qu'est-ce qu'un connétable, lorsqu'il y a un lieutenant général du royaume!

— Ce dernier titre passe avec les événemens qui l'ont fait déférer. Le vôtre, attaché sans révocation possible à la première dignité militaire du royaume, ne passera qu'avec vous.

— Aussi suis-je déjà passé et trépassé, dit le connétable avec un rire amer.

— Pourquoi dites-vous cela, ami? reprit madame de Poitiers. Vous n'avez pas cessé d'être puissant, et aussi redoutable aux ennemis publics du dehors qu'à vos ennemis personnels du dedans.

— Parlons sérieusement, Diane, et ne cherchons point à nous leurrer l'un l'autre avec des mots.

— Si je vous trompe, c'est que je me trompe, reprit Diane. Donnez-moi des preuves de la vérité, et non-seulement je reconnais sur-le-champ mon erreur, mais je la répare autant qu'il est en moi.

— Eh bien! dit le connétable, vous faites d'abord trembler devant moi les ennemis du dehors, ce sont là de consolantes paroles; mais, effectivement, qui envoie-t-on contre ces ennemis? un général plus jeune et sans doute plus heureux que moi! qui, seulement, pourrait bien un jour se servir de ce bonheur pour son propre compte.

— Où voyez-vous que le duc de Guise réussira? demanda Diane par la plus habile flatterie.

— Ses revers, reprit hypocritement le connétable, seraient pour la France un malheur affreux que je déplorerais amèrement mon pays; mais ses succès deviendraient peut-être un malheur plus affreux encore que je re-douterais pour mon roi.

— Croyez-vous donc, dit Diane, que l'ambition de monsieur de Guise?...

— Je l'ai sondée, et elle est profonde, répondit l'envieux courtisan. Si, par un accident quelconque, il y avait un changement de règne, avez-vous songé, Diane, à ce que pourrait cette ambition, aidée de l'influence de Marie Stuart, sur l'esprit d'un roi jeune et sans expérience? Mon dévouement à vos intérêts m'a complètement aliéné la reine Catherine. Les Guise seraient plus souverains que le souverain.

— Un tel malheur est, Dieu merci! bien improbable et bien éloigné, reprit Diane qui ne pouvait s'empêcher de penser que son connétable de soixante ans préjugeait trop facilement la mort d'un roi de quarante.

— Il est contre nous d'autres chances plus rapprochées et presqu'aussi terribles, dit en hochant la tête d'un air grave monsieur de Montmorency.

— Ces chances contraires, quelles sont-elles, mon ami?

— Avez-vous perdu la mémoire, Diane? ou faites-vous semblant d'ignorer qui est parti à Calais avec le duc de Guise, qui lui a soufflé, selon toute apparence, l'idée de cette téméraire entreprise, qui reviendra triomphant avec lui, s'il triomphe, en sachant peut-être se faire attribuer par lui une partie de l'honneur de la victoire?...

— Est-ce du vicomte d'Exmès que vous parlez? demanda Diane.

— Et de quel autre, madame? Si vous avez oublié son extravagante promesse, il s'en souvient, lui! Bien plus, le hasard est si singulier! il est capable de la tenir et de venir réclamer hautement celle du roi.

— Impossible! s'écria Diane.

— Qu'est-ce qui vous paraît impossible, madame? que monsieur d'Exmès tienne sa parole? ou que le roi tienne la sienne?

— Les deux alternatives sont également folles et absurdes, et la seconde plus encore que la première.

— Si cependant la première se réalisait, dit le connétable, il faudrait bien que la seconde s'ensuivît; le roi est faible sur ces questions d'honneur, il serait fort capable, madame, de se piquer d'une loyauté chevaleresque, et de livrer son secret et le nôtre en des mains ennemies...

— Encore une fois, c'est un rêve insensé! s'écria Diane pâlissante.

— Enfin, Diane, ce rêve, si vous le touchiez de vos mains et le voyiez de vos yeux, que feriez-vous?

— Mais, je ne sais, mon bon connétable, dit madame de Valentinois; il faudrait aviser, chercher, agir. Tout plutôt que cette extrémité! Si le roi nous abandonnait, eh bien! nous nous passerions du roi, et, sûrs d'avance qu'il n'oserait nous désavouer après l'événement, nous nous servirions de notre pouvoir à nous, de notre crédit personnel.

— Ah! c'est ici que je vous attendais! dit le connétable; notre pouvoir à nous, notre crédit personnel! parlez du vôtre, madame! mais, quant au mien, il est si bas, qu'à vrai dire je le considère comme mort. Mes ennemis du dedans, que tout à l'heure vous plaigniez si fort, auraient certes beau jeu avec moi à cette heure. Il n'y a pas de gentilhomme dans cette cour qui n'ait plus de pouvoir que ce piteux connétable. Aussi, voyez quel vide autour de ma personne! c'est tout simple! qui donc se soucierait de faire sa cour à une puissance déchue? Il est donc plus sûr pour vous, madame, de ne pas désormais compter sur l'appui d'un vieux serviteur disgracié, sans amis, sans influence, voire même sans argent.

— Sans argent? répéta Diane avec quelque incrédulité.

— Eh! oui, pasque Dieu! madame, sans argent! dit une seconde fois le connétable en colère, et c'est là peut-être, à mon âge, et après de tels services rendus, ce qu'il y a de plus douloureux! La dernière guerre m'a ruiné, ma rançon et celle de quelques-uns de mes gens ont épuisé mes dernières ressources pécuniaires. Ils le savent bien ceux qui m'abandonnent! Je serai réduit, un de ces jours, à m'en aller, par les rues, demandant l'aumône comme ce général carthaginois, Bélisaire, je crois, dont j'ai ouï parler à mon neveu l'amiral.

— Eh! connétable, n'avez-vous plus d'amis? reprit Diane, souriant à la fois de l'érudition et de la rapacité de son vieil amant.

— Non, fit le connétable, plus d'amis, vous dis-je.

Il ajouta avec l'accent le plus pathétique du monde :

— Les malheureux n'en ont pas.

— Je vais vous prouver le contraire, reprit Diane. Je vois bien maintenant d'où provient cette farouche humeur où vous étiez plongé. Mais que ne me le disiez-vous d'abord! Vous manquez donc de confiance avec moi? C'est mal. N'importe! je ne prétends rien venger qu'en amie. Dites-moi, le roi n'a-t-il pas levé un nouvel impôt la semaine passée?

— Oui, ma chère Diane, répondit le connétable singulièrement radouci, un impôt fort juste et assez lourd pour subvenir aux frais de la guerre.

— Cela suffit, dit Diane, et je veux vous montrer tout de suite qu'une femme peut réparer, et au-delà, les injustices de la fortune à l'égard des gens de mérite comme vous. Henri me paraît aussi fort mal en train; c'est égal! je vais de ce pas l'aborder, et il faudra bien que vous conveniez ensuite que je suis une alliée fidèle et une bonne amie.

— Ah! Diane aussi bonne belle! je le proclame dès à présent, dit galamment Montmorency.

— Mais, de votre côté, reprit Diane, quand j'aurai renouvelé les sources de votre crédit et de votre faveur, vous ne m'abandonnerez pas au besoin, n'est-il pas vrai, mon vieux lion ? et vous ne parlerez plus à votre amie dévouée de votre impuissance contre ses ennemis et les vôtres ?

— Eh ! chère Diane, tout ce que je suis et tout ce que je puis n'est-il pas à vous ? dit le connétable, et, si je m'afflige parfois de la perte de mon influence, n'est-ce point uniquement parce que je crains de moins bien servir ma belle souveraine et maîtresse.

— Bon ! reprit Diane avec le plus prometteur de ses sourires.

Elle mit sa main blanche et royale sur les lèvres barbues de son adorateur émérite, qui y déposa un tendre baiser, puis, le rassurant par un dernier regard, elle se dirigea sans retard vers le roi.

Le cardinal de Lorraine était toujours près de Henri, faisant les affaires de son frère absent, et rassurant de toute son éloquence le roi sur l'issue à craindre de la téméraire expédition de Calais.

Mais Henri écoutait plutôt sa pensée inquiète que le consolant cardinal.

Ce fut en ce moment que madame Diane s'avança vers eux.

— Je gage, messire, dit-elle d'abord vivement au cardinal, que Votre Éminence dit du mal au roi de ce pauvre monsieur de Montmorency ?

— Oh ! madame, reprit Charles de Lorraine, étourdi de cette attaque imprévue, j'ose prendre à témoin Sa Majesté que le nom de monsieur le connétable n'a pas même été prononcé dans notre entretien.

— C'est vrai, dit nonchalamment le roi.

— Autre manière de le desservir ! fit Diane.

— Mais si je ne puis ni parler ni me taire sur le compte du connétable, que dois-je donc faire, madame, je vous prie ?

— Il faudrait en parler pour en dire du bien, repartit Diane.

— Soit donc ! reprit le rusé cardinal ; en ce cas, je dirai, car les ordres de la beauté m'ont toujours trouvé obéissant et soumis, je dirai que monsieur de Montmorency est un grand homme de guerre, qu'il a gagné la bataille de Saint-Laurent et relevé la fortune de la France, et, qu'en ce moment encore, pour achever son œuvre, il a pris une glorieuse offensive contre les ennemis, et tente un mémorable effort sous les murs de Calais.

— Calais ! Calais ! ah ! qui me donnera des nouvelles de Calais ! murmura le roi qui, dans cette guerre de mots entre le ministre et la favorite, n'avait entendu que ce nom.

— Vous avez une admirable et chrétienne façon de louer, monsieur le cardinal ! reprit Diane, et je vous fais mon compliment d'une charité si caustique.

— C'est qu'en vérité, madame, dit Charles de Lorraine, je ne vois pas du tout quel autre éloge on pourrait trouver de ce pauvre monsieur de Montmorency, comme vous l'appeliez tout à l'heure.

— Vous cherchez mal, messire, reprit Diane. Ne pourrait-on, par exemple, rendre justice au zèle avec lequel le connétable organise à Paris les derniers moyens de défense, et rassemble le peu de troupes qui restent à la France, tandis que d'autres risquent et compromettent les vraies forces de la patrie dans des expéditions aventureuses.

— Oh ! fit le cardinal.

— Hélas ! soupira le roi, à l'esprit duquel n'arrivait que ce qui avait trait à son souci.

— Ne pourrait-on ajouter encore, reprit Diane, que si le hasard n'a pas favorisé les magnifiques efforts de monsieur de Montmorency, que si le malheur s'est déclaré contre lui, il est du moins exempt de toute ambition personnelle, il n'a d'autre cause, lui, que celle du pays, et a sacrifié tout à cette cause, tout ; sa vie, qu'il exposait le premier ; sa liberté, qu'on lui a si longtemps ravie ; sa fortune même, dont il ne lui reste plus rien à cette heure.

— Ah ! dit avec l'air de l'étonnement Charles de Lorraine.

— Oui, Votre Éminence, insista Diane, monsieur de Montmorency, sachez-le bien, est ruiné.

— Ruiné ! vraiment ? reprit le cardinal.

— Et si bien ruiné, continua l'impudente favorite, que je viens actuellement demander à Sa Majesté de secourir ce loyal serviteur dans sa détresse.

Et comme le roi, toujours préoccupé, ne répondait pas :

— Oui, sire, dit Diane, s'adressant directement à lui pour appeler son attention, je vous adjure expressément de venir en aide à votre fidèle connétable, que le prix de sa rançon, et les frais considérables d'une guerre soutenue pour le service de Votre Majesté, ont privé de ses dernières ressources... Sire, vous m'écoutez ?

— Madame, excusez-moi, dit Henri, mon attention ne saurait ce soir s'arrêter sur ce sujet. La pensée d'un désastre possible à Calais m'absorbe tout entier, vous le savez bien.

— C'est justement pour cela, reprit Diane, que Votre Majesté, ce me semble, doit ménager et favoriser l'homme qui s'applique d'avance à atténuer les effets de ce désastre s'il vient à tomber sur la France.

— Mais l'argent nous manque à nous-même autant qu'au connétable, dit le roi.

— Et ce nouvel impôt qu'on vient d'établir ? reprit Diane.

— Cet argent, dit le cardinal, est destiné à la paie et à l'entretien des troupes.

— Alors, reprit Diane, la meilleure part doit en revenir au chef de ces troupes.

— Eh bien ! ce chef est à Calais, répondit le cardinal.

— Non, il est à Paris, au Louvre, dit Diane.

— Vous voulez donc qu'on récompense là défaite, madame ?

— Cela vaut encore mieux, monsieur le cardinal, que d'encourager la démence.

— Assez ! interrompit le roi, ne voyez-vous pas que cette querelle me fatigue et m'offense. Savez-vous, madame, monsieur de Lorraine, savez-vous le quatrain que j'ai trouvé tantôt dans mon livre d'Heures ?

— Un quatrain ? répétèrent ensemble Diane et Charles de Lorraine.

— Si j'ai bonne mémoire, dit Henri, le voici :

« Sire, si vous laissez, comme Charles désire,
» Comme Diane fait, par trop vous gouverner,
» Fondre, pétrir, mollir, refondre et retourner,
» Sire, vous n'êtes plus, vous n'êtes plus que cire. »

Diane ne se déconcerta pas le moins du monde :

— Un jeu de mots galant ! dit-elle, qui m'attribue seulement sur l'esprit de Votre Majesté plus d'influence que je n'en possède, hélas !

— Eh ! madame, reprit le roi, vous ne devriez pas abuser de cette influence justement parce que vous savez l'avoir.

— L'ai-je réellement, sire ?... dit Diane de sa voix douce. Votre Majesté m'accorde donc ce que je lui demande pour le connétable ?...

— Soit ! dit le roi importuné. Mais maintenant vous me laisserez, je pense, à mes douloureux pressentimens, à mes inquiétudes.

Le cardinal, devant cette faiblesse, ne sut que lever les yeux au ciel. Diane lui lança de côté un regard triomphant.

— Merci, Votre Majesté, dit-elle au roi. Je vous obéis en me retirant ; mais bannissez le trouble et la crainte, sire ! la victoire aime les généreux, et m'est avis que vous vaincrez.

— Ah ! j'en accepte l'augure, Diane ! reprit Henri. Mais avec quels transports je ne recevrais la nouvelle ! Depuis quelque temps je ne dors plus, je n'existe plus. Mon Dieu ! que le pouvoir des rois est borné ! n'avoir aucun moyen d'apprendre ce qui se passe en ce moment à Calais ! Vous avez beau dire, monsieur le cardinal, ce silence de votre frère est effrayant. Ah ! des nouvelles de Calais ! qui donc m'en apportera ? Jésus !

L'huissier de service entra, et, s'inclinant dans le même instant devant le roi, annonça à voix haute :

— Un envoyé de monsieur de Guise, arrivant de Calais sollicite la faveur d'être admis par Sa Majesté.

— Un envoyé de Calais ! répéta le roi en se levant debout, l'œil brillant, se contenant à peine.

— Enfin ! dit le cardinal tout tremblant de crainte et de joie.

— Introduisez le messager de monsieur de Guise, introduisez-le sur-le-champ, reprit vivement le roi.

Il va sans dire que toutes les conversations s'étaient tues, que toutes les poitrines palpitaient, que tous les regards se tournaient vers la porte.

Gabriel entra au milieu d'un silence de statues.

LXVI.

LE VICOMTE DE MONTGOMMERY.

Gabriel était suivi, comme lors de son retour d'Italie, de quatre de ses gens, Ambrosio, Lactance, Yvonnet et Pilletrousse, lesquels portaient les drapeaux anglais, mais qui s'arrêtèrent en dehors sur le seuil de la porte.

Le jeune homme tenait lui-même, de ses deux mains, sur un coussin de velours, deux lettres et les clefs de la ville.

A cette vue, le visage de Henri II exprima un singulier mélange de joie et de terreur.

Il croyait comprendre l'heureux message, mais le sévère messager l'inquiétait.

— Le vicomte d'Exmès ! murmurait-il en voyant Gabriel s'approcher de lui à pas lents.

Et madame de Poitiers et le connétable, échangeant entre eux un regard d'alarme, balbutiaient aussi à voix basse :

— Le vicomte d'Exmès !

Cependant Gabriel, solennel et grave, vint mettre un genou en terre devant le roi, et, d'une voix ferme :

— Sire, lui dit-il, voici les clefs de la ville de Calais qu'a-t près sept jours de siège et trois assauts acharnés, les Anglais ont remises à monsieur le duc de Guise, et que monsieur le duc de Guise s'empresse de faire remettre à Votre Majesté.

— Calais est à nous ? demanda encore le roi, quoiqu'il eût parfaitement entendu.

— Calais est à vous, Sire, répéta Gabriel.

— Vive le roi ! crièrent d'une seule voix tous les assistants, à l'exception peut-être du connétable de Montmorency.

Henri II, qui ne pensait plus qu'à ses craintes dissipées et à ce triomphe éclatant de ses armes, salua d'un visage radieux l'assemblée émue.

— Merci, messieurs, merci ! dit-il ; j'accepte, au nom de la France, ces acclamations, mais elles ne doivent point s'adresser à moi seul : il est juste que la meilleure part en revienne au vaillant chef de l'entreprise, à mon noble cousin monsieur de Guise.

Des murmures d'approbation coururent dans l'assistance. Mais le temps n'était pas venu où l'on osât crier devant le roi : Vive le duc de Guise !

— Et, en l'absence de notre cher cousin, continua Henri, nous sommes heureux de pouvoir, du moins, adresser nos remerciemens et nos félicitations à vous qui le représentez ici, monsieur le cardinal de Lorraine, et à vous qu'il a chargé de cette glorieuse commission, monsieur le vicomte d'Exmès.

— Sire, dit respectueusement mais hardiment Gabriel en s'inclinant devant le roi, Sire, excusez-moi, je ne m'appelle plus le vicomte d'Exmès, maintenant.

— Comment ?... reprit Henri II en fronçant le sourcil.

— Sire, continua Gabriel, depuis le jour de la prise de Calais, j'ai cru pouvoir me nommer de mon vrai nom et de mon vrai titre, le vicomte de Montgommery.

A ce nom qui, depuis tant d'années, n'avait pas été prononcé tout haut à la cour, il y eut, dans la foule, comme une explosion de surprise. Ce jeune homme s'intitulait le vicomte de Montgommery : donc, le comte de Montgommery, son père sans doute, était vivant encore ! Après cette longue disparition, que signifiait le retour de ce vieux nom si fameux jadis ?

Le roi n'entendait pas ces commentaires, pour ainsi dire muets, mais il les devinait sans peine ; il était devenu plus blanc que sa fraise italienne, et ses lèvres tremblaient d'impatience et de colère.

Madame de Poitiers avait frémi aussi, et, dans son coin, le connétable était sorti de son immobilité morne, et son vague regard s'était allumé.

— Qu'est-ce à dire, monsieur ? reprit le roi d'une voix qu'il modérait difficilement. Quel est ce nom que vous osez prendre ? et d'où vous vient tant de témérité ?

— Ce nom est le mien, Sire, dit avec calme Gabriel, et ce que Votre Majesté croit de la témérité n'est que de la confiance.

Il était évident que Gabriel avait voulu, par un coup d'audace, engager irrévocablement la partie, risquer le tout pour le tout, et fermer au roi comme à lui-même toute hésitation et tout retour.

Henri le comprit bien ainsi, mais il craignit son propre courroux, et, pour ajourner du moins l'éclat qu'il redoutait, il reprit :

— Votre affaire personnelle pourra venir plus tard, monsieur ; mais en ce moment, ne l'oubliez pas, vous êtes l'envoyé de monsieur de Guise, et vous n'avez pas achevé de remplir votre message, ce me semble.

— C'est juste, dit Gabriel avec un profond salut. Il me reste à présenter à Votre Majesté les drapeaux conquis sur les Anglais. Les voici. De plus, monsieur le duc de Guise a écrit lui-même cette lettre au roi.

Il offrit sur le coussin la lettre du Balafré. Le roi la prit, rompit le cachet, déchira l'enveloppe, et, tendant la lettre avec vivacité au cardinal de Lorraine :

— A vous, monsieur le cardinal, lui dit-il, la joie de lire tout haut cette lettre de votre frère. Elle n'est pas adressée au roi, mais à la France.

— Quoi ! sire ! dit le cardinal, Votre Majesté veut ?...

— Je désire, monsieur le cardinal, que vous acceptiez cet honneur qui vous est dû.

Charles de Lorraine s'inclina, prit avec respect des mains du roi la lettre qu'il déplia, et lut ce qui suit au milieu du plus profond silence :

« Sire,

» Calais est en notre pouvoir ; nous avons repris en une semaine aux Anglais ce qui leur avait coûté, il y a deux siècles, un an de siége.

» Guines et Ham, les deux derniers points qu'ils possèdent encore en France, ne peuvent maintenant tenir bien longtemps ; j'ose promettre à Votre Majesté qu'avant quinze jours nos ennemis héréditaires seront définitivement expulsés de tout le royaume.

» J'ai cru devoir être généreux pour les vaincus. Ils nous ont consigné leur artillerie et leurs munitions ; mais la capitulation que j'ai consentie donne aux habitans de Calais qui le souhaiteraient le droit de se retirer avec leurs biens en Agleterre. Il eût peut-être été dangereux aussi de laisser, dans une ville si nouvellement occupée, cet actif ferment de révolte.

» Le nombre de nos morts et de nos blessés est peu considérable, grâce à la rapidité avec laquelle la place a été emportée.

» Le temps et le loisir me manquent, Sire, pour donner aujourd'hui à Votre Majesté de plus amples détails. Blessé moi-même grièvement... »

A cet endroit, le cardinal pâlit et s'arrêta.

— Quoi, notre cousin est blessé ! s'écria le roi feignant la sollicitude.

— Que Votre Majesté et Son Éminence se rassurent, dit Gabriel. Cette blessure de monsieur le duc de Guise n'aura pas de suites, grâce à Dieu ! Il ne doit lui en rester, à l'heure qu'il est, qu'une noble cicatrice au visage et le glorieux surnom de *Balafré*.

Le cardinal, en lisant quelques lignes d'avance, avait pu se convaincre par lui-même que Gabriel disait vrai, et tranquillisé il reprit la lecture en ces termes :

« Blessé moi-même grièvement, le jour même de notre entrée dans Calais, j'ai été sauvé par le prompt secours et l'admirable génie d'un jeune chirurgien, maître Ambroise Paré ; mais je suis faible encore, et privé, par conséquent, de la joie de m'entretenir longuement avec Votre Majesté.

» Elle pourra apprendre les autres détails de celui qui va lui porter, avec cette lettre, les clefs de la ville et les drapeaux anglais prisonniers, et duquel il faut pourtant qu'avant de finir je parle à Votre Majesté.

» Car ce n'est pas à moi, Sire, que revient tout l'honneur de cette étonnante prise de Calais. J'ai tâché d'y contribuer de toutes mes forces avec nos vaillantes troupes ; mais on en doit l'idée première, les moyens d'exécution et la réussite même au porteur de cette lettre, à monsieur le vicomte d'Exmès... »

— Il paraît, monsieur, interrompit le roi en s'adressant à Gabriel, il paraît que notre cousin ne vous connaissait pas encore sous votre nouveau nom.

— Sire, dit Gabriel, je n'aurais osé le prendre pour la première fois qu'en présence même de Votre Majesté.

Le cardinal continua sur un signe du roi :

« J'avouerai, en effet, que je ne pensais pas même à ce coup hardi, quand monsieur d'Exmès est venu me trouver au Louvre, m'a exposé le sublime dessein, a levé mes doutes et dissipé mes hésitations, et enfin a déterminé ce fait d'armes inouï qui suffirait, Sire, à la gloire d'un règne.

» Mais ce n'est pas tout : on ne pouvait risquer légèrement une expédition si grave ; il fallait que le conseil de l'expérience donnât raison au rêve du courage. Monsieur d'Exmès fournit à monsieur le maréchal Strozzi les moyens de s'introduire dans Calais sous un déguisement, et de vérifier les chances de l'attaque et de la défense. De plus, il nous donna un plan exact et détaillé des remparts et des postes fortifiés, de sorte que nous nous avançâmes vers Calais comme si ses murailles eussent été de verre.

» Sous les murs de la ville et dans les assauts, au fort de Nieullay, au Vieux-Château, partout, le vicomte d'Exmès, à la tête d'une petite troupe levée à ses frais, fit encore des prodiges de valeur. Mais là, il fut seulement égal à nombre de nos intrépides capitaines, qu'il est, je crois, impossible de surpasser. Je m'appesantirai donc peu sur les marques de courage qu'il donna en toute occasion, pour ne m'attacher qu'aux actions qui lui sont particulières et personnelles.

» Ainsi, la prise du fort de Risbank, cette entrée de Calais, libre du côté de la mer, allait ouvrir passage à de formidables secours venus d'Angleterre. Dès lors nous étions écrasés, perdus. Notre gigantesque entreprise échouait au milieu des risées de l'Europe. Cependant, par quels moyens, sans vaisseaux, s'emparer d'une tour que défendait l'Océan ? Eh bien ! le vicomte d'Exmès a fait ce miracle. La nuit, dans une barque, seul avec ses volontaires, à l'aide des intelligences qu'il s'était ménagées dans la place, il a pu, par une téméraire navigation, par une effrayante escalade, planter le drapeau français sur cet imprenable fort. »

Ici, malgré la présence du roi, un murmure d'admiration que rien ne put comprimer interrompit un moment la lecture, et s'échappa de cette foule illustre et vaillante, comme l'irrésistible accent de tous les cœurs.

L'attitude de Gabriel, debout, les yeux baissés, calme, digne et modeste, à deux pas du roi, ajoutait à l'impression causée par le récit du chevaleresque exploit, et charmait à la fois les jeunes femmes et les vieux soldats.

Le roi lui-même fut ému et fixa un regard déjà adouci sur le jeune héros de l'aventure épique.

Il n'y avait que madame de Poitiers qui mordait sa lèvre blanche, et monsieur de Montmorency qui fronçait son sourcil épais.

Le cardinal, après cette courte interruption, reprit la lettre de son frère.

« Le fort de Risbank gagné, la ville était à nous. Les vaisseaux anglais n'osèrent pas même tenter une attaque inutile. Trois jours après, nous entrions triomphans dans Calais, secondés encore par une heureuse diversion des alliés du vicomte d'Exmès dans la place, et par une énergique sortie du vicomte d'Exmès lui-même. »

» C'est dans cette dernière lutte, Sire, que j'ai reçu cette terrible blessure qui a failli me coûter la vie, et, s'il m'est permis de rappeler un service personnel après tant de services publics, j'ajouterai que ce fut encore monsieur d'Exmès qui, par la force presque, amena à mon lit de mort maître Paré, le chirurgien qui m'a sauvé.

— Oh ! monsieur, à mon tour, merci ! dit en s'interrompant Charles de Lorraine d'une voix émue.

Puis, avec un accent plus chaleureux, il reprit, comme si c'eût été son frère même qui eût parlé.

« Sire, on n'attribue d'ordinaire l'honneur des grands succès pareils à celui-ci qu'au chef sous lequel ils ont été remportés. Monsieur d'Exmès, le premier, aussi modeste que grand, laisserait volontiers son nom s'effacer devant le mien. Néanmoins, il m'a semblé juste d'apprendre à Votre Majesté que le jeune homme qui lui remettra cette lettre a vraiment été la tête et le bras de notre entreprise, et, que, sans lui, Calais, à l'heure où j'écris ceci dans Calais, serait encore à l'Angleterre. Monsieur d'Exmès m'a demandé de ne le déclarer, si je voulais, qu'au roi, mais enfin de le dire au roi. C'est ce que je fais ici d'une voix haute avec reconnaissance et joie.

» Mon devoir était de donner à monsieur d'Exmès ce glorieux certificat. Le reste est votre droit, Sire. Un droit que j'envie, mais que je ne peux ni ne veux usurper. Il n'est guère, ce me semble, de présens qui puissent payer celui d'une ville frontière reconquise et de l'intégrité d'un royaume assuré.

» Il paraît cependant, monsieur d'Exmès me dit, que Votre Majesté a dans la main un prix digne de sa conquête. Je le crois, Sire. Mais il n'y a en effet qu'un roi et qu'un grand roi comme Votre Majesté qui puisse récompenser, à peu près à sa valeur, ce royal exploit.

» Sur ce, je prie Dieu, Sire, qu'il vous donne une longue vie et un heureux règne.

» Et suis, de Votre Majesté,

» Le très humble et très obéissant serviteur et sujet,

» FRANÇOIS DE LORRAINE.

» A Calais, ce 8 janvier 1558. »

Quand Charles de Lorraine eut achevé ainsi sa lecture et remis sa lettre aux mains du roi, le mouvement d'approbation qui était la félicitation contenue de toute cette cour se manifesta de nouveau, et, de nouveau, fit tressaillir le cœur de Gabriel, violemment ému sous son apparence tranquille. Si le respect n'eût imposé silence à l'enthousiasme, les applaudissemens auraient sans nul doute fêté avec éclat le jeune vainqueur.

Le roi sentit instinctivement cet élan général, qu'il partageait d'ailleurs un peu, et il ne put s'empêcher de dire à Gabriel, comme s'il eût été l'interprète du désir inexprimé de tous :

— C'est bien, monsieur ! c'est beau ce que vous avez fait ! Je souhaite que, comme monsieur de Guise me le donne à entendre, il me soit réellement possible de vous accorder une récompense digne de vous et digne de moi.

— Sire, répondit Gabriel, je n'en ambitionne qu'une seule, et Votre Majesté sait laquelle...

Puis, sur un mouvement de Henri, il se hâta de reprendre :

— Mais, pardon ! ma mission n'est pas encore tout à fait terminée, Sire.

— Qu'y a-t-il encore ? dit le roi.

— Sire, une lettre de madame de Castro pour Votre Majesté.

— De madame de Castro ? répéta vivement Henri.

D'un mouvement prompt et irréfléchi, il se leva de son fauteuil, descendit les deux marches de l'estrade royale pour prendre lui-même la lettre de Diane, et, baissant la voix :

— C'est vrai, monsieur, dit-il à Gabriel, vous ne rendez pas seulement sa fille au roi, vous rendez aussi sa fille au père. J'ai contracté deux dettes envers vous !... Mais voyons cette lettre...

Et, comme la cour, toujours immobile et muette, attendait avec respect les ordres du roi, Henri, gêné lui-même par ce silence observateur, reprit à voix haute :

— Que je ne contraigne pas, messieurs, l'expression de votre joie. Je n'ai plus rien à vous apprendre, le reste est affaire entre moi et l'envoyé de notre cousin de Guise. Vous n'avez donc qu'à commenter l'heureuse nouvelle et à vous en féliciter, et vous êtes libres de le faire, messieurs.

La permission royale fut vite acceptée, les groupes causeurs se reformèrent, et bientôt l'on n'entendit plus que ce chuchotement indistinct et confus qui résulte dans les foules du bruit de cent conversations éparses.

Madame de Poitiers et le connétable pensaient encore seuls à épier le roi et Gabriel.

D'un coup d'œil éloquent, ils s'étaient communiqué leur crainte, et Diane, par un mouvement insensible, s'était rapprochée de son royal amant.

Henri ne remarquait pas le couple envieux, il était tout entier à la lettre de sa fille.

— Chère Diane !... pauvre chère Diane !... murmurait-il seulement attendri.

Et, quand il eut terminé cette lecture, entraîné par sa nature de roi, dont le premier et le spontané mouvement était certainement généreux et loyal :

— Madame de Castro, dit-il à Gabriel presque à voix haute, me recommande aussi son libérateur, et c'est justice ! Elle me dit que vous ne lui avez pas seulement rendu la liberté, monsieur, vous lui avez aussi, à ce qu'il paraît, sauvé l'honneur.

— Oh ! j'ai fait mon devoir, Sire, dit Gabriel.

— C'est donc à faire le mien à mon tour, reprit vivement Henri. A vous de parler à présent, monsieur. Dites, que souhaitez-vous de nous, *monsieur le vicomte de Montgommery ?*

LXVII.

JOIE ET ANGOISSE.

Monsieur le vicomte de Montgommery ! A ce nom qui, prononcé par le roi, contenait déjà plus qu'une promesse, Gabriel tressaillit de bonheur.

Henri allait évidemment pardonner !

— Le voilà qui faiblit ! dit à voix basse madame de Poitiers au connétable qui s'était rapproché d'elle.

— Attendons le notre tour, reprit monsieur de Montmorency sans se déconcerter.

— Sire, disait cependant au roi Gabriel, plus ému, selon son habitude, par l'espoir que par la crainte, Sire, je n'ai pas besoin de répéter à Votre Majesté quelle grâce j'ose attendre de sa bonté, de sa clémence, un peu de sa justice. Ce que Votre Majesté avait exigé de moi, j'espère l'avoir fait... Ce que je demandais, Votre Majesté daignera-t-elle le faire ?... A-t-elle oublié sa promesse, ou veut-elle bien la tenir ?...

— Oui, monsieur, je la tiendrai, sous les conditions de silence convenues, répondit Henri sans hésiter.

— Ces conditions, sire, j'engage de nouveau mon honneur qu'elles seront exactement et rigoureusement remplies, dit le vicomte d'Exmès.

— Approchez-vous donc, monsieur, dit le roi.

Gabriel s'approcha, en effet. Le cardinal de Lorraine s'écarta discrètement. Mais madame de Poitiers, assise aussi tout près de Henri, ne bougea pas, et put sans doute entendre ce qu'il disait, bien qu'il baissât la voix pour parler au seul Gabriel.

Cette sorte de surveillance ne fit pourtant pas fléchir, il faut en convenir, la volonté du roi, qui reprit avec fermeté :

— Monsieur le vicomte de Montgommery, vous êtes un vaillant que j'estime et que j'honore. Quand vous aurez ce que vous demandez, et ce que vous avez si bien conquis, nous ne serons pas, certes, encore quitte envers vous. Mais prenez toujours cet anneau. Demain matin, à huit heures, présentez-le au gouverneur du Châtelet ; il sera prévenu d'ici-là, et vous rendra sur-le-champ l'objet de votre sainte et sublime ambition.

Gabriel, qui de joie sentit se dérober sous lui ses genoux, ne se retint pas et se laissa tomber aux pieds du roi.

— Ah ! sire, lui dit-il, la poitrine inondée de bonheur et les yeux mouillés de douces larmes, sire, toute la volonté, toute l'énergie dont je crois avoir donné les preuves sont, pour le reste de ma vie, au service de mon dévouement à Votre Majesté, comme elles eussent été, je l'avoue, au service de ma haine, si vous aviez dit : Non !

— En vérité ? fit le roi en souriant avec bonté.

— Oui, sire, je le confesse, et vous devez me comprendre puisque vous avez pardonné ; oui, j'eusse poursuivi, je crois, Votre Majesté jusque dans ses enfants, comme je vous défendrai et vous aimerai encore en eux, sire. Devant Dieu, qui punit tôt ou tard les parjures, je garderai mon serment de fidélité, comme j'eusse tenu mon serment de vengeance !

— Allons ! relevez-vous, monsieur, dit le roi en souriant toujours. Calmez-vous aussi, et, pour vous remettre, racontez-nous un peu en détail cette prise si inespérée de Calais, dont je ne me lasserai jamais, j'imagine, de parler et d'entendre parler.

Henri II garda ainsi plus d'une heure auprès de lui Gabriel, l'interrogeant et l'écoutant, et lui faisant répéter cent fois sans se lasser les mêmes détails.

Puis, il dut le céder aux dames avides de questionner à leur tour le jeune héros.

Et d'abord, le cardinal de Lorraine, assez mal renseigné sur les antécédents de Gabriel, et qui ne voyait en lui que l'ami et le protégé de son frère, voulut absolument le présenter lui-même à la reine.

Catherine de Médicis, en présence de toute la cour, fut bien obligée de féliciter celui qui venait de gagner au roi une si belle victoire. Mais elle le fit avec une froideur et une hauteur marquées, et le sévère et dédaigneux regard de son œil gris démentait à mesure les paroles que sa bouche devait prononcer contre le gré de son cœur.

Gabriel, tout en adressant à Catherine de respectueux remercîments, se sentait l'âme en quelque sorte glacée par ces complimens menteurs de la reine, sous lesquels, en se rappelant le passé, il lui semblait deviner une ironie secrète et comme une menace cachée.

Lorsqu'après avoir salué Catherine de Médicis, il se retourna pour se retirer, il crut avoir trouvé la cause du douloureux pressentiment qu'il avait éprouvé.

En effet, ses regards étant tombés du côté du roi, il vit avec épouvante que Diane de Poitiers s'était rapprochée de lui et lui parlait bas avec son méchant et sardonique sourire. Plus Henri II paraissait se défendre, plus elle avait l'air d'insister.

Elle appela ensuite le connétable, qui parla aussi pendant longtemps au roi avec vivacité.

Gabriel voyait tout cela de loin. Il ne perdait pas un seul des mouvements de ses ennemis, et il souffrait le martyre.

Mais, dans le moment même où son cœur était ainsi déchiré, le jeune homme fut gaîment abordé et interrogé par la jeune reine-dauphine, Marie Stuart, qui l'accabla à la fois de compliments et de questions.

Gabriel, malgré son inquiétude, y répondit de son mieux.

— C'est magnifique! lui disait Marie enthousiasmée, n'est-il pas vrai, mon gentil dauphin? ajouta-t-elle en s'adressant à François, son jeune mari, qui joignait ses éloges à ceux de sa femme.

— Pour mériter de si bonnes paroles, que ne ferait-on pas? disait Gabriel dont les yeux distraits ne quittaient pas le groupe du roi, de Diane et du connétable.

— Quand je me sentais portée vers vous par je ne sais quelle sympathie, continua Marie Stuart avec sa grâce accoutumée, mon cœur m'avertissait sans doute que vous fourniriez ce merveilleux exploit à la gloire de mon cher oncle de Guise. Ah! tenez, je voudrais avoir, comme le roi, le pouvoir de vous récompenser à mon tour. Mais une femme, hélas! n'a pas de titres ni d'honneurs à sa disposition.

— Oh! vraiment, j'ai tout ce que je pouvais souhaiter au monde! dit Gabriel. Le roi ne répond plus, il écoute seulement, pensait-il en lui-même.

— C'est égal! reprit Marie Stuart, si j'avais le pouvoir, je vous créerais, je crois, des souhaits pour pouvoir les accomplir. Mais, pour le moment, tout ce que j'ai, tenez, c'est ce bouquet de violettes que le jardinier des Tournelles m'a envoyé tantôt comme assez rare après les dernières gelées. Eh bien! monsieur d'Exmès, avec la permission de monseigneur le dauphin, je vous les donne ces fleurs, comme un souvenir de ce jour. Les acceptez-vous?

— Oh! madame!... s'écria Gabriel en baisant respectueusement la main qui les lui offrait.

— Les fleurs, reprit Marie Stuart songeuse, sont en même temps un parfum pour la joie et une consolation pour la tristesse. Je pourrai quelque jour être bien malheureuse! je ne le serai jamais à fait tant qu'on me laissera des fleurs. Il est bien entendu qu'à vous, monsieur d'Exmès, à vous heureux et triomphant, je n'offre celles-ci que comme parfum.

— Qui sait? dit Gabriel en secouant la tête avec mélancolie, qui sait si le triomphant et l'heureux n'en a pas plutôt besoin comme consolation.

Ses regards, tandis qu'il parlait ainsi, étaient toujours fixés sur le roi, qui, pour le coup, semblait réfléchir et baisser la tête devant les représentations de plus en plus vives de madame de Poitiers et du connétable.

Gabriel tremblait en pensant qu'assurément la favorite avait entendu la promesse du roi, et qu'il devait être question entre eux de son père et de lui.

La jeune reine-dauphine s'était éloignée en se moquant doucement des préoccupations de Gabriel.

L'amiral de Coligny l'aborda en ce moment, et, à son tour, lui adressa ses félicitations cordiales sur la brillante façon dont il avait soutenu et dépassé à Calais sa réputation de Saint-Quentin.

On n'avait jamais trouvé le pauvre jeune homme plus favorisé du sort et plus digne d'envie que depuis qu'il endurait des angoisses jusque-là inconnues.

— Vous valez autant, lui disait l'amiral, pour gagner des victoires que pour atténuer des défaites. Je suis tout fier d'avoir pressenti votre haut mérite, et je n'ai qu'un regret, c'est de n'avoir pas participé avec vous à ce beau fait d'armes, si heureux pour vous et si glorieux pour la France.

— L'occasion s'en retrouvera, monsieur l'amiral, dit Gabriel.

— J'en doute un peu, reprit Coligny avec quelque tristesse. Dieu veuille seulement que, si nous nous rencontrons encore sur un champ de bataille, ce ne soit pas dans deux camps opposés!

— Le ciel m'en préserve, en effet! dit vivement Gabriel. Mais, qu'entendez-vous par ces paroles, monsieur l'amiral.

— On a brûlé vifs le mois dernier quatre religionnaires, dit Coligny. Les réformés, qui chaque jour croissent en nombre et en puissance, finiront par se lasser de ces odieuses et iniques persécutions. Ce jour-là, des deux partis qui divisent la France, il pourra, je le crains, se former deux armées.

— Eh bien? demanda Gabriel.

— Eh bien! monsieur d'Exmès, malgré la promenade que nous ayons faite ensemble rue Saint-Jacques, vous avez gardé votre liberté et ne vous êtes engagé qu'à la discrétion. Or, vous me paraissez trop bien et trop justement en faveur pour n'être pas de l'armée du roi contre *l'hérésie*, comme on l'appelle.

— Je crois que vous vous trompez, monsieur l'amiral, dit Gabriel dont les yeux ne se détournaient pas du roi; j'ai lieu de penser, au contraire, que j'aurai bientôt le droit de marcher avec les opprimés contre les oppresseurs.

— Quoi! qu'est-ce à dire? demanda l'amiral. Vous pâlissez, Gabriel, votre voix s'altère! qu'avez-vous donc?

— Rien! rien! monsieur l'amiral. Mais il faut que je vous quitte. Au revoir! à bientôt!

Gabriel venait de surprendre de loin un geste d'acquiescement échappé au roi, et monsieur de Montmorency s'était éloigné sur-le-champ en jetant à Diane un regard de triomphe.

Néanmoins, quelques minutes après, la réception fut close, et Gabriel, en allant saluer le roi pour prendre congé, osa lui dire :

— Sire, à demain.

— A demain, monsieur, répondit le roi.

Mais, en disant cela, Henri II ne regarda pas Gabriel en face; il détournait même la vue; il ne souriait plus, et madame de Poitiers souriait au contraire.

Gabriel, que chacun croyait voir radieux d'espérance et de joie, se retira l'épouvante et la douleur au cœur.

Tout le soir, il erra autour du Châtelet.

Il reprit un peu de courage en n'en voyant pas sortir monsieur de Montmorency.

Puis, il tâtait à son doigt l'anneau royal, et se rappelait ces paroles formelles de Henri II, qui n'admettaient pas le doute et ne pouvaient cacher un leurre : L'objet de votre sainte et sublime ambition vous sera rendu.

N'importe! cette nuit qui séparait encore Gabriel du moment décisif allait lui paraître plus longue qu'une année!

LXVIII.

PRÉCAUTIONS.

Ce que pensa, ce que souffrit Gabriel pendant ces mortelles heures, Dieu seul le sut; car en rentrant chez lui, il ne voulut rien dire ni à ses serviteurs, ni même à sa nourrice, et ce fut de ce moment-là que commença pour lui cette vie concentrée, et muette en quelque sorte, toute à l'action, avare de paroles, qu'il continua rigidement depuis, comme s'il eût fait, dans sa pensée, vœu de silence.

Ainsi, espérances déçues, énergiques résolutions, projets d'amour et de vengeance, tout ce que, dans cette nuit d'attente, Gabriel sentit, rêva et se jura à lui-même, tout resta un secret entre cette âme profonde et le Seigneur.

C'était à huit heures seulement qu'il pouvait se présenter au Châtelet avec l'anneau que lui avait remis le roi et qui devait ouvrir toutes les portes, non-seulement à lui, mais à son père.

Jusqu'à six heures du matin, Gabriel demeura seul dans sa chambre, sans vouloir recevoir personne.

A six heures, il descendit, vêtu et équipé comme pour un long voyage. Il avait déjà demandé la veille à sa nourrice tout l'or qu'elle pourrait lui réunir.

Les gens de sa maison s'empressèrent autour de lui, lui offrant leurs services. Les quatre volontaires qu'il avait ramené de Calais se mettaient surtout à sa disposition. Mais il les remercia amicalement, et les congédia, ne gardant auprès de lui que le page André, le dernier venu, et sa nourrice Aloyse.

— Ma bonne Aloyse, dit-il d'abord à cette dernière, j'attends ici de jour en jour deux hôtes, deux amis de Calais, Jean Peuquoy et sa femme Babette. Il se peut, Aloyse, que je ne sois pas là pour les recevoir. Mais, en mon absence même, en mon absence surtout, je te prie, Aloyse, de les accueillir et de les traiter comme s'ils étaient mon frère et ma sœur. Babette te connaît pour m'avoir entendu cent fois parler de toi. Elle aura en toi une confiance filiale ; aie pour elle, je t'en conjure au nom de l'affection que tu me portes, la tendresse et l'indulgence d'une mère.

— Je vous le promets, monseigneur, dit simplement la brave nourrice, et vous savez qu'avec moi cette seule parole suffit. Soyez tranquille sur vos hôtes. Rien ne leur manquera ni du côté de l'âme ni du corps.

— Merci, Aloyse, dit Gabriel en lui pressant la main. A vous maintenant, André, reprit-il en s'adressant au page que lui avait donné madame Diane de Castro. J'ai certaines dernières commissions graves dont je veux charger quelqu'un de sûr, et c'est vous, André, qui les remplirez, vous qui remplacez pour moi mon fidèle Martin-Guerre.

— Je suis à vos ordres, monseigneur, dit André.

— Ecoutez bien, reprit Gabriel ; je vais dans une heure quitter cette maison, seul. Si je reviens tantôt vous n'aurez rien à faire, ou plutôt je vous donnerai de nouveaux ordres. Mais il est possible que je ne revienne pas, que du moins je ne revienne ni aujourd'hui, ni demain, ni enfin de longtemps d'ici...

La nourrice leva toute éplorée les bras au ciel. André interrompit son maître.

— Pardon, monseigneur ! vous dites qu'il se peut que vous ne reveniez pas de longtemps d'ici ?

— Oui, André.

— Et je ne vous accompagne pas ! et, de longtemps d'ici peut-être, je ne vous reverrai ? reprit André qui, à cette nouvelle, parut à la fois triste et embarrassé.

— Sans doute, cela se peut ! dit Gabriel.

— Mais reprit le page, c'est que madame de Castro m'avait, avant mon départ, confié pour monseigneur un message, une lettre...

Et cette lettre vous ne me l'avez pas encore remise, André ? dit vivement Gabriel.

— Excusez-moi, monseigneur, répondit André, je ne devais vous la remettre que lorsqu'au retour de Louvre, je vous verrais bien triste ou bien furieux. Alors seulement, m'avait dit madame Diane, donnez à monsieur d'Exmès cette lettre, qui contient pour lui un avertissement ou une consolation.

— Oh ! donnez, donnez vite ! s'écria Gabriel. Conseil et soulagement ne peuvent, je le crains, m'arriver plus à propos.

André tira de son pourpoint la lettre soigneusement enveloppée et la remit à son nouveau maître. Gabriel la décacheta en hâte, et se retira pour la lire dans l'embrasure d'une croisée.

Voici ce que contenait cette lettre :

« Ami, parmi les angoisses et les rêves de cette dernière
» nuit qui doit, peut-être à jamais ! me séparer de vous, la
» pensée la plus cruelle qui ait déchiré mon cœur est cel-
» le-ci :
» Il se peut que, dans le grand et redoutable devoir que
» vous allez si courageusement accomplir, vous vous trou-
» viez en contact et en conflit avec le roi. Il se peut que

» l'issue imprévue de votre lutte vous force à le haïr ou
» vous pousse à le punir...
» Gabriel, je ne sais pas encore s'il est mon père ; mais
» je sais qu'il m'a jusqu'ici chérie comme son enfant. La
» seule prévision de votre vengeance me fait frémir en
» ce moment ; l'accomplissement de cette vengeance me
» ferait mourir.
» Et cependant, le devoir de ma naissance me contrain-
» dra peut-être à penser comme vous ; peut-être aurai-je
» aussi à venger celui qui sera mon père contre celui qui
» a été mon père, effroyable extrémité !
» Mais, tandis que le doute et les ténèbres flottent encore
» pour moi sur cette terrible question, tandis que j'ignore
» encore de quel côté doivent aller ma haine et mon
» amour, Gabriel, je vous en conjure, et, si vous m'avez
» aimée, vous m'obéirez, Gabriel, respectez la personne
» du roi.
» Je raisonne encore maintenant, sinon sans émotion,
» au moins sans passion, et je sens... il me semble, que ce
» n'est pas aux hommes à punir les hommes, mais à
» Dieu...
» Donc, ami, quoi qu'il arrive, ne prenez pas aux mains
» de Dieu le châtiment pour en frapper même un criminel.
» Si celui que j'ai nommé jusqu'ici mon père est cou-
» pable, il ne sera pour l'être, ne vous faites pas
» son juge, encore moins son bourreau. Soyez tranquille,
» tout se paie au Seigneur, et le Seigneur vous vengera
» plus terriblement que vous ne pourriez le faire vous-
» même. Remettez sans crainte votre cause à sa justice.
» Mais, à moins que Dieu ne fasse de vous l'instrument
» involontaire, et en quelque sorte fatal, de cette justice
» impitoyable ; à moins qu'il ne se serve, malgré vous, de
» votre main ; à moins que vous ne portiez le coup sans
» voir et sans vouloir, Gabriel, ne condamnez pas vous-
» même et surtout n'exécutez pas vous-même la sentence.
» Faites cela pour l'amour de moi, ami. Grâce ! c'est
» la dernière prière et le dernier cri que veut jeter vers
» vous

DIANE DE CASTRO. »

Gabriel relut deux fois cette lettre ; mais, pendant ces deux lectures, André et la nourrice ne surprirent sur son visage pâle d'autre signe que celui du sourire triste qui lui était devenu familier.

Quand il eut replié et caché dans sa poitrine la lettre de Diane, il resta quelque temps en silence, la tête penchée, songeant.

Puis, s'éveillant pour ainsi dire de ce rêve :

— C'est bien, dit-il tout haut. Ce que j'ai à vous commander ne subsiste pas moins, André, et si, comme je vous le disais, je ne reviens pas ici tantôt, que vous appreniez sur mon compte quelque chose ou que l'on n'entendisse plus parler de moi, quoiqu'il advienne ou n'advienne pas enfin, retenez bien mes paroles, voici ce qu'il vous faudra faire.

— Je vous écoute, monseigneur, dit André, et je vous obéirai exactement ; car je vous aime et vous suis dévoué.

— Madame de Castro, dit Gabriel, sera dans quelques jours à Paris. Arrangez-vous de façon à être informé de son retour le plus promptement possible.

— C'est facile cela, monseigneur, dit André.

— Allez même au-devant d'elle si vous pouvez, dit Gabriel, et remettez-lui de ma part ce paquet cacheté. Prenez bien garde de l'égarer, André, quoiqu'il ne contienne pour tout le monde rien de précieux, un voile de femme, rien de plus. N'importe ! vous lui remettrez ce voile vous-même, à elle-même, et vous lui direz...

— Que lui dirai-je, monseigneur ? demanda André voyant que son maître hésitait.

— Non, ne lui dites rien, reprit Gabriel, sinon qu'elle est libre, et que je lui rends toutes ses promesses, même celle dont ce voile est le gage.

— Est-ce tout, monseigneur ? demanda le page.

— C'est tout, dit Gabriel... Si pourtant on n'avait plus du

tout entendu parler de moi, André, et si vous voyiez madame de Castro s'en inquiéter un peu, vous ajouteriez... Mais à quoi bon? n'ajoutez rien, André, demandez-lui, si vous voulez, de vous prendre à son service. Sinon, revenez ici et attendez-y mon retour.

— Comme cela, vous reviendrez sûrement, monseigneur! demanda, les larmes aux yeux, la nourrice. C'est que, comme vous disiez qu'on n'entendrait peut-être plus parler de vous?...

— Ce sera peut-être le mieux, bonne mère, si l'on n'entend plus parler de moi, reprit Gabriel. En ce cas-là, espère et attends-moi.

— Espérer! quand vous aurez disparu pour tous, et même pour votre nourrice! Ah! c'est bien difficile cela! reprit Aloyse.

— Mais qui te dit que je disparaîtrai? repartit Gabriel. Ne faut-il pas tout prévoir. Pour moi, en vérité! quoique je prenne mes précautions, je compte bien t'embrasser tantôt, Aloyse, dans toute l'effusion de mon cœur! C'est le plus probable ; car la Providence est une mère tendre pour qui l'implore. Et n'ai-je pas commencé par dire à André que toutes mes recommandations seraient vraisemblablement inutiles et non avenues, au cas presque certain de mon retour aujourd'hui?...

— Oh! que Dieu vous bénisse pour ces bonnes paroles-là, monseigneur! s'écria la pauvre Aloyse toute émue.

— Et vous n'avez pas d'autres ordres à nous donner, monseigneur, pendant cette absence, que Dieu abrège! demanda André.

— Attendez, dit Gabriel qu'un souvenir parut frapper, et, s'asseyant à une table, il écrivit la lettre qui suit à Coligny :

« Monsieur l'amiral,

» Je vais me faire instruire dans votre religion, et comptez-moi, dès aujourd'hui, pour un des vôtres.

» Que ce soit la foi, votre persuasive parole ou quelque autre motif qui détermine ma conversion, je n'en suis pas moins sans retour à votre cause, à celle de la religion opprimée, mon cœur, ma vie et mon épée.

« Votre très humble compagnon et bon ami,

» GABRIEL DE MONTGOMMERY. »

— A remettre encore si je ne reviens pas, dit Gabriel en donnant à André cette lettre cachetée. Et maintenant, mes amis, il faut que je vous dise adieu et que je parte. Voici l'heure...

Une demi-heure après, en effet, Gabriel frappait d'une main tremblante à la porte du Châtelet.

LXIX.

PRISONNIER AU SECRET.

Monsieur de Salvoison, le gouverneur du Châtelet qui avait reçu Gabriel à sa première visite, était mort récemment, et le gouverneur actuel se nommait monsieur de Sazerac.

Ce fut auprès de lui qu'on introduisit le jeune homme.

L'anxiété, de sa main de fer, serrait si rudement la gorge au pauvre Gabriel qu'il ne put articuler une parole. Mais il présenta en silence au gouverneur l'anneau que lui avait donné le roi.

Monsieur de Sazerac s'inclina gravement.

— Je vous attendais, monsieur, dit-il à Gabriel. J'ai reçu depuis une heure l'ordre qui vous concerne. Je dois, à la seule vue de cet anneau, et sans vous demander d'autres explications, remettre entre vos mains le prisonnier sans nom détenu depuis de longues années au Châtelet sous le numéro 21. Est-ce bien cela, monsieur?

— Oui, oui, monsieur, répondit vivement Gabriel à qui l'espérance rendit la voix. Et cet ordre, monsieur le gouverneur?...

— Je suis tout prêt à l'accomplir, monsieur.

— Oh! oh! vraiment! dit Gabriel qui tremblait des pieds à la tête.

— Mais sans doute, répondit monsieur de Sazerac avec un accent où un indifférent aurait pu découvrir une nuance de tristesse et d'amertume.

Pour Gabriel, il était trop troublé et absorbé par sa joie!

— Ah! c'est donc bien vrai! s'écria-t-il. Je ne rêve pas. Mes yeux sont ouverts. C'étaient mes folles terreurs qui étaient des rêves. Vous allez me rendre ce prisonnier, monsieur! Oh! merci, mon Dieu! Sire, merci! Mais courons vite, je vous en supplie, monsieur.

Et il fit deux ou trois pas, comme pour précéder monsieur de Sazerac. Mais ses forces, si robustes contre la souffrance, défaillirent devant la joie. Il fut contraint de s'arrêter un moment. Son cœur battait si vite et si fort qu'il crut qu'il allait étouffer.

La pauvre nature humaine ne pouvait suffir à tant d'émotions accumulées.

La réalisation presque inattendue de si lointaines espérances, le but de toute une vie, le terme d'efforts surhumains atteint tout à coup; la reconnaissance pour ce roi si loyal et ce Dieu si juste; l'amour filial enfin satisfait; un autre amour, plus ardent encore, enfin éclairé; tant de sentiments touchés et excités à la fois, faisaient déborder l'âme de Gabriel.

Mais ce que ce trouble inexprimable, de ce bonheur insensé, ce qui peut-être s'exhalait le moins confusément encore, c'était comme un hymne d'actions de grâces à Henri II d'où lui venait toute cette ivresse.

Et Gabriel répétait dans son cœur reconnaissant le serment de dévouer sa vie à ce roi loyal et à ses enfans. Comment avait-il donc pu douter une minute de ce grand et excellent souverain!...

Puis, enfin, Gabriel secouant cette extase :

— Pardon! monsieur, dit-il au gouverneur du Châtelet qui s'était arrêté avec lui. Pardon de cette faiblesse qui m'a un instant comme anéanti. C'est que la joie, voyez-vous, est quelquefois si lourde à porter!

— Oh! ne vous excusez pas, monsieur, je vous en conjure! répondit d'une voix profonde le gouverneur.

Gabriel, frappé cette fois de cet accent, leva les yeux sur monsieur de Sazerac.

Il était impossible de rencontrer une physionomie plus bienveillante, plus ouverte et plus honnête. Tout dans ce gouverneur de prison dénotait la sincérité et la bonté!

Eh bien! chose étrange! le sentiment qui dans le moment se peignait sur ce visage d'homme de bien, tandis qu'il contemplait la joie expansive de Gabriel, c'était une sorte de compassion attendrie!

Gabriel surprit cette expression singulière, et, saisi par un pressentiment sinistre, il pâlit tout à coup.

Mais telle était sa nature, que cette crainte vague, introduite soudainement dans son bonheur, ne fit que lui rendre du ressort à ce vaillant esprit, et, redressant sa haute taille :

— Allons, monsieur, marchons, dit Gabriel au gouverneur. Me voici prêt et fort maintenant.

Le vicomte d'Exmès et monsieur de Sazerac descendirent alors dans les prisons, précédés d'un valet qui portait une torche.

Gabriel retrouvait à chaque pas ses lugubres souvenirs, et reconnaissait aux détours des corridors et des escaliers les murailles sombres qu'il avait déjà vues, et les sombres impressions que, sans pouvoir se les expliquer, il avait ressenties là autrefois.

Quand on arriva à la porte de fer du cachot où il avait visité avec un serrement de cœur si étrange le prisonnier hâve et muet, il n'hésita pas une seconde et s'arrêta court.

— C'est là, dit-il la poitrine oppressée.

Mais monsieur de Sazerac secoua la tête avec tristesse.

— Non, reprit-il, ce n'est pas là encore.
— Comment! pas là encore! s'écria Gabriel. Est-ce que vous voulez me railler, monsieur?
— Oh! monsieur, dit le gouverneur d'un ton de doux reproche.

Une sueur froide mouilla le front de Gabriel.

— Pardon! pardon! reprit-il. Mais que signifient ces paroles? Oh! parlez, parlez vite.
— Depuis hier soir, monsieur, j'ai la douloureuse mission de vous l'apprendre, le prisonnier au secret enfermé dans cette prison a dû être transféré un étage encore au-dessous.
— Ah! dit Gabriel comme égaré. Et pourquoi cela?
— On l'avait prévenu, monsieur, vous le savez, je crois, que s'il essayait seulement de parler à qui que ce fût, s'il poussait le moindre cri, balbutiait le moindre nom, fût-il même interpellé, il serait transporté sur-le-champ dans un autre cachot plus profond encore, plus redoutable et plus mortel que le sien.
— Je sais cela, murmura Gabriel, si bas que le gouverneur ne l'entendit point.
— Une fois déjà, monsieur, poursuivit monsieur de Sazerac, le prisonnier avait osé contrevenir à cet ordre, et c'est alors qu'on l'avait jeté dans cette prison, déjà bien cruelle! que voici et où vous l'avez vu. Il paraît, monsieur, on m'a dit, que vous aviez été informé dans le temps de cette condamnation au silence qu'il subissait tout vivant.
— En effet, en effet, dit Gabriel avec une espèce d'impatience terrible. Eh bien! monsieur?...
— Eh bien! reprit péniblement monsieur de Sazerac, hier au soir, un peu avant la fermeture des portes extérieures, un homme est venu au Châtelet, un homme puissant dont je dois taire le nom.
— N'importe, allez! dit Gabriel.
— Cet homme, continua le gouverneur, a ordonné qu'on l'introduisît dans le cachot du numéro 21. Je l'ai accompagné seul. Il a adressé la parole au prisonnier sans obtenir d'abord de réponse, et j'espérais que le vieillard allait sortir vainqueur de cette épreuve; car pendant une demi-heure, devant toutes les obsessions et les provocations, il a gardé un profond silence.

Gabriel poussa un profond soupir et leva les yeux au ciel, mais sans prononcer un mot pour ne pas interrompre le lugubre récit du gouverneur :

— Malheureusement, reprit celui-ci, le prisonnier, sur une dernière phrase qu'on lui a glissée à l'oreille, s'est levé sur son séant, des larmes ont jailli de ses yeux de pierre! Il a parlé, monsieur! On m'a autorisé à vous rapporter tout ceci pour que vous croyiez mieux à mon attestation de gentilhomme lorsque j'ajoute : le prisonnier a parlé ; je vous affirme, hélas! sur l'honneur, que je l'ai moi-même entendu.
— Et alors? demanda Gabriel d'une voix brisée.
— Et alors, reprit monsieur de Sazerac, j'ai été sur-le-champ requis, malgré mes représentations et mes prières, d'accomplir le barbare devoir que m'impose ma charge, d'obéir à une autorité supérieure à la mienne, et qui, à mon défaut, eût vite trouvé des serviteurs plus dociles, et de faire transférer le prisonnier par son gardien muet dans le cachot placé au-dessous de celui-ci.
— Dans le cachot au-dessous de celui-ci! cria Gabriel. Ah! courons-y vite! puisqu'enfin j'apporte la délivrance.

Le gouverneur hochait tristement la tête ; mais Gabriel ne vit pas ce signe, il heurtait déjà ses pieds aux marches glissantes et délabrées de l'escalier de pierre qui conduisait au plus profond abîme de la morne prison.

Monsieur de Sazerac avait pris la torche des mains du valet qu'il avait congédié d'un geste, et, mettant son mouchoir sur sa bouche, il suivit Gabriel.

A chaque pas que l'on descendait, l'air devenait de plus en plus rare et suffoquant.

Quand on atteignait le bas de l'escalier, la poitrine haletante avait peine à respirer, et l'on sentait tout de suite que les seules créatures qui pussent vivre plus de quelques minutes dans cette atmosphère de mort étaient les bêtes immondes qu'on écrasait avec horreur sous ses pieds.

Mais Gabriel ne pensait à rien de tout cela. Il prit des mains tremblantes du gouverneur la clef rouillée que celui-ci lui tendait, et, ouvrant la lourde porte vermoulue, il se précipita dans le cachot.

A la lueur de la torche, on pouvait voir dans un coin, sur une sorte de fumier de paille, un corps étendu.

Gabriel se jeta sur ce corps, le tira, le secoua, cria :
— Mon père!

Monsieur de Sazerac trembla d'effroi à ce cri.

Les bras et la tête du vieillard retombèrent inertes sous le mouvement que leur imprimait Gabriel.

LXX.

LE COMTE DE MONTGOMMERY.

Gabriel, toujours à genoux, releva seulement sa tête pâle et effarée et promena autour de lui un regard sinistrement tranquille. Il avait simplement de s'interroger et de réfléchir. Mais ce calme émut et effraya plus monsieur de Sazerac que tous les cris et tous les sanglots.

Puis, comme frappé d'une idée, Gabriel mit vivement sa main sur le cœur du cadavre.

Il écouta et chercha pendant une ou deux minutes.

— Rien! dit-il ensuite d'une voix égale et douce, mais terrible par cela même ; rien ! le cœur ne bat plus du tout, mais la place est chaude encore.
— Quelle vigoureuse nature! murmura le gouverneur ; il eût pu vivre encore longtemps.

Cependant, les yeux du cadavre étaient restés ouverts. Gabriel se pencha sur lui et les lui ferma pieusement. Puis il mit un respectueux baiser, le premier et le dernier, sur ces pauvres paupières éteintes que tant de larmes amères avaient dû mouiller.

— Monsieur, lui dit monsieur de Sazerac qui voulut absolument le distraire de cette affreuse contemplation, si le mort vous était cher...
— S'il m'était cher, monsieur! interrompit Gabriel. Mais, oui, c'était mon père.
— Et bien! monsieur, si vous vouliez lui rendre les derniers devoirs, on m'a permis de vous le laisser enlever d'ici.
— Ah! vraiment? reprit Gabriel avec le même calme effrayant. On est très juste pour moi alors, et l'on me tient exactement parole, je dois en convenir. Sachez, monsieur le gouverneur, qu'on m'avait juré devant Dieu de me rendre mon père. On me le rend, le voilà. Je reconnais qu'on ne s'était nullement engagé à me le rendre vivant.

Il partit d'un éclat de rire strident.

— Allons, du courage? reprit monsieur de Sazerac. Il est temps de dire adieu à celui que vous pleurez.
— C'est ce que je fais, comme vous voyez, monsieur, reprit Gabriel.
— Oui, mais j'entends qu'il faut actuellement vous retirer. L'air qu'on respire ici n'est pas fait pour les poitrines des vivants, et un plus long séjour au milieu de ces miasmes délétères pourrait devenir dangereux.
— En voici sous nos yeux la preuve, dit Gabriel en montrant le corps.
— Allons! allons! venez, repartit le gouverneur qui voulut prendre le jeune homme sous le bras pour l'entraîner dehors.
— Eh bien! oui, je vous suivrai, dit Gabriel, mais par grâce! ajouta-t-il d'une voix suppliante, laissez-moi une minute encore.

Monsieur de Sazerac fit un geste d'acquiescement et s'éloigna jusqu'à la porte où l'air était un peu moins méphitique et épais.

Pour Gabriel, il resta à genoux près du cadavre, et, la tête penchée, les mains abandonnées, demeura quelques minutes immobile et muet, priant ou rêvant.

Que dit-il à son père mort? Demanda-t-il à ces lèvres touchées un peu trop tôt par le doigt fatal de la mort, le mot de l'énigme qu'il cherchait? Jura-t-il à la sainte victime de la venger en ce monde, en attendant que Dieu la vengeât dans l'autre? Chercha-t-il dans ces traits défigurés déjà ce qu'avait été ce père qu'il voyait pour la seconde fois, et quelle aurait pu être une vie douce et heureuse passée sous la protection de son amour? Songea-t-il enfin au passé ou à l'avenir, aux hommes ou au Seigneur, à la justice ou au pardon?

Ce morne dialogue entre un père mort et son fils resta encore un secret entre Gabriel et Dieu.

Quatre ou cinq minutes s'étaient écoulées.

La respiration commençait à manquer déjà à la poitrine des deux hommes qu'un devoir de piété et d'humanité avait amenés sous ces voûtes mortelles.

— Je vous en supplie à mon tour, dit à Gabriel le brave gouverneur, il est grandement temps de remonter.

— Me voici, dit Gabriel, me voici.

Il prit la main glacée de son père et la baisa; il se pencha sur son front humide et décomposé, et le baisa.

Tout cela sans pleurer. Il ne le pouvait pas.

— Au revoir! lui dit-il, au revoir!

Il se releva, toujours calme et ferme d'attitude, sinon de cœur, de front, sinon d'âme.

Il envoya à son père un dernier regard et un dernier baiser, et suivit monsieur de Sazerac d'un pas lent et grave.

En passant à l'étage supérieur, il demanda à revoir la cellule obscure et froide où le prisonnier avait laissé tant d'années et tant de pensées de douleur, et où lui, Gabriel, était entré déjà sans embrasser son père.

Il y passa encore quelques minutes de méditation muette et de curiosité avide et désolée.

Quand il remonta avec le gouverneur vers la lumière et la vie, monsieur de Sazerac, qui l'introduisait dans sa chambre, frissonna en le regardant au jour.

Mais il n'osa pas dire au jeune homme que des mèches blanches argentaient maintenant par place ses cheveux châtains.

Après une pause, il lui dit seulement d'une voix émue:

— Puis-je à présent quelque chose pour vous, monsieur? demandez, je serai bien heureux de vous accorder tout ce que ne me défendent pas mes devoirs.

— Monsieur, reprit Gabriel, vous m'avez dit qu'on me permettrait de faire rendre au mort les derniers honneurs. Ce soir, des hommes envoyés par moi viendront, et, si vous voulez bien faire mettre d'avance dans un cercueil le corps et leur laisser emporter ce cercueil, ils iront inhumer le prisonnier dans le caveau de sa famille.

— Cela suffit, monsieur, répondit monsieur de Sazerac; je dois cependant vous avertir qu'on a mis une condition à cette tolérance.

— Laquelle, monsieur? demanda froidement Gabriel.

— Celle de ne faire, conformément à une promesse que vous auriez donnée, aucun scandale à cette occasion.

— Je tiendrai aussi cette promesse, reprit Gabriel. Les hommes viendront la nuit, et, sans savoir eux-mêmes de quoi il s'agit, transporteront seulement le corps rue des Jardins-Saint-Paul, dans le caveau funéraire des comtes de...

— Pardon! monsieur, interrompit vivement le gouverneur du Châtelet, je ne savais pas le nom du prisonnier, et ne dois pas le savoir. J'ai été obligé par mon devoir et ma parole de me taire avec vous sur bien des points; vous n'êtes donc pas tenu à moins de réserve à mon égard.

— Mais, moi, je n'ai rien à cacher, répondit fièrement Gabriel. Il n'y a que les coupables qui se cachent.

— Et vous êtes seulement au nombre des malheureux, dit le gouverneur. Voyons, cela ne vaut-il pas encore mieux?

— D'ailleurs, monsieur, continua Gabriel, ce que vous m'avez tu, je l'ai deviné, et je pourrais moi-même vous le dire. Tenez, par exemple, l'homme puissant qui est venu ici hier soir, et qui a voulu parler au prisonnier pour le faire parler, eh bien! je sais à peu près de quel moyen de quels charmes il a dû lui faire rompre le silence; ce silence d'où dépendait le reste de vie qu'il avait jusque-là disputé à ses bourreaux.

— Quoi! vous sauriez?... dit monsieur de Sazerac étonné.

— Mais, sans doute, reprit Gabriel, l'homme puissant a dit au vieillard: Votre fils vit! Ou bien: Votre fils vient de se couvrir de gloire! Ou encore: Votre fils va venir vous délivrer! Il lui a parlé de son fils enfin, l'infâme!

Le gouverneur laissa échapper un mouvement de surprise.

— Et, à ce nom de son fils, continua Gabriel, le malheureux père qui avait su jusque-là se contenir devant son plus mortel ennemi, n'a pu maîtriser un élan de joie, et, muet pour la haine, s'est écrié pour l'amour. Est-ce vrai, cela, monsieur, dites?

Le gouverneur baissa la tête sans répondre.

— C'est vrai, puisque vous ne niez pas, reprit Gabriel. Vous voyez bien qu'il était inutile de vouloir me cacher ce que l'homme puissant avait dit au pauvre prisonnier! Et, quant à son nom, à cet homme, vous avez eu beau le passer aussi sous silence, voulez-vous que je vous le nomme?

— Monsieur! monsieur! s'écria monsieur de Sazerac avec vivacité. Nous sommes seuls, c'est vrai! pourtant, prenez garde! ne craignez-vous pas?...

— Je vous ai dit, repartit Gabriel, que je n'avais rien à craindre! Donc, cet homme s'appelle monsieur le connétable, duc de Montmorency, monsieur! Le bourreau n'est pas toujours masqué.

— Oh! monsieur! interrompit le gouverneur en jetant autour de lui des regards de terreur.

— Pour ce qui est du nom du prisonnier, continua tranquillement Gabriel, pour ce qui est de mon nom, vous les ignorez. Mais rien ne s'oppose à ce que je vous les dise. Au surplus, vous auriez pu me rencontrer déjà, et vous pourrez encore me rencontrer dans la vie. Puis, vous avez été ici pour moi dans ces momens suprêmes, et quand vous m'entendrez nommer, ce qui vous arrivera peut-être d'ici à quelques mois, il sera bon que vous sachiez que l'homme dont on parle est votre obligé d'aujourd'hui.

— Et je serai, dit monsieur de Sazerac, heureux d'apprendre que le sort n'a pas toujours été aussi cruel envers vous.

— Oh! il n'est plus pour moi question de ces choses, dit Gabriel gravement. Mais, en tout cas, pour que vous sachiez mon nom, je m'appelle, après la mort de mon père cette nuit dans cette prison, je m'appelle le comte de Montgommery.

Le gouverneur du Châtelet, comme pétrifié, ne trouva pas un mot à dire.

— Là-dessus, adieu, monsieur, reprit Gabriel. Adieu et merci. Que Dieu vous garde!

Il salua monsieur de Sazerac et sortit d'un pas ferme du Châtelet.

Mais quand l'air extérieur et le grand jour le frappèrent, il s'arrêta une minute, ébloui et chancelant. La vie l'étonnait en quelque sorte au sortir de cet enfer.

Pourtant, comme les passans commençaient à le considérer avec surprise, il rassembla ses forces et s'éloigna de la fatale place.

Ce fut d'abord vers un endroit désert de la grève qu'il se dirigea. Il tira ses tablettes et écrivit ceci à sa nourrice:

« Ma bonne Aloyse,

» Décidément, ne m'attends pas, je ne rentrerai pas aujourd'hui. J'ai besoin pour quelque temps d'être seul, de marcher, de penser, d'attendre. Mais sois sans inquiétude sur mon compte. Je te reviendrai sûrement.

» Ce soir, fais en sorte que tout repose de bonne heure à l'hôtel. Toi, tu veilleras seule, et tu ouvriras à quatre hommes qui viendront frapper à la grande porte un peu avant dans la soirée, à l'heure où la rue est déserte.

» Tu conduiras toi-même ces quatre hommes, chargés d'un fardeau lugubre et précieux, au caveau funéraire de la famille.

» Tu leur montreras la tombe ouverte où ils doivent ensevelir celui qu'ils apporteront. Tu veilleras religieusement à ces funèbres apprêts. Puis, quand ils seront terminés, tu donneras à chacun des hommes quatre écus d'or, tu les reconduiras sans bruit, et tu reviendras ensuite auprès de la tombe t'agenouiller et prier comme pour ton maître et pour ton père.

» Moi aussi, à la même heure, je prierai, mais loin de là. Il le faut. Je sens que la vue de cette tombe me jetterait dans d'imprudentes et violentes extrémités, j'ai besoin de demander plutôt conseil à la solitude et à Dieu.

» Au revoir, ma bonne Aloyse, au revoir. Rappelle à André ce qui concerne madame de Castro, et souviens-toi de ce qui concerne mes hôtes, Jean et Babette Peuquoy. Au revoir, et que Dieu te garde !

» GABRIEL DE M. »

Cette lettre écrite, Gabriel chercha et trouva quatre hommes de peuple, quatre ouvriers.

Il donna d'avance à chacun d'eux quatre écus d'or et leur en promit autant après. Pour gagner cette somme, l'un d'eux devait d'abord porter sur-le-champ une lettre à son adresse ; puis, tous quatre n'avaient qu'à se présenter, le soir même au Châtelet, un peu avant dix heures, à recevoir des mains du gouverneur monsieur de Sazerac un cercueil, et à transporter ce cercueil secrètement et silencieusement rue des Jardins-Saint-Paul, à l'hôtel où la lettre était adressée.

Les pauvres ouvriers remercièrent Gabriel avec effusion et, en le quittant, tout joyeux de l'aubaine, lui promirent d'accomplir scrupuleusement ses ordres.

— Eh bien ! cela du moins fait quatre heureux, se dit Gabriel avec une joie triste, si l'on peut ainsi parler.

Il poursuivit ensuite sa route pour sortir de Paris.

Son chemin le conduisait devant le Louvre. Enveloppé dans son manteau, et les bras croisés sur sa poitrine, il s'arrêta quelques minutes à considérer le château royal.

— A nous deux maintenant ! murmura-t-il avec un regard de défi.

Il se remit en marche, et, tout en allant, il se récitait dans sa mémoire l'horoscope que maître Nostradamus avait écrit autrefois pour le comte de Montgommery, et qui, au dire du maître, par une coïncidence étrange, s'était trouvé, selon les lois de l'astrologie, convenir exactement à son fils :

En joute, en amour, cettuy touchera
Le front du roy,
Et cornes ou bien trou sanglant mettra
Au front du roy,
Mais le veuille ou non, toujours blessera
Le front du roy ;
Enfin, l'aimera, puis, las ! le tuera
Dame du roy.

Gabriel songeait que cette singulière prédiction s'était accomplie de tout point pour son père. En effet, le comte de Montgommery qui, dans un jeu, alors jeune, frappé le roi François Ier d'un tison embrasé à la tête, depuis, était devenu le rival du roi Henri en amour, et venait enfin d'être tué la veille, par cette même dame du roi qui l'avait aimé.

Or, jusqu'à présent, Gabriel, lui aussi, avait été aimé par une reine, par Catherine de Médicis.

Suivrait-il sa destinée jusqu'au bout ? Sa vengeance ou le sort devait-il de même lui faire vaincre et frapper *en joute* le roi ?

Si la chose arrivait, cela était bien égal ensuite à Gabriel que la dame du roi qui l'avait aimé le tuât tôt ou tard !

LXXI.

LE GENTILHOMME ERRANT.

La pauvre Aloyse, faite depuis longtemps à l'attente, à la solitude et à la douleur, passa encore une fois deux ou trois heures éternelles, assise devant la fenêtre, à regarder si elle ne verrait pas revenir son jeune maître bien-aimé.

Quand l'ouvrier que Gabriel avait chargé de sa lettre frappa à la porte, ce fut Aloyse qui courut ouvrir. Enfin, c'étaient des nouvelles !

Terribles nouvelles ! Aloyse, dès les premières lignes, sentit un voile s'étendre sur sa vue, et, pour cacher son émotion, dut rentrer promptement dans la chambre où elle acheva, non sans peine, de lire la lettre fatale avec des yeux gonflés de larmes.

Pourtant, comme c'était une nature forte et une âme vaillante, elle se raffermit, essuya ses pleurs, et sortit pour dire au messager :

— C'est bien. A ce soir. Je vous attendrai avec vos compagnons.

Le page André l'interrogea avec anxiété. Mais elle ajourna toute réponse au lendemain. Jusque là, elle avait assez à penser, assez à faire.

Le soir venu, elle envoya au lit de bonne heure les gens de la maison.

— Le maître ne reviendra sûrement pas cette nuit, leur dit-elle.

Mais, quand elle resta seule, elle pensa :

— Si le maître reviendra ! Mais hélas ! ce ne sera pas le jeune, ce sera le vieux. Ce ne sera pas le vivant, ce sera le mort. Car quel cadavre m'ordonnerait-on de descendre dans la sépulture des comtes de Montgommery, si ce n'est celui du comte de Montgommery. O mon noble seigneur ! vous pour qui est mort mon pauvre Perrot, vous êtes donc allé le rejoindre ce fidèle serviteur ! Mais avez-vous donc emporté votre secret dans la tombe ? O mystères ! mystères ! Partout le mystère et l'effroi ! N'importe ! sans savoir, sans comprendre, sans espérer, hélas ! j'obéirai. C'est mon devoir, je le ferai mon devoir !

Et la douloureuse rêverie d'Aloyse se termina en une ardente prière. C'est l'habitude de l'âme humaine, quand le poids de la vie lui devient trop lourd, de se réfugier dans le sein de Dieu.

Vers onze heures, les rues alors étaient entièrement désertes, un coup sourd retentit à la grand'porte.

Aloyse tressaillit et pâlit, mais, rassemblant tout son courage, elle alla, un flambeau à la main, ouvrir aux hommes chargés du fardeau lugubre.

Elle reçut avec un profond et respectueux salut le maître qui rentrait ainsi chez lui après une si longue absence. Puis, elle dit aux porteurs :

— Suivez-moi en faisant le moins de bruit possible. Je vais vous montrer le chemin.

Et, marchant devant eux avec sa lumière, elle les conduisit au caveau sépulcral.

Arrivés là, les hommes déposèrent le cercueil dans une des tombes ouvertes, replacèrent le couvercle de marbre noir, puis, ces pauvres gens que la souffrance avait rendus religieux envers la mort, ôtèrent leurs bonnets, s'agenouillèrent, et firent une courte prière pour l'âme du mort inconnu.

Quand ils se relevèrent, la nourrice les reconduisit en silence, et, sur le seuil de la porte, glissa dans la main de l'un d'entre eux la somme promise par Gabriel. Ils s'éloignèrent comme des ombres muettes, sans avoir prononcé une seule parole.

Pour Aloyse, elle redescendit au tombeau, et passa le reste de la nuit age nouillée à prier et à pleurer.

Le lendemain matin, André la trouva le front pâle mais calme, et elle se contenta de lui dire gravement :

— Mon enfant, nous devons toujours espérer, mais nous ne devons plus attendre monsieur le vicomte d'Exmès. Pensez donc à remplir les commissions dont il vous a chargé au cas où il ne reviendrait pas tout de suite.

— Cela suffit, dit tristement le page. Je compte alors partir dès aujourd'hui pour aller au-devant de madame de Castro.

— Au nom du maître absent, je vous remercie de ce zèle, André, dit Aloyse.

L'enfant fit ce qu'il disait, et, le jour même, se mit en route.

Il alla, s'informant tout le long du chemin, de la noble voyageuse. Mais ce ne fut qu'à Amiens qu'il la retrouva.

Diane de Castro ne faisait que d'arriver dans cette ville, avec l'escorte que le duc de Guise avait donnée à la fille de Henri II. Elle était descendue se reposer quelques heures chez monsieur de Thuré, gouverneur de la place.

Dès que Diane aperçut le page, elle changea de couleur, mais, se maîtrisant, elle lui fit signe de la suivre dans la chambre voisine, et, lorsqu'ils furent seuls :

— Eh bien ? lui demanda-t-elle, que m'apportez-vous, André ?

— Rien que ceci, madame, répondit le page en lui remettant le voile enveloppé.

— Ah ! ce n'est pas l'anneau ! s'écria Diane.

C'est tout ce qu'il vit d'abord, et puis, elle se remit un peu, et, prise de cette curiosité avide qui fait que les malheureux veulent aller jusqu'au fond de leur douleur, elle questionna vivement André.

— Monsieur d'Exmès ne vous a-t-il pas en outre chargé de quelque écrit pour moi ? lui dit-elle.

— Non, madame.

— Mais vous avez à me transmettre du moins quelque message de vive voix ?

— Hélas ! répondit le page en secouant la tête, monsieur d'Exmès a dit seulement qu'il vous rendait, toutes vos promesses, même celle dont le voile est le gage ; il n'a rien ajouté de plus.

— Dans quelles circonstances, cependant, vous a-t-il envoyé vers moi ? Il avait reçu de vous ma lettre ? Qu'a-t-il dit après l'avoir lue ? En remettant ceci entre vos mains, qu'a-t-il dit ? Parlez, André. Vous êtes dévoué et fidèle. L'intérêt de ma vie est peut-être dans vos réponses, et le moindre indice pourra me guider et me rassurer dans ces ténèbres.

— Madame, dit André, je vais vous apprendre tout ce que je sais. Mais ce que je sais est bien peu de chose.

— Oh ! dites ! dites toujours ! s'écria madame de Castro.

André raconta alors, sans rien omettre, car Gabriel ne lui avait rien recommandé le secret vis-à-vis de Diane, tout ce que son maître, avant de partir, leur avait recommandé à Aloyse et à lui André, dans la prévision que son absence pourrait se prolonger. Il dit les hésitations et les angoisses du jeune homme. Après la lecture de la lettre de Diane, Gabriel avait paru d'abord vouloir parler, et puis, il avait fini par garder le silence, ne laissant échapper que quelques paroles vagues. Enfin, André, selon sa promesse, n'oublia rien, ni un geste, ni un demi-mot, ni une réticence. Mais, comme il l'avait annoncé, il n'était guère instruit, et son récit ne fit qu'augmenter les doutes et les incertitudes de Diane.

Elle regardait tristement ce voile noir, le seul messager et le vrai symbole de sa destinée. Elle semblait l'interroger et lui demander conseil.

— En tout cas, se disait-elle, de deux choses l'une : ou Gabriel sait qu'il est mon frère, ou il a perdu toute espérance et tout moyen de pénétrer un jour le fatal secret. Je n'ai qu'à choisir entre ces deux malheurs. Oui, la chose est certaine, et je n'ai plus d'illusion dont je me puisse leurrer là-dessus. Mais Gabriel n'aurait-il pas dû m'épargner ces équivoques cruelles ? Il me rend ma parole ; pourquoi ? Pourquoi ne me confie-t-il pas ce qu'il va devenir et ce qu'il veut faire lui-même ? Ah ! ce silence m'effraie plus que toutes les colères et toutes les menaces !

Et Diane s'interrogeait pour savoir si elle devait suivre son premier dessein, et rentrer, pour n'en plus sortir cette fois, dans quelque couvent de Paris ou de la province ; ou si son devoir n'était pas plutôt de revenir à la cour, de chercher à revoir Gabriel, de lui arracher la vérité sur les événemens du passé et sur ses desseins de l'avenir, et de veiller, en toute occurrence, sur les jours peut-être menacés du roi, de son père...

De son père ? mais Henri II était-il son père ? n'était-elle pas précisément fille impie et coupable en entravant la vengeance qui voulait punir et frapper le roi. Terrible extrémité !

Mais Diane était une femme, et une femme tendre et généreuse. Elle se dit, que quoiqu'il advînt, on pouvait se repentir de sa colère, jamais du pardon, et, entraînée par la pente naturelle de sa bonté, elle se détermina à retourner à Paris, et, jusqu'au jour où elle aurait des nouvelles rassurantes de Gabriel et de ses projets, à rester près du roi comme une défense et une sauvegarde. Gabriel lui-même n'aurait-il pas, qui sait, besoin de son intervention ? Quand elle aurait sauvé ceux qu'elle aimait l'un de l'autre, il serait temps alors de se réfugier dans le sein de Dieu.

Cette résolution prise, la vaillante Diane n'hésita plus et continua sa route pour Paris.

Elle y arrivait trois jours après, et descendait au Louvre, où Henri II l'accueillait avec une joie tout expansive et une tendresse toute paternelle.

Mais, malgré qu'elle en eût, elle ne put s'empêcher de recevoir ces témoignages d'affection avec tristesse et froideur, et le roi lui-même, qui se souvenait de l'inclination de Diane pour Gabriel, se sentait parfois embarrassé et ému en présence de sa fille. Elle lui rappelait des choses qu'il eût mieux aimé oublier.

Aussi n'osait-il plus lui parler de l'union autrefois projetée avec François de Montmorency, et, sur ce point du moins, madame de Castro fut tranquille.

Elle avait bien assez d'autres soucis. Ni à l'hôtel de Montgommery, ni au Louvre, ni nulle part on n'avait de nouvelles positives du vicomte d'Exmès.

Le jeune homme avait en quelque sorte disparu.

Des jours, des semaines, des mois entiers s'écoulaient, et Diane avait beau s'informer directement ou indirectement, nul ne pouvait dire ce que Gabriel était devenu.

Quelques-uns croyaient cependant l'avoir rencontré morne et sombre. Mais aucun ne lui avait parlé : l'âme en peine qu'ils avaient pris pour Gabriel les avait toujours évités et fuis dès le premier abord. D'ailleurs, tous différaient dans leurs témoignages sur le lieu où ils avaient vu passer le vicomte d'Exmès ; ceux-ci disaient à Saint-Germain, ceux-là à Fontainebleau, d'autres à Vincennes, et quelques-uns même à Paris. Quels fonds pouvait-on faire sur tant de rapports contradictoires ?

Et cependant beaucoup avaient raison. Gabriel, en effet, poussé par un terrible souvenir et par une pensée plus terrible, ne restait pas un jour à la même place. L'éternel besoin d'action et de mouvement le chassait d'un endroit dès qu'il y était arrivé. A pied ou à cheval, dans les villes ou dans les champs, il fallait qu'il allât sans cesse, pâle et sinistre, et pareil à l'antique Oreste poursuivi par les Furies.

Il errait d'ailleurs toujours dehors, sous le ciel, et n'entrait dans les maisons que lorsqu'il y était contraint par la nécessité.

Une fois pourtant, maître Ambroise Paré qui, ses blessés étant guéris et les hostilités un peu apaisées dans le Nord, était revenu à Paris, vit arriver et s'asseoir chez lui son ancienne connaissance le vicomte d'Exmès. Il le reçut avec déférence et cordialité comme un gentilhomme et comme un ami.

Gabriel, en homme qui revient d'un pays étranger, interrogea le chirurgien sur des choses que personne n'ignorait.

Ainsi, après s'être d'abord informé de Martin-Guerre qui, rétabli tout à fait, devait à cette heure être en route déjà pour Paris, il le questionna sur le duc de Guise et l'armée. Tout allait à merveille de ce côté. Le Balafré était devant Thionville ; le maréchal de Thermes avait pris Dunkerque; Gaspard de Tavannes s'était emparé de Guines et du pays d'Oie. Il ne restait plus aux Anglais, ainsi que le l'avait juré François de Lorraine, un seul pouce de terre dans tout le royaume.

Gabriel écouta gravement et en apparence assez froidement ces bonnes nouvelles.

— Je vous remercie, maître, dit-il ensuite à Ambroise Paré, je me réjouis d'apprendre que, pour la France du moins, notre entreprise de Calais ne sera pas tout à fait sans résultat. Néanmoins ce n'était pas la curiosité de ces choses qui m'amenait surtout à vous. Maître, avant de vous admirer à l'œuvre au chevet des blessés, je me souviens que votre parole m'avait profondément remué, certain jour de l'an passé, dans la petite maison de la rue Saint-Jacques. Maître, je viens m'entretenir avec vous de ces matières de religion où pénètre si avant la vue de votre pensée. Vous avez définitivement embrassé la cause de la réforme, je suppose ?

— Oui, monsieur d'Exmès, dit fermement Ambroise Paré. La correspondance qu'a bien voulu ouvrir avec moi le grand Calvin a levé mes derniers doutes et mes derniers scrupules. Je suis maintenant le religionnaire le plus convaincu qui soit.

— Eh bien ! maître, dit le vicomte d'Exmès, voulez-vous faire participer à vos lumières un néophyte de bonne volonté ? C'est de moi-même que je parle. Voulez-vous raffermir ma foi hésitante comme vous remettez un membre rompu ?

— C'est mon devoir de soulager, quand je le puis, les âmes de mes semblables aussi bien que leurs corps, dit Ambroise Paré. Je suis tout à vous, monsieur d'Exmès.

Et ils causèrent pendant plus de deux heures, Ambroise Paré ardent et éloquent, Gabriel calme, triste et docile.

Au bout de ce temps, Gabriel se leva, et, serrant la main du chirurgien :

— Merci, lui dit-il, cette conversation m'a fait grand bien. Le temps n'est malheureusement pas encore venu où je puisse me déclarer ouvertement Réformé. Dans l'intérêt même de la religion, il faut que j'attende. Sinon, ma conversion pourrait bien exposer quelque jour votre sainte cause à des persécutions, ou du moins à des calomnies. Je sais ce que je dis. Mais je comprends maintenant, grâce à vous, maître, que les vôtres marchent véritablement dans la bonne voie, et, dès à présent, croyez que je suis avec vous par le cœur, sinon par le fait. Adieu, maître Ambroise, adieu. Nous nous reverrons.

Et Gabriel, sans s'expliquer davantage, salua le chirurgien philosophe et sortit.

Dans les premiers jours du mois suivant, mai 1558, il reparut pour la première fois depuis son départ mystérieux à l'hôtel de la rue des Jardins-Saint-Paul.

Il y avait là du nouveau. Martin-Guerre y était revenu depuis quinze jours, et Jean Peuquoy y demeurait depuis trois mois avec sa femme Babette.

Mais Dieu n'avait pas voulu que le dévouement de Jean souffrît jusqu'au bout, ni peut-être que la faute de Babette restât totalement impunie. Babette, quelques jours auparavant, était accouchée avant terme d'un enfant mort.

La pauvre mère avait beaucoup pleuré, mais elle avait courbé la tête sous cette douleur qui apparaissait à son repentir comme une expiation ; et, de même que Jean Peuquoy lui avait généreusement offert son sacrifice, elle lui offrait sa résignation à son tour.

D'ailleurs, les consolations affectueuses de son mari et les encouragemens maternels d'Aloyse ne manquèrent pas à la douce affligée.

Martin-Guerre aussi, avec sa bonhomie accoutumée, la réconfortait de son mieux.

Et un jour, comme ils devisaient amicalement tous les quatre, la porte s'ouvrit, et, à leur grande surprise, à leur plus grande joie, le maître de la maison, le vicomte d'Exmès, entra tout à coup d'un pas lent et d'un air grave.

Quatre cris se confondirent en un seul, et Gabriel fut promptement entouré par ses deux hôtes, son écuyer et sa nourrice.

Les premiers transports apaisés, Aloyse voulut questionner celui que tout haut elle appelait son seigneur, mais que dans son cœur elle nommait toujours son enfant.

Qu'était-il devenu pendant cette longue absence ? que voulait-il faire, maintenant ? allait-il enfin rester parmi ceux qui l'aimaient ?

Gabriel posa un doigt sur ses lèvres, et, d'un regard triste mais ferme, imposa d'abord silence à la tendre sollicitude d'Aloyse.

Il était évident qu'il ne voulait ou ne pouvait s'expliquer ni sur le passé ni sur l'avenir.

Mais, en revanche, il interrogea Babette et Jean Peuquoy sur eux-mêmes. N'avaient-ils manqué de rien ? Avaient-ils eu récemment des nouvelles de leur brave frère Pierre, resté à Calais ?

Il plaignit avec émotion Babette, et tâcha aussi de la consoler, autant qu'on peut consoler une mère qui pleure son enfant.

Gabriel passa ainsi le reste du jour au milieu de ses amis et de ses serviteurs, bon et affectueux envers tous, mais sans secouer un seul instant la noire mélancolie qui semblait l'accabler.

Quant à Martin-Guerre, qui ne quittait pas des yeux son cher maître enfin retrouvé, Gabriel lui parla et s'informa de lui avec beaucoup d'intérêt. Mais, de tout le jour, il ne dit pas un mot de la promesse qu'il lui avait faite autrefois, et parut avoir oublié l'obligation qu'il avait prise de punir le voleur de nom et d'honneur qui avait si longtemps persécuté le pauvre Martin.

Martin-Guerre, de son côté, était trop respectueux et trop peu égoïste pour ramener la pensée du vicomte d'Exmès sur ce sujet.

Mais, quand vint le soir, Gabriel se leva, et, d'un ton qui n'admettait ni contradiction, ni réplique :

— Il faut à présent que je reparte, dit-il.

Puis se tournant vers Martin-Guerre, il ajouta :

— Mon brave Martin, je me suis occupé de toi dans mes courses, et, inconnu que j'étais, j'ai demandé, j'ai cherché, et je crois avoir trouvé les traces de la vérité qui t'intéresse : car je me souvenais bien de l'engagement que j'avais pris envers toi, Martin.

— Oh ! monseigneur ! s'écria l'écuyer tout heureux et tout confus.

— Donc, je te le répète, reprit Gabriel, j'ai recueilli des indices suffisans pour me croire maintenant sur la voie. Mais il faut que tu m'aides, ami. Pars, dès cette semaine, pour ton pays. Mais ne t'y rends pas directement. Sois seulement à Lyon d'aujourd'hui en un mois. Je t'y retrouverai et nous nous concerterons pour agir ensemble.

— Je vous obéirai, monseigneur, dit Martin-Guerre. Mais jusque-là ne vous reverrai-je pas ?

— Non, non, il faut que je sois seul dorénavant, reprit Gabriel avec énergie. Je m'en vais de nouveau, et n'essayez pas de me retenir, ce serait m'affliger inutilement. Adieu, mes bons amis. Martin, souviens-toi, dans un mois d'ici, à Lyon.

— Je vous y attendrai, monseigneur, dit l'écuyer.

Gabriel prit cordialement congé de Jean Peuquoy et de sa femme, serra dans ses mains les mains d'Aloyse, et, sans vouloir remarquer la douleur de sa bonne nourrice, partit encore une fois pour reprendre cette vie errante à laquelle il semblait s'être condamné.

LXXII.

OÙ L'ON RETROUVE ARNAUD DU THILL.

Six semaines après, le 15 juin 1558, au village d'Artigues, près Rieux, sur le seuil de la plus belle maison du bourg, la vigne verte qui courait sur la brune muraille servait de fonds à un tableau domestique et villageois qui, dans sa simplicité un peu grossière, ne manquait pas toutefois d'un certain accent.

Un homme qui, à en juger par ses pieds poudreux, venait de faire une assez longue course, était assis là sur un banc de bois, tendant nonchalamment ses souliers à une femme qui, agenouillée devant lui, était en train de les lui délacer.

L'homme fronçait les sourcils, la femme souriait.

— Auras-tu bientôt fini, Bertrande ? dit l'homme durement. Tu es d'une maladresse et d'une lenteur qui me mettent hors de moi !

— Voilà qui est fait, Martin, dit doucement la femme.

— Voilà qui est fait ? hum ! grommela le prétendu Martin. Où sont maintenant mes souliers de rechange ? Là ! je parie que tu n'as pas eu seulement la précaution de les apporter, sotte femelle. Il va falloir que je reste pieds nus au moins deux minutes !

Bertrande courut dans la maison, et en moins d'une seconde, rapporta d'autres souliers qu'elle s'empressa de chausser elle-même à son maître et seigneur.

On a sans doute reconnu les personnages. C'était, sous le nom de Martin-Guerre, Arnauld du Thill, toujours impérieux et brutal ; c'était Bertrande de Rolles, infiniment adoucie et prodigieusement mise à la raison.

— Et mon verre d'hydromel, où est-il ? reprit Martin du même ton bourru.

— Il est là tout prêt, mon ami, dit craintivement Bertrande, et je vais te l'aller quérir.

— Toujours attendre ! reprit l'autre en frappant du pied avec impatience. Allons ! dépêche, ou sinon...

Un geste expressif acheva sa pensée.

Bertrande sortit et revint avec la rapidité de l'éclair. Martin lui prit des mains un plein verre d'hydromel qu'il avala d'un trait avec une évidente satisfaction.

— C'est bien! daigna-t-il dire en rendant à sa femme le gobelet vide.

— Pauvre ami ! as-tu chaud ! se hasarda à dire alors celle-ci, en essuyant avec son mouchoir le front de son rude époux. Tiens, mets ton chapeau, de crainte d'un coup d'air. Tu es bien las, n'est-ce pas ?

— Eh ! reprit Martin-Guerre tout grognant, ne faut-il pas se conformer aux sots usages de ce sot pays, et, à chaque anniversaire de ses noces, aller inviter à dîner, dans tous les villages environnans, un tas de parens affamés ?... J'avais, par ma foi ! oublié cette stupide coutume, et tu ne me l'avais rappelé hier, Bertrande!... Enfin, la tournée est achevée ; dans deux heures, toute la parenté aux mâchoires voraces arrivera ici.

— Merci, mon ami, dit Bertrande. Tu as bien raison, c'est un usage absurde, mais enfin un usage impérieux auquel il faut se conformer, si l'on ne veut passer pour dédaigneux et insolens.

— Bien raisonné ! dit Martin-Guerre avec ironie. Et toi, fainéante, as-tu travaillé de ton côté, au moins ? la table est-elle dressée dans le verger ?

— Oui, Martin, comme tu l'avais ordonné.

— Tu es allée aussi inviter le juge ? demanda le tendre époux.

— Oui, Martin, dit Bertrande, et il a dit qu'il ferait son possible pour assister au repas.

— Qu'il ferait son possible ! s'écria Martin en colère. Ce n'est pas cela ! il faut qu'il y vienne ! Tu l'auras invité de travers ! je tiens à ménager ce juge, tu le sais, mais tu fais tout pour me déplaire. Sa présence était la seule chose qui me fît passer un peu sur la fastidieuse coutume et l'inutile corvée de ce ridicule anniversaire.

— Ridicule anniversaire ! celui de notre mariage ! reprit Bertrande les larmes aux yeux. Ah ! Martin, tu es certainement à présent un homme instruit, tu as beaucoup vu et beaucoup voyagé, tu peux mépriser les vieux préjugés du pays... mais n'importe ! cet anniversaire me rappelle un temps où tu étais moins sévère et plus tendre pour ta pauvre femme.

— Oui, dit Martin avec un rire sardonique, et où ma femme était moins douce et plus accariâtre pour moi, où elle s'oubliait même quelquefois jusqu'à...

— Oh ! Martin ! Martin ! s'écria Bertrande, ne rappelle pas ces souvenirs qui me font rougir, et dont j'ai peine à présent à me rendre compte.

— Et moi donc ! quand je pense que j'ai pu être assez bête pour supporter... Ah ! ah ! ah ! Mais laissons cela : mon caractère s'est fort modifié, et le tien aussi, j'aime à te rendre cette justice. Comme tu dis, Bertrande, j'ai vu depuis ce temps-là du pays. Tes mauvais procédés, en me forçant à courir le monde, m'ont contraint à gagner de l'expérience, et, en revenant ici l'an passé, j'ai pu rétablir les choses dans leur ordre naturel. Je n'ai eu pour cela qu'à rapporter avec moi un autre Martin appelé Martin-bâton. Aussi maintenant tout marche à souhait, et nous faisons vraiment le ménage le plus uni.

— C'est bien vrai, grâce à Dieu ! dit Bertrande.

— Bertrande ?

— Martin !

— Tu vas sur-le-champ, dit Martin-Guerre d'un ton absolu et souverain, tu vas retourner chez le juge d'Artigues. Tu renouvelleras tes instances, tu obtiendras de lui la promesse formelle de se rendre à notre repas, et, s'il n'y vient pas, songes-y, c'est à toi, à toi seule que je m'en prendrai. Va, Bertrande, et reviens vite.

— Je vais et je reviens, dit Bertrande en disparaissant à la minute.

Arnauld du Thill la suivit un instant d'un regard satisfait. Puis, resté seul, il s'étendit paresseusement sur son banc de bois, humant l'air et clignant des yeux avec la béatitude égoïste et dédaigneuse d'un homme heureux qui n'a rien à craindre et rien à désirer.

Il ne vit pas un homme, un voyageur, qui, appuyé sur un bâton, marchait péniblement sur la route, solitaire à cette heure ardente, et qui, en apercevant Arnauld, s'arrêta devant lui :

— Pardon, compagnon, lui dit cet homme, n'y a-t-il pas, je vous prie, dans votre bourg, d'auberge où je puisse me reposer et dîner ?

— Non, vraiment, répondit Arnauld sans se déranger, et il faut que vous alliez à Rieux, à deux lieues d'ici, pour trouver une enseigne d'hôtelier.

— Deux lieues encore ! s'écria le voyageur, quand je n'en puis plus déjà de fatigue. Volontiers donnerais-je une pistole pour trouver tout de suite un gîte et un repas.

— Une pistole ! dit avec un mouvement Arnauld, toujours le mentor à l'endroit de l'argent. Eh bien ! mon brave homme, on pourra, si vous voulez, vous donner chez nous un lit dans un coin, et, quant au dîner, nous avons aujourd'hui un dîner d'anniversaire auquel un convive de plus ne paraîtra pas. Cela vous va-t-il, hein ?

— Sans doute, répondit le voyageur, je vous dis que je tombe de fatigue et de faim.

— Eh bien ! c'est chose dite, restez, reprit Arnauld, pour une pistole.

— La voici d'avance, dit le voyageur.

Arnauld du Thill se redressa pour la prendre et souleva en même temps le chapeau qui couvrait ses yeux et son visage.

L'étranger put alors seulement voir ses traits, et, reculant de surprise :

— Mon neveu! s'écria-t-il, Arnauld du Thill!

Arnauld l'envisagea et pâlit, mais, se remettant aussitôt :

— Votre neveu? dit-il, je ne vous reconnais pas. Qui êtes-vous?

— Tu ne me reconnais pas, Arnauld! reprit l'homme. Tu ne reconnais pas ton vieil oncle maternel, Carbon Barreau, à qui tu as donné tant de souci comme à toute ta famille d'ailleurs?...

— Par ma foi! non, dit Arnauld avec un rire insolent.

— Eh quoi! tu me renies et te renies ainsi! reprit Carbon Barreau. Tu n'as pas fait, dis? mourir de chagrin ta mère, ma sœur, une pauvre veuve que tu as abandonnée à Sagias, voilà quelque dix ans? Ah! tu ne me reconnais pas, mauvais cœur! mais je te reconnais bien, moi!

— Je ne sais pas du tout ce que vous voulez me dire, reprit l'impudent Arnauld sans se déconcerter. Je ne m'appelle pas Arnauld, mais Martin-Guerre, je ne suis pas de Sagias, mais d'Artigues. Les vieux du pays m'ont vu naître et l'attesteraient, et, si vous voulez qu'on se moque de vous, vous n'avez qu'à répéter votre dire devant Bertrande de Rolles ma femme et tous mes parens.

— Votre femme! vos parens! dit Carbon Barreau stupéfait. Pardon! est-ce que je me serais véritablement trompé? Mais non, c'est impossible! une telle ressemblance...

— Au bout de dix ans est difficile à constater, interrompit Arnauld. Allez! vous avez la berlue, mon brave homme! Mes vrais oncles et mes vrais parens, vous allez les voir et les entendre vous-même tout à l'heure.

— Oh bien! alors, reprit Carbon Barreau qui commençait à être convaincu, vous pouvez vous vanter de ressembler à mon neveu Arnauld du Thill, vous!

— C'est vous qui me l'apprenez, dit Arnauld, en ricanant, et je ne m'en suis pas vanté encore.

— Ah! quand je dis que vous pouvez vous en vanter reprit le bonhomme, ce n'est pas qu'il y ait de quoi être fier de ressembler à un gueux pareil, au moins! Je puis en convenir puisque je suis de la famille, mon neveu était bien le plus affreux coquin qui se pût imaginer. Et quand j'y pense, au fait, il serait fort invraisemblable qu'il vécut encore! car, à l'heure qu'il est, il doit être depuis longtemps pendu, le misérable!

— Vous croyez? reprit Arnauld du Thill avec quelque amertume.

— J'en suis certain, monsieur Martin-Guerre; dit avec assurance Carbon Barreau. Cela, d'ailleurs, ne vous fait rien, n'est-ce pas, que je parle ainsi de ce drôle, puisque ce n'est pas vous, mon hôte?

— Cela ne me fait rien absolument, dit Arnauld assez mal satisfait.

— Ah! monsieur, reprit l'oncle qui était un peu radoteur, que de fois me suis-je félicité, devant sa pauvre mère en larmes, d'être resté garçon, et de n'avoir jamais eu d'enfans, qui auraient pu, pareils à ce mauvais garnement, déshonorer mon nom, et désoler ma vie.

— Tiens, mais c'est juste, se dit Arnauld, l'oncle Carbon n'avait pas d'enfans, c'est-à-dire pas d'héritiers.

— A quoi pensez-vous, maître Martin? demanda le voyageur.

— Je pense, dit doucereusement Arnauld, que, malgré vos assertions contraires, messire Carbon Barreau, vous seriez peut-être bien aise aujourd'hui d'avoir un fils, ou même, à défaut de fils, ce méchant neveu que vous regrettez si médiocrement, mais qui enfin vous serait une affection, une famille, et à qui vous pourriez transmettre vos biens après vous.

— Mes biens?... dit Carbon Barreau.

— Sans doute, vos biens, reprit Arnaufd du Thill. Vous qui semez si libéralement les pistoles, vous ne devez pas être pauvre! et cet Arnauld qui me ressemble serait votre héritier, je suppose. Pardieu! voilà que je regrette de ne pas être pendu pour lui.

— Arnauld du Thill, s'il n'était pendu, serait mon héritier en effet, repartit gravement Carbon Barreau. Mais il ne tirerait pas grand profit de ma succession; car je ne suis pas riche. J'offre une pistole pour me reposer et me rassasier un peu en ce moment, parce que je suis épuisé de lassitude et de faim; cela n'empêche point, hélas! ma bourse d'être légère... trop légère!

— Hum? fit Arnauld du Thill avec incrédulité.

— Vous ne me croyez pas, maître Martin-Guerre? à votre aise. Il n'en est pas moins vrai que je me rends présentement à Lyon, où M. le président du parlement, dont j'ai été récemment l'huissier, m'offre un asile et du pain pour le reste de mes jours. Il m'a envoyé vingt-cinq pistoles pour payer mes petites dettes et faire ma route, le généreux homme! Mais ce qui m'en reste est tout ce que je possède. Et, par ainsi, mon héritage est trop peu de chose pour qu'Arnauld du Thill, quand même il vivrait encore, eût intérêt à le réclamer. C'est pourquoi...

— En voilà assez, bavard! interrompit avec brusquerie Arnauld du Thill, mécontent. Est-ce que j'ai le temps d'écouter vos radotages? Donnez-moi toujours votre pistole et entrez dans la maison, si cela vous plaît. Vous dînerez dans une heure, vous dormirez après, et nous serons quittes. Il n'y a pas besoin pour cela de tant de discours.

— Mais c'est vous qui m'interrogiez? dit Carbon Barreau.

— Allons! entrez-vous, bonhomme, ou n'entrez-vous pas? Voici déjà quelques-uns de mes convives, et vous me permettrez bien de vous quitter pour eux. Entrez. J'agis avec vous sans façons, je ne vous conduis pas.

— Je le vois bien, dit Carbon Barreau.

Et il entra dans le logis, tout en maugréant contre les subits revirements d'humeur de son hôte.

Trois heures après, on était encore à table sous les ormes. Les convives étaient au complet, et le juge d'Artigues, dont Arnauld tenait tant à se concilier la faveur, était assis à la place d'honneur.

Les bons vins et les propos joyeux circulaient. Les jeunes gens parlaient de l'avenir et les vieux du passé, et l'oncle Carbon Barreau avait pu s'assurer que son hôte s'appelait bien Martin-Guerre, et était connu et traité de tous les habitants d'Artigues comme un des leurs.

— Te rappelles-tu, Martin-Guerre, disait l'un, ce moine augustin, le frère Chrysostôme, qui nous a appris à lire à tous les deux?

— Je me le rappelle, disait Arnauld.

— Te souviens-tu, cousin Martin, disait un autre, que c'est à la noce qu'on a tiré pour la première fois des coups de fusil en réjouissance dans le pays?

— Je m'en souviens, répondait Arnauld.

Et, comme pour raviver ses souvenirs, il embrassait sa femme, assise à ses côtés toute fière et joyeuse.

— Puisque vous avez si bonne mémoire, mon maître dit tout à coup derrière les convives une voix haute et ferme apostrophant Arnauld du Thill, puisque vous vous souvenez de tant de choses, vous vous souviendrez bien aussi de moi, peut-être!

LXXIII.

LA JUSTICE DANS L'EMBARRAS.

Celui qui parlait ainsi, d'un ton impérieux, jeta le manteau brun et le large chapeau qui le cachaient, et les conviés d'Arnauld du Thill, qui s'étaient retournés en l'entendant, purent voir un jeune cavalier de fière mine et de riches habits.

A quelque distance, un serviteur tenait par la bride les deux chevaux qui les avaient amenés.

Tous se levèrent respectueusement, assez surpris et fort intrigués.

Pour Arnauld du Thill, il devint pâle comme un mort.

— Monsieur le vicomte d'Exmès ! murmura-t-il tout effaré.

— Eh bien ! reprit d'une voix tonnante Gabriel, en s'adressant à lui : eh bien ! me reconnaissez-vous ?

Arnauld, après un moment d'hésitation, eut bien vite calculé ses chances et pris son parti.

— Sans doute, dit-il d'une voix qui tâchait d'être ferme, sans doute, je reconnais monsieur le vicomte d'Exmès pour l'avoir vu quelquefois au Louvre et ailleurs, du temps que j'étais au service de monsieur de Montmorency ; mais je ne puis croire que monseigneur me reconnaisse, moi pauvre et obscur serviteur du connétable.

— Vous oubliez, dit Gabriel, que vous avez été aussi le mien.

— Qui ? moi ! s'écria Arnauld feignant la plus profonde surprise. Oh ! pardon, monseigneur se trompe assurément.

— Je suis tellement certain de ne pas me tromper, reprit Gabriel avec calme, que je requiers ouvertement le juge d'Artigues, ici présent, de vous faire sur-le-champ arrêter et emprisonner. Est-ce clair, cela ?

Il y eut parmi les assistans un mouvement de terreur. Le juge s'approcha fort étonné. Arnauld seul garda son apparence tranquille.

— Puis-je savoir au moins de quel crime je suis accusé ? demanda-t-il.

— Je vous accuse, répondit Gabriel avec fermeté, de vous être iniquement substitué au lieu et place de mon écuyer Martin-Guerre, et de lui avoir méchamment et traîtreusement volé son nom, sa maison et sa femme, à l'aide d'une ressemblance si parfaite qu'elle passe l'imagination.

A cette accusation si nettement formulée, les conviés s'entre-regardèrent tout stupéfaits.

— Qu'est-ce que cela signifie ? murmuraient-ils. Martin-Guerre n'est pas Martin-Guerre ! Quelle diabolique sorcellerie y a-t-il donc là-dessous ?

Plusieurs de ces bonnes gens se signaient et prononçaient tout bas des formules d'exorcisme. La plupart commençaient à considérer leur hôte avec épouvante.

Arnauld du Thill comprit qu'il était temps de frapper un coup décisif pour ramener à lui les esprits ébranlés, et, se tournant vers celle qui s'appelait sa femme :

— Bertrande ! s'écria-t-il, parle donc ! suis-je, oui ou non, ton mari ?

La pauvre Bertrande, jusque-là effrayée, haletante, avait, sans dire un mot, regardé seulement de ses yeux, tout grands ouverts, tantôt Gabriel, tantôt son époux supposé. Mais au geste souverain d'Arnauld du Thill, à son accent de menace, elle n'hésita pas, elle se jeta dans ses bras avec effusion.

— Cher Martin-Guerre ! s'écria-t-elle.

A ces mots, le charme fut rompu et les murmures offensifs se tournèrent contre le vicomte d'Exmès.

— Monsieur, lui dit Arnauld du Thill triomphant, en présence du témoignage de ma femme, de tous mes amis et parens qui m'entourent, persistez-vous dans votre étrange accusation ?

— Je persiste, dit simplement Gabriel.

— Un instant ! s'écria maître Carbon-Barreau intervenant. Je vous prie, mon hôte, mais je n'avais pas la berlue ! Puisqu'il y a quelque part un autre individu qui ressemble trait pour trait à celui-ci, j'affirme, moi, que l'un des deux est mon neveu Arnauld du Thill, natif de Sagias comme moi.

— Ah ! voici un secours providentiel qui arrive à point ! dit Gabriel. Maître, reprit-il en s'adressant au vieillard, reconnaissez-vous donc votre neveu dans cet homme ?

— En vérité, dit Carbon-Barreau, je ne saurais distinguer si c'est lui ou l'autre ; mais, je le jurerais d'avance que, s'il y a imposture, elle est du fait de mon neveu, fort coutumier de la chose.

— Vous entendez, monsieur le juge ? dit Gabriel au magistrat ; quel que soit le coupable, le délit n'est déjà plus douteux.

— Mais enfin où donc est celui qui pour me frustrer se prétend frustré ? s'écria Arnauld du Thill audacieusement. Ne va-t-on pas me confronter avec lui ? Se cache-t-il ? qu'il se montre et qu'on en juge.

— Martin-Guerre, mon écuyer, dit Gabriel, s'est, d'après mon ordre, constitué le premier prisonnier à Rieux. Monsieur le juge, je suis le comte de Montgommery, ex-capitaine des gardes de Sa Majesté. L'accusé lui-même m'a reconnu. Je vous somme de le faire arrêter et emprisonner comme son accusateur. Quand ils seront l'un et l'autre sous la main de la justice, j'espère pouvoir aisément prouver de quel côté est la vérité et de quel côté l'imposture.

— C'est certain, monseigneur, dit Gabriel le juge ébloui. Qu'on mène à la prison Martin-Guerre.

— Je m'y rends moi-même de ce pas, dit Arnauld, fort que je suis de mon innocence. Mes bons et chers amis, ajouta-t-il en s'adressant à la foule qu'il jugea prudent de se gagner, je compte sur vos loyaux témoignages pour me secourir dans cette extrémité. Vous tous qui m'avez connu, vous me reconnaîtrez, n'est-ce pas ?

— Oui, oui, sois tranquille, Martin ! dirent tous les amis et parens émus de cet appel.

Quant à Bertrande, elle avait pris le parti de s'évanouir.

Huit jours après, l'instruction du procès s'ouvrit devant le tribunal de Rieux.

Un curieux et difficile procès assurément ! et qui méritait bien de devenir aussi célèbre qu'il l'est encore, après trois cents ans, de nos jours.

Si Gabriel de Montgommery ne s'en était un peu mêlé, il est probable que ces excellens juges de Rieux, auxquels fut déférée l'affaire, ne s'en seraient jamais tirés.

Ce que Gabriel demanda avant tout, ce fut que les deux adversaires ne fussent mis, jusqu'à nouvel ordre, en présence l'un de l'autre sous aucun prétexte. Les interrogatoires et confrontations eurent lieu séparément, et Martin, comme Arnauld du Thill, resta soumis au plus rigoureux secret.

Martin-Guerre, enveloppé d'un manteau, fut amené tour à tour en face de sa femme, de Carbon-Barreau, de tous ses voisins et parens.

Tous le reconnurent. C'était bien son visage, c'était sa tournure. Il n'y avait pas à s'y tromper.

Mais tous reconnaissaient également Arnauld du Thill, quand on le leur présentait à son tour.

Ils s'écriaient, ils s'épouvantaient, aucun ne trouva d'indice qui put faire éclater la vérité.

Comment la distinguer en effet entre deux Sosies aussi exactement semblables qu'Arnauld du Thill et Martin-Guerre ?

— Le diable d'enfer y perdrait son latin, disait Carbon-Barreau fort embarrassé de ses deux neveux.

Mais devant ce jeu inouï et merveilleux de la nature, ce qui devait guider Gabriel et les juges, c'étaient, à défaut de différences matérielles, les contradictions des faits et surtout les oppositions des caractères.

Dans le récit de leurs premières années, Arnauld et Martin, chacun de son côté, racontait les mêmes faits, rappelait les mêmes dates, citait les mêmes noms avec une effrayante identité.

A l'appui de ses dires, Arnauld apportait de plus des lettres de Bertrande, des papiers de famille et l'anneau béni le jour de ses noces.

Mais Martin narrait comment Arnauld, après l'avoir fait pendre à Noyon, avait pu lui voler ces papiers et son anneau de mariage.

Donc, la perplexité des juges était toujours la même, leur incertitude toujours aussi grande. Les apparences et les indices étaient aussi clairs et aussi éloquens d'une part que de l'autre ; les allégations des deux accusés semblaient aussi sincères.

Il fallait des preuves formelles et des témoignages évidens, pour trancher une question si ardue. Gabriel se chargea de les trouver et de les fournir.

D'abord, sur sa demande, le président du tribunal posa

de nouveau à Martin et à Arnauld du Thill, interrogés toujours séparément d'ailleurs, cette question :

— Où avez-vous passé votre temps de douze à seize ans ?

Réponse immédiate des deux accusés pris chacun à part :

— A Saint-Sébastien, en Biscaye, chez mon cousin Sanxi.

Sanxi était là, témoin assigné, et certifiait que le fait était exact.

Gabriel s'approcha de lui, et lui dit un mot à l'oreille.

Sanxi se prit à rire et interpella Arnauld en langue basque. Arnauld pâlit et ne dit mot.

— Comment? reprit Gabriel, vous avez passé quatre ans à Saint-Sébastien, et vous ne comprenez pas le patois du pays?

— J'ai oublié, balbutia Arnauld.

Martin-Guerre, soumis à cette épreuve à son tour, bavarda en basque pendant un quart d'heure à la grande joie du cousin Sanxi, et la parfaite édification de l'assistance et des juges.

Cette première épreuve, qui commençait à faire luire la vérité dans les esprits, fut bientôt suivie d'une autre, laquelle, pour être renouvellée de l'Odyssée, n'en était pas moins significative.

Les habitants d'Artigues, de l'âge de Martin-Guerre, se rappelaient encore avec admiration et jalousie son habileté au jeu de paume.

Mais, depuis son retour, le faux Martin avait refusé toutes les parties qu'on lui proposait, sous prétexte d'une blessure reçue à la main droite.

Le véritable Martin-Guerre se fit au contraire un plaisir, en présence des juges, de tenir tête aux plus forts joueurs de paume.

Il joua même assis et toujours enveloppé de son manteau. Son second ne faisait que lui ramener les balles, qu'il lançait avec une dextérité vraiment merveilleuse.

De ce moment-là, la sympathie publique, si importante dans ces occasions, fut du côté de Martin, c'est-à-dire, chose assez rare ! du côté du bon droit.

Un dernier fait bizarre acheva de ruiner dans l'esprit des juges Arnauld du Thill.

Les deux accusés étaient absolument de la même taille ; mais Gabriel, à l'affût du moindre indice, avait cru remarquer que son brave écuyer avait le pied, son pied unique, hélas ! beaucoup plus petit que le pied d'Arnauld du Thill.

Le vieux cordonnier d'Artigues comparut devant le tribunal, et apporta ses anciennes et nouvelles mesures.

— Oui, dit le brave homme, il est certain qu'autrefois Martin-Guerre se chaussait à neuf points, et j'ai été bien surpris en voyant qu'à son retour sa chaussure en portait douze ; mais j'ai cru que c'était l'effet de ses longs voyages.

Le véritable Martin-Guerre tendit alors fièrement au cordonnier le pied unique que lui avait conservé la Providence, sans doute pour le plus grand triomphe de la vérité. Le naïf cordonnier, après avoir mesuré, reconnut et proclama le pied authentique qu'il avait chaussé autrefois, et qui, malgré les longs voyages et sa double fatigue, était resté à peu près le même.

Dès lors il n'y eut plus qu'un cri sur l'innocence de Martin et sur la culpabilité d'Arnauld du Thill.

Mais ce n'était pas assez de ces preuves matérielles. Gabriel voulait encore des témoignages moraux.

Le paysan auquel Arnauld du Thill avait donné la commission étrange d'aller annoncer à Paris la pendaison de Martin-Guerre à Noyon. Le bonhomme raconta naïvement sa surprise en retrouvant rue des Jardins-Saint-Paul celui qu'il avait vu prendre la route de Lyon. C'était cette circonstance qui avait inspiré à Gabriel le premier soupçon de la vérité.

On entendit ensuite de nouveau Bertrande de Rolles.

La pauvre Bertrande, malgré le revirement de l'opinion, était toujours pour celui qui se faisait craindre.

Interrogée pourtant si elle n'avait pas remarqué de changement dans le caractère de son mari, depuis qu'il était revenu :

— Oh ! oui, certes, dit-elle, il est revenu bien changé, mais à son avantage, messieurs les juges, se hâta-t-elle d'ajouter.

Et, comme on la pressait de s'expliquer nettement :

— Autrefois, dit la naïve Bertrande, Martin était plus faible et plus bénin qu'un mouton, et se laissait mener, voire même gourmer par moi, au point que j'en avais parfois honte. Mais il est revenu un homme, un maître. Il m'a prouvé sans réplique que j'avais eu bien tort dans le temps, et que mon devoir de femme était d'obéir à sa parole et à sa baguette. A présent c'est lui qui ordonne et moi qui sers, lui qui lève la main et moi qui baisse la tête. C'est de ses voyages qu'il a rapporté cette autorité-là, et c'est depuis son retour que nos rôles à tous deux sont devenus ce qu'ils devaient être. Maintenant le pli en est pris et j'en suis bien aise.

D'autres habitants d'Artigues attestèrent à leur tour que l'ancien Martin-Guerre avait toujours été aussi inoffensif, pieux et bon, que le nouveau était agressif, impie et taquin.

Comme le cordonnier et comme Bertrande, ils avaient attribué ces changemens à ses voyages.

Le comte Gabriel de Montgommery daigna prendre enfin la parole au milieu du respectueux silence des juges et des assistans.

Il raconta par quelles étranges circonstances il avait eu tour à tour son service les deux Martin-Guerre, comment il avait été si longtemps à s'expliquer les variations d'humeur et de nature de son double écuyer, mais quels événemens l'avaient mis à la fin sur la voie.

Gabriel dit tout enfin, les terreurs de Martin, les trahisons d'Arnauld du Thill, les vertus de l'un, les crimes de l'autre ; il rendit nette et évidente à tous les yeux cette histoire obscure et embrouillée, et finit en demandant châtiment pour le coupable et réhabilitation pour l'innocent.

La justice de ce temps-là était moins complaisante et moins commode pour les accusés que celle de nos jours. C'est ainsi qu'Arnauld du Thill ignorait encore les charges accablantes acquises contre lui. Il avait bien vu avec inquiétude les épreuves de la langue basque et du jeu de paume tourner à sa confusion, mais il croyait après tout avoir donné des excuses suffisantes. Quant à l'essai du vieux cordonnier, il n'y avait rien compris. Enfin, il ne savait pas si Martin-Guerre, qu'on s'obstinait à lui cacher, s'était tiré mieux que lui, en somme, des interrogations et des difficultés.

Gabriel, mû par un sentiment d'équité et de générosité, avait exigé qu'Arnauld du Thill assistât au plaidoyer qui le chargeait, et pût au besoin y répondre. Martin, lui, n'avait qu'à faire et resta dans sa prison. Mais Arnauld y fut amené, pour qu'on pût le juger contradictoirement, et ne perdit pas un mot du récit convaincant de Gabriel.

Pourtant, quand le vicomte d'Exmès eut achevé, Arnauld du Thill, sans se laisser intimider ni décourager, se leva tranquillement et demanda la permission de se défendre. Le tribunal la lui aurait bien refusée ; mais Gabriel se joignit à lui, et Arnauld put parler.

Il parla admirablement. L'astucieux drôle avait réellement une éloquence naturelle, jointe à l'esprit le plus habile et le plus retors.

Gabriel s'était surtout appliqué à répandre la clarté de l'évidence sur les ténébreuses aventures des deux Martin. Arnauld s'appliqua à brouiller tous les fils et à jeter une seconde fois dans l'esprit de ses juges une confusion salutaire. Il avoua lui-même ne rien comprendre à tous ces événements emmêlés de deux existences prises l'une pour l'autre. Il n'avait pas à expliquer tous ces quiproquos dont on l'embarrassait. Il devait seulement répondre de sa propre vie et justifier de ses propres actions. C'est ce qu'il était prêt à faire.

Il reprit alors le récit logique et serré de ses faits et

gestes, depuis son enfance jusqu'au jour présent. Il interpella ses amis et parens, leur rappelant des circonstances qu'ils avaient eux-mêmes oubliées, riant à de certains souvenirs, s'attendrissant à d'autres.

Il ne pouvait plus, il est vrai, parler le basque, ni jouer à la paume ; mais tout le monde n'avait pas la mémoire des langues, et il montrait la cicatrice de sa main. Quand même son adversaire aurait satisfait les juges sur ces deux points, rien n'était plus facile au bout du compte que d'apprendre un patois et de s'exercer à un jeu.

Finalement, le comte de Montgommery, induit certainement en erreur par quelque intrigant, l'accusait d'avoir volé à son écuyer les papiers qui établissaient son état et sa personnalité ; mais il n'y avait de ce fait aucune preuve.

Quant au paysan, qui pouvait affirmer que ce n'était pas un compère du soi-disant Martin ?

Pour l'argent de la rançon que lui, Martin-Guerre, aurait volé au comte de Montgommery, il était en effet revenu à Artigues avec une certaine somme, mais plus forte que celle annoncée par le comte, et il expliquait l'origine de cette somme en exhibant le certificat de très haut et très puissant seigneur le connétable duc de Montmorency.

Arnauld du Thill, pour sa péroraison, fit jouer avec une adresse infinie ce nom prestigieux du connétable aux yeux des juges éblouis. Il suppliait instamment qu'on envoyât prendre des informations sur son compte auprès de son illustre maître. Il était assuré que sa justification sortirait nette et palpable de cette enquête.

Bref, le discours du rusé coquin fut si habile et si captieux, il s'exprima avec une telle chaleur, et l'impudence ressemble quelquefois si bien à l'innocence, que Gabriel vit les juges de nouveau indécis et ébranlés.

Il s'agissait donc de frapper un coup décisif, et Gabriel s'y détermina, quoique avec peine.

Il vint dire un mot à l'oreille du président, et celui-ci ordonna qu'on ramenât Arnauld du Thill dans sa prison, et qu'on introduisît Martin-Guerre.

LXXIV.

LES MÉPRISES ONT L'AIR DE VOULOIR RECOMMENCER.

On ne reconduisit pas tout d'abord Arnauld du Thill au cachot qu'il occupait à la conciergerie de Rieux. Il fut mené dans le préau voisin du tribunal, où on le laissa seul pendant quelques instans.

Il se pourrait, lui dit-on, qu'après l'interrogatoire de son adversaire, les juges eussent besoin de l'entendre de nouveau.

Abandonné à ses réflexions, le rusé coquin commença par se féliciter en lui-même de l'effet qu'il avait évidemment produit par son habile et impudent discours. Le brave Martin-Guerre, avec son bon droit, aurait certes de la peine à être aussi persuasif.

En tout cas, Arnauld avait gagné du temps ! Mais en examinant plus rigidement les choses, il ne pouvait guère se dissimuler qu'il n'avait gagné que cela. La vérité qu'il avait si audacieusement démentie finirait par éclater de tous côtés. Monsieur de Montmorency lui-même, dont il avait osé invoquer le témoignage, se hasarderait-il à couvrir de son autorité les méfaits avérés de son espion ? cela était fort douteux.

Au bout du compte, Arnauld du Thill, d'abord si joyeux, tomba peu à peu de son espérance dans l'inquiétude, et, tout bien considéré, se dit que sa position n'était pas des plus rassurantes.

Il courbait la tête sous le découragement, lorsqu'on vint le prendre pour le ramener à sa prison.

Le tribunal n'avait donc plus jugé à propos de l'interroger après les explications de Martin-Guerre ! Nouveau sujet d'anxiété !

Cela néanmoins n'empêcha pas Arnauld du Thill, qui remarquait tout, de remarquer que ce n'était pas son geôlier ordinaire qui était venu le prendre et qui l'accompagnait en ce moment.

Pourquoi ce changement ? redoublait-on de précautions avec lui ? voulait-on le faire parler ? Arnauld du Thill se promit de se tenir sur ses gardes et resta muet pendant tout le chemin.

Mais voici bien un autre motif d'étonnement ! la prison dans laquelle ce gardien nouveau conduisit Arnauld n'était pas celle qu'il occupait d'habitude !

Celle-ci avait une fenêtre grillée et une haute cheminée qui manquaient dans l'autre.

Cependant, tout y attestait la présence récente d'un prisonnier, des débris de pain encore frais, une cruche d'eau à moitié vidée, un lit de paille, un coffre entr'ouvert qui laissait voir des habits d'homme.

Arnauld du Thill, accoutumé à se contenir, ne marqua aucune surprise ; mais, dès qu'il se vit seul, il courut au coffre pour le fouiller.

Il n'y trouva que des habits. Nul autre indice. Mais ces habits étaient d'une couleur et avaient une forme qu'Arnauld du Thill croyait se rappeler. Il y avait surtout deux justaucorps de drap brun et des hauts-de-chausse de tricot jaune qui n'étaient pas certainement d'une nuance ni d'une coupe fort commune.

— Oh ! oh ! se dit Arnauld du Thill, ce serait singulier !...

Comme la nuit commençait à tomber, le geôlier inconnu entra.

— Holà, maître Martin-Guerre ! dit-il en frappant sur l'épaule d'Arnauld du Thill rêveur, de manière à lui prouver que, si le prisonnier ne connaissait pas son geôlier, le geôlier connaissait fort bien son prisonnier.

— Qu'est-ce qu'il y a donc ? demanda Arnauld du Thill à ce geôlier si familier.

— Il y a, mon cher, reprit l'homme, que votre affaire apparemment se bonifie de plus en plus. Savez-vous qui a obtenu des juges et qui sollicite à présent de vous-même la faveur de vous entretenir quelques instans ?

— Ma foi, non ! dit Arnauld, comment voulez-vous que je sache ? qui cela peut-il être ?

— Votre femme, mon cher, Bertrande de Rolles en personne, qui commence à voir sans doute de quel côté est le bon droit. Mais si j'étais à votre place, moi, je refuserais de la recevoir.

— Et pourquoi cela ? dit Arnauld du Thill.

— Pourquoi ? dit le geôlier ; mais parce qu'elle vous a si longtemps méconnu, donc ! Il est bien temps vraiment qu'elle se range du côté de la vérité, quand demain, au plus tard, une sentence du tribunal va la proclamer publiquement, officiellement ! Aussi, vous êtes de mon avis, n'est-ce pas ? et je vais congédier bel et bien votre ingrate ?

Le geôlier fit un pas vers la porte ; mais Arnauld du Thill le retint d'un geste.

— Non, non ! lui dit-il, ne la renvoyez pas. Je veux la voir, au contraire, je veux... Enfin, puisqu'elle a obtenu le congé des juges, introduisez Bertrande de Rolles, mon cher ami.

— Hum ! toujours le même ! dit le geôlier, toujours débonnaire et clément ! Si vous laissez si vite reprendre à votre femme son ascendant d'autrefois, vous ne risquez rien !... Enfin, enfin, cela vous regarde.

Le geôlier se retira en haussant les épaules de pitié.

Deux minutes après, il rentra avec Bertrande de Rolles. Le jour se faisait de plus en plus sombre.

— Je vous laisse seuls, dit le geôlier, mais je viendrai chercher Bertrande avant qu'il soit nuit tout à fait : c'est l'ordre. Vous n'avez donc guère à vous qu'un quart d'heure, profitez-en pour vous chamailler ou pour vous réconcilier ; à votre choix.

Et il sortit de nouveau.

Bertrande de Rolles s'avança alors toute honteuse et la

tête basse vers le prétendu Martin-Guerre, qui resta assis et silencieux, la laissant venir et parler.

— Oh! Martin, lui dit-elle enfin d'une voix faible et timide quand elle fut auprès de lui, Martin, voudrez-vous jamais me pardonner?

Ses yeux se mouillèrent, et elle tremblait véritablement de tous ses membres.

— Vous pardonner quoi! reprit Arnauld du Thill qui ne voulait pas se compromettre.

— Mais ma grossière méprise, dit Bertrande. J'ai eu certainement bien tort de ne pas vous reconnaître. Pourtant, n'y avait-il pas de quoi s'y tromper, puisqu'il paraît que, dans le temps, vous vous y trompiez vous-même? Aussi, je vous l'avoue, il faut, pour que je croie à mon erreur, que tout le pays, que monsieur le comte de Montgommery, et que la justice, qui s'y connaît! m'attestent que vous êtes bien mon vrai mari et que l'autre n'était qu'un trompeur et qu'un imposteur.

— Lequel, voyons? dit Arnauld, lequel est l'imposteur avéré! celui qu'a ramené monsieur de Montgommery, ou celui qu'on a trouvé en possession du nom et des biens de Martin-Guerre?

— Mais l'autre! répondit Bertrande, celui qui m'a trompée, celui que la semaine passée j'appelais encore mon époux, stupide et aveugle que j'étais!

— Ah! la chose est donc bien établie maintenant? demanda Arnauld avec émotion.

— Mon Dieu! oui, Martin, reprit Bertrande avec la même confusion. Ces messieurs du tribunal et votre maître, ce digne seigneur, m'ont affirmé tout à l'heure encore qu'il n'y avait plus de doute pour eux, et que vous étiez bien le véritable Martin-Guerre, mon bon et cher mari.

— Ah! vraiment?.. dit Arnauld du Thill en pâlissant.

— Là-dessus, reprit Bertrande, on m'a donné à entendre que je ferais bien de vous demander pardon et de me réconcilier avec vous avant l'arrêt, et j'ai sollicité et obtenu la permission de vous voir...

Elle s'arrêta, mais, voyant que son prétendu mari ne lui répondait pas, elle reprit :

— Il est trop certain, mon bon bon Martin-Guerre, que je suis extrêmement coupable envers vous. Mais je vous prie de songer que c'est bien involontairement, j'en prends à témoins la sainte Vierge et l'enfant Jésus! Ma première faute est de n'avoir pas découvert et démasqué la fraude de cet Arnauld du Thill. Mais pouvais-je supposer qu'il pût y avoir au monde des ressemblances si complètes, et que le bon Dieu pût s'amuser à faire deux créatures si exactement pareilles. Pareilles de visage et de taille, mais non, il est vrai, de caractère et de cœur! et c'est cette différence qui eût dû m'ouvrir les yeux, j'en conviens. Mais quoi! rien ne m'avertissait de me tenir sur mes gardes. Arnauld du Thill m'entretenait du passé comme vous auriez pu le faire. I avait votre anneau, vos papiers. Nul ami, nul parent ne e soupçonnait. J'y suis allée à la bonne foi. J'attribuais vos changemens d'humeur à l'expérience que vous aviez gagnée en courant le monde. Considérez, mon cher mari, que sous le nom de cet étranger, c'est toujours vous enfin que j'aimais, vous à qui je me soumettais avec joie. Considérez cela, et vous me pardonnerez cette première erreur qui m'a fait commettre, sans le vouloir et sans le savoir, grand Dieu! le péché dont je passerai le reste de mes jours à demander grâce au ciel et à vous.

Bertrande de Rolles se tut de nouveau pour voir si Martin-Guerre lui parlerait et l'encouragerait un peu. Mais il garda obstinément le silence, et la pauvre Bertrande, le cœur navré, continua :

— S'il est impossible, Martin, que vous me gardiez rancune pour ce premier et involontaire grief, le second malheureusement mérite à coup sûr tous vos reproches et toute votre colère. Quand vous n'étiez pas là, j'ai pu prendre un autre pour vous! mais quand vous vous êtes présenté et qu'il m'a été loisible d'établir une comparaison, j'aurais dû vous reconnaître tout d'abord. Réfléchissez pourtant si, là encore, ma conduite n'aurait pas quelques excuses. D'abord, Arnauld du Thill était, comme vous disiez, en possession du titre et du nom qui vous appartiennent, et il me répugnait d'admettre la supposition qui me faisait coupable. En second lieu, c'est à peine si l'on m'a laissé vous voir et vous parler. Lorsqu'on m'a confrontée à vous, vous n'aviez pas vos habits ordinaires, et vous étiez enveloppé d'un long manteau qui me dérobait votre taille et votre allure. Depuis, j'ai presque été mise au secret comme Arnauld du Thill et comme vous-même, et je ne vous ai guère revus tous deux qu'au tribunal, toujours séparément et toujours d'assez loin. Devant cette effrayante ressemblance, quel moyen avais-je de constater la vérité? Je me suis décidée, presque au hasard, pour celui que j'appelais mon mari la veille. Je vous conjure de ne pas m'en vouloir. Les juges aujourd'hui me certifient que je me suis trompée et qu'ils en ont acquis les preuves. Dès lors, je reviens à vous toute repentante et toute confuse, me fiant seulement à votre bonté et à votre amour d'autrefois. Ai-je eu tort de compter ainsi sur votre indulgence?

Après cette question presque directe, Bertrande fit une nouvelle pause. Mais le faux Martin resta toujours muet.

Il est évident que Bertrande, en abandonnant ainsi Arnauld du Thill, prenait pour l'attendrir un singulier moyen; mais elle était de très bonne foi, et s'enfonça de plus en plus dans cette voie, qu'elle croyait la vraie, pour arriver au cœur de celui qu'elle suppliait.

— Pour moi, reprit-elle d'un ton humble, vous me trouverez bien changée d'humeur. Je ne suis plus la femme dédaigneuse, capricieuse et colère, qui vous a fait tant souffrir. Les mauvais traitemens dont cet indigne Arnauld a usé envers moi, et qui auraient dû me le dénoncer, ont eu du moins le bon résultat de me plier et de me mater, et vous devez vous attendre à me trouver à l'avenir aussi docile et complaisante que vous êtes vous-même doux et bon... car vous serez bon et doux pour moi comme par le passé, n'est-il pas vrai? Vous allez me le prouver tout à l'heure en me pardonnant, et, ainsi, je vous reconnaîtrai à votre cœur comme je vous reconnais déjà à vos traits.

— Donc, vous me reconnaissez, maintenant? dit enfin Arnauld du Thill.

— Oh! oui, répondit Bertrande, et je me blâme seulement d'avoir attendu pour cela les sentences et jugemens des juges.

— Vous me reconnaissez? reprit Arnauld en insistant, vous me reconnaissez, vous qui, pas plus tard que la semaine dernière encore, s'intitulait audacieusement votre mari, mais bien pour le vrai et légitime Martin-Guerre, que vous n'avez pas revu depuis des années? Regardez-moi. Vous me reconnaissez bien pour votre premier, pour votre seul époux?

— Mais, sans doute, dit Bertrande.

— Et à quels signes me reconnaissez-vous, voyons? demanda Arnauld.

— Hélas! dit naïvement Bertrande, à des signes tout extérieurs et indépendans de votre personne, je vous l'avoue. Vous seriez à côté d'Arnauld du Thill, habillé comme lui, la similitude est si parfaite que je ne vous distinguerais peut-être pas encore. Je vous reconnais pour mon véritable mari, parce qu'on m'a dit que l'on allait me conduire à mon véritable mari, parce que vous occupez cette prison et non celle d'Arnauld, parce que vous me recevez avec cette sévérité que je mérite, tandis qu'Arnauld chercherait encore à m'abuser et à me séduire...

— Misérable Arnauld! s'écria Arnauld d'une voix sévère. Et toi, femme trop facile et trop crédule!...

— Oui, accablez-moi, reprit Bertrande de Rolles. J'aime encore mieux vos reproches que votre silence. Quand vous m'aurez dit tout ce que vous avez sur le cœur, je vous connais, vous êtes indulgent et tendre, vous vous adoucirez, vous me pardonnerez!

— Allons! dit Arnauld d'une voix plus douce; ne désespérez pas, Bertrande, nous verrons!

— Ah! s'écria Bertrande, qu'est-ce que je disais! Oui, vous êtes bien mon vrai, mon cher Martin-Guerre!

Elle se jeta à ses pieds, elle arrosa ses mains de larmes sincères ; car elle croyait parler véritablement à son mari, et Arnauld du Thill, qui l'observait de son regard défiant, ne put concevoir le moindre soupçon. Les marques de joie et de repentir qu'elle lui donnait n'étaient point équivoques.

— C'est bon ! grommelait Arnauld en lui-même, tu me payeras tout cela quelque jour, perfide !...

En attendant, il parut céder à un mouvement de tendresse irrésistible.

— Je suis sans courage et je sens que je faiblis, dit-il en ayant l'air d'essuyer une larme qui ne coulait pas.

Et, comme malgré lui, il effleura d'un baiser le front incliné de la repentante.

— Quel bonheur ! s'écria Bertrande, me voici presque rentrée en grâce !

En ce moment, la porte se rouvrit, et le geôlier reparut.

— Réconciliés ! dit-il d'un air bourru en apercevant le groupe sentimental des deux prétendus époux. J'en étais sûr d'avance. Poule mouillée que vous êtes, allez, Martin !

— Quoi ! vous lui faites un crime de sa bonté ? reprit Bertrande.

— Hé ! hé ! allons donc ! allons donc ! disait Arnauld en souriant de l'air le plus paterne possible.

— Enfin, je le répète, cela le regarde ! reprit l'inflexible geôlier. Ce qui me regarde, moi, c'est ma consigne. L'heure est passée, et vous ne pouvez demeurer ici une minute de plus, la belle éplorée.

— Quoi ! le quitter déjà ! dit Bertrande.

— Bon ! vous aurez le temps de le voir demain et les jours suivans, reprit le geôlier.

— C'est vrai, demain libre ! dit Bertrande. Demain, ami, nous reprendrons notre douce vie d'autrefois.

— A demain donc les tendresses, fit le geôlier féroce. Pour le moment il faut déguerpir.

Bertrande baisa une dernière fois la main que lui tendait royalement Arnauld du Thill, lui envoya de la main un dernier adieu, et sortit devant le geôlier.

Comme celui-ci allait fermer la porte, Arnauld le rappela.

— Ne pourrais-je avoir de la lumière... une lampe ? lui demanda-t-il.

— Si vraiment, aujourd'hui comme tous les soirs, dit le geôlier, du moins jusqu'à l'heure du couvre-feu, jusqu'à neuf heures. Dame ! on ne vous tient pas aussi sévèrement qu'Arnauld du Thill, vous ! et puis, votre maître le comte de Montgommery est si généreux ! On vous oblige... pour l'obliger. Dans cinq minutes, je vous enverrai votre chandelle, ami Martin.

Un valet de la prison apporta en effet de la lumière quelques instans après. Il se retira en souhaitant le bonsoir au prisonnier, et en lui recommandant de nouveau d'éteindre au couvre-feu.

Arnauld du Thill, quand il se vit seul, dépouilla lestement les habits de toile qu'il portait, et revêtit non moins lestement un des fameux justaucorps bruns et les haut-de-chausses de tricot jaune qu'il avait découverts dans le coffre de Martin-Guerre.

Puis il brûla pièce à pièce son ancien costume à la lumière de sa chandelle, et en mêla les cendres aux cendres qui remplissaient déjà le foyer de la cheminée.

Ce fut fait en moins d'une heure, et il put éteindre son flambeau et se coucher vertueusement, même avant le couvre-feu sonné.

— Attendons, maintenant, se dit-il alors. Il paraît que décidément j'ai été vaincu devant les juges. Mais il serait plaisant que je pusse tirer de ma défaite même les moyens de ma victoire. Attendons.

LXXV.

LE RÉQUISITOIRE D'UN CRIMINEL CONTRE LUI-MÊME.

On comprend que, cette nuit-là, Arnauld du Thill ne dormit guères. Il resta seulement étendu sur la litière de paille, les yeux tout grands ouverts, fort occupé à évaluer ses chances, à ordonner son plan, et à combiner ses ressources. Le projet qu'il avait conçu de se substituer une dernière fois au pauvre Martin-Guerre était hardi sans doute, mais devait réussir par cette hardiesse même.

Quand le hasard le servait si merveilleusement, Arnauld se laisserait-il trahir par sa propre audace ?

Non : il eut vite pris son parti, quitte à se régler d'ailleurs sur les incidens à venir et les circonstances imprévues.

Lorsque le jour vint, il examina son costume, le trouva irréprochable, et s'appliqua à reprendre les allures et les attitudes qu'il avait autrefois étudiées sur Martin-Guerre. L'imitation était parfaite, si ce n'est qu'il exagérait un peu l'air bonasse de son Sosie. Il faut convenir que ce misérable drôle eût fait un excellent comédien.

Sur les huit heures du matin, la porte de la prison tourna sur ses gonds.

Arnauld du Thill comprima un tressaillement et se donna une apparence indifférente et tranquille.

Le geôlier de la veille reparut, introduisant le comte de Montgommery.

— Diantre ! voici la crise, se dit Arnauld du Thill. Jouons serré !

Il attendait avec anxiété le premier mot qui allait sortir de la bouche de Gabriel à sa vue.

— Bonjour, mon pauvre Martin-Guerre, dit tout d'abord Gabriel.

Arnauld du Thill respira. Le comte de Montgommery, en l'appelant Martin, l'avait bien regardé en face. Le quiproquo recommençait. Arnauld était sauvé !

— Bonjour, mon bon et cher maître, dit-il à Gabriel avec une effusion de reconnaissance qui n'était pas tout à fait feinte, en vérité.

Il osa ajouter :

— Eh bien ! qu'y a-t-il de nouveau, monseigneur ?

— La sentence sera, selon toute probabilité, prononcée ce matin, dit Gabriel.

— Enfin ! Dieu soit loué ! s'écria Arnauld. J'ai hâte d'en finir, je l'avoue. Et il n'y a pas de doute et pas de crainte à concevoir, n'est-il pas vrai, monseigneur ? Le bon droit triomphera.

— Mais je l'espère, dit Gabriel en regardant Arnauld plus fixement que jamais. Cet infâme Arnauld du Thill en est aux moyens désespérés.

— Vraiment ? et que machine-t-il donc encore ? demanda Arnauld.

— Le croirais-tu ? dit Gabriel, le traître essaie de renouveler encore les quiproquos d'autrefois.

— Se peut-il ! s'écria Arnauld en levant les bras au ciel. Et comment cela, grand Dieu ?

— Mais il ose prétendre, dit Gabriel, qu'hier, à l'issue de l'audience, les gardiens se sont trompés, qu'on l'a reconduit dans la prison d'Arnauld et qu'on t'a mené dans la sienne.

— Est-il possible ! dit Arnauld avec un beau mouvement de surprise et d'indignation. Et sur quoi fonde-t-il cette insolente affirmation, le malheureux ?

— Voici, dit Gabriel. Il n'a pas été, non plus que toi, ramené tout de suite hier dans son cachot. Le tribunal, en entrant en délibération, aurait pu avoir besoin d'interroger l'un ou l'autre. Les gardes l'ont donc laissé dans le vestibule d'en bas, comme ils t'avaient laissé dans le préau. Or, il jure que là est la cause de l'erreur, et qu'on avait coutume de laisser Arnauld dans le vestibule et Martin dans le préau. Les geôliers, en allant chercher leurs prisonniers, ont donc, selon lui, confondu naturellement l'un avec l'autre. Quant aux gardes, ce sont les mêmes qui vous ont conduits tous deux, et ces machines humaines ne connaissent que le prisonnier sans distinguer la personne. C'est sur ces misérables raisons qu'il appuie sa prétention nouvelle. Et il pleure, et il crie, et il me demande, il veut me voir.

— L'avez-vous vu, en effet, monseigneur? demanda vivement Arnauld.

— Ma foi! non, dit Gabriel. J'ai peur de ses ruses et de ses retours. Il serait capable de me séduire et de me tromper encore. Le drôle est si spirituel et si audacieux!

— Eh quoi! monseigneur le défend à présent! reprit Arnauld du Thill feignant le mécontentement.

— Je ne le défends pas, Martin, dit Gabriel. Mais convenons que c'est un esprit plein de ressources, et que s'il ait appliqué au bien la moitié de son habileté...

— C'est un infâme! s'écria Arnauld avec véhémence.

— Comme tu l'accables aujourd'hui! reprit Gabriel. Cependant, je pensais en venant, je l'avoue, qu'après tout, il n'a causé la mort de personne, que, s'il est condamné dans quelques heures, il sera pendu sûrement avant huit jours, que la peine capitale est peut-être exorbitante pour ses crimes, et qu'enfin... nous pourrions, si tu voulais, demander sa grâce.

— Demander sa grâce! répéta Arnauld du Thill avec un peu d'indécision.

— Oui, cela vaut quelque réflexion, je sais bien, dit Gabriel. Mais voyons, réfléchis, Martin, qu'en dis-tu?

Arnauld du Thill, le menton dans la main et se grattant la joue, demeura quelques secondes pensif sans répondre, puis, enfin, prenant son parti:

— Non, non! pas de grâce! dit-il résolument. Pas de grâce! cela vaut mieux.

— Oh! oh! reprit Gabriel, je ne te savais pas si implacable, Martin; ce n'est guère ton habitude, et hier encore tu plaignais ton faussaire et n'aurais pas demandé mieux que de le sauver.

— Hier! hier! grommela Arnauld, hier il ne nous avait pas joué ce dernier tour, plus odieux, à mon avis, que tous les autres.

— C'est vrai cela, dit Gabriel. Ainsi, décidément ton avis est que le coupable meure?

— Mon Dieu! reprit Arnauld du Thill d'un air béat, vous savez, monseigneur, à quel point ma nature répugne à la violence, à la vengeance et aux conseils de sang. Mon âme est navrée d'être obligée d'accepter une nécessité si cruelle, mais c'est une nécessité. Considérez, monseigneur, que, tant que cet homme si pareil à moi vivra, mon existence ne pourra être tranquille. Le dernier coup d'audace qu'il risque en ce moment nous prouve bien qu'il est incorrigible. En prison, il s'échappera; exilé, il reviendra! et, dès lors, me voilà inquiet, tourmenté, sans cesse prêt à le voir apparaître pour troubler encore et déranger ma vie. Mes amis, ma femme ne seront jamais certaines d'avoir bien réellement affaire à moi. Ce sera une défiance perpétuelle. Il faudra toujours s'attendre à de nouveaux conflits, à d'autres contestations. Enfin, je ne pourrai jamais véritablement me dire en possession de moi-même. Je dois donc forcer mon caractère, monseigneur, avec douleur, avec désespoir; sans doute, je serai triste le reste de mes jours d'avoir causé la mort d'un homme, mais il le faut! il le faut! Cette imposture d'aujourd'hui lève mes derniers scrupules. Qu'Arnauld du Thill meure! je m'y résigne.

— Soit donc, dit Gabriel. Il mourra, dit Gabriel. C'est-à-dire il mourra s'il est condamné. Car enfin l'arrêt n'est pas porté encore.

— Comment? est-ce que la chose n'est pas certaine? demanda Arnauld.

— Probable, oui; certaine, non, répondit Gabriel. Ce diable d'Arnauld a tenu hier aux juges un discours bien subtil et bien persuasif.

— Double sot que j'étais! pensa Arnauld du Thill.

— Tandis que toi, Martin, continua Gabriel, toi qui viens de me prouver avec une éloquence et une assurance admirables la nécessité de la mort d'Arnauld, tu n'as pu, tu t'en souviens, trouver hier devant le tribunal un seul argument, un seul fait pour le triomphe de la vérité. Tu es resté troublé et à peu près muet, malgré mes instances. On avait cependant consenti à t'instruire des moyens de défense de ton adversaire. Mais tu n'as su que dire pour les rétorquer.

— C'est que, monseigneur, reprit Arnauld, je suis à mon aise en votre présence, tandis que tous ces juges assemblés m'intimident. En outre, je vous avouerai que je comptais sur mon bon droit. Il me semblait que la justice plaiderait pour moi mieux que moi-même. Mais ce n'est pas cela qu'il faut avec ces gens de loi. Ils veulent des paroles, je le vois bien. Ah! si c'était à recommencer! et s'ils voulaient encore m'entendre!...

— Eh bien! que ferais tu, Martin?

— Eh! je prendrais un peu sur moi-même, et je parlerais donc! Avec cela qu'il n'est pas difficile de réduire à néant toutes les preuves et allégations de cet Arnauld du Thill.

— Oh! ce n'est pas si facile encore! dit Gabriel.

— Pardonnez-moi, monseigneur, reprit Arnauld. Je voyais les défauts de ses ruses aussi nettement qu'il devait les voir lui-même, et, si j'avais été moins craintif, si les mots ne m'avaient manqué, j'aurais dit aux juges...

— Que leur aurais-tu dit? voyons, parle.

— Ce que je leur aurais dit? fit Arnauld. Mais rien de plus simple, monseigneur; écoutez.

Là-dessus, Arnauld du Thill se mit à réfuter d'un bout à l'autre son discours de la veille. Il débrouilla les événemens et les méprises de la double existence de Martin-Guerre et d'Arnauld avec d'autant plus de facilité qu'il les avait embrouillés de sa propre main. Le comte de Montgommery avait laissé certains points obscurs des juges quelques points qu'il n'avait pu encore bien s'expliquer à lui-même. Arnauld du Thill les éclaira avec une lucidité merveilleuse. Il montra enfin à Gabriel les deux destinées de l'honnête homme et du coquin, aussi évidemment séparées et distinctes dans leur confusion que de l'huile mêlée à de l'eau.

— Mais tu as donc pris, de ton côté, tes renseignemens à Paris? demanda Gabriel.

— Sans doute, monseigneur, reprit Arnauld, et au besoin, je fournirai des preuves de ce que j'avance. Je ne me remue pas aisément; mais quand on me pousse dans mes derniers retranchemens, je sais faire de vigoureuses sorties.

— Cependant, dit Gabriel, Arnauld du Thill a invoqué le témoignage de monsieur de Montmorency, et tu ne réponds pas à cela.

— Si fait, j'y réponds, monseigneur. Il est bien vrai que cet Arnauld a été au service du connétable, mais c'était un honteux service que le sien. Il devait être quelque chose comme son espion, et c'est justement ce qui explique comment et pourquoi il s'était attaché à vous pour vous observer et vous suivre. Mais on emploie de telles gens, on ne les avoue pas. Croyez-vous que monsieur de Montmorency veuille accepter la responsabilité des faits et gestes de son émissaire? Non! non! Arnauld du Thill, mis au pied du mur, n'oserait s'adresser réellement au connétable; ou bien, s'il l'osait, en désespoir de cause, il en serait pour la honte, et monsieur de Montmorency le renierait. Donc, je me résume.

Et dans ce résumé logique et clair, Arnauld du Thill acheva de démolir pièce à pièce l'édifice d'imposture qu'il avait si habilement construit le jour précédent.

Avec cette aisance dans la conviction et cette fluidité dans l'expression, Arnauld du Thill eût fait de nos jours un avocat bien distingué. Il eut le malheur de venir au monde trois cents ans trop tôt. Plaignons son ombre!

— J'espère que tout cela est sans réplique, dit-il à Gabriel quand il eut terminé. Quel dommage que les juges ne

puissent plus m'entendre ou qu'ils ne m'aient pas entendu !
— Ils t'ont entendu, dit Gabriel.
— Comment ?
— Regarde.

La porte du cachot s'ouvrit, et Arnauld, tout stupéfait et un peu effrayé, aperçut debout, immobiles et graves sur le seuil, le président du tribunal et deux des juges.

— Qu'est ce que cela signifie ? dit Arnauld du Thill en se tournant vers Gabriel.

— Cela signifie, reprit monsieur de Montgommery, que je me défiais de la timidité de mon pauvre Martin-Guerre, et que j'ai voulu qu'à son insu ses juges pussent écouter le plaidoyer *sans réplique* qu'ils viennent d'entendre.

— A merveille, reprit Arnauld du Thill qui respira. Je vous remercie mille fois, monseigneur.

Et se tournant vers les juges.

— Puis-je croire, dit-il d'un ton qu'il essaya de rendre craintif, puis-je espérer que ma parole a vraiment établi le bon droit de ma cause pour les esprits éclairés qui sont en ce moment arbitres de ma destinée ?

— Oui, dit le président du tribunal, les preuves qui viennent de nous être fournies nous ont convaincus.

— Ah !... fit Arnauld du Thill triomphant.

— Mais, reprit le président, d'autres preuves, non moins certaines et non moins concluantes, permettent d'affirmer qu'il y a eu hier confusion dans la translation des deux prisonniers ; que Martin-Guerre a été reconduit dans votre prison, *Arnauld du Thill*, et que vous occupez à cette heure la sienne.

— Quoi !... comment ? balbutia Arnauld foudroyé, monseigneur, que dites-vous de ceci ? reprit-il en s'adressant à Gabriel.

— Je dis que je le savais, répondit Gabriel avec sévérité. Je vous répète, *Arnauld*, que j'ai voulu faire établir par vous-même les preuves de l'innocence de Martin et de votre culpabilité. Vous m'avez contraint là, malheureux, à un rôle qui me répugnait. Mais votre insolence m'a fait comprendre hier que lorsqu'on acceptait une lutte avec vos pareils, il fallait employer leurs armes, et qu'on ne pouvait vaincre les trompeurs que par la tromperie. Au reste, vous ne m'avez laissé rien à faire, et vous vous êtes tellement hâté de trahir votre propre cause, que votre lâcheté a été toute seule au-devant du piège.

— Au devant du piège, répéta Arnauld. Il y a donc eu piège ? Mais en tout cas, c'est votre Martin que vous abandonnez en moi, ne vous abusez pas, monseigneur !

— N'insistez pas, Arnauld du Thill, reprit le président. L'erreur avait été combinée et ordonnée par le tribunal. Vous êtes démasqué sans retour possible, vous dis-je.

— Mais, puisque vous convenez qu'il y a eu erreur, s'écria l'impudent Arnauld, qui vous assure, monsieur le président, qu'il n'y a pas eu erreur aussi dans l'exécution de vos ordres ?

— Le témoignage des gardes et des geôliers, dit le président.

— Ils se trompent, dit Arnauld du Thill, je suis bien Martin-Guerre, l'écuyer de monsieur de Montgommery ; je ne me laisserai pas condamner ainsi ! Confrontez-moi avec votre autre prisonnier, et quand nous serons à côté l'un de l'autre, osez choisir, osez distinguer Arnauld du Thill de Martin-Guerre ! le coupable de l'innocent ! Comme s'il n'y avait pas déjà assez de confusion dans cette cause, vous en avez ajouté de nouvelles. Votre conscience vous empêchera de vous en tirer. Je vous crierai jusqu'au bout et malgré tout : je suis Martin-Guerre ! et je défie qui que ce soit de me démentir et quoi que ce soit de me contredire.

Les juges et Gabriel secouaient la tête et souriaient gravement et tristement en présence de cette obstination sans pudeur ni vergogne.

— Encore une fois, Arnauld du Thill, reprit le président, il n'y a plus de confusion possible entre Martin-Guerre et vous.

— Et pourquoi ? dit Arnauld ; à quoi le reconnaît-on ? quel signe nous distingue ?

— Vous allez le savoir, misérable ! dit Gabriel indigné.

Il fit un signe, et Martin-Guerre parut sur le seuil de la prison.

Martin-Guerre sans manteau ! Martin-Guerre mutilé ! Martin-Guerre avec une jambe de bois !

— Martin, mon brave écuyer, dit Gabriel à Arnauld, échappé au gibet que vous aviez fait dresser pour lui à Noyon, n'a pas échappé, sous Calais, à une vengeance trop légitime dirigée contre une de vos infamies ; il a été précipité à votre place dans un abîme, et amputé de son jambe, qui, du moins, par la volonté mystérieuse de la Providence, juste encore lorsqu'elle paraît cruelle, sert maintenant à établir une différence entre le persécuteur et la victime. Les juges ici présens ne risquent plus de se tromper, et peuvent désormais reconnaître le criminel à son impudeur et le juste à sa blessure.

Arnauld du Thill, pâle, écrasé, anéanti sous la parole terrible et le regard foudroyant de Gabriel, n'essaya plus de se défendre et de nier : l'aspect de Martin-Guerre estropié réduisait d'avance à néant tous ses mensonges.

Il se laissa lourdement tomber à terre comme une masse inerte.

— Je suis perdu ! murmura-t-il ; perdu !

LXXVI.

JUSTICE !

Arnauld du Thill était perdu en effet. Le tribunal entra sur-le-champ en délibération, et, au bout d'un quart d'heure, l'accusé fut appelé pour entendre l'arrêt suivant que nous transcrivons textuellement sur les registres du temps :

« Vu l'interrogatoire d'Arnauld du Thill, dit Sanxette,
» soi disant Martin-Guerre, prisonnier à la conciergerie
» de Rieux.

» Vu les dépositions des divers témoins, de Martin-
» Guerre, de Bertrande de Rolles, de Carbon-Barreau, etc.,
» et notamment celle de monsieur le comte de Montgom-
» mery.

» Vu les aveux de l'accusé lui-même, lequel, après avoir
» vainement essayé de le nier, confessa à la fin son crime.

» Desquels interrogatoires, dépositions et aveux il appert :

» Que ledit Arnauld du Thill est bien et dûment con-
» vaincu d'imposture, fausseté, supposition de nom et de
» prénom, adultère, rapt, sacrilège, plagiat, larcins et au-
» tres.

» La cour a condamné et condamne ledit Arnauld du Thill :

» Premièrement, à faire amende honorable au-devant
» de l'église du lieu d'Artigues, à genoux, en chemise,
» tête et pieds nus, ayant la hart au col, et tenant en ses
» mains une torche de cire ardente.

» Ensuite de ce, à demander pardon publiquement à
» Dieu, au roi et à la justice, et auxdits Martin-Guerre et
» Bertrande de Rolles, mariés.

» Et, ce fait, sera ledit Arnauld du Thill délivré ès-mains
» de l'exécuteur de la haute justice, qui lui fera faire les
» tours par les rues et lieux accoutumés dudit lieu d'Arti-
» gues, et toujours la hart au col, l'amènera au-devant de
» la maison dudit Martin-Guerre.

» Pour en une potence qui, à cet effet, y sera dressée,
» être pendu et étranglé, et, après, son corps brûlé.

» Et, en outre, la cour a mis et met hors de procès le-
» dit Martin-Guerre et ladite Bertrande de Rolles, et ren-
» voie ledit Arnauld du Thill au juge d'Artigues pour faire

» mettre le présent arrêt à exécution selon sa forme et te-
» neur.
» Prononcé judiciairement à Rieux, le douzième jour de
» juillet 1558. »

Arnauld du Thill écouta cette sentence prévue d'un air morne et sombre. Cependant, il renouvela ses aveux, reconnut la justice de l'arrêt et témoigna quelque repentir.

— J'implore, dit-il, la clémence de Dieu et le pardon des hommes, et suis disposé à subir ma peine en chrétien.

Martin-Guerre, présent à l'audience, donnait cependant une nouvelle preuve de son identité en fondant en larmes aux paroles, peut-être hypocrites de son ennemi.

Il triompha même de sa timidité accoutumée pour demander au président s'il n'y aurait pas moyen d'obtenir la grâce d'Arnauld du Thill, auquel, pour sa part, il remettait de grand cœur le passé.

Mais il fut répondu au bon Martin-Guerre que le roi seul avait droit de faire grâce, et que, pour un crime si exceptionnel et si éclatant, il refuserait à coup sûr cette grâce, quand même le tribunal prendrait sur lui de la solliciter.

— Oui, murmurait Gabriel dans sa pensée, oui, le roi refuserait de faire grâce ? et pourtant il aurait bien besoin qu'à lui même aussi grâce fût accordée ! mais il aurait raison d'être inflexible. Pas de grâce ! jamais de grâce ! justice !

Martin-Guerre ne pensait probablement point comme son maître; car, dans son besoin de pardonner, il ouvrit tout de suite ses bras à Bertrande de Rolles, contrite et repentante.

Bertrande n'eut même pas à répéter les prières et les promesses que, par une dernière mais utile méprise, elle avait adressées au faussaire Arnauld du Thill, croyant parler à son mari. Martin Guerre ne lui laissa pas le temps de déplorer de nouveau ses erreurs et ses faiblesses. Il lui coupa d'abord la parole avec un gros baiser, et l'emmena, triomphant et joyeux, dans cette petite et bienheureuse maison d'Artigues que depuis si longtemps il n'avait pas revue.

Devant cette même maison, enfin retournée aux mains du possesseur légitime, Arnauld du Thill, huit jours après sa condamnation, subit, selon la sentence, la peine que ses crimes avaient si bien méritée.

De vingt lieues à la ronde on vint des campagnes environnantes pour assister à ce supplice, et les rues du pauvre bourg d'Artigues furent plus populeuses ce jour-là que celles de la capitale.

Le coupable, il faut le dire, montra un certain courage à ses derniers momens, et couronna, du moins, par une fin exemplaire son existence indigne.

Quand le bourreau eut crié trois fois au peuple, selon l'usage : Justice est faite ! tandis que la foule se retirait lentement, silencieuse et terrifiée, il y avait, dans la maison de la victime, un homme qui pleurait et une femme qui priait, Martin-Guerre et Bertrande de Rolles.

L'air natal, la vue des lieux où sa jeunesse s'était écoulée, l'affection des parens et des amis anciens, et surtout les soins de Bertrande, eurent en peu de jours dissipé du front de Martin-Guerre jusqu'à la trace du souci.

Un soir de ce même mois de juillet, il était assis à sa porte, sous la treille, après une journée heureuse et calme. Sa femme s'occupait dans la maison à quelques soins de ménage. Mais Martin l'entendait aller et venir, il n'était donc pas seul ! et il regardait à sa droite le soleil qui, se couchant dans tout son éclat, promettait au lendemain une journée aussi belle que celle que venait de s'écouler.

Martin-Guerre ne vit donc pas un cavalier qui venait à sa gauche, et qui s'approcha de lui sans bruit.

Ce cavalier s'arrêta un instant à regarder avec un sourire grave la muette et tranquille contemplation de Martin.

Puis, il avança vers lui la main, et, sans rien dire, le toucha à l'épaule.

Martin-Guerre se retourna vivement, porta la main à on bonnet, se leva :

— Quoi ! c'est vous, monseigneur ! dit-il tout ému. Pardonnez, je ne vous avais pas vu venir.

— Ne t'excuse pas, mon brave Martin, reprit Gabriel (car c'était lui) je n'étais pas venu pour troubler ton calme, mais pour m'en assurer au contraire.

— Oh ! bien, monseigneur n'a qu'à me regarder alors, dit Martin.

— Ainsi faisais-je, Martin, dit Gabriel. Comme cela, tu es heureux ?

— Oh ! plus heureux, monseigneur, que l'hirondelle dans l'air ou le poisson dans l'eau.

— C'est tout simple, reprit Gabriel, d'abord tu as retrouvé dans ta maison l'abondance et le repos.

— Oui, dit Martin-Guerre, c'est là sans doute une des causes de ma satisfaction. J'ai peut-être assez couru le monde, assez vu de batailles, assez veillé, assez jeûné, assez souffert de cent façons, pour avoir un peu le droit, n'est-ce pas, monseigneur, de me délasser avec plaisir pendant quelques jours. Quant à l'abondance, reprit-il en prenant un ton plus grave, j'ai trouvé en effet la maison riche et trop riche. Cet argent-là ne m'appartient pas, et je n'y veux pas toucher. C'est Arnauld du Thill qui l'a apporté, et j'entends le restituer à qui de droit. La première et la plus forte part vous en revient à vous, monseigneur ; c'est l'argent détourné de votre rançon de Calais. La somme est mise de côté, toute prête à vous être rendue. Pour le surplus, qu'Arnauld l'ait pris ou reçu, peu m'importe ! ces écus-là doivent salir les doigts. Maître Carbon-Barreau a pensé comme moi, l'honnête homme ! et, ayant de quoi vivre, il refuse l'héritage indigne de son neveu. Les frais de justice payés, c'est donc aux pauvres du pays que ce reste-là reviendra.

— Mais alors, tu ne dois pas posséder grand'chose, mon pauvre Martin ? dit Gabriel.

— Je vous demande pardon, monseigneur, dit l'écuyer, On n'a pas servi assez longtemps un maître aussi généreux que vous sans qu'il en reste quelque chose. J'ai apporté de Paris dans mon sac une assez bonne somme. En outre, la famille de Bertrande avait du bien et lui a laissé quelque patrimoine. Bref, nous serons encore les richards du pays quand j'aurai acquitté nos dettes et fait nos restitutions.

— Parmi ces restitutions, dit Gabriel, j'espère, Martin, que tu ne refuseras pas venant de moi ce que tu refuserais venant d'Arnauld. Je te prie, mon fidèle serviteur, de garder, à titre de souvenir et de récompense, cette somme que tu dis m'appartenir.

— Comment, monseigneur ! fit Martin-Guerre en se récriant, à moi un présent de cette importance !

— Allons ! dit Gabriel, crois-tu que je prétende payer ton dévouement ? ne serais-je pas toujours ton débiteur ? N'aie donc point de fierté avec moi, Martin, et ne parlons plus de ceci. Il est convenu que tu acceptes ce peu que je t'offre, moins pour toi que pour moi, en vérité ; car, tu me l'as dit, tu n'as pas besoin de cet argent pour vivre riche et considéré dans ton pays, et ce n'est pas cela qui ajoutera grand'chose à ton bonheur. Ton bonheur, tu ne t'en rends peut-être pas bien fidèlement compte, mais il doit être surtout, n'est-ce pas ? dans ton retour aux lieux qui t'ont vu enfant et jeune homme.

— C'est vrai, cela, monseigneur, dit Martin-Guerre. Je me sens à l'aise depuis que je suis ici, uniquement parce que j'y suis. Je regarde avec une joie attendrie des maisons, des arbres, des chemins qu'un étranger ne doit pas seulement remarquer. Décidément, on ne respire bien, je crois, que l'air qu'on a respiré le premier jour de sa vie !

— Et tes amis, Martin ? demanda Gabriel. Je viens, te dis-je, pour m'assurer par moi-même de tous tes sujets de bonheur. As-tu retrouvé tes amis ?

— Hélas ! monseigneur, quelques-uns étaient morts, dit Martin. Mais j'ai encore retrouvé bon nombre des compagnons de mon jeune temps, et tous m'aiment comme par le passé. Eux aussi reconnaissent avec satisfaction ma sincérité, ma bonne amitié et mon dévouement. Dame ! ils sont tout honteux d'avoir pu confondre avec moi Arnauld du Thill, qui leur avait donné, à ce qu'il paraît, des échantillons d'un caractère tout différent du mien. Il y en a même deux ou trois qui s'étaient brouillés avec le faux Martin-Guerre à cause de ses mauvais procédés. Il faut voir comme ceux-là sont fiers et contens! En résumé, ils m'accablent à qui mieux mieux de marques d'estime et d'affection, pour réparer probablement le temps perdu, et, puisque nous en sommes, monseigneur, sur mes sujets de joie, c'en est là une bien douce, je vous assure.

— Je te crois, mon bon Martin, je te crois, dit Gabriel. Ah! çà, mais, entre ces affections qui t'entourent, tu ne me parles pas de celle de ta femme?

— Ah! de ma femme?... reprit Martin-Guerre en se grattant l'oreille d'un air embarrassé.

— Sans doute, de ta femme, dit Gabriel inquiet. Eh! quoi! Est-ce que Bertrande te tourmente encore comme autrefois? Son humeur ne s'est-elle pas amendée? Est-elle donc toujours ingrate envers ta bonté et envers le sort qui lui a donné un si tendre et si loyal mari? Comment! Martin, va-t-elle de nouveau te contraindre par ses façons acariâtres et querelleuses à quitter une seconde fois ton pays et tes chères habitudes?

— Eh! tout au contraire, monseigneur, dit Martin-Guerre, elle m'attache trop à ces habitudes et à ce pays! Elle me soigne, elle me cajole, elle me baise. Plus de caprices ni de rébellions! Ah! bien oui! elle est d'une douceur et d'une égalité d'humeur dont je ne reviens pas. Je n'ai pas plutôt ouvert la bouche qu'elle court. Elle n'attend pas mes désirs, elle les prévient. C'est admirable! et, comme naturellement je ne suis pas non plus impérieux et despotique, mais plutôt facile et débonnaire, nous avons une vie toute de miel, et formons le ménage le mieux uni qui soit au monde.

— A la bonne heure, donc! dit Gabriel; tu m'avais presque effrayé d'abord.

— C'est que, monseigneur, reprit Martin-Guerre, j'éprouve un peu de gêne et de confusion, s'il faut le dire, quand on met ce sujet sur le tapis. Le sentiment que je trouve dans mon cœur, si je m'interroge là-dessus, est assez singulier et me fait un peu honte. Mais, avec vous, n'est-il pas vrai? monseigneur, je puis m'exprimer en toute sincérité et naïveté?

— Assurément, dit Gabriel.

Martin-Guerre regarda craintivement autour de lui pour voir si personne ne l'écoutait, et surtout si sa femme ne pouvait l'entendre. Puis, baissant la voix:

— Eh bien! monseigneur, dit-il, non-seulement je pardonne à ce pauvre Arnauld du Thill; mais à cette heure, je le bénis. Quel service il m'a rendu! d'une tigresse il a fait une brebis, d'un démon un ange. Je recueille les bienheureux résultats de ses manières brutales sans avoir à les reprocher. A tous les maris contrariés et tourmentés: et le nombre en est grand, dit-on, je souhaite uniquement... un Sosie, un Sosie aussi... persuasif que le mien. Enfin, monseigneur, Arnauld du Thill m'a occasionné bien des désagrémens et des chagrins, c'est vrai; mais ces peines ne seront-elles pas, et au delà, compensées, s'il a su, par son énergique système, assurer mon bonheur domestique et la tranquillité de mes derniers jours?

— C'est certain, dit en souriant le jeune comte de Montgommery.

— J'ai donc raison, conclut gaiement Martin, de bénir Arnauld, quoique en secret, puisque je puis à toute heure des fruits fortunés de sa collaboration. J'ai, vous le savez, monseigneur, quelque philosophie dans le caractère; et je prends partout le bon côté des choses. Or, il faut convenir qu'Arnauld m'a servi en tout point plus encore qu'il ne m'a nui. Il a été par intérim le mari de ma femme; mais il me l'a rendue plus douce qu'un jour de mai. Il m'a volé momentanément mes biens et mes amis; mais, grâce à lui, ces biens me reviennent augmentés et les amitiés consolidées. Enfin, il m'a fait passer par de fort rudes épreuves, notamment à Noyon et à Calais; mais ma vie actuelle ne m'en semble que plus agréable. Je n'ai donc qu'à me louer de ce bon Arnauld, et je m'en loue.

— C'est d'un cœur reconnaissant, dit Gabriel.

— Oh! mais, dit Martin-Guerre reprenant son sérieux, celui qu'avant tout et par dessus tout dois remercier et vénérer ma reconnaissance, ce n'est pas cet Arnauld du Thill, bienfaiteur fort involontaire, c'est vous, monseigneur, vous à qui je dois réellement tous ces biens, patrie, fortune, amis et femme!

— Encore une fois, assez là-dessus, Martin! dit Gabriel. Tout ce que je demande, c'est que ces biens tu les aies. Et tu les as, n'est-ce pas? répète-le-moi encore, tu es heureux?

— Je vous le répète, monseigneur, heureux comme je ne l'ai jamais été.

— C'est tout ce que je voulais savoir, dit Gabriel. Et, maintenant, je puis partir.

— Comment! partir! s'écria Martin. Vous pensez déjà à partir, monseigneur?

— Oui, Martin. Rien ne m'attache ici, moi.

— Pardon, c'est juste, et quand donc partez-vous?

— Mais dès ce soir, dit Gabriel.

— Et vous ne m'avez pas averti! s'écria Martin-Guerre. Moi qui oubliais! moi qui m'endormais! fainéant! Mais attendez, attendez, monseigneur, ce ne sera pas long, allez!

— Quoi donc! dit Gabriel.

— Eh! mes apprêts de départ, donc!

Il se leva, agile et empressé, et courut à la porte de sa maison.

— Bertrande! Bertrande! appela-t-il.

— Pourquoi appelles-tu ta femme, Martin? demanda Gabriel.

— Pour qu'elle me fasse tout de suite mon paquet et ses adieux, monseigneur.

— Mais c'est inutile, mon bon Martin, tu ne pars pas avec moi.

— Quoi! vous ne m'emmenez pas, monseigneur? dit Martin-Guerre.

— Non, je pars seul, dit Gabriel.

— Pour ne plus revenir?

— Pour ne pas revenir de longtemps, du moins.

— Alors, qu'avez-vous donc, monseigneur, à me reprocher, demanda tristement Martin-Guerre.

— Mais, rien, Martin, tu es le plus fidèle et le plus dévoué des serviteurs.

— Pourtant, reprit Martin, il est naturel que le serviteur suive le maître, que l'écuyer suive le cavalier, et vous ne m'emmenez pas!

— J'ai trois bonnes raisons pour cela, Martin.

— Oserai-je, monseigneur, vous demander lesquelles?

— D'abord, reprit Gabriel, il y aurait cruauté, Martin, à t'arracher à ce bonheur que tu goûtes si tardivement, et à ce repos que tu as si bien gagné.

— Oh! quant à cela, monseigneur, mon devoir est de vous accompagner et de vous servir jusqu'à ma dernière heure, et j'abandonnerais, je crois, le paradis pour vous.

— Oui, mais c'est à moi à ne pas abuser de ce zèle don je te remercie, dit Gabriel. En second lieu, le douloureux accident dont tu as été victime à Calais ne te permet plus, mon pauvre Martin, de me rendre des services aussi actif que par le passé.

— Il est vrai, monseigneur, que je ne puis plus, hélas! combattre à vos côtés ni monter à cheval avec vous. Mais à Paris, à Montgommery, ou même au camp, il est des offices de confiance, dont vous pourriez, je l'espère, encore charger le pauvre invalide, et dont il s'acquitterait de son mieux.

— Je le sais, Martin: aussi peut-être aurais-je l'égoïsme d'accepter, sans une troisième raison.

— Puis-je la connaître?

— Oui, reprit Gabriel avec une gravité mélancolique, mais à condition, d'abord que tu ne l'approfondiras pas, et puis que tu t'en contenteras, et que tu n'insisteras plus pour me suivre.

— C'est donc bien sérieux et bien impérieux, monseigneur ?

— C'est triste et sans réplique, Martin, dit Gabriel d'une voix profonde. Jusqu'ici, ma vie a été toute d'honneur, et, si j'avais voulu laisser prononcer plus souvent mon nom, eût été toute de gloire. Je crois en effet avoir rendu à la France et au roi d'immenses services, et, pour ne parler que de Saint-Quentin et de Calais, j'ai peut-être largement et noblement payé ma dette à la patrie.

— Qui le sait mieux que moi, monseigneur ? dit Martin-Guerre.

— Oui, mais, Martin, autant cette première part de mon existence aura été loyale et généreuse, et s'appellera le grand jour et la lumière, autant celle qui me reste à remplir sera sombre, effrayante, et cherchera le secret et les ténèbres. J'aurai sans doute la même énergie à déployer, mais pour une cause que je n'avouerai pas, vers un but que je cacherai. J'avais jusqu'ici, en champ ouvert, devant Dieu et devant les hommes, à gagner joyeusement une récompense. J'ai maintenant, dans la nuit et dans l'angoisse à venger un crime. Je me battais ; je dois punir. De soldat de la France, je deviens le bourreau de Dieu.

— Jésus ! s'écria Martin-Guerre en joignant les mains.

— Donc, reprit Gabriel, il faut que je sois seul pour cette œuvre sinistre où moi-même je prie le ciel d'employer mon bras et non ma volonté, où je voudrais être seulement un instrument aveugle et non une tête pensante. Et puisque je demande, puisque j'espère que mon terrible devoir ne prendra que la moitié de mon être, comment veux-tu, Martin, que je songe à t'y associer ?

— C'est juste, et je comprends cela, monseigneur, dit le fidèle écuyer en baissant la tête. Je vous remercie d'avoir daigné me donner cette explication, bien qu'elle m'afflige, et je me résigne comme je vous l'avais promis.

— Et moi, je te remercie à mon tour de cette soumission, dit Gabriel ; le dévouement ici est de ne point trop alourdir le pesant fardeau de responsabilité qui déjà m'accable.

— Mais quoi, monseigneur, reprit Martin-Guerre, ne puis-je absolument rien pour vous servir en cette occasion ?

— Tu peux prier Dieu, Martin, pour que, selon mon souhait, il m'épargne cette initiative qui me coûte tant à aborder. Tu as un cœur pieux et une vie honnête et pure, ami, et ta prière peut m'aider ici plus que ton bras.

— Je prierai, monseigneur, je prierai ; avec quelle ardeur ! Je n'ai pas besoin de vous le dire.

— Maintenant, adieu, Martin, reprit Gabriel ; il faut que je te quitte pour retourner à Paris, pour être prêt et présent au jour qu'il plaira à Dieu d'assigner. Toute ma vie j'ai défendu le droit et combattu pour l'équité : que le Seigneur s'en souvienne au jour suprême dont je parle ! qu'il fasse rendre justice à son serviteur comme j'ai fait rendre justice au mien !

Et les yeux au ciel, le noble jeune homme répétait :

— Justice ! justice !

Depuis six mois, quand Gabriel avait les yeux ouverts, c'était d'ordinaire pour les tenir ainsi fixés au ciel auquel il demandait justice. Quand il les refermait, c'était toujours pour revoir la sombre prison du Châtelet dans sa pensée plus sombre, qui criait alors en lui : Vengeance !

Dix minutes après, il s'arrachait à grand'peine aux adieux et aux larmes de Martin-Guerre et de Bertrande de Rolles que celui-ci avait appelée.

— Allons, adieu, adieu ! mon bon Martin, mon fidèle ami ! fit-il en dégageant presque de force ses mains de celles de son écuyer, qui les lui baisait en sanglotant. Il faut que je parte, adieu ! nous nous reverrons.

— Adieu, monseigneur, et que Dieu vous garde ! oh ! qu'il vous garde !

C'est tout ce que put dire le pauvre Martin-Guerre tout suffoqué.

Et il regarda à travers ses pleurs son maître et son bienfaiteur remonter à cheval et s'enfoncer dans les ténèbres qui commençaient à s'épaissir et qui lui dérobèrent bientôt le sombre cavalier, comme elles lui avaient dérobé depuis longtemps sa vie.

LXXVII.

DEUX LETTRES.

A la suite de ce procès si difficile et si heureusement terminé des deux Martin-Guerre, Gabriel de Montgommery disparut de nouveau pendant plusieurs mois, et reprit son existence errante, indécise et mystérieuse. On le rencontrait encore en vingt lieux différens. Néanmoins, il ne s'éloignait jamais des environs de Paris ni de la cour, s'arrangeant dans l'ombre de manière à tout voir sans être vu.

Il guettait les événemens ; mais les événemens se disposaient mal à son gré. L'âme du jeune homme, tout entière à une seule idée, n'entrevoyait pas encore l'issue qu'attendait sa juste vengeance.

Le seul fait d'importance qui se passa dans le monde politique pendant ces quelques mois, ce fut la conclusion de la paix par le traité de Cateau-Cambrésis.

Le connétable de Montmorency, jaloux des exploits du duc de Guise et des nouveaux droits que son rival acquérait chaque jour à la reconnaissance de la nation et à la faveur du maître, avait enfin arraché cette paix à Henri II par l'influence toute-puissante de Diane de Poitiers.

Le traité fut signé le 3 avril 1559. Bien que conclu en pleine victoire, il n'était guère avantageux à la France.

Elle conservait les Trois-Évêchés, Metz, Toul et Verdun, avec leurs territoires. Elle retenait Calais pour huit ans seulement et payait huit cent mille écus d'or à l'Angleterre, si la place n'était pas restituée dans cet espace de temps (mais cette clef de la France ne fut jamais rendue, et les huit cent mille écus ne furent pas payés). Enfin, la France rentrait en possession de Saint-Quentin et de Ham, et gardait provisoirement, dans le Piémont, Turin et Pignerol.

Mais Philippe II obtint en toute souveraineté les fortes places de Thionville, Marienbourg, Hesdin. Il fit raser Thérouanne et Yvoy. Il fit rendre Bouillon à l'évêque de Liège, aux Génois l'île de Corse, à Philibert de Savoie la plus grande partie de la Savoie et du Piémont conquis sous François Ier. Enfin il stipula son mariage avec Élisabeth, fille du roi, et celui du duc de Savoie avec la princesse Marguerite. C'étaient là, pour lui, d'énormes avantages, et tels que sa victoire de Saint-Laurent ne lui en avait pas fait espérer de plus grands.

Le duc de Guise, en accourant, furieux, de l'armée, accusa hautement et non sans raison la trahison de Montmorency et la faiblesse du roi d'avoir cédé d'un trait de plume ce que les armes espagnoles n'auraient pu nous arracher après trente années de succès.

Mais le mal était fait, et le sombre mécontentement du Balafré n'y réparait rien.

Gabriel ne s'en réjouit point. Sa justice poursuivait l'homme dans le roi et non pas le roi dans la France. Il eût bien voulu se venger avec sa patrie mais non pas contre elle.

Cependant, il nota dans son esprit le ressentiment qu'avait dû concevoir et qu'avait conçu le duc de Guise en voyant les sublimes efforts de son génie déjoués par les sourdes menées de l'intrigue.

La colère d'un Coriolan princier pouvait servir dans l'occasion les desseins de Gabriel.

François de Lorraine n'était pas d'ailleurs, tant s'en faut ! le seul mécontent du royaume.

Un jour, Gabriel rencontra aux environs du Pré-aux-Clercs le baron de La Renaudie, qu'il n'avait pas revu depuis la conférence matinale de la rue Saint-Jacques.

Au lieu de l'éviter, comme il le faisait chaque fois qu'un

visage de connaissance se trouvait devant lui, Gabriel l'aborda.

Ces deux hommes étaient faits pour s'entendre ; ils se ressemblaient par plus d'un côté, notamment par la loyauté et l'énergie. Tous deux également étaient nés pour l'action et passionnés pour la justice.

Après les premiers complimens échangés :
— Eh bien ! dit La Renaudie résolument, j'ai vu maître Ambroise Paré, vous êtes des nôtres, n'est-ce pas ?
— De cœur, oui, de fait, non, répondit Gabriel.
— Et quand donc enfin nous appartiendrez-vous tout à fait et ouvertement ? dit La Renaudie.
— Je ne vous tiendrai plus maintenant le langage égoïste qui vous avait peut-être indignés contre moi, reprit Gabriel. Je vous répondrai au contraire : Je veux être à vous quand vous aurez besoin de moi, et quand je n'aurai plus besoin de vous.
— C'est de la générosité ! repartit La Renaudie. Le gentilhomme vous admire, l'homme de parti ne peut vous imiter. Si vous attendez le moment où nous aurons besoin de tous nos amis, sachez que le moment est venu.
— Qu'arrive-t-il donc ? demanda Gabriel.
— Il y a un coup secret monté contre ceux de la religion, dit La Renaudie. On veut se débarrasser en une seule fois de tous les protestans.
— Quels indices vous le font présumer ?
— Mais on ne se cache guère, reprit le baron. Antoine Minard, le président au parlement, a dit tout haut, dans un conseil à Saint-Germain, « Qu'il fallait frapper un coup, si l'on ne voulait tomber dans une espèce de république comme les États suisses. »
— Quoi ! il a prononcé ce mot de *république* ? s'écria Gabriel surpris. Mais sans nul doute, pour qu'on exagérât le remède, il exagérait le danger ?
— Pas beaucoup, reprit La Renaudie en baissant la voix. Il ne l'exagérait pas beaucoup, à vrai dire. Nous aussi, allez ! nous sommes un peu changés depuis notre réunion dans la chambre de Calvin. Les théories d'Ambroise Paré ne nous sembleraient plus aujourd'hui si hardies ! et voyez d'ailleurs qu'on nous pousse aux partis extrêmes.
— Alors, dit vivement Gabriel, je serai peut-être des vôtres plus tôt que je ne le pensais.
— A la bonne heure, donc ! s'écria La Renaudie.
— De quel côté faut-il que j'aie les yeux ? demanda Gabriel.
— Sur le parlement, dit le baron. C'est là que la question va s'engager. Le parti évangéliste y compte une redoutable minorité, Anne Dubourg, Henri Dufaur, Nicolas Duval, Eustache de la Porte, et vingt autres. Aux mercuriales qui requièrent l'exécution des poursuites contre les hérétiques, ces partisans du calvinisme répondent en demandant la réunion du concile général, qui, aux termes des décrets de Constance et de Bâle, doit résoudre les affaires religieuses. Ils ont pour eux le droit ; donc, il faudra qu'on emploie contre eux la violence. Mais nous veillons, veillez avec nous.
— Cela suffit, dit Gabriel.
— Restez à Paris, à votre hôtel, pour qu'on vous y avertisse au besoin, reprit La Renaudie.
— Cela me coûte, mais j'y resterai, dit Gabriel, pourvu que vous ne m'y laissiez pas languir trop longtemps. Vous avez assez écrit et parlé, ce me semble, il faudrait réaliser et agir.
— C'est mon avis, reprit La Renaudie. Tenez-vous prêt et soyez tranquille !

Ils se séparèrent. Gabriel s'éloigna tout pensif.

Dans l'ardeur de la vengeance, sa conscience ne se fourvoyait-elle pas ? Voilà que maintenant il poussait à la guerre civile !

Mais, puisque les événemens ne venaient pas à lui, il fallait bien qu'il allât à eux.

Ce jour même, Gabriel revint à son hôtel de la rue des Jardins-Saint-Paul.

Il n'y retrouva que sa fidèle Aloyse. Martin-Guerre n'y était plus ; André était resté près de madame de Castro ; Jean et Babette Peuquoy étaient retournés à Calais, pour, de là, rentrer à Saint-Quentin, dont le traité de Cateau-Cambrésis rouvrait les portes au tisserand patriote.

Le retour du maître dans sa maison déserte fut donc, cette fois, encore plus triste que de coutume. Mais la maternelle nourrice ne l'aimait-elle pas pour tous ? Il faut renoncer à peindre la joie de la digne femme quand Gabriel lui apprit qu'il allait demeurer sans doute pour quelque temps avec elle. Il vivrait dans la retraite la plus cachée et la solitude la plus absolue ; mais enfin il resterait, il ne sortirait que très rarement ; Aloyse le verrait, le soignerait ! Il y avait bien longtemps qu'elle ne s'était sentie aussi heureuse !

Gabriel enviait avec un sourire triste ce bonheur d'une âme aimante. Hélas ! il ne pouvait plus le partager, lui. Sa vie n'était désormais pour lui-même qu'une énigme terrible dont il redoutait et désirait à la fois la solution.

Ce fut dans ces impatiences et ces appréhensions que ses jours s'écoulèrent, inquiets et ennuyés, pendant un mois et plus.

Selon sa promesse à sa nourrice, il ne quittait guère l'hôtel ; seulement, le soir, il allait quelquefois rôder autour du Châtelet, et, en revenant, il s'enfermait de longues heures dans le caveau funèbre où des ensevelisseurs inconnus avaient une nuit furtivement apporté le corps de son père.

Gabriel prenait un sombre plaisir à se reporter ainsi au jour de l'outrage pour entretenir son courage avec sa colère.

Quand il revoyait les noires murailles du Châtelet, quand il revoyait surtout la tombe de marbre où était venue aboutir la souffrance d'une si noble vie, l'effrayante matinée où il avait fermé les yeux à son père assassiné se représentait à lui dans toute son horreur.

Alors, ses poings se crispaient, ses cheveux se hérissaient, sa poitrine se gonflait, et il sortait de cette contemplation terrible avec une haine toute neuve.

Dans ces momens-là, Gabriel regrettait d'avoir mis sa vengeance à la remorque des circonstances ; attendre lui devenait insupportable.

Enfin ! tandis qu'il attendait si patiemment, les meurtriers étaient triomphans et joyeux ! Ce roi trônait paisiblement dans son Louvre ! Ce connétable s'enrichissait des misères du peuple ! Cette Diane de Poitiers s'enivrait de ses amours infâmes !

Cela ne pouvait durer ! Puisque la foudre de Dieu dormait, puisque la douleur des opprimés tremblait, Gabriel se passerait de Dieu et des hommes, ou plutôt il serait l'instrument et des justices célestes et des rancunes humaines.

Là-dessus, emporté par un mouvement irrésistible, il portait la main à la poignée de son épée, il faisait un pas pour sortir...

Mais alors, sa conscience épouvantée lui rappelait la lettre de Diane de Castro, cette lettre écrite de Calais, dans laquelle sa bien-aimée le suppliait de ne pas punir par lui-même, et, à moins qu'il ne fût un instrument involontaire, de ne pas frapper, fût-ce des coupables.

Gabriel relisait cette lettre touchante, et laissait retomber son épée au fourreau.

Indigné de ses remords, il se remettait à attendre.

Gabriel, en effet, était bien de ceux qui agissent, mais non pas de ceux qui conduisent. Son énergie était admirable quand il avait sous lui une armée, un parti ou seulement un grand homme. Mais il n'était ni d'un rang, ni d'une nature à exécuter seul des choses extraordinaires, même dans le bien, à plus forte raison dans le crime. Il n'était ni un prince puissant, ni un puissant génie. Le pouvoir et la volonté de l'initiative lui manquaient également.

A côté de Coligny et du duc de Guise, il avait accompli de surprenans exploits. Mais maintenant, comme il l'avait donné à entendre à Martin-Guerre, sa tâche était bien changée : au lieu de l'ennemi à combattre, il avait son roi à punir. Et personne, cette fois, pour l'aider dans cette œuvre terrible !

Il comptait encore, néanmoins, sur ces mêmes hommes qui lui avaient prêté déjà leur puissance, sur Coligny le protestant, sur le duc de Guise l'ambitieux.

Une guerre civile pour la défense de la vérité religieuse, une révolte pour le triomphe de l'usurpation d'un grand génie, telles étaient les espérances secrètes de Gabriel. La mort ou la déposition de Henri II, son châtiment, dans tous les cas, résultait de l'un ou de l'autre de ces soulèvemens. Gabriel s'y montrerait au second rang comme un homme du premier. Il tiendrait jusqu'au bout le serment fait au roi lui-même : il poursuivrait le parjure jusque dans ses enfans et ses petits-enfans.

Si ces deux chances lui manquaient, Gabriel, accoutumé à ne venir qu'à la suite, n'aurait plus qu'à laisser faire Dieu.

Mais ces deux chances ne parurent pas d'abord devoir lui manquer. Un jour, le 13 juin, Gabriel reçut presque en même temps deux lettres.

La première lui fut apportée, vers les cinq heures de l'après-midi, par un homme mystérieux qui ne voulut la remettre qu'à lui seul, et ne la lui remit qu'après avoir comparé les traits de son visage aux indications d'un signalement précis.

Voici en quels termes cette lettre était conçue :

« Ami et frère,

» L'heure est venue, les persécuteurs ont levé le masque. Bénissons Dieu ! Le martyre mène à la victoire.

» Ce soir même, à neuf heures, cherchez, place Maubert, une porte de couleur brune, au nº 11.

» Vous frapperez à cette porte trois coups séparés par un intervalle régulier. Un homme ouvrira et vous dira : N'entrez pas, vous n'y verriez pas clair. Vous lui répondrez : J'apporte ma lumière avec moi. L'homme vous conduira à un escalier de dix-sept marches que vous gravirez dans l'obscurité. En haut, un second acolyte vous abordera en vous disant : Que demandez-vous ? Répondez : Ce qui est juste. Vous serez introduit alors dans une chambre déserte où quelqu'un vous dira à l'oreille le mot d'ordre : *Genève*. Vous répondrez par le mot de ralliement : *Gloire*. Aussitôt l'on vous amènera parmi ceux *qui ont aujourd'hui besoin de vous*.

» A ce soir, ami et frère. Brûlez ce billet. Discrétion et courage !

» L. R. »

Gabriel se fit apporter une lampe allumée, brûla devant le messager la lettre et lui dit pour toute réponse :

— J'irai.

L'homme salua et se retira.

— Allons ! se dit Gabriel, voilà enfin les religionnaires qui se lassent !

Sur les huit heures, comme il réfléchissait encore à cette convocation de La Renaudie, un page aux armes de Lorraine fut amené auprès de lui par Aloyse.

Le page était porteur d'une lettre ainsi conçue :

« Monsieur et cher compagnon,

» Je suis depuis six semaines à Paris, de retour de cette armée où je n'avais plus que faire.

» On m'assure que vous devez être aussi depuis quelque temps chez vous. Comment ne vous ai-je pas revu ? M'auriez-vous oublié aussi dans ces temps d'ingratitude et d'oubli ? non, je vous connais, c'est chose impossible.

» Venez donc : Je vous attendrai, si vous voulez, demain matin, à dix heures dans mon logement des Tournelles.

» Venez, ne fût-ce que pour nous consoler mutuellement de ce qu'ils ont fait de nos succès.

» Votre ami bien affectionné,

» François de Lorraine. »

— J'irai, dit encore simplement Gabriel au page.

Et, quand l'enfant se fut retiré :

— Allons ! pensa-t-il, voilà aussi l'ambitieux qui s'éveille !

Bercé par un double espoir, il se mettait en route un quart d'heure après pour la place Maubert.

LXXVIII.

UN CONCILIABULE DE PROTESTANS.

La maison nº 11 de la place Maubert, où la lettre de La Renaudie donnait rendez-vous à Gabriel, était celle d'un avocat nommé Trouillard. On la citait déjà vaguement dans le peuple comme un lieu de réunion des hérétiques. Des chants lointains de psaumes entendus quelquefois le soir par les voisins avaient accrédité ces bruits dangereux. Mais ce n'étaient que des bruits, et la police du temps n'avait pas encore eu l'idée de les vérifier.

Gabriel trouva sans peine la porte brune, et, d'après les instructions de la lettre, frappa trois coups régulièrement espacés.

La porte s'ouvrit comme d'elle-même, mais une main saisit dans l'ombre la main de Gabriel, et quelqu'un lui dit :

— N'entrez pas, vous n'y verriez pas clair.

— J'apporte avec moi ma lumière, répondit Gabriel, selon la formule.

— Entrez alors, lui dit la voix, et suivez la main qui vous guide.

Gabriel obéit et fit ainsi quelques pas. Puis, on le lâcha en disant :

— Allez maintenant.

Gabriel sentit avec son pied la première marche d'un escalier. Il compta dix-sept degrés et s'arrêta.

— Que demandez-vous ? lui dit une autre voix.

— Ce qui est juste, répondit-il.

Une porte s'ouvrit aussitôt devant lui, et il entra dans une chambre éclairée par une faible lumière.

Un homme s'y trouvait seul, qui s'approcha de Gabriel et lui dit tout bas :

— *Genève !*

— *Gloire !* repartit sur-le-champ le jeune comte.

L'homme alors frappa sur un timbre, et La Renaudie en personne entra par une porte dérobée.

Il vint à Gabriel et lui serra la main affectueusement.

— Savez-vous ce qui s'est passé au parlement aujourd'hui ? lui demanda-t-il.

— Je ne suis pas sorti de chez moi, répondit Gabriel.

— Vous allez donc tout apprendre ici, reprit La Renaudie. Vous ne vous êtes pas encore engagé avec nous, n'importe ! nous nous engagerons avec vous. Vous saurez nos desseins, vous compterez nos forces ; il n'y aura plus rien de secret pour vous dans les choses de notre parti. Vous, cependant, vous resterez libre d'agir seul ou avec nous, à votre gré. Vous m'avez dit que vous étiez des nôtres d'intention, cela suffit. Je ne vous demande même pas votre parole de gentilhomme de ne rien révéler de ce que vous verrez ou entendrez. Avec vous la précaution est inutile.

— Merci de cette confiance ! dit Gabriel touché. Je ne vous en ferai pas repentir.

— Entrez avec moi, reprit La Renaudie, et restez à mon côté ; je vous dirai à mesure les noms de ceux de nos frères que vous ne connaîtrez pas ! Vous jugerez par vous-même de nos forces. Venez.

Il prit Gabriel par la main, poussa le ressort secret de la porte dérobée, et entra avec lui dans une grande salle oblongue où deux cents personnes environ étaient rassemblées.

Quelques flambeaux épars çà et là n'éclairaient qu'à demi les groupes mouvans. D'ailleurs ni meubles, ni tentures, ni bancs : une chaire de bois grossier pour le ministre ou l'orateur : voilà tout.

La présence d'une vingtaine de femmes expliquait, mais ne justifiait nullement (hâtons-nous de le dire), les calomnies auxquelles donnaient lieu parmi les catholiques ces conciliabules nocturnes et secrets des réformés.

Personne ne remarqua l'entrée de Gabriel et de son guide. Tous les yeux et toutes les pensées étaient tournés vers celui qui occupait dans le moment la tribune : religionnaire au front triste et à la parole grave.

La Renaudie le nomma à Gabriel.

— C'est le conseiller au parlement Nicolas Duval, lui dit-il tout bas. Il vient de commencer le récit de ce qui s'est passé aujourd'hui aux Augustins. Ecoutez :

Gabriel écouta.

« — Notre salle ordinaire du palais, continuait l'orateur, étant occupée par les apprêts des fêtes du mariage de la princesse Elisabeth, nous siégions provisoirement pour la première fois aux Augustins, et je ne sais, mais l'aspect de cette salle inusitée nous fit d'abord vaguement pressentir quelque événement inusité aussi.

» Cependant le président Gilles Lemaître ouvrit la séance comme de coutume, et rien ne semblait donner raison aux appréhensions de quelques-uns d'entre nous.

» On reprit la question agitée le mercredi précédent. Il s'agissait des opinions religieuses. Antoine Fumée, Paul de Foix et Eustache de la Porte parlèrent successivement en faveur de la tolérance, et leurs discours éloquens et fermes paraissaient avoir fait une vive impression sur la majorité.

» Eustache de La Porte venait de se rasseoir au milieu des applaudissemens, et Henri Dufaur prenait la parole pour emporter les suffrages encore hésitans, quand tout à coup la grande porte s'ouvrit, et l'huissier du parlement annonça tout haut : Le roi.

» Le président ne parut nullement surpris, et descendit en hâte de son siége pour aller au devant du roi. Tous les conseillers se levèrent en désordre, les uns tout stupéfaits, les autres fort calmes et comme s'attendant à ce qui arrivait.

» Le roi entra accompagné du cardinal de Lorraine et du connétable.

» — Je ne viens pas déranger vos travaux, messieurs du parlement, dit-il d'abord, je viens les seconder.

» Et, après quelques complimens insignifians, il termina en disant :

» — La paix est conclue avec l'Espagne ; mais, à l'occasion des guerres, il y a eu de mauvaises hérésies qui se sont introduites en ce royaume ; il les faut éteindre comme la guerre. Pourquoi n'avez-vous pas entériné un édit contre les luthériens que je vous ai mandé ?... Cependant, je le répète, continuez à poursuivre librement en ma présence les délibérations commencées.

» Henri Dufaur qui avait la parole la reprit courageusement sur ce mot du roi, plaida la cause de la liberté de conscience, et ajouta même à ce hardi plaidoyer quelques avertissemens tristes et sévères sur la conduite du gouvernement du roi.

» — Vous vous plaignez des troubles ? s'écria-t-il. Eh bien ! nous en savons l'auteur. On pourrait répondre ce qu'Élie disait à Achab : « C'est vous qui tourmentez Israël ! »

» Henri II se mordit les lèvres en pâlissant mais garda le silence.

» Alors Dubourg se leva et fit entendre des remontrances plus directes et plus sérieuses encore.

» — Je sens, dit-il, qu'il est certains crimes, Sire, qu'on doit impitoyablement punir, tels que l'adultère, le blasphème, le parjure, qu'on favorise tous les jours par le désordre et les amours coupables. Mais de quoi accuse-t-on ceux qu'on livre au bras du bourreau? De lèse-majesté? Jamais ils n'ont omis le nom du prince en leurs prières ! Jamais ils n'ont ourdi de révolte ou de trahison ! Quoi ! parce qu'ils ont découvert par les lumières des Saintes Écritures les grands vices et les hontes et défauts de la puissance romaine, parce qu'ils ont demandé qu'on y mît ordre, est-ce une licence digne du feu?

» Le roi ne bougeait toujours pas. Mais on sentait couver sourdement sa colère.

» Le président Gilles Lemaître voulut flatter bassement cette rancune muette.

» — Il s'agit des hérétiques ! s'écria-t-il avec une feinte indignation. Qu'on en finisse avec eux comme avec les Albigeois : Philippe-Auguste en a fait brûler six cents le même jour.

» Ce langage violent servait peut-être encore plus la bonne cause que la fermeté modérée des nôtres. Il devenait évident qu'en définitive le résultat des opinions allait être au moins balancé.

» Henri II le comprit et voulut tout brusquer par un coup d'état.

» — Monsieur le président a raison, dit-il. Il faut en finir avec les hérétiques, où qu'ils se réfugient. Et, pour commencer, monsieur le connétable, qu'on arrête sur-le-champ ces deux rebelles.

» Il montra de la main Henri Dufaur et Anne Dubourg, et sortit précipitamment comme ne pouvant plus contenir son courroux.

» Je n'ai pas besoin de vous dire, amis et frères, que monsieur de Montmorency obéit aux ordres du roi. Dubourg et Dufaur furent enlevés et saisis au corps en plein parlement, et nous demeurâmes tous consternés.

» Gilles Lemaître trouva seul le courage d'ajouter :

» — C'est justice ! Ainsi soient punis tous ceux qui oseraient manquer de respect à la majesté royale !

» Mais, comme pour le démentir, des gardes entrèrent de nouveau dans l'enceinte des lois, et, en exécution d'autres ordres qu'ils produisirent, arrêtèrent encore de Foix, Fumée et de Laporte, qui avaient parlé, eux, avant l'arrivée du roi, et s'étaient bornés à défendre la tolérance religieuse, sans articuler contre le souverain le moindre reproche.

» Il était donc certain que ce n'était pas pour leurs remontrances au roi mais bien pour leurs opinions religieuses que cinq membres inviolables du parlement venaient, au moyen d'un guet-apens odieux, de tomber sous le coup d'une accusation capitale. »

Nicolas Duval se tut. Les murmures de douleur et de colère de l'assemblée avaient interrompu vingt fois et suivirent plus énergiquement que jamais le récit de cette grande et orageuse séance qui, pour nous, à distance, semble en vérité appartenir à une autre assemblée, et a l'air de s'être passée deux cent trente ans plus tard.

Seulement, deux cent trente ans plus tard, ce n'était pas la royauté, c'était la liberté qui devait avoir le dernier mot !...

Le ministre David succéda dans la chaire à Nicolas Duval.

— Frères, dit-il, avant la délibération, pour que Dieu l'anime de son esprit de vérité, élevons ensemble vers lui par quelque psaume nos voix et nos pensées.

— Le psaume 40 ! crièrent plusieurs des réformés.

Et tous se mirent à entonner ledit psaume.

Il était singulièrement choisi pour rétablir le calme. C'était beaucoup plus, il faut l'avouer, le chant de la menace que l'hymne de la prière.

Mais l'indignation débordait en ce moment dans les âmes, et c'était d'un accent pénétré que tous chantaient ces strophes, où leur émotion remplaçait presque la poésie absente :

> Gens insensés, où avez-vous les cœurs
> De faire guerre à Jésus-Christ ?
> Pour soutenir cet Ante-Christ,
> Jusques à quand serez persécuteurs ?
> Traîtres abominables !
> Le service des diables
> Vous allez soutenant ;
> Et de Dieu les édits

Par vous sont interdits
A tout homme vivant.

La dernière stance était surtout significative :

Empêchez plus la prédication
De la parole et vive voix
De notre Dieu, le roi des rois !
Ou vous verrez sa malédiction
Sur vous, prompte, s'étendre,
Qui vous fera descendre
Aux enfers ténébreux,
Où vous serez punis
Des maux qu'avez commis
Par tourmens douloureux.

Le psaume terminé, comme si ce premier cri vers Dieu eût déjà soulagé les cœurs, le silence se rétablit et la délibération put s'ouvrir.

La Renaudie prit le premier la parole pour en préciser d'abord les termes et le sens.

— Frères, dit-il de sa place, en présence d'un fait inouï qui renverse toutes les idées du droit et de l'équité, nous avons à déterminer la conduite que doit tenir le parti de la réforme ? Allons-nous patienter encore, ou bien agirons-nous ? et, dans ce cas, comment agirons-nous ? telles sont les questions que chacun doit ici se poser et résoudre selon sa conscience. Vous voyez que nos persécuteurs ne parlent de rien moins que d'un massacre universel, et prétendent nous rayer tous de la vie comme un mot mal écrit d'un livre. Attendrons-nous docilement le coup mortel ? Ou bien, puisque la justice et la loi sont violées par ceux-là mêmes dont le devoir est de les protéger, essaierons-nous de nous faire justice à nous-mêmes et de substituer pour un moment la force à la loi ?... A vous de répondre, frères et amis.

La Renaudie fit une courte pause, comme pour laisser le temps au redoutable dilemme de se poser bien nettement dans tous les esprits ; puis, il reprit, voulant à la fois éclairer et hâter la conclusion :

— Deux partis divisent, nous le savons malheureusement tous, ceux que la cause de la réforme et de la vérité devrait réunir : il y a parmi nous le parti de la noblesse et le parti de Genève ; mais, devant le danger et l'ennemi commun, il sied, ce me semble, que nous n'ayons qu'un cœur et qu'une volonté. Les membres de l'une et l'autre fraction sont également invités à donner leur avis et à proposer leurs moyens. Le conseil qui offrira les meilleures chances de réussite, de quelque part qu'il vienne, doit être universellement adopté. Et maintenant, parlez, amis et frères, en toute liberté et en toute confiance.

Le discours de La Renaudio fut suivi d'une assez longue hésitation.

Ce qui manquait justement à ceux qui l'écoutaient, c'était la liberté, c'était la confiance.

Et, d'abord, malgré l'indignation dont tous les cœurs étaient réellement pleins, la royauté conservait alors un trop grand prestige pour que les réformés, conspirateurs novices, osassent exprimer tout de suite franchement et sans arrière-pensée leurs idées de rébellion armée. Ils étaient résolus et dévoués en masse ; mais chacun en particulier reculait devant la responsabilité d'une première motion. Tous voulaient bien suivre le mouvement, aucun n'osait le donner.

Puis, ainsi que La Renaudie l'avait fait entendre, ils se défiaient les uns des autres ; chacun des deux partis ne savait où l'autre le conduirait, et cependant leurs buts étaient, en vérité, trop dissemblables pour que le choix du chemin et des guides leur fût indifférent.

En effet, le parti de Genève tendait en secret à la république, et celui de la noblesse seulement à un changement de royauté.

Les formes électives du calvinisme, le principe de l'égalité que posait partout la nouvelle église, menaient directement au système républicain dans les conditions adoptées par les cantons suisses. Mais la noblesse ne voulait pas aller si loin, et se serait contentée, d'accord avec la reine Élisabeth d'Angleterre, de déposer Henri II et de le remplacer par un roi calviniste. On nommait tout bas d'avance le prince de Condé.

On voit qu'il était difficile de faire concourir à une œuvre commune deux élémens plus opposés.

Gabriel s'aperçut donc avec regret, après le discours de La Renaudie, que les deux camps presque ennemis se mesuraient d'un œil défiant, sans paraître songer à tirer les conclusions des prémisses si hardiment établies.

Une ou deux minutes se passèrent, au milieu d'un murmure confus, dans ces indécisions douloureuses. La Renaudie en était à se demander si, par sa trop brusque sincérité, il n'avait pas involontairement détruit l'effet du récit de Nicolas Duval. Mais, puisqu'il était entré dans cette voie, il voulut tout risquer pour sauver tout, et, s'adressant à un petit homme maigre et chétif, aux sourcils épais et à la mine bilieuse, qui se tenait dans un groupe voisin de lui :

— Eh bien ! Lignières, lui dit-il à voix haute, n'allez-vous pas parler à nos frères, et leur dire une fois ce que vous avez sur le cœur ?

— Soit ! répondit le petit homme dont le regard sombre s'enflamma. Je parlerai, mais alors sans rien céder et sans atténuer rien !

— Allez, vous êtes avec des amis, reprit La Renaudie.

Tandis que Lignières montait dans la chaire, le baron dit à l'oreille de Gabriel :

— J'emploie là un dangereux moyen. Ce Lignières est un fanatique, de bonne ou de mauvaise foi ? je l'ignore, qui pousse les choses à l'extrême et provoque plus de répulsions que de sympathies. Mais n'importe ! il faut à tout prix savoir à quoi nous en tenir, n'est-ce pas ?

— Oui, que la vérité sorte enfin de tous ces cœurs fermés ! dit Gabriel.

— Lignières et ses doctrines génevoises ne l'y laisseront pas dormir, soyez tranquille ! reprit La Renaudie.

L'orateur en effet débuta fort *ex abrupto*.

— La loi elle-même vient d'être condamnée, dit-il. Quel appel nous reste ? l'appel à la force et aucun autre ! Vous demandez ce qu'il convient de faire ? Si je ne réponds pas à cette question, voici quelque chose qui pourra y répondre à ma place.

Il éleva et montra une médaille d'argent.

— Cette médaille, reprit-il, parlera plus éloquemment que ma parole. Pour ceux qui, de loin, ne peuvent la voir, je dirai ce qu'elle représente : elle offre l'image d'une épée flamboyante qui tranche un lis dont la tige se courbe et tombe. Auprès, le sceptre et la couronne sont roulés dans la poussière.

Lignières ajouta, comme s'il eût craint de n'être pas bien compris :

— Les médailles d'ordinaire servent à la commémoration des faits accomplis : que celle-ci serve à la prophétie d'un fait à venir ! Je ne dirai rien de plus.

Il en avait dit bien assez ! Il descendit de la chaire au milieu des applaudissemens d'une faible portion de l'assemblée et des murmures d'un bien plus grand nombre.

Mais l'attitude générale ce fut le silence de la stupeur.

— Allons ! dit La Renaudie à voix basse à Gabriel, ce n'est pas cette corde-là qui vibre le plus parmi nous. A une autre.

— Monsieur le baron de Castelnau, reprit-il tout haut en interpellant un jeune homme élégant et pensif, appuyé contre la muraille à dix pas de lui ; monsieur de Castelnau, n'avez-vous à votre tour rien à dire ?

— Je n'aurais eu rien à dire peut-être, mais j'ai à répondre, répondit le jeune homme.

— Nous écoutons, dit La Renaudie.

— Celui-ci, ajouta-t-il en se penchant à l'oreille de Gabriel, appartient au parti des gentilshommes, et vous avez dû le voir au Louvre le jour où vous apportâtes la nouvelle de la prise de Calais. Castelnau, lui, est franc, loyal et braves. Il plantera son drapeau tout aussi hardiment que Lignières, et nous verrons s'il est mieux accueilli.

Castelnau resta sur l'une des marches de la chaire, et ce fut de là qu'il parla :

— Je commencerai, dit-il, comme les orateurs qui m'ont précédé. On nous a frappés avec l'iniquité, défendons-nous avec l'iniquité. Menons en champ ouvert parmi les cuirasses la guerre qu'on a portée dans le parlement parmi les robes rouges !... Mais je diffère d'opinion sur le reste avec monsieur de Lignières. Moi aussi j'ai une médaille à vous montrer. La voici. Ce n'est pas la sienne. De loin, elle vous paraît ressembler aux écus monnayés qui sont dans nos bourses. C'est vrai, elle présente aussi l'effigie d'un roi couronné. Seulement, au lieu de : *Henricus II, rex Galliæ*, l'exergue porte : *Ludovicus XIII, rex Galliæ* (1). J'ai dit.

Le baron de Castelnau quitta, le front haut, sa place. L'allusion au prince Louis de Condé était flagrante. Ceux qui avaient applaudi Lignières murmurèrent, ceux qui avaient murmuré applaudirent.

Mais la masse restait encore immobile et muette entre les deux minorités.

— Que veulent-ils donc ? demanda bas Gabriel à La Renaudie.

— J'ai peur qu'ils ne veuillent rien ! lui répondit le baron.

En ce moment, l'avocat Des Avenelles demanda la parole.

— Voici, je le crois, leur homme, reprit La Renaudie. Des Avenelles est mon hôte quand je suis à Paris ; un esprit honnête et sage, mais trop prudent, trop timide même. Son avis fera loi.

Des Avenelles, dès son début, donna raison aux prévisions de La Renaudie.

— Nous venons, dit-il, d'entendre de courageuses et même d'audacieuses paroles. Mais le moment était-il réellement venu de les prononcer ? Ne va-t-on pas un peu trop vite ? On nous montre un but élevé, mais on ne parle pas des moyens. Ils ne peuvent être que criminels. Plus qu'aucun de ceux qui sont ici, j'ai l'âme navrée de la persécution qu'on nous fait subir. Mais quand nous avons encore tant de préjugés à vaincre, faut-il, de plus, jeter sur la cause réformée l'odieux d'un assassinat ? Oui, d'un assassinat ! car nous ne pourriez obtenir par une autre voie le résultat que vous osez nous montrer.

Des applaudissemens presque unanimes interrompirent Des Avenelles.

— Que disais-je ? murmurait tout bas La Renaudie. Cet avocat est leur véritable expression !

Des Avenelles reprit :

— Le roi est dans la vigueur et la maturité de l'âge. Pour l'arracher du trône, il faudrait l'en précipiter. Quel homme vivant prendrait sur soi une telle violence ? Les rois sont divins, Dieu seul a droit sur eux ! Ah ! si quelque accident, quelque mal imprévu, quelque attentat privé même, atteignait en ce moment la vie du roi et mettait la tutelle d'un roi enfant aux mains des insolens sujets qui nous oppriment !... alors, ce serait cette tutelle et non la royauté, ce seraient les Guises et non François II qu'on attaquerait. La guerre civile deviendrait louable et la révolte sainte, et je vous crierais le premier : Aux armes !

Cette énergie de la timidité frappa d'admiration l'assemblée, et de nouvelles marques d'approbation vinrent récompenser le courage prudent de Des Avenelles.

— Ah ! dit tout bas La Renaudie à Gabriel, je regrette maintenant de vous avoir fait venir. Vous devez nous prendre en pitié.

Mais Gabriel pensif se disait en lui-même :

— Non, je n'ai point à leur reprocher leur faiblesse ; car elle ressemble à la mienne. Comme je comptais secrètement sur eux, il semble qu'ils comptent sur moi.

(1) Ces deux curieuses et étranges médailles existent au cabinet des médailles.

— Que prétendez-vous donc faire ? cria La Renaudie à son hôte triomphant.

— Rester dans la légalité, attendre ! répondit résolument l'avocat. Anne Dubourg, Henri Dufaur et trois de nos amis du parlement ont été arrêtés ; mais qui nous dit qu'on osera les condamner, les accuser même ? M'est avis que la violence de notre part pourrait bien n'aboutir qu'à provoquer celle du pouvoir. Et qui sait si notre réserve n'est pas justement le salut des victimes ! Ayons le calme de la force et la dignité du bon droit. Mettons tous les torts du côté de nos persécuteurs. Attendons. Quand ils nous verront modérés et fermes, ils y regarderont à deux fois avant de nous déclarer la guerre, comme je vous prie, amis et frères, d'y regarder à deux fois vous-mêmes avant de leur donner le signal des représailles.

Des Avenelles se tut, et les applaudissemens recommencèrent.

L'avocat, tout glorieux, voulut constater sa victoire.

— Que ceux qui pensent comme moi lèvent la main ! reprit-il.

Presque toutes les mains se dressèrent pour rendre témoignage à Des Avenelles que sa voix avait été celle de l'assemblée.

— Voilà donc, dit-il, la décision prise...

— De ne rien décider du tout, interrompit Castelnau.

— D'ajourner jusqu'à un moment plus favorable les partis extrêmes, reprit des Avenelles en jetant un regard furieux sur l'interrupteur.

Le ministre David proposa de chanter un nouveau psaume pour demander à Dieu la délivrance des pauvres prisonniers.

— Allons nous-en, dit La Renaudie à Gabriel. Tout ceci m'indigne et m'irrite. Ces gens-là ne savent que chanter. Ils n'ont de séditieux que leurs psaumes.

Quand ils furent dans la rue, ils marchèrent en silence, absorbés qu'ils étaient tous deux par leurs pensées.

Au pont Notre-Dame, ils se séparèrent, La Renaudie retournant dans le faubourg Saint-Germain, et Gabriel à l'Arsenal.

— Adieu donc, monsieur d'Exmès, dit La Renaudie. Je suis fâché de vous avoir fait perdre votre temps. Croyez, vous cependant, que ceci n'est pas tout à fait notre dernier mot. Le prince, Coligny, et nos meilleures têtes, nous manquaient ce soir.

— Je n'ai pas perdu mon temps avec vous, dit Gabriel. Vous vous en convaincrez peut-être avant peu.

— Tant mieux ! tant mieux ! reprit La Renaudie. Pourtant, je doute...

— Ne doutez pas, dit Gabriel. J'avais besoin de savoir si les protestans commençaient vraiment à perdre patience. Il m'est plus utile que vous me croyez de m'être assuré qu'ils ne sont pas las encore.

LXXIX.

AUTRE ÉPREUVE.

Le mécontentement des réformés lui faisant défaut, il restait encore à la vengeance de Gabriel une chance, celle de l'ambition du duc de Guise.

Aussi, le lendemain matin, à dix heures, fut-il exact au rendez-vous que la lettre de François de Lorraine lui avait assigné au palais des Tournelles.

Le jeune comte de Montgommery était attendu. Dès son arrivée, il fut sur-le-champ introduit auprès de celui que, grâce à son audace, on appelait maintenant le conquérant de Calais.

Le Balafré vint avec empressement au devant de Gabriel et lui serra affectueusement les mains dans les siennes.

— Vous voilà donc enfin, oublieux ami, lui dit-il ; j'ai

été forcé d'aller vous chercher, de vous poursuivre jusque dans votre retraite, et si je ne l'avais fait Dieu sait quand je vous aurais revu ! Pourquoi cela ? Pourquoi n'être pas venu me trouver depuis mon retour ?

— Monseigneur, dit Gabriel à voix basse, de douloureuses préoccupations...

— Ah ! voilà ! j'en étais sûr ! interrompit le duc de Guise. Ils ont aussi menti, n'est-ce pas ? aux promesses qu'ils vous avaient faites? Ils vous ont trompé, mécontenté, ulcéré ? Vous le sauveur de la France ! Oh ! je me suis bien douté qu'il y avait là quelque infamie ! Mon frère, le cardinal de Lorraine, qui assistait à votre rentrée au Louvre, qui a entendu votre nom de comte de Montgommery, a deviné, avec sa finesse de prêtre, que vous alliez être la dupe ou la victime de ces gens-là. Pourquoi ne pas vous être adressé à lui ? Il eût pu vous aider en mon absence.

— Je vous remercie, monseigneur, reprit gravement Gabriel ; mais vous vous trompez, je vous assure. On a tenu le plus strictement du monde les engagemens pris avec moi.

— Oh ! vous dites cela d'un ton, ami !...

— Je dis cela comme je le sens, monseigneur ; mais je dois vous répéter que je ne me plains pas, et que les promesses sur lesquelles je comptais ont été exécutées... à la lettre. Ne parlons donc plus de moi, je vous en supplie, vous savez qu'ordinairement ce sujet d'entretien ne me plaît guère. Il m'est aujourd'hui, plus que jamais pénible. Je vous demande en grâce, monseigneur, de ne pas insister sur vos bienveillantes questions.

Le duc de Guise fut frappé de l'accent douloureux de Gabriel.

— Cela suffit, ami, lui dit-il, j'aurais peur en effet, maintenant, de toucher sans le vouloir à quelqu'une de vos cicatrices mal fermées, et je ne veux plus vous interroger sur vous-même.

— Merci, monseigneur, dit Gabriel d'un ton digne et pénétré.

— Sachez seulement, reprit le Balafré, qu'en tout lieu, en tout temps et pour quoi que ce soit, mon crédit, ma fortune et ma vie sont à vous, Gabriel, et que, si j'ai un jour cette chance que vous ayez besoin de moi en quelque chose, vous n'aurez qu'à étendre votre main pour trouver la mienne.

— Merci, monseigneur, répéta Gabriel.

— Ceci convenu entre nous, dit le duc de Guise, de quoi vous plaît-il, ami, que nous parlions ?

— Mais de vous, monseigneur, répondit le jeune homme, de votre gloire, de vos projets ; voilà ce qui m'intéresse ! voilà l'aimant qui m'a fait accourir à votre premier appel !

— Ma gloire ? mes projets ? reprit François de Lorraine en secouant la tête. Hélas ! c'est là pour moi aussi un triste sujet d'entretien.

— Oh ! que dites-vous, monseigneur ? s'écria Gabriel.

— La vérité, ami ! Oui, je croyais, je l'avoue, avoir gagné quelque réputation ; il me semblait que mon nom pouvait être actuellement prononcé avec un certain respect en France, avec une certaine terreur en Europe. Et ce passé déjà illustre me faisant un devoir de regarder l'avenir, j'arrangeais mes desseins sur ma renommée, je rêvais de grandes choses pour ma patrie et pour moi-même. Je les voyais accomplies, ce me semble !...

— Eh bien ? monseigneur ?... demanda Gabriel.

— Eh bien ! Gabriel, reprit le duc de Guise, depuis six semaines, depuis ma rentrée dans cette cour, j'ai cessé de croire à ma gloire, et j'ai renoncé à tous mes projets.

— Et pourquoi cela ? Jésus !

— Mais n'avez-vous pas vu à quel traité presque honteux ils ont fait aboutir nos victoires ! Nous aurions été forcés de lever le siége de Calais, les Anglais auraient encore en leur pouvoir les portes de la France, la défaite, enfin, nous eût, sur tous les points, démontré l'insuffisance de nos forces et l'impossibilité de continuer une lutte inégale,

qu'on n'eût pas signé une paix plus désavantageuse et plus déshonorante que celle de Cateau-Cambrésis.

— C'est vrai, monseigneur, dit Gabriel, et chacun déplore qu'on ait retiré de si pauvres fruits d'une aussi magnifique moisson.

— Eh bien ! reprit le duc de Guise, comment voulez-vous donc que je sème encore pour des gens qui savent si mal récolter ? D'ailleurs; ne m'ont-ils pas contraint à l'inaction par leur belle conclusion de paix ? Voilà mon épée condamnée pour longtemps à rester au fourreau. La guerre éteinte partout, à tout prix, éteint en même temps tous mes glorieux rêves ; et c'est bien là aussi, entre nous, une des choses qu'on cherchera.

— Mais vous n'en êtes pas moins puissant, même dans ce repos, monseigneur, dit Gabriel. La cour vous respecte, le peuple vous adore, les étrangers vous redoutent.

— Oui, je me crois aimé au dedans et craint au dehors, reprit le Balafré ; mais ne dites pas, ami, qu'on me respecte au Louvre. Tandis qu'on annihilait publiquement les résultats certains de nos succès, on minait aussi en dessous mon influence privée. Quand je suis revenu de là-bas, qui ai-je trouvé plus que jamais en faveur ? l'insolent vaincu de Saint-Laurent, ce Montmorency que je déteste !...

— Oh ! pas plus que moi, certes ! murmurait Gabriel. C'est par lui et pour lui que cette paix, dont nous rougissons tous, a été conclue. Non content de faire paraître ainsi mes efforts moins efficaces, il a su encore soigner dans le traité ses propres intérêts, et s'y faire restituer pour la deuxième ou troisième fois, je pense, sa rançon de Saint-Laurent. Il spécule jusque sur sa défaite et sa honte !

— Et c'est là le rival qu'accepte le duc de Guise ! reprit Gabriel avec un dédaigneux sourire.

— Il en frémit, ami ! mais vous voyez bien qu'on le lui impose ! Vous voyez que monsieur le connétable est protégé par quelque chose de plus fort que la gloire, par quelqu'un de plus puissant que le roi lui-même ! Vous voyez bien que mes services ne pourront jamais égaler ceux de madame Diane de Poitiers, que la foudre écrase !

— Oh ! Dieu vous entend ! murmura Gabriel.

— Mais qu'a donc fait cette femme à ce roi ? le savez-vous, ami ? continua le duc de Guise. Le peuple a-t-il vraiment raison de parler de philtres et de sortiléges ? J'imagine, pour ma part, qu'il y a entre eux un lien plus fort que l'amour. Ce ne doit être seulement la passion qui les enchaîne ainsi l'un à l'autre, ce doit être le crime. Il y a, j'en jurerais ! parmi leurs souvenirs un remords. Ce sont plus que des amans, ce sont des complices.

Le comte de Montgommery frissonna de la tête aux pieds.

— Ne le croyez-vous pas comme moi, Gabriel ? lui demanda le Balafré.

— Oui, je le crois, monseigneur, répondit Gabriel d'une voix éteinte.

— Et, pour comble d'humiliation, reprit le duc de Guise, savez-vous, ami, outre le monstrueux traité de Cateau-Cambrésis, savez-vous la récompense que j'ai trouvée ici en revenant de l'armée ? ma révocation immédiate de la dignité de lieutenant général du royaume. Ces fonctions extraordinaires devenaient inutiles en temps de paix, m'a-t-on dit. Et sans me prévenir, sans me remercier, on m'a rayé ce titre, comme on met au rebut un meuble qui ne sert plus à rien.

— Est-il possible ? On ne vous a pas témoigné plus d'égards que cela ? reprit Gabriel qui voulait attiser le feu de cette âme courroucée.

— A quoi bon plus d'égards pour un serviteur superflu ! dit en serrant les dents le duc de Guise. Quant à monsieur de Montmorency, c'est autre chose. Il est et il reste connétable ! C'est un honneur qu'on ne lui reprend pas, celui-là, et qu'il a bien gagné par quarante ans d'échecs ! Oh ! mais, par la croix de Lorraine ! si le vent de la guerre souffle de nouveau, qu'on vienne encore me supplier, m'adjurer, me nommer le sauveur de la patrie ! je les renverrai à leur connétable. Que celui-là les sauve s'il peut! C'est son emploi et le devoir de sa charge. Pour moi, puisqu'ils me condamnent à l'oisiveté, j'accepte la sentence, et jusqu'à des temps meilleurs, je me repose.

Gabriel, après une pause, reprit gravement.

— Cette détermination de votre part est fâcheuse, monseigneur, et je la déplore. Car je venais précisément vous faire une proposition...

— Inutile, ami! inutile! dit le Balafré. Mon parti est pris. Aussi bien, la paix, je vous le répète et vous le savez aussi, nous ôte tout prétexte de gloire.

— Pardon, monseigneur, reprit Gabriel, c'est justement la paix qui fait ma proposition exécutable.

— Vraiment? dit François de Lorraine tenté. Et c'est quelque chose de hardi comme le siège de Calais?...

— C'est quelque chose de plus hardi, monseigneur.

— Comment cela? reprit le duc de Guise étonné. Vous excitez vivement ma curiosité, je l'avoue.

— Vous me permettez donc de parler? dit Gabriel.

— Sans doute, et je vous en prie.

— Nous sommes bien seuls ici?

— Tout seuls! et âme qui vive ne peut nous entendre.

— Eh bien! monseigneur, reprit résolument Gabriel, voici ce que j'avais à vous dire. Ce roi, ce connétable veulent se passer de vous; passez-vous d'eux! Ils vous ont retiré ce titre de lieutenant général du royaume, reprenez-le!

— Comment? Expliquez-vous! dit le duc de Guise.

— Monseigneur, les princes étrangers vous redoutent, le peuple vous aime, l'armée est tout à vous : vous êtes déjà plus roi en France que le roi. Vous êtes roi par le génie; lui ne l'est que par la couronne. Osez parler en maître, et tous vous écouteront en sujets. Henri II sera-t-il plus fort dans son Louvre que vous dans votre camp? Celui qui vous parle serait heureux et fier de vous y appeler le premier Votre Majesté.

— Voilà, en effet, un audacieux dessein, Gabriel, dit le duc de Guise.

Mais il n'avait pas l'air bien irrité. Il souriait même sous sa feinte surprise.

— J'apporte un dessein audacieux à une âme extraordinaire, reprit fermement Gabriel. Je parle pour le bien de la France. Il lui faut un grand homme pour roi. N'est-ce pas désastreux que toutes vos idées de grandeur et de conquête soient ignominieusement entravées par les caprices d'une courtisane et la jalousie d'un favori? Si vous étiez une fois libre et maître, où s'arrêterait votre génie? Vous renouvelleriez Charlemagne!

— Vous savez que la maison de Lorraine descend de lui! dit vivement le Balafré.

— Que nul n'en doute en vous voyant agir, reprit Gabriel. Soyez à votre tour pour les Valois un Hugues Capet.

— Oui, mais si je n'étais qu'un connétable de Bourbon? dit le duc de Guise.

— Vous calomniez, monseigneur. Le connétable de Bourbon avait appelé à son aide les étrangers, les ennemis. Vous ne vous serviriez que des forces de la patrie.

— Mais ces forces dont je pourrais, selon vous, disposer, où sont-elles? demanda le Balafré.

— Deux partis s'offrent à vous, dit Gabriel.

— Lesquels donc? car, en vérité, je vous laisse parler comme si tout ceci n'était pas une chimère. Quels sont ces deux partis?

— L'armée et la Réforme, monseigneur, répondit Gabriel. Vous pouvez d'abord être un chef militaire.

— Un usurpateur! dit le Balafré.

— Dites un conquérant! Mais, si vous l'aimez mieux, monseigneur, soyez le roi des Huguenots.

— Et le prince de Condé? dit en souriant le duc de Guise.

— Il a le charme et l'habileté, mais vous avez la grandeur et l'éclat. Croyez-vous que Calvin hésiterait entre vous deux. Or, il faut l'avouer, c'est le fils du tonnelier de Noyon qui dispose de son parti. Dites un mot, et demain vous avez à vos ordres trente mille religionnaires.

— Mais je suis un prince catholique, Gabriel.

— La religion des hommes comme vous, monseigneur, c'est la gloire.

— Je me brouillerais avec Rome.

— Ce sera un prétexte pour la conquérir.

— Ami, ami! reprit le duc de Guise en regardant fixement Gabriel, vous haïssez bien Henri II!

— Autant que je vous aime, j'en conviens, répondit le jeune homme avec une noble franchise.

— J'estime cette sincérité, Gabriel, repartit sérieusement le Balafré, et pour vous le prouver, je veux à mon tour vous parler à cœur ouvert.

— Et mon cœur à moi se refermera pour toujours sur la confidence, dit Gabriel.

— Ecoutez donc, reprit François de Lorraine. J'ai déjà, j'en conviendrai, envisagé quelquefois, dans mes songes, le but que vous me montrez aujourd'hui. Mais vous m'accorderez sans doute, ami, que lorsqu'on se met en marche vers un tel but, il faut être au moins sûr de l'atteindre, et que, risquer prématurément une telle partie, c'est vouloir la perdre?...

— Cela est vrai, dit Gabriel.

— Eh bien! reprit le duc de Guise, estimez-vous réellement que mon ambition soit mûre et que les temps soient favorables? Il faut préparer de longue main de si profondes secousses! Il faut que les esprits soient déjà tout prêts à les accepter! Or, croyez-vous qu'on soit, dès aujourd'hui, habitué d'avance, pour ainsi dire, à la pensée d'un changement de règne?

— On s'y habituerait! dit Gabriel.

— J'en doute, reprit le duc de Guise. J'ai commandé des armées, j'ai défendu Metz et pris Calais, j'ai deux fois été lieutenant général du royaume. Mais ce n'est pas assez encore. Je ne me suis pas encore assez approché du pouvoir royal! Il y a des mécontens sans doute. Mais des partis ne sont pas tous pour moi. Henri II est jeune, intelligent et brave. Il est le fils de François Ier. Il n'y a pas péril en la demeure pour qu'on songe à le déposséder.

— Ainsi, vous hésitez, monseigneur! demanda Gabriel.

— Je fais plus, ami, je refuse, répondit le Balafré. Ah! si demain, par accident ou maladie, Henri II mourait subitement?...

— Et lui aussi pense à cela! se dit Gabriel. Eh bien! si ce coup imprévu se réalisait, monseigneur, dit-il tout haut, que feriez-vous?

— Alors, reprit le duc de Guise, sous un roi jeune, inexpérimenté, tout à ma discrétion, je deviendrais en quelque sorte le régent du royaume. Et si la reine-mère ou bien monsieur le connétable s'avisaient de faire de l'opposition contre moi; si les réformés se révoltaient; si enfin l'Etat en danger exigeait une main ferme au gouvernail, les occasions naîtraient d'elles-mêmes, je serais presque nécessaire! Alors, je ne dis pas, mes projets seraient peut-être les bien-venus, ami, et je vous écouterais.

— Mais jusque-là, dit Gabriel, jusqu'à cette mort, bien improbable, du roi?...

— Je me résignerai, ami. Je me contenterai de préparer l'avenir. Et si les rêves semés dans ma pensée ne germent en faits que pour mon fils, c'est que Dieu l'aura voulu ainsi.

— C'est votre dernier mot, monseigneur?

— C'est mon dernier mot, dit le duc de Guise. Mais je ne vous en remercie pas moins, Gabriel, d'avoir eu cette confiance dans ma destinée.

— Et moi, monseigneur, dit Gabriel, je vous remercie d'avoir eu cette confiance dans ma discrétion.

— Oui, reprit le duc, tout ceci est mort entre nous, c'est entendu.

— Maintenant, ajouta Gabriel en se levant, je me retire.

— Eh! quoi, déjà! dit le duc de Guise.

— Oui, monseigneur, j'ai su ce que je voulais savoir. Je me souviendrai de vos paroles. Elles sont en sûreté dans mon cœur, mais je m'en souviendrai. Excusez-moi, j'avais besoin de m'assurer que la royale ambition du duc de Guise était encore assoupie. Adieu, monseigneur.

— Au revoir, ami.

Gabriel quitta les Tournelles plus triste et plus inquiet encore qu'il n'y était entré.

— Allons ! se dit-il, des deux auxiliaires humains sur lesquels je voulais compter, aucun ne m'aidera. Il me reste Dieu !

LXXX.

UNE DANGEREUSE DÉMARCHE.

Diane de Castro, dans son Louvre royal, vivait toujours au milieu de douleurs et de transes mortelles. Elle aussi attendait. Mais son rôle tout passif était peut-être plus cruel encore que celui de Gabriel.

Tout lien ne s'était pas rompu cependant entre elle et celui qui l'avait tant aimée. Presque chaque semaine le page André venait rue des Jardins-Saint-Paul, et s'informait de Gabriel auprès d'Aloyse.

Les nouvelles qu'il reportait à Diane n'étaient guère rassurantes. Le jeune comte de Montgommery était toujours aussi taciturne, aussi sombre, aussi inquiet. La nourrice ne parlait de lui que les larmes aux yeux et la pâleur au visage.

Diane hésita longtemps. Enfin un matin de ce mois de juin, elle prit un parti décisif pour en finir avec ses craintes.

Elle s'enveloppa d'un manteau fort simple, cacha son visage sous un voile, et, à l'heure où l'on s'éveillait à peine au château, sortit du Louvre, accompagnée du seul André, pour se rendre auprès de Gabriel.

Puisqu'il l'évitait, puisqu'il se taisait, elle irait à lui, elle ! Une sœur pouvait bien visiter son frère ! son devoir n'était-il même pas de l'avertir ou de le consoler ?

Malheureusement, tout le courage qu'avait dépensé Diane pour se résoudre à cette démarche devait être inutile.

Gabriel, pour ses courses vagabondes, dont il n'avait pas tout à fait perdu l'habitude, cherchait aussi les heures solitaires. Quand Diane, d'une main émue, vint frapper à la porte de son hôtel, il était déjà sorti depuis plus d'une demi-heure.

L'attendre ? On ne savait jamais quand il rentrerait. Et une trop longue absence du Louvre pouvait exposer Diane à des calomnies...

N'importe ! elle attendrait au moins le temps qu'elle eût voulu lui consacrer.

Elle demanda Aloyse. Aussi bien elle avait besoin de la voir, de l'interroger elle-même.

André fit entrer sa maîtresse dans une pièce écartée, et courut prévenir la nourrice.

Depuis des années, depuis les jours heureux de Montgommery et de Vimoutiers, Aloyse et Diane, la femme du peuple et la fille du roi, ne s'étaient pas revues.

Mais leur vie à toutes deux avait été remplie par la même pensée ; mais même inquiétude remplissait encore leurs jours de craintes et leurs nuits d'insomnies.

Aussi, quand Aloyse, entrant en hâte, voulut s'incliner devant madame de Castro, Diane, comme autrefois, se jeta dans les bras de la bonne femme et l'embrassa en disant, comme autrefois aussi :

— Chère nourrice !...

— Quoi ! madame, dit Aloyse émue aux larmes, vous vous souvenez donc encore de moi ? vous me reconnaissez ?...

— Si je me souviens de toi ! si je te reconnais ! reprit Diane ; c'est comme si je ne devais pas me souvenir de la maison d'Enguerrand ! c'est comme si je pouvais ne pas reconnaître le château de Montgommery !

Cependant Aloyse contemplait Diane avec plus d'attention, et joignant les mains :

— Etes-vous belle ! s'écria-t-elle en souriant et en souffrant à la fois.

Elle souriait ; car elle avait bien aimé la jeune fille devenue une si belle dame. Elle soupirait ; car elle mesurait toute la douleur de Gabriel.

Diane comprit ce regard en même temps mélancolique et ravi d'Aloyse, et se hâta de dire en rougissant un peu.

— Ce n'est pas de moi que je suis venu parler, nourrice.

— Est-ce de lui ? dit Aloyse.

— Et de qui serait-ce ? devant toi, je puis ouvrir mon cœur. Quel malheur que je ne l'aie pas trouvé ! Je venais le consoler en me consolant. Comment est-il ? bien morne et bien désolé, n'est-ce pas ? pourquoi n'est-il pas venu me voir une seule fois au Louvre ? Que dit-il ? que fait-il ? parle ! parle donc, nourrice !

— Hélas ! madame, reprit Aloyse, vous avez bien raison de croire qu'il est morne et désolé. Figurez-vous...

Diane interrompit la nourrice.

— Attends, bonne Aloyse, lui dit-elle ; avant que tu ne commences, j'ai une recommandation à te faire. Je resterai ici jusqu'à demain à t'écouter, vois-tu ; sans me lasser, sans m'apercevoir de la fuite du temps. Il faut pourtant que je rentre au Louvre avant qu'on n'y ait remarqué mon absence. Promets-moi une chose : quand il y aura une heure que je serai ici avec toi, qu'il soit rentré ou non, avertis-moi, renvoie-moi !

— Mais c'est que, madame, dit Aloyse, je suis bien capable d'oublier l'heure, moi aussi ; et je ne me fatiguerais pas plus à vous parler que vous à m'entendre, savez-vous !

— Comment donc faire ? reprit Diane, je crains nos deux faiblesses.

— Chargeons de la dure commission une troisième personne, dit Aloyse.

— C'est cela !... André.

Le page, qui était resté dans la pièce voisine, promit de frapper à la porte lorsqu'il y aurait une heure d'écoulée.

— Et maintenant, dit Diane en revenant s'asseoir près de la nourrice, causons à notre aise et tranquillement, sinon gaîment, hélas !

Mais cet entretien, bien attachant à la vérité pour ces deux femmes attristées, offrait cependant nombre de difficultés et d'amertumes.

— D'abord, aucune des deux ne savait au juste jusqu'où l'autre était dans la confidence des terribles secrets de la maison de Montgommery.

En outre, dans ce qu'Aloyse connaissait de la vie précédente de son jeune maître, il y avait bien des lacunes inquiétantes qu'elle avait peur pour elle-même de commenter. De quelle façon expliquer ses absences, ses retours soudains, ses préoccupations et ses silences ?

Enfin la nourrice dit à Diane tout ce qu'elle savait, tout ce qu'elle voyait du moins, et Diane, en écoutant la nourrice, trouvait sans doute une grande douceur à entendre parler de Gabriel, mais une grande douleur à en entendre parler si tristement.

En effet, les révélations d'Aloyse n'étaient pas faites pour calmer les angoisses de madame de Castro, mais bien plutôt pour les raviver, et ce témoin vivant et passionné des déchirements et des défaillances du jeune comte, rendait présens pour ainsi dire à Diane tous les tourmens de cette vie agitée.

Diane put se persuader de plus en plus que, si elle voulait sauver ceux qu'elle aimait, il était grandement temps qu'elle intervînt.

Même dans les plus pénibles confidences, une heure est bien vite passée. Diane et Aloyse tressaillirent tout étonnées en entendant André frapper à la porte.

— Eh quoi ! déjà ! s'écrièrent-elles en même temps.

— Oh ! bien, tant pis ! reprit Diane, je vais rester encore un petit quart d'heure.

— Madame, prenez garde ! dit la nourrice.

— Tu as raison, nourrice, je dois, je veux partir. Un mot seulement : Dans tout ce que tu m'as dit de Gabriel, tu as omis... il m'a semblé... enfin, il ne parle donc jamais de moi ?

— Jamais, madame, j'en conviens.

— Oh ! il fait bien ! dit Diane avec un soupir.

— Et il ferait mieux encore de ne jamais songer à vous non plus.

— Tu crois donc qu'il y songe, nourrice, demanda vivement madame de Castro.

— J'en suis trop sûre, madame, dit Aloyse.

— Pourtant, il m'évite avec soin, il évite le Louvre.

— S'il évite le Louvre, madame, dit Aloyse en secouant la tête, ce ne doit pas être à cause de qu'il aime.

— Je comprends, pensa Diane en frémissant : c'est à cause de ce qu'il hait.

— Oh !... dit-elle tout haut, il faut que je le voie ; il le faut absolument.

— Voulez-vous, madame, que je lui dise de votre part d'aller vous trouver au Louvre.

— Non ! non ! pas au Louvre ! dit Diane avec terreur ; qu'il ne vienne pas au Louvre ! Je verrai, je guetterai une occasion comme celle de ce matin. Je reviendrai ici, moi.

— Mais s'il est sorti encore ! dit Aloyse ; quel jour, quelle semaine sera-ce ? le savez-vous à peu près ? Il attendrait, vous pensez bien.

— Hélas ! dit Diane, pauvre fille de roi que je suis, comment pourrais-je prévoir à quel instant, à quel jour je serai libre. Mais, s'il se peut, j'enverrai André d'avance.

Le page, en ce moment, craignant de n'avoir pas été entendu, frappa une seconde fois à la porte.

— Madame, cria-t-il, les rues et les alentours du Louvre commencent à se peupler.

— J'y vais, j'y vais, répondit madame de Castro.

— Allons ! il faut nous séparer, bonne nourrice, dit-elle tout haut à Aloyse. Embrasse-moi bien fort, tu sais, comme lorsque j'étais enfant, comme lorsque j'étais heureuse.

Et tandis qu'Aloyse, sans pouvoir rien dire, la tenait étroitement embrassée :

— Veille bien sur lui, soigne-le bien, lui dit-elle à l'oreille.

— Comme lorsqu'il était enfant, comme lorsqu'il était heureux, dit la nourrice.

— Mieux ! oh ! mieux encore, Aloyse ; dans ce temps-là il n'en avait pas autant besoin.

Diane quitta l'hôtel sans que Gabriel fût rentré.

Une demi-heure après, elle se retrouvait sans encombre dans son logement du Louvre. Mais si les suites de la démarche qu'elle avait risquée ne l'inquiétaient plus, elle n'en sentait que plus vivement son angoisse au sujet des projets inconnus de Gabriel.

Les pressentimens d'une femme qui aime sont la plus évidente et la plus claire des prophéties.

Gabriel ne rentra chez lui qu'assez avant dans la journée.

La chaleur était grande ce jour-là. Il était fatigué de corps, plus fatigué d'esprit.

Mais quand Aloyse eut prononcé le nom de Diane et lui eut dit sa visite, il se redressa, il se ranima, tout vibrant et palpitant.

— Que voulait-elle ?... qu'a-t-elle dit ? qu'a-t-elle fait ?... Oh ! pourquoi n'étais-je pas là ! Mais parle, dis-moi tout, Aloyse, toutes ses paroles, tous ses gestes.

Ce fut à son tour d'interroger avidement la nourrice en lui laissant à peine le temps de répondre.

— Elle veut me voir ! s'écria-t-il. Elle a quelque chose à me dire ! mais elle ne sait quand elle pourra revenir ? Oh ! je ne puis pas attendre dans cette incertitude, tu conçois cela, Aloyse. Je vais aller sur-le-champ au Louvre.

— Au Louvre, Jésus ! s'écria Aloyse épouvantée.

— Eh ! sans doute, répondit Gabriel avec calme. Je ne suis pas banni du Louvre, je suppose, et celui qui a délivré à Calais madame de Castro a bien le droit d'aller lui présenter ses hommages à Paris.

— Assurément, dit Aloyse toute tremblante. Mais madame de Castro a bien recommandé que vous ne veniez pas la trouver au Louvre.

— Aurais-je quelque chose à y craindre ? dit Gabriel fièrement. Ce serait une raison pour y aller.

— Non, reprit la nourrice, c'est probablement pour elle-même que madame de Castro redoutait !...

— Sa réputation aurait bien plus à souffrir d'une démarche secrète et furtive si elle était découverte, que d'une visite publique et au grand jour comme celle que je compte lui faire, que je lui ferai aujourd'hui, à l'instant même.

Et il appela pour qu'on vint le changer d'habits.

— Mais, monseigneur, dit la pauvre Aloyse à bout de ses raisons, vous-même jusqu'ici vous évitiez le Louvre, madame de Castro l'a remarqué. Vous n'avez pas voulu aller la voir une seule fois depuis votre retour.

— Je n'allais pas voir madame de Castro quand elle ne m'appelait pas, dit Gabriel. J'évitais le Louvre quand je n'avais aucun motif d'y aller. Mais aujourd'hui, sans que mon action soit intervenue en rien, quelque chose d'irrésistible m'invite, madame de Castro désire me voir. J'ai juré, Aloyse, de laisser dormir en moi ma volonté, mais de laisser toujours faire la destinée et Dieu, et je vais me rendre au Louvre sur l'heure.

Ainsi, la démarche de Diane allait produire le contraire de ce qu'elle avait souhaité.

LXXXI.

L'IMPRUDENCE DE LA PRÉCAUTION.

Gabriel pénétra sans opposition dans le Louvre. Depuis la prise de Calais, le nom du jeune comte de Montgommery avait été prononcé trop souvent pour qu'on pensât à lui refuser l'entrée des appartemens de madame de Castro.

Diane, dans le moment, s'occupait seule avec une de ses femmes à quelque ouvrage de broderie. Bien souvent elle laissait sa main retomber, et, songeuse, se rappelait son entretien de la matinée avec Aloyse.

Tout à coup André entra tout effaré.

— Madame, monsieur le vicomte d'Exmès ! annonça-t-il. (L'enfant ne s'était pas déshabitué de donner ce nom à son ancien maître.)

— Qui ? monsieur d'Exmès ! ici ! répéta Diane bouleversée.

— Madame, il est sur mes pas, dit le page. Le voici.

Gabriel parut sur la porte, maîtrisant son émotion de son mieux. Il salua profondément madame de Castro qui, tout interdite, ne lui rendit pas d'abord son salut.

Mais elle congédia du geste le page et la suivante.

Quand Diane et Gabriel furent seuls, ils allèrent l'un à l'autre, se tendirent et se serrèrent la main.

Ils restèrent ainsi les mains unies une minute à se contempler en silence.

— Vous avez bien voulu venir chez moi, Diane, dit enfin Gabriel d'une voix profonde. Vous aviez à me voir, à me parler. Je suis accouru.

— Est-ce donc ma démarche qui vous a appris que j'avais besoin de vous voir, Gabriel, et ne le saviez-vous pas bien sans cela ?

— Diane, reprit Gabriel avec un sourire triste, j'ai fait ailleurs mes preuves de courage, je puis donc dire qu'en venant ici au Louvre, j'aurais eu peur !

— Peur de qui ? demanda Diane qui avait peur elle-même de sa question.

— Peur de vous !... peur de moi !... répondit Gabriel.

— Et voilà pourquoi, reprit Diane, vous avez préféré

oublier notre ancienne affection?... je parle du côté légitime et saint de cette affection! se hâta-t-elle d'ajouter.

— J'aurais préféré tout oublier, j'en conviens, Diane, plutôt que de rentrer de moi-même dans ce Louvre. Mais, hélas! je ne l'ai pas pu. Et la preuve...

— La preuve?

— La preuve, c'est que je vous cherche toujours et partout, c'est que, tout en redoutant votre présence, j'aurais donné tout au monde pour vous entrevoir une minute de loin. La preuve, c'est qu'en rôdant à Paris, à Fontainebleau, à Saint-Germain, autour des châteaux royaux, au lieu de désirer ce que j'étais censé guetter, c'est vous, c'est votre aspect charmant et doux, c'est votre robe aperçue entre les arbres ou sur quelque terrasse que je souhaitais, que j'appelais, que je voulais ! La preuve enfin, c'est que vous n'avez eu qu'à faire un pas vers moi, pour que, prudence, devoir, terreurs, tout fût oublié par moi. Et me voici dans ce Louvre que je devrais fuir! Et je réponds à toutes vos questions! Et je sens que tout cela est dangereux et insensé, et cependant je fais tout cela! Diane, avez-vous assez de preuves ainsi?

— Oui, oui, Gabriel, dit précipitamment Diane toute tremblante.

— Ah ! que j'aurais été plus sage, reprit Gabriel, de persister dans mon ferme dessein, de ne plus vous voir, de m'enfuir si vous m'appeliez, de me taire si vous m'interrogiez ! Cela eût bien mieux valu pour vous et pour moi, croyez-le bien, Diane. Je savais ce que je faisais. Je préférais encore pour vous des inquiétudes à des douleurs. Pourquoi, mon Dieu ! suis-je sans force contre votre voix, contre votre regard ?...

Diane commençait à comprendre qu'en effet elle pouvait avoir eu tort de vouloir sortir de son indécision première. Tout sujet d'entretien était une souffrance, toute question était un péril. Entre ces deux êtres que Dieu avait créés, pour le bonheur peut-être, il ne pouvait plus y avoir, grâce aux hommes, que défiance, danger et malheur.

Mais, puisque Diane avait ainsi provoqué le sort, elle ne voulait plus le fuir, tant pis ! Elle sonderait tout l'abîme qu'elle avait tenté, dût-elle ne trouver au fond que le désespoir et la mort!

Après un silence plein de pensées, elle reprit donc :

— Je tenais, moi, à vous voir pour deux raisons, Gabriel : j'avais d'abord une explication à vous donner, et puis, j'avais à vous en demander une.

— Parlez, Diane, repartit Gabriel. Ouvrez et déchirez à votre gré mon cœur. Il est à vous.

— J'avais premièrement besoin de vous faire savoir, Gabriel, pourquoi, dès votre message reçu, je n'avais pas pris tout de suite ce voile que vous me renvoyiez, et n'étais pas entrée sur-le-champ dans quelque couvent, ainsi que je vous en avais exprimé le vœu à Calais dans notre dernière et douloureuse entrevue.

— Vous ai-je adressé le moindre reproche à ce sujet, Diane? reprit Gabriel. Je vous avais fait dire par André que je vous rendais votre promesse. Ce n'était point de ma part une vaine parole mais une intention réelle.

— C'était aussi mon intention réelle de me faire religieuse, Gabriel, et cette intention n'est encore qu'ajournée, sachez-le bien.

— Pourquoi, Diane? pourquoi renoncer à ce monde pour lequel vous êtes faite?

— Que votre conscience se tranquillise sur ce point, ami, reprit Diane ; ce n'est pas tant pour obéir au serment que je vous avais juré, mais pour contenter le secret désir de mon âme, que je veux quitter ce monde où j'ai tant souffert. J'ai bien besoin de paix et de repos, allez ! et ne saurais maintenant trouver le calme qu'avec Dieu. Ne m'enviez pas ce dernier refuge.

— Oh! si, je vous l'envie ! dit Gabriel.

— Seulement, continua Diane, je n'ai pas tout de suite accompli mon irrévocable dessein, pour une raison : je voulais veiller à ce que vous accomplissiez la demande contenue dans ma dernière lettre, à ce que vous ne vous fassiez pas juge et punisseur, à ce que vous ne préveniez pas Dieu.

— Si jamais on le prévient! murmura Gabriel.

— J'espérais enfin, continua Diane, pouvoir au besoin me jeter entre ceux que j'aime et qui se haïssent, et qui sait? peut-être empêcher un malheur ou un crime. M'en voulez-vous de cette pensée, Gabriel ?

— On ne peut en vouloir aux anges de ce qui est de leur nature, Diane. Vous avez été généreuse, et c'est tout simple.

— Eh ! s'écria madame de Castro, sais-je même si j'ai été généreuse? sais-je du moins jusqu'à quel point je le suis. Je pardonne dans l'ombre et au hasard ! Et c'est justement là-dessus que j'ai à vous interroger, Gabriel ; car je veux connaître dans toute son horreur ma destinée.

— Diane ! Diane ! c'est une curiosité fatale ! dit Gabriel.

— N'importe ! reprit Diane. Je ne resterai pas un jour de plus dans cette horrible perplexité ! Dites-moi, Gabriel, avez-vous acquis enfin la conviction que j'étais réellement votre sœur ? ou bien avez-vous perdu absolument tout espoir de savoir la vérité sur cet étrange secret? Répondez! je vous le demande, je vous en supplie.

— Je répondrai, dit tristement Gabriel. Diane, il y a un proverbe espagnol qui dit que : Toujours, il faut caver au pire. Je me suis donc habitué, depuis notre séparation, à vous regarder dans ma pensée comme ma sœur. Mais la vérité est que je n'en ai pas acquis de nouvelles preuves. Seulement, comme vous le disiez, je n'ai plus aucun espoir, aucun moyen d'en acquérir.

— Dieu du ciel ! s'écria Diane. Le... celui qui devait vous fournir ces preuves n'existait-il déjà plus lors de votre retour de Calais ?

— Il existait, Diane.

— Alors, je le vois, c'est qu'on ne vous a pas tenu la promesse sacrée qu'on vous avait faite ? Qui donc m'avait dit pourtant que le roi vous avait admirablement reçu ?...

— On a tenu rigidement, Diane, tout ce qu'on m'avait promis.

— Oh ! Gabriel ! avec quel air sinistre vous me dites cela ! Quelle effrayante énigme y a-t-il encore là-dessous, sainte Mère de Dieu !

— Vous l'avez exigé, vous allez tout savoir, Diane, dit Gabriel. Vous allez porter jusqu'au bout la moitié de mon secret d'épouvante. Aussi bien, je suis aise de voir ce que vous penserez de ma révélation, si vous persisterez, après l'avoir entendue, dans votre clémence, et si votre air, votre figure, vos gestes, ne démentiront point du moins vos paroles de pardon. Écoutez!

— J'écoute et je tremble, Gabriel, dit Diane.

Alors Gabriel, d'une voix haletante et frémissante, raconta tout à madame de Castro, la réception du roi, comment Henri II lui avait encore renouvelé sa promesse, les représentations que madame de Poitiers et le connétable avaient paru lui faire, quelle nuit d'angoisse et de fièvre lui, Gabriel, il avait alors passée ; sa seconde visite au Châtelet, sa descente dans l'enfer de la prison pestiférée, le récit lugubre de monsieur de Sazerac, tout enfin !

Diane écoutait sans interrompre, sans s'écrier, sans bouger, muette et raide comme une statue de pierre, les yeux fixes dans leur orbite, les cheveux hérissés sur le front.

Il y eut une longue pause quand Gabriel eut achevé sa lugubre histoire. Puis, Diane voulut parler, elle ne le put pas. Sa voix restait dans sa poitrine émue. Gabriel regardait avec une sorte de joie terrible son trouble et son épouvante. Enfin, elle put jeter ce cri :

— Grâce pour le roi !

— Ah ! s'écria Gabriel, vous demandez grâce ? vous le jugez donc criminel aussi ! Grâce ? ah ! c'est une condamnation ! Grâce ? il mérite la mort, n'est-ce pas?

— Oh! je n'ai pas dit cela, reprit Diane éperdue.

— Si fait ! vous l'avez dit ! vous êtes de mon avis, je le vois, Diane ! Vous pensez, vous sentez comme moi. Seulement, nous concluons différemment selon nos natures. La femme demande grâce et l'homme demande justice !

— Ah ! s'écria Diane, imprudente et folle que je suis ! pourquoi vous ai-je fait venir au Louvre ?

Au même instant, quelqu'un frappa doucement à la porte.

— Qui est là ? que me veut-on encore ? mon Dieu ! dit madame de Castro.

André entr'ouvrit la porte.

— Excusez-moi, madame, dit-il, c'est un message du roi.

— Du roi ! répéta Gabriel dont le regard s'alluma.

— Pourquoi m'apporter cette lettre, André ?

— Madame, elle est, m'a-t-on dit, pressée.

— Donnez, voyons. Que me veut le roi ? Allez, André. S'il y a une réponse, je vous appellerai.

André sortit. Diane décacheta la lettre royale, et lut tout bas ce qui suit avec une terreur croissante :

« Ma chère Diane,

» On me dit que vous êtes au Louvre ; ne sortez pas, je
» vous prie, avant que je ne sois allé chez vous. Je suis au
» conseil qui va s'achever d'un moment à l'autre. En le
» quittant, je me rendrai sur-le-champ et sans suite à votre
» logement. Attendez-moi à toute minute.

» Il y a si longtemps que je ne vous ai vue seule ! Je
» suis triste, et j'aurais besoin de causer quelques instans
» avec ma fille bien-aimée. A tout à l'heure, donc.

» Henri. »

Diane pâlissante froissa cette lettre dans sa main crispée, quand elle eut achevé de la lire.

Que devait-elle faire ?

Congédier tout de suite Gabriel ? Mais s'il rencontrait en s'en allant le roi qui, à tout instant, pouvait venir ?

Retenir près d'elle le jeune homme ? Mais le roi allait le trouver en entrant !

Prévenir le roi, c'était exciter des soupçons. Prévenir Gabriel, c'était provoquer sa colère en paraissant la craindre.

Un choc entre ces deux hommes si dangereux l'un pour l'autre semblait maintenant inévitable, et c'était elle, Diane, elle qui eût voulu les sauver au prix de son sang, qui avait amené cette rencontre fatale !

— Que vous mande le roi, Diane ? demanda Gabriel avec un calme affecté que démentait le tremblement de sa voix.

— Rien, rien, en vérité ! répondit Diane. Une recommandation pour la réception de ce soir.

— Je vous dérange peut-être, Diane, dit Gabriel. Je me retire.

— Non, non ! restez ! s'écria Diane vivement. Après cela pourtant, reprit-elle, si quelque affaire vous appelle au dehors sur-le-champ, je ne voudrais pas vous retenir.

— Cette lettre vous a troublée, Diane. Je crains de vous être importun et vais prendre congé de vous.

— Vous, importun, ami ! le pouvez-vous penser ! dit madame de Castro. N'est-ce pas moi qui suis allée vous chercher, en quelque sorte ? Hélas ! peut-être bien imprudemment, j'en ai peur. Je vous reverrai encore, mais non plus ici, chez vous. Dès que je pourrai m'échapper, j'irai vous voir, j'irai reprendre cet entretien terrible et doux. Je vous le promets. Comptez sur moi. Pour le moment, vous aviez raison, je vous avoue que je suis un peu préoccupée, un peu souffrante... J'ai comme la fièvre...

— Je le vois, Diane, et je vous quitte, reprit tristement Gabriel.

— A bientôt, ami, dit-elle. Allez, allez !

Elle marcha avec lui jusqu'à la porte de la chambre.

— Si je le retiens, pensait-elle en le reconduisant, il est certain qu'il verra le roi ; s'il s'éloigne dans l'instant, il y a du moins une chance pour qu'il ne le rencontre pas.

Cependant elle hésitait, doutait et tremblait encore.

— Pardon, un dernier mot, Gabriel, dit-elle toute hors d'elle-même, sur le seuil de la porte. Mon Dieu ! votre récit m'a tellement bouleversée !... j'ai peine à rassembler mes idées... Que voulais-je vous demander ?... Ah ! j'y suis. Un mot seulement, un mot d'importance. Vous ne m'avez toujours pas dit ce que vous aviez intention de faire ? J'ai crié grâce ! et vous criez justice ! Cette justice comment espérez vous donc l'obtenir ?

— Je n'en sais rien encore, dit Gabriel d'un air sombre. Je me fie à Dieu, à l'événement et à l'occasion.

— A l'occasion ? répéta Diane en frissonnant. A l'occasion ? Qu'entendez-vous par là ? Oh ! rentrez, rentrez ! Je ne veux pas vous laisser partir, Gabriel, que vous ne m'ayez expliqué ce mot : à l'occasion. Restez, je vous en conjure.

Et, le prenant par la main, elle le ramenait dans la chambre.

— S'il rencontre le roi hors d'ici, pensait la pauvre Diane, ils seront seul à seul, le roi sans suite, Gabriel l'épée au côté. Du moins, si je suis là, je pourrai me précipiter entre eux, supplier Gabriel, me jeter au devant du coup. Il faut que Gabriel reste.

— Je me sens mieux, dit-elle tout haut. Restez, Gabriel, reprenons cette conversation, donnez-moi l'explication que j'attends. Je me sens beaucoup mieux.

— Non, Diane, vous êtes encore plus agitée que tout à l'heure, reprit Gabriel. Et savez-vous quelle pensée me vient à l'esprit, et quelle cause je devine à vos terreurs ?

— Non, vraiment, Gabriel, comment voulez-vous que je sache ?...

— Eh bien ! dit Gabriel, si tout à l'heure votre cri de grâce avouait que pour vous le crime était patent, vos appréhensions de maintenant, Diane, déclarent qu'à vos yeux la punition serait légitime. Vous redoutez pour le coupable ma vengeance ; donc, vous la comprendriez. Vous me retenez ici pour prévenir des représailles possibles qui vous effraient, mais qui ne vous étonneraient pas, dites ? qui vous sembleraient toutes simples, n'est-ce pas ?

Diane tressaillit, tant le coup avait frappé juste !

Néanmoins, rassemblant toute son énergie :

— Oh ! Gabriel, dit-elle, comment croyez-vous que je puisse concevoir de vous de telles pensées ? Vous, mon Gabriel, un meurtrier ! Vous, frapper par surprise quelqu'un qui ne se défendrait pas ! C'est impossible ! Ce serait plus qu'un crime, ce serait une lâcheté ! Vous vous imaginez que je vous retiens ? Erreur ! Allez ! partez ! je vous ouvre les portes. Je suis bien tranquille, mon Dieu ! Bien tranquille sur ce point, du moins. Si quelque chose me trouble, ce n'est pas une pareille idée, je vous en réponds. Quittez-moi, quittez le Louvre en paix. Je retournerai chez vous achever notre entretien. Allez, mon ami, allez. Vous voyez comme je veux vous garder !

En parlant ainsi, elle l'avait conduit jusque dans l'antichambre.

Le page s'y trouvait. Diane pensa bien à lui ordonner d'accompagner Gabriel jusque hors du Louvre. Mais cette précaution eût encore trahi sa défiance.

Arrivée là cependant, elle ne put s'empêcher d'appeler André d'un signe, et de lui demander à l'oreille :

— Savez-vous si le conseil est terminé ?

— Pas encore, madame, répondit tout bas André. Je n'ai pas vu sortir les conseillers de la grand'chambre.

— Adieu, Gabriel, reprit tout haut Diane avec vivacité. Adieu, ami. Vous me forcez à vous renvoyer presque, pour vous prouver que je ne vous retiens pas. Adieu, mais à bientôt.

— A bientôt, dit avec un sourire mélancolique le jeune homme en lui serrant la main.

Il partit. Elle resta à le regarder jusqu'à ce que la dernière porte se fût refermée sur lui.

Puis, rentrant dans sa chambre, elle tomba à genoux, les yeux en pleurs, le cœur palpitant, devant son prie-Dieu.

— O mon Dieu ! disait-elle, veillez, au nom de Jésus ! sur celui qui est peut-être mon frère, sur celui qui est peut-être mon père. Préservez l'un de l'autre les êtres que j'aime, ô mon Dieu ! Vous seul le pouvez maintenant.

LXXXII.

OCCASION.

Malgré les efforts qu'elle avait faits pour l'empêcher, ou plutôt à cause de ces efforts, ce que madame de Castro avait prévu et craint se réalisa.

Gabriel était sorti de chez elle tout triste et tout troublé. La fièvre de Diane l'avait gagné en quelque sorte, et offusquait ses yeux, confondait ses pensées.

Il allait machinalement par les escaliers et les corridors connus du Louvre, sans faire beaucoup attention aux objets extérieurs.

Néanmoins, sur le point d'ouvrir la porte de la grande galerie, il se rappela qu'à son retour de Saint-Quentin, c'était là qu'il avait rencontré Marie Stuart et que l'intervention de la jeune reine-dauphine lui avait permis d'arriver jusqu'au roi, auprès duquel l'attendait une première déception.

Car on ne l'avait pas trompé et outragé qu'une fois! c'était à plusieurs reprises qu'on avait frappé de mort son espérance ! Après un première duperie, il eût bien dû s'habituer et s'attendre à ces interprétations exagérées et lâches de la lettre d'un traité sacré !

Tandis que Gabriel roulait dans son esprit ces irritans souvenirs, il ouvrait la porte, et entrait dans la galerie.

Tout à coup il frémit, recula d'un pas et s'arrêta comme pétrifié.

A l'autre extrémité de la galerie, la porte parallèle venait de s'ouvrir.

Un homme était entré.

Cet homme, c'était Henri II, Henri, l'auteur, ou du moins le principal complice de ces criminelles déceptions qui avaient à jamais désolé et perdu l'âme et la vie de Gabriel !

Le roi s'avançait seul, sans armes et sans suite.

L'offenseur et l'offensé, pour la première fois depuis l'outrage, se trouvaient en présence, seuls et séparés l'un de l'autre par une distance de cent pas à peine, qu'en vingt secondes et en vingt bonds l'on pouvait franchir.

Nous avons dit que Gabriel s'était arrêté court, immobile et glacé comme une statue, comme la statue de la Vengeance ou de la Haine.

Le roi aussi s'arrêta, en apercevant subitement celui que, depuis près d'un an, il n'avait encore revu que dans ses songes.

Ces deux hommes demeurèrent ainsi près d'une minute sans bouger, comme fascinés l'un par l'autre.

Dans le tourbillon de sensations et d'idées qui remplissaient de ténèbres le cœur de Gabriel, le jeune homme éperdu ne savait choisir aucune réflexion, trouver aucune résolution. Il attendait.

Quant à Henri, malgré son courage éprouvé, ce qu'il ressentait, oui, c'était bien de l'effroi !

Pourtant il redressa le front à cette idée, chassa toute lâche velléité et prit son parti.

Appeler c'eût été craindre, se retirer c'eût été fuir.

Il s'avança vers la porte où Gabriel restait cloué.

Aussi bien, une force supérieure, une sorte d'entraînement invincible et fatal l'appelait, le poussait vers ce pâle fantôme qui semblait l'attendre !

Il commençait à subir le vertige de sa destinée.

Gabriel le voyait marcher ainsi vers lui avec une espèce de satisfaction aveugle et instinctive, mais il ne parvenait à dégager aucune pensée des nuages qui obscurcissaient son esprit.

Il mit seulement la main sur la garde de son épée.

Quand le roi ne fut plus qu'à quelques pas de Gabriel, cette crainte qu'il avait déjà repoussée le reprit, et lui serra le cœur comme dans un étau.

Il se disait vaguement que sa dernière heure était venue, et que c'était juste.

Pourtant, il s'approchait toujours. Ses pieds semblaient le porter en avant d'eux-mêmes, et sans que sa volonté endormie y eût part. Les somnambules doivent marcher ainsi.

Lorsqu'il se trouva tout à fait devant Gabriel, qu'il put entendre son souffle et qu'il eut pu toucher sa main, il porta, dans son trouble étrange, la main à sa toque de velours, et salua le jeune homme.

Gabriel ne lui rendit pas ce salut. Il garda son attitude de marbre, et sa main pétrifiée ne quitta pas son épée pour son chapeau.

Pour le roi, Gabriel n'était plus un sujet, mais un représentant de Dieu devant lequel on s'incline.

Pour Gabriel Henri n'était plus un roi, mais un homme qui avait tué son père, et auquel il ne pouvait devoir que de la haine.

Cependant, il le laissa passer sans rien lui faire et sans rien lui dire.

Le roi, de son côté, passa sans se retourner, sans s'étonner du manque de respect.

Quand la porte se fut refermée entre ces deux hommes, et que le charme fut rompu, chacun d'eux se réveilla, se frotta les yeux et se demanda :

— N'était-ce pas un rêve?

Gabriel sortit lentement du Louvre. Il ne regrettait pas l'occasion perdue, il ne se repentait pas de l'avoir laissé échapper.

Il éprouvait plutôt une espèce de joie confuse.

— Voici ma proie qui vient à moi, pensait-il, la voilà qui tourne autour de mes filets, et qui se rapproche de mon épieu.

Il dormit cette nuit là comme il n'avait pas dormi depuis longtemps.

Le roi n'était pas si tranquille! Il se rendit chez Diane qui l'attendait, et qui le reçut, on devine avec quels transports !

Mais Henri fut distrait et inquiet. Il n'osa parler du comte de Montgommery. Il se disait pourtant que Gabriel sortait sans doute de chez sa fille quand il l'avait rencontré. Mais il ne voulut point approfondir cela ; seulement, lui qui était venu pour une effusion de confiance, il conserva pendant toute sa visite un air de défiance et de contrainte.

Puis il rentra chez lui sombre et triste. Il se sentait mécontent de lui-même et des autres. Il ne dormit pas de la nuit.

Il lui semblait qu'il était entré dans un labyrinthe d'où il ne sortirait pas vivant.

— Cependant, se disait-il, je m'offrais en quelque sorte aujourd'hui à l'épée de cet homme. Il est donc certain qu'il ne veut pas me tuer !

Le roi, pour se distraire et s'étourdir, ne voulut pas rester à Paris. Pendant les jours qui suivirent cette rencontre du comte de Montgommery, il alla successivement à Saint-Germain, à Chambord et chez Diane de Poitiers, au château d'Anet.

Vers la fin de ce mois de juin, il était à Fontainebleau.

Et partout il déployait le plus d'activité possible, et semblait vouloir éteindre sa pensée dans le bruit, le mouvement et l'action.

Les fêtes prochaines du mariage de sa fille Elisabeth avec le roi Philippe II donnaient à ce besoin fébrile d'activité un aliment et un prétexte.

A Fontainebleau, il voulut offrir à l'ambassadeur d'Espagne le spectacle d'une grande chasse à courre dans la forêt. Cette chasse fut fixé par lui au 23 juin.

La journée s'annonça comme devant être chaude et lourde. Le temps était à l'orage.

Henri ne contremanda pas néanmoins les ordres donnés. Une tempête c'est encore du bruit.

Il voulut monter son cheval le plus impétueux et le plus rapide, et se livra à la chasse avec une sorte de fureur.

Il y eut même un moment où, emporté par son ardeur

et l'ardeur de son cheval, il dépassa tous ceux qui le suivaient, perdit la chasse de vue et s'égara dans la forêt.

Les nuages s'amoncelaient au ciel, de sourds grondemens retentissaient au loin. L'orage allait éclater.

Henri, penché sur son cheval écumant, dont il n'essayait pas de ralentir la course, mais qu'il pressait plutôt de la voix et de l'éperon, allait, allait, plus vite que le vent, parmi les arbres et les pierres ; ce galop vertigineux lui plaisait, et il riait tout haut et tout seul.

Pendant quelques instans, il avait oublié.

Tout à coup son cheval se cabra, effrayé ; un éclair venait de déchirer la nue, et le fantôme soudain d'une de ces roches blanches qui abondent dans la forêt de Fontainebleau s'était dressé à l'angle d'un sentier.

Le tonnerre en éclatant redoubla la peur du cheval ombrageux. Il s'élança tout effaré. Son brusque mouvement en arrière avait cassé la bride près du mors. Henri n'en était plus maître.

Alors commença une course furieuse, terrible, insensée.

Le cheval à la crinière raidie, aux flancs fumans, aux jarrets d'acier, fendait l'air comme une flèche.

Le roi, penché sur son cou pour ne pas tomber, les cheveux hérissés, les habits au vent, cherchait vainement à reprendre la bride qui lui eût d'ailleurs été inutile.

Si quelqu'un les eût vu passer ainsi dans la tempête, il les eût pris à coup sûr pour une vision infernale et n'eût pensé qu'à faire le signe de la croix.

Mais personne n'était même là ! pas une âme vivante, pas une chaumière habitée. Cette dernière chance de salut qu'offre à l'homme en péril la présence de son semblable, manquait au cavalier couronné.

Pas un bûcheron, pas un mendiant, pas un braconnier, pas un voleur pour sauver ce roi !

Et la pluie ruisselante, et les coups de plus en plus rapprochés de la foudre, accéléraient de plus en plus le galop éperdu du cheval terrifié.

Henri, de ses yeux égarés, tâchait vaguement de reconnaître le sentier de la forêt que suivait sa course mortelle.

Il se reconnut à certaine éclaircie d'arbres, et il frémit.

Le sentier menait droit au sommet d'une roche escarpée, qui surplombait à pic sur un trou profond, un abîme !

Le roi s'efforça d'arrêter le cheval de la main, de la voix. Rien n'y fit.

Se laisser tomber, c'était aller se briser le front sur quelque tronc d'arbre ou quelque saillie de granit. Mieux valait n'employer qu'au dernier moment cette ressource désespérée.

Mais en tout cas, Henri se sentait perdu, et déjà recommandait à Dieu son âme pleine de remords et pleine d'épouvante.

Il ne savait même pas au juste à quel endroit du sentier il se trouvait, et si le précipice était près ou loin.

Mais il devait être près, et le roi, à tous risques, allait se laisser glisser à terre...

En jetant devant lui un dernier regard au loin, il aperçut, au bout du sentier, un homme, à cheval comme lui, mais arrêté à l'abri sous un chêne.

Cet homme, il ne pouvait le reconnaître à cette distance. D'ailleurs, un manteau long et un chapeau à larges bords cachaient ses traits et sa tournure. Mais c'était sans nul doute quelque gentilhomme égaré aussi dans la forêt.

Dès-lors Henri était sauvé. Le sentier était étroit, et l'inconnu n'avait qu'à pousser son cheval en avant pour barrer le passage à celui du roi, ou seulement à allonger la main pour l'arrêter dans sa course.

Rien de plus facile, et, quand même il y aurait eu à cela quelque danger, l'homme, en reconnaissant le roi, ne devait pas hésiter à courir ce danger pour sauver son maître.

En vingt fois moins de temps qu'on n'en met à lire ceci, les trois ou quatre cents pas qui séparaient Henri de son sauveur avaient été franchis.

Henri, pour l'avertir, jeta vers lui un cri de détresse en agitant son bras levé.

L'homme le vit et fit un mouvement. Il s'apprêtait sans doute.

Mais, ô terreur ! le cheval emporté passa devant lui sans que l'étrange cavalier fît pour le retenir le plus imperceptible geste.

Il sembla même s'être un peu reculé pour éviter tout choc possible.

Le roi poussa un second cri non plus d'appel et de prière, cette fois, mais de rage et de désespoir.

Cependant il croyait sentir sous les pieds de fer de son cheval sonner la pierre et non plus le sol.

Il était arrivé au rocher fatal.

Il prononça le nom de Dieu, dégagea son pied de l'étrier, et, à tout hasard, se laissa aller à terre.

La secousse l'envoya rouler à quinze pas de là. Mais, par un vrai miracle, il tomba sur un tertre de mousse et d'herbe, et ne se fit point de mal. Il était temps ! l'abîme s'ouvrait à vingt pas de là.

Quant à son cheval, étonné de ne plus sentir son fardeau, il parut ralentir un peu son élan ; si bien qu'arrivé sur le bord du gouffre, il eut le temps de le mesurer, et, par un dernier instinct, de se rejeter violemment en arrière, l'œil agrandi, les naseaux fumans, la crinière échevelée.

Mais si le roi l'eût monté encore, ce temps subit d'arrêt l'eût justement précipité dans l'abîme.

Aussi, après avoir élevé vers Dieu, qui l'avait si évidemment protégé, une fervente action de grâce ; après avoir rejoint, calmé et remonté son cheval ; la première pensée de Henri fut de courir, plein de colère, sur cet homme qui, sans l'intervention divine, l'eût laissé si lâchement périr.

L'inconnu était resté à la même place, toujours immobile sous les plis de son manteau noir.

— Misérable ! lui cria-t-on s'approchant le roi quand il fut à portée de se faire entendre. N'as-tu donc pas vu mon danger ? Ne m'as-tu pas reconnu, régicide ? Et, quand ce n'eût pas été ton roi, ne devais-tu pas sauver tout homme en un tel péril, puisque tu n'avais pour cela qu'à étendre le bras, infâme !

L'homme ne bougea pas, ne répondit pas ; il releva seulement un peu sa tête que dérobait aux yeux de Henri son large feutre.

Le roi frémit en reconnaissant la figure pâle et morne de Gabriel. Dès lors, il se tut, et, courbant le front :

— Le comte de Montgommery ! murmura-t-il tout bas, alors je n'ai rien à dire.

Et, sans ajouter une parole, il donna de l'éperon à son cheval, et rentra au galop dans la forêt.

— Il ne me tuerait pas, se disait-il tout bas d'un frisson mortel, mais il paraît qu'il me laisserait mourir.

Pour Gabriel, resté seul, il se répéta avec un sourire lugubre.

— Je sens ma proie venir et l'heure s'approcher.

LXXXIII.

ENTRE DEUX DEVOIRS.

Les contrats de mariage d'Elisabeth et de Marguerite de France devaient être signés le 23 juin au Louvre. Le roi, dès le 25, était donc de retour à Paris, plus triste et plus préoccupé que jamais.

Depuis cette dernière apparition de Gabriel surtout, sa vie était devenue un supplice. Il fuyait la solitude et voulait constamment des distractions à la sombre pensée dont il était pour ainsi dire possédé.

Il n'avait cependant parlé non plus de cette seconde rencontre à personne. Mais il avait à la fois envie et peur de s'épancher là-dessus avec quelqu'un de dévoué et de fidèle. Car pour lui il ne savait plus que croire et que résoudre, et l'idée funeste, à force d'être regardée par lui en face, s'était entièrement brouillée dans son esprit.

Il se décida à s'en ouvrir avec Diane de Castro.

Diane avait certainement revu Gabriel ; c'était de chez elle que le jeune comte sortait, sans nul doute, quand il l'avait vu la première fois. Diane savait donc peut-être ses desseins. Elle pouvait, elle devait ou rassurer sur ce point ou prévenir son père ! Et Henri, malgré les doutes amers dont il était sans cesse assailli, ne croyait pas sa fille bien-aimée coupable ou complice d'une trahison envers lui.

Un secret instinct semblait l'avertir que Diane n'était pas moins troublée que lui. Madame de Castro, en effet, si elle ignorait les deux chocs étranges qui venaient d'avoir lieu déjà entre les destinées du roi et de Gabriel, ignorait aussi ce qu'était devenu depuis quelques jours ce dernier. André, qu'elle avait envoyé plusieurs fois à l'hôtel de la rue des Jardins-Saint-Paul pour y prendre des informations, n'en avait rapporté aucune. Gabriel avait de nouveau disparu de Paris. Nous l'avons vu sur les traces du roi à Fontainebleau.

Dans l'après-midi du 26 juin, Diane était seule, toute pensive, dans sa chambre. Une de ses femmes, accourant précipitamment, lui annonça la visite du roi.

Henri était grave comme à son ordinaire. Après les premiers complimens, il entra tout de suite en matière, comme pour se débarrasser d'abord de ces importuns soucis.

— Ma chère Diane, dit-il en plongeant ses yeux dans les yeux de sa fille, il y a bien longtemps que nous n'avons parlé ensemble de monsieur le vicomte d'Exmès, qui a pris maintenant le titre de comte de Montgommery. Y a-t-il aussi longtemps que vous ne l'avez vu, dites ?

Diane, au nom de Gabriel, pâlit et frémit. Mais se remettant de son mieux :

— Sire, répondit-elle, j'ai revu une seule fois monsieur d'Exmès depuis mon retour de Calais.

— Et où l'avez-vous vu, Diane ? demanda le roi.

— Au Louvre, ici même, Sire.

— Il y a quinze jours environ, n'est-il pas vrai ? dit Henri.

— En effet, Sire, répondit madame de Castro, il peut y avoir quinze jours.

— Je m'en doutais, reprit le roi.

Il fit une pause comme pour reconnaître ses nouvelles pensées...

Diane le regardait avec attention et crainte, en essayant de deviner le motif de cet interrogatoire inattendu.

Mais la physionomie sérieuse de son père lui parut impénétrable.

— Sire, excusez-moi, dit-elle alors rassemblant tout son courage, oserai-je vous demander à Votre Majesté pourquoi, après le long silence qu'elle a en effet gardé avec moi sur celui qui m'a sauvé à Calais de l'infamie, aujourd'hui, à cette heure, elle me fait l'honneur de cette visite tout exprès, j'imagine, pour me questionner sur son compte ?

— Vous désirez le savoir, Diane ? dit le roi.

— Sire, j'ai cette audace, reprit-elle.

— Soit donc, vous saurez tout, poursuivit Henri, et je souhaite que ma confiance invite et provoque la vôtre. Vous m'avez dit souvent que vous m'aimiez, mon enfant ?

— Je l'ai dit et je le répète, Sire, s'écria Diane ; je vous aime comme mon roi, comme mon bienfaiteur et comme mon père.

— Je puis tout révéler à ma tendre et loyale fille, dit le roi ; or, écoutez-moi bien, Diane.

— Je vous écoute avec mon âme, Sire.

Henri raconta alors ses deux rencontres avec Gabriel : la première dans la galerie du Louvre, la seconde dans la forêt de Fontainebleau. Il dit à Diane l'étrange attitude de rébellion muette qu'avait gardée le jeune homme, et comment la première fois il n'avait pas voulu saluer son roi, comment la seconde il n'avait pas voulu le sauver.

Et Diane à ce récit ne sut point dissimuler sa tristesse et son effroi. Le conflit qu'elle redoutait tant entre Gabriel et le roi s'était déjà produit dans deux occasions, et pouvait se reproduire plus dangereux et plus terrible encore.

Henri, sans paraître s'apercevoir de l'émotion de sa fille, termina en disant :

— Ce sont là de graves offenses, n'est-il pas vrai, Diane ? Ce sont presque des crimes de lèse-majesté ! Et cependant, j'ai caché à tous ces injures et dissimulé mon ressentiment, parce que ce jeune homme a souffert à cause de moi dans le temps, malgré les glorieux services qu'il avait rendus à mon royaume, et dont il aurait dû sans doute être mieux récompensé...

Et fixant sur Diane son regard pénétrant :

— J'ignore, continua le roi, je veux ignorer, Diane, si vous ou eu connaissance de mes torts envers monsieur d'Exmès ; je veux seulement que vous sachiez que mon silence m'a été dicté par le sentiment et le regret de ces torts... Mais ce silence n'est-il pas imprudent aussi ? Ces outrages n'en présagent-ils pas d'autres plus graves encore ! Ne dois-je pas enfin prendre garde à monsieur d'Exmès ? C'est là-dessus, Diane, que j'ai voulu amicalement venir vous consulter.

— Je vous remercie de cette confiance, Sire, répondit douloureusement madame de Castro, ainsi placée entre les devoirs de deux affections.

— Cette confiance est toute naturelle, Diane, reprit le roi. Eh bien ?... ajouta-t-il, voyant que sa fille hésitait.

— Eh bien ! Sire, reprit Diane avec effort, je crois que Votre Majesté a raison... et qu'elle agira peut-être sagement... en faisant attention à monsieur d'Exmès...

— Pensez-vous donc, Diane, que ma vie coure des dangers ? dit Henri.

— Oh ! je ne dis pas cela, Sire ! s'écria Diane vivement. Mais enfin monsieur d'Exmès paraît avoir été blessé profondément, et l'on peut craindre...

La pauvre Diane s'arrêta toute tremblante et le front baigné de sueur. Cette espèce de dénonciation, que lui arrachait la contrainte morale, répugnait à ce noble cœur.

Mais Henri interpréta sa souffrance d'une toute autre façon.

— Je vous comprends Diane ! dit-il en se levant et en marchant à grands pas dans la chambre. Oui, je le pressentais bien ; vous voyez, il faut que je me défie de ce jeune homme... Mais vivre sans cesse avec cette épée de Damoclès sur ma tête, c'est impossible. Les rois ont d'autres obligations que les autres gentilshommes. Je vais faire en sorte que l'on s'assure de monsieur d'Exmès.

Et il fit un pas comme pour sortir ; mais Diane se jeta au devant de lui.

Quoi ! Gabriel allait être accusé, livré, fait prisonnier peut-être ! Et c'était elle, Diane, qui l'aurait trahi !... Elle ne put supporter cette idée. Après tout, les paroles de Gabriel n'avaient pas été si menaçantes !...

— Sire, un moment !... s'écria-t-elle. Vous vous méprenez, je vous jure que vous vous méprenez ! Je n'ai pas dit le moins du monde qu'il y eût péril pour votre tête deux fois sacrée. Rien, dans les confidences de monsieur d'Exmès, n'a pu me faire supposer la pensée d'un crime. Sans cela, grand Dieu ! ne vous aurais-je pas tout révélé ?

— C'est juste, dit Henri en s'arrêtant. Mais alors que vouliez-vous dire, Diane ?

— Je voulais dire seulement, Sire, que Votre Majesté ferait bien d'éviter autant que possible ces rencontres fâcheuses où un sujet offensé pourrait oublier le respect dû à son roi. Mais d'un manque de respect à un régicide, il y a loin, Sire. Gabriel serait-il digne de vous de réparer un premier tort par une autre iniquité ?...

— Non, certes, ce n'était point mon intention, dit le roi ; la preuve en est que je me suis tû. Et puisque vous dissipez mes soupçons, Diane, que vous répondez de ma sûreté devant votre conscience et Dieu, et que, selon vous, je puis être tranquille...

— Être tranquille ! interrompit Diane en frémissant.

Mais je ne me suis pas non plus avancée jusques là, Sire. De quelle terrible responsabilité m'accablez-vous? Votre Majesté devra peut-être au contraire veiller, se tenir sur ses gardes...

— Non, dit le roi, je ne puis toujours craindre et toujours trembler? Depuis deux semaines je n'existe plus. Il faut en finir. De deux choses l'une : ou, confiant en votre parole, Diane, je vais m'abandonner tranquille à mon sort et à ma vie, penser au royaume et non à mon ennemi, ne plus du tout m'occuper enfin du vicomte d'Exmès ; ou bien je vais faire mettre l'homme qui m'en veut hors d'état de me nuire, dénoncer à qui de droit ses insultes, et, trop haut placé et trop fièrement inspiré pour me défendre moi-même, laisser ce soin à ceux dont le devoir est de garder ma personne.

— Qui sont donc ceux-là, Sire? demanda Diane.

— Mais, dit le roi, monsieur de Montmorency d'abord, connétable et chef de l'armée.

— Monsieur de Montmorency ! répéta Diane en frissonnant.

Ce nom abhorré de Montmorency lui rappelait à la fois tous les malheurs du père de Gabriel, sa longue et dure captivité et sa mort. Si Gabriel, à son tour, tombait entre les mains du connétable, un sort pareil lui était promis, il était perdu !

Diane vit devant les yeux de sa pensée celui qu'elle avait tant aimé plongé dans un cachot sans air, y mourant en une nuit, ou, chose plus terrible ! en vingt ans, et mourant en accusant Dieu, les hommes et surtout Diane, qui, sur quelques paroles incertaines et équivoques, l'aurait lâchement livré.

Rien ne prouvait que la vengeance de Gabriel voulût ou pût atteindre le roi ; il était certain que la rancune de monsieur de Montmorency n'épargnerait pas Gabriel.

Diane, en quelques secondes, se représenta à l'esprit tout cela, et quand le roi, posant définitivement la question, lui demanda :

— Eh bien ! Diane, quel conseil me donnez-vous ? Comme vous pouvez mieux que moi conjecturer les dangers que je cours, votre parole sera ma loi. Dois-je ne plus m'occuper de monsieur d'Exmès, ou m'en occuper au contraire ?

— Sire, répondit Diane qu'effraya l'accent de ces dernières paroles du roi, je n'ai pas à donner à Votre Majesté d'autre conseil que celui de sa conscience. Si tout autre qu'un homme offensé par vous, Sire, vous eût manqué de respect sur votre chemin ou vous eût abandonné traîtreusement à votre danger, vous ne seriez pas venu me consulter, je pense, pour tirer un juste châtiment du coupable. Quelque impérieux motif a donc engagé Votre Majesté au silence du pardon. Or, je ne vois pas de raison pour qu'elle ne cesse d'agir comme elle a commencé de le faire. Car, enfin, monsieur d'Exmès, si la pensée d'un crime pouvait lui être venue, ne pourrait, ce me semble, attendre deux occasions meilleures que celles qui se sont offertes à lui dans une galerie solitaire du Louvre, et dans la forêt de Fontainebleau, sur le bord d'une fondrière...

— Cela suffit, Diane, dit Henri, et je ne vous demandais pas autre chose. Vous avez effacé de mon âme un grave souci, je vous en remercie, chère enfant. Ne parlons plus de ceci. Je veux pouvoir songer en toute liberté d'esprit aux fêtes de nos mariages. Je veux qu'elles soient splendides, je veux aussi que vous y soyez splendide, entendez-vous, Diane ?

— Que Votre Majesté m'excuse, dit Diane, mais je voulais lui demander justement la permission de ne point paraître à ces réjouissances. J'aimerais mieux, s'il faut l'avouer, rester dans ma solitude.

— Eh quoi ! dit le roi, mais ne savez-vous pas, Diane, que ce sera une fortune toute royale ? Il y aura des jeux et des tournois les plus beaux du monde, et je serai moi-même un des tenans de la lice. Quelle affaire peut donc vous écarter de ces spectacles magnifiques, ma fille aimée?

— Sire, reprit Diane d'un ton grave, j'ai à prier...

Quelques minutes après, le roi quittait madame de Castro, l'âme allégie d'une partie de ses angoisses.

Mais ces angoisses, il les laissait toutes au cœur de la pauvre Diane.

LXXXIV.

PRÉSAGES.

Le roi, dès-lors, à peu près délivré des inquiétudes qui l'attristaient, pressa de toute son activité les préparatifs de ces fêtes magnifiques qu'il voulait donner à sa bonne ville de Paris, à l'occasion des heureux mariages de sa fille Elisabeth avec Philippe II, et de sa sœur Marguerite avec le duc de Savoie.

Mariages bien heureux, en effet, et qui méritaient certes d'être célébrés par tant de réjouissance ! Le poëte de *don Carlos* a dit de façon qu'il n'y ait plus à le redire où aboutit le premier. Nous allons voir ce qu'amenèrent les préliminaires du second.

Le contrat de ce mariage de Philibert Emmanuel avec la princesse Marguerite de France devait être signé le 28 juin.

Henri annonça que ce 28, et les deux jours suivans, il y aurait aux Tournelles lice ouverte pour tournois et autres jeux chevaleresques.

Et, sous prétexte de mieux honorer les deux époux, mais en réalité dans le but de satisfaire son goût passionné pour ces sortes de joutes, le roi déclara qu'il serait lui-même au nombre des tenans.

Mais le matin du 28 juin, la reine Catherine de Médicis, qui pourtant ne sortait guère en ce temps-là de sa retraite, fit demander avec instance un entretien au roi.

Henri, qui va sans dire, acquiesça tout d'abord à ce désir de sa femme et de sa dame.

Catherine entra tout émue dans la chambre du roi.

— Ah ! cher Sire, s'écria-t-elle, dès qu'elle le vit, au nom de Jésus ! je vous en conjure, jusqu'à la fin de ce mois de juin, ne sortez pas du Louvre.

— Et pourquoi cela, madame ? demanda Henri, étonné de ce brusque début.

— Sire, il doit vous arriver malheur ces jours-ci, reprit la Florentine.

— Qui vous a dit cela ? fit le roi.

— Votre étoile, Sire, observée cette nuit par moi et mon astrologue italien, avec les signes les plus menaçans de danger, de danger mortel.

Il faut savoir que Catherine de Médicis commençait dès lors à se livrer à ces pratiques de magie et d'astrologie judiciaire, qui, s'il faut en croire les mémoires du temps, lui mentirent rarement dans tout le cours de sa vie.

Mais Henri II était fort incrédule à l'endroit des astres, et répondit à la reine, en riant :

— Eh ! madame, si mon étoile m'annonce un danger, il m'atteindra aussi bien ici que dehors.

— Non, Sire, répondit Catherine, c'est sous le ciel et à l'air libre que le péril vous attend.

— Vraiment ? c'est peut-être alors quelque coup de vent, dit Henri.

— Sire, ne plaisantez pas sur ces choses ! reprit la reine. Les astres sont la parole écrite de Dieu.

— Eh bien ! il faut convenir alors, dit Henri, que l'écriture divine est en général bien obscure et bien embrouillée.

— Comment cela Sire ?

— Les ratures y rendent, je pense, le texte inintelligible ; de telle sorte que chacun peut y déchiffrer à peu près ce qu'il veut. Vous avez vu, n'est-il pas vrai, madame, dans le grimoire céleste, que ma vie était menacée si je quittais le Louvre ?

— Oui, Sire.

— Eh bien ! Forcatel y a vu, le mois passé, autre chose. Vous estimez Forcatel, je crois, madame ?

— Oui, dit la reine, c'est un savant homme ! qui lit déjà là où nous ne faisons encore qu'épeler.

— Apprenez donc, madame, reprit le roi, que Forcatel a lu pour moi, dans vos astres, ce beau vers qui n'a d'autre défaut que d'être inintelligible :

« Si ce n'est Mars, redoutez son image. »

— En quoi cette prédiction infirme-t-elle celle que je vous apporte ? dit Catherine.

— Attendez, madame ! reprit Henri. J'ai là quelque part ma nativité qui fut composée l'an dernier. Vous rappelez-vous ce qu'elle me présage ?

— Mais assez vaguement, Sire.

— D'après cette nativité, madame, il est écrit que je mourrai en duel : ce qui sera rare et nouveau pour un roi, assurément ! Mais un duel, ce n'est pas l'image de Mars, il me semble, c'est bien Mars lui-même, à mon humble avis.

— Que concluez-vous, Sire, de ceci ? dit Catherine.

— Mais, madame, que, puisque toutes les prédictions sont contradictoires, il est plus sûr de ne croire à aucune d'elles. Ces menteuses se démentent les unes les autres, vous voyez bien !

— Et Votre Majesté quittera le Louvre ces jours-ci ? demanda Catherine.

— En toute autre circonstance, dit le roi, je serais heureux, madame, de vous être agréable en y demeurant avec vous. Mais j'ai promis et annoncé publiquement que j'irais à ces fêtes : je dois y aller.

— Au moins, Sire, vous ne descendrez pas dans la lice ? reprit Catherine.

— Ici encore, ma parole donnée m'oblige, à mon grand regret, de vous refuser, madame. Mais quel danger y a-t-il dans ces jeux ? Je vous suis reconnaissant du fond du cœur de votre sollicitude ; pourtant, laissez-moi vous dire que de telles craintes sont chimériques, et qu'y céder serait faire croire faussement aux périls de ces gentils et plaisans tournois, que je ne veux pas du tout qu'à cause de moi l'on abolisse.

— Sire, reprit Catherine de Médicis vaincue, je suis habituée à céder à votre volonté. Encore aujourd'hui je me résigne, avec toute la douleur et l'effroi dans le cœur.

— Et vous viendrez aux Tournelles, n'est-ce pas, madame ? dit le roi en baisant la main de Catherine, ne fût-ce que pour applaudir à mes coups de lance, et vous convaincre par vous-même de l'aveuglement de vos craintes.

— Je vous obéirai jusqu'au bout, Sire, lui dit la reine en se retirant.

Catherine de Médicis assista, en effet, avec toute la cour, moins Diane de Castro, à ce premier tournoi, où, tout le jour, le roi courut des lances contre tout venant.

— Eh bien ! madame, les étoiles avaient donc tort ! dit-il en riant, le soir, à la reine.

Catherine secoua tristement la tête.

— Hélas ! le mois de juin n'est pas fini, dit-elle.

Mais le second jour, 29 juin, ce fut de même : Henri ne quitta pas la lice, et il y eut autant de bonheur que de hardiesse.

— Vous voyez, madame, que les astres se trompaient aussi pour aujourd'hui, dit-il encore à Catherine lorsqu'ils rentrèrent au Louvre.

— Ah ! Sire, je n'en redoute que plus le troisième jour ! s'écria la reine.

Ce dernier jour des tournois, 30 juin, un vendredi, devait être le plus beau et le plus brillant des trois, et clore dignement ces premières fêtes.

Les quatre tenans étaient :

Le roi, qui portait pour livrée blanc, et noir les couleurs de madame de Poitiers

Le duc de Guise, qui portait blanc et incarnat ;

Alphonse d'Este, duc de Ferrare, qui portait jaune et rouge.

Jacques de Savoie, duc de Nemours, qui portait jaune et noir.

« C'étaient là, dit Brantôme, quatre princes des meilleurs hommes d'armes qu'on eût pu trouver, non pas seulement en France, et passés d'armes, que l'avantage était, il est vrai, ils firent tout ce jour-là merveilles, et ne savait-on à qui donner la gloire, encore que le roi fût un des plus excellens et des adroits à cheval de son royaume. »

Les chances, en effet, se partagèrent belles entre ces quatre habiles et renommés tenans, et les courses se succédaient, la journée s'avançait, sans qu'on pût dire à qui appartiendrait l'honneur du tournoi.

Henri II en était tout animé et tout enfiévré. Il était, dans ces jeux et passes d'armes, comme dans son élément, et il tenait à vaincre là autant peut-être que sur de vrais champs de bataille.

Cependant le soir venait, et les trompettes et clairons sonnèrent la dernière course.

Ce fut monsieur de Guise qui la fournit, et il le fit aux grands applaudissemens des dames et de la foule assemblée.

Puis la reine, qui respirait enfin, se leva.

C'était le signal du départ.

— Quoi ! est-ce donc fini ? s'écria le roi excité et jaloux. Attendez, mesdames, attendez ! n'est-ce pas à mon tour à courir ?

M. de Vieilleville fit observer au roi qu'il avait ouvert la lice le premier, que les quatre tenans avaient fourni un pareil nombre de courses, que l'avantage était, il est vrai, resté égal entre eux, et qu'il n'y avait pas de vainqueur ; mais qu'enfin la lice était fermée et la journée finie.

— Eh ! reprit Henri avec impatience ; si le roi entre le premier, il doit sortir le dernier. Je ne veux pas que cela finisse ainsi. Aussi bien voilà encore deux lances entières.

— Mais, Sire, reprit monsieur de Vieilleville, il n'y a plus d'assaillans.

— Si fait, dit le roi, tenez, celui-là qui a toujours tenu sa visière baissée et n'a pas couru encore. Qui est-ce, Vieilleville ?

— Sire, je ne sais pas..... je n'avais pas remarqué, dit Vieilleville.

— Eh ! monsieur ! dit Henri en s'avançant vers l'inconnu, vous allez, s'il vous plaît, rompre une lance, cette dernière lance avec moi.

L'homme fut un peu de temps sans répondre, puis enfin, d'une voix grave, profonde et émue :

— Que Votre Majesté, dit-il, me permette de refuser cet honneur.

Sans que Henri pût s'en rendre compte, le son de cette voix mêla un trouble étrange à l'impatience fébrile dont il était agité.

— Vous permettre de refuser ! non, je ne permets pas cela, monsieur, dit-il avec un mouvement nerveux de colère.

Alors l'inconnu leva silencieusement sa visière.

Et, pour la troisième fois depuis quinze jours, le roi put voir le visage pâle et morne de Gabriel de Montgommery.

LXXXV.

TOURNOI FATAL.

A l'aspect de cette sombre et solennelle figure du jeune comte de Montgommery, le roi avait senti un frémissement de surprise et peut-être de terreur courir par toutes ses veines.

Mais il ne voulut pas s'avouer à lui-même, encore moins laisser voir aux autres, ce premier mouvement qu'il réprima aussitôt. Son âme réagit contre son instinct ; et, justement parce qu'il avait eu peur une seconde, il se montra brave et même téméraire.

Gabriel dit une seconde fois de sa voix lente et grave :

— Je supplie Votre Majesté de ne pas persister dans sa volonté !

— J'y persiste cependant, monsieur de Montgommery, répondit le roi.

Henri, la vue éblouie par tant d'émotions contraires, croyait deviner une sorte de défi dans les paroles et l'accent de Gabriel. Effrayé par le retour de ce trouble étrange que Diane de Castro avait un moment dissipé, il se raidissait énergiquement contre sa faiblesse, et voulait en finir avec ces lâches inquiétudes qu'il jugeait indignes de lui. Henri II, un fils de France, un roi !

Il dit donc encore à Gabriel avec une fermeté presque exagérée :

— Apprêtez-vous, monsieur, à courir contre moi.

Gabriel, l'âme aussi bouleversée pour le moins que celle du roi, s'inclina sans répondre.

En ce moment, monsieur de Boisy, le grand-écuyer, s'approcha et dit au roi que la reine l'envoyait conjurer de sa part Sa Majesté de ne plus courir pour l'amour d'elle.

— Répondez à la reine, dit Henri, que précisément c'est pour l'amour d'elle que je veux encore courir cette lance.

Et, se tournant vers monsieur de Vieilleville :

— Allons ! monsieur de Vieilleville, armez-moi sur-le-champ, dit-il.

Dans sa préoccupation, il demandait à monsieur de Vieilleville un service qui rentrait dans les attributions de la charge du grand-écuyer, monsieur de Boisy. Monsieur de Vieilleville surpris le lui fit respectueusement remarquer.

— C'est juste ! dit le roi en se frappant le front. Où donc ai-je la tête ?

Il rencontra le regard froid et immobile de Gabriel, et reprit avec impatience :

— Mais si ? j'avais raison ! Ne faut-il pas que monsieur de Boisy aille achever la commission de la reine et lui reporter mes paroles ? Je savais bien ce que je faisais et ce que disais ! Armez-moi, monsieur de Vieilleville.

— Cela étant, Sire, dit monsieur de Vieilleville, et puisque Votre Majesté veut absolument rompre encore cette dernière lance, je lui ferai observer que c'est à moi de la courir contre elle, et je réclame mon droit. En effet, monsieur de Montgommery ne s'est pas présenté au commencement dans la lice, et n'y est entré que lorsqu'il la croyait fermée.

— Vous avez raison, monsieur, dit vivement Gabriel, et je me retire pour vous céder ma place.

— Mais dans cet empressement du comte de Montgommery à éviter tout combat avec lui, le roi s'obstinait à voir les ménagements insultants d'un ennemi qui s'imaginait lui faire peur.

— Non ! non ! répondit-il à monsieur de Vieilleville en frappant du pied la terre. C'est contre monsieur de Montgommery et non contre un autre que je veux courir cette fois l'et voilà bien assez de délais ! Armez-moi.

Il échangea un regard hautain et fier contre le regard fixe et grave du comte, et, sans rien ajouter, il avança le front pour que monsieur de Vieilleville lui mît l'armet.

Évidemment son destin l'aveuglait.

Monsieur de Savoie vint encore le supplier de quitter le champ au nom de Catherine de Médicis.

Et, comme le roi ne répondait même plus à ses instances, il ajouta tout bas :

— Madame Diane de Poitiers, Sire, m'a dit aussi de vous prévenir en secret de prendre garde avec qui vous alliez disputer cette fois la partie.

Au nom de Diane, Henri tressaillit comme malgré lui, mais réprima encore ce tressaillement.

— Vais-je donc avoir l'air de craindre devant ma dame ! se dit-il.

Et il garda toujours le silence hautain d'un homme importuné et déterminé.

Cependant, monsieur de Vieilleville, tout en l'armant, lui disait de son côté à voix basse :

— Sire, je jure le Dieu vivant qu'il y a plus de trois nuits que je ne fais que songer qu'il vous doit arriver quelque malheur aujourd'hui, et que ce dernier juin vous est fatal (1).

Mais le roi ne parut pas même l'avoir entendu : il était déjà armé et il saisit sa lance.

Gabriel tenait la sienne et comparaissait aussi en lice.

Les deux champions montèrent à cheval et prirent champ.

Il se fit alors dans la foule un silence étrange et profond. Tous les yeux étaient attentifs, toutes les respirations suspendues.

Pourtant, le connétable et Diane de Castro étant absens, chacun, à l'exception de madame de Poitiers, ignorait qu'il y eût entre le roi et le comte de Montgommery des motifs de haine et des sujets de vengeance. Nul ne prévoyait clairement à un combat simulé une issue sanglante. Le roi, habitué à ces jeux sans danger, s'était montré cent fois, depuis trois jours, dans l'arène, dans des conditions en apparence semblables à celles qui se présentaient encore.

Et cependant, dans cet adversaire resté mystérieux jusqu'au bout, dans ses refus significatifs de combattre, dans l'obstination aveugle du roi, on sentait vaguement quelque chose d'inusité et de terrible, et, devant ce danger inconnu, on se taisait et on attendait. Pourquoi ? personne n'aurait pu le dire ! Mais un étranger qui fût arrivé en ce moment, à voir l'air de tous les visages, se serait dit : Quelque événement suprême va certainement avoir lieu !

Il y avait de l'effroi dans l'air.

Une circonstance remarquable donna un signe évident de cette disposition sinistre des pensées de la foule :

Aux courses ordinaires, et tant qu'elles durent, les clairons et les trompettes sonnaient de continuelles et étourdissantes fanfares. C'était comme la voix éclatante et joyeuse du tournoi.

Mais lorsque le roi et Gabriel entrèrent dans la lice, les trompettes se turent tout à coup et toutes ensemble ; il n'y en eut plus une seule qui chantât, sans qu'on s'en rendît compte, l'attente et l'horreur générales, dans ce silence inaccoutumé, redoublèrent.

Les deux champions, bien plus encore que les assistans, ressentaient ces impressions extraordinaires de trouble qui remplissaient pour ainsi dire l'atmosphère.

Gabriel ne pensait plus, ne voyait plus, ne vivait plus, presque. Il allait machinalement et comme dans un rêve, faisant d'instinct ce qu'il avait déjà fait dans des circonstances pareilles, mais conduit en quelque sorte par une secrète et puissante volonté qui, à coup sûr, n'était pas la sienne.

Le roi était plus passif et plus égaré encore. Il avait aussi devant les yeux une espèce de nuage, et, pour lui-même, avait l'air d'agir et de se mouvoir dans une fantasmagorie inouïe qui n'était ni la réalité ni le songe.

Il y eut toutefois un éclair de sa pensée où il revit nettement et à la fois les prédictions que la reine lui avait apportées l'avant-veille au matin, celles de sa nativité, et celles de Forcatel. Tout à coup, éclairé par je ne sais quelle lueur terrible, il comprit le sens et les corrélations de ces sinistres augures. Une sueur froide l'inonda de la tête aux pieds. Il eut un instant l'envie de sortir de la lice et de renoncer à ce combat. Mais quoi ! ces milliers d'yeux attentifs pesaient sur lui et le clouaient à sa place !

D'ailleurs, monsieur de Vieilleville venait de donner le signal du départ.

Le sort en est jeté. En avant ! et que Dieu fasse ce qu'il lui plaira !

(1) Mémoires de Vincent Carloix, secrétaire de M. de Vieilleville.

Les deux chevaux partirent au galop, en ce moment plus intelligens et moins aveugles peut-être que leurs lourds cavaliers bardés de fer.

Gabriel et le roi se rencontrèrent au milieu de l'arène. Leurs lances à tous deux se choquèrent et se rompirent sur leurs cuirasses, et ils se dépassèrent sans aucun accident.

Les pressentimens d'épouvante avaient donc eu tort ! Il y eut comme un grand murmure de joie qui s'échappa à la fois de toutes les poitrines soulagées. La reine éleva vers Dieu un regard reconnaissant.

Mais on se réjouissait trop tôt !

Les cavaliers, en effet, étaient encore dans la lice. Après avoir touché chacun l'extrémité opposée à celle par où ils étaient entrés, ils devaient revenir au galop à leur point de départ, et, par conséquent, se rencontrer une seconde fois.

Seulement, quel danger pouvait-on craindre encore ? ils se croisaient sans se toucher.

Mais soit dans son trouble, soit avec intention, soit par malheur, qui sut jamais la cause hormis Dieu ? Gabriel, en revenant, ne jeta pas, selon la coutume, le tronçon de la lance brisée qui lui était resté dans la main. Il le porta baissé devant lui.

Et, en courant, emporté par son cheval lancé au galop, il rencontra au r·tour avec ce tronçon la tête de Henri II !

La visière du casque fut relevée par la violence du coup, et l'éclat de la lance entra profondément dans l'œil du roi et sortit par l'oreille.

Il n'y eut que la moitié des spectateurs déjà distraits et levés pour le départ qui vit ce coup terrible. Mais ceux-là poussèrent un grand cri qui avertit les autres.

Cependant, Henri avait lâché la bride, s'était attaché au col de son cheval, et avait achevé ainsi la carrière au bout de laquelle le reçurent messieurs de Vieilleville et de Boisy.

— Ah ! je suis mort ! ce fut la première parole du roi. Il murmura encore :

— Qu'on n'inquiète pas monsieur de Montgommery !... c'était juste... je lui pardonne.

Et il s'évanouit.

Nous ne peindrons pas le trouble qui suivit. On entraîna Catherine de Médicis à demi morte. Le roi fut transporté sur-le-champ dans sa chambre des Tournelles, sans qu'il eût repris connaissance un seul instant.

Gabriel était descendu de cheval, et restait debout contre la barrière, immobile, pétrifié, et comme frappé lui-même par le coup qu'il avait porté.

Les dernières paroles du roi avaient été entendues et répétées. Nul n'osait donc l'inquiéter. Mais on chuchotait autour de lui, et on le regardait à l'écart avec une sorte d'effroi.

L'amiral de Coligny, qui avait assisté au tournoi, eut seul le courage de s'approcher du jeune homme, et, passant près de lui, à sa gauche, lui dit à voix basso :

— Voilà un accident terrible, ami ! Je sais bien que le hasard a tout fait ; nos idées et les discours que vous avez entendus, à ce que m'a dit La Renaudie, au conciliabule de la place Maubert, ne sont assurément pour rien dans cette fatalité ! N'importe ! bien qu'on ne puisse vous accuser d'un accident, soyez sur vos gardes. Je vous donne le conseil de disparaître pour un temps, et de quitter Paris et même la France. Comptez sur moi toujours. Au revoir.

— Merci, répondit Gabriel sans changer d'attitude.

Un triste et faible sourire avait effleuré ses lèvres pâles, tandis que le chef protestant lui parlait.

Coligny lui fit un signe de tête et s'éloigna.

Quelques momens après, le duc de Guise, qui venait de voir emporter le roi, s'avança du côté de Gabriel en donnant quelques ordres.

Il passa aussi près du jeune comte, à sa droite, et, en passant, lui dit à l'oreille :

— Un coup bien malheureux, Gabriel ! Mais on ne peut vous en vouloir : il faut seulement vous plaindre. Voyez donc pourtant ! si quelqu'un avait entendu la conversation que nous avons eue aux Tournelles, quelles affreuses conjectures tireraient les méchans de ce simple mais bien funeste hasard ! C'est égal, me voici puissant, et je suis tout à vous, vous le savez. Ne vous montrez pas pendant quelques jours, mais ne quittez pas Paris, c'est inutile. Si quelqu'un osait se porter votre accusateur, vous vous souvenez de ce que je vous ai dit : comptez sur moi partout, toujours, et pour quoi que ce soit.

— Merci, monseigneur, dit encore Gabriel du même ton et avec le même mélancolique sourire.

Il était évident que le duc de Guise et Coligny avaient, non une conviction certaine, mais un vague soupçon que l'accident qu'ils feignaient de déplorer n'était pas tout à fait un accident. Au fond, le protestant et l'ambitieux, sans vouloir en convenir vis-à-vis de leur conscience, présumaient bien, celui-ci que Gabriel avait saisi à tout hasard l'occasion de servir la fortune d'un protecteur admiré, celui-là que le fanatisme du jeune huguenot avait pu l'entraîner à délivrer ses frères opprimés de leur persécuteur.

Tous deux s'étaient donc cru obligés de venir dire quelques bonnes paroles à leur discret et dévoué auxiliaire ; et voilà pourquoi ils s'étaient rapprochés de lui tour à tour ; et voilà pourquoi Gabriel avait accueilli leur double erreur avec ce triste sourire.

Cependant le duc de Guise était rentré dans les groupes troublés qui l'entouraient. Gabriel jeta enfin les yeux autour de lui, vit cette curiosité effrayée dont il était l'objet, soupira et se détermina à s'éloigner du lieu fatal.

Il revint à son hôtel de la rue des Jardins-Saint-Paul, sans que personne l'arrêtât ou l'interpellât même.

Aux Tournelles, la chambre du roi était fermée à tout le monde, excepté à la reine, à ses enfans, et aux chirurgiens accourus pour assister le royal blessé.

Mais Fernel et tous les autres médecins reconnurent bien vite qu'il n'y avait plus d'espoir, et qu'ils ne pourraient sauver Henri II.

Ambroise Paré était à Péronne. Le duc de Guise ne pensa pas à l'envoyer chercher.

Le roi resta quatre jours sans connaissance.

Le cinquième jour, il ne revint un peu à lui que pour donner quelques ordres, pour commander notamment qu'on célébrât sur-le-champ le mariage de sa sœur.

Il vit aussi la reine et lui fit ses recommandations touchant ses enfans et les affaires du royaume.

Puis, la fièvre le prit, et le délire, et l'agonie.

Enfin, le 10 juillet 1559, le lendemain du jour où, selon sa dernière volonté, sa sœur Marguerite en larmes avait épousé le duc de Savoie, Henri II expira, après onze longs jours d'agonie.

Le même jour, madame Diane de Castro était partie ou plutôt s'était enfuie pour son ancien couvent des Bénédictines de Saint-Quentin, rouvert depuis la paix de Cateau-Cambrésis.

RÈGNE DE FRANÇOIS II.

LXXXVI.

NOUVEL ÉTAT DES CHOSES.

Pour la favorite comme pour le favori d'un roi, la vraie mort ce n'est pas la mort, c'est la disgrâce.

Le fils du comte de Montgommery devait donc avoir suffisamment vengé sur le connétable et sur Diane de Poitiers l'horrible mort de son père, si, par lui, les deux coupables tombaient de la puissance dans l'exil, et de l'éclat dans l'oubli.

C'est ce résultat que Gabriel attendait encore dans la morne et songeuse solitude de son hôtel, où il s'était enseveli, après le coup fatal du 30 juin. Ce n'était point son propre supplice qu'il redoutait, si Montmorency et sa complice restaient au pouvoir, c'était leur absolution. Et il attendait.

Durant les onze jours d'agonie de Henri II, le connétable de Montmorency avait mis tout en œuvre pour conserver sa part d'influence dans le gouvernement. Il avait écrit aux princes du sang, les exhortant à venir prendre leur place dans le conseil du jeune roi. Ses instances s'étaient adressées surtout à Antoine de Bourbon, roi de Navarre, le plus proche héritier du trône après les frères du roi. Il lui avait mandé de se hâter, et que le moindre délai allait donner à des étrangers une supériorité qu'on ne pourrait plus leur ravir. Enfin, il avait envoyé courrier sur courrier, excité les uns, sollicité les autres, et n'avait négligé rien pour former un parti capable de tenir tête à celui des Guise.

Diane de Poitiers, malgré sa douleur, l'avait aidé de son mieux dans ses efforts ; car sa fortune, à elle aussi, était maintenant attachée à celle de son vieil amant.

Avec lui elle pouvait régner encore, sinon directement, efficacement du moins.

En effet, quand, le 10 juillet 1559, l'aîné des fils de Henri II fut proclamé roi par le héraut d'armes, sous le nom de François II, le jeune prince n'avait que seize ans, et, bien que la loi le déclarât majeur, son âge, son inexpérience et la faiblesse de santé le condamnaient à abandonner pour plusieurs années la conduite des affaires à un ministre plus puissant sous son nom que lui-même.

Or, quel serait ce ministre ou plutôt ce tuteur ? Le duc de Guise ou le connétable? Catherine de Médicis ou Antoine de Bourbon ?

Là était la question pendant le lendemain du jour de la mort de Henri II.

Ce jour-là, François II devait recevoir à trois heures les députés du parlement. Celui qu'il leur présenterait comme son ministre pouvait, en conscience, être salué par eux comme le véritable roi.

Il s'agissait donc d'emporter la partie, et le matin de ce 12 juillet, Catherine de Médicis et François de Lorraine s'étaient rendus, chacun de son côté, auprès du jeune roi, sous prétexte de lui apporter leurs condoléances, mais, en réalité, afin de lui souffler leurs conseils.

La veuve de Henri II avait même enfreint, pour ce but important, l'étiquette qui lui ordonnait de rester quarante jours sans se montrer.

Catherine de Médicis, opprimée et laissée à l'écart par son mari, avait senti, depuis douze jours, s'éveiller en elle cette vaste et profonde ambition qui remplit le reste de sa vie.

Mais, puisqu'elle ne pouvait être la régente d'un roi majeur, sa seule chance était de régner par un ministre dévoué à ses intérêts.

Le connétable de Montmorency ne devait pas être ce ministre, il n'avait pas peu contribué sous le précédent règne à écarter l'influence légitime de Catherine, pour y substituer celle de Diane de Poitiers. La reine-mère ne lui pardonnait pas ces menées, et ne songeait plutôt qu'à le punir de ses procédés, toujours durs, et souvent barbares envers elle.

Antoine de Bourbon eût été dans sa main un instrument plus docile. Mais il était de la religion réformée ; mais Jeanne d'Albret, sa femme, était une ambitieuse, elle aussi ; mais enfin son titre de prince du sang, joint à ce pouvoir effectif, pouvait lui inspirer de dangereuses velléités.

Restait le duc de Guise. Seulement, François de Lorraine allait-il reconnaître de bonne grâce l'autorité morale de la reine-mère, ou bien se refuser à tout partage de la puissance ?

C'était ce dont Catherine de Médicis était bien aise de s'assurer. Aussi accepta-t-elle avec joie l'espèce d'entrevue qu'en présence du roi, dans la matinée de ce jour décisif, le hasard avait amenée entre elle et François de Lorraine.

Elle allait trouver ou créer des occasions d'éprouver le Balafré, et froides ses dispositions à son égard.

Mais le duc de Guise, de son côté, n'était pas moins habile en politique qu'à la guerre, et il se tint soigneusement sur ses gardes.

Ce prologue avant la pièce se passait au Louvre, dans la chambre royale où François II avait été installé la veille, et n'avait pour acteurs que la reine-mère, le Balafré, le jeune roi, et Marie Stuart.

François et sa jeune reine, à côté de ces ambitions déjà égoïstes et froides de Catherine et du duc de Guise, n'étaient, eux, que des enfans charmans, naïfs et amoureux, dont la confiance devait appartenir au premier venu qui saurait adroitement s'emparer de leurs âmes.

Ils pleuraient sincèrement la mort du roi leur père, et Catherine les trouva tout tristes et désolés.

— Mon fils, dit-elle à François, c'est à vous de donner ces larmes à la mémoire de celui que, le premier de tous, vous devez regretter. Vous savez si je partage cette amère douleur? Cependant, songez aussi que vous n'avez pas seulement des devoirs de fils à remplir. Vous êtes père à votre tour, père de votre peuple ! Après avoir accordé au passé ce légitime tribut de regrets, tournez-vous vers l'avenir. Souvenez-vous enfin que vous êtes roi, mon fils, ou plutôt Votre Majesté, pour me conformer à un langage qui vous rappelle en même temps et vos obligations et vos droits.

— Hélas ! dit François II en secouant la tête, c'est, madame, un bien lourd fardeau que le sceptre de France pour des mains de seize ans, et rien ne m'avait préparé à penser qu'un tel poids dût accabler sitôt ma jeunesse sans expérience et sans gravité.

— Sire, reprit Catherine, acceptez, avec résignation et reconnaissance à la fois, la charge que Dieu vous impose ; ce sera ensuite à ceux qui vous entourent et qui vous aiment à l'alléger de tout leur pouvoir, et à joindre leurs efforts aux vôtres pour vous aider à la soutenir dignement.

— Madame... je vous rem rcie... murmura le jeune roi embarrassé de la réponse à faire à ces avances.

Et machinalement il tournait ses regards du côté du duc de Guise comme pour demander des conseils à l'onc e de sa femme.

Au premier pas dans la royauté, et même vis-à-vis de sa mère, le pauvre adolescent couronné sentait déjà instinctivement des embûches sur son chemin.

Mais le duc de Guise lui dit alors sans hésiter :

— Oui, sire, Votre Majesté a raison ; remerciez, remerciez avec effusion la reine de ses bonnes et encourageantes paroles. Mais ne vous contentez pas de la remercier. Dites-lui aussi avec hardiesse que parmi ceux qui vous aiment et que vous aimez, elle est au premier rang enfin, et que, par ainsi, vous devez compter et vous comptez sur son efficace et maternel concours dans la tâche difficile que vous êtes appelé si jeune à remplir.

— Mon oncle de Guise a été l'interprète fidèle de mes pensées, madame, dit alors tout ravi le jeune roi à sa mère, et si, de peur de les affaiblir, je ne vous répète point ses expressions, tenez-les cependant pour dites par moi-même, madame et mère bien aimée, et daignez promettre à ma faiblesse votre précieux appui.

La reine-mère avait jeté déjà au duc de Guise un coup d'œil de bienveillance et d'assentiment.

— Sire, répondit-elle à son fils, le peu de lumières que je possède est à vous, et je serai heureuse et fière chaque fois que vous me consulterez. Mais je ne suis qu'une femme, et il faut à côté de votre trône un bras qui puisse tenir une épée. Ce bras fort, cette énergie virile, Votre Majesté saura les trouver sans doute parmi ceux-là mêmes que l'alliance et la parenté font ses soutiens naturels.

Catherine de Médicis payait tout de suite au duc de Guise sa dette de bons procédés.

Ce fut entre eux comme un pacte muet conclu par un seul regard, mais qui, avouons-le, n'était sincère ni d'un côté ni de l'autre, et ne devait pas, on le verra, être fort durable.

Le jeune roi comprit sa mère, et, encouragé par un regard de Marie, tendit sa main timide au Balafré.

Dans ce serrement de main, il lui donnait le gouvernement de la France.

Toutefois Catherine de Médicis ne voulut pas laisser son fils s'engager trop avant, jusqu'à ce que le duc de Guise lui eût donné à elle-même des gages certains de son bon vouloir.

Elle devança donc le jeune roi, qui allait probablement confirmer par quelque promesse formelle son geste de confiance, et prit la parole la première :

— En tout cas, avant que vous ayez un ministre, Sire, dit-elle, votre mère a non pas une faveur à vous demander, mais une réclamation à vous faire.

— Dites un ordre à me donner, madame, répondit François II. Parlez, je vous prie.

— Eh bien ! mon fils, reprit Catherine, il s'agit d'une femme qui m'a fait beaucoup de mal, et en a fait plus encore à la France. Ce n'est pas à nous à blâmer les faiblesses de celui qui nous est plus que jamais sacré. Mais enfin votre père n'est malheureusement plus, Sire ; sa volonté ne règne plus dans ce château, et cependant cette femme, que je ne veux même pas nommer, ose y demeurer encore et m'inflige jusqu'au bout l'insulte de sa présence. Pendant la longue léthargie du roi, on lui avait déjà représenté qu'il n'était pas convenable qu'elle restât au Louvre. — Le roi est-il mort ? a-t-elle demandé. — Non, il respire encore. — Eh bien ! personne que lui n'a d'ordre à me donner. Et elle est impudemment restée.

Le duc de Guise interrompit avec respect la reine-mère et se hâta de dire :

— Pardon, madame ; mais je crois connaître les intentions de Sa Majesté au sujet de celle dont vous parlez.

Et, sans autre préambule, il frappa sur un timbre pour appeler. Un valet parut.

— Qu'on fasse prévenir madame de Poitiers, lui dit-il, que le roi veut lui parler à l'instant.

Le valet s'inclina et sortit pour accomplir l'ordre.

Le jeune roi ne paraissait pas le moins du monde s'étonner ou s'inquiéter de cette initiative qu'on prenait ainsi de ses mains sans son aveu. Le fait est qu'il était ravi de tout ce qui pouvait diminuer sa responsabilité et lui épargner la peine d'ordonner et d'agir.

Toutefois, le Balafré voulut donner à sa démarche la sanction de l'acquiescement royal.

— Je ne crois pas trop présumer, n'est-ce pas, Sire, reprit-il, en me disant certain des désirs de Votre Matesté sur cette question ?

— Non, certes, notre cher oncle, reprit François avec empressement. Allez ! faites ! je sais d'avance que ce que vous ferez sera bien fait.

— Et ce que vous dites est bien dit, mon mignon, glissa doucement Marie Stuart à l'oreille de son mari.

François rougit de satisfaction et d'orgueil. Pour un mot, pour un regard d'approbation de sa Marie adorée, il eût, à vrai dire, compromis et livré tous les royaumes de la terre.

La reine-mère attendait avec une curiosité impatiente le parti qu'allait prendre le duc de Guise.

Elle crut cependant devoir ajouter, autant pour remplir le silence que pour mieux marquer son intention :

— Celle que venez de mander, Sire, peut bien d'ailleurs, ce me semble, laisser le Louvre sans partage à la seule reine légitime du passé, aussi bien qu'à la charmante reine du présent, ajouta-t-elle en s'inclinant gracieusement vers Marie Stuart. L'opulente et belle dame n'a-t-elle pas pour refuge et consolation son superbe château royal d'Anet,
plus royal et plus superbe, certes, que ma simple maison de Chaumont-sur-Loire.

Le duc de Guise ne répondit rien, mais il nota dans son esprit cette insinuation.

Il faut l'avouer, il ne détestait pas moins Diane de Poitiers que ne le faisait Catherine de Médicis. C'est madame de Valentinois qui, jusque-là, pour plaire à son connétable, avait entravé de tout son pouvoir la fortune et les desseins du Balafré ; c'est elle qui l'eût, sans doute, à tout jamais relégué dans l'ombre, si la lance de Gabriel n'eût brisé, avec la vie de Henri II, le pouvoir de l'enchanteresse.

Mais le jour de la revanche était arrivé enfin pour François de Lorraine, et il savait aussi bien haïr qu'il savait aimer.

Dans ce moment, l'huissier annonça à haute voix :

— Madame la duchesse de Valentinois.

Diane de Poitiers entra, évidemment troublée, mais hautaine encore.

LXXXVII.

SUITES DES VENGEANCES DE GABRIEL.

Madame de Valentinois s'inclina légèrement devant le jeune roi, plus légèrement encore devant Catherine de Médicis et Marie Stuart, et ne parut même pas s'apercevoir de la présence du duc de Guise.

— Sire, dit-elle, Votre Majesté m'a fait ordonner de comparaître devant elle...

Elle s'arrêta. François II, à la fois irrité et troublé par la fière attitude de l'ex-favorite, hésita, rougit, et finit par dire :

— Notre oncle de Guise a bien voulu se charger de vous faire connaître nos intentions, madame.

Et il se remit à causer à voix basse avec Marie Stuart.

Diane se retourna lentement vers le Balafré, et voyant le sourire fin et moqueur qui errait sur ses lèvres, essaya d'y opposer le plus impérieux de ses regards de Junon courroucée.

Mais le Balafré était beaucoup moins facile à intimider que son royal neveu.

— Madame, dit-il à Diane après un profond salut, le roi a su le chagrin sincère que vous avait causé le terrible malheur qui nous a frappés tous. Il vous en remercie. Sa Majesté croit aller au-devant de votre plus cher désir en vous permettant de quitter la cour pour la solitude. Vous pourrez partir aussitôt que vous le jugerez convenable, ce soir par exemple.

Diane dévora une larme de rage dans son œil enflammé.

— Sa Majesté remplit en effet mon souhait intime, dit-elle. Qu'aurais-je à faire ici maintenant ? Je n'ai rien tant à cœur que de me retirer dans mon exil, et cela, monsieur, le plus tôt possible, soyez tranquille !

— Tout est donc pour le mieux, reprit légèrement le duc de Guise en jouant avec les nœuds de son manteau de velours. Mais, madame, ajouta-t-il plus sérieusement et en donnant à sa parole l'accent et la signification d'un ordre, votre château d'Anet, que vous tenez des bontés du feu roi, est peut-être une retraite bien mondaine, bien ouverte et bien joyeuse pour une solitaire désolée comme vous. Voici donc madame la reine Catherine qui vous offre en échange son château de Chaumont-sur-Loire, plus éloigné de Paris, et partant plus conforme à vos goûts et à vos besoins du moment, je présume. Il sera mis à votre disposition dès que vous le souhaiterez.

Madame de Poitiers comprit fort bien que cet échange prétendu déguisait seulement une confiscation arbitraire. Mais que faire ? comment résister ? Elle n'avait plus ni crédit, ni pouvoir ! Tous ses amis de la veille étaient ses ennemis du jour ! Il fallait céder en frémissant. Elle céda.

— Je serai heureuse, dit-elle d'un voix sourde, d'offrir à la reine le magnifique domaine que je dois en effet à la générosité de son noble époux.

— J'accepte cette réparation, madame, dit sèchement Catherine de Médicis en jetant à Diane un froid regard, et un regard reconnaissant au duc de Guise.

Il semblait que ce fût lui qui fît présent d'Anet.

— Le château de Chaumont-sur-Loire est à vous, madame, ajouta-t-elle, et sera mis en état de recevoir dignement sa nouvelle propriétaire.

— Et là, poursuivit le duc de Guise pour opposer du moins une innocente raillerie aux furieux coups d'œil dont le foudroyait Diane, là, dans le calme, vous pourrez, madame, vous reposer à loisir des fatigues que vous ont occasionnées, m'a-t-on dit, durant ces derniers jours, les nombreuses correspondances et conférences tenues par vous de concert avec monsieur de Montmorency...

— Je ne croyais pas mal servir celui qui alors encore était le roi, reprit Diane, en m'entendant avec le grand homme d'État, le grand homme de guerre de son règne, pour tout ce qui concernait le bien du royaume.

Mais, dans son empressement à rendre un mot piquant pour un mot piquant, madame de Poitiers ne songeait pas qu'elle fournissait des armes contre elle-même, et rappelait à la rancune de Catherine de Médicis son autre ennemi, le connétable.

— C'est vrai, dit l'implacable reine-mère, monsieur de Montmorency a rempli de sa gloire et de ses travaux deux règnes tout entiers ! et il est bien temps, mon fils, ajouta-t-elle en s'adressant au jeune roi, que vous songiez à lui assurer aussi l'honorable retraite qu'il a si laborieusement gagnée.

— Monsieur de Montmorency, reprit Diane avec amertume, s'attend comme moi à cette récompense de ses longs services ! Il était chez moi tout à l'heure quand Sa Majesté m'a demandée. Il y doit être encore, je vais l'y rejoindre et lui annoncer les bonnes dispositions où l'on est à son égard ; il va pouvoir venir présenter tout de suite au roi ses remercîmens avec ses adieux. Et il est homme, lui, il est connétable, il est un des puissans seigneurs du royaume ! sans nul doute, il trouvera tôt ou tard l'occasion de témoigner mieux que par des paroles sa profonde reconnaissance à un roi si pieux envers le passé, et aux nouveaux conseillers qui concourent si utilement à l'œuvre de justice et d'intérêt public qu'il veut accomplir.

— Une menace ! se dit le Balafré. La vipère se redresse encore sous le talon. Eh bien, tant mieux ! j'aime mieux cela !

— Le roi est toujours prêt à recevoir monsieur le connétable, reprit la reine-mère toute pâle d'indignation. Et, si monsieur le connétable a des réclamations ou des observations à adresser à Sa Majesté, il n'a qu'à venir ! on l'écoutera, et, comme vous dites, madame, on lui fera justice.

— Je vais l'envoyer, repartit madame de Poitiers d'un air de défi.

Elle fit de nouveau au roi et aux deux reines son salut superbe, et sortit, le front haut mais l'âme brisée, l'orgueil sur le visage et la mort dans le cœur.

Si Gabriel eût pu la voir, il se fût trouvé déjà assez vengé d'elle.

Catherine de Médicis elle-même, au prix de cette humiliation, consentait à ne plus autant en vouloir à Diane !...

Seulement la reine-mère avait remarqué avec inquiétude qu'au nom du connétable le duc de Guise s'était tû, et n'avait plus relevé les insolentes provocations de madame de Poitiers.

Le Balafré craignait-il donc monsieur de Montmorency et voulait-il le ménager ? Conclurait-il au besoin une alliance avec ce vieil ennemi de Catherine ?

Il était important pour la Florentine de savoir à quoi s'en tenir là-dessus avant de laisser tomber sans résistance le pouvoir aux mains de François de Lorraine.

Donc, pour le sonder et pour sonder en même temps le roi, elle reprit après la sortie de Diane :

— Madame de Poitiers est bien impertinente, et paraît bien forte avec son connétable ! Au fait, il est certain que si vous rendez à monsieur de Montmorency quelque autorité, mon fils, ce sera donner à madame Diane la moitié de cette autorité.

Le duc de Guise garda encore le silence.

— Quant à moi, poursuivit Catherine, si j'ai un avis à ouvrir à Votre Majesté, c'est celui de ne pas partager votre confiance entre plusieurs, c'est d'avoir pour seul ministre ou monsieur de Montmorency, ou votre oncle de Guise, ou votre oncle de Bourbon, à votre choix. Mais l'un ou l'autre et non pas les uns et les autres. Une seule volonté dans l'État, avec celle du roi conseillé par le petit nombre de personnes qui n'ont intérêt qu'à son salut et à sa gloire... n'est-ce pas là votre opinion, monsieur de Lorraine ?

— Oui, madame, si c'est la vôtre, répondit le duc de Guise comme avec condescendance.

— Allons ! se dit Catherine, je devinais juste ! il pensait à s'appuyer sur le connétable. Mais entre lui et moi il faut qu'il se décide, et je ne crois pas qu'il y ait lieu d'hésiter.

— Il me semble, monsieur de Guise, reprit-elle tout haut, que vous devez d'autant mieux partager mon avis qu'il vous sert ; car, le roi connaît ma pensée, ce n'est ni le connétable de Montmorency, ni Antoine de Navarre que je lui voudrais pour conseiller. Et, quand je me déclare pour l'exclusion, ce n'est pas contre vous que je me déclare.

— Madame, dit le duc de Guise, croyez, en même temps qu'à ma profonde reconnaissance, à mon dévouement non moins exclusif.

Le fin politique appuya sur ces derniers mots comme s'il eût pris son parti et sacrifié décidément le connétable à Catherine.

— A la bonne heure ! reprit la reine-mère. Quand ces messieurs du parlement vont arriver, il est bon qu'ils trouvent parmi nous cette rare et touchante unanimité de vues et de sentiments.

— C'est moi surtout qui suis réjoui de ce bon accord ! s'écria le jeune roi en battant des mains. Avec ma mère pour conseiller et mon oncle pour ministre, je commence à me réconcilier avec cette royauté qui m'effrayait tant d'abord.

— Nous gouvernerons en famille, ajouta gaîment Marie Stuart.

Catherine de Médicis et François de Lorraine souriaient à ces espérances ou plutôt à ces illusions de leurs jeunes souverains. Chacun d'eux avait pour le moment ce qu'il souhaitait, lui, la certitude que la reine-mère ne s'opposerait pas à ce que la toute-puissance lui fût confiée ; elle, la croyance que le ministre partagerait cette toute-puissance avec elle.

Cependant, on annonça monsieur de Montmorency.

Le connétable, il faut le dire, fut d'abord plus digne et plus calme que madame de Valentinois. Sans doute aussi il avait été prévenu par elle et voulait du moins tomber avec honneur.

Il s'inclina respectueusement devant François II, et prit le premier la parole.

— Sire, dit-il, je me doutais bien d'avance que le vieux serviteur de votre père et de votre aïeul aurait près de vous peu de faveur. Je ne me plains pas de ce revirement de fortune que j'avais prévu. Je me retire sans un murmure. Si jamais le roi ou la France ont encore besoin de moi, on me trouvera à Chantilly, sire, et mes biens, mes enfans, ma propre vie, tout ce que je possède sera toujours au service de Votre Majesté.

Cette modération parut toucher le jeune roi, qui, plus embarrassé que jamais, se tourna vers sa mère avec une sorte de détresse.

Mais le duc de Guise, pressentant bien que sa seule intervention allait faire tourner en colère la réserve du vieux connétable, dit alors avec les formes de la plus excessive politesse :

— Puisque monsieur de Montmorency quitte la cour, il voudra bien, je pense, remettre, avant son départ, à Sa Majesté, le cachet royal que lui avait confié le feu roi et dont nous avons besoin dès aujourd'hui.

Le Balafré ne s'était pas trompé. Ces simples paroles excitèrent au plus haut point l'ire du jaloux connétable.

— Ce cachet, le voici ! dit-il avec aigreur en le tirant de dessous son pourpoint. J'allais, sans qu'il fût besoin de m'en prier, le rendre à Sa Majesté ; mais Sa Majesté, je le vois, est entourée de gens disposés à lui conseiller l'affront envers ceux qui n'auraient droit qu'à la reconnaissance.

— De qui veut parler monsieur de Montmorency? demanda d'un air hautain Catherine.

— Eh ? j'ai parlé de ceux qui entourent Sa Majesté, madame, reprit le connétable revenant à sa nature bourrue et brutale.

Mais il avait mal choisi son temps, et Catherine n'attendait que cette occasion pour éclater.

Elle se leva, et, dispensée de tout ménagement, commença à reprocher au connétable les façons rudes et dédaigneuses dont il avait toujours usé avec elle, son hostilité pour tout ce qui était florentin, la préférence qu'il avait publiquement donnée à la maîtresse sur la femme légitime. Elle n'ignorait pas que c'était à lui qu'il fallait attribuer toutes les humiliations souffertes par les émigrés qui l'avaient suivie! Elle savait que, pendant les premières années de son mariage, Montmorency avait osé proposer à Henri II de la répudier comme stérile, que, depuis, il l'avait lâchement calomniée !...

A cela, le connétable furieux, et peu accoutumé aux reproches, répondit par un ricanement qui était une nouvelle insulte.

Cependant, le duc de Guise avait eu le temps de prendre à voix basse les ordres de François II, ou plutôt de lui dicter ces ordres, et, à son tour, élevant tranquillement la voix, il foudroya son rival, à la plus grande satisfaction de Catherine de Médicis.

— Monsieur le connétable, lui dit-il avec sa politesse narquoise, vos amis et créatures qui siégeaient avec vous au conseil, Bochetel, l'Aubespine et les autres, notamment Son Éminence le garde des sceaux Jean Bertrandi, voudront probablement vous imiter dans vos désirs de retraite. Le roi vous charge de les remercier en effet de sa part. Dès demain ils seront entièrement libres et déjà remplacés.

— C'est bien ! murmura monsieur de Montmorency entre dents.

— Quant à monsieur de Coligny, votre neveu, qui est à la fois gouverneur de la Picardie et de l'Ile-de-France, poursuivit le Balafré, le roi considère qu'il y a là une double besogne vraiment trop lourde pour un seul, et veut bien décharger monsieur l'amiral de l'un des gouvernemens, à son choix. Vous aurez, n'est-il pas vrai ? la bonté de l'en avertir.

— Comment donc ! reprit le connétable avec un douloureux ricanement.

— Pour vous, monsieur le connétable... continua paisiblement le duc de Guise.

— Me reprend-on aussi le bâton de connétable ? interrompit avec aigreur monsieur de Montmorency.

— Oh ! repartit François de Lorraine, vous savez bien que la chose est impossible, et que la charge de connétable n'est pas comme celle de lieutenant général du royaume : elle est inamovible. Mais n'est-elle pas incompatible aussi avec celle de grand-maître dont vous êtes également revêtu? C'est l'opinion de Sa Majesté, qui vous redemande cette dernière charge, monsieur, et veut bien me l'accorder, à moi qui n'en ai pas d'autre.

— C'est au mieux ! reprit Montmorency qui grinçait des dents. Est-ce tout? monsieur.

— Mais oui, je pense, dit le duc de Guise en se rasseyant.

Le connétable sentit qu'il lui serait difficile de contenir plus longtemps sa rage, qu'il allait éclater peut-être, manquer de respect au roi, de disgrâcié devenir rebelle... Il ne voulut pas donner cette joie à son ennemi triomphant. Il salua brièvement et se disposa à partir.

Pourtant, avant de s'éloigner, et comme se ravisant :

— Sire, un dernier mot seulement, dit-il encore au jeune roi, un dernier devoir à remplir envers la mémoire de votre glorieux père. Celui qui l'a frappé du coup mortel, l'auteur de notre désolation à tous, n'a peut-être pas été uniquement maladroit, Sire, j'ai du moins tout lieu de le croire. Dans ce funeste hasard, il a bien pu entrer, selon moi, une intention criminelle. L'homme que j'accuse devait, je le sais, se croire lésé par le roi. Votre Majesté ordonnera sans doute une sévère enquête à ce sujet...

Le duc de Guise frémit de cette accusation formelle et dangereuse contre Gabriel. Mais Catherine de Médicis se chargea cette fois de répondre.

— Sachez, monsieur, dit-elle au connétable, qu'il n'était pas besoin de votre intervention pour appeler sur un tel fait l'attention de ceux auxquels n'était pas moins précieuse qu'à vous l'existence royale si cruellement interrompue. Moi, la veuve de Henri II, je ne puis laisser à personne au monde l'initiative dans un soin pareil. Soyez donc tranquille, monsieur, vous avez été devancé dans votre sollicitude. Vous pouvez vous retirer en paix sur ce point.

— Je n'ai rien à ajouter alors, dit le connétable.

Il ne lui était même pas permis de satisfaire personnellement sa profonde rancune contre le comte de Montgommery, et de se porter le dénonciateur du coupable et le vengeur de son maître.

Suffoqué de honte et de colère, il sortit désespéré.

Il partait le soir même pour son domaine de Chantilly.

Ce jour-là madame de Valentinois quittait aussi ce Louvre, où elle avait régné plus que la reine, pour le morne et lointain exil de Chaumont-sur-Loire, d'où elle ne devait plus revenir jusqu'à sa mort.

Vis-à-vis de Diane de Poitiers la vengeance de Gabriel fut donc accomplie.

Il est vrai que de son côté l'ex-favorite en gardait une terrible à celui qui l'avait ainsi précipitée de sa grandeur.

Pour le connétable, Gabriel n'en avait pas fini avec lui, et devait le retrouver le jour où il regagnerait son crédit.

Mais n'anticipons pas sur les événemens, et revenons en hâte au Louvre où l'on vient d'annoncer à François II les députés du parlement.

LXXXVIII.

CHANGEMENT DE TEMPÉRATURE.

Selon le vœu émis par Catherine de Médicis, les envoyés du parlement trouvèrent au Louvre l'accord le plus parfait. François II, ayant à sa droite sa femme, et sa mère à sa gauche, leur présenta le duc de Guise comme lieutenant général du royaume, le cardinal de Lorraine comme superintendant des finances, et François Olivier comme garde des sceaux. Le Balafré triomphait, la reine-mère souriait à son triomphe, tout allait pour le mieux ! Et nul symptôme de mésintelligence ne semblait troubler les fortunés auspices d'un règne qui promettait d'être aussi long qu'heureux.

Un des conseillers au parlement pensa sans doute qu'une idée de clémence ne serait pas mal venue dans ce bonheur, et, en passant devant le roi, cria du milieu d'un groupe :

— Grâce pour Anne Dubourg !

Mais ce conseiller oubliait quel zélé catholique était le nouveau ministre. Le Balafré, selon sa manière, feignit d'avoir mal entendu, et, sans même consulter le roi ni la reine-mère, tant il était sûr de leur assentiment! répondit d'une voix haute et ferme :

— Oui, messieurs, oui, le procès d'Anne Dubourg et de ses coaccusés sera poursuivi et promptement terminé, soyez tranquilles!

Sur cette assurance, les membres du parlement quittèrent le Louvre, joyeux ou tristes suivant leur opinion, mais persuadés tous que jamais gouvernans n'avaient été plus unis et mieux satisfaits les uns des autres que ceux qu'ils venaient de saluer.

Après leur départ en effet le duc de Guise vit encore sur les lèvres de Catherine de Médicis le sourire qui, chaque fois qu'elle le regardait, y semblait maintenant stéréotypé.

Pour François II, il se leva déjà fatigué par toute cette représentation.

— Nous voilà enfin quittes pour aujourd'hui, j'espère, de ces affaires et de ces cérémonies, dit-il. Ma mère, mon oncle, est-ce que nous ne pourrons pas un de ces jours laisser un peu Paris, et aller finir le temps de notre deuil à Blois, par exemple, au bord de cette Loire que Marie aime tant! Ne le pourrons-nous pas, dites?

— Oh! tâchez tous que cela se puisse! dit Marie Stuart. Par ces beaux jours d'été, Paris est si ennuyeux et les champs sont si gais!

— Monsieur de Guise verra cela, dit Catherine. Mais pour aujourd'hui, mon fils, votre tâche n'est pas encore tout à fait achevée. Avant de vous laisser au repos, j'ai encore à vous demander une demi-heure de votre temps, et il vous reste à remplir un devoir sacré.

— Lequel donc, ma mère? demanda François.

— Un devoir de justicier, Sire, dit Catherine, celui dans l'accomplissement duquel monsieur le connétable s'imaginait m'avoir devancé. Mais la justice de l'épouse est plus prompte que celle de l'ami.

— Que veut-elle dire? se demanda le duc de Guise, alarmé.

— Sire, reprit Catherine, votre auguste père est mort de mort violente. Celui qui l'a frappé n'est-il que malheureux ou bien est-il coupable? Je penche, quant à moi, pour cette dernière supposition... Mais, en tout cas, la question, ce me semble, vaut la peine d'être posée. Si nous acceptions avec indifférence un pareil attentat, sans prendre même le soin de demander s'il est volontaire ou non, quels dangers ne courraient pas tous les rois, vous le premier, Sire? Une enquête sur ce qu'on appelle l'accident du 30 juin est donc nécessaire.

— Mais alors, dit le Balafré, il faudrait, à votre avis, madame, faire arrêter sur-le-champ monsieur de Montgommery comme prévenu de régicide?

— Monsieur de Montgommery est arrêté depuis ce matin, dit Catherine.

— Arrêté! et sur l'ordre de qui? s'écria le duc de Guise.

— Sur le mien, reprit la reine-mère. Aucune autorité n'était constituée encore. J'ai pris sur moi cet ordre. Monsieur de Montgommery pouvait à tout instant prendre la fuite, il était urgent de le prévenir. Il a été conduit au Louvre sans bruit et sans scandale. Je vous demande, mon fils, de l'interroger.

Sans autre permission, elle frappa sur un timbre pour appeler, comme avait fait le duc de Guise, deux heures auparavant.

Mais cette fois, le Balafré fronça le sourcil. L'orage se préparait.

— Faites amener le prisonnier, dit Catherine de Médicis à l'huissier qui parut.

Il y eut, quand l'huissier fut sorti, un silence embarrassant. Le roi paraissait indécis, Marie Stuart inquiète, le duc de Guise mécontent. La reine-mère, seule, affectait la dignité et l'assurance.

Le duc de Guise laissa seulement tomber cette simple parole :

— Il me semble que si monsieur de Montgommery eût voulu s'échapper, rien ne lui eût été plus facile depuis quinze jours.

Catherine n'eut pas le temps de répondre; car Gabriel fut amené au même moment.

Il était pâle, mais calme. Ce matin-là, de grand matin, quatre estafiers étaient venus le chercher à son hôtel, au grand effroi d'Aloyse. Il les avait suivis sans résistance aucune ; depuis, il attendait sans trouble apparent.

Lorsqu'il entra d'un pas ferme et d'un air tranquille, le jeune roi changea de couleur, soit émotion de voir celui qui avait frappé son père, soit effroi d'avoir pour la première fois à remplir ce devoir de justicier dont sa mère venait de lui parler : le devoir le plus terrible en effet qu'ait imposé aux rois le Seigneur.

Aussi, ce fut d'une voix qu'on entendit à peine qu'il dit à Catherine, en se tournant vers elle :

— Parlez, madame, à vous de parler.

Catherine de Médicis usa sur-le-champ de la permission. Elle se croyait maintenant certaine de sa toute-puissante influence sur François II et sur son ministre. Elle s'adressa donc à Gabriel, d'un ton magistral et superbe :

— Monsieur, lui dit-elle, nous avons voulu, avant toute information, vous faire comparaître devant Sa Majesté elle-même, et vous interroger de notre propre bouche, pour qu'il n'y eût même pas besoin, vis-à-vis de vous, d'une réparation si nous vous trouvions innocent; pour que la justice fût plus éclatante, si nous vous trouvions coupable. Les délits extraordinaires veulent des juges extraordinaires. Etes-vous prêt à nous répondre, monsieur?

— Je suis prêt à vous entendre, madame, dit Gabriel.

Catherine fut plutôt irritée que persuadée par ce calme de l'homme qu'elle haïssait déjà avant qu'il ne l'eût rendue veuve, qu'elle haïssait de tout l'amour qu'elle avait pu ressentir un moment pour lui.

Elle reprit donc avec une sorte d'amertume offensante :

— De singulières circonstances s'élèvent contre vous, monsieur, et vous accusent : vos longues absences de Paris, votre exil volontaire de la cour depuis près de deux ans, votre présence et votre attitude mystérieuse au fatal tournoi, vos refus même d'entrer en lice contre le roi. Comment se fait-il, vous habitué à ces jeux et passes d'armes, que vous ayez omis la précaution accoutumée et nécessaire de jeter au retour le tronçon de votre lance? Comment expliquez-vous cet étrange oubli? Répondez enfin. Qu'avez-vous à dire à tout cela?

— Rien, madame, dit Gabriel.

— Rien? fit la reine-mère étonnée.

— Absolument rien.

— Comment! reprit Catherine, vous convenez donc?... vous avouez donc?...

— Je n'avoue rien, je ne conviens de rien, madame.

— Alors, vous niez?

— Je ne nie rien non plus. Je me tais.

Marie Stuart laissa échapper un geste d'approbation ; François II écoutait et regardait avec une sorte d'avidité; le duc de Guise restait muet et immobile.

Catherine reprit d'un ton de plus en plus âpre :

— Monsieur, prenez garde! Vous feriez mieux peut-être d'essayer de vous défendre et de vous justifier. Apprenez une chose : monsieur de Montmorency, qu'au besoin on entendrait comme témoin, affirme, qu'à sa connaissance, vous pouviez avoir contre le roi certains griefs, des motifs d'animosité personnelle.

— Lesquels, madame? Monsieur de Montmorency a-t-il dit lesquels?

— Pas encore, mais il les dirait sans doute.

— Eh bien! qu'il les dise, s'il l'ose! reprit Gabriel avec un sourire fier et paisible.

— Ainsi, vous refusez tout à fait de parler? insista Catherine.

— Je refuse.

— La torture aurait peut-être raison de cet orgueilleux silence, savez-vous?

— Je ne crois pas, madame.

— Et puis, de cette façon-là, vous risquez votre vie, je vous en préviens.

— Je ne la défendrais pas, madame. Elle n'en vaut plus la peine.

— Vous êtes bien décidé, monsieur ? Pas un mot ?

— Pas un seul, madame, dit Gabriel en secouant la tête.

— Eh bien ! c'est bien ! s'écria Marie Stuart comme entraînée par un élan irrésistible. C'est noble et grand, ce silence ! c'est d'un gentilhomme qui ne veut même pas repousser le soupçon, de peur que le soupçon ne le touche. Je dis, moi, que ce silence est la plus éloquente des justifications !

Cependant, la vieille reine regardait la jeune reine d'un air sévère et courroucé.

— Oui, j'ai peut-être tort de parler ainsi, reprit Marie Stuart ; mais tant pis ! je dis ce que je sens et ce que je pense. Mon cœur ne pourra jamais faire taire ma bouche. Il faut que mes impressions et mes émotions se fassent jour. Mon instinct, c'est ma politique à moi. Or, il me crie ici que monsieur d'Exmès n'a pas froidement conçu et exécuté volontairement un tel crime, qu'il n'a été que l'instrument aveugle de la fatalité, qu'il se croit au-dessus de toute supposition contraire, et qu'il dédaigne de se justifier. Mon instinct crie cela en moi, et je le crie tout haut. Pourquoi pas ?

Le jeune roi regardait avec amour et joie sa mignonne, comme il l'appelait, s'exprimer avec cette éloquence, et cette animation qui la faisaient vingt fois plus jolie encore que de coutume.

Pour Gabriel, il s'écria d'une voix émue et profonde ;

— Oh ? merci, madame, je vous remercie ! Et vous faites bien ! non pour moi, mais pour vous, vous faites bien d'agir ainsi.

— Tiens ! je le sais bien ! reprit Marie avec l'accent le plus gracieux qu'il sût pût rêver.

— En avons-nous fini avec ces enfantillages de sentiment ? s'écria Catherine irritée.

— Non, madame, dit Marie Stuart blessée dans son amour-propre de jeune femme, et de jeune reine, non ! si vous en avez fini avec ces enfantillages-là, vous, nous qui sommes jeunes, Dieu merci ! nous ne faisons que de commencer. N'est-il pas vrai, mon doux sire ? ajouta-t-elle en se tournant gentiment vers son jeune époux.

Le roi ne répondit pas, mais il effleura de ses lèvres le bout de ces doigts rosés que lui tendait Marie.

La colère de Catherine, jusque là contenue, éclata. Elle n'avait pu s'habituer encore à traiter en roi un fils presque enfant ; de plus, elle se croyait forte de l'appui du duc de Guise, qui ne s'était pas prononcé jusque-là, et qu'elle ne savait pas un protecteur dévoué, et, pour ainsi dire, un complice tacite, pour le comte de Montgommery. Elle osa donc franchement se mettre en colère.

— Ah ! c'est ainsi ! dit-elle aux dernières paroles légèrement moqueuses de Marie. Je réclame un droit, et l'on me raille ! Je demande, en toute modération, que le meurtrier de Henri II soit au moins interrogé, et, quand il refuse de se justifier, on approuve son silence, bien plus, on le loue ; Eh bien ! puisque les choses vont de cette sorte, plus de lâches réserves et de demi-mesures. Je me porte hautement l'accusatrice du comte de Montgommery. Le roi refusera-t-il justice à sa mère parce qu'elle est sa mère ?... On entendra le connétable, on entendra, s'il le faut, madame de Poitiers ! la vérité se fera jour ; et, si l'État a des secrets compromis dans cette affaire, nous aurons des jugemens, une condamnation secrète. Mais la mort d'un roi traîtreusement assassiné en présence de tout son peuple sera du moins vengée.

Pendant cette sortie de la reine-mère, un sourire triste et résigné errait sur les lèvres de Gabriel.

Il se rappelait, à part lui, les deux derniers vers de la prédiction de Nostradamus :

..... Enfin, l'aimera, puis, las ! le tuera
Dame du roy.

Allons ! la prédiction, jusque là si exacte, devait s'accomplir jusqu'au bout ! Catherine ferait condamner et périr celui qu'elle avait aimé ! Gabriel s'y attendait, Gabriel était prêt.

Cependant la Florentine, jugeant peut-être elle-même qu'elle allait bien loin, s'arrêta un instant, et se tournant de sa meilleure grâce vers le duc de Guise toujours taciturne :

— Mais vous ne dites rien, monsieur de Guise ? fit-elle. Vous êtes de mon avis, n'est-il pas vrai ?

— Non, madame, reprit lentement le Balafré, non, je ne suis pas de votre avis, je l'avoue, et voilà pourquoi je ne disais rien.

— Ah ! vous aussi !... vous vous mettez contre moi ! reprit Catherine d'une voix sourde et menaçante.

— J'ai pour cette fois ce regret, madame, dit le duc de Guise. Vous voyez cependant que jusqu'ici j'avais été avec vous, et que, pour ce qui ne concernait le connétable et madame de Valentinois, je suis entré tout à fait dans vos vues.

— Oui, parce qu'elles servaient les vôtres, murmura Catherine de Médicis. Je le vois à présent et trop tard.

— Mais quant à monsieur de Montgommery, continua tranquillement le Balafré, je ne puis en conscience partager votre sentiment, madame. Il me semble impossible de rendre responsable d'un accident tout fortuit un brave et loyal gentilhomme. Un procès serait pour lui un triomphe, pour ses accusateurs une confusion. Et quant aux périls que ferait, selon vous, madame, courir à la vie des rois une indulgence qui veut plutôt croire au malheur qu'au crime, je trouve au contraire que le danger serait d'habituer trop le peuple à cette idée que les existences royales ne sont pas pour le monde aussi invulnérables et sacrées qu'il le suppose...

— Voilà de hautes maximes politiques sans doute ? reprit Catherine avec amertume.

— Je les estime du moins vraies et sensées, madame, ajouta le Balafré, et pour toutes ces raisons et d'autres encore, je suis d'opinion que ce qui nous reste à faire c'est de nous excuser vis à vis de monsieur de Montgommery d'une arrestation arbitraire, demeurée heureusement secrète, heureusement pour nous plus encore que pour lui ! et ces excuses acceptées, nous n'aurons plus qu'à le renvoyer libre, honorable et honoré comme il l'était hier, comme il le sera demain, comme il le sera toujours. J'ai dit.

— A merveille ! reprit en ricanant Catherine.

Et, s'adressant brusquement au jeune roi :

— Et cette opinion, voyons ! est-ce aussi la vôtre, par hasard, mon fils ? lui demanda-t-elle.

L'attitude de Marie Stuart, dont le regard et le sourire remerciaient le duc de Guise, ne devait pas laisser d'hésitation dans l'esprit de François II.

— Oui, ma mère, dit-il, je conviens que l'opinion de mon oncle est la mienne.

— Ainsi vous trahissez la mémoire de votre père ? reprit Catherine d'une voix tremblante et profonde.

— Je la respecte, au contraire, madame, dit François II. La première parole de mon père après sa blessure ne fut-elle point pour demander qu'on n'inquiétât pas monsieur de Montgommery ? N'a-t-il pas, dans un des momens lucides de son agonie, réitéré cette demande ou plutôt cet ordre ? Permettez, madame, à son fils d'y obéir.

— Bien ! et vous méprisez, et en attendant et pour commencer, la volonté sainte votre mère !...

— Madame, interrompit le duc de Guise, laissez-moi vous rappeler à vous-même vos propres paroles. Une seule volonté dans l'État !

— Mais j'ai dit, monsieur, que celle du ministre ne devait vivre qu'après celle du roi, s'écria Catherine.

— Oui, madame, reprit Marie Stuart, mais vous avez ajouté que celle du roi pouvait être éclairée par les personnes dont le seul intérêt était évidemment celui de son salut et de sa gloire. Or, personne plus que moi, sa femme, n'a cet intérêt, je présume. Et je lui conseille, avec mon oncle de Guise, de croire plutôt à la loyauté qu'à la perfidie d'un sujet éprouvé et vaillant, et de ne pas inaugurer son règne par une iniquité.

— C'est à de telles suggestions que vous adhérez, mon fils ! dit encore Catherine.

— Je cède à la voix de ma conscience, ma mère, répondit le jeune roi avec plus de fermeté qu'on n'eût pu en attendre de lui.

— Est-ce votre dernier mot, François ? reprit Catherine. Prenez-y garde ! Si vous refusez à votre mère la première demande qu'elle vous adresse, si vous vous posez ainsi d'abord pour elle en maître indépendant et pour d'autres en instrument docile, vous pourrez bien régner seul, avec ou sans vos fidèles ministres ! je ne m'occupe plus de rien qui ait rapport au roi ou au royaume, je vous retire les conseils de mon expérience et de mon dévoûment, je rentre dans ma retraite, et vous abandonne, mon fils. Songez-y ! songez-y bien !

— Nous déplorerions cette retraite, mais nous nous y résignerions, murmura à voix basse Marie Stuart que François II seul entendit.

Mais l'amoureux et imprudent jeune homme, comme un écho fidèle, répéta tout haut :

— Nous déplorerions cette retraite, mais nous nous y résignerions, madame.

— C'est bon !... dit seulement Catherine.

Elle ajouta à voix basse en désignant Gabriel :

— Quant à celui-ci, je le retrouverai tôt ou tard.

— Je le sais, madame, lui répondit le jeune homme qui pensait encore à la prédiction.

Mais Catherine ne l'entendit pas.

Furieuse, elle enveloppa le royal et charmant couple et le duc de Guise dans un regard vipérin, sanglant et terrible, regard fatal où l'on eût pu pressentir déjà tous les crimes de l'ambition de Catherine et toute la sombre histoire des derniers Valois !...

Puis, sur ce foudroyant regard, elle sortit sans ajouter une parole.

LXXXIX.

GUISE ET COLIGNY.

Après cette sortie de Catherine de Médicis, il y eut un moment de silence. Le jeune roi paraissait étonné lui-même de son audace. Marie, dans une intuition délicate de sa tendresse, songeait avec quelque terreur à ce dernier regard menaçant de la reine-mère. Pour le duc de Guise, il était secrètement charmé de se trouver débarrassé, dès sa première heure de pouvoir d'une ambitieuse et dangereuse associée.

Gabriel, qui avait occasionné tout ce trouble, prit le premier la parole :

— Sire, dit-il, et vous, madame, et vous aussi, monseigneur, je vous remercie de vos bonnes et généreuses intentions envers un malheureux que le ciel même abandonne. Mais, malgré cette profonde reconnaissance dont mon cœur est pénétré pour vous, je vous le dis : à quoi bon écarter les dangers et la mort d'une existence aussi triste et aussi perdue que la mienne. Ma vie ne sert plus à rien et à personne, pas même à moi. Allez ! je ne l'aurais pas disputée à madame Catherine, parce qu'elle est désormais inutile..

Dans sa pensée il ajouta tristement :

— Et parce qu'elle pourrait encore être nuisible un jour.

— Gabriel, reprit le duc de Guise, votre vie a été glorieuse et bien remplie dans le passé, et sera encore bien remplie et glorieuse dans l'avenir. Vous êtes un homme d'énergie comme il en faudrait beaucoup à ceux qui gouvernent les empires, et comme ils n'en trouvent que trop peu.

— Et puis, ajouta la voix consolante et douce de Marie Stuart, et puis vous êtes, monsieur de Montgommery, un grand et noble cœur. Depuis longtemps je vous connais, et nous nous sommes bien souvent entretenus de vous, madame de Castro et moi.

— Enfin, reprit François II, vos services précédens, monsieur, m'autorisent à compter sur vos services futurs. Les guerres actuellement éteintes peuvent se rallumer, et je ne veux pas, moi, qu'un moment de désespoir, quel qu'en soit le motif, prive à jamais la patrie d'un défenseur aussi loyal, j'en suis certain, qu'il est vaillant.

Gabriel écoutait avec une sorte de surprise mélancolique et grave ces bonnes paroles d'encouragement et d'espérance. Il regardait tour à tour chacun des hauts personnages qui les lui adressaient, et il semblait profondément réfléchir.

— Eh bien ! oui, reprit-il enfin, cette bonté inattendue que vous me témoignez, vous tous qui devriez me haïr peut-être, cette bonté change mon âme et ma destinée. A vous, sire, à vous, madame et monseigneur, tant que vous vivrez, cette existence dont vous m'avez fait don, pour ainsi dire ! Je ne suis pas né méchant ! Ce bienfait me touche au fond du cœur. J'étais fait pour me dévouer, pour me sacrifier, pour servir d'instrument aux belles idées et aux grands hommes. Instrument parfois heureux, parfois fatal ! Hélas ! la colère de Dieu ne le savait que trop !... Mais ne parlons plus du passé lugubre, puisque vous voulez bien me croire encore un avenir. Cet avenir pourtant, ce n'est pas à moi, c'est à vous qu'il appartient, c'est à mes admirations et à mes convictions. J'abdique ma volonté. Que les êtres et les choses auxquels je crois fassent de moi ce qu'il leur plaira. Mon épée, mon sang, ma mort, tout ce que je suis est leur chose. Je donne sans réserve et sans retour mon bras à votre génie, monseigneur, comme mon âme à la religion...

Il ne dit pas à laquelle. Mais ceux qui l'écoutaient étaient trop aveugles catholiques pour que la pensée de la réforme leur vînt un seul instant à l'esprit.

L'éloquente abnégation du jeune comte les toucha. Marie eut les larmes aux yeux, le roi se félicita d'avoir été ferme pour sauver ce cœur reconnaissant. Quant au duc de Guise, il croyait savoir mieux que personne jusqu'où pouvait aller chez Gabriel cette ardente vertu du sacrifice.

— Oui, lui dit-il, ami, j'aurai besoin de vous. Je réclamerai quelque jour, au nom de la France et du roi, cette brave épée que vous nous promettez.

— Elle sera prête, monseigneur, demain, aujourd'hui toujours !

— Gardez-la pour quelque temps au fourreau, reprit le duc de Guise. Sa Majesté vous le disait, le moment est tranquille, les guerres et les factions ont fait trêve. Reposez-vous donc, Gabriel, et laissez ainsi se reposer et s'apaiser le bruit funeste qui a entouré dans ces derniers jours votre nom. Certes, nul de ceux qui ont un titre et un cœur de gentilhomme ne songe à vous accuser de votre malheur. Mais votre vraie gloire exige que votre cruelle renommée s'éteigne un peu. Plus tard, dans un an ou deux, je redemanderai au roi, pour vous, cette charge de capitaine des gardes dont vous n'avez pas cessé d'être digne.

— Ah ! dit Gabriel, ce ne sont pas des honneurs que je souhaite, mais des occasions d'être utile au roi et à la France, des occasions de combattre, je n'ose plus dire, de peur de vous paraître ingrat, des occasions de mourir.

— Ne parlez pas ainsi, Gabriel, reprit le Balafré. Dites-moi seulement que lorsque le roi vous appellera contre ses ennemis, vous vous rendrez sur-le-champ à l'appel.

— En quelque lieu que je sois et qu'il faille aller, oui, monseigneur.

— C'est bien, dit le duc de Guise, je ne vous demande pas autre chose.

— Et moi, dit François II, je vous remercie de cette promesse, et je ferai en sorte que vous ne vous repentiez pas de l'avoir tenue.

— Et moi, ajouta Marie Stuart, je vous assure que notre confiance répondra toujours à votre dévouement, et que vous serez à nos yeux un de ces amis auxquels on ne cache rien, et auxquels on ne refuse rien non plus.

Le jeune comte, plus ému qu'il n'eût voulu se l'avouer à lui-même, s'inclina et toucha respectueusement de ses lèvres la main que lui tendait la reine.

Puis, il serra celle du duc de Guise, et, congédié par un geste bienveillant du roi, se retira, désormais acquis par un bienfait au fils de celui qu'il s'était engagé à poursuivre jusque dans sa postérité.

Gabriel, en entrant chez lui, y trouva l'amiral de Coligny qui l'attendait.

Aloyse avait appris à l'amiral, qui était venu visiter son compagnon de Saint-Quentin, qu'on avait mandé le matin son maître au Louvre; elle lui avait fait part de ses inquiétudes, et Coligny avait voulu rester jusqu'à ce que le retour du comte de Montgommery l'eût rassuré en rassurant la nourrice.

Il reçut Gabriel avec effusion, et l'interrogea sur ce qui s'était passé.

Gabriel, sans entrer dans aucun détail, lui dit seulement que, sur une simple explication donnée par lui, touchant la déplorable mort de Henri II, il avait été renvoyé intact dans sa personne et son honneur.

— Il ne pouvait en être autrement, reprit l'amiral, et toute la noblesse de France eût protesté contre un soupçon qui eût ainsi entaché un de ses plus dignes représentans.

— Laissons ce sujet, dit Gabriel avec contrainte et tristesse. Je suis aise de vous voir, monsieur l'amiral. Vous savez que déjà j'apportais de cœur à la religion réformée, je vous l'ai dit et écrit. Puisque vous pensez que je ne déshonorerais pas la cause à laquelle je croirai, je veux et je puis abjurer maintenant; vos discours, ceux de maître Paré, et les livres et mes propres réflexions, m'ont tout à fait convaincu! je suis des vôtres.

— Une bonne nouvelle et qui arrive à propos! dit l'amiral.

— Il me semble toutefois, reprit Gabriel, que, dans l'intérêt même de la religion, il serait peut-être bon de tenir quelque temps ma conversion secrète. Ainsi que me le faisait observer tout à l'heure monsieur de Guise, tout bruit autour de mon nom est pour l'instant à éviter. Ce retard, d'ailleurs, se conciliera avec de nouveaux devoirs que j'ai à remplir.

— Nous serions toujours fiers de vous nommer publiquement parmi les nôtres, dit l'amiral.

— Mais c'est à moi de refuser ou d'ajourner, du moins, cette précieuse marque de votre estime, répondit Gabriel. Je tiens seulement à donner ce gage à ma croyance intime et inébranlable, et à pouvoir me dire dans ma conscience, un de vos frères, et par l'intention et par le fait.

— A merveille! reprit monsieur de Coligny. Tout ce que je vous demande, c'est de me permettre d'annoncer aux chefs du parti cette notable conquête que font définitivement nos idées.

— Oh! j'y consens de tout mon cœur, dit Gabriel.

— Aussi bien, continua l'amiral, le prince de Condé, La Renaudie, le baron de Castelnau, vous connaissez déjà, et vous apprécient à votre valeur.

— J'ai peur, hélas! qu'ils ne se l'exagèrent : cette valeur en tout cas, est bien diminuée.

— Non, non! reprit Coligny, ils ont raison d'y compter. Moi aussi, je vous connais! D'ailleurs, continua-t-il en baissant la voix, nous allons peut-être avoir avant peu l'occasion de mettre à l'épreuve votre nouveau zèle.

— Ah! vraiment? dit Gabriel surpris. Vous savez, monsieur l'amiral, que vous pouvez compter sur moi; pourtant avec certaines réserves maintenant, que j'aurai à vous faire connaître.

— Qui n'a les siennes?... reprit l'amiral. Mais écoutez, Gabriel. Ce n'était pas seulement l'ami, c'était aussi le religionnaire qui venait vous faire visite aujourd'hui. Nous avons parlé de vous avec le prince et avec La Renaudie. Même avant votre acquiescement décisif à nos principes, nous vous tenions pour un auxiliaire de mérite singulier et de probité inattaquable. Enfin, nous nous accordions chacun de notre côté à vous considérer comme un homme capable de nous servir s'il le pouvait, incapable de nous trahir, quoiqu'il advînt.

— J'ai cette dernière qualité, en effet, à défaut de la première, reprit Gabriel. On peut toujours se fier, sinon à mon aide, du moins à ma parole.

— Aussi avons-nous résolu de n'avoir jamais de secret pour vous, dit l'amiral. Vous serez, comme un des chefs, initié à tous nos desseins, et vous n'aurez que la responsabilité du silence. Vous n'êtes pas un homme comme les autres, et vis-à-vis des hommes d'exception, il faut agir exceptionnellement. Vous demeurerez libre et nous seuls serons liés...

— Une telle confiance!... dit Gabriel.

— Ne vous engage qu'à la discrétion, je vous le répète, dit l'amiral. Et pour commencer, sachez une chose : les projets qui vous ont été révélés à l'assemblée de la place Maubert, et qui avaient dû être ajournés, deviennent exécutables aujourd'hui. La faiblesse du jeune roi, l'insolence des Guise, les idées de persécution qu'on ne dissimule plus contre nous, tout nous exhorte à l'action, et nous allons agir...

— Pardon! interrompit Gabriel. Je vous ai dit, monsieur l'amiral, que je ne me donnais à vous que dans de certaines limites. Avant que vous vous avanciez plus loin dans vos confidences, je dois vous déclarer que précisément je n'entends toucher en rien au côté politique de la réforme, du moins tant que durera le règne qui commence. Pour la propagande de nos idées et notre influence morale, j'offre volontiers ma fortune, mon temps, ma vie; mais je n'ai le droit de voir dans la réforme qu'une religion et non un parti. François II, Marie Stuart, et le duc de Guise lui-même, viennent d'agir avec moi avec générosité et grandeur. Je ne trahirai pas plus leur confiance que la vôtre. Laissez-moi m'abstenir de l'action et ne me préoccuper que de l'idée. Réclamez mon témoignage quand vous voudrez; mais je réserve l'indépendance de mon épée.

Monsieur de Coligny réfléchit une minute, puis reprit :

— Mes paroles, Gabriel, n'étaient point des paroles vaines. Vous êtes et serez toujours libre. Marchez seul dans votre voie si cela vous convient. Agissez sans nous ou n'agissez pas. Nous ne vous demanderons aucun compte. Nous savons, ajouta-t-il, d'un air significatif, que c'est quelquefois votre manière de ne vouloir ni associés, ni conseillers.

— Que voulez-vous dire? demanda Gabriel, surpris.

— Je m'entends, reprit l'amiral. Pour le moment, vous demandez à ne pas vous mêler à nos conspirations contre l'autorité royale? Soit! Notre rôle se bornera à vous avertir de nos mouvements et de nos projets. Suivez-nous ou restez à l'écart, cela vous regarde et ne regarde que vous. Vous saurez toujours, soit par lettre, soit par messager, quand et comment nous aurions besoin de vous, et puis, vous ferez comme bon vous semblera. Si vous venez, vous serez le bien-venu ; si vous vous abstenez, nul n'aura de reproche à vous faire. Voilà ce qui était convenu à votre égard entre les chefs de parti, même avant que vous m'eussiez prévenu de votre position. Vous pouvez accepter de telles conditions, ce me semble,

— Aussi, je les accepte et vous remercie, dit Gabriel.

La nuit qui suivit ce jour-là, Gabriel, agenouillé dans le caveau funéraire des comtes de Montgommery, devant la tombe de son père, parlait à son cher mort, et lui disait :

— Oui, sans doute, ô mon père! j'avais juré, non seulement de punir mon meurtrier dans sa vie, mais encore de le combattre après lui dans sa race. Sans doute, ô mon père! sans doute. Mais je n'avais pas prévu ce qui arrive. N'y a-t-il pas des devoirs plus sacrés même que le serment ? Quelle obligation peut vous contraindre à frapper un ennemi qui vous met l'épée dans la main, et s'offre, la poitrine nue, à vos coups ? Si vous viviez, mon père, vous me conseilleriez, j'en suis sûr, d'ajourner ma colère, et de ne pas répondre à la confiance par la trahison. Pardonnez-moi donc, mort, de faire ce que vivant, vous m'ordonneriez... D'ailleurs, quelque chose me dit que ma vengeance n'est pas pour longtemps suspendue. Vous savez là-haut ce que nous ne pouvons que pressentir ici bas. Mais la pâleur de ce roi débile, le regard effrayant dont l'a menacé sa mère, les prédictions, jusqu'ici fidèles, qui condamnent ma propre vie à s'éteindre par la rancune de cette femme, les conjurations déjà ourdies contre ce règne commencé d'hier, tout me prouve que probablement l'enfant de seize ans trônera moins longtemps encore que l'homme de quarante, et que je pourrai bientôt, mon père, reprendre ma tâche et mon serment d'expiation sous un autre fils de Henri II.

XC.

RAPPORTS ET DÉNONCIATIONS.

Sept ou huit mois se passèrent sans grands événemens, ni pour les héros de ce livre, ni pour ceux de l'histoire.

Mais, du moins, dans cet espace de temps, se préparèrent des événemens d'une certaine gravité.

Pour les connaître et nous mettre au courant, nous n'avons qu'à nous transporter, le 25 février 1560, dans l'endroit où l'on est censé toujours savoir le mieux les nouvelles, c'est-à-dire, dans le cabinet de monsieur le lieutenant de police, qui s'appelait pour le moment monsieur de Braguelone.

Donc, le 25 février 1560, un soir, monsieur de Braguelonne, nonchalamment assis dans son grand fauteuil de cuir de Cordoue, écoutait le rapport de maître Arpion, l'un de ses secrétaires.

Maître Arpion lisait :

« Cejourd'hui, le fameux voleur Gilles Rose a été arrêté dans la grande salle du palais, coupant un bout de ceinture garnie d'or à un chanoine de la Sainte-Chapelle. »

— A un chanoine de la Sainte-Chapelle ! voyez-vous cela ! s'écria monsieur de Braguelonne.

— C'est bien impie ! dit maître Arpion.

— Et bien adroit ! reprit le lieutenant de police, bien adroit ! car le chanoine est défiant. Je vous dirai tout à l'heure, maître Arpion, ce qu'il faudra faire de ce filou retors. Passons.

« Les demoiselles des clapiers de la rue du Grand-Heuleu, continua Arpion, sont en état de révolte ouverte... »

— Et pourquoi donc, Jésus ?

— Elles prétendent avoir adressé directement une requête au roi, notre Sire, pour être maintenues en leur logis, et, en attendant, elles ont mis ou fait mettre le guet en déroute.

— C'est fort drôle ! dit en riant monsieur de Braguelonne. On mettra aisément ordre à cela. Ces pauvres filles ! Autre chose.

Maître Arpion reprit :

» Messieurs les députés de la Sorbonne s'étant présentés à Paris, chez madame la princesse de Condé, pour l'engager à ne plus manger de viande pendant le saint carême, ont été reçus avec force brocards par monsieur de Sechelles, lequel leur a dit, entre autres outrages, qu'il les aimait à peu près comme un clou sur son nez, et que c'étaient d'étranges ambassadeurs que des veaux comme eux. »

— Ah ! voilà qui est grave ! dit le lieutenant de police en se levant. Refuser de faire maigre et insulter ces messieurs de la Sorbonne ! Ceci va grossir votre compte, madame de Condé, et quand nous vous présenterons le total !... Arpion, est-ce tout ?

— Mon Dieu, oui ! pour aujourd'hui. Mais monseigneur ne m'a pas dit ce qu'on ferait de ce Gilles Rose ?

— Voici, dit monsieur de Braguelonne : Vous le prendrez dans sa prison avec les plus adroits filous et tire-laines que vous y trouverez avec lui, et vous enverrez ces bons drilles à Blois, où l'on veut, dans la fête qu'on prépare au roi, amuser Sa Majesté en leur faisant faire montre de leurs tours et adresses.

— Mais, monseigneur, s'ils retiennent les objets volés pour rire ?

— Ils seront pendus alors.

En ce moment, un huissier entra et annonça :

— Monsieur l'inquisiteur de la foi.

Maître Arpion n'eut pas même besoin qu'on lui dît de sortir. Il salua respectueusement et s'esquiva.

Celui qui entrait était effectivement un important et redoutable personnage.

A ses titres ordinaires de docteur en Sorbonne et de chanoine de Noyon, il joignait le beau titre extraordinaire de grand inquisiteur de la foi en France. Aussi, pour avoir un nom si sonore que son titre, se faisait-il appeler Démocharès, bien qu'il s'appelât simplement Antoine de Mouchy. Le peuple avait baptisé ses émissaires *mouchards*.

— Eh bien ! monsieur le lieutenant de police ? demanda le grand inquisiteur.

— Eh bien ! monsieur le grand inquisiteur ? demanda le lieutenant de police.

— Quoi de nouveau à Paris ?

— J'allais précisément vous adresser la même question.

— Cela veut dire qu'il n'y a rien, reprit Démocharès avec un profond soupir. Ah ! les temps sont durs. Rien ne va. Pas le moindre complot ! pas le plus léger attentat ! Que ces huguenots sont lâches ! Nos métiers s'en vont, monsieur de Braguelonne !

— Non, non, répondit monsieur de Braguelonne avec conviction. Non, les gouvernemens passent, mais la police reste.

— Cependant, reprit avec amertume monsieur de Mouchy, voyez où vient d'aboutir votre descente à main armée chez ces réformés de la rue des Marais. En les surprenant à table au milieu de leur cène, on devait bien espérer les surprendre mangeant du cochon en guise d'agneau pascal, comme vous nous l'aviez annoncé. On n'a rapporté de cette belle expédition qu'une pauvre poularde lardée. Est-ce cela, monsieur le lieutenant de police, qui peut faire beaucoup d'honneur à votre institution ?

— On ne réussit pas toujours, dit monsieur de Braguelonne piqué. Avez-vous été plus heureux, vous, dans votre affaire de cet avocat de la place Maubert, de ce Trouillard, je crois ? Vous en attendiez pourtant des merveilles.

— Je l'avoue, dit piteusement Démocharès.

— Vous comptiez prouver clair comme le jour, poursuivit monsieur de Braguelonne, que ce Trouillard avait livré ses deux filles à ses coreligionnaires à la suite d'une épouvantable orgie, et voilà que les témoins, que vous avez si chèrement payés, ah ! ah ! ah ! se rétractent tout à coup et vous démentent.

— Les traîtres ! murmura de Mouchy.

— De plus, continua le lieutenant de police, j'ai reçu les rapports des chirurgiens et des matrones : il y est établi le plus nettement du monde que la vertu des deux jeunes filles n'a pas reçu la moindre atteinte.

— C'est une infamie ! grommela Démocharès.

— Affaire manquée ! monsieur le grand inquisiteur de la foi. Affaire manquée ! répéta monsieur de Braguelonne avec complaisance.

— Eh ! s'écria avec impatience Démocharès, si l'affaire est manquée, c'est de votre faute.

— Comment ! de ma faute ! reprit le lieutenant de police stupéfait.

— Mais sans doute. Vous vous arrêtez à des rapports, à des rétractations, à des niaiseries ! Qu'importe ces échecs et ces démentis ! il fallait poursuivre tout de même ! et, comme si de rien n'était, accuser hardiment ces parpaillots.

— Quoi ! sans preuves ?
— Oui, et les condamner.
— Sans crimes ?
— Oui ! et les faire pendre.
— Sans juges ?
— Eh ! oui, cent fois oui ! sans juges, sans crimes, sans preuves ! Le beau mérite de faire pendre de vrais coupables !

— Mais quelles clameurs et quelles fureurs contre nous alors ! dit monsieur de Braguelonne.

— Ah ! c'est là que je vous attendais ! reprit Démocharès triomphant. Là est la pierre d'assise de tout mon système, monsieur, en effet, que produisent ces fureurs dont vous parlez ? des complots. Qu'amènent ces complots ? des révoltes. Que ressort-il de ces révoltes ? l'évidente utilité de nos fonctions.

— Il est certain qu'à ce point de vue !... dit en riant monsieur de Braguelonne.

— Monsieur, reprit magistralement Démocharès, retenez bien ce principe : Pour récolter des crimes, il faut en semer. La persécution est une force.

— Eh ! dit le lieutenant de police, il me semble que, depuis le commencement de ce règne, nous ne nous en sommes pas fait faute de la persécution. Il était difficile d'exciter et de provoquer plus qu'on l'a fait les mécontens de toute sorte.

— Peuh ! Qu'a-t-on fait ? dit le grand inquisiteur avec quelque dédain.

— Mais d'abord comptez-vous pour rien les visites, attaques et pillages de tous les jours, chez les huguenots innocens ou coupables ?

— Ma foi ! oui, je compte cela pour rien, dit Démocharès, vous voyez bien qu'ils supportent avec une patience calme ces vexations par trop médiocres.

— Et le supplice d'Anne Dubourg, neveu d'un chancelier de France, brûlé, il y a deux mois, en place de Grève, n'est-ce rien aussi ?

— C'est peu de chose toujours, dit le difficile de Mouchy. Qu'a produit ce supplice ? l'assassinat du président Minard, un des juges, et une prétendue conspiration, dont on n'a pas retrouvé les traces. Voilà-t-il pas de quoi faire un grand fracas !

— Et le dernier édit, qu'en pensez-vous ? demanda monsieur de Braguelonne, le dernier édit qui s'attaque, non-seulement aux huguenots, mais à toute la noblesse du royaume. Quant à moi, je l'ai dit sincèrement à monsieur le cardinal de Lorraine, je trouve cela bien audacieux.

— Quoi ! dit Démocharès, parlez-vous de l'ordonnance qui a supprimé les pensions ?

— Non, vraiment, mais de celle qui enjoignait aux solliciteurs, nobles ou vilains, de quitter la cour dans les vingt-quatre heures, sous peine d'être pendus. La hart pour les gentilshommes comme pour les manans, convenez que c'est assez dur et passablement révoltant.

— Oui, la chose ne manque pas de hardiesse, dit Démocharès avec un sourire de satisfaction Il y a seulement cinquante ans, une ordonnance pareille, eût, je l'avoue, soulevé toute la noblesse du royaume. Mais aujourd'hui, vous voyez, ils ont crié, il n'ont pas agi. Pas un n'a bougé.

— C'est ce qui vous trompe, monsieur le grand inquisiteur, dit Braguelonne en baissant la voix, et, s'ils ne bougent pas à Paris, je crois qu'ils se remuent en province.

— Bah ! s'écria de Mouchy avec empressement, vous avez donc des nouvelles ?

— Je n'en ai pas encore, mais j'en attends à toute minute.

— Et d'où cela ?
— De la Loire.
— Vous avez par là des émissaires ?
— Je n'en ai qu'un ; mais il est bon.

— Un seul ! c'est bien chanceux, dit Démocharès d'un air capable.

— J'aime mieux, moi, reprit monsieur de Braguelonne, payer un seul affidé intelligent et sûr aussi cher que vingt coquins stupides. C'est ma manière, que voulez-vous ?

— Oui, mais qui vous répond de cet homme ?

— Sa tête, d'abord, et puis ses services passés ; il a fait ses preuves.

— N'importe, c'est bien chanceux ! reprit Démocharès.

Maître Arpion rentra doucement, comme monsieur de Mouchy parlait encore, et vint dire un mot tout bas à l'oreille de son maître.

— Ah ! ah ! s'écria le lieutenant de police triomphant. Eh bien ! Arpion, introduisez Lignières, sur-le-champ..... Oui, en présence de monsieur le grand inquisiteur ; n'est-il pas un peu des nôtres ?

Arpion salua et sortit.

— Ce Lignières est justement l'homme dont je vous parlais, reprit monsieur de Braguelonne en se frottant les mains. Vous allez l'entendre. Il arrive de Nantes à l'instant. Nous n'avons pas de secrets l'un pour l'autre, n'est-ce pas ? et je suis aise de vous prouver que ma façon en vaut bien une autre.

Ici, maître Arpion ouvrit la porte au sieur Lignières.

C'était ce petit homme maigre, noir et chétif que nous avons vu déjà à l'assemblée protestante de la place Maubert, le même qui avait si hardiment montré la médaille républicaine, et parlé de lis tranchés et de couronnes foulées aux pieds.

On voit que si, dans ce temps-là, le nom d'agent provocateur n'existait pas encore, la chose florissait déjà.

XCI.

UN ESPION.

Lignières, en entrant, jeta d'abord sur Démocharès un regard froid et défiant, et après avoir salué monsieur de Braguelonne, resta prudemment silencieux et immobile, attendant qu'on l'interrogeât.

— Je suis enchanté de vous voir, monsieur Lignières, dit monsieur de Braguelonne. Vous pouvez parler sans crainte devant monsieur le grand inquisiteur de la foi en France.

— Oh ! certes ! s'écria Lignières avec empressement, et si j'avais su que j'étais en présence de l'illustre Démocharès, croyez, monseigneur, que je n'aurais pas ainsi hésité.

— Très bien ! dit, en hochant la tête d'un air approbateur, de Mouchy, évidemment flatté de la déférence respectueuse de l'espion.

— Allons !... parlez, monsieur Lignières, parlez vite ! dit le lieutenant de police.

— Mais, reprit Lignières, monsieur n'est peut-être pas parfaitement au courant de ce qui s'est passé à l'avant-dernier conciliabule des protestans, à La Ferté ?

— Je ne sais pas grand'chose, en effet, là-dessus, dit Démocharès.

— Je vais donc, si l'on me le permet, ajouta Lignières, reprendre de là en quelques mots rapides le récit des faits graves recueillis par moi dans ces derniers jours ; ce sera plus clair et mieux assis.

Monsieur de Braguelonne donna d'un signe l'autorisation que Lignières attendait. Ce petit retard servait mal, sans doute, l'impatience du lieutenant de police. mais flattait sa fierté, en laissant briller devant le grand inquisiteur la capacité supérieure et même l'éloquence extraordinaire des agens qu'il savait choisir.

Il est certain que Démocharès était à la fois surpris et charmé comme un connaisseur habile qui rencontre un instrument plus irréprochable et plus complet que ceux dont il s'est jusque là servi.

Lignières, excité par cette haute faveur, voulut s'en montrer digne, et fut véritablement fort beau.

— Ce n'a pas été réellement bien grave cette première assemblée de La Ferté, dit-il. Il ne s'y est fait et dit que des choses assez fades, et j'ai eu beau proposer de renverser Sa Majesté et d'établir en France la constitution des États suisses, je n'ai trouvé pour écho que des injures. On a seulement arrêté provisoirement qu'on adresserait au roi une requête, pour mettre un terme aux persécutions contre les religionnaires, et pour demander le renvoi des Guise, le ministère des princes du sang, et l'appel immédiat aux États-Généraux. Une simple pétition, pauvre résultat ! Cependant on s'est compté et organisé. C'est quelque chose. Puis, il s'est agi de nommer des chefs. Tant qu'il n'a été question que des chefs secondaires de districts, on n'a trouvé aucune difficulté. Mais le chef général, la tête de la conspiration, c'est là ce qui a donné de la peine ! monsieur de Coligny et le prince de Condé ont récusé par leurs représentants le dangereux honneur qu'on voulait leur faire en les désignant. Il valait mieux, a-t-on dit en leur nom, choisir un huguenot moins haut placé, pour que le mouvement gardât plus évidemment le caractère d'une entreprise populaire. Un bon prétexte pour les niais ! Ils s'en sont contentés, et, après maint débat, ils ont enfin élu Godefroid de Barry, seigneur de La Renaudie.

— La Renaudie ! répéta Démocharès. Oui, c'est en effet un des ardents meneurs de ces papaillots. Je le connais pour un homme énergique et convaincu.

— Vous le connaîtrez bientôt pour un Catilina ! dit Lignières.

— Oh ! oh ! fit le lieutenant de police, il me semble que c'est le surfaire un peu.

— Vous allez voir, reprit l'espion, vous allez voir si je le surfais ! J'en viens à notre seconde assemblée, qui a eu lieu à Nantes, le 5 de ce mois de février.

— Ah ! ah ! s'écrièrent en même temps Démocharès et Braguelonne.

Et tous deux se rapprochèrent de maître Lignières, avec une avide curiosité.

— C'est que là, dit le Lignières d'un air important, on ne s'est pas borné aux discours, pour le coup ! Écoutez... Donnerais-je à mesure à vos seigneuries les longs détails et les preuves ? ou bien courrai-je sur-le-champ aux résultats ? ajouta le drôle, comme s'il eût voulu prolonger le plus possible son espèce de possession de ces deux âmes.

— Des faits ! des faits ! cria le lieutenant de police, avec impatience.

— En voici donc, et vous allez frémir. Après quelques discours et préliminaires insignifiants, La Renaudie a pris la parole, et a dit en substance : « L'an dernier, quand la reine d'Écosse a voulu faire juger les ministres à Stirling, tous leurs paroissiens ont résolu de les suivre dans cette ville, et, quoique sans armes, ce grand mouvement a suffi pour intimider la régente et la faire renoncer à la violence qu'elle méditait. Je propose qu'en France nous commencions de même, qu'une grande multitude de religionnaires se dirige vers Blois, où le roi pour le moment réside, et qu'elle s'y présente sans armes, pour lui remettre une pétition par laquelle il sera supplié de supprimer les édits de persécution, et d'accorder le libre exercice de leur religion aux réformés ; et, puisque leurs assemblées nocturnes et secrètes ont été calomniées, de leur permettre de s'assembler dans les temples, sous les yeux de l'autorité.

— Eh bien ! quoi ! c'est toujours la même chose ! interrompit Démocharès d'un air désappointé. Des manifestations pacifiques et respectueuses qui n'aboutissent à rien ! Des pétitions ! des protestations ! des supplications ! Sont-ce là les terribles nouvelles que vous nous annonciez, maître Lignières ?

— Attendez ! attendez ! dit Lignières. Vous comprenez bien que comme vous et plus que vous je me suis récrié à l'innocente proposition de La Renaudie. Où avaient abouti, où devaient aboutir ces démarches sans portée ? D'autres religionnaires se sont prononcés dans ce sens. Alors, La Renaudie, enchanté, a découvert le fond de sa pensée et trahi le hardi projet qu'il cachait sous ces humbles apparences.

— Voyons ce hardi projet, dit Démocharès, en homme disposé à ne pas s'étonner pour peu.

— Il vaut, je crois, la peine qu'on le déjoue, reprit Lignières. Tandis que l'attention sera distraite par cette foule de pétitionnaires timides et sans armes qui s'approcheront du trône en nombre, cinq cents cavaliers et mille fantassins, vous entendez, messieurs, quinze cents hommes, choisis parmi les gentilshommes les plus résolus et les plus dévoués à la réforme et aux princes, se réuniront des diverses provinces, sous trente capitaines élus, s'avanceront en silence sur Blois par différentes routes, pénétreront dans la ville, de gré ou de force, je dis de gré ou de force, enlèveront le roi, la reine mère et monsieur de Guise, mettront ceux-ci en jugement, et substitueront à leur autorité celle des princes du sang, quitte à faire décider ensuite par les États-Généraux la forme d'administration qu'il conviendra d'adopter... Voilà le complot, messieurs. Qu'en dites-vous ? Est-ce un enfantillage ? Faut-il passer outre sans autrement s'en occuper ! Suis-je enfin bon à rien ou utile à quelque chose ?

Il s'arrêta triomphant. Le grand inquisiteur et le lieutenant de police se regardaient tout surpris et assez alarmés. Il y eut alors assez longue pause remplie pour eux par des réflexions de tout genre.

— Par la messe ! c'est admirable ! je l'avoue, s'écria enfin Démocharès.

— Dites que c'est effrayant, reprit monsieur de Braguelonne.

— Il faut voir ! il faut voir ! continua le grand inquisiteur en hochant la tête d'un air capable.

— Eh ! dit monsieur de Braguelonne, nous ne savons que les desseins que ce La Renaudie avoue ; mais il est facile de deviner qu'on ne doit pas s'en tenir là, que messieurs de Guise se défendront, qu'ils se feront tailler en pièces, et que si Sa Majesté confie au prince de Condé le pouvoir ce ne sera que par la violence.

— Mais puisque nous sommes prévenus ! reprit Démocharès. Tout ce que ces pauvres papaillots vont faire contre nous tourne dès-lors contre eux, et ils se prennent à leur propre piège. Je gage que monsieur le cardinal sera ravi, et qu'il aurait payé cher cette occasion d'en finir avec ses ennemis.

— Dieu veuille qu'il soit ravi jusqu'au bout ! dit monsieur de Braguelonne.

Et s'adressant à Lignières, qui devenait un homme à ménager, un homme précieux, un homme important :

— Quant à vous, lui dit-il, monsieur le marquis (il était réellement marquis le misérable !), quant à vous, vous avez rendu à Sa Majesté et à l'État le plus éminent service. Vous en serez dignement récompensé. Soyez tranquille !

— Oui, ma foi ! dit Démocharès, vous méritez une belle chandelle, monsieur, et vous avez toute mon estime ! À vous aussi, monsieur de Braguelonne, mes sincères complimens sur le choix de ceux que vous employez ! Ah ! monsieur de Lignières a droit de compter sur ma plus haute considération, en vérité !

— C'est un prix bien doux de ce que j'ai pu faire, dit le Lignières en s'inclinant avec modestie.

— Vous savez que nous ne sommes pas ingrats, monsieur de Lignières, continua le lieutenant de police. Mais, voyons, vous n'avez pas tout dit ? A-t-on fixé une époque ? un lieu de rendez-vous ?

— On doit se réunir autour de Blois le quinze mars, répondit Lignières.

— Le quinze mars ! voyez-vous cela ! dit monsieur de Braguelonne. Nous n'avons pas vingt jours devant nous ! Et monsieur le cardinal de Lorraine qui est à Blois ! Près de deux jours encore pour l'avertir et avoir ses ordres! Quelle responsabilité!

— Mais quel triomphe au bout! dit Démocharès.

— Voyons, mon cher monsieur de Lignières, reprit le lieutenant de police, avez-vous les noms des chefs?

— Oui, par écrit, répondit Lignières.

— Un homme unique! dit Démocharès avec admiration. Ceci me réconcilie un peu avec l'humanité.

Lignières défit une couture intérieure de son pourpoint, en tira un petit papier qu'il déroula, et lut à voix haute :

« Liste des chefs avec les noms des provinces qu'ils doivent diriger :

» Castelnau de Chalosses, — Gascogne.
» Mazères, — Béarn.
» Du Mesnil, — Périgord.
» Maillé de Brézé, — Poitou.
» La Chesnaye, — Maine.
» Sainte-Marie, — Normandie.
» Cocqueville, — Picardie.
» De Ferrières-Maligny, — Ile-de-France et Champagne.
» Châteauvieux, — Provence, etc. »

— Vous lirez et commenterez cette liste à loisir, monsieur, dit Lignières en remettant au lieutenant de police la pancarte de trahison.

— C'est la guerre civile organisée! dit monsieur de Braguelonne.

— Et notez, ajouta Lignières, que, dans le même temps que ces bandes se dirigeront vers Blois, d'autres chefs, en chaque province, devront se tenir prêts à réprimer tout mouvement qui s'y manifesterait en faveur de messieurs de Guise.

— Bon! nous les tiendrons tous comme en un vaste filet! disait Démocharès en se frottant les mains. Eh! comme vous avez l'air atterré, monsieur de Braguelonne! Après le premier moment de surprise, je déclare que je serais bien fâché, pour mon compte, que tout ceci n'eût pas lieu.

— Mais voyez donc combien il nous reste peu de temps! dit le lieutenant de police. En vérité, mon bon Lignières, je ne voudrais pour rien au monde vous adresser un seul reproche, mais, depuis e 5 février, vous auriez bien dû me prévenir.

— Le pouvais-je? dit Lignières. J'ai été chargé par La Renaudie de plus de vingt commissions depuis Nantes jusqu'à Paris. Outre que j'ai pu recueillir ainsi de précieux renseignemens, négliger ou ajourner ces commissions c'eût été exciter les soupçons ; vous écrire une lettre ou vous envoyer un messager c'eût été compromettre nos secrets.

— C'est juste! dit monsieur de Braguelonne, et vous avez raison toujours. Ne parlons donc plus de ce qui est fait mais de ce qui est à faire. Vous ne nous avez rien dit du prince de Condé ? N'était-il pas avec vous à Nantes?

— Il y était, répondit Lignières. Mais avant de prendre un parti, il désirait avoir vu Chaudieu et l'ambassadeur anglais, et il a dit qu'il accompagnerait dans ce but La Renaudie à Paris.

— Il viendra donc à Paris? La Renaudie y viendra donc?

— Mieux que cela, ils doivent y être arrivés, dit Lignières.

— Et où logent-ils ? demanda monsieur de Braguelonne avec empressement.

— Pour cela, je l'ignore. J'ai bien demandé, en manière de rien, où je pourrais retrouver notre chef si j'avais quelque communication à lui faire, mais on ne m'a enseigné qu'un moyen de correspondance indirect. Sans doute La Renaudie ne veut pas compromettre le prince.

— Voilà qui est fâcheux, on ne saurait en disconvenir, reprit le lieutenant de police. Nous aurions eu besoin de suivre jusqu'au bout traces!

Maître Arpion rentra encore une fois, dans ce moment, de son pied léger et mystérieux.

— Qu'est-ce que c'est, Arpion? dit avec impatience monsieur de Braguelonne. Vous savez bien que nous nous occupons de quelque chose d'important, que diable!

— Aussi ne me serais-je pas permis d'entrer sans quelque chose de non moins important, répondit Arpion.

— Voyons, qu'est-ce que c'est ? Dites vites et dites tout haut. Nous sommes entre nous ici.

— Un nommé Pierre Des Avenelles... reprit Arpion.

De Braguelonne, Démocharès et Lignières interrompirent Arpion par un seul et même cri :

— Pierre Des Avenelles!

— C'est cet avocat de la rue des Marmousets qui héberge d'ordinaire les réformés à Paris, dit Démocharès.

— Et sur la maison duquel j'ai l'œil depuis longtemps, reprit de Braguelonne. Mais le bonhomme est cauteleux et prudent, et déjoue toujours ma surveillance. Que veut-il, Arpion ?

— Parler à monseigneur, sur-le-champ, dit le secrétaire. Il m'a semblé tout effaré.

— Il ne peut rien savoir! dit vivement Lignières avec jalousie. D'ailleurs, ajouta-t-il avec dédain, c'est un honnête homme.

— Il faut voir! il faut voir! reprit le grand inquisiteur, (c'était son mot).

— Arpion, reprit monsieur de Braguelonne, introduisez tout de suite cet homme.

— Tout de suite, monseigneur, dit Arpion en sortant.

— Pardon, mon cher marquis, continua de Braguelonne en s'adressant à Lignières, ce Des Avenelles vous connaît, et votre vue inattendue le pourrait troubler. Puis, ni vous ni moi ne devons nous soucier qu'en tout cas il vous sache des nôtres. Ayez donc l'obligeance, pendant cette entrevue, de passer dans le cabinet d'Arpion, là-bas au fond de ce couloir. Je vous ferai rappeler dès que nous aurons terminé. Pour vous, restez, monsieur le grand inquisiteur. Votre présence imposante ne peut que nous être utile.

— Soit, je demeure pour vous servir, dit Démocharès satisfait.

— Et moi, je m'éloigne, reprit Lignières. Mais rappelez-vous ce que je vous dis, monsieur le lieutenant de police : Vous ne tirerez pas grand'chose de ce Des Avenelles. Une pauvre cervelle ! esprit timoré mais probe ! rien qui vaille ! rien qui vaille !

— Nous ferons pour le mieux. Mais allez, allez, mon cher Lignières. Voici notre homme.

Lignières n'eut en effet que le temps de s'échapper... Un homme entra tout pâle et agité d'un tremblement nerveux, amené et presque porté par maître Arpion.

C'était l'avocat Pierre Des Avenelles, que nous avons vu pour la première fois avec le sieur Lignières, au conciliabule de la place Maubert, et qui avait eu, si l'on s'en souvient, le succès de la soirée avec son discours si bravement timide.

XCII.

UN DÉLATEUR.

Ce jour où nous le retrouvons, Des Avenelles était tout à fait timide, et n'était plus du tout brave.

Après avoir salué jusqu'à terre Démocharès et de Braguelonne :

— Je suis sans doute, dit-il d'une voix tremblante, en présence de monsieur le lieutenant de police !...

— Et de monsieur le grand inquisiteur de la foi, ajouta de Braguelonne en montrant Mouchy.

— Oh! Jésus! s'écria le pauvre Des Avenelles, pâlissant davantage encore s'il était possible. Messeigneurs, vous voyez devant vous un bien grand coupable, un trop grand coupable. Puis-je espérer ma grâce ? je ne sais. Un aveu sincère peut-il atténuer mes fautes? c'est à votre clémenc à répondre.

Monsieur de Braguelonne vit tout de suite à quel homme il avait affaire.

— Avouer ne suffit pas, dit-il d'une voix dure, il faut réparer.

— Oh ! si je le puis, je le ferai, monseigneur ! reprit Des Avenelles.

— Oui, mais pour le faire, continua le lieutenant de police, il faudrait avoir quelque service à nous rendre, quelque précieux renseignement à nous donner.

— Je tâcherai d'en donner, dit l'avocat d'une voix étouffée.

— Ce sera difficile, reprit négligemment de Braguelonne, car nous savons tout.

— Quoi ! vous savez ?...

— Tout, vous dis-je, et, dans la passe où vous vous êtes mis, votre repentir tardif ne peut plus guère, je vous en préviens, sauver votre tête.

— Ma tête ! ô ciel ! ma tête est en danger ? Pourtant, puisque je suis venu...

— Trop tard ! dit l'inflexible Braguelonne. Vous ne pouvez plus nous être utile, et nous savons d'avance ce que vous pourriez nous révéler.

— Peut-être, dit Des Avenelles. Excusez ma question, que savez-vous ?

— D'abord, que vous êtes un de ces hérétiques damnés, dit d'une voix tonnante Démocharès intervenant.

— Hélas ! hélas ! ce n'est que trop vrai ! répondit Des Avenelles. Oui, je suis de la religion. Pourquoi ? je n'en sais rien. Mais j'abjurerai, monseigneur, si vous m'accordez la vie. Le prêche a trop de périls. Je reviens à la messe.

— Ce n'est pas tout, dit Démocharès, vous logez chez vous des huguenots.

— On n'a pu en découvrir un seul, dans aucune des perquisitions, reprit vivement l'avocat.

— Oui, dit monsieur de Braguelonne, vous avez probablement dans votre domicile quelque issue secrète, quelque couloir caché, quelque communication inconnue avec le dehors. Mais, un de ces jours, nous démolirons votre maison jusqu'à la dernière pierre, et il faudra bien qu'elle nous livre son secret.

— Je vous le livrerai moi-même, dit l'avocat. Car, j'en conviens, monseigneur, j'ai quelquefois reçu et hébergé des religionnaires. Ils paient de bonnes pensions, et les procès rapportent si peu ! Il faut bien vivre ! Mais cela ne m'arrivera plus, et, si j'abjure, enfin ! pas un huguenot ne s'avisera plus, je pense, de venir frapper à ma porte.

— Vous avez aussi, continua Démocharès, pris souvent la parole dans le conciliabule des protestans.

— Je suis avocat, dit piteusement Des Avenelles. Mais j'ai toujours parlé pour les partis modérés. Vous devez savoir cela, puisque vous savez tout...

Et, s'enhardissant à lever les yeux sur les deux sinistres personnages, Des Avenelles reprit :

— Mais pardon, il me semble que vous ne savez pas tout ; car vous ne me parlez que de moi, et vous vous taisez sur les affaires générales du parti, bien autrement importantes en somme... Donc, je vois avec plaisir que vous ignorez encore bien des choses.

— C'est ce qui vous trompe, dit le lieutenant de police, et nous allons vous prouver le contraire.

Démocharès lui fit signe de prendre garde.

— Je vous comprends, monsieur le grand inquisiteur, lui dit-il. Mais il n'y a point d'imprudence à moi à montrer notre jeu à monsieur ; car monsieur ne sortira pas d'ici de longtemps.

— Comment ! je ne sortirai pas de longtemps d'ici ? s'écria Pierre Des Avenelles avec épouvante.

— Non, sans doute, dit monsieur de Braguelonne avec calme. Vous figurez-vous donc que, sous couleur de venir faire des révélations, vous pourrez tranquillement voir où nous en sommes, et vous assurer de ce que nous savons, pour aller rapporter le tout à vos complices ? Il n'en va pas ainsi, mon cher monsieur, et vous êtes de ce moment notre prisonnier.

— Prisonnier ! répéta Des Avenelles, d'abord abattu.

Puis, avec la réflexion, il prit son parti. Notre homme, on se le rappelle, avait au plus haut point le courage de la lâcheté.

— Eh bien ! j'aime mieux cela, au fait ! s'écria-t-il. Je suis plus en sûreté ici que chez moi, au milieu de tous leurs complots. Et, puisque vous me gardez, monsieur le lieutenant de police, vous ne vous ferez plus scrupule de vouloir bien répondre à quelques-unes de mes respectueuses questions. M'est avis que vous n'êtes pas tout à fait aussi complètement informé que vous croyez l'être, et que je trouverai moyen de vous prouver, par quelque utile révélation, ma bonne foi et ma loyauté.

— Hum ! j'en doute, dit monsieur de Braguelonne.

— Des dernières assemblées des huguenots, d'abord, que savez-vous, monseigneur ? demanda l'avocat.

— Parlez-vous de celle de Nantes ? dit le lieutenant de police ?

— Aïe ! vous savez cela. Eh bien ! oui, voyons, de celle de Nantes. Que s'y est-il passé ?

— Est-ce à la conspiration qu'on y a formée que vous faites allusion ? reprit monsieur de Braguelonne.

— Hélas ! oui, et je vois que je ne vous apprendrai pas grand'chose là-dessus, reprit Des Avenelles. Cette conspiration...

— Est d'enlever le roi de Blois, de substituer violemment les princes à messieurs de Guise, de convoquer les États-Généraux, etc... Tout cela c'est de l'histoire ancienne, mon cher monsieur Des Avenelles, et qui date déjà du 5 février.

— Et les conjurés qui se croient si sûrs du secret ! s'écria l'avocat. Ils sont perdus ! et moi aussi. Car, sans nul doute, vous connaissez les chefs du complot ?

— Les chefs occultes et les chefs avoués. Les chefs occultes, c'est le prince de Condé et c'est l'amiral. Les chefs avoués, ce sont La Renaudie, Castelnau, Mazères... Mais l'énumération serait trop longue. Tenez, voici la liste de leurs noms et celle des provinces qu'ils doivent soulever.

— Miséricorde ! que la police est habile et que les conspirateurs sont fous ! s'écria encore Des Avenelles. N'aurai-je donc pas le plus petit mot à vous apprendre ? Le prince de Condé et La Renaudie, vous savez où ils sont ?

— A Paris, ensemble.

— C'est effrayant ! et je n'ai plus qu'à recommander mon âme à Dieu. Pourtant, un mot encore, de grâce : où sont-ils à Paris ?

Monsieur de Braguelonne ne répondit pas tout de suite, mais, de son regard pénétrant et clair, sembla vouloir sonder l'âme et les yeux de Des Avenelles.

Celui-ci respirant à peine répéta sa question :

— Savez-vous où sont à Paris le prince de Condé et La Renaudie, monseigneur ?

— Nous les trouverons sans peine, répondit monsieur de Braguelonne.

— Mais vous ne les avez pas encore trouvés ! s'écria Des Avenelles ravi. Ah ! Dieu soit loué ! je puis encore gagner mon pardon. Je sais où ils sont, moi, monseigneur !

L'œil de Démocharès étincela, mais le lieutenant de police dissimula sa joie.

— Où sont-ils donc ? dit-il du ton le plus indifférent possible.

— Chez moi, messieurs, chez moi ! dit fièrement l'avocat.

— Je le savais, répondit tranquillement monsieur de Braguelonne.

— Quoi ! comment ! vous le saviez aussi ? s'écria Des Avenelles, pâlissant.

— Sans doute !... Mais j'ai voulu vous éprouver, voir si vous étiez de bonne foi. Allons ! c'est bien ! je suis content de vous. C'est que votre cas était grave au moins. Avoir donné refuge à de si grands coupables !

— Vous vous faisiez aussi coupable qu'eux ! dit sentencieusement Démocharès.

— Oh ! ne m'en parlez pas, monseigneur, reprit Des

Avenelles. Je me doutais bien des dangers que je courais. Aussi, depuis que je connais les effrayans projets de mes deux hôtes, je n'existe plus. Mais je ne les connais que depuis trois jours. Depuis trois jours seulement, je vous le jure. Vous devez savoir que je n'étais pas à l'assemblée de Nantes. Quand le prince de Condé et le seigneur de La Renaudie sont arrivés chez moi au commencement de cette semaine, je croyais bien recevoir des réformés, mais non pas des conspirateurs. J'ai en horreur les conspirateurs et les conspirations. Ils ne m'ont rien dit d'abord, et c'est ce dont je leur en veux. Exposer ainsi à son insu un pauvre homme qui ne leur avait jamais rendu que des services ! c'est très mal. Mais ces grands personnages n'en font jamais d'autres.

— Hein ? dit monsieur de Braguelonne qui se regardait comme un très grand personnage.

— Je parle des grands personnages de la réforme ! se hâta de dire l'avocat. Donc, ils ont commencé par me cacher tout. Mais ils chuchotaient ensemble tout le jour ; mais ils écrivaient le jour et la nuit ; mais ils recevaient des visites à toute minute. J'ai guetté ; j'ai écouté. Bref, j'ai deviné le commencement ; de sorte qu'ils ont été obligés de me confesser la fin ; leur assemblée de Nantes, leur grande conspiration, tout ce que vous savez enfin et ce qu'ils croient si bien à l'abri. Mais depuis cette révélation, je ne dors plus, je ne mange plus, je ne vis plus. Chaque fois qu'on entre chez moi, et Dieu sait comme on y entre souvent ! je m'imagine qu'on vient me chercher pour me traîner devant les juges. La nuit, dans mes rares instants de sommeil fiévreux, je ne rêve que tribunaux, échafauds et bourreaux. Et je m'éveille, baigné d'une sueur froide, pour supputer, prévoir et mesurer les risques que je cours.

— Les risques que vous couriez ? dit monsieur de Braguelonne. Mais la prison d'abord...

— La torture ensuite, reprit Démocharès.

— Puis, la pendaison probablement, ajouta le lieutenant de police.

— Peut-être le bûcher, continua le grand inquisiteur.

— Voire même d'occasion, la roue, dit, pour terminer par un effet, monsieur de Braguelonne.

— Emprisonné ! torturé ! pendu ! brûlé ! roué ! s'exclamait à chaque parole maître Des Avenelles, comme s'il eût subi chacun des supplices qu'on lui énumérait.

— Dame ! vous êtes avocat ; vous savez la loi, reprit monsieur de Braguelonne.

— Je ne la sais que trop ! s'écria Des Avenelles. Aussi, au bout de trois jours d'angoisses, je n'ai pu y tenir, j'ai bien senti qu'un tel secret était un fardeau trop lourd pour ma responsabilité, et je suis venu le remettre entre vos mains, monsieur le lieutenant de police.

— C'était le plus sûr, reprit monsieur de Braguelonne ; et, quoique votre révélation ne nous serve pas à grand'chose, comme vous voyez, nous aurons cependant égard à votre bonne volonté.

Il s'entretint quelques instants à voix basse avec de Mouchy, qui parut lui faire adopter, non sans quelque peine, la résolution à suivre.

— Avant tout, vous vous demanderai en grâce, leur dit Des Avenelles suppliant, de ne pas trahir ma défection vis-à-vis de mes anciens... complices ; car, hélas ! ceux qui ont massacré le président Minard pourraient bien aussi me faire un mauvais parti.

— Nous vous garderons le secret, reprit le lieutenant de police.

— Vous m'allez toutefois retenir prisonnier, n'est-ce pas ? dit Des Avenelles d'un air humble et craintif.

— Non, vous pouvez rentrer librement chez vous à l'instant même, répondit de Braguelonne.

— En vérité ! dit l'avocat. Alors ce sont mes hôtes, je le vois, que vous allez faire saisir.

— Pas davantage. Ils resteront libres comme vous.

— Comment cela ? demanda Des Avenelles stupéfait.

— Écoutez-moi, reprit monsieur de Braguelonne avec autorité, et retenez bien mes paroles. Vous allez retourner chez vous sur l'heure, de peur qu'une trop longue absence n'excite quelque soupçon. Vous ne direz plus un mot à vos hôtes ni de vos craintes ni de leurs secrets. Vous agirez et les laisserez agir comme si vous n'étiez pas entré dans ce cabinet aujourd'hui. Me comprenez-vous bien ? N'empêchez rien et ne vous étonnez de rien. Laissez faire.

— C'est aisé cela, dit Des Avenelles.

— Seulement, ajouta monsieur de Braguelonne, si nous avons besoin de quelque renseignement, nous vous les ferons demander ou nous vous appellerons ici, et vous vous tiendrez toujours à notre disposition. Si quelque descente dans votre maison est jugée nécessaire, vous y prêterez la main.

— Puisque j'ai tant fait que de commencer, j'achèverai, dit Des Avenelles avec un soupir.

— C'est bien. Un seul mot pour conclure : Si les choses se passent de manière à nous prouver que vous avez obéi à ces instructions bien simples, vous aurez votre grâce. Si nous pouvons soupçonner que la moindre indiscrétion vous est échappée, vous serez le premier et le plus cruellement puni.

— Vous serez brûlé à petit feu, par Notre Dame ! dit Démocharès de sa voix lugubre et profonde.

— Cependant !... voulut dire l'avocat qui tressaillit.

— Il suffit, dit Braguelonne. Vous avez entendu. Souvenez-vous. Au revoir.

Il lui fit de la main un geste impérieux. Le trop prudent avocat sortit, à la fois soulagé et oppressé.

Après son départ, il y eut un moment de silence entre le lieutenant de police et le grand inquisiteur.

— Vous l'avez voulu, j'ai cédé, dit enfin le premier. Mais j'avoue qu'il me reste des doutes sur cette façon de procéder.

— Non, tout est pour le mieux ! reprit Démocharès. Il faut que cette affaire ait son cours, je vous dis, et, pour cela, l'important était de ne point donner l'éveil aux conjurés. Qu'ils se croient sûrs du secret et qu'ils agissent. Ils s'imaginent marcher dans la nuit, et nous suivrons tous leurs mouvements au grand jour. C'est superbe ! une pareille occasion ne se présenterait pas, d'ici à vingt ans, de terrifier par un grand coup l'hérésie. C'est superbe là-dessus les idées de Son Éminence le cardinal de Lorraine.

— Mieux que moi, c'est vrai, dit de Braguelonne. Que nous reste-t-il cependant à faire ?

— Vous, dit Démocharès, vous demeurez à Paris, vous surveillez, par Lignières et par Des Avenelles, vos deux chefs de conspiration. Moi, dans une heure, je pars pour Blois et j'avertis messieurs de Guise. Le cardinal aura d'abord un peu peur, mais le Balafré est auprès de lui pour le rassurer, et, avec la réflexion, il sera pour. Ce sera leur affaire à tous deux de réunir en quinze jours à petit bruit autour du roi toutes les forces dont ils pourront disposer. Nos huguenots cependant n'auront pu se douter de rien. Ils arriveront ensemble ou l'un après l'autre dans le piège tendu, ces étourneaux aveugles, et ils sont à nous ! nous les tenons ! Tuerie générale !

Le grand inquisiteur se promenait à grands pas dans la chambre en se frottant les mains tout joyeux.

— Dieu veuille seulement, dit monsieur de Braguelonne, qu'aucun retour imprévu ne vienne réduire à néant ce magnifique projet !

— Impossible ! reprit Démocharès. Tuerie générale ! Nous les tenons ! Faites revenir, s'il vous plaît, Lignières, qu'il achève de nous fournir les renseignemens que je vais reporter au cardinal de Lorraine. Mais je tiens déjà l'hérésie pour morte. Tuerie générale !

XCIII.

ROI ET REINE ENFANS.

En franchissant par la pensée deux jours et quarante lieues, nous serons au 27 février et dans le splendide château de Blois, où la cour était pour le moment réunie.

Il y avait eu la veille grande fête et réjouissance au château, fête ordonnée par monsieur Antoine de Baïf le poëte, avec joutes, ballets et allégories.

Si bien que ce matin-là, le jeune roi et sa petite reine, pour l'amusement desquels la fête avait été donnée, se levèrent plus tard que de coutume et un peu fatigués encore de leur plaisir.

Heureusement, aucune réception n'était indiquée; et, pour se délasser, ils purent à loisir deviser ensemble des belles choses qu'ils avaient admirées.

— Pour moi, disait Marie Stuart, j'ai trouvé tous ces divertissemens les plus beaux et les plus singuliers du monde.

— Oui, reprenait François II, les ballets et les scènes jouées surtout. Mais j'avouerai que les sonnets et madrigaux m'ont paru faire un peu longueur.

— Comment! se récria Marie Stuart, ils étaient forts galans et spirituels, je vous assure.

— Mais trop perpétuellement élogieux, conviens-en, mignonne. Ce n'est pas très amusant, vois-tu, de s'entendre ainsi louer pendant des heures, et je m'imaginais hier au soir que le bon Dieu devait avoir parfois des momens d'impatience dans son paradis. Ajoute à cela que ces messieurs, surtout messieurs de Baïf et de Maisonfleur, sèment leurs discours de nombre de mots latins que je ne comprends pas toujours.

— Mais c'est de fort bon air cela, dit Marie, c'est une façon qui sent son homme docte et de goût choisi.

— Ah! c'est que tu es une savante, toi, Marie! reprit le jeune roi en soupirant. Tu fais des vers, et tu comprends le latin auquel je n'ai jamais pu mordre.

— Mais c'est notre lot et notre récréation à nous autres femmes, le savoir! comme à vous autres hommes et princes l'action et le commandement.

— C'est égal! reprit François II, je voudrais, ne fût-ce que pour t'égaler en quelque chose, être seulement aussi instruit, tiens! que mon frère Charles.

— A propos de notre frère Charles, interrompit Marie, l'avez-vous remarqué hier dans son rôle de l'allégorie de la *Religion défendue par les trois Vertus théologales*?

— Oui, dit le roi, il faisait un des chevaliers qui représentaient les Vertus, la Charité, je crois.

— C'est cela même, reprit Marie. Eh bien! avez-vous vu, sire, avec quelle fureur il frappait la tête de l'Hérésie?

— Oui, vraiment, lorsqu'elle s'est avancée au milieu des flammes sur ce corps de serpent... Charles était hors de lui, c'est la vérité.

— Et, dites-moi, mon doux sire, reprit la reine, est-ce qu'elle ne vous a pas paru ressembler à quelqu'un cette tête de l'Hérésie?

— En effet, dit François II, j'avais cru me tromper, mais elle avait assurément de l'air de monsieur de Coligny, n'est-ce pas?

— Dites que c'était monsieur l'amiral trait pour trait.

— Et tous ces diables qui l'ont emporté! dit le roi.

— Et la joie de notre oncle le cardinal, reprit Marie.

— Et le sourire de ma mère!

— Et c'était presque effrayant! dit la jeune reine. N'importe! François, elle était encore bien belle hier, votre mère, avec sa robe d'or frisé, et son voile de crêpe tanné! un magnifique accoutrement!

— Oui, reprit le roi; aussi, ma mignonne, ai-je fait demander pour vous une robe semblable à Constantinople,

par monsieur de Grandchamp, et vous aurez aussi un voile de gaze romaine pareil à celui de ma mère.

— Oh! merci, mon gentil roi! merci! Je n'envie pas certainement le sort de notre sœur Elisabeth d'Espagne, qui, dit-on, ne met jamais deux fois la même robe. Cependant, je ne voudrais pas que femme en France, fût-ce vôtre mère, semblât, à vous surtout, mieux parée que moi.

— Eh! que t'importe au fond! dit le roi, ne seras-tu pas toujours la plus belle?

— Il n'y a guère paru hier, reprit Marie boudant; car, après le branle au flambeau que j'ai dansé, vous ne m'avez pas dit un seul mot. Il faut croire qu'il ne vous a pas plu.

— Si fait bien! s'écria François. Mais, qu'aurais-je dit, bon Dieu! à côté de tous ces beaux esprits de la cour qui te complimentaient en prose et en vers. Dubellay prétendait que tu n'avais pas besoin d'un flambeau comme les autres dames, et que c'était bien assez de tes deux yeux. Maisonfleur s'effrayait du danger de ces deux vives lumières de tes prunelles qui ne s'éteignaient pas, elles! et qui pouvaient embraser la salle entière. Sur quoi Ronsard ajoutait que ces astres de tes regards devaient éclairer la nuit parmi les ténèbres, et le jour parmi le soleil. Fallait-il donc, après cette poésie, venir te dire tout uniment que je vous avais trouvées charmantes, toi et la danse.

— Et pourquoi pas? reprit Marie. Ce simple mot de vous m'eût plus réjouie que toutes leurs fadeurs.

— Eh bien! ce mot je te le dis ce matin, mignonne, et de tout mon cœur; car cette danse est toute parfaite et m'a presque fait oublier la pavane d'Espagne que j'aimais tant, et les pazzemeni d'Italie que tu dansais si divinement avec cette pauvre Elisabeth. C'est que ce que tu fais est toujours mieux fait que ce que font les autres. C'est que tu es la belle des belles, et que les plus jolies femmes paraissent comme chambrières auprès de toi. Oui, dans ton costume royal comme dans ce simple déshabillé, tu es toujours ma reine et mon amour. Je ne vois que toi! je n'aime que toi!

— Mon cher mignon!

— Mon adorée!

— Ma vie!

— Mon bien suprême! Tiens! n'eusses-tu qu'un chaperon de paysanne, je t'aimerais encore mieux que toutes les reines de la terre.

— Et moi, reprit Marie, quand tu ne serais qu'un simple page, ce serait toi encore qui aurais mon cœur.

— Oh! Dieu! dit François, que j'aime à passer mes doigts dans ces cheveux si doux, si blonds, si fins, à les mêler, à les brouiller. Je conçois bien que les dames te demandent souvent à baiser ce col si rond et si blanc, et ces bras si gracieux et si potelés... Pourtant, ne le leur permettez plus, Marie.

— Et pourquoi?

— J'en suis jaloux! dit le roi.

— Enfant! reprit Marie avec un geste adorable d'enfant.

— Ah! tiens, s'écria François avec passion, s'il fallait renoncer à ma couronne ou à Marie, mon choix serait bientôt fait.

— Quelle folie! reprit la jeune reine. Est-ce qu'on peut renoncer à la couronne de France, la plus belle de toutes après celle du ciel?

— Pour ce qu'elle fait sur mon front!... dit François avec un sourire moitié gai, moitié mélancolique.

— Comment! reprit Marie, mais tu oubliais que nous avons justement à régler une affaire... une affaire de haute importance que mon oncle de Lorraine nous a renvoyée.

— Oh! oh! s'écria le roi; cela ne lui arrive pas souvent.

— Il nous charge, dit gravement Marie, de décider les couleurs de l'habillement de nos gardes-suisses.

— C'est une marque de confiance qui nous fait honneur. Entrons donc en délibération. Quel est, madame, l'avis de Votre Majesté sur cette difficile question?

— Oh! je ne parlerai qu'après vous, sire?

— Voyons! je pense que la forme de l'habit doit rester

la même ; large pourpoint à larges manches tailladé aux trois couleurs, n'est-il pas vrai ?

— Oui, sire. Mais quelles seront ces couleurs ? Là est la question.

— Elle n'est pas aisée. Mais vous ne m'aidez pas, mon gentil conseil. La première couleur ?...

— Il faut que ce soit blanc, dit Marie, la couleur de France.

— Alors, reprit le roi, la seconde sera celle d'Ecosse, bleu.

— Soit ! mais la troisième ?

— Si c'était jaune ?

— Oh ! non c'est la couleur d'Espagne. Vert plutôt.

— C'est la couleur de Guise, dit le roi.

— Eh bien ! monsieur, est-ce donc un motif d'exclusion ? reprit Marie.

— Non pas ! mais ces trois couleurs s'harmonieraient-elles bien ?

— Une idée ! s'écria Marie Stuart. Prenons le rouge, la couleur de la Suisse ; cela rappellera au moins un peu leur pays à ces pauvres gens.

— Idée excellente comme ton cœur, Marie ! reprit le roi. Voilà donc cette importante affaire glorieusement terminée. Ouf ! nous avons eu assez de peine ! Les choses sérieuses nous en donnent moins, par bonheur. Et vos chers oncles, Marie, veulent bien se charger pour moi de tout le poids du gouvernement. C'est charmant ! Ils écrivent, et je n'ai qu'à signer, parfois sans lire. Si bien que ma couronne sur mon fauteuil royal me remplacerait fort suffisamment, s'il me prenait fantaisie... de faire un voyage.

— Ne savez-vous pas bien, sire, dit Marie, que mes oncles n'auront jamais à cœur que votre intérêt et celui de la France ?

— Comment ne le saurais-je pas ? reprit le roi, ils me le répètent trop souvent pour que je l'oublie. Tenez, c'est aujourd'hui jour de conseil, nous allons voir arriver monsieur le cardinal de Lorraine, avec ses humbles façons et ses respects exagérés, qui ne m'amusent pas toujours, il faut l'avouer, et nous l'entendrons me dire, avec sa voix douce, et en s'inclinant à chaque parole : « Sire, la proposition que je soumets à Votre Majesté n'a en vue que l'honneur de votre couronne. Votre Majesté ne peut pas douter du zèle qui nous anime pour la gloire de son règne et le bien de son peuple. La splendeur du trône et de l'Eglise est le but unique, etc., etc. »

— Comme vous l'imitez bien ! s'écria Marie, en riant et battant des mains.

Mais, d'un ton plus sérieux, elle reprit :

— Il faut cependant être indulgent et généreux, François. Croyez-vous donc que votre mère, madame Catherine de Médicis, me réjouisse beaucoup aussi, quand, avec sa grande figure sévère et pâle, elle me fait des sermons sans fin, sur ma parure, sur mes gens et mes équipages. Ne l'entendez-vous pas d'ici, me disant, la bouche pincée : « Ma fille, vous êtes la reine ; je ne suis plus aujourd'hui que la seconde femme du royaume ; mais si j'étais à votre place, j'exigerais que mes femmes ne perdissent jamais la messe, non plus que les vêpres et le sermon. Si j'étais à votre place, je ne porterais pas de velours incarnadin, parce que c'est une couleur trop peu grave. Si j'étais à votre place, je réformerais ma robe d'argent et colombin à la bourbonnaise, parce qu'elle est trop décolletée. Si j'étais à votre place, je ne danserais jamais de ma personne, et me contenterais de voir danser. Si j'étais à votre place... »

— Oh ! s'écria le roi, en riant aux éclats, comme c'est bien ma mère ! Mais vois-tu, mignonne, elle est ma mère, après tout, et je l'ai déjà offensée assez grièvement en ne lui laissant aucune part dans les affaires de l'État, que tes oncles seuls administrent. Il faut donc lui passer quelque chose, et supporter avec respect ses gronderies. Moi, de mon côté, je me résigne à la tutelle doucereuse du cardinal de Lorraine, uniquement parce que tu es sa nièce, entends-tu ?

— Merci, cher Sire, merci de ce sacrifice ! dit Marie, avec un baiser.

— Mais réellement, continua François, il y a des moments où je suis tenté d'abandonner jusqu'au titre de roi, comme j'en ai déjà abandonné le pouvoir.

— Oh ! que dites-vous là ? se récria Marie Stuart.

— Je dis ce que je sens, Marie. Ah ! si pour être ton époux, il ne fallait pas être roi de France ! Songe donc ! je n'ai que les ennuis et les contraintes de la royauté. Le dernier de nos sujets est plus libre que moi. Enfin, si je ne m'étais fâché pour tout de bon, nous aurions eu chacun un appartement séparé ! Pourquoi ? parce que, prétendait-on, c'est l'usage des rois et reines de France.

— Qu'ils sont absurdes avec leur usage ! reprit Marie. Eh bien ! nous le changeons, l'usage ! et nous en établissons un nouveau, lequel, Dieu merci ! vaut bien l'autre.

— Assurément, Marie. Dis-moi, sais-tu quel est le secret désir que je nourris depuis quelque temps, déjà ?

— Non, en vérité.

— Celui de nous évader, de nous enfuir, de nous envoler, de quitter pour un temps les soucis du trône, Paris, Blois, la France même, et d'aller... où ? je ne sais pas, mais loin d'ici enfin ! pour respirer un peu à l'aise comme les autres hommes. Marie, dis, est-ce qu'un voyage de six mois, d'un an, te ferait pas plaisir !

— Oh ! j'en serai ravie, mon bien aimé Sire, répondit Marie, pour vous surtout dont la santé parfois m'inquiète, et qui trop souvent souffrez de ces fâcheux maux de tête. Le changement d'air, la nouveauté des objets, tout cela vous distrairait, vous ferait du bien. Oui, partons, partons !... Oh ! mais le cardinal, la reine-mère le souffriront-ils ?

— Eh ! je suis roi après tout, je suis le maître, dit François II. Le royaume est calme et tranquille, et, puisqu'on se passe bien de ma volonté pour le gouverner, on pourra bien se passer de ma présence. Nous partirons avant l'hiver, Marie, comme les hirondelles. Voyons, où veux-tu aller ? Si nous visitions nos États d'Ecosse ?

— Quoi ! passer la mer ! dit Marie. Aller dans ces brouillards dangereux, mon mignon, pour votre délicate poitrine ! non ! j'aime encore mieux notre riante Touraine, et ce plaisant château de Blois. Mais pourquoi n'irions-nous pas en Espagne rendre visite à notre sœur Élisabeth ?

— L'air de Madrid n'est pas bon pour les rois de France, Marie.

— Eh bien ! l'Italie alors ! reprit Marie. Il y fait toujours beau, toujours chaud. Ciel bleu et mer bleue ! des orangers en fleurs, de la musique et des fêtes !

— Accepté l'Italie ! s'écria gaîment le roi. Nous verrons la sainte religion catholique dans sa gloire, les belles Églises et les saintes reliques.

— Et les peintures de Raphaël, dit Marie, et Saint-Pierre et le Vatican !

— Nous demanderons au saint-père sa bénédiction, et nous rapporterons force indulgences.

— Ce sera charmant ! dit la reine, et réaliser ce doux rêve ensemble, à côté l'un de l'autre, aimés, aimans, avoir l'azur dans nos cœurs et sur nos têtes !...

— Le paradis ! reprit François II avec enthousiasme.

Mais comme il s'écriait ainsi, bercé par ce ravissant espoir, la porte s'ouvrit brusquement, et le cardinal de Lorraine, repoussant l'huissier de service qui n'eut pas même le temps de l'annoncer, entra tout pâle et tout essoufflé dans la chambre royale.

Le duc de Guise, plus calme, mais aussi sérieux, suivait son frère à quelque distance, et l'on entendait déjà son pas grave retentir dans l'antichambre à travers la porte restée ouverte.

XCIV.

FIN DU VOYAGE EN ITALIE.

— Eh! quoi, monsieur le cardinal, dit le jeune roi avec vivacité, ne saurais-je donc avoir un moment de loisir et de liberté, même en ce lieu ?

— Sire, répondit Charles de Lorraine, j'ai regret de contrevenir aux ordres donnés par Votre Majesté ; mais l'affaire qui nous amène, mon frère et moi, est de telle importance qu'elle ne souffre pas de délais.

En ce moment, le duc de Guise entra gravement, salua en silence le roi et la reine, et resta debout derrière son frère, muet, immobile et sérieux.

— Eh bien ! je vous écoute, parlez donc, monsieur, dit François au cardinal.

— Sire, reprit celui-ci, une conspiration contre Votre Majesté vient d'être découverte ; ses jours ne sont plus en sûreté dans ce château de Blois : il importe de le quitter à l'instant même.

— Une conspiration ! quitter Blois ! s'écria le roi, qu'est-ce que cela signifie ?

— Cela signifie, Sire, que des méchans en veulent aux jours et à la couronne de Votre Majesté.

— Quoi ! dit François, ils m'en veulent à moi si jeune, à moi assis d'hier sur le trône, à moi qui, sciemment et volontairement du moins, n'ai jamais fait de mal à personne ! Quels sont donc ces méchans, monsieur le cardinal ?

— Et qui serait-ce, reprit Charles de Lorraine, sinon ces maudits huguenots et hérétiques.

— Encore les hérétiques ! s'écria le roi. Etes-vous bien sûr, monsieur, de ne pas vous laisser entraîner contre eux à des soupçons sans fondement ?

— Hélas ! dit le cardinal, il n'y a malheureusement pas lieu de douter cette fois.

Le jeune roi, si mal à propos interrompu dans ses rêves de joie une fois par cette désolante réalité, paraissait vivement contrarié ; Marie était tout émue de sa mauvaise humeur, et le cardinal tout troublé par les nouvelles qu'il apportait. Le Balafré seul, calme et maître de lui, attendait l'issue de toutes ces paroles dans une attitude impassible.

— Qu'ai-je donc fait à mon peuple pour qu'il ne m'aime pas ? reprit François dépité.

— J'ai dit, je crois, à Votre Majesté, que les révoltés ne sont que des huguenots, dit le cardinal de Lorraine.

— Ce n'en sont pas moins des Français ! reprit le roi. Enfin, monsieur le cardinal, je vous ai confié tout mon pouvoir en espérant que vous le feriez bénir, et je ne vois autour de moi que troubles, plaintes et mécontentemens.

— Oh ! sire ! sire ! dit Marie Stuart avec reproche.

Le cardinal de Lorraine reprit avec quelque sécheresse :

— Il ne serait pas juste, sire, de nous rendre responsables de ce qui ne tient qu'aux malheurs du temps.

— Pourtant, monsieur, continua le jeune roi, je désirerais connaître une fois le fond des choses, et que pour un temps vous ne fussiez plus à mon côté, afin de savoir si c'est à moi ou bien à vous qu'on en veut.

— Oh ! Votre Majesté ! s'écria encore Marie Stuart vivement affectée.

François s'arrêta, se reprochant déjà d'avoir été trop loin. Le duc de Guise ne manifestait pas le moindre trouble. Charles de Lorraine, après un silence glacé, reprit de l'air digne et contraint d'un homme injustement offensé :

— Sire, puisque nous avons la douleur de voir nos efforts méconnus ou inutiles, il ne nous reste plus, en loyaux sujets et en parens dévoués, qu'à nous éloigner pour laisser la place à de plus dignes ou à de plus heureux...

Le roi embarrassé se tut, et le cardinal continua après une pause :

— Votre Majesté n'aura donc qu'à nous dire en quelles mains nous devons remettre nos offices. En ce qui me touche, rien ne sera plus aisé sans doute que de me remplacer, et Votre Majesté n'aura qu'à choisir entre monsieur le chancelier Olivier, monsieur le cardinal de Tournon, et monsieur de L'Hôpital...

Marie Stuart désolée cacha son front dans ses mains, et François repentant n'eût pas mieux demandé que de revenir sur sa colère d'enfant ; seulement, le silence hautain du grand Balafré l'intimidait.

— Mais, poursuivit Charles de Lorraine, la charge de grand-maître et la direction des choses de la guerre exigent des talens si rares et une illustration si haute, qu'après mon frère, je trouve à peine deux hommes qui puissent y prétendre, monsieur de Brissac peut-être...

— Oh ! Brissac, toujours grondant, toujours fâché, dit le jeune roi, c'est impossible !

— Et, en second lieu, reprit le cardinal, monsieur de Montmorency, qui, à défaut des qualités, a du moins le renom.

— Eh ! dit encore François, monsieur le connétable est trop vieux pour moi, et traitait autrefois trop légèrement le dauphin pour servir respectueusement aujourd'hui le roi. Mais, monsieur le cardinal, pourquoi omettez-vous mes autres parens, les princes du sang, le prince de Condé, par exemple ?...

— Sire, dit le cardinal, c'est à regret que je l'apprends à Votre Majesté ; mais entre les noms des chefs secrets de la conspiration annoncée, le premier est celui de monsieur le prince de Condé.

— Est-ce possible ? dit le jeune roi stupéfait.

— Sire, c'est certain.

— Mais c'est donc tout à fait grave ce complot tramé contre l'Etat ? demanda François.

— C'est presque une révolte, sire, répondit le cardinal, et, puisque Votre Majesté nous décharge, mon frère et moi, de la responsabilité plus terrible que jamais qui pesait sur nous, mon devoir m'oblige à la supplier de nommer nos successeurs le plus tôt possible ; car les Réformés seront dans quelques jours sous les murs de Blois.

— Que dites-vous là, mon oncle ? s'écria Marie effrayée.

— La vérité, madame.

— Et les rebelles sont nombreux ? demanda le roi.

— Sire, on parle de deux mille hommes, dit le cardinal. Des rapports, que je n'avais pu croire avant d'avoir reçu de Paris par monsieur de Mouchy avis de la conspiration, signalaient déjà leur avant-garde auprès de La Carrelière... Nous allons donc, sire, monsieur de Guise et moi...

— Eh ! quoi, dit vivement François, c'est dans un danger pareil que vous m'abandonneriez tous les deux ?

— Mais j'avais cru comprendre, sire, reprit Charles de Lorraine, que telle était l'intention de Votre Majesté.

— Que voulez-vous ? dit le roi, je suis si triste quand je vois que vous me faites... Que j'ai des ennemis !... Mais, tenez, ne parlons plus de cela, bel oncle, et donnez-moi plutôt des détails sur cette insolente tentative des révoltés. Que comptez-vous faire pour la prévenir !

— Pardon, sire ! reprit le cardinal encore piqué ; d'après ce que m'avait fait entendre Votre Majesté, il me semblait que d'autres que nous...

— Eh ! bel oncle, je vous prie, qu'il ne soit plus question de ce mouvement de vivacité que je regrette, dit François II. Que puis-je vous dire de plus ? Faut-il donc que je m'excuse et vous demande pardon ?

— Oh ! sire, fit Charles de Lorraine, du moment que Votre Majesté nous rend sa précieuse confiance...

— Toute entière, et de tout mon cœur, ajouta le roi, en tendant sa main au cardinal.

— Voilà bien du temps perdu ! dit gravement le duc de Guise.

C'était le premier mot qu'il eût prononcé depuis le commencement de l'entrevue.

Il s'avança alors, comme si ce qui s'était passé jusque-là n'eût été que d'insignifians préliminaires, un ennuyeux prologue où il avait laissé au cardinal de Lorraine le principal rôle. Mais ces puérils débats vidés, il reprenait hautement la parole et l'initiative.

— Sire, dit-il au roi, voici ce dont il s'agit : deux mille révoltés, commandés par le baron de La Renaudie, et appuyés en sous main par le prince de Condé, vont descendre ces jours-ci du Poitou, du Béarn et d'autres provinces, et tenter de surprendre Blois et d'enlever Votre Majesté.

François fit un mouvement d'indignation et de surprise.

— Enlever le roi ! s'écria Marie Stuart.

— Et vous avec lui, madame, continua le Balafré, mais, rassurez-vous, nous veillons sur Vos Majestés.

— Quelles mesures allez-vous prendre? demanda le roi.

— Nous ne sommes prévenus que depuis une heure, dit le duc de Guise. Mais la première chose à faire, sire, est d'assurer votre personne sacrée. Il faut donc, que, dès aujourd'hui, vous quittiez cette ville ouverte de Blois, et son château sans défense, pour vous retirer à Amboise, dont le château fortifié vous met à l'abri d'un coup de main.

— Quoi ! dit la reine, nous enfermer dans ce vilain château d'Amboise, si haut perché, si sombre et si triste !

— Enfant ! dit le Balafré à sa nièce, sinon avec la parole, du moins avec son regard sévère.

Il reprit seulement :

— Madame, il le faut.

— Mais nous fuirons donc devant ces rebelles ! dit le jeune roi, tout frémissant de courroux.

— Sire, reprit le duc de Guise, on ne fuit pas devant un ennemi qui ne vous a pas encore attaqué, qui ne vous a même pas dénoncé la guerre. Nous sommes censés ignorer les desseins coupables de ces factieux.

— Mais nous les savons cependant, dit François.

— Que Votre Majesté veuille bien s'en rapporter à moi sur les questions d'honneur, répondit François de Lorraine. Nous n'évitons le combat que pour déplacer le champ de bataille. Et j'espère bien que les rebelles se donneront la peine de nous suivre jusqu'à Amboise.

— Pourquoi dites-vous que vous l'espérez, monsieur ? demanda le roi.

— Pourquoi? dit le Balafré, avec son superbe sourire, parce que ce sera une occasion d'en finir une fois pour toutes, avec les hérétiques et l'hérésie, parce qu'il est temps de les frapper autrement que dans des fictions et allégories, parce que j'aurais donné deux doigts de ma main... de ma main gauche, pour amener sans torts de notre part cette lutte décisive que les imprudens provoquent pour notre triomphe.

— Hélas ! dit le roi, cette lutte, ce n'en est pas moins la guerre civile.

— Acceptons-la, pour la terminer, Sire, reprit le duc de Guise. En deux mots, voici mon plan : Que Votre Majesté se rappelle que nous n'avons affaire ici qu'à des révoltés. Sauf cette retraite sur Blois, qui ne me les effarouchera pas trop, j'espère, nous feindrons à leur égard la plus complète sécurité et la plus parfaite ignorance. Et quand ils s'avanceront pour nous surprendre en traîtres, ce sera nous qui les surprendrons et les saisirons dans leur propre piège. Donc, tout d'alarme et de fuite, je vous le recommande à vous surtout, madame, dit-il en s'adressant à Marie. Mes ordres seront donnés et vos gens prévenus, mais en secret. Qu'on ne se doute au dehors ni de nos préparatifs, ni de nos appréhensions, et je réponds de tout.

— Et quelle heure est fixée pour le départ? demanda François d'une sorte de résignation abattue.

— Sire, trois heures de l'après-midi, dit le duc de Guise ; j'ai fait prendre d'avance les dispositions nécessaires.

— Quoi ! d'avance ?

— Oui, Sire, d'avance, reprit avec fermeté le Balafré, car d'avance je savais bien que Votre Majesté se rangerait aux conseils de la raison et de l'honneur.

— A la bonne heure ! dit avec un faible sourire le jeune roi subjugué, nous serons prêt à trois heures, monsieur, nous avons toute confiance en vous.

— Sire, reprit le duc, je vous remercie de cette confiance. J'en serai digne. Mais que Votre Majesté m'excuse, dans une telle circonstance les minutes sont comptées, et j'ai vingt lettres à écrire, cent commissions à donner. Nous prenons donc, mon frère et moi, humblement congé de Votre Majesté.

Il salua assez sommairement le roi et la reine, et sortit avec le cardinal.

François et Marie se regardèrent un instant en silence, tout attristés.

— Eh bien ! ma mie, dit enfin le roi, et notre beau voyage rêvé à Rome ?

— Il se borne à une fuite à Amboise, répondit en soupirant Marie Stuart.

En ce moment entra madame Dayelle, la première femme de la reine.

— Est-ce donc vrai, madame, ce qu'on nous dit? fit-elle après les salutations d'usage. Il nous faut déménager sur l'heure, et quitter Blois pour Amboise ?

— Ce n'est que trop vrai, ma pauvre Dayelle, répondit Marie.

— Mais savez-vous bien, madame, qu'il n'y a rien, mais rien dans ce château. Pas un miroir en état !

— Il faudra donc tout emporter d'ici, Dayelle, dit la reine. Ecrivez là tout de suite une liste des choses indispensables. Je vais vous dicter. D'abord, ma nouvelle robe de damas cramoisi à passement d'or...

Et, revenant vers le roi qui était resté debout, pensif et triste, dans l'embrasure de la croisée :

— Concevez-vous cela, cher Sire, lui dit-elle, l'audace de ces réformés?... mais, pardon, vous devriez aussi vous occuper des objets dont vous aurez besoin là-bas, afin de n'être pas pris au dépourvu.

— Non, dit François, je laisse ce soin à Aubert, mon valet de chambre. Pour moi, je ne pense qu'à mon chagrin.

— Croyez-vous que le mien soit moins vif? dit Marie. Madame Dayelle, écrivez ma vertugade couverte de camelot d'or violet, et ma robe de damas blanc avec passement d'argent... Mais il faut se faire une raison, continuait-elle en s'adressant au roi, et ne pas s'exposer à manquer des choses de première nécessité... Madame Dayelle, marquez mon manteau de nuit, de toile d'argent plain, fourré de loups cerviers... Il y a des siècles, n'est-il pas vrai, Sire, que ce vieux château d'Amboise n'a été habité par la cour?

— Depuis Charles VIII, dit François, je ne crois pas qu'un roi de France y ait demeuré plus de deux ou trois jours?

— Et qui sait si nous n'allons pas y rester tout un mois! dit Marie. Oh ! les vilains huguenots ! Pensez-vous, madame Dayelle, que du moins la chambre à coucher ne soit pas trop dépourvue ?

— Le plus sûr, madame, dit la première femme en secouant la tête, serait de faire comme si nous n'y devions rien trouver.

— Mettez donc ce miroir accouté d'or, dit la reine, ce coffre de nuit de velours violet, ce tapis velu pour mettre à l'entour du lit... Mais avait-on déjà vu, Sire, reprit-elle à demi-voix en revenant au roi, des sujets marcher ainsi contre leur maître et le chasser de chez lui, pour ainsi parler?

— Jamais, je crois, Marie, répondit tristement François. On a bien vu quelquefois des marauds résister au commandement du roi, comme il y a quinze ans à Mérindol et à La Cabrière ; mais attaquer les premiers le roi... je ne l'eusse pas même imaginé, je l'avoue.

— Oh ! dit Marie, mon oncle de Guise a donc raison ; nous ne saurions prendre trop de précautions contre ces enragés rebelles... Madame Dayelle, ajoutez une douzaine de souliers, d'oreillers et douze linceuls... Est-ce tout ? Je crois vraiment que j'en perdrai l'esprit ! Tenez aussi, ma chère, cette pelote de velours, ce bougier d'or, ce poinçon, cette aiguille dorée... Je ne vois plus rien.

— Madame n'emporte pas ses deux accoutremens de pierreries ? dit Dayelle.

— Si fait ! je les emporte ! s'écria vivement Marie. Les

laisser ici ! ils tomberaient peut-être aux mains de ces mécréans ! N'est-ce pas, Sire ? Je le crois bien que je les emporte !

— La précaution est bonne en effet, dit François avec un faible sourire.

— Je n'omets plus rien d'important, ce me semble, ma chère Dayelle ? reprit Marie Stuart cherchant des yeux autour d'elle.

— Madame pense, j'espère, à ses livres d'heures, reprit la camarera d'un air peu précieux.

— Ah ! vous m'y faites songer, dit naïvement Marie... Emportez surtout les plus beaux, celui que m'a donné mon oncle le cardinal, et celui de velours écarlate avec les orfévreries d'or. Madame Dayelle, je recommande tout cela à vos soins. Vous voyez à quel point nous sommes absorbés, le roi et moi, par la dure nécessité de ce départ subit.

— Madame n'a pas besoin de stimuler mon zèle, dit la duègne. Combien faudra-t-il commander de coffres, de bahuts pour emporter tout cela ? cinq suffiront, j'imagine.

— Demandez-en six, allez ! répondit la reine. Il ne faut pas rester court dans ces déplorables extrémités. Six, sans compter ceux de mes dames, bien entendu. Mais qu'elles s'arrangent de leur côté, je n'ai certainement pas le cœur de m'occuper de pareils détails... C'est vrai, je suis comme vous, François, je n'ai l'esprit qu'à ces huguenots... hélas ! Vous pouvez maintenant vous retirer, Dayelle.

— Pas d'ordre pour les laquais et muletiers, madame ?

— Qu'ils mettent tout simplement leurs habits de drap, dit la reine. Allez, ma chère Dayelle, allez promptement.

Dayelle salua et fit trois ou quatre pas vers la porte.

— Dayelle ! fit Marie la rappelant ; quand je dis que nos gens ne doivent mettre que leurs habits de drap, vous me comprenez, c'est pour la route. Mais ils auront soin d'emporter leurs saies de velours violet et leurs manteaux violets doublés de velours jaune, entendez-vous ?

— Cela suffit, madame. Madame n'a plus rien à ordonner ?

— Non, plus rien, dit Marie. Mais que tout ceci soit exécuté activement ; nous n'avons que jusqu'à trois heures. Et n'oubliez pas les manteaux des laquais.

Dayelle sortit pour tout de bon cette fois.

Marie alors se retournant vers le roi :

— Vous m'approuvez, n'est-il pas vrai, Sire, lui dit-elle, pour ces manteaux de nos gens ? Messieurs les réformés nous permettront bien au moins de donner à ceux de notre maison la tenue qui convient. Il ne faut pas non plus trop humilier la royauté devant ses rebelles ! J'espère même, Sire, que nous trouverons encore le moyen de donner à leur barbe quelque petite fête dans cet Amboise, tout affreux qu'il est.

François hocha tristement la tête.

— Oh ! ne méprisez pas cette idée, reprit Marie. Cela les intimiderait plus qu'on ne pense, en leur faisant voir qu'en fin de compte nous ne les craignons guère. Un bal en ce cas-là serait, je ne crains pas de le dire, de l'excellente politique, comme votre mère elle-même, qui fait la capable, n'en trouverait pas de meilleure. N'importe ! je n'en ai pas moins le cœur navré de tout cela, mon pauvre cher Sire. Ah ! les vilains réformés !

XCV.

DEUX APPELS.

Depuis le tournoi fatal du 10 juillet, Gabriel avait mené une vie calme, retirée et morne. Lui, cet homme d'énergie, de mouvement et d'action, dont les journées autrefois avaient été si pleines et si passionnées, il se complaisait maintenant dans la solitude et l'oubli.

Jamais il ne se montrait à la cour, il ne voyait pas un ami, il sortait à peine de son hôtel où il laissait s'écouler ses longues heures tristes et songeuses, entre sa nourrice Aloyse et le page André, qui était revenu près de lui quand Diane de Castro s'était tout à coup réfugiée au couvent des Bénédictines de Saint-Quentin.

Gabriel, jeune homme encore par l'âge, était un vieillard par la douleur.

Il se souvenait, il n'espérait plus.

Que de fois, durant ces mois plus longs que des années, il regretta de n'être pas mort ! Que de fois il se demanda pourquoi donc le duc de Guise et Marie Stuart s'étaient placés entre lui et la colère de Catherine de Médicis, et lui avaient imposé cet amer bienfait de la vie ! Que faisait-il en effet en ce monde ? A quoi était-il bon ? La tombe était-elle donc plus stérile que cette existence où il végétait ? si cela pouvait s'appeler une existence !

Il y avait cependant aussi des momens où sa jeunesse et sa vigueur protestaient en lui contre lui-même.

Alors il tendait son bras, il relevait son front, il regardait son épée.

Et il sentait vaguement que sa vie n'était pas terminée, qu'il y avait encore pour lui un avenir, et que les heures chaudes de la lutte, et peut-être de la victoire, reviendraient tôt ou tard dans sa destinée.

A tout bien considérer pourtant, il ne voyait plus que deux chances qui pussent le rendre à sa vraie vie, à l'action, — la guerre étrangère ou la persécution religieuse.

Si la France, si le roi se trouvaient engagés dans quelque guerre nouvelle, conquête à tenter ou invasion à repousser, le comte de Montgommery se disait que sa juvénile ardeur renaîtrait sans peine, et qu'il lui serait doux de mourir comme il avait vécu, en combattant.

Et puis, il aimerait à payer ainsi la dette involontaire contractée par lui envers le duc de Guise, envers le jeune roi François II...

Gabriel pensait encore qu'il serait beau aussi de donner sa vie en témoignage pour les vérités nouvelles dont son âme avait été dans ses derniers temps éclairée. La cause de la réforme, c'est-à-dire, selon lui la cause de la justice et de la liberté, était aussi sans doute une noble et sainte cause.

Le jeune comte lisait assidûment les livres de controverse et de prédication religieuse qui abondaient alors. Il se passionnait pour ces grands principes révélés en paroles magnifiques par Luther, Mélanchton, Calvin, Théodore de Bèze et tant d'autres. Les livres de tous ces libres penseurs l'avaient séduit, convaincu, entraîné. Il eût été heureux et fier de signer avec son sang l'attestation de sa foi.

C'était toujours le noble instinct de ce noble cœur de dévouer sa vie à quelqu'un ou à quelque chose.

Naguère, il avait cent fois risqué ses jours pour sauver ou pour venger soit son père, soit sa bien-aimée Diane... (O souvenirs éternellement saignans dans cette âme blessée !) Maintenant, à défaut de ces êtres chéris, c'étaient des idées sacrées qu'il eût voulu défendre.

Sa patrie au lieu de son père, sa religion au lieu de son amour.

Hélas ! hélas ! on a beau dire, ce n'est pas la même chose ! et l'enthousiasme pour les abstractions ne vaut pas, dans ses souffrances et dans ses joies, la tendresse pour les créatures.

N'importe ! pour l'une ou pour l'autre de ces deux causes, la réforme ou la France, Gabriel eût encore été content de se sacrifier, et c'était sur l'un de ces sacrifices qu'il comptait pour le dénoûment souhaité de son sort.

Le 6 mars au matin, par une pluvieuse matinée, Gabriel, accoudé sur une chaise à l'angle de son foyer, méditait sur ces pensées qui lui étaient devenues habituelles, quand Aloyse introduisit auprès de lui un messager botté, éperonné et couvert de boue comme après un long voyage.

Ce courrier arrivait d'Amboise, avec une forte escorte, porteur de plusieurs lettres de monsieur le duc Guise, lieutenant général du royaume.

Une de ces lettres était adressée à Gabriel, et voici ce qu'elle contenait :

« Mon bon et cher compagnon.

» Je vous écris ceci à la hâte sans avoir le loisir ni la » possibilité de m'expliquer. Vous nous avez dit, au roi » et à moi, que vous nous étiez dévoué, et que, quand » nous aurions besoin de ce dévouement nous n'aurions » qu'à vous appeler.

» Nous vous appelons aujourd'hui.

» Partez sur l'heure pour Amboise où le roi et la reine » viennent de s'installer pour quelques semaines. Je vous » dirai à votre arrivée de quelle façon vous pouvez le servir.

» Il est bien entendu toutefois que vous resterez libre » d'agir ou de ne pas agir. Votre zèle m'est trop précieux » pour que je veuille en abuser ou le compromettre. Mais, » que vous soyez avec nous ou que vous demeuriez neu» tre, en manquant envers vous de confiance, je croirais » manquer à un devoir.

» Venez donc en toute hâte, et vous serez, comme toujours, le bien venu.

» Votre affectionné,
» FRANÇOIS DE LORRAINE.

» Amboise, ce 4 février 1560. »

» P.-S. Ci-joint un sauf-conduit dans le cas où, par ha» sard, vous seriez interrogé sur la route par quelque trou» pe royale. »

Le messager du duc de Guise était déjà reparti pour ses autres commissions, quand Gabriel eut achevé cette lettre. L'ardent jeune homme se leva aussitôt et, sans hésiter, dit à sa nourrice :

— Ma bonne Aloyse, fais, je te prie, venir André, et dis qu'on me selle le pommelé, et qu'on prépare ma valise de campagne.

— Vous partez encore, monseigneur ? dit la bonne femme.

— Oui, nourrice, dans deux heures, pour Amboise.

Il n'y avait pas à répliquer, et Aloyse sortit tristement, mais sans mot dire, pour faire exécuter les ordres de son jeune maître.

Mais, pendant les préparatifs, voici qu'un autre messager demanda à parler en secret au comte de Montgommery.

Il ne faisait point de fracas et n'avait point d'escorte, celui-là. Il était entré silencieusement et modestement, et il remit à Gabriel, sans prononcer une parole, une lettre dont il était chargé pour lui.

Gabriel tressaillit en croyant reconnaître l'homme qui lui avait apporté autrefois de la part de La Renaudie l'invitation de se rendre au conciliabule protestant de la place Maubert.

C'était le même homme en effet, et la lettre portait la même signature.

Cette lettre disait :

» Ami et frère,

» Je ne voulais pas quitter Paris sans vous avoir vu ; » mais le temps m'a manqué, les événemens se pressent » et me poussent ; il faut que je parte, et je ne vous ai pas » serré la main, je ne vous ai pas raconté nos projets et » nos espérances.

» Mais nous savons que vous êtes avec nous, et je sais » quel homme vous êtes.

» Avec vos pareils il n'est pas besoin de préparations, » d'assemblées et de discours. Un mot suffit.

» Ce mot le voici : —Nous avons besoin de vous. Venez.

» Soyez du 10 au 12 de ce mois de mars à Noizai, près » Amboise. Vous y trouverez notre brave et noble ami de » Castelnau. Il vous dira ce dont il s'agit et ce que je ne » puis confier au papier.

» Il reste convenu que vous n'êtes nullement engagé, » que vous avez le droit de demeurer à l'écart, et que

» vous pourrez toujours vous abstenir sans encourir le » moindre soupçon et le moindre reproche.

» Mais enfin, venez à Noizai. Je vous y retrouverai. Et, à » défaut de votre aide, nous réclamerons vos conseils.

» Puis, quelque chose peut-il s'accomplir dans le parti » sans que vous en soyez informé !

» Donc au revoir, à bientôt, à Noizai. Nous comptons au » moins sur votre présence.

» L. R.

» P.-S. Si quelque troupe des nôtres vous rencontre en » chemin, notre mot d'ordre est encore cette fois *Genève*, » et notre mot de ralliement *Gloire de Dieu* ! »

— Dans une heure je pars, dit le comte de Montgommery au messager taciturne qui s'inclina et sortit.

» — Qu'est-ce que tout cela signifie ? se demanda Gabriel quand il fut seul, et que veulent dire ces deux appels venus de deux parts si opposées et qui me donnent rendez-vous presque dans le même lieu. C'est égal ! c'est égal ! envers le duc tout-puissant comme envers les religionnaires opprimés, mes obligations sont certaines. Mon devoir est de partir d'abord. Advienne ensuite que pourra ! Quelque difficile que devienne ma position, ma conscience sait bien que je ne serai jamais un traître.

Et, une heure après, Gabriel se mettait en route, accompagné du seul André.

Mais il ne prévoyait guère l'alternative étrange et terrible dans laquelle allait le placer sa loyauté même.

XCVI.

UNE CONFIANCE PÉRILLEUSE.

Au château d'Amboise, dans l'appartement du duc de Guise, le Balafré lui-même était en train d'interroger un homme de haute taille, nerveux et vigoureux, aux traits accentués, à la mine fière et hardie, et qui portait le costume de capitaine d'arquebusiers.

— Le maréchal de Brissac, disait le duc, m'a assuré, capitaine Richelieu, que je pouvais avoir en vous pleine confiance.

— Monsieur le maréchal est bien bon, dit Richelieu.

— Il paraît que vous avez de l'ambition, monsieur, reprit le Balafré.

— Monseigneur, j'ai du moins celle de ne pas rester capitaine d'arquebusiers toute ma vie. Quoique né d'assez bonne souche, puisqu'on voit déjà des seigneurs du Plessis à Bovines, je suis le cinquième de six frères, et j'ai besoin, partant, d'aider un peu à ma fortune et de ne pas trop faire de fonds sur mon patrimoine.

— Bien ! dit avec satisfaction le duc de Guise. Vous pouvez ici, monsieur, nous rendre quelques bons offices dont vous ne vous repentirez pas.

— Vous me voyez, monseigneur, prêt à tout entreprendre pour vous satisfaire, dit Richelieu.

— Pour commencer, dit le duc, je vous ai fait donner la garde de la principale porte du château.

— Et je promets d'en rendre bon compte, monseigneur.

— Ce n'est pas, continua le duc, que messieurs les réformés soient assez mal avisés, je pense, pour faire leur attaque d'un côté où il leur faudrait emporter sept portes de suite ; mais, comme rien ne doit plus entrer ni sortir que par là, le poste est des plus importans. Ne laissez donc passer personne, soit du dedans soit du dehors, que sur un ordre exprès signé de ma main.

— Ce sera fait, monseigneur. Pourtant un jeune gentilhomme appelé le comte de Montgommery s'est présenté tout à l'heure sans ordre exprès mais avec un sauf-conduit signé par vous. Il arrive, dit-il, de Paris. Dois-je l'introduire, comme il le demande, auprès de vous, monseigneur ?

— Oui, oui, sans plus de retard, dit vivement le duc de Guise. Mais attendez ; je n'ai pas fini de vous donner mes instructions : Aujourd'hui, à cette porte dont vous avez la garde, doit arriver vers midi le prince de Condé, que nous avons mandé pour avoir sous la main le chef présumé des rebelles, et qui, j'en réponds, n'osera pas donner raison aux soupçons en manquant à notre appel. Vous lui ouvrirez, capitaine Richelieu, mais à lui seul, et point à ceux qu'il pourrait conduire avec lui. Vous aurez soin de faire garnir de vos soldats toutes les niches et casemates qui sont dans la longueur de la voûte, et aussitôt qu'il arrivera, sous prétexte de lui rendre les honneurs, tous devront se mettre en parade, arquebuse au bras et mèche allumée.

— Ce sera exécuté ainsi, monseigneur, dit Richelieu.

— En outre, reprit le duc de Guise, quand les réformés attaqueront et que l'action commencera, surveillez de près notre homme vous-même, capitaine, et, vous m'entendez, s'il bouge d'un pas, s'il fait mine de vouloir s'unir aux assaillans, ou seulement s'il hésite à tirer l'épée contre eux, comme le lui ordonne son devoir... n'hésitez pas, vous, à le frapper.

— Je ne verrais là aucune difficulté, monseigneur, dit avec simplicité le capitaine Richelieu, si ce n'est que mon rang de simple capitaine d'arquebusiers ne me rendra peut-être pas facile d'être toujours aussi près de lui qu'il le faudrait.

Le Balafré réfléchit une minute, et dit :

— Monsieur le grand prieur et le duc d'Aumale, qui ne quitteront pas non plus d'un pas le traître supposé, vous donneraient le signal, et vous leur obéirez.

— Je leur obéirai, monseigneur, répondit Richelieu.

— Bien ! dit le duc de Guise. Je n'ai pas d'autre ordre à vous donner, capitaine. Allez. Si l'éclat de votre maison a commencé avec Philippe-Auguste, vous pourriez bien le recommencer avec le duc de Guise. Je compte sur vous, comptez sur moi. Allez. Vous ferez, s'il vous plaît, introduire sur-le-champ auprès de moi monsieur de Montgommery.

Le capitaine Richelieu s'inclina profondément et sortit.

Quelques minutes après, on annonçait Gabriel au Balafré.

Gabriel était triste et pâle, et l'accueil cordial du duc de Guise ne le dérida pas.

En effet, d'après ses conjectures et quelques paroles que les gardes avaient laissé échapper sans scrupule devant un gentilhomme porteur d'un sauf-conduit signé de Guise, le jeune religionnaire avait pu deviner à peu près la vérité. Le roi qui lui avait fait grâce et le parti auquel il s'était dévoué étaient en guerre ouverte, et sa loyauté se trouvait compromise dans le conflit.

— Eh bien ! Gabriel, lui dit le duc de Guise, vous devez savoir maintenant pourquoi je vous ai appelé ?

— Je m'en doute, mais je ne le sais pas précisément, monseigneur, répondit Gabriel.

— Les réformés sont en pleine révolte, reprit le Balafré, il vont venir nous attaquer en armes dans le château d'Amboise, voilà les nouvelles.

— C'est une douloureuse et terrible extrémité, dit Gabriel, songeant à sa propre situation.

— Mon ami, c'est une occasion magnifique, reprit le duc de Guise.

— Que voulez-vous dire, monseigneur ? dit Gabriel étonné.

— Je veux dire que les huguenots croient nous surprendre et que nous les attendons. Je veux dire que leurs plans sont découverts, leurs projets trahis. C'est de bonne guerre, puisqu'ils ont tiré les premiers l'épée, mais nos ennemis vont se livrer eux-mêmes. Ils sont perdus, vous dis-je.

— Est-ce possible ! s'écria le comte de Montgommery anéanti.

— Jugez-en, continua le Balafré, jugez à quel point tous les détails de leur folle entreprise sont à jour pour nous.

C'est le 16 mars, à midi, qu'ils doivent se réunir devant la ville et nous attaquer. Ils ont des intelligences dans la garde du roi, cette garde est changée. Leurs amis doivent leur ouvrir la porte de l'Ouest, cette porte est murée. Enfin, leurs détachemens doivent parvenir secrètement ici par ces sentiers notés de la forêt de Château-Regnault ; les troupes royales tomberont à l'improviste sur ces partis détachés à mesure qu'ils se présenteront, et ne laisseront par arriver devant Amboise la moitié de leurs forces. Nous sommes exactement informés et admirablement sur nos gardes, j'espère !

— Admirablement ! répéta Gabriel terrifié. Mais, ajouta-t-il dans son trouble et sans trop savoir ce qu'il disait, mais qui donc a pu vous instruire ?...

— Ah ! voilà, reprit le Balafré ; ce sont deux des leurs qui nous ont dénoncé tous leurs projets : l'un pour de l'argent, l'autre par peur. Deux traîtres, je l'avoue, un espion payé, un alarmiste effrayé. L'espion, que vous connaissez peut-être, hélas ! comme beaucoup d'entre nous, et dont il faudra vous défier, se nomme le marquis de....

— Ne me le dites pas ! s'écria vivement Gabriel, ne me dites pas ces noms ! Je vous les demandais par mégarde ; vous m'en avez assez dit déjà ! Mais ce qu'il y a de plus difficile pour un homme d'honneur, c'est de ne pas trahir des traîtres.

— Oh ! dit le duc de Guise avec quelque surprise, nous avons tous en vous une entière confiance, Gabriel. Nous parlions de vous hier soir encore avec la jeune reine ; je lui disais que je vous avais mandé, et elle m'en félicitait.

— Et pourquoi m'avez-vous mandé, monseigneur ? vous me l'avez pas encore appris.

— Pourquoi ? dit le Balafré ; mais le roi n'a qu'un petit nombre de serviteurs dévoués et sûrs. Vous êtes de ceux-là pour nous, vous commanderez un détachement contre les rebelles.

— Contre les rebelles ? impossible ! dit Gabriel.

— Impossible ! et pourquoi donc ? reprit le Balafré ; vous ne m'avez pas habitué à entendre de vous ce mot-là, Gabriel.

— Monseigneur, dit Gabriel, je suis aussi de la religion.

Le duc de Guise se dressa debout avec un brusque tressaillement, et regarda le comte avec une surprise presque effrayée.

— Cela est ainsi, reprit en souriant tristement Gabriel. Quand il vous plaira, monseigneur, de me mettre en face des Anglais ou des Espagnols, vous savez que je ne reculerai pas, et que je vous offrirai ma vie plus qu'avec dévouement, avec joie. Mais dans une guerre civile, dans une guerre de religion, contre mes compatriotes, contre mes frères, je suis obligé, monseigneur, de réserver la liberté que vous avez bien voulu me garantir.

— Vous, un huguenot ! reprit enfin le duc de Guise.

— Et un huguenot convaincu, monseigneur, dit Gabriel ; c'est mon crime, mais c'est aussi mon excuse. J'ai foi aux idées nouvelles, et je leur ai donné mon âme.

— Et votre épée en même temps, sans doute ? dit le Balafré avec quelque amertume.

— Non, monseigneur, reprit gravement Gabriel.

— Allons donc ! reprit le Balafré, vous allez me faire accroire que vous ignoriez le complot tramé contre le roi par vos frères, puisque vous les appelez, et que ces mêmes frères renoncent de gaîté de cœur au concours d'un allié aussi intrépide que vous.

— Il le faudra bien, dit le jeune comte plus sérieux que jamais.

— Alors, c'est eux que vous déserterez, reprit le duc de Guise ; car votre foi nouvelle vous place entre deux manques de foi, voilà tout.

— Oh ! monsieur ! s'écria Gabriel avec reproche.

— Eh ! comment vous arrangeriez-vous autrement ? dit le Balafré en jetant avec une sorte de colère sa toque sur le fauteuil qu'il avait quitté.

— Comment je m'arrangerais autrement ? reprit Gabriel

froid et presque sévère. Mais la chose est simple. Mon avis est que plus la position est fausse, plus l'homme doit être sincère. Quand je me suis fait protestant, j'ai hautement et loyalement déclaré aux chefs huguenots que des obligations sacrées envers le roi, la reine et le duc de Guise, m'empêcheraient toujours, pendant toute la durée de ce règne, de combattre dans les rangs des protestans, s'il y avait combat. Ils savent que la réforme est pour moi une religion et non un parti. Avec eux comme avec vous-même, monseigneur, j'ai stipulé le strict maintien de mon libre arbitre. A eux comme à vous, j'ai le droit de refuser mon concours. Dans ce triste conflit de ma reconnaissance et de ma croyance, mon cœur saignera de tous les coups portés, mon bras n'en portera aucun. Et voilà comment, monseigneur, vous me connaissiez mal, et comment, en restant neutre, j'espère pouvoir rester honorable et honoré.

Gabriel parlait ainsi avec animation et fierté. Le Balafré, rappelé peu à peu au calme, ne pouvait s'empêcher d'admirer la franchise et la noblesse de son ancien compagnon d'armes.

— Vous êtes un homme étrange, Gabriel ! lui dit-il tout pensif.

— Pourquoi étrange, monseigneur ? Est-ce parce que je dis ce que je fais et fais ce que je dis ? J'ignorais cette conspiration des protestans, je vous le jure. Pourtant, à Paris, j'ai reçu, je l'avoue, en même temps que votre lettre, une lettre de l'un d'entre eux ; mais cette lettre, comme la vôtre, n'entrait dans aucune explication et me disait seulement : Venez. J'ai prévu la dure alternative où j'allais me trouver, et je suis néanmoins venu à ce double appel, monseigneur. Je suis venu pour ne déserter aucun de mes devoirs. Je suis venu pour vous dire à vous : Je ne puis pas combattre dont je partage la croyance. Je suis venu pour leur dire à eux : Je ne puis pas combattre ceux qui ont épargné ma vie.

Le duc de Guise tendit la main au jeune comte de Montgommery.

— J'ai tort, lui dit-il avec cordialité ! Attribuez seulement à un mouvement de dépit au chagrin que j'ai ressenti en vous trouvant, vous sur qui je comptais tant, parmi mes ennemis.

— Ennemi ! reprit Gabriel, je ne suis pas, je ne serai jamais le vôtre, monseigneur. Pour m'être déclaré plus franchement qu'eux, suis-je plus votre ennemi que le prince de Condé et que monsieur de Coligny, qui sont comme moi des protestans non armés ?...

— Armés, si fait, ils le sont, dit le Balafré, je le sais bien, je sais tout ! Seulement ils cachent leurs armes. Mais il est certain que, si nous nous rencontrons, je dissimulerai comme eux, les appellerai amis, et, au besoin, me porterai officiellement garant de leur innocence. Comédie ! c'est vrai, mais comédie nécessaire !

— Eh bien ! monseigneur, reprit Gabriel, puisque avec moi vous êtes assez bon pour dépouiller quelquefois ces conventions obligées, dites-moi qu'en dehors de la politique, vous pouvez encore croire à mon dévouement et à mon honneur, à moi huguenot ; dites-moi surtout que, si quelque jour la guerre étrangère éclatait de nouveau, vous me feriez toujours la grâce de réclamer ma parole et de m'envoyer à l'armée mourir pour la patrie et le roi.

— Oui, Gabriel, dit le duc de Guise, tout en déplorant la différence qui maintenant nous sépare, je me fie et me fierai à vous toujours, et, pour vous le prouver et racheter un instant de soupçon que je regrette, prenez ceci et faites-en l'usage qu'il vous plairra.

Il alla à une table écrire un mot qu'il signa et remit au jeune comte.

— C'est l'ordre de vous laisser sortir d'Amboise, en quelque endroit que vous vouliez vous rendre, lui dit-il. Avec ce papier vous êtes libre. Et cette marque d'estime et de confiance, sachez que je ne la donnerai pas au prince de Condé que vous me citiez tout à l'heure, et que, du moment où il mettra le pied dans ce château, il y sera surveillé de loin comme un ennemi et tacitement gardé comme un prisonnier.

— Aussi, cette marque de confiance et d'estime, je la refuse, monseigneur, dit Gabriel.

— Comment ! et pourquoi, reprit le duc de Guise étonné.

— Monseigneur, savez-vous, si vous me laissiez sortir d'Amboise, où j'irais en en sortant ?

— Cela vous regarde et je ne vous le demande pas, dit le Balafré.

— Mais, moi, justement, je veux vous le dire, reprit Gabriel. En vous quittant, monseigneur, j'irais où mon autre devoir me réclame, j'irais parmi les rebelles, retrouver l'un d'eux à Noizai...

— A Noizai ? c'est Castelnau qui commande, dit le duc.

— Oui ; oh ! vous êtes bien informé, jusqu'au bout, monseigneur.

— Et qu'iriez-vous faire à Noizai, malheureux ? reprit le Balafré.

— Ah ! voilà ! qu'irais-je en effet y faire ? Leur dire : Vous m'avez appelé, me voici, mais je ne puis rien pour vous, et, s'ils m'interrogeaient sur ce que j'ai pu entendre et remarquer en chemin, je devrais me taire, je ne pourrais pas les avertir du piège que vous leur tendez, vos confidences même m'en ôtent le droit. Donc, monseigneur, je requiers une grâce de vous...

— Laquelle ?

— Retenez-moi ici prisonnier, et sauvez-moi ainsi une perplexité cruelle, car, si vous me laissez partir, je voudrai aller du moins faire acte de présence parmi ceux qui vont se perdre, et, si j'y vais, je ne serai pas libre de les sauver.

Gabriel, reprit le duc de Guise, après avoir réfléchi, je ne puis ni ne veux vous témoigner une telle défiance. Je vous ai dévoilé tout mon plan de bataille, vous vous rendez parmi des amis dont l'intérêt capital est de connaître ce plan, et cependant voici votre laissez-passer.

— Alors, monseigneur, reprit Gabriel abattu, accordez-moi du moins une dernière faveur. Je l'implore au nom de ce que j'ai pu faire pour votre gloire à Metz, en Italie, à Calais, au nom de ce que j'ai souffert depuis, et depuis, j'ai bien souffert !

— De quoi s'agit-il ? dit le duc de Guise. Si je le puis, je le ferai, ami.

— Vous le pouvez, monseigneur, vous le devez peut-être, car ce sont des Français que vous combattez. Eh bien ! permettez-moi de les détourner de leur fatal projet, non pas en leur en révélant l'issue certaine, mais en les conseillant, en les priant, en les conjurant.

— Gabriel, prenez garde ! dit solennellement le duc de Guise ; qu'un mot vous échappe sur mes dispositions, et les révoltés persisteront dans leur dessein en en modifiant seulement l'exécution, et alors c'est le roi, c'est Marie Stuart, c'est moi qui serons perdus. Pesez bien cela. Maintenant vous engagez-vous sur votre honneur de gentilhomme à ne leur laisser deviner ou soupçonner ni par un mot, ni par une allusion, ni par un signe, rien de ce qui se passe ici ?...

— Sur mon honneur de gentilhomme ! je m'y engage, dit le comte de Montgommery.

— Allez donc, dit le duc de Guise, et essayez de les faire renoncer à leur criminelle attaque, je renoncerai, moi, avec joie à ma facile victoire, en songeant que c'est autant de sang français d'épargné. Mais, si, comme je le crois, les derniers rapports ne mentent pas, ils ont dans leur entreprise une confiance trop aveugle et trop obstinée, et vous échouerez, Gabriel. N'importe ! allez, et tentez ce dernier effort. Pour eux, pour vous surtout, je ne veux pas m'y refuser.

— Pour eux et pour moi, je vous en remercie, monseigneur, dit Gabriel...

Un quart d'heure après, il était en route pour Noizai

XCVII.

DÉLOYAUTÉ DE LA LOYAUTÉ.

Le baron Castelnau de Chalosses était un valeureux et généreux jeune homme, auquel les protestans n'avaient pas assigné le poste le moins difficile, en l'envoyant prendre les devans au château de Noizai, lieu du rendez-vous général de leurs détachemens pour le 16 mars.

Il fallait qu'il se montrât aux huguenots et se cachât aux catholiques, et cette délicate position voulait autant de prudence et de sang-froid que de courage.

Grâce au mot d'ordre que lui avait confié la lettre de La Renaudie, Gabriel put arriver sans trop d'obstacles jusqu'au baron de Castelnau.

On était déjà au 15 mars, dans l'après-midi.

Avant dix-huit heures, les protestans devaient se rallier à Noizai ; avant vingt-quatre heures, ils devaient attaquer Amboise.

On voit qu'il n'y avait pas de temps à perdre pour les détourner de leur dessein.

Le baron de Castelnau connaissait bien le comte de Montgommery, qu'il avait vu maintes fois au Louvre, et dont les principaux du parti avaient souvent parlé devant lui.

Il alla à sa rencontre, et le reçut comme un ami et comme un allié.

— Vous voilà monsieur de Montgommery, lui dit-il, quand ils furent seuls. A la vérité je vous espérais, mais je ne vous attendais pas. La Renaudie a été blâmé par l'amiral pour vous avoir écrit cette lettre.

» Il fallait, lui a-t-il dit, avertir de nos projets le comte de Montgommery, mais ne point le convoquer. Il aurait fait ce qu'il aurait voulu. Le comte ne nous a-t-il pas prévenus que, tant que régnerait François II, son épée ne nous appartiendrait pas, ne lui appartiendrait pas à lui-même ? » A cela, La Renaudie a répondu que sa lettre ne vous engageait à rien, et vous laissait votre indépendance tout entière.

— C'est vrai, dit Gabriel.

— Néanmoins nous pensions bien que vous viendriez, reprit Castelnau, car la missive de cet enragé baron ne vous disait pas de quoi il s'agissait, et c'est moi qui suis chargé de vous apprendre et notre dessein et nos espérances.

— Je vous écoute, dit le comte de Montgommery.

Castelnau répéta alors à Gabriel tout ce que lui avait déjà annoncé en détail le duc de Guise.

Et Gabriel vit avec effroi à quel point le Balafré était bien informé. Pas un point du rapport des délateurs n'était inexact, pas une circonstance du complot n'avait été omise par eux.

Les conjurés étaient réellement perdus.

— Maintenant, vous savez tout, dit en terminant Castelnau à son auditeur anéanti, et il ne me reste plus qu'à vous adresser une question dont la réponse d'ailleurs ne fait réponse. Vous ne pouvez marcher avec nous, n'est-il pas vrai ?

— Je ne le puis, dit Gabriel en secouant tristement la tête.

— Bien ! reprit Castelnau, nous n'en serons pas pour cela moins bons amis. Je sais que c'est votre droit stipulé d'avance de ne pas vous mêler du combat ; c'est surtout votre droit en cette circonstance où nous sommes sûrs de la victoire.

— En êtes-vous bien sûrs ? demanda avec intention Gabriel.

— Parfaitement sûrs, répliqua le baron, l'ennemi ne se doute de rien et sera pris à l'improviste. Nous avons eu un moment de crainte quand le roi et la cour se sont transportés de la ville ouverte de Blois au château fortifié d'Amboise. Évidemment on avait eu quelques soupçons.

— Cela sautait aux yeux en effet, dit Gabriel.

— Oui, mais, reprit Castelnau, nos hésitations on bientôt cessé, car il s'est trouvé que ce changement inopiné de résidence, loin de nuire à nos projets, les servait à merveille au contraire. Le duc de Guise s'endort à présent dans une sécurité trompeuse, et figurez-vous, cher comte, que nous avons des intelligences dans la place, et que la porte de l'Ouest nous sera livré dès que nous nous présenterons. Oh ! le succès est certain, vous dis-je, et vous pouvez, sans aucun scrupule, vous abstenir de la bataille.

— L'événement, reprit gravement Gabriel, trompe quelquefois les plus magnifiques espérances.

— Mais ici nous n'avons aucune chance contre nous, aucune ! répéta Castelnau en se frottant joyeusement les mains. Demain verra le triomphe de notre parti et la chute des Guise.

— Et... la trahison ?... dit avec effort Gabriel, navré de voir tant de courage et de jeunesse se précipiter ainsi les yeux fermés dans l'abîme.

— La trahison est impossible, reprit imperturbablement Castelnau. Les chefs seuls sont dans le secret et aucun d'eux n'est capable... Or çà, monsieur de Montgommery, ajouta-t-il en s'interrompant, je crois, foi de gentilhomme ! que vous êtes jaloux de nous, et vous me semblez vouloir à toute force mal augurer de notre entreprise par la rage que vous avez de n'y pouvoir prendre part. Fi, l'envieux !

— Oui, c'est vrai, je vous envie ! dit Gabriel d'un air sombre.

— Là, j'en étais sûr ! s'écria en riant le jeune baron.

— Cependant, voyons, vous avez en moi quelque confiance ? reprit Gabriel.

— Une confiance aveugle, si nous parlons sérieusement, répondit Castelnau.

— Eh bien ! voulez-vous écouter un bon conseil, un conseil d'ami ?

— Lequel ?

— Renoncez à votre dessein de prendre demain Amboise. Envoyez sur-le-champ des messagers sûrs à tous ceux des nôtres qui doivent vous rejoindre ici cette nuit ou demain, et faites-leur dire que le projet est manqué, ou doit être ajourné du moins.

— Mais pourquoi ? pourquoi ? dit Castelnau qui commençait à prendre l'alarme. Vous avez sûrement pour me parler ainsi quelque raison grave ?

— Mon Dieu ! non, reprit Gabriel avec une douloureuse contrainte.

— Enfin, dit Castelnau, vous ne me conseillez pas pour rien d'abandonner et de faire abandonner à nos frères un projet qui se présente sous d'aussi favorables auspices ?

— Non, ce n'est pas pour rien sans doute, mais je ne puis vous dire pourquoi. Voulez-vous et pouvez-vous me croire sur parole ?... Je m'avance en ceci plus que je ne devrais déjà. Faites-moi la grâce de me croire sur parole, ami.

— Écoutez, reprit sérieusement Castelnau, si je prends sur moi cette étrange résolution de tourner bride au dernier moment, j'en serai responsable vis-à-vis de La Renaudie et des autres chefs. Pourrai-je au moins les renvoyer à vous ?

— Oui, répondit Gabriel.

— Et vous leur direz, à eux, reprit Castelnau, les motifs qui ont dicté votre conseil ?

— Je n'en aurai pas le droit, hélas !

— Comment voulez-vous alors, dit Castelnau, que je cède à vos instances ? Ne me reprocherait-on pas cruellement d'avoir ainsi anéanti, sur un mot, des espérances certaines ? Quelque confiance méritée que nous ayons tous en vous, monsieur de Montgommery, un homme n'est qu'un homme, et peut se tromper avec les meilleures intentions du monde. Si personne n'est admis à contrôler et à approuver vos raisons, nous serons certainement obligés de passer outre.

— Alors, prenez-y garde! reprit sévèrement Gabriel, vous acceptez seul à votre tour la responsabilité de tout ce qui peut advenir de funeste!

Castelnau fut frappé de l'accent avec lequel le comte prononça ces paroles.

— Monsieur de Montgommery! lui dit-il, éclairé d'une lumière soudaine, je crois pressentir la vérité! On vous a confié ou vous avez surpris un secret qu'il vous est défendu de révéler. Mais vous savez quelque chose de grave sur l'issue probable de notre entreprise, par exemple, que nous avons été trahis? n'est-ce pas?

— Je n'ai pas dit cela! s'écria vivement Gabriel.

— Ou bien, continua Castelnau, vous avez vu, en venant ici, le duc de Guise, qui est votre ami, et qui, ne vous sachant pas des nôtres peut-être, vous a mis à même de savoir le fond des choses.

— Rien dans mes paroles n'a pu vous faire supposer !... se récria Gabriel.

— Ou bien encore, poursuivit Castelnau, vous aurez, en passant par Amboise, surpris des préparatifs, entendu des ordres, provoqué des confidences... Enfin, notre complot est découvert!

— Est-ce donc moi, dit Gabriel effrayé, qui vous ai donné lieu de le croire?

— Non, monsieur le comte, non, car vous vous serez engagé au secret, je le vois. Aussi je ne vous demande pas d'assurance positive, pas même un mot, si vous voulez. Mais, si je ne me trompe pas, un geste, un clignement d'yeux, votre silence même, peuvent suffire à m'éclairer.

Cependant, Gabriel plein d'anxiété se rappelait les termes mêmes de la parole donnée au duc de Guise.

Sur son honneur de gentilhomme, il s'était engagé à ne laisser deviner ou soupçonner ni par un mot, ni par une allusion, ni par un signe, rien de ce qui se passait à Amboise.

Pourtant comme son silence se prolongeait :

— Vous vous taisez toujours? dit le baron de Castelnau qui avait ses yeux rivés à son visage. Vous vous taisez, je vous comprends et vais agir en conséquence.

— Et qu'allez-vous faire? demanda vivement Gabriel.

— Prévenir, comme vous me l'aviez d'abord conseillé, La Renaudie et les autres chefs, arrêter tout le mouvement, et déclarer aux nôtres, quand ils arriveront ici, que quelqu'un en qui nous devons avoir toute confiance, m'a dénoncé... m'a dénoncé une trahison probable...

— Mais il n'en est rien ! interrompit vivement le comte de Montgommery. Je ne vous ai rien dénoncé, monsieur de Castelnau.

— Comte, reprit Castelnau en serrant avec une expression muette la main de Gabriel, est-ce que la réticence même ne peut être un avis et notre salut? et une fois mis en garde, alors...

— Alors? répéta Gabriel.

— Tout ira bien pour nous et mal pour eux, dit Castelnau ; nous ajournons à des temps plus propices notre entreprise, nous découvrons à tout prix les délateurs s'il en est parmi nous, nous redoublons de précautions et de mystère, et, un beau jour, quand tout est bien préparé, certains cette fois de notre coup, nous renouvelons notre tentative, et, grâce à vous, au lieu d'échouer, nous triomphons.

— Et voilà justement ce que je voulais éviter! s'écria Gabriel qui se vit avec terreur entraîné sur le bord d'une trahison involontaire. Voilà, monsieur de Castelnau, la vraie raison de mes avertissemens et de mes conseils. Je trouve, absolument parlant, votre entreprise coupable et dangereuse. Vous mettez, en attaquant les catholiques, tous les torts de votre côté. Vous justifiez toutes leurs représailles. D'opprimés vous vous faites rebelles. Si vous avez à vous plaindre des ministres, est-ce au jeune roi qu'il faut vous en prendre ? Ah ! je me sens triste à mourir en songeant à tout cela. Pour le bien, voyez-vous, vous devriez renoncer à tout jamais à cette lutte impie. Eh ! laissez donc plutôt vos principes combattre pour vous.

Point de sang sur la vérité! voilà seulement ce que j'ai voulu vous dire. Voilà pourquoi je vous conjure de vous abstenir, vous et tous nos frères, de ces funestes guerres civiles qui ne peuvent que retarder l'avénement de nos idées.

— C'est réellement là le seul motif de tous vos discours? demanda Castelnau.

— Le seul... répondit Gabriel d'une voix sourde.

— Alors, je vous remercie de l'intention, monsieur le comte, reprit Castelnau avec quelque froideur, mais je n'en dois pas moins agir dans le sens qui m'a été prescrit par les chefs de la Réforme. Je conçois que, ne pouvant combattre, il vous soit douloureux, à vous, gentilhomme, de voir les autres combattre sans vous. Néanmoins, vous ne pouvez seul entraver et paralyser toute une armée.

— Ainsi, dit Gabriel pâle et morne, vous allez les laisser donner suite à ce fatal dessein, et y donner suite vous-même?

— Oui, monsieur le comte, répondit Castelnau avec une fermeté qui n'admettait pas de réplique, et, de ce pas, je vais, si vous le permettez, donner les ordres nécessaires pour l'attaque de demain.

Il salua Gabriel et sortit sans attendre sa réponse.

XCVIII.

LE COMMENCEMENT DE LA FIN.

Gabriel ne quitta pas cependant le château de Noizai, mais résolut d'y passer cette nuit-là. Sa présence donnerait aux religionnaires un gage de sa bonne foi, au cas où ils seraient attaqués, et, de plus, il espérait encore pouvoir le lendemain matin convaincre, à défaut de Castelnau, quelque autre chef moins obstinément aveugle. Si La Renaudie pouvait venir !

Castelnau le laissa entièrement libre, et parut avec quelque dédain ne plus faire attention à lui.

Gabriel le rencontra plusieurs fois ce soir-là dans les corridors et les salles du château, allant, venant, donnant des ordres pour les reconnaissances et les approvisionnemens.

Mais, entre ces deux braves jeunes hommes, aussi fiers et aussi nobles l'un que l'autre, il n'y eut plus une seule parole échangée.

Durant les longues heures de cette nuit d'angoisse, le comte de Montgommery, trop inquiet pour pouvoir dormir, resta sur les remparts, écoutant, méditant, priant.

Avec le jour, les troupes des réformés commencèrent à arriver par petites bandes séparées.

A huit heures, elles étaient déjà en assez grand nombre ; à onze heures, Castelnau n'en attendait plus aucune.

Mais Gabriel ne connaissait pas un seul des chefs. La Renaudie avait fait dire qu'il prendrait, pour gagner Amboise avec ses gens, la forêt de Château-Regnault.

Tout était prêt pour le départ. Les capitaine Mazère et Raunai, qui devaient faire l'avant-garde, étaient déjà descendus sur la terrasse du château pour y former leurs détachemens en ordre de marche. Castelnau triomphait.

— Eh bien? dit-il à Gabriel qu'il rencontra, et auquel, dans sa joie, il pardonnait la conversation de la veille, eh bien ! vous voyez, monsieur le comte, que vous aviez tort, et que tout va pour le mieux !

— Attendons ! dit Gabriel en secouant la tête.

— Mais que vous faut-il donc pour croire, incrédule ! dit en souriant Castelnau. Pas un des nôtres n'a manqué à ses engagemens, ils sont tous arrivés à l'heure dite avec plus d'hommes qu'ils n'en avaient promis. Ils ont tous traversé leurs provinces sans avoir été inquiétés, et, ce qui vaut mieux encore peut-être, sans avoir inquiété. N'est-ce pas, en vérité, un bonheur insolent ?

Le baron fut interrompu par un bruit de trompettes et d'armes et par un grand tumulte au dehors.

Mais, dans l'enivrement de sa confiance, il ne s'alarma point et ne put croire qu'à une chance heureuse.

— Tenez ! dit-il à Gabriel, je gage encore que voilà de nouveaux renforts inattendus. Sans doute Lamothe et Deschamps avec les conjurés de Picardie. Ils ne devaient arriver que demain ; mais ils auront forcé leur marche, les braves compagnons ! pour avoir leur part du combat et de la victoire. Voilà des amis !

— Sont-ce bien des amis ? dit Gabriel qui avait pâli en entendant le son des trompettes.

— Et qui pourrait-ce être ? reprit Castelnau. Venez dans cette galerie, monsieur le comte. Par les créneaux, on y a vue sur la terrasse d'où paraît provenir le bruit.

Il entraîna Gabriel ; mais en arrivant au bord de la muraille il jeta un grand cri, leva les bras et resta pétrifié.

Ce n'étaient pas des troupes réformées, mais bien des troupes royales qui avaient occasionné le tumulte. Ce n'était pas Lamothe qui commandait les nouveaux venus, mais bien Jacques de Savoie, duc de Nemours.

A la faveur des bois dont le château de Noizai était entouré, les cavaliers royaux avaient pu arriver presqu'à l'improviste sur la terrasse ouverte où l'avant-garde des rebelles se rangeait en ordre de bataille.

Il n'y avait pas même eu de combat, le duc de Nemours ayant d'abord fait mettre la main sur les faisceaux d'armes.

Mazère et Raunai avaient dû se rendre sans coup férir, et, dans le moment où Castelnau regardait du haut de la muraille, les siens, vaincus sans lutte, remettaient aux vainqueurs leurs épées. Là où il s'imaginait trouver ses soldats, il ne voyait plus que des prisonniers.

Il ne pouvait en croire ses yeux. Il demeura un instant immobile, stupéfait, atterré, sans prononcer une parole. Un tel événement était si loin de sa pensée qu'il avait d'abord peine à s'en rendre compte.

Gabriel, moins surpris par ce coup soudain, n'en était pas moins accablé.

Comme ils se regardaient tous deux, aussi mornes et aussi pâles l'un que l'autre, un enseigne entra précipitamment, cherchant Castelnau.

— Où en sommes-nous ? lui dit celui-ci, retrouvant la voix à force d'anxiété.

— Monsieur le baron, répondit l'enseigne, ils se sont emparés du pont-levis et de la première porte ; nous n'avons eu le temps de fermer la seconde ; mais elle ne résisterait pas, et, dans un quart d'heure, ils seraient dans la cour. Devons-nous néanmoins essayer de combattre ou bien parlementer ? On attend vos ordres.

— Me voici, dit Castelnau. Le temps de m'armer, je descends.

Il rentra en hâte dans la salle voisine pour prendre sa cuirasse et ceindre son épée. Gabriel l'y suivit.

— Qu'allez-vous faire, ami ? lui dit-il tristement.

— Je ne sais pas, je ne sais pas, répondit Castelnau avec égarement. On peut toujours mourir.

— Hélas ! reprit Gabriel, pourquoi ne m'avez-vous pas cru hier ?

— Oui, vous aviez raison, je le vois, reprit le baron. Vous aviez prévu ce qui arrive ; vous le saviez d'avance peut-être ?

— Peut-être !... dit Gabriel. Et c'est là mon plus grand supplice ! Mais pensez, Castelnau, il y a dans la vie des combinaisons du sort étranges et terribles ! Si je n'ai pas eu la liberté de vous dissuader au moyen des véritables raisons qui se pressaient sur mes lèvres ?... Si j'avais donné ma parole de gentilhomme de ne vous laisser soupçonner, ni directement, ni indirectement la vérité ...

— Vous auriez fait alors de vous taire, dit Castelnau ; j'aurais agi comme vous à votre place. C'est moi, insensé, qui aurais dû vous comprendre, c'est moi, qui aurais dû penser qu'un vaillant comme vous ne déconseille pas la bataille sans des motifs tout puissans... Mais je vais expier ma faute, je vais mourir.

— Je mourrai donc avec vous, dit Gabriel avec calme.

— Vous ! et pourquoi ? s'écria Castelnau. Vous n'êtes contraint qu'à une chose : c'est de vous abstenir du combat.

— Aussi, ne combattrai-je pas, dit Gabriel, je ne le puis. Mais la vie m'est à charge ; le rôle, double en apparence, que je joue m'est odieux. J'irai au combat sans armes. Je ne tuerai pas, mais je me laisserai tuer. Je pourrai me jeter peut-être au-devant du coup qui vous sera destiné. Si je ne puis être une épée, je puis encore être un bouclier.

— Non, reprit Castelnau, restez. Je ne dois pas, je ne veux pas vous entraîner dans ma perte.

— Eh ! dit Gabriel, vous allez bien y entraîner, sans utilité et sans espoir, tous ceux des nôtres qui se sont enfermés avec vous dans ce château. Ma vie est bien plus inutile que les leurs.

— Puis-je faire autrement, pour la gloire de notre parti, que de leur demander ce sacrifice ? dit Castelnau. Des martyrs sont souvent plus utiles et plus glorieux à leur cause que des vainqueurs.

— Oui, reprit Gabriel, mais votre devoir de chef n'est-il pas d'abord d'essayer de sauver les forces qui vous ont été confiées ? quitte à mourir ensuite à leur tête si le salut ne peut se concilier avec l'honneur.

— Donc, dit Castelnau, vous me conseillez ?...

— De tenter les moyens pacifiques, reprit Gabriel. Si vous résistez, vous n'avez aucune chance d'éviter la défaite et le massacre. Si vous cédez à la nécessité, ils n'ont pas, ce me semble, le droit de punir un projet sans exécution. On ne préjuge pas, on châtie encore moins des desseins. Vous désarmez vos ennemis en vous désarmant.

— J'ai tant à me repentir de n'avoir pas suivi votre premier avis, dit Castelnau, que je voudrais vous obéir cette fois. Pourtant, j'avoue que j'hésite. Il me répugne de reculer.

— Pour reculer, il faudrait avoir fait un pas en avant, dit Gabriel. Or, qui prouve votre rébellion jusqu'ici ? C'est en tirant l'épée que vous vous déclareriez coupable. Tenez, ma présence peut encore, Dieu merci ! vous être bonne à quelque chose. Je n'ai pu vous sauver hier, voulez-vous que je tâche de vous sauver aujourd'hui ?...

— Que feriez-vous ? demanda Castelnau ébranlé.

— Rien que de digne de vous, soyez tranquille ! dit Gabriel. J'irai au duc de Nemours qui commande la troupe royale. Je lui annoncerai qu'aucune résistance ne lui sera faite, qu'on va lui ouvrir les portes, et que vous vous rendrez à lui, mais sur parole. Il faudra qu'il engage sa foi ducale qu'aucun mal ne sera fait ni à vous ni à vos gentilshommes, et qu'après vous avoir conduits auprès du roi pour exposer vos griefs et vos demandes, il vous fera mettre en liberté.

— Et s'il refuse ? dit Castelnau.

— S'il refuse, répondit Gabriel, les torts seront de son côté ; il aura repoussé une conciliation juste et honorable, et toute la responsabilité du sang versé retombera sur sa tête. S'il refuse, Castelnau, je reviendrai parmi vous pour mourir à vos côtés.

— Croyez-vous, dit Castelnau, que La Renaudie, s'il était à ma place, consentirait à ce que vous proposez ?

— Sur mon âme ! je crois que tout homme raisonnable y consentirait.

— Faites donc ! dit Castelnau : notre désespoir, si, comme je le crains, vous échouez auprès du duc, n'en sera que plus redoutable.

— Merci, dit Gabriel. J'espère, moi, réussir, et préserver avec l'aide de Dieu tant de nobles et vaillantes existences.

Il descendit en courant, se fit ouvrir la porte de la cour, et, un drapeau de parlementaire à la main, s'avança vers le duc de Nemours qui, à cheval au milieu des siens, attendait la paix ou la guerre.

— Je ne sais si monseigneur me reconnaît dit Gabriel, au duc ; je suis le comte de Montgommery.

— Oui, monsieur de Montgommery, je vous reconnais, reprit Jacques de Savoie. Monsieur de Guise m'a prévenu que je vous trouverais ici, mais en ajoutant que vous y étiez avec sa permission, et en me recommandant de vous traiter en ami.

— Une précaution qui pourrait me calomnier auprès d'autres amis malheureux !... dit Gabriel en secouant tristement la tête. Mais monseigneur, oserais-je vous demander un moment d'entretien.

— Je suis à vous, dit monsieur de Nemours.

Castelnau qui, par une fenêtre grillée du château, suivait avec angoisse tous les mouvemens du duc et de Gabriel, les vit se retirer à l'écart et s'entretenir quelques minutes avec animation. Puis, Jacques de Savoie demanda de quoi écrire, et traça sur un tambour les lignes rapides d'un billet qu'il remit au comte de Montgommery. Gabriel parut le remercier avec effusion.

Il y avait donc de l'espoir. Gabriel, en effet, revint précipitamment vers le château, et, l'instant d'après, remettait, sans mot dire et tout hors d'haleine, à Castelnau, la déclaration suivante :

» Monsieur de Castelnau et ses compagnons du château de Noizai, ayant consenti dès mon arrivée à poser les armes et à se rendre à moi, je soussigné, Jacques de Savoie, leur ai juré ma foi de prince, sur mon honneur et la damnation de mon âme, qu'ils n'auraient aucun mal, et que je les ramènerais sains et saufs, —quinze d'entre eux avec le sieur de Castelnau devant seulement me suivre à Amboise, pour faire au roi, notre Sire, leurs pacifiques remontrances.

» Donné au château de Noizai, ce 16 de mars 1560.

» JACQUES DE SAVOIE. »

— Merci, ami, dit Castelnau à Gabriel après cette lecture ; vous nous avez sauvé la vie, et plus que la vie, l'honneur. A ces conditions-là, je suis prêt à suivre monsieur de Nemours à Amboise ; car du moins, nous n'y arriverons pas en prisonniers devant leur vainqueur, mais en opprimés devant leur roi. Encore une fois, merci.

Mais en serrant la main de son libérateur, Castelnau s'aperçut que Gabriel était redevenu aussi triste qu'auparavant.

— Qu'avez-vous donc encore ? lui demanda-t-il.

— Je pense maintenant à La Renaudie et aux autres protestans qui doivent attaquer Amboise cette nuit, répondit Gabriel. Sans doute, hélas ! il est trop tard pour les sauver, eux. Pourtant, si j'essayais ? La Renaudie ne doit-il pas prendre par la forêt de Château-Regnault ?

— Oui, dit Castelnau avec empressement, et vous pourriez encore l'y retrouver peut-être, et le sauver comme vous nous avez sauvés.

— Je le tenterai, du moins, dit Gabriel. Le duc de Nemours va me laisser libre, je pense. Adieu donc, ami, je vais continuer, si je puis, mon rôle de conciliation. Au revoir, à Amboise.

— Au revoir! reprit Castelnau.

Comme Gabriel l'avait prévu, le duc de Nemours ne s'opposa point à ce qu'il qu'il quittât Noizai et le détachement des troupes royales.

L'ardent et dévoué jeune homme put donc s'élancer à cheval dans la direction de la forêt de Château-Regnault.

Pour Castelnau et les quinze chefs qui marchaient avec lui, ils suivirent, confians et tranquilles, Jacques de Savoie à Amboise.

Mais, à leur arrivée, ils furent sur-le-champ conduits en prison. Il devaient y rester, leur dit-on, jusqu'à ce que l'échauffourée fût terminée, et qu'il n'y eût plus de danger à les laisser pénétrer jusqu'au roi.

XCIX.

LA FORÊT DE CHÂTEAU-REGNAULT.

La forêt de Château-Regnault n'était pas, par bonheur, distante de plus d'une lieue et demie de Noizai. Gabriel s'y dirigea au galop de son bon cheval ; mais une fois qu'il y fut arrivé, il la parcourut en tous sens pendant plus d'une heure, sans rencontrer aucune troupe amie ou ennemie.

Enfin, il crut entendre, au tournant d'une allée, le galop régulier de la cavalerie. Mais ce ne pouvaient être des réformés ; car on riait et on parlait, et les huguenots avaient trop intérêt à dérober leur marche pour ne pas garder le plus complet silence.

N'importe ! Gabriel s'élança de ce côté, et découvrit bientôt les écharpes rouges des troupes royales.

En s'avançant vers le chef, il le reconnut et fut reconnu par lui.

C'était le baron de Pardaillan, un jeune et vaillant officier, qui avait combattu avec lui sous monsieur de Guise en Italie.

— Eh ! c'est le comte de Montgommery ! s'écria Pardaillan. Je vous croyais à Noizai, comte.

— J'en arrive, dit Gabriel.

— Et que s'y est-il passé ? Marchez donc un peu avec nous, et contez-moi cela.

Gabriel fit le récit de l'arrivée soudaine du duc de Nemours, de la surprise de la terrasse et du pont-levis, de son intervention à lui-même entre les deux partis, et de la soumission pacifique qui en avait été l'heureux résultat.

— Pardieu ! dit Pardaillan, monsieur de Nemours a eu de la chance, et je voudrais bien en avoir autant. Savez-vous, monsieur de Montgommery, contre qui je marche en ce moment ?

— Contre La Renaudie, sans doute ? dit Gabriel.

— Justement. Et savez-vous ce qu'il m'est, La Renaudie ?

— Mais, votre cousin, je crois, c'est vrai je m'en souviens.

— Oui, mon cousin, dit Pardaillan, et plus que mon cousin, mon ami, mon compagnon d'armes. Savez-vous que c'est dur de se battre contre celui qui s'est si souvent battu à nos côtés ?

— Oh ! oui ! dit Gabriel... Mais enfin vous n'êtes pas sûr de le rencontrer?

— Eh ! si fait ! j'en suis sûr ! reprit Pardaillan, mes instructions ne sont que trop précises, et les rapports de ceux qui l'ont livré que trop fidèles. Tenez : encore un quart d'heure de marche, dans la seconde allée à gauche je dois me trouver en face de La Renaudie.

— Mais si vous preniez pas cette allée ? souffla Gabriel.

— Je manquerais à mon honneur et à mon devoir de soldat ,reprit Pardaillan. Je le voudrais d'ailleurs que je ne le pourrais pas. Mes deux lieutenants ont reçu aussi bien que moi les ordres de monsieur de Guise, et ne me laisseraient pas y contrevenir. Non, mon seul espoir est que La Renaudie consente à se rendre à moi. Espoir bien incertain ! car il est fier et brave ; car en champ ouvert il ne va pas être surpris comme Castelnau ; car nous ne lui serons pas de beaucoup supérieurs en nombre. Enfin, vous m'aiderez toujours, monsieur de Montgommery, à lui conseiller la paix ?

— Hélas ! dit Gabriel, je ferai de mon mieux.

— Au diable ces guerres civiles ! s'écria Pardaillan pour conclure.

Ils marchèrent à peu près dix minutes en silence.

Quand ils eurent tourné la deuxième allée à gauche :

— Nous devons approcher, dit Pardaillan. Le cœur me bat. Pour la première fois de ma vie, je crois, Dieu me damne ! que j'ai peur.

Les cavaliers royaux ne riaient plus et ne causaient plus, mais s'avançaient lentement et avec précaution.

Ils n'eurent pas fait deux cents pas, qu'à travers un fourré d'arbres, dans un sentier qui longeait le grand chemin, ils crurent voir briller des armes.

Leur doute ne fut pas long d'ailleurs, car presque aussitôt une voix ferme cria :

— Halte ! qui va là?

— C'est la voix de La Renaudie, dit Pardaillan à Gabriel.

Et il répondit à l'appel :

— Valois et Lorraine !

Sur-le-champ, déboucha à cheval de la contre-allée La Renaudie, suivi de sa troupe.

Néanmoins, il ordonna aux siens de s'arrêter, et fit quelques pas seul en avant.

Pardaillan l'imita, cria à ses gens : halte ! et s'avança vers lui avec le seul Gabriel.

On eût dit deux amis empressés de se revoir après une longue absence, plutôt que deux ennemis prêts à se combattre.

— Je t'aurais déjà répondu comme je le dois, dit La Renaudie en approchant, si je n'avais cru reconnaître une voix amie... Ou je me trompe bien, ou cette visière me cache les traits de mon cher Pardaillan.

— Eh ! oui, c'est moi, mon pauvre La Renaudie, reprit Pardaillan, et si j'ai un conseil de frère à te donner c'est de renoncer à ton entreprise, ami, et de mettre tout de suite bas les armes.

— Oui-dà, est-ce vraiment là un conseil de frère ? dit La Renaudie avec quelque ironie.

— Oui, monsieur de La Renaudie, reprit Gabriel en se montrant, le conseil est d'un ami loyal, je vous l'atteste. Castelnau s'est rendu à monsieur de Nemours, ce matin, et, si vous ne l'imitez, vous êtes perdu.

— Ah ! ah ! monsieur de Montgommery ! reprit La Renaudie, êtes-vous aussi avec ceux-là ?

— Je ne suis ni avec ceux-ci ni avec vous-même, dit gravement et tristement Gabriel, je suis entre vous.

— Oh ! pardonnez-moi, monsieur le comte, reprit La Renaudie ému par le noble et digne accent de Gabriel. Je n'ai pas voulu vous offenser, et je douterais, je crois, de moi plutôt que de vous.

— Croyez-moi donc alors, dit Gabriel, et ne risquez pas un combat inutile et funeste. Rendez-vous.

— Impossible ! dit La Renaudie.

— Mais sache donc, reprit Pardaillan, que nous ne sommes ici qu'une faible avant-garde.

— Et moi, répondit le chef réformé, crois-tu que j'aie commencé avec cette poignée de braves que voilà ?

— Je te préviens, dit Pardaillan, que tu es dans les rangs des traîtres.

— Ils sont maintenant dans les vôtres, reprit La Renaudie.

— Je me charge d'obtenir votre grâce de monsieur de Guise, dit encore Pardaillan qui ne savait que trouver.

— Ma grâce ! s'écria La Renaudie, j'espère avoir bientôt à en donner plutôt qu'à en recevoir, des grâces !

— La Renaudie ! La Renaudie ! tu ne voudras pas me contraindre à tirer le fer contre toi, Godefroy, mon vieux camarade, mon ami d'enfance.

— Il faut pourtant s'y préparer, Pardaillan ; car tu me côtoies justement trop bien pour croire que je sois disposé à te céder le champ.

— Monsieur de La Renaudie, s'écria Gabriel, encore une fois vous avez tort...

Mais il fut brusquement interrompu...

Les cavaliers des deux partis, restés à distance, en vue les uns des autres, ne comprenaient rien à ces étranges pourparlers de leurs chefs, et brûlaient d'en venir aux mains.

— Que diable ! se disent-ils donc là si longuement ? murmuraient les soldats de Pardaillan.

— Ah ! çà, disaient de leur côté les huguenots, croient-ils donc que nous sommes venus ici pour les regarder causer de leurs affaires ?

— Attends ! attends ! dit un de ceux de la troupe de La Renaudie, où tout soldat était chef, je sais un moyen d'abréger leur conversation.

Et, au moment où Gabriel prenait la parole, il tira un coup de pistolet contre la troupe de Pardaillan.

— Tu vois ! s'écria douloureusement celui-ci, le premier coup est parti des tiens.

— Sans mon ordre ! dit vivement La Renaudie. Mais puisque le sort en est jeté, tant pis ! Allons ! mes amis, en avant !

Il retourna vers ses gens, et Pardaillan, pour ne pas rester en arrière, en fit autant, et cria aussi :

— En avant !

Le feu commença.

Cependant, Gabriel était resté immobile entre les rouges et les blancs, entre les royaux et les réformés : il avait à peine rangé son cheval de côté, et essuyait le feu des deux parts.

Dès les premiers coups, le plumet de son casque fut traversé d'une balle, et son cheval tué sous lui.

Il se dégagea des étriers et demeura encore debout, sût remuer, et comme pensif, au milieu de cette terrible mêlée.

La poudre était épuisée, les deux troupes s'élancèrent et continuèrent le combat à l'épée.

Gabriel ne bougea toujours pas parmi le cliquetis des armes, et sans seulement toucher la poignée de son épée, il se contenta de regarder les coups furieux qui se donnaient autour de lui, triste et morne comme l'eût été l'image de la France entre ces Français ennemis :

Les réformés, inférieurs en nombre et en discipline, commençaient d'ailleurs à plier.

La Renaudie, dans le tumulte, avait rejoint Pardaillan.

— À moi ! lui cria-t-il, que je meure du moins de ta main !

— Ah ! dit Pardaillan, celui qui tuera l'autre sera le plus généreux !

Et ils s'attaquèrent avec vigueur. Les coups qu'ils se portaient résonnaient sur leurs armures comme des marteaux sur l'enclume. La Renaudie tournait autour de Pardaillan qui, ferme sur ses arçons, parait et ripostait sans se lasser. Deux rivaux altérés de vengeance n'eussent pas été plus acharnés.

Enfin, La Renaudie enfonça son épée dans la poitrine de Pardaillan qui tomba.

Mais ce ne fut point Pardaillan qui jeta un cri, ce fut La Renaudie !...

Heureusement pour le vainqueur, il n'eut pas même le temps d'envisager sa funeste victoire.

Montigny, le page de Pardaillan, tira sur lui un coup d'arquebuse qui l'abattit de son cheval, mortellement blessé.

Néanmoins, avant de mourir, La Renaudie trouva encore la force de renverser mort sur la place, du revers de son épée, le page qui l'avait frappé.

Autour de ces trois cadavres, la mêlée se concentra plus furieuse que jamais.

Mais les huguenots avaient évidemment le dessous, et bientôt, privés de leur chef, ils furent en pleine déroute.

Le plus grand nombre fut tué. On en fit quelques-uns prisonniers, et quelques-uns prirent la fuite.

Cet atroce et sanglant combat n'avait pas duré dix minutes.

Les cavaliers royaux se disposèrent à revenir à Amboise. On mit sur le même cheval, pour les rapporter ensemble, les deux cadavres de Pardaillan et de La Renaudie.

Gabriel qui, malgré ses ardents souhaits, ménagé sans doute par les armes des deux partis, n'avait pas reçu une égratignure, contempla tristement ces deux corps qui palpitaient encore ; il y avait à peine quelques instants, les deux plus nobles cœurs qu'il eût connus peut-être.

— Lequel des deux était le plus brave ? se disait-il. Lequel des deux haïssait le mieux l'autre ? Lequel des deux fait perdre le plus à la patrie ?

C.

DE LA POLITIQUE AU SEIZIÈME SIÈCLE.

Il s'en fallait cependant qu'après la reddition du château de Noizai et l'escarmouche de la forêt de Château-Regnault, tout fût encore terminé.

La plupart des conjurés de Nantes n'avaient pas été avertis des deux échecs successifs de leur parti, et continuaient leur route vers Amboise, toujours disposés à l'attaquer cette nuit-là.

Mais on sait que, grâce aux rapports précis de Lignières, ils y étaient attendus.

Aussi, le jeune roi n'avait pas voulu se coucher, mais, debout et inquiet, allait et venait d'un pas fiévreux par la vaste salle dégarnie qu'on lui avait réservée pour chambre.

Marie Stuart, le duc de Guise et le cardinal de Lorraine, veillaient et attendaient près de lui.

— Quelle nuit éternelle! disait François II. Je souffre, ma tête est en feu, et ces insupportables douleurs d'oreille recommencent à me torturer. Quelle nuit! quelle nuit!

— Pauvre cher sire, reprit doucement Marie, ne vous agitez pas ainsi, je vous en conjure; vous augmentez par là les maux de votre corps et les maux de votre âme. Prenez donc plutôt quelques momens de repos, par grâce!

— Eh! puis-je me reposer, Marie, dit le roi, puis-je rester tranquille quand mon peuple se rebelle et s'arme contre moi! Ah! tous ces soucis vont sûrement abréger le peu de vie que m'avait accordé Dieu.

Marie ne répondit plus que par les larmes qui inondèrent son charmant visage.

— Votre Majesté ne devrait pas s'affecter à ce point, dit le Balafré. J'ai déjà eu l'honneur de lui affirmer que nos mesures étaient prises, et que la victoire était certaine. Je vous réponds de vous à vous-même, sire.

— N'avons-nous pas bien commencé? ajouta le cardinal de Lorraine. Castelnau prisonnier, La Renaudie tué, n'est-ce pas là d'heureux augures pour l'issue de cette affaire?

— De bien heureux augures en effet, dit François avec amertume.

— Demain tout sera fini, continua le cardinal, les autres chefs des rebelles seront en notre pouvoir, et nous pourrons effrayer, par un terrible exemple, ceux qui oseraient tenter de les imiter. Il le faut, sire, reprit-il en répondant à un mouvement de répulsion du roi. Un *Acte de foi* solennel, comme on dit en Espagne, est nécessaire à la gloire outragée de la religion et à la sécurité menacée du trône. Pour commencer, ce Castelnau doit mourir. Monsieur de Nemours a pris sur lui de lui jurer qu'il serait épargné, mais cela ne nous regarde point, et nous n'avons rien promis, nous. La Renaudie a échappé par la mort au supplice; mais j'ai déjà donné l'ordre que demain au jour sa tête fût exposée sur le pont d'Amboise, avec cette inscription : *Chef des rebelles*.

— Chef des rebelles! répéta le jeune roi; mais vous dites vous-même qu'il n'était pas ce chef, et que les aveux et la correspondance des conjurés chargent, comme le véritable moteur de l'entreprise, le seul prince de Condé.

— Au nom du ciel! ne parlez pas si haut, sire, je vous en supplie, interrompit le cardinal. Oui, cela est vrai, oui, le prince a tout conduit, tout dirigé, de loin. Ces parpaillots le nommaient le *Capitaine muet*, et, après le premier succès, il devait se déclarer. Mais, faute de ce succès, il ne s'est pas déclaré et ne se déclarera pas. Ne le poussons donc pas à quelque dangereuse extrémité. Ne reconnaissons pas ostensiblement cette tête puissante à la révolte. Faisons semblant de ne pas le voir afin de ne pas le montrer.

— Monsieur de Condé n'en est pas moins le vrai rebelle! dit François, dont la jeune impatience s'arrangeait mal de toutes ces fictions gouvernementales, comme on les a appelées depuis.

— Oui, sire, reprit le Balafré; mais le prince, loin d'avouer ses projets, les renie. Faisons semblant de le croire sur parole. Le prince est venu aujourd'hui s'enfermer dans Amboise, où on le garde à vue, de la même façon qu'il a conspiré, de loin. Feignons de l'accepter pour allié, cela est moins périlleux que de l'avoir pour ennemi. Le prince, enfin, va, s'il le faut, frapper avec nous ses complices cette nuit, et assister à leur exécution demain. Ne subit-il pas là une nécessité mille fois plus douloureuse que celle qui nous est imposée?

— Oui, certes, dit le roi; mais fera-t-il cela? et s'il le fait, se peut-il qu'il soit coupable?

— Sire, dit le cardinal, nous avons dans les mains, et nous remettrons à Votre Majesté si elle le désire, toutes les preuves de la complicité occulte de monsieur de Condé. Mais, plus ces preuves sont flagrantes, plus nous devons dissimuler, et j'ai un vif regret, pour ma part, à quelques paroles qui me sont échappées, et qui, si elles lui étaien rapportées, pourraient offenser le prince.

— Craindre d'offenser un coupable! s'écria François. Mais qu'est-ce que ce bruit au dehors? Jésus! seraient-ce déjà les rebelles?

— J'y cours, dit le duc de Guise.

Mais avant qu'il eût franchi le seuil de la porte, Richelieu, le capitaine des arquebusiers, entra, et dit vivement au roi :

— Pardon, sire, c'est monsieur de Condé qui croit avoir entendu des paroles mal sonnantes pour son honneur, et qui demande avec instance à se laver publiquement, une fois pour toutes, en présence de Votre Majesté, de ces injurieux soupçons.

Le roi allait refuser peut-être de voir le prince; mais le duc de Guise avait déjà fait un signe. Les arquebusiers du capitaine Richelieu s'écartèrent, et monsieur de Condé entra la tête haute et le teint animé.

Il était suivi de quelques gentilshommes, et de nombre de chanoines de saint Florentin, commensaux ordinaires du château d'Amboise, que le cardinal avait cette nuit-là transformés en soldats pour le besoin de la défense, et qui, chose assez commune du reste en ce temps, portaient l'arquebuse avec le rosaire et le casque sous le capuchon.

— Sire, vous excuserez ma hardiesse, dit le prince après s'être incliné devant le roi ; sire, mais cette hardiesse est d'avance justifiée peut-être par l'audace de certaines accusations que mes ennemis portent, à ce qu'il paraît, dans l'ombre, contre ma loyauté, et que je veux contraindre à se produire au grand jour pour les confondre et les souffleter.

— De quoi s'agit-il, monsieur mon cousin? demanda le jeune roi d'un air sérieux.

— Sire, reprit le prince de Condé, on ose dire que je suis le véritable chef des rebelles dont la tentative folle et impie trouble en ce moment l'État et consterne Votre Majesté.

— Ah! l'on dit cela! repartit François, et qui donc dit cela?

— J'ai pu surprendre tout à l'heure moi-même ces odieuses calomnies, sire, dans la bouche de ces révérends frères de saint Florentin qui, se croyant sans doute ici chez eux, ne se gênent pas pour répéter tout haut ce qu'on leur a soufflé tout bas.

— Et accusez-vous ceux qui ont répété ou ceux qui ont soufflé l'offense? dit François.

— J'accuse les uns et les autres, sire, répondit le prince de Condé, mais surtout les instigateurs de ces lâches impostures...

Ce disant, il regardait clairement en face le cardinal de Lorraine qui, tout embarrassé de sa contenance, se dissimulait de son mieux derrière son frère.

— Eh bien! mon cousin, reprit le jeune roi, nous vous

permettons et de confondre l'imposture et d'accuser les imposteurs. Voyons...

— Confondre l'imposture, Sire? répéta le prince de Condé. Eh ! mes actions ne le font-elle pas mieux que ne pourraient le faire toutes mes paroles? Ne suis-je pas venu, au premier appel, dans ce château, y prendre ma place au milieu des défenseurs de votre Majesté? Est-ce la démarche d'un coupable, cela ? je vous le demande à vous-même, Sire ?

— Accusez donc alors les imposteurs ! dit François qui ne voulut pas autrement répondre.

— Je le ferai aussi, non par des mots, Sire, mais par des actes, dit monsieur de Condé. Il faudra, s'ils ont du cœur, qu'ils m'accusent eux-mêmes et se nomment. Je leur jette ici publiquement le gant en face de mon Dieu et mon roi. L'homme, de quelque rang, de quelque qualité qu'il soit, qui voudra maintenir que je suis l'auteur de la conjuration, qu'il s'avance ! J'offre de le combattre quand et comment il voudra, et, là où il me serait inégal, de m'égaler à lui en toute chose pour ce combat.

Le prince de Condé jeta, en terminant, son gant à ses pieds. Son regard n'avait pas cessé de commenter son défi, en s'attachant fièrement à celui du duc de Guise qui ne sourcilla pas.

Il y eut ensuite un moment de silence, chacun songeant sans doute à cet étrange spectacle de mensonge donné par un prince du sang à toute une cour où il n'y avait pas un page qui ne le sût vingt fois coupable de ce dont il se défendait avec une indignation si bien jouée.

Mais, à vrai dire, le jeune roi était le seul peut-être qui eût la naïveté de s'en étonner, et personne ne suspectait pour cela la bravoure et la vertu du prince.

Les idées des cours italiennes sur la politique, importées par Catherine de Médicis et ses Florentins, étaient alors à la mode en France. Celui qui trompait le mieux était réputé le plus habile. Cacher ses idées et déguiser ses actions était le grand art. La sincérité eût passé pour de la sottise.

Les plus nobles et plus purs caractères du temps, Coligny, Condé, le chancelier Olivier, n'avaient pas su se garantir de cette lèpre.

Aussi, le duc de Guise ne méprisa pas le prince de Condé, il l'admira.

Mais il se dit à part, lui en souriant, qu'il était bien au moins aussi fort que cela.

Et, faisant un pas en avant, il ôta lentement son gant et le jeta à côté de celui du prince.

Il y eut un moment de surprise, et l'on crut d'abord qu'il allait relever la provocation insolente de monsieur de Condé.

Mais il n'aurait pas été alors le grand politique qu'il se flattait d'être.

D'une voix haute et ferme, et presque convaincue, vraiment il dit :

— J'approuve et soutiens dans ses paroles monsieur le prince de Condé, et je lui suis tellement serviteur, ayant cet honneur de lui être parent, que moi-même je m'offre ici pour être son second, et prendrai les armes contre tout venant pour l'assister en une si juste défense.

Et le Balafré promena hardiment sur tous ceux qui les entouraient ses yeux inquisiteurs.

Pour le prince de Condé, il n'eut plus qu'à baisser les siens.

Il se sentait vaincu mieux qu'en champ clos.

— Personne, répéta le duc de Guise, ne relève ni le gant du prince de Condé ni le mien ?

Personne, en effet, ne bougea, bien entendu.

— Mon cousin, reprit François II avec un mélancolique sourire, vous voilà, à votre souhait, lavé de tout soupçon de félonie, ce me semble.

— Oui, Sire, dit avec une impudence naïve le *capitaine muet*, et je remercie Votre Majesté de m'y avoir aidé...

Il se tourna avec quelque effort vers le Balafré et ajouta :

— J'en remercie mon bon allié et parent monsieur de Guise. J'espère lui prouver et prouver à tous de nouveau,

en combattant cette nuit, s'il y a lieu, les rebelles, qu'il n'a pas eu tort de me défendre.

Là-dessus le prince de Condé et le duc de Guise se saluèrent profondément l'un l'autre avec courtoisie.

Puis, le prince, bien et dûment justifié, n'ayant plus rien à faire, s'inclina devant le roi et sortit, suivi des spectateurs qui l'avaient accompagné à son entrée.

Il ne resta plus dans la chambre royale que les quatre personnages dont cette singulière comédie avait distrait un moment l'attente et les craintes...

Mais il appert toujours de cette scène chevaleresque que la politique date du seizième siècle... au moins.

CI.

LE TUMULTE D'AMBOISE.

Après la sortie du prince de Condé, ni le roi, ni Marie Stuart, ni les deux frères de Lorraine ne ramenèrent l'entretien sur ce qui venait de se passer. D'un tacite et commun accord, ils semblèrent éviter ce sujet dangereux.

Dans l'impatient et morne silence de l'attente, des minutes et des heures s'écoulèrent.

François II portait souvent la main à sa tête brûlante. Marie, assise à l'écart, regardait tristement la figure pâle et flétrie de son jeune époux, et essuyait de temps en temps une larme. Le cardinal de Lorraine était tout entier aux bruits du dehors. Pour le Balafré, qui n'avait plus d'ordres à donner, et que son rang et sa charge enchaînaient auprès du roi, il paraissait cruellement souffrir de cette inaction forcée, et parfois frémissait et frappait du pied comme un brave cheval de bataille rongeant le frein qui l'arrête.

Cependant la nuit s'avançait. L'horloge du château, puis celle de Saint-Florentin, avaient sonné six heures, puis six heures et demie. Le jour commençait à poindre, et nul bruit d'attaque, nul signal des sentinelles n'avait troublé la nuit taciturne.

— Allons ! dit le roi en respirant, je commence à croire, monsieur le cardinal, que ce Lignières avait trompé votre Éminence, ou bien que les huguenots ont changé d'avis.

— Tant pis ! en fin de compte, dit Charles de Lorraine ; car nous étions sûrs de vaincre la rébellion.

— Oh ! non, tant mieux ! reprit François ; car le combat seul était pour la royauté une défaite...

Mais le roi n'avait pas achevé de parler que deux coups d'arquebuse, signe convenu de l'alarme, étaient tirés, et qu'on entendit sur les remparts, répété de poste en poste, le cri :

— Arme ! arme ! arme !

— Il n'en faut douter, ce sont les ennemis ! s'écria le cardinal de Lorraine en pâlissant malgré lui.

Le duc de Guise se leva presque joyeux, et, saluant le roi :

— Sire, à bientôt, comptez sur moi, dit-il seulement.

Et il sortit avec précipitation.

On entendait encore sa forte voix donner des ordres dans l'antichambre quand une nouvelle arquebusade éclata.

— Vous voyez, Sire, dit le cardinal, peut-être pour amuser sa terreur du son de sa voix, vous voyez que Lignières était bien informé, et qu'il ne s'était trompé que de quelques heures.

Mais le roi ne l'écoutait point, et, mordant avec colère sa lèvre blanchie, ne prêtait l'oreille qu'au bruit croissant de l'artillerie et des arquebuses.

— Je puis à peine croire encore à tant d'audace ! murmurait-il. Un tel affront à la couronne !...

— Va se résoudre en honte pour les misérables, Sire ! dit le cardinal.

— Hé ! reprit le roi, à en juger par le bruit qu'ils font, messieurs de la réforme sont en bon nombre et ne craignent guère !

— Cela va s'éteindre tout à l'heure comme un feu de paille, dit Charles de Lorraine.

— Il n'y paraît pas, car le bruit se rapproche, dit François, et le feu, je crois, s'allume au lieu de s'éteindre.

— Jésus! s'écria Marie Stuart tout épouvantée, entendez-vous les balles claquer contre les murs?....

— Il me semble pourtant, madame... balbutia le cardinal. Je crois bien, Votre Majesté... Quant à moi, je n'entends pas que le bruit s'accroisse...

Mais il fut interrompu par une terrible explosion.

— Voilà qui vous répondrait, lui dit le roi avec un sourire amer, quand même votre figure pâle et effrayée ne suffirait pas à vous contredire.

— Je sens déjà l'odeur de la poudre, reprit Marie. Et puis, voilà des cris tumultueux!

— De mieux en mieux! dit François. Allons, messieurs les réformés ont sans doute déjà franchi les murs de la ville, et vont, je présume, nous assiéger en règle dans notre château.

— Mais, Sire, dit le cardinal tremblant, dans cette situation, ne vaudrait-il pas mieux que Votre Majesté se retirât au donjon. On peut-être sûr du moins qu'ils ne s'en empareront pas.

— Qui? moi! s'écria le roi, me cacher devant mes sujets! devant des hérétiques! Laissez-les arriver jusqu'ici, monsieur mon oncle, je suis bien aise de savoir jusqu'où ils pousseront l'audace. Vous verrez qu'ils nous prieront de chanter avec eux quelques psaumes en français, et de faire un prêche de notre chapelle de Saint-Florentin?

— Sire, de grâce, consultez un peu la prudence, dit Marie.

— Non, reprit le roi, je veux aller jusqu'au bout, je les attends ici ces sujets fidèles, et, par mon nom royal! le premier qui manque au respect qu'il me doit, verra si cette dague n'est que de parade à mon côté!...

Les minutes passaient, et les arquebusades continuaient toujours de plus en plus vives. Le pauvre cardinal de Lorraine n'avait plus la force de prononcer une parole. Le jeune roi serrait les poings de colère.

— Quoi! dit Marie Stuart, personne ne vient nous donner de nouvelles! le danger est-il donc si grand que nul ne puisse quitter la place d'un instant?..

— Ah! dit enfin le roi hors de lui, cette attente est insupportable, et tout vaudrait mieux, je crois! Mais je sais un moyen de savoir ce qui en est, c'est d'aller moi-même dans la mêlée. Monsieur le lieutenant général ne refusera pas, sans doute de me recevoir comme volontaire.

François fit deux ou trois pas pour sortir. Marie se jeta au-devant de lui.

— Sire! y pensez-vous? Malade comme vous l'êtes! s'écria-t-elle.

— Je ne sens plus mon mal, dit le roi. L'indignation a pris en moi la place de la souffrance.

— Attendez, Sire! dit le cardinal! il me semble, cette fois, que le bruit s'éloigne véritablement. Les coups sont plus rares... Ah! voici un page avec des nouvelles sans doute.

— Sire! dit le page en entrant, monsieur le duc de Guise me charge d'annoncer à Votre Majesté que les réformés ont lâché prise et sont en pleine retraite.

— Enfin! voilà qui est heureux! s'écria le roi.

— Aussitôt que monsieur le lieutenant général croira pouvoir quitter les murs, continua le page, il viendra rendre compte de tout au roi.

Le page sortit.

— Eh bien! Sire, dit le cardinal de Lorraine triomphant, ne l'avais-je pas bien prévu que c'était pure bagatelle, et que monsieur mon illustre et vaillant frère vous aurait bientôt fait raison de tous ces chanteurs de cantiques?

— Oh! mon bel oncle, reprit François, comme le courage vous est subitement revenu...

Mais, dans le moment, éclata une seconde explosion bien plus effrayante que la première.

— Qu'est-ce encore que ce bruit? dit le roi.

— En effet... cela est singulier, dit le cardinal tremblant de nouveau.

Heureusement sa terreur ne fut pas de longue durée. Le capitaine des arquebusiers, Richelieu, entra presque aussitôt, le visage noir de poudre, et une épée tailladée à la main.

— Sire, dit au roi Richelieu, les rebelles sont en pleine déroute. A peine ont-ils eu le temps de faire sauter, sans nous causer de dommage, un amas de poudre qu'ils avaient disposé auprès de l'une des portes. Ceux qui n'ont pas été pris ou tués ont repassé le pont et se sont barricadés dans une des maisons du faubourg du Vendômois, où nous en aurons bon marché... Votre Majesté peut même voir de cette fenêtre comment on en use avec eux.

Le roi alla vivement à la fenêtre suivi par le cardinal et de loin par la reine.

— Oui, en effet, dit-il; les voilà assiégés à leur tour... Mais que vois-je? Quelle fumée sort de cette maison!

— Sire, on y aura mis le feu, dit le capitaine.

— Fort bien! à merveille! s'écria le cardinal. Tenez, Sire, en voilà qui sautent par la fenêtre. Deux... trois... quatre... Encore! encore! Entendez-vous d'ici leurs cris?

— Dieu! les pauvres gens! dit Marie Stuart joignant les mains.

— Il me semble, reprit le roi, que je distingue, en tête des nôtres, le panache et l'écharpe de notre cousin de Condé. Est-ce vraiment lui, capitaine!

— Oui, Votre Majesté, dit Richelieu. Il a été constamment parmi nous, l'épée à la main, à côté de monsieur de Guise.

— Eh bien! monsieur le cardinal, dit François, vous voyez qu'il ne s'est pas fait prier.

— Il l'a certes bien fallu, Sire! répondit Charles de Lorraine. Monsieur le prince eût trop risqué à faire autrement.

— Mais, s'écria Marie, repoussée et attachée à la fois par l'horrible spectacle du dehors, les flammes redoublent! la maison va s'écrouler sur les malheureux!

— Elle s'écroule! dit le roi.

— Vivat! tout est fini! s'écria le cardinal.

— Ah! quittons cette place, Sire, cela fait mal, dit Marie en entraînant le roi.

— Oui, dit François, voici la pitié qui me prend à cette heure.

Et il s'éloigna de la fenêtre, où le cardinal demeura seul, fort réjoui.

Mais il se retourna bientôt en entendant la voix du duc de Guise.

Le Balafré entra, calme et fier, accompagné du prince de Condé, qui avait, lui, bien de la peine à ne point paraître triste et honteux.

— Sire, tout est terminé, dit le duc de Guise au roi, et les rebelles ont trouvé la peine de leur crime. Je rends grâce à Dieu d'avoir délivré Votre Majesté de ce péril; car, d'après ce que j'ai vu, il a été plus grand qu'on ne le croyait d'abord. Nous avions des traîtres parmi nous.

— Se peut-il! s'écria le cardinal.

— Oui, reprit le Balafré; à la première attaque, les réformés ont été secondés par les hommes d'armes qu'avait amenés La Motte, et qui nous ont attaqués en flanc. Ils ont donc été un moment maîtres de la ville.

— C'est effrayant! dit Marie se serrant contre le roi.

— Ce l'eût été bien plus encore, madame, continua le duc, si les rebelles avaient été secondés, comme ils devaient le croire, par une attaque que Chaudieu, le frère du ministre, devait tenter sur la porte des Bons-Hommes.

— L'attaque a échoué? demanda le roi.

— Elle n'a pas eu lieu, Sire. Le capitaine Chaudieu, grâce au ciel! s'est trouvé en retard et n'arrivera que pour trouver tous ses amis écrasés. Maintenant, qu'il attaque à son aise! il aura à qui parler en dedans et au dehors des murs. Et, pour le faire réfléchir, j'ai ordonné qu'on pendît vingt ou trente de ses complices au haut des créneaux d'Amboise. Ce spectacle l'avertira suffisamment, je pense,

— C'est fort bien trouvé, dit le cardinal de Lorraine.
— Je vous remercie, mon cousin, dit le roi au Balafré. Mais je vois que la protection de Dieu a surtout éclaté dans cette rencontre, puisque lui seul a permis que la confusion se glissât dans les conseils de nos ennemis. Allons donc tout d'abord lui rendre grâce à la chapelle.
— Puis ensuite, dit le cardinal, donner ordre à la punition des coupables qui survivent. Sire, vous assisterez à leur exécution avec la reine et la reine-mère, n'est-ce pas ?
— Mais... sera-ce donc bien nécessaire ? dit en marchant vers la porte le jeune roi contrarié.
— Sire, c'est indispensable, reprit avec insistance le cardinal en le suivant. Le glorieux roi François Ier et votre illustre père, sire, n'ont jamais manqué d'assister au brûlement des hérétiques. Quant au roi d'Espagne, sire...
— Les autres rois font comme il leur plaît, dit François marchant toujours, et moi, je veux agir aussi à ma guise.
— Je dois enfin avertir Votre Majesté que le nonce de Sa Sainteté compte absolument sur votre présence au premier acte de foi de votre règne, ajouta l'impitoyable cardinal. Quand tous y assisteront, même monsieur le prince de Condé, je gage, sied-il que Votre Majesté s'en absente ?
— Hélas ! mon Dieu ? nous en reparlerons assez tôt, reprit François. Les coupables ne sont seulement pas condamnés.
— Oh ! si fait, Votre Majesté, ils le sont ! dit avec conviction Charles de Lorraine.
— Soit ! vous imposerez donc en temps et lieu cette nécessité terrible à ma faiblesse, reprit le roi. Pour le moment, monsieur le cardinal, allons, je vous l'ai dit, nous agenouiller devant l'autel, et y remercier Dieu qui a daigné détourner de nous les périls de cette conspiration.
— Sire, dit à son tour le duc de Guise, il ne faut pas grossir les choses et leur donner plus d'importance qu'elles n'en méritent. Que Votre Majesté veuille donc ne pas appeler ce mouvement une conspiration : ce n'était en vérité qu'un *tumulte*.

CII.

UN ACTE-DE-FOI.

Bien que les conjurés eussent inséré dans le manifeste qu'on saisit dans les papiers de La Renaudie une protestation « de n'attenter aucune chose contre la majesté du roi, ni les princes de son sang, ni l'état du royaume, » ils n'en avaient pas été moins pris en révolte ouverte, et devaient s'attendre à subir le sort des vaincus dans les guerres civiles.

La manière dont les religionnaires avaient été traités lorsqu'ils se conduisaient en sujets pacifiques et soumis devait leur ôter tout d'espoir de grâce.

En effet, le cardinal de Lorraine poussa leur jugement avec une passion toute ecclésiastique, sinon toute chrétienne.

Il chargea du procès des seigneurs impliqués dans cette funeste affaire le parlement de Paris et le chancelier Olivier. Aussi la chose alla-t-elle grand train. Les interrogatoires furent rapidement conduits, les sentences plus rapidement prononcées.

On se dispensa même de ces vaines formalités pour les menus fauteurs de la rébellion, gens de peu d'importance qu'on roua ou pendit journellement à Amboise sans vouloir en ennuyer le parlement. Les honneurs et les frais de la justice ne furent accordés qu'aux gens de quelque qualité et de quelque renom.

Enfin, grâce au zèle pieux de Charles de Lorraine, tout fut terminé pour ceux-là aussi en moins de trois semaines.

Le 15 avril fut fixé pour l'exécution publique à Amboise de vingt-sept barons, onze comtes et sept marquis, en tout cinquante gentilshommes et chefs de réformés.

On ne négligea rien d'ailleurs pour donner à cette singulière cérémonie religieuse tout l'éclat et toute la pompe désirables. D'immenses préparatifs furent faits. De Paris à Nantes, on stimula la curiosité publique par les moyens de publicité en usage à cette époque ; c'est-à-dire que l'exécution fut annoncée au prône par les prédicateurs et par les curés.

Au jour dit, trois tribunes élégantes, parmi lesquelles celle du milieu, la plus somptueuse, était réservée à la famille royale, furent adossées à la plate-forme du château au pied de laquelle la sanglante représentation devait avoir lieu.

Autour de la place, des gradins en planches furent garnis de tous les *fidèles* des environs, que de gré ou de force on put réunir. Les bourgeois et marians qui auraient pu avoir quelque répugnance pour ce spectacle furent bien contraints de s'y rendre par menace ou corruption. On remit aux uns leurs amendes, on fit mine de reprendre aux autres leurs places, leurs maîtrises et leurs privilèges. Tous ces motifs joints à la curiosité d'une part et au fanatisme de l'autre, amenèrent à Amboise une affluence telle que la veille du jour fatal plus de dix mille personnes durent camper dans les champs.

Dès le matin du 15 avril, les toits de la ville furent chargés de monde, et les croisées qui donnaient sur la place se louèrent jusqu'à dix écus, somme énorme pour le temps.

Un vaste échafaud recouvert en drap noir était dressé au milieu de l'enceinte. On y apporta le *chouquet*, billot où chaque condamné devait poser sa tête en s'agenouillant. Auprès, un fauteuil drapé de noir était réservé au greffier chargé d'appeler tour à tour les gentilshommes et de lire à voix haute leur sentence.

La place fut gardée par la compagnie écossaise et les gendarmes de la maison du roi.

Après une messe solennelle entendue dans la chapelle de Saint-Florentin, on amena au pied de l'échafaud les condamnés. Plusieurs d'entr'eux avaient subi déjà la torture. Des moines les assistaient et tâchèrent de les faire renoncer à leurs principes religieux ; mais pas un seul des huguenots ne consentit à cette apostasie devant la mort ; tous refusèrent de répondre aux moines parmi lesquels ils soupçonnaient des espions du cardinal de Lorraine.

Cependant, les tribunes de la cour se remplirent, excepté celle du milieu. Le roi et la reine, auxquels il avait fallu presque arracher leur consentement d'assister à l'exécution, avaient du moins obtenu de n'y paraître que vers la fin, et seulement pour le supplice des principaux chefs. Enfin, ils devaient y venir : c'est tout ce que demandait le cardinal. Pauvres enfants rois ! pauvres esclaves couronnés ! à eux aussi, comme aux manants, on avait fait peur pour leurs places et privilèges.

A midi l'exécution commença.

Quand le premier des réformés gravit les marches de l'échafaud, ses compagnons entonnèrent un psaume français traduit par Clément Marot, autant pour envoyer une dernière consolation à celui qu'on suppliciait que pour marquer leur constance vis-à-vis de leurs ennemis et de la mort.

Ils chantèrent donc au pied de l'échafaud :

> Dieu nous soit doux et favorable,
> Nous bénissant par sa bonté,
> Et de son visage adorable
> Nous fasse luire la clarté !

Un verset accompagnait chaque tête qui tombait. Mais chaque tête qui tombait faisait une voix de moins dans le chœur.

A une heure, il ne restait plus que douze gentilshommes, les principaux chefs de la conjuration.

Il y eut une pause alors ; les deux bourreaux étaient las, et le roi arrivait.

François II était plus que pâle, il était livide. Marie Stuart se plaça à sa droite, et Catherine de Médicis à sa gauche.

Le cardinal de Lorraine se mit à côté de la reine-mère, et l'on mit le prince de Condé à côté de la jeune reine.

Quand le prince parut sur l'estrade, presque aussi pâle que le jeune roi, les douze condamnés le saluèrent.

Il leur rendit gravement ce salut :

— Je me suis toujours incliné devant la mort, dit-il tout haut.

Le roi fut d'ailleurs reçu avec moins de respect, pour ainsi dire, que le prince de Condé. Aucune acclamation ne s'éleva d'abord à son arrivée. Il le remarqua bien, et, fronçant le sourcil :

— Ah! monsieur le cardinal, dit-il, je vous veux du mal de nous avoir fait venir ici...

Charles de Lorraine pourtant avait levé la main pour donner le signal du dévouement, et quelques voix éparses crièrent dans la foule :

— Vive le roi !

— Vous entendez, sire ? reprit le cardinal.

— Oui, dit le roi en secouant tristement la tête, j'entends quelques maladroits qui ne font que mieux remarquer le silence de tous.

Pendant ce temps, le reste de la tribune royale se remplissait. Les frères du roi, le nonce du pape, la duchesse de Guise y étaient entrés tour à tour.

Puis vint le duc de Nemours, bien défait aussi, et comme agité par un remords.

Enfin, se placèrent au fond deux hommes dont la présence n'était peut-être pas moins étrange, en ce lieu et en ce moment, que celle du prince de Condé.

Ces deux hommes étaient Ambroise Paré et Gabriel de Montgommery.

Un devoir différent les amenait tous deux :

Ambroise Paré avait été mandé depuis quelques jours à Amboise par le duc de Guise, qu'inquiétait décidément la santé de son royal neveu, et Marie Stuart, non moins alarmée que son oncle, en voyant François si abattu à la seule pensée de l'auto-da-fé, pria le chirurgien de se tenir à portée de secourir le roi en cas de défaillance.

Quant à Gabriel, il venait tenter encore un suprême effort pour sauver au moins un des condamnés, que la hache devait frapper le dernier, et qu'il se reprochait d'avoir involontairement conduit à cette extrémité par ses conseils, à savoir le jeune et brave Castelnau de Chalosses.

Castelnau, on s'en souvient, ne s'était rendu que sur la parole écrite et signée du duc de Nemours qui lui avait garanti la liberté et la vie.

Or, dès son arrivée à Amboise, il avait été jeté en prison, et aujourd'hui il allait être décapité le dernier comme le plus coupable.

Il faut être juste néanmoins pour le duc de Nemours. Quand il vit sa signature de gentilhomme ainsi compromise, il ne se sentit plus de désespoir et de colère, et, depuis trois semaines, il allait du cardinal de Lorraine au duc de Guise, et de Marie Stuart au roi, sollicitant, réclamant, implorant la délivrance de son créancier d'honneur. Mais le chancelier Olivier, auquel on le renvoyait, lui déclarait, selon monsieur de Vieilleville, que : « Un roi n'est nullement tenu de sa parole à son sujet rebelle, ni de quelconque promesse qu'on lui ait faite de sa part. » Ce qui causa un grand crève-cœur au duc de Nemours, » lequel, ajoute naïvement le chroniqueur, « ne se tourmentait que pour sa signature : car, pour sa parole, il eût toujours donné un démenti à qui eût voulu la lui reprocher, sans nul excepter, lors Sa Majesté seulement, tant était vaillant prince et généreux ! »

Comme Gabriel, le duc de Nemours avait été conduit au spectacle de l'exécution, plus terrible pour lui que pour tout autre, par un secret espoir de sauver encore Castelnau à la dernière minute.

Cependant, le duc de Guise, à cheval au bas de la tribune avec ses capitaines, avait fait un signe aux exécuteurs, et le supplice et le chant des psaumes un moment interrompus recommencèrent.

En moins d'un quart d'heure, huit têtes tombèrent. La jeune reine était près de s'évanouir.

Il ne resta plus au pied de l'échafaud que quatre condamnés.

Le greffier qui faisait le cri lut à voix haute :

— Albert Edmond Roger, comte de Mazères, coupable d'hérésie, de crime de lèse-majesté et d'attaque à main armée contre la personne du roi.

— C'est faux! s'écria sur l'échafaud le comte de Mazères.

Puis, montrant au peuple ses bras noircis et sa poitrine brisée par la torture :

— Voilà, reprit-il, l'état où l'on m'a mis au nom du roi. Mais je sais qu'il l'ignore, et je n'en crie pas moins : Vive le roi !

Sa tête tomba. Les trois derniers réformés, qui attendaient leur tour au pied de l'échafaud, répétèrent le premier verset du psaume :

> Dieu nous soit doux et favorable,
> Nous bénissant par sa bonté,
> Et de son visage adorable
> Nous fasse luire la clarté !

Le greffier continua :

— Jean-Louis Albéric, baron de Raunay, coupable d'hérésie, de crime de lèse-majesté et d'attaque à main armée contre la personne du roi.

— Toi et ton cardinal, vous mentez comme deux croquants, dit Raunay ; c'est contre lui et son frère seul que nous nous sommes armés. Je leur souhaite de mourir tous deux aussi tranquilles et aussi purs que moi.

Puis il mit sa tête sur le billot.

Les deux derniers condamnés chantaient :

> Dieu, tu nous a mis à l'épreuve,
> Et tu nous a examinés ;
> Comme l'argent que l'on épreuve
> Par feu tu nous as affinés.

Le greffier criminel reprit son appel sanglant :

— Robert Jean-René Briquemault, comte de Vilmongis, coupable d'hérésie, de crime de lèse-majesté et d'attentat à la personne du roi.

Villemongis trempa ses mains dans le sang de Raunay, et les élevant vers le ciel :

— Père céleste ! cria-t-il, voilà le sang de tes enfants ! tu en feras vengeance !

Il tomba frappé à mort.

Castelnau, resté seul, chantait :

> Tu nous as fait entrer et joindre
> Aux pièges de nos ennemis ;
> Tu nous as fait les reins a-streindre
> Des filets où tu nous as mis.

Le duc de Nemours, dans l'espoir de sauver Castelnau, avait répandu l'or. Le greffier, les exécuteurs eux-mêmes avaient intérêt à son salut. Le premier bourreau se dit épuisé, le second le remplaça. Il y eut forcément une interruption.

Gabriel en profita pour exciter le duc à de nouveaux efforts.

Jacques de Savoie se pencha donc vers la duchesse de Guise avec laquelle il était, disait-on, du dernier bien, et lui souffla un mot à l'oreille. La duchesse avait beaucoup d'influence sur l'esprit de la jeune reine.

Elle se leva aussitôt comme ne pouvant plus supporter ce spectacle, et dit assez haut pour être entendue de Marie :

— Ah ! c'est trop affreux pour des femmes ! La reine, voyez, va se trouver mal. Retirons-nous.

Mais le cardinal de Lorraine fixa sur sa belle-sœur son regard sévère.

— Un peu plus de fermeté, madame ! lui dit-il durement. Songez que vous êtes du sang d'Este, et que vous êtes la femme du duc de Guise.

— Eh ! c'est justement ce qui fait ma peine ! dit la duchesse. Jamais une mère n'eut plus de raison de s'affliger. Tout ce sang et toutes ces haines retomberont sur nos enfans.

— Ces femmes sont timides ! murmura le cardinal, qui était lâche.

— Mais, reprit le duc de Nemours, il n'est pas besoin d'être femme pour être ému devant ce lugubre tableau. Vous-même, prince, dit-il à monsieur de Condé, n'êtes-vous pas ému, dites ?

— Oh ! dit le cardinal, le prince est un soldat habitué à voir de près la mort.

— Oui, dans les batailles, répondit courageusement le prince ; mais sur l'échafaud ! mais de sang-froid !

— Un prince du sang a-t-il donc tant de pitié pour des rebelles ? dit encore Charles de Lorraine.

— J'ai pitié, reprit le prince de Condé, de vaillans officiers qui ont toujours dignement servi le roi et la France.

Mais, dans sa position, que pouvait dire et faire de plus le prince soupçonné lui-même ? Le duc de Nemours le comprit, et s'adressa à la reine-mère :

— Voyez, madame, il n'en reste plus qu'un seul, dit-il sans nommer Castelnau. Ne pourrait-on au moins le sauver ?

— Je ne puis rien, répondit Catherine de Médicis en détournant la tête.

Cependant le malheureux Castelnau montait les marches de l'escalier en chantant :

Dieu *me* soit doux et favorable,
Me bénissant par sa bonté,
Et de son visage adorable
Me fasse luire la clarté !

Le peuple, profondément touché, oublia la crainte que lui inspiraient les espions et les *mouchards*, et cria tout d'une voix :

— Grâce ! grâce !

Le duc de Nemours s'efforçait dans le moment d'attendrir le jeune duc d'Orléans.

— Monseigneur, lui disait-il, avez-vous oublié que c'est Castelnau qui, dans cette même ville d'Amboise, a sauvé les jours du feu duc d'Orléans, dans l'émeute où ils étaient en péril ?

— Je ferai, reprit le duc d'Orléans, ce que décidera ma mère.

— Mais, dit le duc de Nemours suppliant, si vous vous adressiez au roi ? un seul mot de votre part...

— Je vous le répète, fit sèchement le jeune prince, j'attends les ordres de ma mère.

— Ah ! prince ! dit avec reproche le duc de Nemours.

Et il fit à Gabriel un geste de découragement et de désespoir.

Le greffier lut alors lentement :

— Michel-Jean-Louis, baron de Castelnau-Chalosses, atteint et convaincu du crime de lèse-majesté, d'hérésie et d'attentat à la personne du roi.

— J'atteste mes juges eux-mêmes, dit Castelnau, que l'énoncé est faux, à moins que ce ne soit un crime de lèse-majesté de m'être opposé de tout mon pouvoir à la tyrannie des Guise. Si c'est ainsi qu'on l'entend, on aurait dû commencer par les déclarer rois. Peut-être en viendra-t-on là ; mais c'est l'affaire de ceux qui me survivront.

Et, s'adressant au bourreau :

— Toi, maintenant, ajouta-t-il d'une voix ferme, fais ton office.

Mais l'exécuteur, qui remarqua quelque mouvement dans les tribunes, feignit d'arranger sa hache pour gagner du temps.

— Cette hache est émoussée, monsieur le baron, lui dit-il tout bas, et vous êtes digne de mourir au moins d'un seul coup... Et qui sait même si un moment de plus ?... Il me semble qu'il se passe là-bas quelque chose de bon pour vous.

Tout le peuple cria de nouveau :

— Grâce ! grâce !

Gabriel, perdant tout ménagement à cette minute suprême, osa crier tout haut à Marie Stuart :

— Grâce ! madame la reine !

Marie se retourna, vit le regard navrant, comprit le cri désespéré de Gabriel, et, pliant un genou devant le roi :

— Sire ! au moins cette grâce-ci, dit-elle, je vous la demande à genoux !

— Sire ! s'écria de son côté le duc de Nemours, assez de sang n'a-t-il pas déjà coulé ? Et cependant, vous le savez, visage de roi porte grâce.

François, qui tremblait de tous ses membres, parut frappé de ces paroles. Il saisit la main de la reine.

— Souvenez-vous, Sire, lui dit sévèrement le nonce qui rappelait à la rigueur, souvenez-vous que vous êtes le roi très chrétien.

— Oui, je m'en souviens, reprit avec fermeté François II. Que grâce soit faite au baron de Castelnau !

Mais le cardinal de Lorraine, feignant de se méprendre sur le sens de la première phrase du roi, avait fait un signe impératif à l'exécuteur.

Au moment où François prononçait le mot : grâce ! la tête de Castelnau roulait sur les planches de l'échafaud...

Le lendemain, le prince de Condé partit pour la Navarre.

CIII.

AUTRE ÉCHANTILLON DE POLITIQUE.

Depuis cette fatale exécution, la santé chancelante de François II ne fit qu'empirer.

Sept mois après (fin novembre 1560), la cour étant à Orléans, où les états-généraux avaient été convoqués par le duc de Guise, le pauvre jeune roi de dix-sept ans avait été obligé de s'aliter.

A côté de ce lit de douleur, où priait, veillait et pleurait Marie Stuart, le drame le plus palpitant attendait son dénoûment par la mort ou par la vie du fils de Henri II.

La question, bien qu'engagée par d'autres personnages, était toute entre une femme et un homme sinistre, assis l'un à côté de l'autre, dans la nuit du 4 décembre, à quelques pas du malade endormi et de Marie en larmes à son chevet.

L'homme était Charles de Lorraine, et la femme Catherine de Médicis.

La vindicative reine-mère, qui d'abord avait fait la morte, s'était bien réveillée depuis huit mois, depuis le tumulte d'Amboise !

Voici en deux mots ce qu'elle avait fait, dans son animosité toujours plus profonde contre les Guise :

Elle s'était secrètement alliée avec le prince de Condé et Antoine de Bourbon ; elle s'était secrètement réconciliée avec le vieux connétable de Montmorency. Il n'y avait que la haine qui pût lui faire oublier la haine.

Ses nouveaux et étranges amis, poussés par elle, avaient fomenté des révoltes en diverses provinces, soulevé le Dauphiné avec Montbrun, la Provence avec les frères Mouvans, et fait, par Maligny, une tentative sur Lyon.

Les Guise, de leur côté, ne s'étaient pas endormis. Ils avaient convoqué à Orléans les états-généraux, et s'y étaient ménagé une majorité dévouée.

Puis, à ces états-généraux, ils avaient mandé, comme c'était leur droit, le roi de Navarre et le prince de Condé.

Catherine de Médicis fit parvenir aux princes avis sur avis pour les dissuader de venir se remettre aux mains de leurs ennemis. Mais leur devoir les appelait, mais le cardinal de Lorraine leur donnait la parole du roi pour gage de leur sûreté...

Ils vinrent donc à Orléans.

Le jour même de leur arrivée, Antoine de Navarre fut consigné dans une maison de la ville où on le gardait à vue, et le prince de Condé fut jeté en prison.

Puis une commission extraordinaire fit le procès du prince, et condamna à mort, à Orléans, par l'inspiration des Guise, celui dont, à Amboise, le duc de Guise avait garanti l'innocence sur son épée.

Il ne manquait plus qu'une ou deux signatures, arrêtées par le chancelier L'Hôpital, pour que l'arrêt fût exécuté.

Voilà, dans cette soirée du 4 décembre, où en étaient les choses pour le parti des Guise, dont le Balafré était le bras et le cardinal la tête, et pour le parti des Bourbons, dont Catherine de Médicis était l'âme secrète.

Tout dépendait, pour les uns et pour les autres, du souffle expirant de l'adolescent couronné.

Si François II pouvait vivre encore seulement quelques jours, le prince de Condé était exécuté, le roi de Navarre tué par occasion dans quelque rixe, Catherine de Médicis exilée à Florence. Par les états-généraux, les Guise étaient maîtres, et, au besoin, rois.

Si, au contraire, le jeune roi mourait avant que ses oncles se fussent débarrassés de leurs ennemis, la lutte recommençait avec des chances plutôt inégales que favorables pour eux.

Donc, ce que Catherine de Médicis et Charles de Lorraine attendaient et guettaient avec angoisse, en cette froide nuit du 4 décembre, dans cette chambre du bailliage d'Orléans, ce n'était pas tant la vie ou la mort de leur royal fils et neveu, que le triomphe ou la défaite de leur cause.

Marie Stuart seule veillait son jeune époux aimé sans songer à ce que sa mort pourrait lui faire perdre.

Il ne faudrait pas croire d'ailleurs que le sourd antagonisme de la reine-mère et du cardinal se trahît au dehors dans leurs manières et dans leurs discours. Au contraire, ils ne s'étaient jamais montrés plus confians et plus affectionnés l'un pour l'autre.

En ce moment encore, profitant de ce sommeil de François, ils s'entretenaient à voix basse, de la meilleure amitié du monde, sur leurs intérêts les plus secrets et leurs plus intimes pensées.

Car, pour se conformer tous deux à cette politique italienne dont nous avons précédemment vu des échantillons, Catherine avait toujours dissimulé ses arrières-menées, et Charles de Lorraine avait feint constamment de ne pas s'en apercevoir.

De sorte qu'ils n'avaient pas cessé de se parler en alliés et en amis. Ils étaient comme deux joueurs qui tricheraient loyalement chacun de leur côté et se serviraient ouvertement de dés pipés l'un contre l'autre.

— Oui, madame, disait le cardinal, oui, cet entêté chancelier de L'Hôpital s'obstine à refuser de signer l'arrêt de mort du prince. Ah ! que vous aviez bien raison, madame, il y a six mois, de vous opposer si ouvertement à ce qu'il succédât à Olivier ! Que ne vous ai-je alors comprise !

— Quoi ! on ne peut-on donc absolument vaincre sa résistance ? dit Catherine qui avait dicté cette résistance.

— J'ai employé les caresses et les menaces, reprit Charles de Lorraine, et je l'ai trouvé inflexible.

— Mais si monsieur le duc essayait à son tour ?

— Rien ne pourrait faire fléchir ce mulet d'Auvergne, dit le cardinal. Mon frère a déclaré d'ailleurs qu'il ne se voulait mêler en rien de cette affaire.

— Voilà qui devient embarrassant, fit Catherine de Médicis ravie.

— Il y a pourtant, dit le cardinal, un moyen à l'aide duquel nous nous passerions de tous les chanceliers de monde.

— Se peut-il ! quel est ce moyen ? s'écria la reine-mère inquiète.

— De faire signer l'arrêt par le roi, dit le cardinal.

— Par le roi ! répéta Catherine. Cela se pourrait-il ? Le roi a-t-il ce droit ?

— Oui, dit le cardinal, nous avons déjà procédé ainsi, et dans cette affaire même, par le conseil des meilleurs légistes, lorsqu'on a déclaré qu'il serait passé outre au jugement, nonobstant le refus du prince de répondre.

— Mais que dira le chancelier ? s'écria Catherine véritablement alarmée.

— Il grondera comme de coutume, répondit tranquillement Charles de Lorraine, il menacera de rendre les sceaux.

— Et s'il les rend en effet ?...

— Double avantage ! nous serons délivrés du censeur le plus incommode, dit le cardinal.

— Et quand voudriez-vous donc que cet arrêt fût signé ? reprit Catherine après une pause.

— Cette nuit, madame.

— Et vous le feriez exécuter ?...

— Demain.

Pour le coup, la reine-mère frémit.

— Cette nuit ! demain ! vous n'y songez pas ! reprit-elle. Le roi est trop malade, trop faible, et n'a pas l'esprit assez libre pour seulement comprendre ce que vous lui demanderiez.

— Il n'est pas besoin qu'il comprenne pourvu qu'il signe, dit le cardinal.

— Mais sa main n'est même pas assez forte pour tenir une plume.

— On la conduira, reprit Charles de Lorraine, heureux de l'effroi qu'il voyait point dans les regards de sa chère ennemie.

— Écoutez, dit sérieusement Catherine. Je vous dois ici un avertissement et un conseil. La fin de mon pauvre fils est plus proche que vous ne croyez. Savez-vous ce que m'a dit Chapelain, le premier médecin ? qu'il ne pensait pas qu'à moins d'un miracle, le roi fût vivant demain soir.

— Raison de plus pour nous hâter, dit froidement le prêtre.

— Oui, mais, reprit Catherine, si François II n'existe plus demain, Charles IX règne, le roi de Navarre est régent peut-être. Quel compte terrible ne vous demandera-t-il pas du supplice infamant de son frère ? Ne serez-vous pas à votre tour jugé, condamné ?...

— Eh ! mon oncle, qui ne risque rien n'a rien ! s'écria avec chaleur le cardinal dépité. D'ailleurs, qui prouve qu'Antoine de Navarre sera nommé régent ? qui prouve que ce Chapelain ne se trompe pas ? Enfin ! le roi vit encore !...

— Plus bas ! plus bas, mon oncle ! dit en se levant Marie Stuart effrayée. Vous allez réveiller le roi !... Tenez, vous l'avez réveillé.

— Marie... où es-tu ? dit en effet la voix faible de François.

— Là, tout auprès de vous, mon doux Sire, répondit Marie.

— Oh ! je souffre ! reprit le roi, ma tête est comme du feu ! cette douleur d'oreille comme un éternel coup de poignard. Je n'ai dormi qu'en souffrant encore. Ah ! c'est fini de moi, c'est fini !

— Ne dites pas cela ! ne dites pas cela ! repartit Marie contenant ses larmes.

— La mémoire me manque, reprit François. Ai-je reçu les saints sacremens ? Je veux les avoir au plutôt.

— Tous vos devoirs seront remplis, ne vous tourmentez pas, cher Sire.

— Je veux voir mon confesseur, monsieur de Brichanteau.

— Tout à l'heure il sera près de vous, dit Marie.

— Me dit-on au moins des prières ? demanda le roi.

— Je n'ai presque cessé depuis ce matin.

— Pauvre chère Marie !... et Chapelain, où est-il ?

— Là, dans la chambre voisine, tout prêt à votre appel. Votre mère et mon oncle le cardinal sont aussi là, Sire, les voulez-vous voir ?

— Non, non, toi seule Marie ! dit le mourant. Tourne-toi un peu de ce côté... là... que je te voie encore une fois au moins.

— Courage ! reprit Marie Stuart. Dieu est si bon ! et je le prie de si grand cœur.

— Je souffre, dit François. Je ne vois plus, j'entends à peine. Ta main, Marie ?

— Là ! soutenez-vous sur moi, dit Marie, appuyant la petite tête pâle de son mari sur son épaule.

— Mon âme à Dieu ! mon cœur à toi, Marie. Toujours ! Hélas ! hélas ! à dix-sept ans mourir !

— Non, non ! vous ne mourrez pas ! s'écria Marie. Qu'avons-nous fait au ciel pour qu'il nous punisse ?

— Ne pleure pas, Marie, reprit le roi. Nous nous rejoindrons là-haut. Je ne regrette de ce monde que toi. Si je t'emmenais avec moi, je serais heureux de mourir. Le voyage du ciel est plus beau encore que celui d'Italie. Et puis, il me semble que sans moi tu ne vas plus avoir de joie. Ils te feront souffrir. Tu auras froid, tu seras seule ; ils te tueront, ma pauvre âme ! C'est là ce qui m'afflige plus encore que de mourir.

Épuisé, le roi retomba sur son oreiller et garda un morne silence.

— Mais vous ne mourrez pas ! vous ne mourrez pas, Sire ! s'écria Marie. Écoutez, j'ai un grand espoir. Une chance, en laquelle j'ai foi, nous reste.

— Qu'est-ce à dire ? interrompit en s'approchant Catherine de Médicis étonnée.

— Oui, reprit Marie Stuart, le roi peut encore être sauvé et sera sauvé. Quelque chose me criait dans mon cœur que tous ces médecins qui l'entourent et le fatiguent sont des ignorans et des aveugles. Mais il est un homme habile, savant et renommé, un homme qui a préservé à Calais les jours de mon oncle...

— Maître Ambroise Paré ? dit le cardinal.

— Maître Ambroise Paré ! répéta Marie. On disait que cet homme ne devait pas, ne voudrait pas lui-même avoir entre ses mains la vie royale, que c'était un hérétique et un maudit, et que, quand même il accepterait la responsabilité d'une telle cure, on ne pourrait la lui confier.

— Cela est certain, dit dédaigneusement la reine-mère.

— Eh bien ! si je la lui confie, moi ! s'écria Marie. Est-ce qu'un homme de génie peut être un traître ? Quand on est grand, madame, on est bon !

— Mais, dit le cardinal, mon frère n'a pas attendu jusqu'à ce jour pour penser à Ambroise Paré. On l'a fait déjà sonder.

— Et qui lui a-t-on envoyé ? reprit Marie, des indifférens, peut-être des ennemis. Moi, je lui ai envoyé un ami sûr, et il viendra.

— Il faut le temps qu'il arrive de Paris, dit Catherine.

— Il est en route, il doit même être arrivé, reprit la jeune reine. L'ami dont je vous parle a promis de l'amener aujourd'hui même.

— Et quel est donc cet ami, enfin ? demanda la reine-mère.

— Le comte Gabriel de Montgommery, madame.

Avant que Catherine ait eu le temps de s'écrier, Dayelle, la première femme de Marie Stuart, entra et vint dire à sa maîtresse...

— Le comte Gabriel de Montgommery est là, qui attend les ordres de madame.

— Oh ! qu'il entre ! qu'il entre ! s'écria vivement Marie.

CIV.

LUEUR D'ESPOIR.

— Un instant ! dit alors Catherine de Médicis, sèche et froide. Pour que cet homme entre, madame, attendez au moins que je sois sortie. S'il vous plaît de confier la vie du fils à celui qui a tranché la vie du père, il ne me plaît pas, à moi, de revoir et d'entendre encore le meurtrier de mon époux. Je proteste donc contre sa présence en ce lieu, et je me retire devant lui.

Et elle sortit en effet, sans donner à son fils mourant un regard, un adieu de mère.

Était-ce parce que ce nom abhorré de Gabriel de Montgommery lui rappelait la première offense qu'elle eût eu à supporter du roi ? Cela peut être ; toujours est-il qu'elle ne redoutait pas autant qu'elle voulait bien le dire l'aspect et la voix de Gabriel ; car, en se retirant dans son logement, voisin de la chambre royale, elle eut soin de laisser la portière entr'ouverte, et n'eut pas plus tôt refermé la porte donnant au dehors sur un corridor désert à cette heure avancée de la nuit, qu'elle colla tour à tour à la serrure et son œil et son oreille, pour voir et pour écouter ce qui allait se passer après son brusque départ.

Gabriel entra, conduit par Dayelle, s'agenouilla pour baiser la main que lui tendait la reine, et fit un profond salut au cardinal.

— Eh bien ! lui demanda Marie Stuart impatiente.

— Eh bien ! madame, j'ai décidé maître Paré, dit Gabriel. Il est là.

— Oh ! merci, merci, ami fidèle ! s'écria Marie.

— Le roi va-t-il donc plus mal, madame ? reprit à voix basse Gabriel, en portant un regard inquiet sur le lit où François II était étendu sans couleur et sans mouvement.

— Hélas ! il ne va pas mieux toujours ! dit la reine, et j'avais bien besoin de vous voir. Maître Ambroise a-t-il fait de grandes difficultés pour venir ?

— Non, madame, répondit Gabriel. On le lui avait bien demandé déjà ; mais de façon, m'a-t-il dit, à provoquer de sa part un refus. On voulait qu'il s'engageât d'avance, sur sa tête et son honneur, à sauver le roi sans l'avoir vu. On ne lui cachait pas que, comme protestant, il était suspect d'en vouloir à la vie d'un persécuteur des protestans. On lui témoignait enfin tant de méfiance injurieuse, on exigeait de lui de si dures conditions, qu'à moins de n'avoir ni cœur ni prudence, il devrait être nécessairement amené à s'abstenir. Ce qu'il a fait, à son grand regret, sans être dès-lors autrement pressé par ceux qui lui étaient envoyés.

— Se peut-il qu'on ait ainsi interprété à maître Paré nos intentions ? dit vivement le cardinal de Lorraine. Pourtant c'est de la part de mon frère et de la mienne qu'on est allé le trouver à deux ou trois reprises ! On nous rapportait à nous ses refus obstinés et ses doutes étranges. Et nous croyions ceux que nous lui avions députés des gens tout à fait sûrs !

— L'étaient-ils réellement, monseigneur ? dit Gabriel. Maître Paré croit le contraire, maintenant que je lui ai dit vos véritables sentimens à son égard et les bonnes paroles de la reine pour lui. Il est persuadé qu'à votre insu, on s'est efforcé, dans un but coupable, de l'écarter du lit de souffrance du roi.

— La chose est à présent certaine, reprit Charles de Lorraine. Je reconnais dans ceci, murmura-t-il, la main de la reine mère... Elle a tout intérêt, en effet, à ce que son fils ne soit pas sauvé... Mais corrompra-t-elle donc tous les dévouemens sur lesquels nous comptions ? Voici encore un pendant à la nomination de son L'Hôpital !... Comme elle nous joue !...

Cependant Marie Stuart, laissant le cardinal aux réflexions sur ce qui était accompli, et toute à sa sollicitude présente, disait à Gabriel :

— Enfin, maître Paré vous a suivi, n'est-ce pas ?

— A ma première réquisition, répondit le jeune comte.

— Et il est là ?

— Attendant pour entrer votre gracieuse permission, madame.

— Tout de suite ! qu'il vienne donc tout de suite ! s'écria Marie Stuart.

Gabriel de Montgommery alla un instant à la porte par

laquelle il était entré, et revint introduisant le chirurgien. Derrière sa porte à elle, Catherine de Médicis guettait toujours, plus attentive que jamais.

Marie Stuart courut à la rencontre d'Ambroise, prit sa main, le conduisit elle-même au lit du cher malade, et, comme pour couper court aux complimens :

— Merci d'être venu, maître, disait-elle tout en marchant. Je comptais sur votre zèle comme je compte sur votre science... Venez au lit du roi, vite, au lit du roi.

Ambroise Paré obéissant, sans avoir le temps de prononcer une parole, à l'impatience de la reine, fut bientôt près du chevet où François II vaincu, pour ainsi dire, par la douleur, n'avait plus de force que pour exhaler un gémissement faible et presque imperceptible.

Le grand chirurgien s'arrêta une minute à contempler debout cette petite face amaigrie et comme rétrécie par la souffrance.

Puis il se pencha sur celui qui, pour lui, n'était plus qu'un malade, et toucha et sonda le douloureux gonflement de l'oreille droite d'une main aussi légère et aussi douce que celle de Marie.

Le roi sentit instinctivement un médecin et se laissa faire sans même rouvrir ses yeux appesantis.

— Oh! je souffre! murmura-t-il seulement d'une voix dolente, je souffre! Ne pouvez-vous donc me soulager?...

La lumière étant un peu trop éloignée au gré d'Ambroise, il fit signe à Gabriel d'approcher le flambeau; mais Marie Stuart s'en empara avant Gabriel, et éclaira elle-même le chirurgien, tandis qu'il examinait longuement et attentivement le siège du mal.

Cette sorte d'étude muette et minutieuse dura peut-être dix minutes. Après quoi Ambroise Paré se redressa, grave et absorbé par un travail de méditation intérieure, et laissa retomber le rideau du lit.

Marie Stuart palpitante n'osait l'interroger de peur de troubler ses pensées. Mais elle épiait son visage avec angoisse. Quel arrêt allait-il prononcer?

L'illustre médecin secoua tristement la tête, et il sembla à la reine éperdue que c'était un arrêt de mort.

— Eh! quoi, dit-elle incapable de maîtriser plus longtemps son inquiétude; n'y a-t-il donc plus aucune chance de salut?

— Il n'y en a plus qu'une, madame, répondit Ambroise Paré.

— Mais il y en a une! s'écria la reine.

— Oui, madame, et bien qu'hélas! elle ne soit pas assurée, cependant, elle existe, et j'aurais tout espoir, si...

— Si?... demanda Marie.

— Si celui qu'il faut sauver n'était pas le roi, madame...

— Eh! s'écria Marie Stuart, traitez-le, sauvez-le comme le dernier de ses sujets!

— Mais si j'échoue?... dit Ambroise, car enfin Dieu est seul le maître. Ne m'accusera-t-on pas, moi huguenot? Cette lourde et terrible responsabilité ne va-t-elle pas peser sur ma main et la faire trembler, alors que j'aurais besoin de tant de calme et d'assurance?

— Écoutez, reprit Marie, s'il vit, je vous bénirai toute ma vie, mais si... s'il meurt, je vous défendrai jusqu'à ma mort. Ainsi, essayez! je vous en conjure, je vous en supplie. Puisque vous dites que c'est la seule et dernière chance, mon Dieu! ne nous la retirez pas; c'est là que serait le crime.

— Vous avez raison, madame, dit Ambroise, et j'essaierai... si l'on me le permet, toutefois; si vous me le permettez vous-même, car, je ne vous le cache pas, le moyen auquel j'aurai recours est extrême, inusité, et, en apparence du moins, violent et dangereux.

— Vraiment? dit Marie toute tremblante, et il n'y en a pas d'autre?

— Pas d'autre, madame! Encore est-il temps de l'employer : dans vingt-quatre heures sûrement, dans douze heures peut-être, il serait trop tard. Un dépôt s'est formé à la tête du roi, et, si l'on ne donne pas issue aux humeurs par une opération très prompte, l'épanchement dans le cerveau doit causer la mort.

— Voudriez-vous donc opérer le roi sur-le-champ? dit le cardinal. Je ne prendrai pas cela sur moi seul, d'abord!

— Ah! voilà déjà que vous doutez! dit Ambroise. Non, j'ai besoin du grand jour, et il me faut bien le reste de cette nuit pour penser à tout cela, pour exercer ma main, pour faire une ou deux expériences... Mais demain matin, demain à neuf heures, je puis être ici. Soyez-y, madame, et vous aussi, monseigneur; que monsieur le lieutenant-général y soit, que ceux dont le dévouement au roi est bien éprouvé y soient; mais pas d'autres. Le moins de médecins possible. J'expliquerai alors ce que je compte faire, et, si vous m'y autorisez tous, avec l'aide de Dieu, je tenterai cette unique chance que Dieu nous laisse.

— Et jusqu'à demain, pas de danger? demanda la reine.

— Non, madame, dit maître Paré. Il est essentiel que le roi repose et prenne des forces pour cette opération qu'il doit subir. Je mets dans la boisson inoffensive que je vois sur cette table deux gouttes de cet élixir, ajouta-t-il en joignant l'acte aux paroles. Faites que le roi prenne cela tout de suite, madame, et vous le verrez tomber dans un sommeil plus calme et plus profond. Veillez, veillez vous-même si cela se peut, à ce que, sous aucun prétexte, ce sommeil ne soit troublé.

— Soyez tranquille! de cela, j'en réponds, dit Marie Stuart. Je ne quitterai pas cette place de la nuit.

— C'est très important, dit Ambroise Paré. Maintenant, je n'ai plus rien à faire ici, et je vous demanderai la permission de me retirer, madame, pour m'occuper du roi encore, et me préparer à ma grande tâche.

— Allez, maître, allez! dit Marie, et soyez d'avance remercié et béni. A demain.

— A demain, madame, reprit Ambroise. Espérez!

— Je vais prier, toujours! dit Marie Stuart.

— Vous aussi, monsieur le comte, je vous remercie encore, reprit-elle en s'adressant à Gabriel. Vous êtes de ceux dont parlait maître Paré, et dont le dévouement au roi est éprouvé. Soyez donc ici demain, je vous prie, pour apporter à votre illustre ami l'appui de votre présence.

— J'y serai, madame, dit Gabriel en se retirant avec le chirurgien, après avoir salué la reine et le cardinal.

— Et moi aussi, j'y serai! se dit Catherine de Médicis derrière la porte où elle guettait. Oui, j'y serai; car ce Paré est capable de sauver le roi, l'habile homme! et de perdre ainsi son parti, le prince et moi-même, l'imbécile!... Mais j'y serai.

CV.

SOMMEIL BIEN GARDÉ.

Catherine de Médicis resta quelque temps à épier, quoiqu'il n'y eût plus dans la chambre royale que Marie Stuart et le cardinal. Mais elle ne vit et n'entendit plus rien d'intéressant. La reine fit prendre la potion calmante à François qui, selon la promesse d'Ambroise Paré, parut aussitôt dormir plus paisiblement. Tout retomba dès lors dans le silence. Le cardinal, assis, songeait; Marie, agenouillée, priait.

La reine-mère se retira doucement chez elle pour songer comme le cardinal.

Si elle eût demeuré quelques instans de plus, elle eût pourtant assisté à des choses vraiment dignes d'elle.

Marie Stuart, se relevant de sa fervente prière, dit au cardinal :

— Rien ne vous retient de veiller avec moi, mon oncle, puisque je compte rester ici jusqu'au réveil du roi. Dayelle, les médecins, et les gens de service à côté, suffiraient s'il était besoin de quelque chose. Vous pouvez donc aller prendre un peu de repos. Je vous ferai avertir s'il est nécessaire.

— Non, dit le cardinal, le duc de Guise, que nombre d'affaires à expédier a dû retenir jusqu'à présent, m'a dit qu'avant de se retirer il viendrait savoir des nouvelles du roi, et je lui ai promis qu'il me trouverait auprès de lui... Et, tenez, madame, n'est-ce pas justement son pas que j'entends ?

— Oh ! qu'il ne fasse pas de bruit ! s'écria Marie, s'élançant pour avertir le Balafré.

Le duc de Guise entra en effet tout pâle et tout agité. Il salua la reine, mais, dans sa préoccupation, il ne demanda pas le moins du monde des nouvelles du roi, et alla droit à son frère, qu'il prit à part dans la large embrasure d'une fenêtre :

— Une terrible nouvelle ! un vrai coup de foudre ! lui dit-il pour commencer.

— Qu'y a-t-il encore ? demanda Charles de Lorraine.

— Le connétable de Montmorency a quitté Chantilly avec quinze cents gentilshommes, dit le duc de Guise. Pour mieux cacher sa marche, il a évité Paris en venant d'Ecouen et de Corbeil à Pithiviers par la vallée d'Essonne. Il sera demain aux portes d'Orléans avec sa troupe. Je viens d'en recevoir l'avis.

— C'est terrible, en effet ! dit le cardinal ; le vieux routier veut sauver la tête de son neveu. Je gage que c'est encore la reine-mère qui l'a fait prévenir ! Et ne pouvoir rien contre cette femme !

— Ce n'est pas le moment d'agir contre elle, mais d'agir pour nous, dit le Balafré. Que devons-nous faire ?

— Allez avec les nôtres à la rencontre du connétable, dit Charles de Lorraine.

— Répondez-vous de maintenir Orléans quand je n'y serai plus avec mes forces ? demanda le duc.

— Hélas ! non, c'est vrai, répondit le cardinal. Tous ces gens d'Orléans sont mauvais, huguenots et Bourbons dans l'âme. Mais nous avons du moins pour nous les États.

— Et L'Hôpital contre nous, songez-y, mon frère. Ah ! la position est dure ! Comment va le roi ? dit-il enfin, le danger lui rappelant sa dernière ressource.

— Le roi va mal, répondit Char es de Lorraine ; mais Ambroise Paré, qui est venu à Orléans sur l'invitation de la reine, je vous expliquerai cela, espère encore le sauver demain matin par une opération hasardeuse, mais nécessaire, qui peut avoir d'heureux résultats. Soyez donc ici à neuf heures, mon frère, pour soutenir Ambroise, au besoin.

— Certes ! dit le Balafré, car là est notre unique espoir. Notre autorité mourrait du coup avec François II ; et pourtant qu'il serait bon d'épouvanter et peut-être de faire reculer le connétable en lui envoyant, pour sa bienvenue, la tête de son neveu de Condé !

— Oui, ce serait éloquent, c'est bien mon avis, dit le cardinal réfléchissant.

— Mais ce maudit L'Hôpital arrête tout ! reprit le Balafré.

— Si, au lieu de sa signature, nous avions sur l'arrêt du prince celle du roi, dit Charles de Lorraine, rien ne s'opposerait, en somme, n'est-ce pas vrai, mon frère ?... à ce que l'exécution eût lieu demain matin, avant l'arrivée de Montmorency, avant la tentative d'Ambroise Paré ?

— Ce ne serait pas très légal, mais ce serait possible, répondit le Balafré.

— Eh bien ! laissez vivement Charles de Lorraine, laissez-moi ici, mon frère ; il n'y a rien à faire pour vous cette nuit, et vous devez avoir besoin de repos ; deux heures viennent de sonner à l'horloge du bailliage. Il faut ménager vos forces pour demain. Retirez-vous et laissez-moi. Je veux, moi aussi, tenter la cure désespérée de notre fortune.

— Qu'est-ce que c'est ? demanda le duc de Guise ? Ne faites rien de définitif sans me consulter au moins, monsieur mon frère !

— Soyez tranquille ! si j'ai ce que je veux, j'irai vous réveiller demain avant le jour pour m'entendre avec vous.

— A la bonne heure ! dit le Balafré. Sur cette assurance, je me retire ; car il est vrai que je suis épuisé. Mais de la prudence !

Il alla adresser à Marie Stuart quelques paroles de condoléance, et sortit en faisant le moins de bruit possible sur sa recommandation.

Cependant, le cardinal s'assit devant une table et écrivit une copie de l'arrêt de la commission dont il avait gardé l'expédition par devers lui.

Cela fait, il se leva et marcha vers le lit du roi.

Mais Marie Stuart se dressa debout devant lui et l'arrêta du geste.

— Où allez-vous? lui dit-elle d'une voix basse et pourtant ferme et déjà courroucée.

— Madame, répondit le cardinal, il est important, il est indispensable que le roi signe ce papier...

— Ce qui est important, ce qui est indispensable, dit Marie, c'est que le roi repose tranquille.

— Son nom au bas de cet écrit, madame, et je ne l'importunerai plus.

— Mais vous le réveillerez, reprit la reine, et je ne le veux pas. D'ailleurs, il est incapable en ce moment de tenir une plume.

— Je la tiendrai pour lui, dit Charles de Lorraine.

— Je vous ai dit : Je ne veux pas ! reprit avec autorité Marie Stuart.

Le cardinal s'arrêta un moment, surpris par cet obstacle auquel il n'avait pas songé.

Puis il reprit de son ton insinuant :

— Écoutez-moi, madame. Ma chère nièce, écoutez-moi. Je vais vous dire ce dont il s'agit. Vous comprenez bien que je respecterais le repos du roi, si je n'étais contraint par la nécessité la plus grave. C'est de notre fortune et de la vôtre, de notre salut et du vôtre qu'il est ici question. Entendez-moi bien. Il faut que ce papier soit signé par le roi avant que le jour se lève, ou nous sommes perdus ! perdus, je vous l'avoue !

— Cela ne me regarde pas, dit tranquillement Marie.

— Mais si ! mais encore une fois notre ruine est votre ruine, voyons ! que vous êtes !

— Eh bien ! que m'importe ! dit la reine. Est-ce que je me soucie de vos ambitions, moi ! Mon ambition, c'est de sauver celui que j'aime, c'est de préserver sa vie si je puis, et, en attendant, son précieux repos. Maître Paré m'a confié le sommeil du roi. Je vous défends, de le troubler, monsieur. Entendez-moi bien, à votre tour. Je vous le défends ! Le roi mort, meure ma royauté ! cela m'est bien égal ! Mais tant qu'il lui restera un souffle de vie, je protégerai ce dernier souffle contre les exigences odieuses de vos intrigues de cour. J'ai continué, mon oncle, plus que je ne l'aurais dû, je le crois, à raffermir dans vos mains le pouvoir quand mon François était debout et bien portant ; mais ce pouvoir je le reprends tout entier dès qu'il s'agit de faire respecter les dernières heures de calme que Dieu lui accorde peut-être en cette vie. Le roi, a dit maître Paré, aura besoin demain du peu de forces qui lui restent. Personne au monde, sous quelque prétexte que ce soit, ne lui dérobera une parcelle de ce sommeil réparateur...

— Mais quand le motif est tellement grave et urgent ?... dit le cardinal.

— Sous quelque prétexte que ce soit, personne au monde ne réveillera le roi, reprit Marie.

— Ah ! mais il le faut ! repartit Charles de Lorraine, honteux à la fin d'être si longtemps arrêté par la seule résistance d'un enfant, de sa nièce. Les intérêts de l'État, madame, ne s'accommodent point des choses de sentiment. La signature du roi m'est nécessaire sur-le-champ, et je l'aurai.

— Vous ne l'aurez pas, monsieur le cardinal, dit Marie.

Le cardinal fit un pas encore vers le lit du roi.

Mais de nouveau, Marie Stuart se mit devant lui et lui barra le passage.

La reine et le ministre se regardèrent un instant face à face, aussi palpitants, aussi courroucés l'un que l'autre.

— Je passerai, dit Charles de Lorraine d'une voix brève.

— Vous osez donc porter la main sur moi, monsieur?

— Ma nièce!...

— Non plus votre nièce, votre reine!

Ce fut dit d'un ton si ferme, si digne et si royal que le cardinal interdit recula.

— Oui, votre reine! reprit Marie, et si vous faites encore un pas, encore un geste, tandis que vous irez au roi, j'irai à cette porte, moi; j'appellerai ceux qui doivent y veiller, et tout mon oncle, tout ministre, tout cardinal que vous êtes, j'ordonnerai, moi la reine, qu'on vous arrête sur l'heure comme criminel de lèse-majesté.

— Un tel scandale!... murmura le cardinal épouvanté.

— Qui de nous l'aura voulu, monsieur?

L'œil étincelant, les narines gonflées, le sein ému, toute l'attitude déterminée de la jeune reine disait assez qu'elle exécuterait sa menace.

Et puis, elle était si belle, si fière et en même temps si touchante ainsi, que le prêtre au cœur de bronze se sentit vaincu et remué.

L'homme céda à l'enfant; la raison d'Etat obéit au cri de la nature.

— Allons! dit le cardinal en soupirant profondément, j'attendrai donc que le roi s'éveille...

— Merci! dit Marie, revenant à l'accent triste et doux qui depuis la maladie du roi lui était habituel.

— Mais du moins, reprit Charles de Lorraine, dès qu'il s'éveillera...

— S'il est en état de vous entendre et de vous satisfaire, mon oncle, je n'empêcherai plus rien.

Il fallait bien que le cardinal se contentât de cette promesse. Il alla se remettre à sa table, et Marie revint à son prie-dieu, lui, attendant; elle, espérant.

Mais les heures lentes de cette nuit de veille passèrent sans que François II se réveillât. La promesse d'Ambroise Paré n'avait pas été vaine; il y avait bien des nuits que le roi n'avait reposé d'un sommeil si long et si profond.

De temps en temps, il faisait bien un mouvement, il poussait une plainte, il prononçait un mot, un nom surtout, celui de Marie.

Mais il retombait presque aussitôt dans son assoupissement. Et le cardinal, qui s'était levé en hâte, devait retourner, désappointé, à sa place.

Il froissait alors dans sa main avec impatience cet arrêt inutile, cet arrêt fatal et qui, sans la signature du roi, devenait peut-être le sien...

Il vit ainsi à peu les flambeaux s'user et pâlir, et l'aube froide de décembre blanchir les vitraux...

Enfin, comme huit heures sonnaient, le roi s'agita; ouvrit les yeux et appela:

— Marie! es-tu là, Marie?

— Toujours, dit Marie Stuart.

Charles de Lorraine s'élança, son papier à la main. Il était encore temps peut-être! un échafaud est vite dressé!...

Mais, au même instant, Catherine de Médicis rentra, par sa porte à elle, dans la chambre royale.

— Trop tard! se dit le cardinal. Ah! la fortune nous abandonne! et si Ambroise ne sauve pas le roi, nous sommes perdus!

CVI.

LE LIT DE MORT DES ROIS.

La reine-mère, pendant cette nuit, n'avait pas perdu son temps. Elle avait d'abord envoyé chez le roi de Navarre le cardinal de Tournon, sa créature, et avait arrêté ses conventions écrites avec les Bourbons. Puis, avant le jour elle avait reçu le chancelier L'Hôpital, qui lui apprit l'arrivée prochaine à Orléans de son allié le connétable. L'Hôpital, prévenu par elle, promit de se trouver à neuf heures dans la grande salle du Bailliage qui précédait la chambre du roi, et d'y amener autant de partisans de Catherine qu'il pourrait en trouver. Enfin, la reine-mère avait fait mander pour huit heures et demie Chapelain et deux ou trois autres médecins royaux dont la médiocrité était l'ennemie-née du génie d'Ambroise Paré.

Ses précautions ainsi prises, elle entra la première, comme nous l'avons vu, dans la chambre du roi qui venait de s'éveiller. Elle alla d'abord au lit de son fils, le contempla quelques instants en hochant la tête comme une mère douloureuse, mit un baiser sur sa main pendante, et, en essuyant une ou deux larmes, vint s'asseoir de façon à l'avoir toujours en vue.

Elle aussi, comme Marie Stuart, voulait désormais veiller, à sa manière, sur cette précieuse agonie.

Le duc de Guise entra presque aussitôt. Après avoir échangé quelques mots avec Marie, il alla vers son frère.

— Vous n'avez donc rien fait? lui demanda-t-il.

— Hélas! je n'ai pu rien faire, répondit le cardinal.

— La chance tourne contre nous alors, reprit le Balafré. Il y a foule ce matin dans l'antichambre d'Antoine de Navarre.

— Et de Montmorency avez-vous des nouvelles?

— Aucune. J'en ai vainement attendu jusqu'ici. Il n'aura pas pris la voie directe. Il est peut-être maintenant aux portes de la ville. Si Ambroise Paré échoue dans son opération, adieu notre fortune! reprit avec consternation Charles de Lorraine.

Les médecins, avertis par Catherine de Médicis, arrivèrent en ce moment.

La reine-mère les conduisit elle-même au lit du roi, dont les souffrances et les gémissemens avaient recommencé.

Les médecins examinèrent tour à tour leur royal malade, puis se groupèrent dans un coin pour se consulter. Chapelain proposait un cataplasme pour attirer au dehors les humeurs; mais les deux autres se prononcèrent pour l'injection dans l'oreille d'une certaine eau composée.

Ils venaient de s'arrêter à ce dernier moyen quand Ambroise Paré entra, accompagné de Gabriel.

Après avoir été examiner l'état du roi, il rejoignit ses confrères.

Ambroise Paré, chirurgien du duc de Guise, et dont la renommée de science s'était déjà établie, était maintenant une autorité avec laquelle il fallait compter. Les médecins lui apprirent donc ce qu'ils venaient de résoudre.

— Le remède est insuffisant, je l'affirme, dit Ambroise Paré à voix haute, et cependant il faut se hâter; car le cerveau se remplira plutôt que je ne l'aurais cru.

— Oh! hâtez-vous donc, au nom du ciel! s'écria Marie Stuart qui avait entendu.

La reine-mère et les deux Guises se rapprochèrent alors des médecins et se mêlèrent à eux.

— Avez-vous donc, maître Paré, demanda Chapelain, un moyen meilleur et plus prompt que le nôtre?

— Oui, dit Paré.

— Et lequel?

— Il faudrait trépaner le roi, dit Ambroise Paré.

— Trépaner le roi! s'écrièrent les trois médecins avec horreur.

— En quoi consiste donc cette opération? demanda le duc de Guise.

— Elle est peu connue encore, monseigneur, dit le chirurgien. Il s'agit, avec un instrument inventé par moi et que je nomme trépan, de pratiquer sur le sommet de la tête, ou plutôt sur la partie latérale du cerveau, une ouverture de la largeur d'un angelot.

— Dieu de miséricorde! s'écria avec indignation Catherine de Médicis. Porter le fer sur la tête du roi! Et vous l'oseriez!

— Oui, madame, répondit simplement Ambroise.

— Mais ce serait un assassinat! reprit Catherine.

— Eh! madame, dit Ambroise, trouer la tête avec science et précaution, n'est-ce pas faire seulement ce que fait journellement sur le champ de bataille l'épée aveugle et violente? Pourtant, combien de blessures ne guérissons-nous pas?

— Enfin, demanda le cardinal de Lorraine, répondez-vous des jours du roi? maître Ambroise.

— Dieu seul a la vie et la mort des hommes dans ses mains, vous le savez mieux que moi, monsieur le cardinal. Tout ce que je peux assurer, c'est que cette chance est la dernière et la seule de sauver le roi. Oui, c'est l'unique chance! mais ce n'est qu'une chance.

— Vous dites pourtant que votre opération peut réussir, n'est-ce pas, Ambroise? dit le Balafré. Voyons, l'avez-vous déjà pratiquée avec succès?

— Oui, monseigneur, répondit Ambroise Paré; il y a peu de temps encore sur monsieur de La Bretesche, rue de la Harpe, à la Rose Rouge, et, pour parler de choses que monseigneur pourra mieux connaître, je la fis au siège de Calais à monsieur de Pienne, qui avait été blessé sur la brèche.

Ce n'était peut-être pas sans intention qu'Ambroise Paré rappelait les souvenirs de Calais. Toujours est-il qu'il réussit et que le duc de Guise parut frappé :

— En effet, il m'en souvient, dit-il. Dès lors, je n'hésite plus, moi... je consens à l'opération.

— Et moi aussi, dit Marie Stuart que son amour éclairait sans doute.

— Mais non pas moi! s'écria Catherine.

— Eh! madame, puisqu'on vous dit que c'est *notre* seule chance! reprit Marie.

— Qui dit cela? fit la reine-mère. Maître Ambroise Paré, un hérétique? Mais ce n'est pas l'avis des médecins.

— Non, madame, dit Chapelain, et ces messieurs et moi nous protestons contre le moyen que propose maître Paré.

— Ah! voyez-vous bien? s'écria Catherine triomphante.

Le Balafré, hors de lui, alla à la reine-mère et l'emmena dans l'embrasure d'une croisée :

— Madame, écoutez ceci, lui dit-il à voix basse et les dents serrées, vous voulez que votre fils meure et que votre prince de Condé vive!... Vous êtes d'accord avec les Bourbons et avec les Montmorency!... Le marché est conclu, les dépouilles sont partagées d'avance!... Je sais tout. Prenez garde!... je sais tout, vous dis-je!...

Mais Catherine de Médicis n'était pas de celles qu'on intimide, et le duc de Guise se fourvoyait. Elle ne comprit que mieux la nécessité de l'audace, puisque son ennemi jetait ainsi le masque devant elle. Elle lui lança un regard foudroyant, et, lui échappant par un mouvement soudain, elle courut à la porte qu'elle ouvrit à deux battants elle-même.

— Monsieur le chancelier! cria-t-elle.

L'Hôpital, selon les ordres reçus, se tenait là dans la grande salle, attendant. Il y avait rassemblé tout ce qu'il avait pu rencontrer de partisans de la reine-mère et des princes.

A l'appel de Catherine, il s'avança en hâte, et les groupes de seigneurs se pressèrent curieusement du côté de la porte ouverte.

— Monsieur le chancelier, continua Catherine, à voix haute pour être bien entendue, on veut autoriser sur la personne du roi une opération violente et désespérée. Maître Paré prétend lui percer la tête avec un instrument. Moi sa mère, je proteste avec les trois médecins ici présens contre ce crime... Monsieur le chancelier, enregistrez ma déclaration.

— Fermez cette porte! s'écria le duc de Guise.

Malgré les murmures des gentilshommes réunis dans la grande salle, Gabriel fit ce qu'ordonnait le duc.

Le chancelier seul resta dans la chambre du roi.

— Maintenant, monsieur le chancelier, lui dit le Balafré, sachez que cette opération dont on vous parle est nécessaire, et que la reine et moi, le lieutenant général du royaume, nous répondons, sinon de l'opération, au moins du chirurgien.

— Et moi, s'écria Ambroise Paré, j'accepte en ce moment suprême toutes les responsabilités qu'on voudra m'imposer. Oui, je veux bien qu'on prenne ma vie si je ne parviens à sauver celle du roi. Mais hélas! il est bien temps! Voyez le roi! voyez!

François II, en effet, livide, immobile, les yeux éteints, semblait ne plus voir, ne plus entendre, ne plus exister. Il ne répondait plus, ni aux caresses, ni aux appels de Marie.

— Oh! oui, hâtez-vous! dit celle-ci à Ambroise, hâtez-vous, au nom de Jésus! Tâchez seulement de sauver la vie du roi, je protégerai la vôtre.

— Je n'ai le droit de rien empêcher, dit le chancelier impassible, mais mon devoir est de constater la protestation de madame la reine-mère.

— Monsieur de L'Hôpital, vous n'êtes plus chancelier, reprit froidement le duc de Guise. Allez, Ambroise, dit-il au chirurgien.

— Nous nous retirons, nous, dit Chapelain au nom des médecins.

— Soit, répondit Ambroise. J'ai besoin du plus grand calme autour de moi. Laissez-moi donc, si vous voulez, messieurs. Pour être seul maître, je serai seul responsable.

Depuis quelques instans, Catherine de Médicis ne prononçait plus une parole, ne faisait plus un mouvement. Elle s'était retirée près de la fenêtre et regardait dans la cour du Bailliage, où l'on entendait un grand tumulte. Mais, dans la crise de ce dénoûment, personne, hormis elle, n'avait prêté d'attention au bruit du dehors.

Tous, et le chancelier lui-même avaient les yeux rivés sur Ambroise Paré qui avait repris le sang-froid supérieur du grand chirurgien, et qui préparait ses instruments. Mais au moment où il se penchait vers François II, le tumulte éclata plus proche, dans la salle voisine même. Un amer et joyeux sourire éclaira les lèvres pâles de Catherine. La porte s'ouvrit avec violence, et le connétable de Montmorency, armé comme en guerre, apparut menaçant sur le seuil.

— J'arrive à propos!... s'écria le connétable.

— Qu'est-ce que cela signifie? dit le duc de Guise en mettant la main sur sa dague.

Forcément, Ambroise Paré s'était arrêté. Vingt gentilshommes accompagnaient Montmorency et se répandaient jusque dans la chambre. A son côté, un côté Antoine de Bourbon et le prince de Condé. De plus, la reine-mère et L'Hôpital vinrent se ranger auprès de lui. Il n'y avait même plus moyen d'employer la force pour être les maîtres dans la chambre royale.

— A mon tour, dit Ambroise désespéré, je me retire...

— Maître Paré, s'écria Marie Stuart, moi, la reine, je vous ordonne de poursuivre l'opération!

— Eh! madame, reprit le chirurgien, je vous ai dit que le plus grand calme m'était nécessaire!... Et vous voyez!...

Il montra le connétable et sa suite.

— Monsieur Chapelain, dit-il au premier médecin, essayez votre injection.

— Ce serait l'affaire d'un instant, dit vivement Chapelain. Tout est préparé.

Assisté de ses deux confrères, il pratiqua sur-le-champ l'injection dans l'oreille du roi.

Marie Stuart, les Guises, Gabriel, Ambroise laissaient faire et se taisaient, écrasés et comme pétrifiés.

Le connétable bavardait sottement tout seul.

— A la bonne heure! disait-il, satisfait de la docilité forcée de maître Paré. Quand je pense que sans moi vous alliez ouvrir comme cela la tête du roi. On ne frappe ainsi les rois de France que sur les champs de bataille, voyez-vous!... Le fer de l'ennemi peut seul les toucher, mais le fer d'un chirurgien, jamais!

Et, jouissant de l'abattement du duc de Guise, il reprit :

— Il était temps que j'arrivasse, Dieu merci! Ah! messieurs, vous vouliez, me dit-on, faire trancher la tête à mon cher et brave neveu, le prince de Condé ! Mais vous avez réveillé le vieux lion dans son antre, et le voici ! J'ai délivré le prince ; j'ai parlé aux États que vous opprimiez. J'ai, comme connétable, congédié les sentinelles que vous aviez mises aux portes d'Orléans. Depuis quand est il d'usage de donner ainsi des gardes au roi, comme s'il n'était pas en sûreté au milieu de ses sujets?...

— De quel roi parlez-vous ? lui demanda Ambroise Paré, il n'y aura bientôt plus d'autre roi que le roi Charles IX ; car vous voyez, messieurs, dit-il aux médecins, malgré votre injection, le cerveau s'engage, l'épanchement commence.

Catherine de Médicis vit bien à l'air désolé d'Ambroise que tout espoir était perdu.

— Votre règne s'achève donc, monsieur, ne put-elle s'empêcher de dire au Balafré.

François II, en ce moment, se souleva par un brusque mouvement, rouvrit de grands yeux effarés, remua les lèvres comme pour balbutier un nom, puis retomba lourdement sur l'oreiller.

Il était mort.

Ambroise Paré, par un geste de douleur, l'annonça aux assistans.

— Ah ! madame ! madame ! vous avez tué votre enfant ! cria Marie Stuart à Catherine en bondissant éperdue, effarée, vers elle.

La reine-mère enveloppa sa bru d'un regard venimeux et glacé, où déborda toute la haine qu'elle avait couvée pour elle pendant dix-huit mois..

— Vous, ma chère, lui dit-elle, vous n'avez plus le droit de parler ainsi, entendez-vous ; car vous n'êtes plus reine. Ah ! si fait ! reine en Écosse. Et nous vous renverrons au plus tôt régner dans vos brouillards.

Marie Stuart, par une réaction inévitable après ce premier élan de la douleur, tomba, faible et sanglotante, à genoux, au pied du lit où gisait le roi.

— Madame de Fiesque, continua tranquillement Catherine, allez tout de suite chercher le duc d'Orléans.

— Messieurs, reprit-elle en regardant le duc de Guise et le cardinal, les États, qui étaient peut-être à vous il y a un quart d'heure, sont maintenant à nous, vous vous en doutez bien. Il est entendu entre monsieur de Bourbon et moi que je serai régente et qu'il sera lieutenant général du royaume. Mais vous, monsieur de Guise, vous êtes *encore* le grand-maître, accomplissez donc le devoir de votre charge, annoncez la mort du roi François II.

— Le roi est mort ! dit le Balafré d'une voix sourde et profonde.

Le roi d'armes répéta à voix haute sur le seuil de la grand'salle, selon le cérémonial d'usage :

Le roi est mort ! le roi est mort ! le roi est mort ! Priez Dieu pour le salut de son âme.

Et, tout de suite, le premier gentilhomme reprit :

— Vive le roi !

Dans le même instant, madame de Fiesque amenait le duc d'Orléans à la reine-mère, qui le prit par la main et sortit avec lui pour le montrer aux courtisans criant autour d'eux :

— Vive notre bon roi Charles IX !...

— Voilà notre fortune échouée ! dit tristement le cardinal à son frère resté seul en arrière avec lui.

— La nôtre peut-être, mais non pas celle de notre maison, répondit l'ambitieux. Il faut songer à préparer les voies à mon fils, maintenant.

— Comment renouer avec la reine-mère ? demanda Charles de Lorraine pensif.

— Laissons-la se brouiller avec ses Bourbons et ses huguenots, dit le Balafré.

Ils quittèrent la chambre par une porte dérobée en continuant de causer...

— Hélas ! hélas ! murmurait Marie Stuart baisant la main glacée de François II, il n'y a pourtant ici que moi qui pleure pour lui, ce pauvre mignon qui m'a tant aimée !

— Et moi, madame, dit en s'avançant, les yeux pleins de larmes, Gabriel de Montgommery, qui s'était jusque-là tenu à l'écart.

— Oh ! merci ! lui dit Marie avec un regard où elle mit son âme.

— Et je ferai plus que de le pleurer, reprit à demi-voix Gabriel en suivant de loin d'un œil de colère Montmorency qui se pavanait à côté de Catherine de Médicis... Oui, je le vengerai peut-être, en reprenant l'œuvre inachevée de ma propre vengeance. Puisque ce connétable est redevenu puissant, la lutte entre nous n'est pas finie !

Gabriel, en présence de ce mort, gardait donc, hélas ! lui aussi, une pensée personnelle.

Décidément, Regnier La Planche a raison de dire « qu'il fait mauvais être roi pour mourir. »

Et il n'a pas moins raison sans doute quand il ajoute :

« Durant ce règne de François deuxième, la France servit de théâtre où furent jouées plusieurs terribles tragédies que la postérité, à juste occasion, admirera et détestera tout ensemble. »

CVII.

ADIEU, FRANCE !...

Huit mois après la mort de François II, le 15 août 1561, Marie Stuart était sur le point de s'embarquer à Calais pour son royaume d'Écosse.

Ces huit mois elle les avait disputés jour par jour et, pour ainsi dire, heure par heure, à Catherine de Médicis et même à ses oncles, pressés aussi, pour des motifs différens, de lui voir quitter la France. Mais Marie ne pouvait se résoudre, elle, à s'éloigner de ce doux pays où elle avait été une reine si heureuse et si aimée. Jusque dans les douloureux souvenirs qui lui rappelaient son veuvage prématuré, ces lieux chéris avaient pour elle un charme et une poésie auxquels elle ne pouvait s'arracher.

Marie Stuart ne sentait pas seulement cette poésie, elle l'exprimait aussi. Elle ne pleura pas seulement la mort de François II comme une femme, elle la chanta comme une muse. Brantôme, dans son admiration pour elle, nous a conservé la douce complainte qu'elle fit à cette occasion, et qui se peut comparer aux plus remarquables poésies de cette époque :

En mon triste et doux chant,
D'un ton fort lamentable,
Je jette un deuil tranchant
De perte incomparable,
Et en soupirs croi-sans
Passent mes meilleurs ans.

Fut-il un tel malheur
De dure destinée,
Ni si triste douleur
De dame fortunée,
Que mon cœur et mon œil
Voient en bière et cercueil !

Que dans mon doux printemps,
À fleur de ma jeunesse
Toutes les peines sens
D'une extrême tristesse
Et en rien n'ai plaisir
Qu'en regret et désir.

Ce qui m'était plaisant
Me devient peine dure !
Le jour le plus luisant
Est pour moi nuit obscure !
Et n'est rien si exquis
Qui de moi soit requis !

Si en quelque séjour,
Soit en bois, soit en prée,
Soit à l'aube du jour
Ou soit sur la vesprée,
Sans cesse mon cœur sent
Le regret d'un absent.

Si parfois vers les cieux
Viens à dresser ma vue,
Le doux trait de ses yeux
Je vois en une nue.
Si les baisse vers l'eau,
Vois comme en un tombeau.

Si je suis en repos
Sommeillant sur ma couche,
J'oy qu'il me tient propos,
Je le sens qui me touche !
En labeur, en recoy,
Toujours est près de moi.

Mets, chanson, ici fin
A la triste complainte
Dont sera le refrain :
Amour vraie et sans feinte
Qui pour séparation
N'aura diminution.

C'est à Reims où elle s'était retirée d'abord, auprès de son oncle de Lorraine, que Marie Stuart laissa échapper cette plainte harmonieuse et touchante. Elle resta jusqu'à la fin du printemps en Champagne. Puis, les troubles religieux qui avaient éclaté en Écosse exigèrent sa présence en ce pays. D'un autre côté, l'admiration presque passionnée que Charles IX enfant témoignait en parlant de sa belle-sœur inquiétait l'ombrageuse régente Catherine. Il fallut donc que Marie Stuart se résignât à partir.

Elle vint au mois de juillet prendre congé de la cour à Saint-Germain, et les marques de dévoûment et presque d'adoration qu'elle y reçut augmentèrent encore, s'il était possible, ses amers regrets.

Son douaire, assigné sur la Touraine et le Poitou, avait été fixé à vingt mille livres de rente ; elle emportait aussi en Écosse de riches joyaux, et cette proie pouvait tenter quelque écumeur de mer. On craignait de plus pour elle quelque violence de la part d'Élisabeth d'Angleterre, qui voyait dans la jeune reine d'Écosse une rivale. Nombre de gentils hommes s'offrirent donc à escorter Marie jusque dans son royaume, et, quand elle arriva à Calais, elle se vit entourée, non seulement de ses oncles, mais de monsieur de Damville, de Brantôme, enfin de la meilleure part de cette cour élégante et chevaleresque.

Marie trouva dans le port de Calais deux galères qui l'attendaient, toutes prêtes à son premier ordre. Mais elle resta encore à Calais six jours, tant ceux qui l'avaient accompagnée jusque là, arrivés au terme fatal, avaient peine à se séparer d'elle !

Enfin, le 15 août fut, comme nous l'avons dit, fixé pour le départ. Le temps, ce jour-là, était gris et triste, mais sans vent ni pluie.

Sur le rivage même, et avant de mettre le pied sur la planche du bateau qui l'allait emmener, Marie, pour remercier tous ceux qui l'avaient escortée jusqu'aux limites de la patrie, voulut donner à chacun d'eux sa main à baiser dans un adieu suprême.

Tous vinrent donc, tristes et respectueux, s'agenouiller devant elle, et poser tour à tour leurs lèvres sur cette main adorée.

Le dernier de tous fut un gentilhomme qui n'avait pas quitté depuis Saint-Germain la suite de Marie, mais qui pendant la route était resté constamment en arrière, caché par son manteau et son chapeau, et qui ne s'était montré et n'avait parlé à personne.

Mais quand il vint à son tour s'agenouiller devant la reine, son chapeau à la main, Marie reconnut Gabriel de Montgommery.

— Quoi ! c'est vous, comte ! lui dit-elle. Ah ! je suis heureuse de vous revoir encore, ami fidèle, qui avez pleuré avec moi mon roi mort. Mais, si vous étiez parmi ces nobles gentilshommes, pourquoi donc ne vous êtes-vous pas montré à moi ?

— J'avais besoin de vous voir et non d'être vu, madame, répondit Gabriel. Dans mon isolement, je recueillais mieux mes souvenirs et savourais plus intimement la douceur qu'il y avait pour moi à remplir envers vous un si cher devoir.

— Merci encore une fois de cette dernière preuve d'attachement, monsieur le comte, dit Marie Stuart. Je voudrais vous en témoigner ma reconnaissance mieux qu'avec des paroles. Mais je ne puis plus rien, et, à moins qu'il ne vous plaise de me suivre dans ma pauvre Écosse, avec messieurs de Damville et Brantôme...

— Ah ! ce serait mon vœu le plus ardent, madame ! s'écria Gabriel. Mais un autre appel me retient en France. Une personne, qui m'est aussi bien chère et bien sacrée et que depuis plus de deux ans je n'ai pas revue, m'attend à l'heure qu'il est...

— S'agirait-il de Diane de Castro ? demanda vivement Marie.

— Oui, madame, dit Gabriel. Par un avis reçu à Paris le mois dernier, elle me mandait à Saint-Quentin pour aujourd'hui 15 août. Je n'arriverai près d'elle que demain ; mais, quelque soit le motif pour lequel elle me demande, elle me pardonnera, j'en suis sûr, quand elle saura que je n'ai voulu vous quitter qu'au moment où vous quittiez la France.

— Chère Diane ! reprit Marie pensive, oui, elle m'a aimée, elle aussi, et elle a été pour moi une sœur. Tenez, monsieur de Montgommery, remettez-lui en souvenir de moi cet anneau, et allez la rejoindre bien vite. Elle a besoin de vous peut-être, et, dès qu'il s'agit d'elle, je ne veux plus vous retenir. Adieu. Adieu, mes amis, adieu tous. On m'attend. Il faut que je parte, hélas ! il le faut.

Elle s'arracha aux adieux qui voulaient la retenir encore, mit le pied sur la planche du bateau, et passa sur la galère de monsieur de Mévillon, suivie des seigneurs enviés qui devaient l'accompagner jusqu'en Écosse.

Mais de même que l'Écosse ne pouvait consoler Marie de la France, ceux qui venaient avec elle ne pouvaient lui faire oublier ceux qu'elle quittait. Aussi était-ce ceux-là qu'elle semblait aimer le plus. Debout, à la proue de la galère, elle ne cessait de saluer de son mouchoir qu'elle tenait à la main, et dont elle essuyait ses larmes, les parens et les amis qu'elle laissait sur le rivage.

Enfin, elle entra en pleine mer, et sa vue fut attirée malgré elle vers un bâtiment qui allait rentrer dans le port d'où elle sortait et qu'elle suivait des yeux, enviant sa destinée, lorsque tout à coup le navire se pencha en avant comme s'il eût reçu un choc sous-marin, et, tremblant depuis sa quille jusqu'à sa mâture, commença, au milieu des cris de son équipage, à s'enfoncer dans la mer ; ce qui se fit si rapidement qu'il avait disparu avant que la galère de monsieur de Mévillon eût pu lancer sa barque à son secours. Un instant on vit surnager, à l'endroit où s'était abîmé le vaisseau, quelques points noirs qui se maintinrent un instant sur la surface de l'eau, puis s'enfoncèrent les uns après les autres, avant qu'on pût arriver jusqu'à eux, malgré que l'on fît force de rames ; si bien que la barque revint sans avoir pu sauver un seul naufragé.

— O mon Dieu ! Seigneur ! s'écria Marie Stuart, quel augure de voyage que celui-ci !

Pendant ce temps, le vent avait fraîchi, et la galère commençait de marcher à la voile ; ce qui permettait à la chiourme de se reposer. Marie voyant qu'elle s'éloignait rapidement de la terre, s'appuya sur la muraille de la poupe, les yeux tournés vers le port, la vue obscurcie par de grosses larmes, et ne cessant de répéter :

— Adieu, France ! adieu, France !...

Elle resta ainsi près de cinq heures, c'est-à-dire jusqu'au moment où la nuit tomba, et sans doute elle n'eût point pensé à se retirer d'elle-même si Brantôme ne fût venu la prévenir qu'on l'attendait pour souper.

Alors, redoublant de pleurs et de sanglots :
— C'est bien à cette heure, ma chère France, dit-elle, que je vous perds tout à fait, puisque la nuit, jalouse de mon dernier bonheur, apporte son voile noir devant mes yeux pour me priver d'un tel bien. Adieu donc, ma chère France, je ne vous verrai jamais plus !

Puis, faisant signe à Brantôme qu'elle allait descendre après lui, elle prit ses tablettes, en tira un crayon, s'assit sur un banc, et, aux derniers rayons du jour, elle écrivit ces vers si connus :

Adieu, plaisant pays de France !
O ma patrie
La plus chérie,
Qui a nourri ma jeune enfance !
Adieu, France ! adieu, mes beaux jours !
La nef qui disjoint nos amours
N'a eu de moi que la moitié :
Une part te reste, elle est tienne,
Je la fie à ton amitié,
Pour que l'autre il te souvienne.

Alors elle descendit enfin, et, s'approchant des convives qui l'attendaient :
— J'ai fait tout le contraire de la reine de Carthage, dit-elle ; car Didon, lorsqu'Enée s'éloigna d'elle, ne cessa de regarder les flots, tandis que moi je ne pouvais détacher mes yeux de la terre.

On l'invita à s'asseoir et à souper, mais elle ne voulut rien prendre, et se retira dans sa chambre en recommandant au timonier de la réveiller au jour si on voyait encore la terre.

De ce côté du moins la fortune favorisa la pauvre Marie ; car, le vent étant tombé, le bâtiment ne marcha toute la nuit qu'à l'aide de rames ; de sorte que, lorsque le jour revint, on était encore en vue de la France.

Le timonier entra donc dans la chambre de la reine ainsi qu'elle le lui avait ordonné ; mais il la trouva éveillée, assise sur son lit, et regardant par sa fenêtre ouverte le rivage bien-aimé.

Cependant cette joie ne fut pas longue, le vent fraîchit et l'on perdit bientôt la France de vue. Marie n'avait plus qu'un espoir, c'est qu'on apercevrait au large la flotte anglaise, et qu'on serait obligé de rebrousser chemin. Mais cette dernière chance échappa comme les autres : un brouillard, si épais qu'on ne pouvait se voir d'un bout de la galère à l'autre, s'étendit sur la mer, et cela comme par miracle, puisqu'on était en plein été. On navigua donc au hasard, courant le danger de faire fausse route, mais aussi évitant celui d'être vu de l'ennemi.

En effet, le troisième jour, le brouillard se dissipa, et l'on se trouva au milieu de rochers où, sans aucun doute, la galère se fût brisée si l'on eût fait deux encâblures de plus. Le pilote alors prit hauteur, reconnut qu'il était sur les côtes d'Écosse, et ayant tiré très habilement le navire des récifs où il était engagé, il aborda à Leith, près d'Édimbourg.

Les beaux esprits qui accompagnaient Marie dirent qu'on avait pris terre par un brouillard dans un pays brouillé et brouillon. Marie n'était nullement attendue ; aussi lui fallut-il, pour gagner Édimbourg, se contenter, pour elle et pour sa suite, de pauvres baudets mal harnachés, dont quelques-uns étaient sans selle, et n'avaient pour brides et pour étriers que des cordes. Marie ne put s'empêcher de comparer ces pauvres haquenées aux magnifiques palefrois de France, qu'elle était habituée à voir caracoler aux chasses et aux tournois. Elle versa encore quelques larmes de regret en comparant le pays qu'elle quittait avec celui où elle venait d'entrer. Mais bientôt, avec sa grâce charmante, essayant de sourire à travers ses pleurs :
— Il faut bien prendre son mal en patience, dit-elle, puisque j'ai échangé mon paradis contre un enfer.

Telle fut l'arrivée de Marie Stuart en Angleterre. Nous avons raconté ailleurs (1) le reste de sa vie et sa mort, et comment l'Angleterre impie, ce bourreau fatal de tout ce que la France eut de divin, tua avec elle la grâce, comme elle avait déjà tué l'inspiration en Jeanne d'Arc, comme elle devait tuer dans Napoléon le génie.

Ce fut seulement le lendemain 16 août que Gabriel arriva à Saint-Quentin.
A la porte de la ville, il trouva Jean Peuquoy qui l'attendait.
— Ah ! vous voilà donc enfin, monsieur le comte ! lui dit le brave tisserand. J'étais bien sûr que vous viendriez ! Trop tard, malheureusement ! trop tard !
— Comment ! trop tard ? demanda Gabriel alarmé.
— Hélas ! oui ; la lettre de madame Diane de Castro ne vous mandait-elle pas pour hier 15 août ?
— Sans doute, dit Gabriel, mais sans insister sur cette date précise, mais sans me dire pour quel objet madame de Castro réclamait ma présence.
— Eh bien ! monsieur le comte, reprit Jean Peuquoy, c'est hier 15 août que madame de Castro, ou plutôt la sœur Bénie, a prononcé les vœux éternels qui la font désormais religieuse, sans retour possible au monde.
— Ah ! fit Gabriel pâlissant.
— Et, si vous aviez été là, reprit Jean Peuquoy, vous seriez parvenu, peut-être, à empêcher ce qui est maintenant accompli.
— Non, dit Gabriel d'un air sombre, non, je n'aurais pas pu, je n'aurais pas dû, je n'aurais pas voulu même m'opposer à ce dessein. C'est la Providence sans doute qui m'a retenu à Calais ! Mon cœur, en effet, eût été brisé de son impuissance devant ce sacrifice, et la pauvre chère âme qui se donnait à Dieu aurait eu elle-même, peut-être, à souffrir de ma présence qu'elle n'a dû souffrir de son isolement en ce moment solennel.
— Oh ! dit Jean Peuquoy, elle n'était pas seule !
— Oui, reprit Gabriel, vous étiez là, vous, Jean ; et Babette, et les malheureux, que nous obligeâmes, ses amis...
— Il n'y avait pas que nous, monsieur le comte, dit Jean Peuquoy. La sœur Bénie avait aussi près d'elle sa mère.
— Qui ? madame de Poitiers ? s'écria Gabriel.
— Oui, monsieur le comte, madame de Poitiers elle-même qui, sur une lettre de sa fille, est accourue de sa retraite de Chaumont-sur-Loire, a hier assisté à la cérémonie, et doit encore être, à l'heure qu'il est, à côté de la nouvelle religieuse.
— Oh ! dit Gabriel effrayé, pourquoi madame de Castro a-t-elle fait venir cette femme ?
— Mais, monseigneur, comme elle l'a dit à Babette, cette femme est, après tout, sa mère.
— N'importe ! dit Gabriel. Je commence à croire que j'aurais dû être là hier. Si madame de Poitiers est venue, ce ne saurait être pour faire le bien, ce ne saurait être pour remplir un devoir. Allons au couvent des Bénédictines, voulez-vous, maître Jean ? J'ai hâte maintenant plus que jamais de revoir madame de Castro. Il me semble qu'elle a besoin de moi. Allons vite !

On introduisit sans difficulté au parloir du couvent Gabriel de Montgommery, dont l'arrivée était attendue depuis la veille.
Diane était déjà dans ce parloir avec sa mère.
Gabriel, en la revoyant après une si longue absence, emporté par un irrésistible élan, alla tomber, pâle et morne, à genoux devant la grille qui les séparait à jamais l'un de l'autre.
— Ma sœur ! ma sœur !... put-il dire seulement.
— Mon frère ! répondit avec douceur la sœur Bénie.
Une larme coulait lentement le long de sa joue. Mais, en même temps, elle souriait, comme doivent sourire les anges.
Gabriel, en détournant un peu la tête, aperçut l'autre Diane, madame de Poitiers. Elle riait, elle, comme doivent rire les démons.

(1) Les Stuarts.

Mais Gabriel, avec une méprisante insouciance, ramena aussitôt vers la sœur Bénie et son regard et sa pensée.

— Ma sœur ! répéta-t-il encore avec ardeur et angoisse.

Diane de Poitiers reprit alors froidement :

— C'est sans doute comme votre sœur en Jésus-Christ, monsieur, que vous saluez de ce nom celle qui s'appelait hier encore madame de Castro ?...

— Que voulez-vous dire, madame ? Grand Dieu ! que voulez-vous dire ? demanda Gabriel en se levant tout frémissant :

Diane de Poitiers, sans lui répondre directement, s'adressa à sa fille.

— Mon enfant, voici, je crois, le moment de vous révéler ce secret dont je vous parlais hier et que mon devoir, ce me semble, me défend de vous cacher plus longtemps.

— Oh ! qu'est-ce c'est ? s'écria Gabriel éperdu.

— Mon enfant, continua tranquillement madame de Poitiers, ce n'est pas seulement, je vous l'ai dit, pour vous bénir que je suis sortie de la retraite où, grâce à monsieur de Montgommery, je vis depuis près de deux années. Ne voyez aucune ironie dans mes paroles, monsieur, dit-elle d'un ton ironique pour répondre à un mouvement de Gabriel. Je vous sais gré, en vérité ! de m'avoir arrachée, violemment ou bon, à un monde impie et corrupteur. Je suis heureuse à présent ! la grâce m'a touchée, et l'amour de Dieu remplit tout mon cœur. Pour vous remercier, je veux vous épargner un péché, un crime peut-être.

— Oh ! qu'est-ce que c'est ? dit à son tour la sœur Bénie palpitante.

— Mon enfant, continua Diane de Poitiers avec son infernal sang-froid, j'imagine qu'hier j'aurais pu d'un mot arrêter sur vos lèvres les vœux sacrés que vous alliez prononcer. Mais m'appartenait-il, à moi pauvre pécheresse, si heureuse d'être délivrée des chaînes terrestres, m'appartenait-il de dérober à Dieu une âme qui se donnait à lui, libre et chaste ? Non ! et je me suis tue.

— Je n'ose pas deviner ! je n'ose pas ! murmurait Gabriel.

— Aujourd'hui, mon enfant, reprit l'ex-favorite, je romps le silence parce que je vois, à la douleur et à l'ardeur de monsieur de Montgommery, que vous possédez encore sa pensée toute entière. Or, il faut qu'il vous oublie, il le faut. Et pourtant s'il se berçait toujours de cette illusion que vous pouvez être sa sœur, la fille du comte de Montgommery, il laisserait sans remords ses souvenirs s'égarer vers vous... Ce serait un crime ! un crime dont je ne veux pas, moi convertie d'hier, être la complice. Diane, sachez-le donc : vous n'êtes pas la sœur de monsieur le comte, mais bien réellement la fille du roi Henri II, que monsieur le comte a si malheureusement frappé dans ce tournoi fatal.

— Horreur ! s'écria la sœur Bénie en se cachant le visage de ses deux mains.

— Vous mentez, madame ! dit Gabriel avec violence... vous devez mentir ! La preuve que vous ne mentez pas ?...

— La voici, répondit paisiblement Diane de Poitiers en lui tendant un papier qu'elle prit dans son sein.

Gabriel saisit le papier d'une main tremblante, et le lut avidement.

— C'est, continua madame de Poitiers, une lettre de votre père écrite quelques jours avant sa mort, comme vous voyez. Il s'y plaint de mes rigueurs, comme vous voyez encore. Mais il se résigne, comme vous pouvez voir aussi, en songeant qu'enfin je serai bientôt sa femme et que l'amant n'aura gardé à l'époux qu'une part de bonheur plus entière et plus pure. Oh ! les termes de cette lettre, signée et datée, ne sont nullement équivoques : n'est-ce pas ? Vous voyez donc, monsieur de Montgommery, qu'il eût été criminel à vous de songer à la sœur Bénie : car aucun lien du sang ne vous unit à celle qui est maintenant l'épouse de Jésus-Christ. Et, en vous épargnant une telle impiété, j'espère bien m'être acquittée envers vous, et vous avoir payé, et au-delà, le bonheur dont je jouis par vous dans ma solitude. Nous sommes quittes à présent, monsieur le comte, et je n'ai plus rien à vous dire.

Gabriel, pendant ce discours railleur, avait achevé de lire la lettre funeste et sacrée. Elle ne permettait aucun doute, en effet. C'était pour Gabriel comme la voix de son père sortant de la tombe pour attester la vérité.

Quand le malheureux jeune homme releva ses yeux égarés, il vit Diane de Castro gisante, évanouie, au pied d'un prie-dieu.

Il s'élança instinctivement vers elle. Les épais barreaux de fer l'arrêtèrent.

En se retournant, il vit Diane de Poitiers sur les lèvres de laquelle errait un sourire de satisfaction placide.

Fou de douleur, il fit deux pas vers elle, la main levée...

Mais il s'arrêta épouvanté de lui-même, et se frappant de la main le front comme un insensé, cria seulement : Adieu, Diane ! adieu ! et prit la fuite...

S'il fût resté une seconde de plus, il n'eût pu s'empêcher d'écraser cette mère impie comme une vipère !...

Hors du couvent, Jean Peuquoy l'attendait bien inquiet.

— Ne m'interrogez pas ! ne me demandez rien ! lui cria d'abord Gabriel dans une sorte de frénésie.

Et, comme le brave Peuquoy le regardait avec un étonnement douloureux :

— Pardonnez-moi, lui dit-il plus doucement, je touche, je crois, à la démence. Je ne veux pas penser, voyez-vous. C'est pour échapper à ma pensée que je m'en vais, que je m'enfuis à Paris. Accompagnez-moi, si vous voulez bien, ami, jusqu'à la porte de la ville où j'ai laissé mon cheval. Mais, par grâce, ne me parlez pas de moi, parlez-moi de vous...

Le digne tisserand, autant pour obéir à Gabriel que pour tâcher de le distraire, raconta alors comme quoi Babette se portait à merveille, et l'avait récemment rendu père d'un jeune Peuquoy, de superbe venue ; comme quoi leur frère Pierre allait venir s'établir armurier à Saint-Quentin ; comme quoi enfin on avait reçu le mois précédent, par un reître de Picardie rentrant dans ses foyers, des nouvelles de Martin-Guerre, toujours heureux avec sa Bertrande dulcifiée.

Mais il faut avouer que Gabriel, comme aveuglé par la douleur, ne comprit ou n'entendit même qu'imparfaitement ce récit de joie.

Pourtant, quand il arriva avec Jean Peuquoy à la porte de Paris, il serra cordialement la main du bourgeois.

— Adieu, ami, lui dit-il. Merci de votre bonne affection. Rappelez mon souvenir à tous ceux que vous aimez. Je suis heureux de vous savoir heureux ; pensez quelquefois, vous qui prospérez, à moi qui souffre.

Et sans attendre d'autre réponse que les larmes qui brillaient dans les yeux de Jean Peuquoy, Gabriel monta à cheval et s'élança au galop.

A son arrivée à Paris, comme si le sort eût voulu l'accabler de tous les deuils à la fois, il trouva sa bonne nourrice, Aloyse, morte, sans l'avoir revu, après une courte maladie.

Le lendemain, il alla chez l'amiral de Coligny.

— Monsieur l'amiral, me dit-il, je sais que les persécutions et les guerres religieuses ne vont pas tarder à recommencer, malgré tant d'efforts pour les prévenir. Sachez que désormais je puis offrir à la cause de la réforme, non-seulement ma pensée, mais aussi mon épée. Ma vie n'est plus bonne qu'à vous servir, prenez-la et ne la ménagez pas. C'est dans vos rangs, d'ailleurs, que je pourrai le mieux me défendre contre un de mes ennemis, et achever de châtier l'autre...

Gabriel pensait à la reine régente et au connétable.

Pas n'est besoin de dire que Coligny reçut avec enthousiasme l'inappréciable auxiliaire dont il avait éprouvé tant de fois la bravoure et l'énergie.

L'histoire du comte, à partir de ce moment, fut donc celle des guerres de religion qui ensanglantèrent le règne de Charles IX.

Gabriel de Montgommery joua un rôle terrible dans ces guerres, et, à chaque événement grave, son nom prononcé fit pâlir Catherine de Médicis.

Quand après le massacre de Vassy, en 1562, Rouen et

toute la Normandie se déclarèrent ouvertement pour les huguenots, on nomma, comme le principal auteur de ce soulèvement de toute une province, le comte de Montgommery.

Le comte de Montgommery était, la même année, à la bataille de Dreux, où il fit des prodiges de valeur.

Ce fut lui, dit-on, qui y blessa d'un coup de pistolet le connétable de Montmorency, qui commandait en chef et il l'eût achevé, si le prince de Porcien n'eût protégé le connétable, et ne l'eût reçu prisonnier.

On sait comment, un mois après cette bataille où le Balafré avait arraché la victoire aux mains inhabiles du connétable, le noble duc de Guise fut tué en trahison devant Orléans par le fanatique Poltrot.

Montmorency, débarrassé de son rival mais privé de son allié, fut moins heureux encore à la bataille de Saint-Denis en 1567 qu'à celle de Dreux.

L'Ecossais Robert Stuart le sommait de se rendre. Il lui répondit en le frappant au visage du pommeau de son épée. Quelqu'un alors lui tira un coup de pistolet qui l'atteignit au flanc, et il tomba mortellement blessé.

A travers le nuage de sang qui se répandit sur ses yeux, il crut reconnaître le visage de Gabriel.

Le connétable expira le lendemain...

Pour n'avoir plus d'ennemis directs, le comte de Montgommery n'en ralentit pas ses coups. Mais il semblait invincible et imprenable,

Quand Catherine de Médicis demanda qui avait ramené le Béarn sous la loi de la reine de Navarre, et fait reconnaître le prince de Béarn généralissime des huguenots ; on lui répondit : Montgommery.

Quand, le lendemain de la Saint Barthélemy (1572), la reine-mère, impatiente de vengeance, s'informa, pour avoir plutôt fait, non de ceux qui avaient péri, mais de ceux qui avaient échappé, le premier nom qu'on lui cita fut celui du comte de Montgommery.

Montgommery se jeta dans La Rochelle avec Lanoue. La Rochelle soutint neuf grands assauts et coûta quarante mille hommes à l'armée royale. Elle garda sa liberté en capitulant, et Gabriel put en sortir sain et sauf.

Il s'introduisait alors dans Sancerre, assiégée par le gouverneur du Berri. Il s'entendait assez bien, on le sait, à la défense des places. Une poignée de Sancerrois, sans autres armes que des bâtons ferrés, résistèrent quatre mois à un corps de six mille soldats. En capitulant, ils obtinrent, comme ceux de La Rochelle, liberté de conscience et sûreté de personnes.

Catherine de Médicis voyait avec une fureur croissante lui échapper sans cesse son ancien et insaisissable ennemi.

Montgommery laissa le Poitou qui était en feu, et revint enflammer la Normandie qu'il pacifiait.

Parti de Saint-Lô, il prit en trois jours Carentan et dégarnit Valognes de toutes ses munitions. Toute la noblesse normande reprit se ranger sous ses bannières.

Catherine de Médicis et le roi mirent aussitôt sur pied trois armées, et firent publier dans le MANS et au PERCHE le ban et l'arrière-ban. Le chef des troupes royales fut le duc de Matignon.

Cette fois, Montgommery ne combattait plus. Perdu dans les rangs de ses religionnaires, il tenait tête directement et personnellement à Charles IX, et avait son armée comme le roi avait la sienne,

Il combina un plan admirable et qui devait lui assurer une éclatante victoire.

Il laissa Matignon assiéger Saint-Lô avec toutes ses troupes, quitta secrètement la ville, et se rendit à Domfront. Là, François du Hallot devait lui amener toute la cavalerie de Bretagne, d'Anjou et du pays de Caux. Avec ces forces réunies, il tomberait à l'improviste sur l'armée royale devant Saint-Lô, qui, prise entre deux feux, serait exterminée.

Mais la trahison vainquit l'invincible. Une enseigne avertit Matignon du départ secret de Montgommery pour Domfront, où quarante cavaliers seulement l'accompagnaient.

Matignon tenait bien moins à la prise de Saint-Lô qu'à celle de Montgommery. Il laissa le siège à un de ses lieutenans, et accourut devant Domfront avec deux régimens, six cents chevaux et une puissante artillerie.

Tout autre que Gabriel de Montgommery se fût rendu sans essayer une résistance inutile. Mais lui, avec quarante hommes, voulut tenir tête à cette armée.

Il faut lire dans l'histoire de De Thou le récit de ce siége incroyable.

Domfront résista douze jours. Le comte de Montgommery fit pendant ce temps sept sorties furieuses. Enfin, quand les murailles de la ville, trouées et chancelantes, furent comme livrées à l'ennemi, Gabriel les abandonna, mais pour se retirer et combattre dans la tour dite de Guillaume de Bellême.

Il n'avait plus avec lui que trente hommes.

Matignon commanda pour l'assaut une batterie de cinq pièces de grosse artillerie, cent gentilshommes cuirassé sept cents mousquetaires, et cent piquiers.

L'attaque dura cinq heures, et six cents coups de canon furent tirés sur le vieux donjon.

Au soir, Montgommery n'avait plus que seize hommes, mais il tenait encore. Il passa la nuit à réparer la brèche comme un simple ouvrier.

L'assaut recommença avec le jour. Matignon avait reçu pendant la nuit de nouveaux renforts. Il y avait alors, autour du donjon de Bellême et de ses dix-sept combattans, quinze mille soldats et dix-huit pièces de canon.

Ce ne fut pas le courage qui manqua aux assiégés, ce fut la poudre.

Montgommery, pour ne pas tomber vivant aux mains de ses ennemis, voulut se passer son épée au travers du corps. Mais Matignon lui envoya un parlementaire qui lui jura au nom du chef : *Qu'il aurait la vie sauve et la liberté de se retirer.*

Montgommery se rendit sur la foi de ce serment. Il eût dû pourtant se rappeler Castelnau.

Le jour même, on l'envoyait garrotté à Paris. Catherine de Médicis le tenait enfin ! C'était par une trahison, mais que lui importait ? Charles IX venait de mourir ; en attendant le retour de Henri III de Pologne, elle était reine-régente et toute-puissante.

Montgommery, traduit devant le parlement, fut condamné à mort le 26 juin 1574.

Il y avait quatorze ans qu'il combattait la femme et les fils de Henri II.

Le 27 juin, le comte de Montgommery, auquel, par un raffinement de cruauté, on venait d'appliquer la question extraordinaire, fut porté sur l'échafaud et décapité. Son corps fut déchiré ensuite en quatre quartiers.

Catherine de Médicis assistait à l'exécution...

Ainsi finit cet homme extraordinaire, une des âmes les plus fortes et les plus belles qu'ait vues le seizième siècle. Il n'avait jamais paru qu'au second rang ; mais il s'était toujours montré digne du premier. Sa mort accomplit jusqu'au bout les prédictions de Nostradamus :

..... Enfin, l'aimera, puis las ! le tuera
Dame de roy.

Diane de Castro ne vit point cette mort. La sœur Bénie était morte l'année précédente, abbesse des Bénédictines de Saint-Quentin.

FIN DES DEUX DIANE

MICHEL LÉVY FRÈRES, Éditeurs, rue Vivienne, 2 bis, à Paris.

20 centimes la livraison, composée de 24 pages.

Il paraît deux livraisons par semaine. — Une série tous les quinze jours.

LE MUSÉE LITTÉRAIRE DU SIÈCLE

PROSPECTUS.

Le goût de la lecture est aujourd'hui général en Europe. Les productions spirituelles, énergiques et passionnées de l'école moderne excitent dans chaque genre les émotions les plus vives, et sont accueillies du public avec une égale faveur.

L'instruction, répandue dans toutes les classes de la société, augmente chaque jour le nombre des lecteurs. — En publiant une collection complète des principaux ouvrages de nos meilleurs auteurs modernes, nous mettrons le public à portée d'asseoir son jugement sur le mérite des genres comme sur celui des auteurs.

La modicité du prix de notre collection est encore un des services que nous aurons rendus à la littérature, en répandant ses productions dans toutes les classes de la société, dans les châteaux comme dans les fermes, dans les salons comme dans les ateliers, car l'instruction aujourd'hui a pénétré partout : le riche propriétaire comme l'ouvrier appréciera le plaisir d'égayer les loisirs d'une soirée d'hiver, ou le repos d'un dimanche, par la lecture d'un de ces livres dont il a entendu parler, et qu'il lui était impossible d'acquérir au prix primitif.

Tous les auteurs dont les ouvrages ont eu quelque éclat trouveront place dans *le Musée littéraire*. On y verra représentés par leurs meilleurs ouvrages les auteurs dont les noms suivent : MM. de LAMARTINE, Alexandre DUMAS, de BALZAC, Jules JANIN, Eugène SUE, Emile de GIRARDIN, Charles de BERNARD, Frédéric SOULIÉ, Jules SANDEAU, MÉRY, Alphonse KARR, Léon GOZLAN, Félix PYAT, Emile SOUVESTRE, SCRIBE, Paul FÉVAL, Marc FOURNIER, SAINTINE, Louis DESNOYERS, Emmanuel GONZALÈS, Michel MASSON, Émile MARCO DE SAINT-HILAIRE, etc., etc.

EN VENTE OUVRAGES COMPLETS :

ALEXANDRE DUMAS

Les Trois Mousquetaires.	1 vol. Prix :	1	50
Vingt ans après.	— —	2	»
Le Vicomte de Bragelonne.	— —	4	50
Le Chevalier de Maison-Rouge.	— —	1	10
Le Comte de Monte-Cristo.	— —	8	60
La Reine Margot.	— —	1	50
Ascanio.	— —	1	30
La Dame de Monsoreau.	— —	2	20
Amaury.	— —	»	90
Les Frères corses.	— —	1	50
Les Quarante-cinq.	— —	2	20
Les deux Diane.	— —	2	»
Le Maître d'Armes.	— —	»	90
Le Bâtard de Mauléon.	— —	1	80
La Guerre des Femmes.	— —	1	50
Mémoires d'un Médecin.—Joseph Balsamo.	— —	3	60
Georges.	— —	»	90
Une Fille du Régent.	— —	1	10
Impressions de Voyage (Suisse).	— —	2	»

LEON GOZLAN

Les Nuits du Père-Lachaise.	— —	1	10

ALPHONSE KARR

Sous les Tilleuls.	— —	»	90

EUGÈNE SCRIBE

Carlo Broschi.	— —	»	50
La Maîtresse anonyme.	— —	»	30
Judith ou la Loge d'Opéra.	— —	»	30
Proverbes.	— —	»	70

EUGÈNE SUE

Les Sept Péchés capitaux.	1 vol. Prix :	5	»

Chaque ouvrage se vend séparément.

L'Orgueil.	— —	1	50
L'Envie.	— —	»	90
La Colère.	— —	»	70
La Luxure.	— —	»	70
La Paresse.	— —	»	50
L'Avarice.	— —	»	50
La Gourmandise.	— —	»	50
Les Enfants de l'Amour.	— —	»	90
La Bonne Aventure.	— —	1	50
L'Institutrice.	— —	»	90

X. B. SAINTINE.

Une Maîtresse de Louis XIII.	— —	1	10

PAUL FEVAL

Les Mystères de Londres	— —	3	»
Les Amours de Paris.	— —	1	75

MÉRY

Héva.	— —	»	50
La Floride.	— —	»	70
La Guerre du Nizam.	— —	1	»

FÉLIX DERIÈGE.

Les Mystères de Rome.	— —	1	75

CHARLES DE BERNARD

La Femme de 40 ans.	— —	»	30
Un Acte de Vertu et la Peine du Talion.	— —	»	50
L'Anneau d'argent.	— —	»	30

Et divers ouvrages de MM. DE BALZAC, FRÉDÉRIC SOULIÉ, FÉLIX PYAT, JULES SANDEAU, LÉON GOZLAN, etc., etc.

ON SOUSCRIT, A PARIS,

A LA LIBRAIRIE DE

MICHEL LÉVY FRÈRES, rue Vivienne, 2 bis ;

AUX BUREAUX DU JOURNAL LE SIÈCLE, RUE DU CROISSANT, 16,

ET CHEZ TOUS LES LIBRAIRES DE FRANCE ET DE L'ÉTRANGER

Paris. — Imprimerie de madame veuve Dondey-Dupré, rue Saint-Louis, 46, au Marais.

www.ingramcontent.com/pod-product-compliance
Lightning Source LLC
Chambersburg PA
CBHW051908160426
43198CB00012B/1799